बुन्देल-विभूति

डॉ. गंगाप्रसाद गुप्त बरसैंया

बुन्देल-विभूति

डॉ. गंगाप्रसाद गुप्त बरसैंया

परामर्श

पं. कैलाश चंद्र पंत

डॉ. श्याम सुन्दर दुबे

संपादक

डॉ. रीता गुप्ता

डॉ. सरोज गुप्ता

डॉ. बहादुर सिंह परमार

अनुज्ञा

अनुज्ञा

प्रथम संस्करण : 2018

ISBN 978-93-86810-55-7

प्रकाशक
अनुज्ञा बुक्स
1/10206, लेन नं 1, वेस्ट गोरख पार्क
शाहदरा, दिल्ली-110 032
फोन : 011-22825424, 09350809192
www.anuugyabooks.com
email: anuugyabooks@gmail.com

मूल्य : 999.00 रुपये

मुद्रक
अर्पित प्रिंटोग्राफर्स, दिल्ली-32

BUNDEL-VIBHUTI : DR. GANGAPRASAD GUPT BARSAINYAN
edited by Dr. Reeta Gupta, Dr. Saroj Gupta & Dr. Bahadur Singh Parmar

सम्पादकीय

बुन्देल विभूति : डॉ. गंगाप्रसाद बरसैंया जी बहुमुखी प्रतिभा के धनी, मूर्धन्य साहित्यकार, समीक्षक, कवि एवं श्रेष्ठ व्यंग्यकार के साथ ऐसे शब्दशिल्पी हैं जिनके चिन्तन से प्रस्फुटित शब्द अद्‌भुत, ऊर्जावान, श्रेष्ठ, मनोरम एवं वृक्षोचित सम्भावना प्रदान करते हैं। उनके लिए साहित्य रचना साधना व तपस्या की तरह है। साहित्यसर्जक दार्शनिक व आध्यात्मिक चिन्तक डॉ. गंगाप्रसाद बरसैंया जी के लिए उपनिषद्‌कार के शब्द यथोचित प्रतीत होते हैं "आत्मक्रीड आत्मरतिः क्रिया वा नेष ब्रह्मविदां वरिष्ठः।" आत्मक्रीड योगी की आत्मरति से निष्पन्न रचना मानवीय चेतना को ब्रह्मानन्द के अक्षय आयामों से परिचित कराने में नितान्त समर्थ होती है, क्योंकि उस ब्रह्मानंद का दर्शन इन चर्म चक्षुओं से सम्भव नहीं होता।

ज्ञाने विद्यया चैव प्रज्ञा, शाश्वत विवर्धयेत।
यस्य प्रज्ञामयं चक्षुः चक्षुस्मान स नरः स्मृतः।।

अर्थात् ज्ञान और विद्या के द्वारा सदा प्रज्ञा की वृद्धि करते रहना चाहिए। जिसके पास प्रज्ञा रूपी चक्षु हैं वही व्यक्ति वास्तव में चक्षुयुक्त समझा जाता है। समाज और राष्ट्र में किसी व्यक्ति की पहचान उसके ज्ञान व गुणों से ही होती है। बुन्देलखण्ड के गौरव डॉ. गंगाप्रसाद बरसैंया 'यथा नाम तथा गुण' के अनुरूप अपनी कीर्ति की दिव्यता से साहित्य गगनमण्डल को सतत प्रकाशित कर रहे हैं। आपके व्यक्तित्व में हिमालय-सी उच्चता, हृदय में सागर-सा गाम्भीर्य और चिन्तनधारा में गंगा का-सा अम्लान वेग है। आपके व्यक्तित्व की प्रभावक विशेषताओं ने, मानवता के आदर्श को प्रतिष्ठित करने वाले उद्‌गारों ने तथा श्रेष्ठ व उत्कर्षशालिनी कृतियों ने चुम्बकीय प्रभाव से देश के विद्वान अध्येताओं को अपनी ओर आकर्षित किया है। आप साहित्य क्षेत्र में काफी अनुभवी, सहृदय लेखक, व्यंग्यकार तथा बुन्देली विशेषज्ञ हैं। भारतीय संस्कृति के दीपशिखावाही हैं। तेजस्वी मनस्विता, वर्चस्वी काव्य-प्रतिभा तथा तपस्वी सत्याग्रही-अस्मिता से बुन्देली जनपद की लोकचेतना को प्रबुद्ध करने की अद्‌भुत क्षमता आपमें है। आपके सम्बन्ध में यह कहना कि साधना ने आपको विद्या वैभव प्रदान किया के स्थान पर यदि यह कहा जाये कि विद्या ने आपको एकान्त साधक व चिन्तक बनाया तो अतिशयोक्ति नहीं होगी। डॉ. बरसैंया जी के सम्बन्ध में यह शाश्वत सत्य है कि आपने श्रम, साधना और संकल्प शक्ति से

साहित्य की विविध विधाओं पर सूक्ष्म दृष्टि से अवलोकन की शक्ति अर्जित की है।

बुन्देल विभूति : डॉ. गंगाप्रसाद बरसैंया जी के अभिनन्दन ग्रन्थ के प्रकाशन अवसर पर हमें अत्यन्त हर्ष व प्रसन्नता की अनुभूति हो रही है। सृजनरत जीवन सतत अभिनन्दनीय हैं, वन्दनीय है। जब सृजन जीवन का अभिन्न अंग बन जाता है, उत्कर्ष शालिनी रचनायें, विभिन्न रूपों में प्रकट होकर नैतिक, मानवीय आदर्शों को प्रतिष्ठित करने वाले अमूल्य उद्‌गारों से शिक्षित व सामान्य जनों को अपनी ओर आकर्षित करने लगती हैं तब महाकवि हर्ष की यह उक्ति हमें प्रेरणा देती है कि जो उत्कृष्ट गुणों से विशिष्ट होने के कारण सराहनीय हैं– ऐसे व्यक्ति के सम्बन्ध में यदि मौनता ग्रहण कर ली जाये, उपयुक्त अवसर पर प्रशंसा न की जाये, उसके आदर्श और अनुकरणीय गुणों का बखान न किया जाये तो उससे साहित्य–सृजन की महत्ता कम हो जाती है। इसलिए ऐसे महानुभावों का जो श्रेष्ठ गुणों से सम्पन्न हों, विद्या, बुद्धि, एवं मनीषा उच्च कोटि की हो, अपनी क्रिया–शक्ति और ज्ञान–शक्ति द्वारा समाज के लिए अनुप्रेरक हों– ऐसे व्यक्ति का अभिनन्दन हर बुद्धिमान को करना चाहिए तथा होना ही चाहिए। महाकवि कालिदास की जीवनोपयोगी सूक्ति है कि "आदानं हि विसर्गाय सतां वारिमुचामिव" जिस प्रकार बादल समुद्र से खारा पानी ग्रहण करते हैं और उसे मीठा बनाकर धरती को लौटा देते हैं उसी प्रकार सज्जन पुरुषों को भी समाज से लिये हुए अवदान को उसे ब्याज सहित लौटाने के भाव रखना चाहिए। जिसे डॉ. बरसैंया जी ने अपने लेखकीय दायित्व द्वारा भारतीय संस्कृति, दर्शन, धर्म, अध्यात्म, मानवीय अस्मिता, संकल्प और संघर्ष की प्राण चेतना को बखूबी प्रस्तुत किया है।

डॉ. गंगाप्रसाद बरसैंया म.प्र. के शासकीय महाविद्यालयों में व्याख्याता, प्राध्यापक एवं स्नातकोत्तर प्राचार्य के पद पर कार्य करते हुए 1996 में सेवानिवृत्त हुए हैं। साहित्य के प्रति विशेष रूप से अनुरक्त महाविद्यालय के प्राध्यापकीय जीवन में विभिन्न राष्ट्रीय अधिवेशनों में सक्रिय सहभागिता के साथ ऋषिकल्प साहित्यकारों के निकट सम्पर्क में रहे हैं। उस समय राष्ट्रीय संगोष्ठियों में बरसैंया जी, अत्यन्त सक्रिय माने जाते रहे हैं। बुन्देली एक भाषा वैज्ञानिक अध्ययन, विन्ध्यालोक, 'राष्ट्रगौरव' का बुन्देली बाँकुरे अंक इसके प्रत्यक्ष प्रमाण हैं। हिन्दी भाषा, शिक्षा, और संस्कृति के क्षेत्र में अलख जगाने वाले बरसैंया जी की संकल्पशक्ति, निष्ठावान व्यक्तित्व एवं समय के एक–एक क्षण का सही ढंग से सदुपयोग करने का जो विशिष्ट गुण है यही उनकी साहित्य जीवनधारा की प्रगति का वास्तविक रहस्य है। हिन्दी साहित्य में व्यक्तिवादी निबन्ध और निबन्धकार पर सन् 1964 में जबलपुर वि.वि. से पी–एच.डी. उपाधि प्राप्त कर आपने 34 पुस्तकों का सृजन किया तथा आज भी (80 वर्ष की उम्र में) आपका मस्तिष्क उतना ही उर्वर है, जितने वे

प्राध्यापकीय वर्षों में थे। उनके मित्रगण उन्हें खण्डहर-खोद साहित्यकार कहकर पुकारते थे। उनके द्वारा रचित बुन्देलखण्ड के अज्ञात रचनाकार, बुन्देलीधारा के अनछुए पृष्ठ, बुन्देलखण्ड का साहित्यिक एवं सांस्कृतिक परिदृश्य, छत्तीसगढ़ का साहित्य और उसके साहित्यकार, छत्तीसगढ़ की साहित्यिक विभूतियाँ आदि ग्रन्थों में शोधपरक विवेचन किया। डॉ. गंगाप्रसाद बरसैंया जी ने कई ग्रन्थों का सृजन यथा- रचना से रचना तक, रचना अनुशीलन, सृजन-विमर्श, चिन्तन-अनुचिन्तन, आधुनिक काव्य सन्दर्भ और प्रकृति, वीर विलास, रस विलास, सुदामा चरित, रूपक और साक्षात्कार, लोक वाटिका, कर्म और आराधना, शब्दों के रंग : बदलते प्रसंग, तुलसी के तेवर, संवाद साहित्यकारों से आदि समीक्षा ग्रन्थ व शोध निबन्ध-संग्रह, व्यंग्य-संग्रह, काव्य-संग्रह, चिन्तनपरक आलेख तथा कई पुस्तकों का सम्पादन कार्य कर अपने लेखकीय दायित्व को चरितार्थ किया। जब भी किसी ऐसे कृति व्यक्तित्व से सम्पर्क होता है जिसने अपने प्रशस्त कृतित्व से सम्पूर्ण वसुन्धरा को आलोकित किया हो तब अभिनन्दन ग्रन्थ के लिए सहज भावना जाग्रत होती है। किसी ने कहा है–

गुणीजनों को देख हृदय में, मेरे प्रेम उमड़ आवै।
बने जहाँ तक उनकी सेवा, करके यह मन सुख पावै।
जब-जब अभिनन्दन होता है, धरती पर पावन प्रतिभा का।
उन्हीं क्षणों में हृदय प्रफुल्लित, होता है नभ का बसुधा का।।

सागर में आयोजित अन्तरराष्ट्रीय संगोष्ठी में बड़ी संख्या में विद्वान उपस्थित थे लेकिन डॉ. बरसैंया नहीं आ पाये थे। उनकी चर्चा हो रही थी तभी उनकी सुपुत्री डॉ. रीता गुप्ता ने बताया कि पिताजी अपने ज्योतिष्मान् जीवन के अस्सी वर्ष पूर्णकर साहित्य, धर्म, दर्शन, संस्कृति, ज्ञान-विज्ञान पर, आज भी अनवरत लेखन कार्य कर रहे हैं। बुन्देलखण्ड अंचल में सारस्वतिक समज्या आयोजित करने का शिवसंकल्प लेकर सरस्वती का भण्डार भर रहे हैं। बातों-ही-बातों में बस क्या था– अभिनन्दन ग्रन्थ की योजना बनी। अभिनन्दन ग्रन्थ की योजना छतरपुर के सुधीजनों, साहित्यकारों, सामाजिक कर्णधारों द्वारा भी बनायी गयी थी, परन्तु तब पिताजी द्वारा पूर्णरूपेण प्रतिबन्धित कर दिया गया था। इस बार पुत्रियों का वर्चस्व पिता को स्वीकार करना पड़ा। फिर इस मांगलिक कार्य का संकल्प और प्रकल्प साहित्य पुरोधा हमारे परामर्शदाता डॉ. कैलाशचन्द्र पन्त दादा एवं डॉ. श्यामसुन्दर दुबे जी के समक्ष प्रस्तुत किया गया। आपके सहयोग, मार्गदर्शन व परामर्श से सम्पादन कार्य प्रगति को प्राप्त कर प्रकाशन पथ पर अग्रसर हुआ।

इस अभिनन्दन ग्रन्थ के प्रकाशन के पूर्व हमारा धन्यवाद देना परम कर्तव्य है परमश्रद्धेय डॉ. गंगाप्रसाद बरसैंया जी को, जिनकी रचनाधर्मिता इतनी विपुल व

व्यापक है जिसे एक पुस्तक में सहेजना अत्यन्त मुश्किल कार्य था। डॉ. बरसैंया जी के विराट व्यक्तित्व व कृतित्व का समग्र आकलन उनके सहयोग के बिना सम्भव नहीं था। आपने बहुमूल्य पुस्तक समीक्षाएँ व आवश्यक सामग्री प्रदान कर हमारे इस कार्य को सरल बनाया है।

इस ग्रन्थ के प्रारम्भ में बुन्देली के प्रमुख हस्ताक्षर डॉ. गंगाप्रसाद गुप्त जी के जीवन, व्यक्तित्व, वैदुष्य व सृजनशीलता के साथ संक्षिप्त परिचय सँजोया गया। प्रथम खण्ड में ''कुछ अपनी : कुछ अपनों की बातें'' संकलित हैं जिसमें जीवन के पाँच सोपान शीर्षक से स्वयं बरसैया जी ने लेखनी चलायी। मेरे जीवनसाथी–श्रीमती लक्ष्मी बरसैंया जी का लेख है। पुत्रियों में श्रीमती रजनी खरया, डॉ. रीता गुप्ता, पुत्र –अभिलाष बरसैंया, भतीजे– श्री ओमप्रकाश गुप्ता, विराग गुप्ता, आयुष हूंका एवं डॉ. गोविन्ददास हूंका जी ने गंगा जी का सफरनामा : बाबूगिरी से प्राचार्य तक लिखकर अपनी बात कही। अन्त में हमारे प्यारे नाना जी– पौत्र–पौत्रियों के रोचक लेख हैं। डॉ. गंगाप्रसाद बरसैंया जी से बातचीत के बहाने प्रोफेसर सुधीर शर्मा, डॉ. बहादुर सिंह परमार, एवं डॉ. सरोज गुप्ता के तीन साक्षात्कार इस ग्रन्थ में दिये गये हैं ताकि आपके अन्तरंग व्यक्तित्व के महत्त्वपूर्ण पहलू पाठकों के समक्ष प्रस्तुत किये जा सकें।

खण्ड दो– ''व्यक्ति एक : दृष्टि अनेक'' के अन्तर्गत मित्रों, शुभेच्छुओं समकालीन लेखकों के संस्मरण बड़े ही सुन्दर–सुन्दर शीर्षकों के साथ हृदय की अनुभूतियों को व्यक्त करते हैं। आचार्य कृष्णकान्त चतुर्वेदी, डॉ. सुरेश कुमार वर्मा, डॉ. ओमप्रकाश त्रिवेद्वी, पं. भगवतीधर वाजपेयी, पं. कैलाशचन्द्र पंत, डॉ. भास्कर प्रसाद पाण्डेय, डॉ. श्रीकान्त पाण्डेय, आचार्य दुर्गाचरण शुक्ल, ललित सुरजन, प्रभाकर चौबे, डॉ. देवेन्द्र दीपक, डॉ. विजयबहादुर सिंह, डॉ. अयोध्या प्रसाद गुप्त कुमुद, डॉ. के.एल. जैन, गुणसागर सत्यार्थी, डॉ. बहादुरसिंह परमार, डॉ. जगदीश रावत, कैलाश मड़बैया, डॉ. राधावल्लभ शर्मा, डॉ. सत्येन्द्र शर्मा, डॉ. बिन्दु आदि वरिष्ठ साहित्यकारो, लेखकों ने बहुत कम समय में डॉ. गंगाप्रसाद बरसैंया जी पर आत्मीय स्नेह की वर्षा की है। हम इस खण्ड के समस्त सुधीजनों के प्रति कृतज्ञता व्यक्त करते हैं जिन्होंने बरसैंया जी के आठ दशकों के जीवन–सम्बन्धों, वृत्तान्तों सहित उनसे जुड़े उनके व्यक्तित्व व कृतित्व के सभी पक्षों को समाहित कर इस साहित्यिक यज्ञ में अपने विचारों द्वारा पूर्णाहुति प्रदान की है। सभी वरेण्य साहित्यकारों के प्रति हार्दिक कृतज्ञता।

खण्ड तीन के अन्तर्गत ''कलम की कसौटी पर कृतियाँ'' शीर्षक में डॉ. बरसैंया जी के 35 ग्रन्थों की समीक्षाएँ रचनाकार के हृदय की गहराइयों में जो मन्थन, चिन्तन उमड़ता–घुमड़ता है उसे व्यक्त करते हुए सभी समीक्षकों ने नये–नये

शब्दों को गढ़कर विविध भाँति से श्रेष्ठ समीक्षाएँ प्रस्तुत की हैं। श्री पदुमलाल पुन्नालाल बख्शी, डॉ. विद्यानिवास मिश्र, डॉ. कमल किशोर गोयनका, डॉ. भगीरथ मिश्र, डॉ. प्रेमशंकर रघुवंशी, श्री रामेश्वर शुक्ल अंचल, डॉ. उदयशंकर दुबे, डॉ. दुर्गेश दीक्षित, हरिविष्णु अवस्थी, डॉ. मुरारी लाल सुरस, डॉ. किशोरी लाल (नैनी), प्रभुदयाल मिश्र, डॉ. रामनारायण शर्मा, डॉ. रमेशचन्द्र खरे, डॉ. रामानन्द शर्मा, डॉ. कान्तिकुमार जैन, डॉ. श्यामसुन्दर दुबे, रामअधीर, डॉ. लालमणि तिवारी, डॉ. सुभद्रा राठौर, डॉ. सुरेश आचार्य, प्रो. शंकरप्रसाद श्रीवास्तव, प्रो. नारायण लाल परमार, डॉ. कन्हैयालाल वर्मा, डॉ. सत्येन्द्र शर्मा, आचार्य भगवत दुबे, डॉ. सन्तोष तिवारी, श्री निवास शुक्ल, डॉ. प्रमोद पाठक, डॉ. उर्मिला शुक्ला, डॉ. लखनलाल खरे, डॉ. गायत्री वाजपेयी, श्री राजेन्द्र प्रसाद, श्री इसाक अश्क, श्री रामजी लाल चतुर्वेदी, श्री सतीश चतुर्वेदी, श्री हरिप्रकाश वत्स, श्री त्रिभुवन पाण्डेय, श्री राजीव नामदेव, मालती श्रीवास्तव, पण्ड़ित कपिलदेव तैलंग, श्री उदयनारायण कनकने, श्री रामप्रकाश गुप्त, कु. शिवभूषण सिंह गौतम, राघवेन्द्र उदानियाँ, श्री नवलकिशोर सोनी, ओमप्रकाश तिवारी, प्रो. अनलशर्मा, डॉ. शोभना जैन, श्री एन.डी. सोनी, डॉ. दैवी प्रसाद खरे, डॉ. लक्ष्मीनारायण गुप्त, आदि समीक्षकों ने रचना में निहित मूल्यों की सार्थकता पर विशद व व्यापक टिप्पणी की है। साहित्य की विविध विधाओं में रचनाकार द्वारा चिन्तन और अनुभूति के स्तर पर समकालीन जीवन के द्वन्द्वों, तनावों, अमानवीकृत हालातों के दस्तावेजों पर सार्थक व सटीक समीक्षाएँ प्रस्तुत की हैं। इसी खण्ड में साहित्यकार व कवियों द्वारा डॉ. गंगाप्रसाद बरसैंया जी के प्रति कविताओं में भावाभिव्यक्तियाँ प्रस्तुत की गयी हैं। अन्त में साहित्यकारों के कुछ पत्र और डॉ. बरसैंया के कुछ रचना अंश प्रस्तुत हैं।

प्रस्तुत ग्रन्थ में डॉ. गंगाप्रसाद गुप्तजी के विविध पक्षों पर विस्तार से विचार किया गया है उनकी रचनाओं के सम्बन्ध में समीक्षात्मक लेख हैं, काव्यात्मक अभिव्यक्तियाँ हैं। ग्रन्थ के नामकरण के सम्बन्ध में चिन्तन करते हुए यह अपेक्षित लगा कि बरसैंया जी का सारस्वत अनुष्ठान बुन्देलखण्ड की बसुन्धरा के प्रति समर्पित, सांस्कृतिक परम्पराओं से समृद्ध और साहित्यिक संस्कारों से सम्पन्न है। इस नाते डॉ. बरसैंया जी बुन्देली विभूति ही हैं। अत: इस ग्रन्थ का नामकरण 'बुन्देल विभूति : डॉ. गंगाप्रसाद बरसैंया' रखकर हमने अपना पुनीत कर्तव्य का निष्ठापूर्वक निर्वाह किया है। हम स्वयं को परम भाग्यशाली व गौरवान्वित महसूस करते हैं कि डॉ. बरसैंया जी जैसे महान व विराट व्यक्तित्व-कृतित्व पर केन्द्रित अभिनन्दन ग्रन्थ का कार्य पूर्णता को प्राप्त हो रहा है। आत्मीयजनों के स्नेह का सम्बल ही इस कार्य की समग्रता है। अपनों के प्रति हम हृदय की गहराइयों में आभार मानते हैं। पूर्ण निष्ठा और लगन के साथ सम्पादक मण्डल उन सभी के प्रति भी आभार व्यक्त

करता है जिन्होंने इस ग्रन्थ के प्रारम्भ से लेकर प्रकाशन तक सक्रिय सहयोग प्रदान किया। अनुज्ञा बुक्स के प्रकाशक श्री सुधीर वत्स जी तथा उनकी पूरी टीम को कोटिशः धन्यवाद, जिनके सुन्दर व श्रेष्ठ मुद्रण कार्य व त्रुटि रहित टंकण कार्य ने ग्रन्थ को उपयोगी बनाया। सभी लेखकों के प्रति हम शुभ और मंगल की कामना करते हैं जिनके सहयोग के बिना इस ग्रन्थ की कल्पना भी नहीं की जा सकती थी। अन्त में हमारी शुभकामना है कि डॉ. गंगाप्रसाद बरसैंया जी दीर्घकाल तक हम सभी का पथप्रर्दशन, मार्गदर्शन करते हुए लोककल्याण की दृष्टि से सतत सृजनरत रहें। गीता में भगवान श्रीकृष्ण ने कहा है कि –

यद्यद् विभूतिमत्सत्वं श्रीमदूर्जितमेव वा।
तदद्देवावगच्छत्वं मम तेजोऽश सम्भवम्।।

वरिष्ठ साहित्यकार हम सबके प्रेरणा स्रोत रहे हैं इसलिए भावना-भावित रत्नाम्बर की ओर से भारत रत्नों का यह उपहार कृतज्ञता ज्ञापन ही कहलायेगा। इस ग्रन्थ का साहित्यिक महत्त्व के साथ सांस्कृतिक महत्त्व भी है। अतः इस ग्रन्थ की दिव्यता से वर्तमान व भविष्य की पीढ़ियाँ आलोकित होती रहेंगी। सभी को पुनः धन्यवाद, साधुवाद।

डॉ. रीता गुप्ता
डॉ. सरोज गुप्ता
डॉ. बहादुर सिंह परमार

अनुक्रम

खण्ड–दो : व्यक्ति एक : दृष्टि अनेक

खण्ड-तीन : कलम की कसौटी पर कृतियाँ

खण्ड— चार : अविस्मरणीय क्षण

खंड–1
परिचय तथा कुछ अपनी : कुछ अपनों की

परिचय

डॉ. गंगाप्रसाद गुप्त 'बरसैंया' से सम्बन्धित विवरण

नाम : डॉ. गंगाप्रसाद गुप्त 'बरसैंया'

जन्म स्थान : भौंरी (जिला बाँदा- अब चित्रकूट उ. प्र.)

जन्मतिथि : 6 फरवरी, 1937

सेवा : म. प्र. के शासकीय महाविद्यालयों में व्याख्याता, प्राध्यापक, प्राचार्य, स्नातकोत्तर प्राचार्य पद से 31-12-96 को सेवानिवृत्त।

योग्यता : एम. ए. (हिन्दी)
पी- एच.डी. (सन् 1964) जबलपुर विश्वविद्यालय
विषय : हिन्दी साहित्य में व्यक्तिवादी निबन्ध और निबन्धकार

कृतियाँ : (1) हिन्दी साहित्य में व्यक्तिवादी निबन्ध और निबन्धकार
(2) छत्तीसगढ़ का साहित्य और उसके साहित्यकार
(3) आधुनिक काव्य : सन्दर्भ और प्रकृति
(4) हिन्दी के प्रमुख एकांकी और एकांकीकार
(5) बुन्देलखण्ड के अज्ञात रचनाकार (शोध-निबन्धों का संग्रह)
(6) चिन्तन-अनुचिन्तन (समीक्षात्मक निबन्ध)
(7) हिन्दी का प्रथम अज्ञात सुदामा चरित्र (सम्पादन)
(8) वीर विलास (आल्हा सम्बन्धी प्राचीनतम पाण्डुलिपि)
(9) अरमान वर पाने का (व्यंग्य लेखों का संग्रह)
(10) निन्दक नियरे राखिये (व्यंग्य लेखों का संग्रह)
(11) अथ काटना कुत्ते का भइया जी को (व्यंग्य-संग्रह)
(12) कर्म और आराधना (चिन्तनपरक आलेख)
(13) रचना से रचना तक (समीक्षात्मक लेखों का संग्रह)
(14) तुलसी के तेवर
(15) रस विलास (सम्पादन)
(16) मेरी जन्मभूमि : मेरा गाँव

(17) कभी-कभी यह भी (काव्य-संग्रह)
(18) नारी : एक अध्ययन
(19) बुन्देली : एक भाषा वैज्ञानिक अध्ययन (सम्पादन)
(20) मानस मनीषा
(21) रूपक और साक्षात्कार
(22) विन्ध्यालोक (सम्पादन)
(23) लोक वाटिका
(24) शब्दों के रंग : बदलते प्रसंग
(25) रचना अनुशीलन (समीक्षा)
(26) सृजन-विमर्श (समीक्षा)
(27) खरी-खरी (काव्य)
(28) संवाद : साहित्यकारों से
(29) एकांकी संकलन
(30) मध्यकालीन काव्य
(31) बुन्देलखण्ड का साहित्यिक एवं सांस्कृतिक परिदृश्य
(32) बुन्देली धरा के अनखुले पृष्ठ
(33) छत्तीसगढ़ की साहित्यिक-विभूतियाँ
(34) मनोभूमि के विविध रंग
(35) छतरपुर जिले का साहित्यिक गजेटियर (अप्रकाशित)
(36) आठ रूपक (अप्रकाशित)
(37) बुन्देली विविधा

अन्य प्रकाशन : लगभग 200 शोधपरक निबन्धों का देश की प्रतिष्ठित पत्र पत्रिकाओं में प्रकाशन तथा अनेक ग्रन्थों का संकलन। समय-समय पर अनेक शोध पत्रिकाओं, स्मारिकाओं व ग्रन्थों का सम्पादन।

शोध निर्देशन : 12 शोध छात्रों को मेरे निर्देशन में पी-एच.डी. की उपाधि प्राप्त।

लघु शोध-प्रबन्ध : लगभग 20 शोध-प्रबन्ध निर्देशन में प्रस्तुत।

सम्पादन : 'नव-ज्योति', 'राष्ट्रगौरव', 'संज्ञा', व 'बन्धु' पत्रिकाओं का सम्पादन।

पूर्व में विश्वविद्यालयों से सम्बन्धित–

(1) अवधेश प्रताप सिंह विश्वविद्यालय, रीवा–

1. अध्यक्ष– हिन्दी अध्ययन मण्डल
2. अध्यक्ष– शोध उपाधि समिति
3. अध्यक्ष– परीक्षा समिति
4. सदस्य– विद्या परिषद
5. सदस्य– कार्य परिषद
6. डीन– कला संकाय

(2) जीवाजी विश्वविद्यालय, ग्वालियर–

1. विशेषज्ञ सदस्य (सहयोजित)– हिन्दी अध्ययन मण्डल

(3) देवी अहिल्या विश्वविद्यालय, इन्दौर–

1. विशेषज्ञ सदस्य (सहयोजित)– हिन्दी अध्ययन मण्डल

अनेक विश्वविद्यालयों के पंजीकृत शोध निर्देशक, परीक्षक आदि।

साहित्यिक सम्बद्धता

1. मध्यप्रदेश हिन्दी साहित्य सम्मेलन की कार्यकारिणी के पूर्व सदस्य
2. बुन्देलखण्ड कला संस्कृति परिषद, छतरपुर के संस्थापक एवं अध्यक्ष
3. म.प्र. आंचलिक साहित्यकार परिषद के उपाध्यक्ष एवं छतरपुर इकाई के अध्यक्ष
4. कला परिषद, टीकमगढ़ के संस्थापक पूर्व अध्यक्ष
5. अ. भा. भाषा साहित्य सम्मेलन म. प्र. इकाई की का. का. के सदस्य एवं छतरपुर इकाई के अध्यक्ष
6. अन्य अनेक साहित्यिक संस्थाओं से सम्बद्ध
7. अखिल भारतीय स्तर पर केशव जयन्ती समारोह ओरछा तथा बुन्देली समारोह आदि का अनेक बार आयोजन एवं संयोजन
8. विगत 35 वर्षों से बुन्देलखण्ड के अज्ञात साहित्य पर शोधरत लगभग 50 अज्ञात रचनाकारों के कृतित्व का पहली बार प्रकाशन
9. महाकवि केशव अनुसन्धान केन्द्र ओरछा (रीवा वि. वि.) के दो वर्ष तक संचालक (डायरेक्टर)

10. छत्रसाल स्मारक ट्रस्ट, प्रणवानन्द जनकल्याण ट्रस्ट तथा टौरिया ट्रस्ट के पूर्व सदस्य
11. विश्व हिन्दी साहित्य सम्मेलन सहित अनेक राष्ट्रीय संगोष्ठियों में सहभागिता
12. राष्ट्रीय स्तर की अनेक साहित्यिक संगोष्ठियों व सेमीनारों का संयोजन व संचालन।

सम्मान-पुरस्कार-अलंकार—

1. महामहिम उप-राष्ट्रपति डॉ. शंकरदयाल जी शर्मा द्वारा अ. भा. भाषा साहित्य सम्मेलन की 'साहित्य श्री' उपाधि से सम्मानित तथा सम्मेलन द्वारा सर्वोच्च राष्ट्रीय अलंकरण 'भारत भाषा भूषण एवं सरस्वती सम्मान'।
2. म. प्र. लेखक संघ भोपाल का डॉ. सन्तोष तिवारी समीक्षा सम्मान व पुरस्कार 2005 में म. प्र. के महामहिम राज्यपाल डॉ. बलराम जाखड़ द्वारा अलंकृत।
3. कादम्बिनी क्लब जबलपुर म. प्र. द्वारा अखिल भारतीय 'सेठ गोविन्ददास पुरस्कार' से अलंकृत।
4. अखिल भारतीय हिन्दी साहित्य सम्मेलन प्रयाग द्वारा 'साहित्य वारिधि' अलंकार।
5. लोक-मंगल एवं लोक-संस्कृति सेवा निधि ट्रस्ट, उरई उ. प्र. द्वारा 'गौरीशंकर द्विवेदी अलंकरण' एवं पुरस्कार।
6. बांदा जनपद का तुलसी पुरस्कार तथा सार्वजनिक अभिनन्दन।
7. वीरेन्द्र केशव साहित्य परिषद, टीकमगढ़ द्वारा 'बुन्देल वारिधि' सम्मान।
8. बुन्देली विकास संस्थान बसारी म. प्र. द्वारा राव साहब बुन्देला सम्मान।
9. हिन्दी प्रचारिणी सभा, कानपुर उ. प्र. द्वारा 'साहित्य भारती' से अलंकृत।
10. अ. भा. भाषा साहित्य सम्मेलन द्वारा विद्रोही पुरस्कार से पुरस्कृत।
11. लायन्स क्लब छतरपुर द्वारा छतरपुर गौरव सम्मान।
12. आकाशवाणी छतरपुर की सलाहकार समिति के पूर्व सदस्य।
13. रामायणम ट्रस्ट अयोध्या, उ. प्र. द्वारा पं. रामकिंकर सम्मान।
14. ओरछा महोत्सव व केशव जयन्ती समारोह समिति द्वारा 'मित्र मिश्र अलंकरण' एवं पुरस्कार।

प्रशासनिक अनुभव

1. 40 वर्षों तक हिन्दी के आचार्य, विभागाध्यक्ष एवं स्नातक व स्नातकोत्तर प्राचार्य, म. प्र. शासन के उच्च शिक्षा विभाग के अन्तर्गत महाविद्यालयीन सेवा के अन्तर्गत।
2. दो वर्ष तक महाकवि केशव अनुसन्धान केन्द्र ओरछा (रीवा वि. वि.) के संचालक (डायरेक्टर)।
3. हरिसिंह गौर वि. वि. सागर तथा रविशंकर वि. वि. रायपुर से दो शोधार्थियों को साहित्य पर पी–एच.डी. उपाधियाँ प्राप्त।
4. अनेक संस्थाओं के अध्यक्ष संचालक आदि।

स्थायी निवास :

A-7 फारचून पार्क, जी–3, गुलमोहर,
भोपाल (म. प्र.) 462–039
मो. 9425376413

प्रथम सोपान

भौंरी से जबलपुर

जीवन के सम्बन्ध में बौद्धिक समाज में अनेक प्रकार की अवधारणायें और विश्वास प्रचलित हैं। कुछ लोगों का मानना है कि भाग्य प्रमुख है और सब गौण है–'भाग्यं फलति सर्वत्र न च विद्या न च पौरुषम्'। जबकि दूसरा वर्ग कर्म को प्रधान मानता है–'कर्मप्रधान विश्व रचि राखा। जो जस करिय सो तस फल चाखा।' 'कर्मण्येवाधिकारस्ते मा फलेषु कदाचन्।' एक तीसरा वर्ग भी है जो भाग्य और कर्म को न मानकर ईश्वरीय विधान को सर्वोपरि मानता है और कहता है कि मनुष्य के हाथ में कुछ नहीं है। करने वाला ईश्वर है। वह जो चाहता है, वही होता है–'राम कीन्ह चाहैं सोई होई।', 'होइहैं सोइ जो राम रचि राखा।' हर व्यक्ति अपने जीवनानुभवों से निष्कर्ष निकालता है। मैं जब अपने जीवन पर दृष्टि डालता हूँ तो पाता हूँ कि सब कुछ ईश्वरीय कृपा पर निर्भर है। भाग्य का निर्माता वही परब्रह्म परमेश्वर है। उसी की प्रेरणा से व्यक्ति प्रेरित और कर्मोन्मुख होता है। उ. प्र. के बाँदा जिले के एक छोटे-से गाँव भौंरी में मैं साधारण परिवार में पैदा हुआ जहाँ ऐसी कोई पृष्ठभूमि नहीं थी जो प्रेरणा या दिशा-निर्देश दे सके। उच्च शिक्षा की कोई परम्परा नहीं थी। गाँव में प्राइमरी स्कूल था। अतः अधिकतम चौथी कक्षा तक की व्यवस्था थी। मेरे परिवार में इससे अधिक पढ़ा-लिखा कोई व्यक्ति नहीं था। हमारा अच्छा खाता-पीता परिवार था। दादा जी सम्पन्न थे किन्तु पिताजी हम पाँच-भाई बहनों को छोड़कर चले गये। घर में सबसे सयानी माँ थीं। भाइयों में सबसे बड़े भाई की उम्र लगभग बारह साल थी। माँ के सामने घना अन्धकार। न राह बताने वाला , न सहायता करने वाला। दादा जी के सामने जो लेन-देन के सम्पर्क थे, वे सम्पर्क जिन्दा थे। दादा जी के जमाने में अनाज का कारबार काफी फैला था। पिताजी ने सारा कारबार समेट दिया था। लेकिन जिनसे पुराने लेन-देन के सम्पर्क थे तथा गाँव के लोगों ने जरूर मनोबल बढ़ाया और कहा हम सब सहयोग करेंगे, आप छोटी-मोटी दुकानदारी शुरू करें। जो महिला कभी घर से बाहर नहीं निकली थी, उसके सामने पाँच-पाँच बच्चों को पालने की जिम्मेदारी थी। समस्या गम्भीर थी। ईश्वर ने शक्ति और प्रेरणा दी और मेरी माँ सिर पर थोड़ा-बहुत सामान रखकर बड़े बेटे के

साथ आस-पास के गाँवों में सामान बेचने जाने लगीं। पुराने सम्पर्कों वाले गाँव के लोगों ने सहानुभूति के साथ व्यवहार किया। गाड़ी घिसटने लगी। बड़े भाई को मजदूरी तक करनी पड़ी। लेकिन प्रभु कृपा से किसी के सामने न हाथ फैलाना पड़ा और न भूखा रहना पड़ा। अभाव और गरीबी के सभी रूप उन दिनों देखने को मिले। इसे भी संयोग कहें या भाग्य या ईश्वरीय कृपा। मुझसे दोनों बड़े भाई तो प्राइमरी शिक्षा पूरी नहीं कर पाये, परन्तु तमाम मुश्किलों के बीच मेरी पढ़ाई जारी रही। चौथी कक्षा की बोर्ड परीक्षा रैपुरा केन्द्र में हुई। मैं अच्छे अंकों से उत्तीर्ण हो गया। उसके बाद आगे का रास्ता बन्द हो गया क्योंकि गाँव में आगे पढ़ने की व्यवस्था नहीं थी। अतः लगभग दो वर्ष तक खेलने-कूदने अथवा अपनी माँ के साथ कारबार में हाथ बँटाने में बीता। तब लोगों में बड़ी आत्मीयता, ईमानदारी और उदारता थी।

सन् 1948-49 ई. में गाँव के कुछ प्रमुख लोगों ने मिलकर प्राइवेट मिडिल स्कूल की शुरुआत उसी प्राइमरी स्कूल में की। गाँव के प्रतिष्ठित वरिष्ठ नागरिक पण्डित सहादेव जी ने मुझे बुलवाया। पूछा– तुम तो चौथी पास हो न? मैंने 'हाँ' कहकर सिर हिला दिया। वे बोले कल से स्कूल आना। कक्षा छठवीं शुरू हो गयी है। इसे संयोग या ईश कृपा ही कहें कि दूसरे दिन मैं अपनी माँ को बताकर एक कापी, कलम और दवात लेकर स्कूल पहुँच गया। गाँव के ही छः-सात लड़के थे। सेवा-निवृत्त मुंशी देवमुनि शिक्षक नियुक्त किये गये। स्कूल लगभग भिक्षाटन पर चल रहा था। तब हमें उसके संचालन के व्यवस्था की कोई जानकारी न थी। गाँव भौंरी का यह मिडिल स्कूल उस क्षेत्र में पहला था, अतः आस-पास के गाँवों के विद्यार्थी भी आने लगे। एक कमरे में हास्टल की भी व्यवस्था की गयी। दूसरे साल स्कूल बोर्ड का हो गया और आठवीं तक स्कूल में तीन शिक्षक हो गये।

मेरे भाग्य और संयोग ने फिर चमत्कार दिखाया। आठवीं परीक्षा में मैं प्रथम श्रेणी में उत्तीर्ण हुआ जिले में मेरिट में मेरा स्थान था। इसकी चर्चा स्कूल और गाँव में हुई। गाँव के शिक्षकों और शुभचिन्तक ग्रामीणों ने मेरी माँ से कहा– लड़का होशियार है। इसकी पढ़ाई बन्द न कराना। आगे पढ़ाना। माँ बेचारी क्या करती। असहाय थी। शिक्षा की महत्ता से भी परिचित नहीं थी। संयोग से गाँव के दो-तीन ब्राह्मण परिवार के लड़कों ने गाँव भौंरी से नौ मील (13 कि.मी.) दूर करवी जाकर पढ़ने की योजना बनायी। मुझसे भी सम्पर्क किया। मैंने कहा कि साधनों के अभाव में मेरे लिये बाहर जाकर पढ़ना सम्भव नहीं। उन लड़कों में एक शंकर लाल गौतम भी था। करवी में उसके मामा का घर था जो खाली पड़ा था। उसने कहा–हमारे साथ उसी घर में रहना और खाने-पीने का सामान घर से ले चलना। खाना सब मिलकर बनायेंगे। साथ में रहेंगे। सो मैंने कहा– 'राम कीन्ह चाहैं सोई होई'। जैसे-तैसे मैं भी करवी पहुँच गया। शंकरलाल गौतम, विजय बहादुर भार्गव और मैं तीनों

एक साथ करवी में रहने लगे। कुछ दिन जाति–पाँति का प्रभाव रहा, फिर सब एक हो गया। मैंने प्याज खाना उन्हीं के साथ रहकर सीखा। फीस भी आधी माफ हो गयी। नौवीं की वार्षिक परीक्षा में मैं कक्षा में प्रथम आया प्रो. प्राचार्य ने एक कार्यक्रम में रामचरितमानस की प्रति देकर पुरस्कृत किया। यह जानकर इलाहाबाद जिले के दूरगाँव के निवासी मेरे चाचा जी आये। शाबाशी दी और आगे पढ़ाई में सहयोग का आश्वासन दिया। मानस की प्रति अपने साथ ले गये। करवी में चार वर्ष रहना हुआ। तब न सड़क थी, न आने–जाने की सवारियाँ। गाँव से करवी पैदल आना–जाना, थैलों में भरकर सामान लाना। करवी में अपने हाथ से खाना बनाना, बर्तन धोना–माँजना, पानी भरना, साफ–सफाई करना।

बारहवीं कक्षा उत्तीर्ण करने के बाद जबलपुर तक पहुँचाने का दायित्व मेरे छोटे चाचा श्री महादेव प्रसाद जी ने वायदे के अनुसार निभाया। तब तक मेरे बड़े भाई जबलपुर में रहने लगे थे और एक व्यापारी के यहाँ नौकरी करते थे। बाद में विवाहोपरांत अपना स्वयं का व्यवसाय करने लगे। भाई साहब ने कहा मैं अपने साथ रखकर खाने–पीने की व्यवस्था तो करूँगा, पर पढ़ाई का खर्च कैसे चलेगा। चाचा जी ने कालेज में एडमीशन कराकर उस समय फीस की व्यवस्था कर दी। यह जुलाई सन् 1951 की बात है।

जबलपुर पहुँचकर कुछ ज्ञान और सम्पर्क बढ़ा। मैं घर से डी. एन. जैन कालेज पैदल आता–जाता था जो लगभग दो मील था। लोगों की सलाह पर मैंने रोजगार कार्यालय में नाम लिखाया और टाइपिंग सीखना शुरू किया। इसे भी संयोग ही कहें कि अचानक जनवरी 57 को रोजगार कार्यालय से केन्द्रीय ग्रन्थालय जाकर इंटरव्यू देने का पत्र मिला। नवम्बर 1956 में जब राज्य पुनर्गठन हुआ तो यह केन्द्रीय ग्रन्थालय नागपुर से जबलपुर आ गया था जिसका कार्यक्षेत्र पूरा मध्यप्रदेश था। इसके अन्तर्गत सैकड़ों–सैकड़ों केन्द्र थे जहाँ पुस्तकें भेजनी–मँगानी पड़ती थीं। इण्टरव्यू में कुल तीन लोग पहुँचे। मेरा स्थान साक्षात्कार, टाइपिंग और लेखन में सर्वोत्तम रहा। फलतः 24 जनवरी, 1957 को मेरी नियुक्ति केन्द्रीय ग्रन्थालय, जबलपुर में लिपिक पद पर हो गयी। पहले इसका आफिस शहीद स्मारक में था फिर भँवरताल के पास ले जाया गया। वेतन था 62.50 पैसे मासिक।

मैं प्रातः कालेज जाता और दस–साढ़े दस बजे आफिस पहुँच जाता। मुझे पुस्तकालय कक्ष का ही दायित्व दिया गया। जब उसके अधिकारी श्री गंगासागर जी शुक्ल को पता चला कि मैं बी. ए. में पढ़ भी रहा हूँ तो उन्होंने सहज कहा–तुम्हें जो पुस्तकें लगें उन्हें लाइब्रेरी की ओर से खरीद लो और पढ़ो। यह भी ईश्वरीय कृपा ही तो है। जबलपुर जाना, रोजगार कार्यालय में नाम लिखाना, टाइपिंग सीखना और पुस्तकालय में नौकरी लगना, पुस्तकों की सुविधा मिलना यह सब अचानक होना–

प्रभु कृपा ही है। डॉ. एन. जैन कालेज से बी. ए. और हितकारिणी कालेज से हिन्दी विषय में एम. ए.। रिजल्ट आया तो मेरिट में पाँचवाँ स्थान। चर्चा का विषय बना। पी-एच. डी. की योजना बनायी। रजिस्ट्रेशन कराया। स्कालरशिप भी मिल गयी तो पुस्तकालय की नौकरी छोड़ दी।

इन्हीं दिनों गहोई समाज से सम्पर्क बढ़ता गया। कार्यक्रमों में सक्रियता से भाग लिया। नवयुवक मण्डल का पहिले मन्त्री फिर अध्यक्ष बना। गुप्त जयन्ती, शरदोत्सव, होली मिलन आदि के बृहद कार्यक्रम आयोजित कराये। गुप्त जयन्ती में प्रो. रजनीश, कुलपति, कुंजीलाल दुबे, डॉ. हीरालाल जैन, डॉक्टर उमावर मिश्र, डॉ. राजबली, भवानी प्रसाद तिवारी, अंचल जी आदि प्रख्यात विभूतियों ने भाग लिया। ऐतिहासिक क्षण तो वह था जब सेठ गोविन्ददास जी के स्वर्ण जयन्ती कार्यक्रम में परिक्रामी रंगमंच का उद्घाटन करने राष्ट्र कवि मैथिलीशरण गुप्त जी अनुज सियारामशरण जी के साथ जबलपुर पधारे। उस समय देश के सैकड़ों साहित्यकारों का आगमन हुआ था। गहोई समाज ने भी गुप्त जी को अपने बीच स्वागत-अभिनन्दन हेतु, आमन्त्रित किया। सेठ गोविन्ददास आदि के साथ दोनों बन्धु गहोइयों के बीच पधारे। उनका भव्य गरिमामय स्वागत किया गया। सौभाग्य से गहोई वैश्य नवयुवक मण्डल जबलपुर के अध्यक्ष व गहोई बन्धु पत्रिका के सम्पादक के नाते उन्हें 'गहोई बन्धु' पत्र विशेषांक भेंट करने का संयोग मुझे मिला। उस समय मैं विगत एक वर्ष से जबलपुर से 'गहोई बन्धु' का सम्पादन कर रहा था। अ. भा. गहोई नवयुवक मण्डल का उपाध्यक्ष बनाया गया और उसी अवधि में मैं अ. भा. गहोई वैश्य महासभा का सक्रिय सदस्य बना और प्राय: लगातार पचास वर्षों तक कार्यकारिणी का सदस्य रहा। मैं प्रारम्भ में ही कोई पद न लेने का संकल्प ले चुका था किन्तु का. का. की बैठकों तथा महासभा के अधिवेशनों में भाग लेता रहा। कभी भेदभाव की भावना नहीं रखी, न पक्षपात किया, किन्तु गलत बात का सदैव मुखर होकर विरोध किया। उदाहरणार्थ जब महासभा में संविधान विरुद्ध मनमानी आचरण होने लगा तो कुछ लोगों ने मिलकर प्रबुद्ध मंच का गठन कर मुझे उसका अध्यक्ष बनाया गया। इस मंच के माध्यम से चार पुस्तिकायें भी प्रकाशित की गयीं जो ऐतिहासिक दस्तावेज हैं।

जबलपुर में ही सन् 1961 में मेरा विवाह श्री पुरुषोत्तम दास जी की सुपुत्री लक्ष्मी देवी के साथ सादगी से बिना दहेज के सम्पन्न हुआ। दहेज रहित आदर्श विवाह करने का निर्णय मैंने नवयुवक मण्डल का मन्त्री बनते ही लिया था। उस समय कुछ दहेजवाली शादियों का मैंने खुलकर विरोध किया था। एक शादी में तो पर्चे तक बाँटे थे। तभी लोगों ने चुनौती दी थी कि देखते हैं बरसैंया जी बिना दहेज की शादी कैसे करते हैं। मैंने करके दिखा दिया। संयोग से हम चारों भाइयों की ससुराल जबलपुर में ही बनी।

जबलपुर मेरी शिक्षाभूमि, दीक्षाभूमि, कर्मभूमि और गार्हस्थ भूमि भी है। सच बात तो यह है कि मेरे जीवन-यात्रा की नींव यहीं मजबूत हुई। बी. ए., एम. ए., पी-एच. डी. की शिक्षा, लेखन-प्रकाशन से गोष्ठियों में सहभागिता तथा विद्वानों से सम्पर्क की शुरुआत जबलपुर से ही हुई। पहली नौकरी जबलपुर में ही लगी और जीवनसंगिनी देकर जबलपुर ने मुझ पर अत्यधिक अनुग्रह किया। महाविद्यालयीन नौकरी का मार्ग 'नवीन दुनिया' में नौकरी करते एक विज्ञापन से खुला और मैं जबलपुर छोड़कर बागबहरा कालेज पहुँचा। साथ में पत्नी, एक बेटी तथा गृहस्थी का थोड़ा सामान था। इन सारे प्रसंगों से मेरी यह धारणा पुष्ट हुई कि करने वाला ईश्वर है—'राम कीन्ह चाहैं सोई होई।' एक बात और इसी नगर की संस्था 'कादम्बरी' ने राशि भेंटकर दो बार सार्वजनिक रूप से मेरा भव्य अभिनन्दन भी किया। मैं कृतज्ञ हूँ।

द्वितीय सोपान

रायपुर-निवास की महत्त्वपूर्ण बातें

जबलपुर से आकर मैंने जुलाई 1963 में कला-वाणिज्य महाविद्यालय, बागबहरा (जिला-रायपुर) में हिन्दी व्याख्याता के पद पर कार्यभार ग्रहण किया। मेरे साथ कला और वाणिज्य के चार-पाँच और व्याख्याता नियुक्त हुए। साक्षात्कार दुर्गा महाविद्यालय, रायपुर के पूर्व प्राचार्य रामचन्द्रन साहब की अध्यक्षता में हुआ था। उन्होंने जाते समय कमेटी से मेरी प्रशंसा की थी। यह बात बाद में महाविद्यालय के प्रमुख कर्ता-धर्ता सेठ श्री नेमीचन्द जी ने बताया था। उस समय कालेज के प्राचार्य का दायित्व हायर सेकेण्डरी स्कूल के प्राचार्य श्री एस. बी. गौतम के पास था। कार्यभार ग्रहण करते ही मुझे कालेज का प्रभारी बना दिया गया। मैं वहाँ कुल डेढ़ वर्ष रहा। वार्षिक परीक्षा भी करायी। रिजल्ट भी सामान्य आया। उल्लेखनीय बात यह थी कि सेठ जी का निर्देश था—कालेज में कक्षायें नियमित चलें, नकल बिल्कुल न हो, रिजल्ट अच्छा आये, पैसे की जरूरत हो तो मुनीम जी से ले लें। तनख्वाह पूरी मिलेगी। रिजल्ट कम आने पर सेठ ने कुछ नहीं कहा। बल्कि कामर्स के एक शिक्षक को गड़बड़ी के कारण मेरे कहने से नौकरी से हटा भी दिया था। लेकिन जब मैंने लोकसेवा आयोग से चयनित होने के बाद शासकीय विज्ञान महाविद्यालय में ज्वाइन करने के लिए त्यागपत्र दिया तो उन्होंने स्वीकार करने से मना किया और कहा हम आपको अधिक पैसे देंगे। मैंने सरकारी और गैर-सरकारी की बात की तो वे रुष्ट हो गये। सेठ नेमीचन्द के भाई ने कहा कि आप दीवाली के दूसरे दिन आकर कहें तो इस्तीफा स्वीकार हो जायेगा क्योंकि हमारे यहाँ दूसरे दिन किसी को मना नहीं किया जाता। और सचमुच वैसा ही हुआ। मेरा इस्तीफा मंजूर हो गया।

बागबहरा में ही श्री नारायण लाल परमार, गजेन्द्र तिवारी व नत्थूप्रसाद उपाध्याय से मेरे घनिष्ठ सम्बन्ध बने तथा सेठ जी के पुत्र की बारात में मद्रास जाने का अवसर मिला। वहीं तत्कालीन शिक्षा मन्त्री डॉ. शंकर दयाल जी शर्मा से प्रत्यक्ष वार्ता का अवसर मिला। वे भी बाराती थे। उस बारात में अमीरों के ठाठ-बाट देखने का भी अवसर मिला।

बागबहरा से ही मेरे लेख रायपुर के महाकोशल, नवभारत जैसे अखबारों में

छपने लगे थे जो प्रमुखतः छत्तीसगढ़ के साहित्यकारों पर परिचयात्मक लेख थे। नारायणलाल परमार, गजेन्द्र तिवारी, नत्थूप्रसाद उपाध्याय आदि से सम्बन्धित लेख उसी समय छपे थे। इससे छत्तीसगढ़ के साहित्यकारों में पर्याप्त चर्चा प्रारम्भ हो गयी थी।

लोक सेवा आयोग से चयनोपरान्त मैंने शासकीय विज्ञान महाविद्यालय रायपुर के हिन्दी विभाग में व्याख्याता पद पर पदग्रहण किया। उस समय कालेज के प्राचार्य डॉ. रविप्रकाश जी और हिन्दी-विभागाध्यक्ष डॉ. श्यामसुन्दर लाल दीक्षित थे। कालेज के दो भाग थे– विज्ञान संकाय और कला संकाय। कला संकाय में अँग्रेजी, हिन्दी, इतिहास, अर्थशास्त्र विषय थे।

नवम्बर 1964 में मैंने ज्वाइन किया। विभाग में डॉ. दीक्षित, डॉ. जैन व डॉ. नरेन्द्र देव वर्मा थे। डॉ. वर्मा रायपुर के विवेकानन्द आश्रम के संचालक स्वामी आत्मानन्द जी के छोटे भाई थे। उन्होंने बताया कि आश्रम में प्रतिवर्ष विवेकानन्द जयन्ती पर परिसंवाद होता है। इस वर्ष रामायण के पात्रों पर है, आप भी किसी पात्र पर बोलें। मैंने जिन-जिन पात्रों का नाम लिया वे सब औरों के नाम पर बुक हो चुके थे। केवल बालि और मन्थरा शेष थीं। मैंने बिना सोचे-समझे बालि पर बोलने की सहमति दे दी। पर्चे छपकर प्रसारित हो गये। यह जानकर दुर्गा कालेज के प्राचार्य श्री रणवीर शास्त्री ने मुझे समझाया। बालि पर क्या बोलोगे? तुम बड़ी गलती कर रहे हो। आश्रम यहाँ का सर्वाधिक प्रतिष्ठित बौद्धिक केन्द्र है। एक बार छवि खराब हुई, तो फिर बनेगी नहीं। सोच लो। मैं घबराया और दूसरे दिन वर्मा जी से मना कर दिया, पर जब उन्होंने कहा कि यह आश्रम की परम्परा नहीं है। एक बार मना किया तो कभी मौका नहीं मिलेगा। डॉ. दीक्षित ने भी समझाया और इस प्रकार जनवरी 1965 में विवेकानन्द जयन्ती के अवसर पर छ. ग. के सर्वाधिक प्रतिष्ठित संस्थान विवेकानन्द आश्रम में आयोजित रामायण के पात्रों पर परिसंवाद में भाग लेने का सुअवसर मिला। इतने बड़े मंच पर पहुँचने का पहला अवसर था। बालि पर मैंने अपना वक्तव्य दिया। वह लोगों को इतना पसन्द आया कि देर तक तालियाँ बजती रहीं। स्वामी आत्मानन्द जी अध्यक्षता कर रहे थे। मंच से जैसे ही मैं नीचे आया दुर्गा कालेज के तत्कालीन प्राचार्य श्री रणवीर शास्त्री ने सर्वप्रथम गले लगा लिया और कहा– 'आई नेवर हर्ड सच टाइप आप इण्टरप्रिटेशन, सो फार बाली इज़ कन्सर्न'। शाबाश। दुर्गा कालेज के पूर्व प्राचार्य रामचन्द्रन साहब ने अपने कक्ष से उतरकर शाबाशी दी। विभागाध्यक्ष डॉ. श्यामसुन्दर लाल दीक्षित तो भाषण के बीच में ही ताली बजाते रहे। अन्य वक्ता भी स्तब्ध रहे। दूसरे दिन अखबारों ने मेरे वक्तव्य पर प्रशंसात्मक टिप्पणियाँ कीं। मेरे प्राचार्य डॉ. रविप्रकाश ने भी प्रसन्नता व्यक्त की, यद्यपि मैं कालेज में एकदम नया था। दसों वर्ष बाद जब मेरी भेंट पूर्व प्राचार्य डॉ.

रविप्रकाश जी से भोपाल स्टेशन पर हुई तो मेरे नमस्कार पर वे तुरन्त बोले– 'होह मिस्टर बाली! मैं हतप्रभ। पूछा सर आपको अभी याद है। वे बोले–'वह भूलने की बात नहीं है। मैं प्रसन्न हुआ। इस वक्तव्य से मेरी छवि निखरी। ख्याति बढ़ी। नवभारत, महाकोशल आदि अखबारों में निरन्तर लेख छपने लगे। यद्यपि परिसंवाद में राम का पक्ष रखने वाले एक प्रोफेसर साहब वर्षों मुझसे नाराज रहे। उन्हें लगा कि मैंने अपने वक्तव्य में राम की कटु आलोचना की। यह उनके गलत समझ की बात थी। यद्यपि एक-डेढ़ वर्ष बाद उनका स्वत: समाधान हो गया।

डॉ. रविप्रकाश जी के स्थानान्तरण के बाद विज्ञान महाविद्यालय में प्राचार्य पद पर क्रमशः अंचल जी व डॉ. राजेश्वर गुरुजी का आगमन हुआ। दोनों से मेरे निकट आत्मीय सम्बन्ध थे। अंचल जी मुझे विद्यार्थी जीवन से जानते थे और गुरुजी जबलपुर के नाते पारिवारिक भाव रखते थे। संयोगवश दोनों ने मुझे कालेज की वार्षिक पत्रिका का सम्पादक बनाया। गाँधी शताब्दी वर्ष का अंक बहुत अच्छा निकला। पत्रिका छपाई के कारण रायपुर के दैनिक नवभारत से मेरे निकट सम्बन्ध हो गये। उसके माध्यम से कई स्थानीय साहित्यकारों से मित्रता हुई। लेख तो छप ही रहे थे। 'नवभारत' ने मेरे लेख 'शब्दों के रंग : बदलते प्रसंग' प्रति रविवार शृंखला के रूप में कई महीने लगातार छापे। जिनकी पर्याप्त चर्चा रही।

मैं पुरानी बस्ती में रहता था। वहीं पड़ोस में देवीप्रसाद वर्मा 'बच्चू जाँजगीरी रहते थे। वे साहित्यकार-पत्रकार और सामाजिक कार्यकर्ता थे। उनके माध्यम से हरिठाकुर, विश्वेन्द्र ठाकुर, नरेन्द्र देव वर्मा आदि से निकटता हुई। कहीं-न-कहीं रोज बैठक होती रही। इन्हीं दिनों नगर में आये दिन संगोष्ठियाँ होती थीं। खूब खुलकर चर्चा होती थी। उनमें मेरी उपस्थिति अनिवार्य और महत्त्वपूर्ण मानी जाने लगी। बाहर के आयोजनों में अथवा महाविद्यालयों में भाषण आदि के लिए मुझे आमन्त्रित किया जाने लगा। मेरी छवि अच्छे और स्पष्टवक्ता की बनी।

इसी बीच पहले मुझे छत्तीसगढ़ हिन्दी साहित्य सम्मेलन की कार्यकारिणी का सदस्य बनाया गया, फिर रायपुर शाखा का अध्यक्ष बनाया गया। नियमित कार्यक्रमों-लेखों का सिलसिला चलता रहा। चर्चा में छत्तीसगढ़ की ऐतिहासिक परम्परा का बोध कराने वाले एक समग्र ग्रन्थ प्रकाशन की योजना बनी। परामर्श के बाद श्री शारदा प्रसाद तिवारी के निर्देश पर सम्पादक मण्डल गठित किया गया– शारदा प्रसाद तिवारी, हरिठाकुर, देवी प्रसाद वर्मा, कृष्ण किशोर श्रीवास्तव तथा डॉ. गंगा प्रसाद बरसैंया। ग्रन्थ का नाम रखा गया 'समवाय' जिसे श्री अशोक वाजपेयी ने सुझाया था। सभी को अलग-अलग विधायें दी गयीं। मुझे निबन्धों का दायित्व सौंपा गया, जिसमें अद्यतन प्रतिनिधित्व करने वाले प्रमुख निबन्ध हों और साथ में सम्पादकीय वक्तव्य भी। तभी निबन्ध-संकलन और चयन के सन्दर्भ में बख्शी जी, डॉ. बलदेव

प्रसाद मिश्र, प्यारेलाल गुप्त, मावलीप्रसाद श्रीवास्तव, मुकुटधर पाण्डेय आदि के सीधे सम्पर्क में आया। बख्शी जी से तो 'छत्तीसगढ़िया कौन' को लेकर मत-मतान्तर भी रहा। बाद में वे मुझसे सहमत होकर अपना आशीष भी दिया। विशाल ग्रन्थ के रूप में 'समवाय' सामने आया। सम्भवत: छत्तीसगढ़ की साहित्यिक परम्परा का दिग्दर्शन कराने वाला पहला ग्रन्थ था। धूमधाम से लोकार्पण हुआ। वह ऐतिहासिक उपलब्धि थी।

निरन्तर बैठकों में चलने वाले विचार-विमर्श में जहाँ आपस के लेखन का आदान-प्रदान होता था, वहीं हरिठाकुर ने त्रैमासिक पत्रिका 'संज्ञा' के प्रकाशन का प्रस्ताव रखा। सम्पादकों में हरिठाकुर, देवीप्रसाद और डॉ. गंगाप्रसाद बरसैंया। 'संज्ञा' के एक-दो अंक निकलते ही दूर तक चर्चा होने लगी। इससे ख्याति में और बढ़ोत्तरी हुई, लेकिन 'संज्ञा' के कुछ ही अंक निकल पाये। बिना साधन के नियमित पत्रिका का प्रकाशन सम्भव नहीं।

रायपुर में नया विश्वविद्यालय स्थापित हुआ था। नये-नये पाठ्यक्रम प्रारम्भ हुए। फलत: दूर-दूर के प्रकाशक छत्तीसगढ़ में अपनी पैठ बनाने के लिए सघन सम्पर्क लेखकों-प्राध्यापकों से करने लगे। मैं चूँकि छत्तीसगढ़ पर और नयी काव्य धारा पर निरन्तर लिख रहा था, अत: इलाहाबाद के रचना प्रकाशन के मालिक ने मुझसे भी सम्पर्क किया। उससे तीन पुस्तकें प्रकाशित करने का अनुबन्ध एक साथ हुआ। 1. छत्तीसगढ़ का साहित्य और उसके साहित्यकार, 2. आधुनिक काव्य : सन्दर्भ और प्रकृति, 3. हिन्दी साहित्य में व्यक्तिवादी निबन्ध और निबन्धकार (शोध-प्रबन्ध)। छत्तीसगढ़ वाली पुस्तक की भूमिका बख्शी जी ने लिखी और आधुनिक काव्य वाली पुस्तक की भूमिका प्रमोद वर्मा ने। अंचल जी ने भी दो शब्द लिखे। छत्तीसगढ़ वाली पुस्तक की सारी सामग्री श्री प्यारेलाल गुप्त ने देखकर आवश्यक सुझाव दिये। छत्तीसगढ़ के साहित्यकारों पर यह पहली पुस्तक थी। खूब चर्चित हुई। इसके सारे लेख हिन्दी साहित्य सम्मेलन की पत्रिका 'सम्मेलन विवरणिका' में श्री नर्मदा प्रसाद खरे जी ने पहले ही प्रकाशित किये थे। मावली बाबू अपना लेख पढ़कर मेरे पास सुबह-सुबह आये और बोले– 'तैं हा भोला जियाय लिहेस'। मैंने कहा– बाबू जी क्या हुआ? उन्होंने कहा– 'पहली बार किसी ने मेरे बारे में ऐसा अच्छा लेख लिखा है।' मैंने उन्हें प्रणाम कर कहा– 'बाबू जी आप लोग तो सच्चे सरस्वती पुत्र और साधक हैं जिन्होंने साहित्य की नींव मजबूत की।' सभी ने इस ग्रन्थ की सराहना की। इसे सन्दर्भ ग्रन्थ माना।

कुछ वर्षों बाद मैं पुरानी बस्ती छोड़कर रहने के लिए चौबे कालोनी आ गया। यहाँ प्रभाकर चौबे, सुरेश देशलहरा, बच्चू जाँजगीरी से रोज शाम बैठक होती थी। बीच-बीच में ललित सुरजन, डॉ. हीरालाल शुक्ला का भी सम्पर्क होता। श्री

मायाराम जी से भी मिलना होता। प्रमोद वर्मा, डॉ. राजेन्द्र मिश्र का भी नैकट्य मिला। सन् 1971 में मेरा पदोन्नति के साथ स्थानान्तर राजगढ़ (ब्यावरा) हो गया। इस प्रकार रायपुर (छत्तीसगढ़) के आठ वर्ष मेरी ऐतिहासिक उपलब्धियों के अविस्मरणीय दिन हैं। पुराने साथियों से आज भी मेरे आत्मीय सम्बन्ध बने हुए हैं। रायपुर में ही श्रीमती जी की पढ़ाई शुरू हुई और उन्होंने हायर सेकेण्डरी परीक्षा प्रथम श्रेणी में उत्तीर्ण की। रायपुर में दो महत्त्वपूर्ण चीजें बड़ी पीड़ा और विवशता में छोड़नी पड़ी–

1. फूलता-फलता शानदार बगीचा और पाला हुआ कुत्ता कृति।

तृतीय सोपान

टीकमगढ़ की प्रमुख उपलब्धियाँ

रायपुर से स्थानान्तरित होकर पदोन्नति पर शासकीय महाविद्यालय राजगढ़ (ब्यावरा) में सहायक प्राध्यापक पद पर पदांकन हुआ। दूर, साधन-विहीन पहाड़ी इलाका। बच्चों की पुस्तकें, ड्रेस, जूते तक उज्जैन से मँगाने पड़ते थे। न कोई धर्मशाला, न होटल। नौकरी थी, पहुँच गये। छोटी जगह में सबसे जल्दी हिल-मिल गये। राजगढ़ बस्ती में वही अकेला नया बना छोटा मकान था जिसमें फ्लश लैट्रिन और चौबीस घण्टे पानी की व्यवस्था थी। कालेज के लेखापाल मेरे सजातीय थे। उन्होंने सारी व्यवस्था की। पहले 15-20 दिन अपने घर में रखा। राजगढ़ की सबसे बड़ी उपलब्धि यह थी कि एक मात्र पुत्र अभिलाष का जन्म वहीं राजगढ़ के अस्पताल में 15 नवम्बर, 1971 को हुआ था। तब सारे स्टाफ ने खूब खुशियाँ मनायी थीं। तीन बेटियों के बाद बेटा था। वहाँ से मेरा शीघ्र स्थानान्तरण टीकमगढ़ हो गया। राजगढ़ की विदाई अविस्मरणीय रही। टीकमगढ़ कालेज में अगस्त 1972 को ज्वाइन किया था। स्थानान्तरित होकर मैं ट्रक में सामान और बच्चों सहित भर बरसात में टीकमगढ़ इसलिए पहुँच गया कि किसी जमाने में टीकमगढ़ रहे प्रो. पोद्दार ने कहा कि दो-दो बार क्यों जाना। वह तो स्टेट रही है। तमाम मकान खाली पड़े रहते हैं। चाहे जिस मकान को किराये पर ले लेना। मैंने विश्वास किया। यहाँ स्थिति एकदम उलट। पानी बरस रहा है। कहीं कोई मकान नहीं मिला। जिला शिक्षा अधिकारी श्री प्रेमनारायण रूसिया पूर्व परिचित थे। उनसे सहायता माँगी। वहीं कॉलेज के प्राचार्य डॉ. पाण्डेय रहते थे। उन्होंने चाय पिलाई। राम-राम करके कुण्डेश्वर के शिक्षक प्रो. आत्रेय के मकान के एक कमरे में कालेज के हिन्दी विभाग के प्रो. आर्या के सहयोग से उतरवाया। वे अपने दो-तीन शिष्यों को ले आये। मदद की। जीवन में बड़ी सीख मिली, बिना जाने-समझे ऐसा काम न करने की। श्री आत्रेय की रसोई में ही दोनों परिवारों का अलग-अलग खाना पकता। कितनी कठिनाई में छः माह बीते। तभी कुण्डेश्वर के व्याख्याता श्री प्रेमनारायण खरे का मकान खाली हुआ। हमने तत्काल सामान रखा। राहत मिली। जीवन सामान्य हुआ। खरे जी के मकान में हम छः वर्ष रहे। खरे जी लोकप्रिय सामाजिक व्यक्ति थे। स्वयं हायर सेकेण्डरी

के प्राचार्य रह चुके थे और अभी कुण्डेश्वर बी. टी. आई. में व्याख्याता पद पर पदस्थ थे। कुण्डेश्वर के प्राचार्य एस. पी. श्रीवास्तव बड़े स्नेहिल, सहज, उदार व्यक्ति थे। श्री प्रेमनारायण रूसिया जिला शिक्षा अधिकारी थे। खरे जी और उनकी श्रीमती जी ने तो मेरे परिवार-प्रमुख की भूमिका निभायी। छः माह का हमारा बेटा राजू (अब अभिलाष) उनकी ही गोद में रहकर छः वर्ष का हुआ।

इन सबसे बहुत शीघ्र निकटता हो गयी। इनके माध्यम से नगर के साहित्यकार श्री कैलाश द्विवेदी, दुर्गाचरण शुक्ल, गुणसागर सत्यार्थी आदि से भी परिचय हुआ। ये सभी शिक्षक भी थे और साहित्यकार भी। श्री हरगोविन्द त्रिपाठी 'पुष्प' उस समय शिक्षकीय नौकरी छोड़कर 'ओरछा टाइम्स' प्रकाशित करने लगे थे जो साप्ताहिक था और झाँसी से छपकर आता था। पुष्प जी भी पुराने साहित्यकार थे। उनके कार्यालय में शाम को प्रायः यह सब लोग बैठकर गपशप व चर्चायें करते। कभी-कभी राजनेता व समाज प्रमुख लोग भी आते। इससे मेरा परिचय क्षेत्र और साहित्यिक प्रभाव बढ़ा। 'ओरछा टाइम्स' ने मेरे कई लेख प्रकाशित किये जो उस समय सराहे गये। बाद में ओरछा टाइम्स दैनिक होकर टीकमगढ़ से ही छपने लगा। उसका स्वयं का प्रेस हो गया। बैठकों की गति भी बढ़ गयी।

टीकमगढ़ पुराना साहित्यिक केन्द्र रहा है ? उस समय भी साहित्यिक गतिविधियाँ बराबर चल रही थीं। बैठकों में पुराने ग्रन्थों व पाण्डुलिपियों की चर्चा चली। श्री पीताम्बर अध्वर्यु के समधी श्री शर्मा जी (झाँसी) ने मेरे निर्देशन में पी-एच. डी. करने का निश्चय किया। विषय अज्ञात कवि परमानन्द के कृतित्व से सम्बन्धित था। शर्मा जी बड़े उद्यमी, उत्साही, परिश्रमी थे। अध्वर्यु जी प्रभावशाली व्यक्ति थे और महाराज टीकमगढ़ श्री देवेन्द्र सिंह जी से उनके निकट सम्बन्ध थे। उनके प्रभाव से उन्होंने परमानन्द प्रधान के सारे ग्रन्थ—लगभग बत्तीस प्राप्त कर टाइप भी कराया। काम भी शुरू किया किन्तु असमय, आकस्मिक निधन से सब अधूरा रह गया। यह अवश्य हुआ कि टीकमगढ़ के अज्ञात कवि के सारे ग्रन्थ सामने आ गये। मैंने उनका अध्ययन कर एक लम्बा परिचयात्मक लेख लिखकर 'ओरछा टाइम्स' में छपवाया। उसे पढ़कर तत्कालीन आयुर्वेदिक अस्पताल में पदस्थ डॉ. राजेन्द्र खरे ने अपने यहाँ उपलब्ध पुराने हस्तलिखित ग्रन्थों की चर्चा की। डॉ. खरे मेरे शुभचिन्तक मित्र थे। मैंने उनके घर जाकर पुरानी पोटलियों को खोला। देखा तो वे वृन्दावनदास, लिखित ग्रन्थ थे जिनकी संख्या तीस के करीब थी और सर्वथा अज्ञात। मेरे कहने पर खरे जी ने सारे ग्रन्थ टाइप कराये। मैंने उनका भी अध्ययन कर परिचयात्मक लेख 'ओरछा टाइम्स' में छपवाया। अब चर्चा दूर-दूर तक फैली। मुझ पर भी प्राचीन ग्रन्थों, पाण्डुलिपियों की खोज की धुन सवार हुई। धीरे-धीरे बहुत बड़ा कार्य हो गया। टीकमगढ़ छोड़ने के बाद भी खोज का क्रम चलता रहा। 'बुन्देलखण्ड के अज्ञात

रचनाकार' जैसा महत्त्वपूर्ण ऐतिहासिक शोध ग्रन्थ उसी धुन की देन है जिसमें जीवन के अमूल्य पच्चीस वर्ष लगे।

टीकमगढ़ में साहित्यिक बैठकें और गोष्ठियाँ निरन्तर होने लगीं। तभी मेरे द्वारा वहाँ कला-परिषद संस्था की स्थापना हुई जो आयोजनों का केन्द्र बनी। इसका उद्घाटन तत्कालीन जिलाधीश श्री अरुण गुप्त ने एक भव्य बहुवर्णी आयोजन में किया था। उसमें एक प्रदर्शनी भी लगायी गयी थी। जिलाध्यक्ष कलाप्रेमी थे। उन्होंने पूर्ण सहयोग दिया।

मानस चतु: शताब्दी वर्ष पर 'मानस मनीषा' का प्रकाशन मेरे प्रधान सम्पादन में हुआ और तमाम विद्वानों को आमन्त्रित कर विचार-गोष्ठी का आयोजन किया गया। इसी परिषद से पं. कृष्ण किशोर द्विवेदी की षष्ठिपूर्ति पर मैंने एक परिचय पुस्तिका प्रकाशित कर उनके सम्मान कार्यक्रम में उन्हें भेंट किया था। यही नहीं, 'ओरछा टाइम्स' प्रेस से मेरे सम्पादन में 'बुन्देली : एक भाषा वैज्ञानिक अध्ययन' ग्रन्थ भी प्रकाशित हुआ जिसमें श्री कैलाश बिहारी द्विवेदी और दुर्गाचरण शुक्ल के बुन्देली भाषा सम्बन्धी लेख संग्रहित किये गये। इस ग्रन्थ की पर्याप्त चर्चा हुई।

टीकमगढ़ में रहकर मुझे ओरछा में आयोजित केशव जयन्ती कार्यक्रम के संचालन-संयोजन का अवसर कई वर्ष लगातार मिला, जिसमें नगर के सभी साहित्यकार उत्साह से भाग लेते थे। मुख्य भूमिका पुष्प जी की रहती थी। आने-जाने के लिए बस की व्यवस्था पेट्रोल लागत पर कलेक्टर महोदय कर देते थे। बाद में शासन ने इसे अपने हाथ में ले लिया था। विगत अनेक वर्षों से रूसिया जी की प्रेरणा से टीकमगढ़ के साहित्यकार अपने स्वयं के दम-खम पर इस कार्यक्रम की वार्षिक परम्परा का निर्वाह कर रहे थे। एक समिति भी बनती थी। धीरे-धीरे इसमें विस्तार हुआ। अपने संयोजन में मैंने बाहर के अनेक प्रतिष्ठित विद्वानों को आमन्त्रित करना प्रारम्भ किया। देश-भर में छपे आमन्त्रण जाने लगे। बड़ी संख्या में विद्वानों की भागीदारी होने लगी। स्थानीय साहित्यकार तो शामिल रहते ही थे। डॉ. भगीरथ मिश्र, रामेश्वर शुक्ल अंचल, डॉ. भगवती प्रसाद शुक्ल (रीवा), डॉ. भालचन्द्र राव तैलंग (औरंगाबाद), डॉ. किशोरलाल (नैनी), डॉ. विजयपाल सिंह (वाराणसी), डॉ. महेन्द्र प्रसाद सिंह (दिल्ली), डॉ. भगवानदास गुप्त (झाँसी), डॉ. भगवान दास माहौर (झाँसी), डॉ. राममूर्ति त्रिपाठी (उज्जैन), पं. हरिहर निवास द्विवेदी (ग्वालियर), डॉ.कृष्णचन्द्र वर्मा (ग्वालियर), डॉ. कृष्णदत्त वाजपेयी (सागर), पं. उर्मिला प्रसाद शुक्ल (छतरपुर), डॉ. सुरेश वर्मा व डॉ. ओमप्रकाश त्रिवेदी, उदय शंकर दुबे (जबलपुर), डॉ. गणेशीलाल बुधौलिया (राठ), डॉ. वहीद यू मलिक (कुलपति-झाँसी), जैसे अनेक विद्वान उन दिनों आयोजनों में पधारे। मुख्यमन्त्री अर्जुन सिंह, मुख्यमन्त्री मोतीलाल वोरा, मुख्यमन्त्री श्री जोशी सहित अनेक सांसद, विधायक भी

पधारते रहे। केन्द्रीय मन्त्री भी आये। केशव अनुसन्धान केन्द्र की स्थापना ओरछा में किये जाने की घोषणा उन्हीं दिनों श्री अर्जुन सिंह जी ने की थी।

विचार गोष्ठी, कवि-सम्मेलन के साथ वहाँ नाटकों का भी मंचन कराने का मैंने भरपूर प्रयास किया जिसकी सर्वत्र प्रशंसा हुई थी। प्रेमचन्द की 'कफन' कहानी का नाट्य रूपान्तर श्री सुरेन्द्रनाथ श्रीवास्तव जी ने किया था। नाटक की सारी तैयारी, व्यवस्था, निर्देशन प्रो. बी. के. त्रिपाठी ने किया था। हर वर्ष पाण्डुलिपियों की प्रदर्शनी भी लगायी जाती थी। बाद में आयोजन का सरकारीकरण होने से टीकमगढ़ के साहित्यकारों की उपेक्षा होने लगी। संस्थान को रीवा वि. वि. ने हथिया लिया। मैं तो सन् 1978 में स्थानान्तरित होकर पुनः राजगढ़ पदस्थ किया गया था। जहाँ से आया था वहीं को वापस। लेकिन पदोन्नति के साथ। मैं केशव अनुसन्धान केन्द्र ओरछा का दो वर्ष प्रभारी रहा तब तक केशव जयन्ती शानदार ढंग में मनायी जाती रही।

ग्वालियर से 'टीकमगढ़ दर्शन' ग्रन्थ निकालने की योजना बनी। मैंने तथा अनेक लोगों ने भरपूर सहायता दी। कुछ दिनों बाद एक सुन्दर ग्रन्थ छपकर सामने आया जिसमें टीकमगढ़ के कला, साहित्य, संस्कृति, इतिहास आदि की सचित्र अच्छी जानकारी है। उस समय तक टीकमगढ़ में शोध उपाधि की शुरुआत नहीं हुई थी। मेरे निर्देशन में के. एल. जैन, दुर्गेश दक्षित, शोभना जैन व डॉ. बी. खरे ने पी-एच. डी. की शोध-उपाधि प्राप्त की तथा कैलाश बिहारी द्विवेदी को प्रेरित कर मैंने पर्याप्त सहायता की थी। वे इसे सार्वजनिक रूप से स्वीकारते भी रहे हैं। यद्यपि निर्देशक सागर के आचार्य थे।

टीकमगढ़ या ओरछा में जो भी साहित्यिक आयोजन हुए उसमें नगर के प्रायः सभी साहित्यकारों का पूर्ण सहयोग रहता था। टीकमगढ़ की प्रदर्शनी गुणसागर की देखरेख में लगी थी। कालेज के प्राध्यापकों में प्रो. वी. के. त्रिपाठी व प्रो. आर. एन. श्रीवास्तव पूरा सहयोग करते थे। मुझे इस बात का सौभाग्य प्राप्त है कि नगर के प्रायः सभी साहित्यकार मेरे पार पधारने की कृपा करते थे। महाराज टीकमगढ़ भी यदा-कदा पधारते थे और अपने निवास महल में भी आग्रहपूर्वक गाड़ी भेजकर बुलवाते थे। पं. कृष्ण किशोर द्विवेदी, प्रो. पी. सी. चतुर्वेदी प्रायः पधारते। प्राचार्य श्री गोलवलकर तो घर के सदस्य हो गये थे। पं. गौरीशंकर द्विवेदी झाँसी, व्योहार राजेन्द्र सिंह, जबलपुर, भगवान दास माहौर, झाँसी जैसे वरिष्ठ साहित्य के साधकों ने घर पधारकर मुझे धन्य किया। मेरी पत्नी ने टीकमगढ़ में रहकर ही बी. ए. और एम. ए. की परीक्षायें उत्तीर्ण की। टीकमगढ़ से ही मैं सहायक प्राध्यापक से प्राध्यापक पद पर पदोन्नत होकर राजगढ़ गया था। टीकमगढ़ में मुझे अकल्पित भरपूर स्नेह, सम्मान मिला। इसका अनुमान इसी से लगायें कि टीकमगढ़ से विदाई के समय जब

वाहन रवाना हुआ था तो लगभग दो-तीन फर्लांग लोग पैदल पीछे-पीछे आये। मकान मालिक खरे जी सपत्नीक मेरे परिवार के मुखिया और मार्गदर्शक बने रहे। सेठ बिहारीलाल मेरे घर की व्यवस्था स्वतः करते थे। विधायक दाऊ सरदार सिंह जी का घर पास में था। मैं रोज उनके दरवाजे से होकर कालेज आता-जाता था। उनका यह बड़प्पन था कि उन्होंने कभी बैठे-बैठे नमस्कार नहीं किया। मेरे पढ़ाये अनेक विद्यार्थी बड़े-बड़े पदों पर हैं। राजनेता और मन्त्री तथा प्रशासनिक अधिकारी हैं।

एक दुःखद प्रसंग भी। मेरी माँ का निधन टीकमगढ़ में ही हुआ। वहीं उनका अन्तिम संस्कार हुआ। जितने दिन वे अस्पताल में रहीं प्रायः रोज श्री ज्ञानदेव तैलंग पहुँचते थे। कुण्डेश्वर प्राचार्य श्रीवास्तव जी ने एक सेवक दिया। खरे जी देख-रेख करते रहे और बिहारीलाल जी ने सारा दायित्व सँभाला। भला ऐसे उदार, स्नेही, आत्मीय टीकमगढ़ को मैं जीवन में कभी कैसे भूल सकता हूँ। आज भी मेरे सम्पर्क तरोताजा है।

चतुर्थ सोपान

छतरपुर की स्मृतियाँ

म. प्र. शासन द्वारा किये गये स्थानान्तरण के फलस्वरूप महाराजा कालेज, छतरपुर में हिन्दी-विभाग के प्राध्यापक पद पर मेरा पदांकन हुआ, जहाँ मैंने अगस्त 1980 में पद-भार ग्रहण किया। छतरपुर साहित्यिक सांस्कृतिक दृष्टि से पारम्परिक मान्यताओं से जुड़ा हुआ है। यह बुन्देलखण्ड का केन्द्र-स्थल और मेरी जन्मभूमि के निकट है। भाषा-बोली-संस्कृति लगभग एक जैसी हैं।

महाराजा कालेज इस क्षेत्र का प्राचीनतम और बड़ा महाविद्यालय है। अब तो वहाँ विश्वविद्यालय की स्थापना हो चुकी है। यहाँ साहित्यिक गतिविधियाँ संचालित करने का मुझे पर्याप्त अवसर मिला। विभाग के सहयोगी भी आत्मीय और सक्रिय मिले। महाविद्यालय का वातावरण तथा प्राध्यापक वर्ग सकारात्मक सोच के मिले। जल्दी ही नगर के प्रमुख साहित्यकारों से परिचय हुआ तथा संगोष्ठियों, साहित्यिक कार्यक्रमों, उत्सवों में मुझे आमन्त्रित किया जाने लगा। पद के अनुकूल सम्मान भी मिलने लगा। साहित्यकार के रूप में मुझे पहले से ही इस क्षेत्र के लोग जानते थे।

छतरपुर में जो मुख्य साहित्यिक कार्य मेरे माध्यम से हुए वे इस प्रकार हैं-

1. सर्वप्रथम बुन्देलखण्ड कला साहित्य-संस्कृति परिषद का गठन हुआ और उसके माध्यम से दो वार्षिक बुन्देली समारोह बृहद् स्तर पर आयोजित किये गये। प्रथम बुन्देली समारोह सन् 1981 में आयोजित हुआ जिसमें बुन्देलखण्ड के तथा बाहर के सैकड़ों विद्वानों ने भागीदारी की। इतना बड़ा साहित्यिक आयोजन पहले छतरपुर में नहीं हुआ था। दो दिवसीय इस समारोह में संगोष्ठियों, प्रदर्शनी, काव्य-पाठ आदि के कार्यक्रम हुए। मुख्य अतिथि थे म. प्र. शासन के तत्कालीन खाद्यमन्त्री प्रख्यात कवि श्री बाल कवि बैरागी। दूसरा बुन्देली समारोह सन् 1982 में आयोजित हुआ जो पहिले से भी अधिक विशाल था। प्रगति-पुस्तिका का प्रकाशन 'विन्ध्यालोक' के नाम से हुआ। इसमें भी संगोष्ठियों, कला-प्रदर्शनियाँ और काव्य-पाठ हुआ। उस समय के क्षेत्र के नामी-गिरामी सैकड़ों विद्वान साहित्यकारों ने बड़े उत्साह से भाग लिया। गहन विचार-विमर्श हुआ। दूसरे समारोह के मुख्य अतिथि तत्कालीन मुख्यमन्त्री माननीय अर्जुन सिंह जी थे। वे सपत्नीक पधारे। उन्होंने संस्कृति विभाग

से अनुदान दिलाने का भी आश्वासन दिया। उन्हें ज्ञापन सौंपकर तीन माँगें की गयीं– 1. छतरपुर में छत्रसाल शोध संस्थान की स्थापना हो, 2. छतरपुर में छत्रसाल को प्रतिमा लगायी जाये और 3. छत्रसाल पर एक टिकिट जारी हो। समय के साथ छत्रसाल स्मारक भवन बना और मुख्य चौराहे पर छत्रसाल की विशाल प्रतिमा स्थापित हुई। इन दोनों आयोजनों में विभागीय साथी डॉ. राधावल्लभ शर्मा का भरपूर सहयोग रहा। इन दो आयोजनों की पूरे क्षेत्र में अच्छी चर्चा रही। इससे साहित्यिक और शोध की गतिविधियों को बल मिला।

2. मुझे छतरपुर के सरस्वती सदन पुस्तकालय की कार्यकारिणी का सदस्य बनाया गया और महाराज छत्रसाल स्मारक ट्रस्ट का का. का. का सदस्य व सचिव बनाया गया। छत्रसाल जयन्ती का कार्यक्रम बड़ी भव्यता से मनाया जाने लगा। जिसमें भव्य जुलूस, प्रतिमा पूजन, विद्वत संगोष्ठियाँ, कवि सम्मेलन के कार्यक्रम होने लगे। बाहर के अनेक जाने-माने विद्वान पधारे। श्री अटल बिहारी वाजपेयी जैसे राजनेता और पण्डित विद्यानिवास मिश्र जैसे विद्वान भी। पं. श्री निवास शुक्ल अध्यक्ष थे। पूरे मन से जुटते थे। इसी प्रकार सरस्वती सदन पुस्तकालय, जो बाद में ट्रस्ट बना, उसकी गतिविधियाँ भी सक्रिय हुईं। श्री निवास जी अध्यक्ष और प्रकाश पटैरिया सचिव बने। प्रकाश उत्साही नवयुवक साहित्यकार हैं। उसकी सक्रियता से सदन में अनेक आयोजन तथा नियमित बैठकें होने लगीं। भव्य भवन बना।

3. छतरपुर निवास काल की सर्वाधिक महत्त्वपूर्ण घटना महामहिम राष्ट्रपति ज्ञानी जैल सिंह जी का महाराजा महाविद्यालय, छतरपुर के शताब्दी कार्यक्रम में आना है। इसे भी संयोग ही कहेंगे। हुआ यह कि मैं और मेरे विभागीय सहयोगी डॉ. राधावल्लभ शर्मा कोई पुराना ग्रन्थ या पत्रिका देख रहे थे जिसमें कालेज की स्थापना का उल्लेख था। उससे ज्ञात हुआ कि उच्च शिक्षा संस्थान के रूप में महाराजा विद्यालय की स्थापना सन् 1886 में हुई थी जिसे स्थापित हुए एक सौ वर्ष सन् 1986 में पूरे हो जायेंगे। हम दोनों ने तभी सोचा कि क्यों न महाराजा कालेज की शताब्दी मनायी जाये। यह ऐसा संस्थान है जिसमें नगर के अधिकांश नागरिकों ने शिक्षा प्राप्त की। सबके मन में इस संस्था के प्रति आदर है। यही विचार लेकर हम दोनों अपने तत्कालीन प्राचार्य डॉ. भास्कर प्रसाद पाण्डेय के पास सप्रमाण पहुँचे। हमारी बातें सुनकर प्राचार्य भी सहमत हुए। उन्हें भी लगा कि यह उनके कार्यकाल की ऐतिहासिक उपलब्धि होगी। एक-दो दिन विचार कर कार्यक्रम की रूपरेखा का मोटा रूप बना।

प्राचार्य जी ने यह विचार महाविद्यालय की स्टाफ कौंसिल में विचारार्थ व सहमति हेतु रखा। सभी शिक्षकों ने इसे अत्युत्तम प्रस्ताव माना और पूर्ण सहयोग का आश्वासन दिया। प्राचार्य जी ने नगर के प्रमुख लोगों से भी चर्चा कर सहमति ली

और एक समिति बनायी गयी जिसकी अध्यक्ष सांसद विद्यावती चतुर्वेदी और सचिव प्राचार्य डॉ. पाण्डेय मनोनित किये गये। मुझे संयोजक बनाया गया। मेरे सहयोगी डॉ. राधावल्लभ शर्मा बने। तय हुआ कि महामहिम राष्ट्रपति जी को आमन्त्रित किया जाये। पुराने रिकार्डों, कागज-पत्रों की तलाश प्रारम्भ हुई। रूपरेखा बनी। समाचार-पत्रों में समाचार छपे। शासन से अनुदान हेतु तथा कार्यक्रम सम्बन्धी कार्यवाही हेतु निवेदन किया गया। उधर जो-जो जानकारियाँ और रिकार्ड माँगे गये, उन्हें भिजवाया गया। विद्यावती जी ने राष्ट्रपति जी से चर्चा की और आश्वस्त किया कि वे राष्ट्रपति जी को कार्यक्रम में अवश्य लायेंगी। जिलाधिकारियों को भी सूचित किया। कार्यक्रम की पूरी रूपरेखा बनाकर तैयारी शुरू की गयी। किसी को अनुभव नहीं था कि राष्ट्रपति के आने पर क्या व्यवस्था की जाती है। म. प्र. शासन उन्हें आमन्त्रित करने को तैयार नहीं था। इस बीच प्राचार्य जी से दुर्भाव रखने वाले लोगों ने दुष्प्रचार कर विरोध करना शुरू कर दिया। राष्ट्रपति भवन तक चुपचाप प्रतिनिधिमण्डल पहुँचा किन्तु राष्ट्रपति जी वचनबद्ध थे। अत: उन्होंने सारी जानकारी लेकर अपनी सहमति प्राचार्य जी को दे दी।

इस सहमति की जानकारी तत्काल जिलाधिकारियों एवं शासन को दी गयी। सूचना पाकर सभी पक्ष क्रियाशील हुए। तैयारियाँ हुईं। दिन-रात एक हुए। ताबड़तोड़ सब काम हुए। कालेज की ओर से आमन्त्रण भेजे गये। शासन की ओर से अलग पहुँचाये गये।

तय दिनांक और समय पर महामहिम राष्ट्रपति श्री जैल सिंह जी महाविद्यालय में पधारे किन्तु मंच पर न कुलपति को स्थान मिला, न प्राचार्य को। यहाँ तक कि शिक्षामन्त्री आदि को भी नहीं। इससे कुलपति जी रुष्ट भी हुए। विद्यावती जी व्यवस्था में प्रमुख थीं। वे मंच पर राष्ट्रपति जी, राज्यपाल व मुख्यमन्त्री के साथ थीं। कार्यक्रम का संचालन मैंने किया था। राष्ट्रपति के कार्यक्रम का संचालन कर मैं धन्य था। मंच तक जाने की लालसा रह गयी। उस समय सम्पादित की गयी शताब्दी स्मारिका का विमोचन हुआ। महामहिम ने पुस्तकालय भवन का लोकार्पण करते हुए प्रभावशाली वक्तव्य दिया। इस प्रकार महाविद्यालय का अविस्मरणीय ऐतिहासिक कार्यक्रम सानन्द सम्पन्न हुआ, जिसमें हमारी उपस्थिति और महत्त्वपूर्ण भागीदारी थी। शानदार ढंग से शताब्दी मनी। भव्य स्मारिका निकली। स्थानीय तथा बाहर के बड़ी संख्या में साहित्यकारों ने भाग लिया। सम्मानित करने की परम्परा भी प्रारम्भ हुई। इन सबमें मेरी भी महत्त्वपूर्ण सक्रिय भूमिका रहती थी। सम्पादन का कार्य मेरी देख-रेख में हुआ।

4. छत्रसाल स्मारक ट्रस्ट की ओर से राष्ट्र गौरव पत्रिका का वार्षिक प्रकाशन शुरू हुआ। छतरपुर विशेषांक, छत्रसाल विशेषांक, स्वतन्त्रता संग्राम विशेषांक और

बुन्देली बाँकुरे विशेषांक निकले। चारों दुर्लभ ऐतिहासिक दस्तावेज हैं। चारों के सम्पादन में मेरा भरपूर सहयोग रहा। 'बुन्देली बाँकुरे' विशेषांक में तो शत-प्रतिशत मेरी ही भूमिका थी। मैंने ही सामग्री जुटाई और अपनी सारी शोध सामग्री उसमें लगा दी। इस विशेषांक की साहित्य-जगत में दूर-दूर तक चर्चा रही।

5. छतरपुर में राष्ट्रकवि मैथिलीशरण गुप्त की पहली प्रतिमा शताब्दी वर्ष में गुहोई समाज द्वारा संचालित मैथिलीशरण गुप्त विद्यालय में सन् 1986 में स्थापित हुई, जिसका अनावरण तत्कालीन मुख्यमन्त्री श्री मोतीलाल वोरा ने किया था। आयोजन गहोई समाज ने किया। संयोजन, संचालन, स्मारिका सम्पादन और मुख्यमन्त्री जी को बुलाने में मेरी प्रमुख भूमिका थी।

6. छतरपुर में पाठक मंच का संचालन नियमित रूप से मैंने कई वर्ष लगातार किया जिससे नये-नये ग्रन्थ पढ़ने को मिले और हर माह नगर के नये-पुराने साहित्यकार एक जगह एकत्र होकर चर्चा करते थे। प्रतिवेदन भेजे जाते थे। प्राय: मेरे निवास पर ही बैठकें होती थीं। इससे साहित्यिक वातावरण बनाने में मदद मिली।

7. छतरपुर में महाराजा कालेज में रहते हुए ही शासन द्वारा मुझे केशव अनुसन्धान केन्द्र ओरछा का प्रभारी बनाया। दो वर्ष मैं प्रभारी रहा। इसके माध्यम से केशव जयन्ती पर मैंने ओरछा में देश के प्रख्यात पचीसों विद्वानों को गोष्ठियों में आमन्त्रित किया।

8. सेवानिवृत्ति शासकीय स्नातकोत्तर महाविद्यालय टीकमगढ़ के प्राचार्य पद से 31 दिसम्बर, 1996 को हुई थी। तब से मई 2015 तक छतरपुर का ही स्थायी निवासी रहा।

9. छतरपुर का निवास मेरे लिए साहित्यिक, सामाजिक, पारिवारिक-सभी दृष्टियों से सुखद और सम्मानजनक रहा। इस अवधि में लगभग डेढ़ दर्जन पुस्तकें छपकर आयीं। अनेक कार्यक्रमों में लोकार्पण हुआ।

10. दैनिक भास्कर के छतरपुर अंक में पाँच वर्ष तक लगातार मुखपृष्ठ पर मेरी छः पंक्तियों की कुण्डलिया छपती रही जिसमें व्यंग-विनोद और यथार्थ सभी कुछ अवसरानुकूल होता था। ये पंक्तियाँ इतनी लोकप्रिय हुईं कि लोग अखबार पाते ही पहले वही पढ़ते थे। रोज कोई-न-कोई फोन आता था।

11. छतरपुर में ही मेरा स्थायी मकान संयोग से प्रो. डी. एस. सक्सेना की प्रेरणा से हाउसिंग बोर्ड से मिला जब कि मेरी कोई न योजना थी, न साधन थे। इस घर में मैंने सपरिवार 25 दिसम्बर, 1982 में प्रवेश किया था। इसके पूर्व दो वर्ष किराये के मकान में रहा।

12. इसी घर से मेरे बच्चों की शिक्षा-दीक्षा हुई। चारों बच्चों (तीन बेटियाँ, एक

बेटा) के विवाह सानन्द सम्पन्न हुए। पौत्र-पौत्रियों का प्राप्ति-सुख मिला।

13. हिन्दी साहित्य सम्मेलन इलाहाबाद ने स्वत: छतरपुर आकर एक भव्य कार्यक्रम में मुझे 'साहित्य वारिधि' उपाधि से सम्मानित किया, जिसमें छतरपुर के अलावा टीकमगढ़, पन्ना, सतना के साहित्यकार भी उपस्थित थे।

14. छतरपुर रहकर ही मैंने सरस्वती सदन पुस्तकालय छतरपुर व महाराजा महाविद्यालय छतरपुर को हजारों पुस्तकें, शोध-प्रबन्ध, पाण्डुलिपियों व पुरानी पत्रिकायें भेंट की जो दुर्लभ कोटि की हैं।

15. वृद्धावस्था के कारण छतरपुर छोड़ना विवशता बन गयी क्योंकि बीमारी के समय कोई पारिवारिक सहारा नहीं था। कभी-कभी स्थिति गम्भीर हो जाती थी। अत: जब लड़के का पदांकन भोपाल हो गया और लड़के ने स्थायी निवास की व्यवस्था कर ली– तब हम दोनों पति-पत्नी ने छतरपुर छोड़कर भोपाल जाकर रहने का मन बनाया। यद्यपि यह बड़ा कठोर निर्णय था। जिस नगर से 35 वर्षों स्नेह-सम्मान प्राप्त किया, जिस घर में तैंतीस वर्ष सुख से निवास किया, उसे छोड़ने की पीड़ा शब्दों में व्यक्त नहीं की जा सकती–'बिनहि कहे भल दीनदयाला' वाली स्थिति। उस घर की एक-एक ईंट से आत्मीयता थी। उसके निर्माण में गाढ़ी कमाई का पैसा लगा है।

16. अखबार में विज्ञापन निकलते ही ग्राहक आने लगे, क्योंकि मकान बहुत अच्छी स्थिति में नगर की सबसे अच्छी जगह पर है। सहसा मैं दवा लेने डॉ. चौहान के पास पहुँचा। वे मेरा विगत 22 वर्षों से नि:शुल्क ससम्मान इलाज कर रहे हैं। उन्होंने पूछा– 'अंकल, आप भोपाल जाने वाले थे, गये नहीं? मैंने कहा–'डॉक्टर सा. अब कार्यक्रम बदल गया है? उन्होंने जिज्ञासा व्यक्त की– 'वह कैसे?' मैंने बताया कि 'भोपाल स्थायी रूप से जाने का विचार बना है।' उन्होंने पूछा– 'तो क्या मकान किराये पर देंगे?' मैंने कहा– 'नहीं। बेचेंगे।' 'किसे' उन्होंने पूछा। मैंने बताया अभी कुछ भी तय नहीं है। वे बोले– 'एक मकान तो हमें भी लेना है?' मैंने तत्काल कहा– 'डॉ. सा. तब मकान आपका हुआ। मैं और किसी को न दूँगा।' उन्होंने राशि पूछी। मैंने कहा– 'आपके लिए कुछ नहीं।' उन्होंने बार-बार पूछा, मेरा वही उत्तर था। उन्होंने मेरे बेटे से पूछा–उसने भी वही उत्तर दिया। मैंने कहा– 'आपको जो देना हो, दे दीजियेगा।'

आश्चर्य की बात–डॉ. साहब स्वत: मकान देखने नहीं आये। किसी प्रकार के लेन-देन, भाव-ताव, सौदाबाजी के बिना डॉ. चौहान ने मुझसे सारे कागजात प्राप्त कर, अपेक्षित कार्यवाही कर तीन दिन में मकान की रजिस्ट्री अपने बेटे के नाम करवा ली। रजिस्ट्री के बाद जब मैंने उन्हें शुभकामनाएँ दीं तो उन्होंने उठकर सपत्नीक मेरे पाँव छुये। आशीष माँगा। यही नहीं बहू-बेटे ने भी बड़े सम्मान से

चरण स्पर्श किये। यह उनका बड़प्पन है। रजिस्ट्री में भी राशि का पूरा खुलासा नहीं था। बाद में जाना कि डॉक्टर साहब ने कहीं कोई कमी या कंजूसी नहीं की। मेरा सारा परिवार इस बात से बेहद प्रसन्न था कि अपना मकान डॉक्टर चौहान ने लिया। सुपात्र के हाथों पहुँचा।

रजिस्ट्री के दो–तीन दिन बाद ही 8 जून, 2015 को मैं सपत्नीक बेटे के साथ बस से भोपाल रवाना हुआ और इस प्रकार छतरपुर का निवास छूटा किन्तु वह हृदय में आजीवन उपस्थिति का बोध कराता रहेगा। 'मन ह्वै जात अजौ वहै वा जमुना के तीर। राम कीन्ह चाहैं सोई होई।'

पंचम सोपान

शैक्षणिक, अकादमिक, साहित्यिक एवं पारिवारिक सोपान

सन् 1952 में मिडिल–आठवीं (प्रथम श्रेणी), सन् 1954 में दसवीं–हाईस्कूल, सन् 1956 में बारहवीं इण्टरमीडिएट (द्वितीय श्रेणी), सन् 1958 में बी. ए. (द्वितीय श्रेणी), सन् 1960 में एम. ए. हिन्दी (प्रथम श्रेणी–मेरिट में पाँचवाँ स्थान) में परीक्षायें उत्तीर्ण कीं। इण्टरमीडिएट तक उत्तर प्रदेश से और बी. ए., एम. ए., जबलपुर विश्वविद्यालय, म. प्र. से (क्रमशः डी. एन. जैन कालेज व हितकारिणी महाविद्यालय, जबलपुर) से सम्बद्ध थीं। पी–एच. डी. की उपाधि भी जबलपुर विश्वविद्यालय से ही सन् 1964 में प्राप्त की। पी–एच. डी. का विषय था– 'हिन्दी साहित्य में व्यक्तिवादी निबन्ध और निबन्धकार'। जो बाद में सन् 1971 में रचना प्रकाशन, इलाहाबाद से 'हिन्दी–साहित्य में निबन्ध और निबन्धकार' शीर्षक से प्रकाशित हुआ था।

सन् 1963 जुलाई में कला–वाणिज्य महाविद्यालय, बागबहरा में हिन्दी–व्याख्याता बना। लोक सेवा आयोग से चयनित होने के बाद विज्ञान महाविद्यालय, रायपुर में नियुक्त हुआ जहाँ 9–11–1964 को ज्वाइन किया। फरवरी 1971 में सहायक पद पर पदोन्नत होकर शासकीय महाविद्यालय, राजगढ़ (ब्यावरा) पहुँचा। 19–2–71 को सहायक प्राध्यापक हिन्दी बना। वहाँ से स्थानान्तरित होकर अगस्त 1972 में शासकीय महाविद्यालय, टीकमगढ़ में उपस्थित हुआ। जून 1978 में पदोन्नत होकर पुनः राजगढ़ (ब्यावरा) पहुँचा, जहाँ प्राध्यापक पद पर अपनी उपस्थिति दी। अगस्त 1980 में स्थानान्तरित होकर महाराजा महाविद्यालय, छतरपुर पहुँचा। सन् 1989 में कुछ दिन दमोह कालेज में पदस्थ रहा, किन्तु सन् 1990 जुलाई में पुनः छतरपुर महाराजा कालेज आ गया। सन् 1985 में मुझे उपाधि महाविद्यालय के प्राचार्य पद पर पदोन्नत किया गया था किन्तु मैंने सदैव के लिए प्राचार्य पद पर पदोन्नति का परित्याग कर दिया था। शासन ने विधिवत अनुमति भी दे दी, किन्तु अपने ही आदेश का उल्लंघन कर शासन ने 1991 में मुझे पुनः डिग्री कालेज महाराजपुर, जिला छतरपुर में प्राचार्य पद पर पदस्थ किया, जहाँ मैं अप्रैल 1996 तक रहा। वहाँ से

स्नातकोत्तर प्राचार्य पद पर पदोन्नत कर शासकीय महाविद्यालय टीकमगढ़ भेजा गया जहाँ मैं अप्रैल 1996 से दिसम्बर 1996 तक रहा। 31 दिसम्बर, 1996 को शासकीय सेवा से निवृत्त होकर मैं अपने घर प्रसन्नतापूर्वक छतरपुर आ गया।

हिन्दी प्राध्यापक रहते वरिष्ठता के कारण मुझे रीवा विश्वविद्यालय के हिन्दी अध्ययन मण्डल का अध्यक्ष मनोनीत किया फिर, वरिष्ठतम प्राध्यापक के नाते मुझे रीवा वि. वि. का कला संकायाध्यक्ष (डीन) मनोनीत किया गया। यही नहीं, वरिष्ठतम डीन होने के कारण मुझे विश्वविद्यालय की कार्यपरिषद का सदस्य राज्यपाल महोदय द्वारा मनोनीत किया गया। मैंने सदा ईमानदारी से काम किया जिससे कई बार वि. वि. के कतिपय कर्मचारियों-अधिकारियों को असुविधा हुई। उनका गलत कारबार न चल सका तो मेरे विरुद्ध अनेक बाधायें खड़ी कर हटाने की चेष्टा की गयी। षड्यन्त्रकारियों के झाँसे में आकर कुलसचिव और कुलपति ने भी हस्ताक्षर कर दिये, किन्तु हाईकोर्ट की लताड़ पड़ते ही उन्हें मुँह की खानी पड़ी और अपना गलत आदेश निरस्त करते हुए शर्मिन्दगी उठानी पड़ी। मैंने अनुभव किया कि ईश्वर के यहाँ न्याय है। निर्बल के बल राम होते हैं। उस समय मैं देश के अनेक विश्वविद्यालयों से कई रूपों में जुड़ा था।

साहित्यिक लेखन का प्रारम्भ तो 1956 से ही जबलपुर में हो गया था। सर्वप्रथम 'संघर्ष' साप्ताहिक पत्रिका के होली अंक में मेरे दो छन्द छपे थे–शीर्षक था–'रही चाह तुम्हारी।' जिसकी प्रथम पंक्ति थी– 'ऐ नन्दलाल लगाओ गुलाल न देख न लेय कहीं पर कोई... ।' इसके बाद जनवरी 1957 में मेरे दो लेख 'दैनिक भारत' इलाहाबाद में प्रकाशित हुए जो क्रमशः मदन मोहन मालवीय और विनोवा भावे से सम्बन्धित थे। दोनों लेखों का दस-दस रुपया मानदेय भी मिला था जो मेरे लिए अमूल्य ऐतिहासिक उपलब्धि थी। केन्द्रीय विद्यालय में नौकरी होने से अखबार, पत्रिकायें और पुस्तकें पढ़ने की बड़ी सुविधा थी। बाद में जब कुछ दिन दैनिक 'नवीन दुनिया' से जुड़ा तो लेखन और प्रकाशन नियमित होने लगा। अब तो हिन्दी जगत की पत्रिकाओं में मेरे लेख प्रकाशित होते रहते हैं। मेरी प्रथम तीन छात्रोपयोगी पुस्तकें– 1. एकांकी संकलन 2. एकांकी और एकांकीकार तथा 3. 'नारी : एक अध्ययन' कमल प्रकाशन, राँची से प्रकाशित हुई थी। फिर छ. ग. हिन्दी साहित्य सम्मेलन, रायपुर ने 'समवाय' छापी। फिर सन् 1971 में रचना प्रकाशन, इलाहाबाद ने तीन नयी महत्त्वपूर्ण पुस्तकें छापीं। 1. आधुनिक काव्य : सन्दर्भ और प्रकृति, 2. छत्तीसगढ़ का साहित्य और उसके साहित्यकार, 3. हिन्दी साहित्य में निबन्ध और निबन्धकार (शोध-प्रबन्ध) सेवा निवृत्ति के बाद लेखन-प्रकाशन दोनों में गति आयी। अब तक मेरी 36 पुस्तकें प्रकाशित हो चुकी हैं जिनमें समीक्षा, निबन्ध, व्यंग, नाटक, साक्षात्कार, काव्य आदि शामिल हैं। 1. अरमान वर पाने का, 2.

निन्दक नियरे राखिये और 3. अथ काटना कुत्ते का भइया जी को, तीन व्यंग्य-संग्रह हैं। 'कभी-कभी यह भी' और 'खरी-खरी' दो काव्य-ग्रन्थ हैं। 'खरी-खरी' में 700 से अधिक कुण्डलियाँ हैं।

रचना से रचना तक, रचना अनुशीलन, सृजन-विमर्श, तुलसी के तेवर, चिन्तन-अनुचिन्तन, शब्दों के रंग : बदलते प्रसंग, कर्म और आराधना आदि निबन्ध और समीक्षा के ग्रन्थ हैं। बुन्देलखण्ड के अज्ञात रचनाकार, सुदामा चरित, वीर विलास, रस विलास शोध ग्रन्थ हैं जिनकी सामग्री पहली बार सम्पादित-प्रकाशित होकर साहित्य-जगत के सामने आयी है। 'संवाद : साहित्यकारों से' ऐसा ग्रन्थ है जिसमें देश के प्रमुख साहित्यकारों के पत्र संकलित हैं। उनके पत्र महत्त्वपूर्ण दस्तावेज हैं। हिन्दी के साथ बुन्देली में भी मेरा पर्याप्त लेखन है। सैकड़ों मान-सम्मान मिले। राष्ट्रपति भवन से लेकर घर तक।

मेरा परिवार

मई 1961 में विवाहोपरान्त कुमारी लक्ष्मी हूँका श्रीमती लक्ष्मी बरसैंया मेरी धर्मपत्नी बनकर जब जबलपुर से छोटे-से गाँव भौंरी आयीं तो नजारा सब कुछ बदला हुआ था। कहाँ जबलपुर जैसा बड़ा शहर बिजली, नल, पानी, पंखा, खाना-पीना आदि सबकी सुविधा और यहाँ गाँव में कच्ची गलियाँ, कच्चे खपरैल घर, न बिजली, न नल, न पंखा, न गैस चूल्हा। शाम हुई और लालटेन या डिब्बी जली। चूल्हे में लकड़ी से खाना पकाना। हाथ से पंखा हिलाना, कुएँ से पानी भरना। घर का सारा काम हाथ से करना। लीपना-पोतना भी। लगता था कि 16-17 वर्षीय इस नववधू को इस वातावरण में समरस होने में बड़ी दिक्कत होगी, लेकिन संस्कारों का प्रभाव अद्भुत होता है। नववधू ने अपने पिता से यही संस्कार प्राप्त किये थे कि ससुराल में परिस्थिति के अनुसार आचरण करना तथा सबकी सेवा करना। लक्ष्मी जी ने अक्षरश: माता-पिता की सीख का पालन किया और अपने स्वभाव और व्यवहार से बहुत शीघ्र सबकी प्रिय बन गयी। मेरी माँ भी स्वभाव से देवी थीं। वे वधुओं को बेटियों जैसा स्नेह देती थीं। मेरी बड़ी भाभी भी बड़ी सहज और स्नेहिल थीं।

कुछ दिनों बाद हम दोनों जबलपुर आ गये और लगभग दो वर्ष बाद जबलपुर छोड़कर बाहर जाना पड़ा। तब तक हम दोनों एक पुत्री के माता-पिता बन गये थे और श्रीमती घर-गृहस्थी चलाने में पारंगत हो चुकी थी। मेरी बड़ी बेटी रश्मि ने गाँव भौंरी में आँख खोली और दूसरी-तीसरी बिटिया जबलपुर में जन्मी। बेटे का जन्म 1971 में राजगढ़ में हुआ। बड़ी बिटिया ने एम. ए. हिन्दी के साथ बी. एड. किया। उसके एक बेटा, एक बेटी। दोनों विवाहित। दोनों दम्पत्ति इंजीनियर। बड़ी बेटी के

लड़के को लड़का और लड़की को भी लड़का है। सभी नौकरी में हैं। बेटा बहू विदेश रह आये हैं। दूसरी बिटिया रजनी की दो बेटियाँ हैं। दोनों इंजीनियर सर्विस में हैं। बड़ी बेटी दामाद अमेरिका में हैं। उनके एक बेटी है। रजनी हायर सेकेन्डरी स्कूल में प्राचार्य है। दामाद स्टेट बैंक में आफीसर हैं। बड़े दामाद कैनरा बैंक में मैनेजर थे। स्वैच्छिक अवकाश लेकर अकादमी चला रहे हैं। रजनी एम. एस-सी. (रसायन), बी. एड. है। तीसरी बेटी रीता हिन्दी में एम. ए., पी-एच. डी. है। वर्तमान में शासकीय महाविद्यालय, उतई (जिला-दुर्ग) में हिन्दी प्राध्यापक पद-पदस्थ है। उसके एक बेटी एक बेटा है। बेटी बी. काम., एम. बी. ए. है। सर्विस में है और बेटा बी. ई. प्रथम वर्ष का विद्यार्थी है। दामाद की स्टील फैक्ट्री है। बेटा अभिलाष बी. एस-सी., एम. ए. है। उसके एक बेटी, एक बेटा है। बेटी 11वीं में और बेटा नौंवी में पढ़ रहे हैं। छोटे किन्तु उत्साही हैं। हमारा बेटा अभिलाष भारतीय जीवन निगम भोपाल में अधिकारी और बहू रचना एम. एस-सी. उत्तीर्ण, सुशिक्षित है। भरे-पूरे संस्कारित परिवार में पली-बढ़ी। ग्वालियर कन्या महाविद्यालय में बी. एस-सी., एम. एस-सी. किया। अत्यन्त कर्मठ, विनम्र, कार्यकुशल, घर-गृहस्थी संचालित करने में पटु है। उत्साह भाव से अतिथि-सत्कार और सामाजिकता उसके स्वभाव में है। सभी बड़ों का आदर करती है और जरूरतों का ख्याल रखती है। घर-संचालन में पर्याप्त दायित्व वहन करती है।

पत्नी के बारे में ऊपर बता ही चुका हूँ। जब राजगढ़ से स्थानान्तरित होकर टीकमगढ़ आया तो पत्नी को समवयस्क महिलाओं का ऐसा सत्संग मिला कि बाजार जाकर सामान की खरीददारी व गृहस्थी की जरूरतें समझने की महारत हासिल कर ली। टीकमगढ़ से लेकर छतरपुर निवास तक घर-गृहस्थी सम्बन्धी सारा बाजार वे ही करती रहीं। मैं निश्चिन्त था। आठवीं उत्तीर्ण आयी थीं। रायपुर में हायर सेकेण्डरी और टीकमगढ़ में बी. ए., एम. ए. उपाधि प्राप्त की। रायपुर में टेलरिंग भी सीखी। चार-चार बच्चों को सँभालते हुए, मेरी जरूरतों को पूरा करते हुए, आने-जाने वालों का सत्कार करते हुए, दो-दो बड़ी परीक्षायें उत्तीर्ण करना बहुत बड़ी बात है। यह उनकी कर्मठता और लगनशीलता का प्रमाण है। कभी कोई असुविधाजनक माँग नहीं थी। कन्धे-से-कन्धा मिलाकर साथ चली। उनकी सबसे प्रशंसनीय बात मेरी माँ अर्थात् उनकी सास की सेवा करना है। माँ गाँव से बीमार होकर टीकमगढ़ आ गयीं। उनकी भरपूर चिकित्सा की व्यवस्था की गयी किन्तु सुधार न हुआ। पता चला 'मैननजाइटिस' है। अस्पताल में भरती करना पड़ा। वे चेतना शून्य हो गयी। उस समय अस्पताल के डॉ. सिंह तथा नगर के अनेक लोगों ने बड़ा सहयोग किया जिनका जिक्र पहले कर चुका हूँ। लेकिन पत्नी ने जो सेवा की वह अकल्पित है। अस्पताल में मेरी दूसरे नम्बर की बिटिया अधिकांश समय रहती

थी। तमाम उपचार के बाद भी जब सुधार के लक्षण न दिखे तो डॉक्टरों ने घर ले जाने की सलाह दी। घर लाकर चिकित्सा की पूरी व्यवस्था की। कम्पाउण्डर लगाया। डॉक्टर का नियमित आना होता, लेकिन उनकी नियमित साफ-सफाई, कपड़े बदलना, स्पंजिंग करना, कई-कई बार टट्टी धोना सरल कार्य न था। इतनी श्रद्धा और निष्ठा से श्रीमती जी ने उनकी सेवा की कि आने-जाने वाले दिल खोलकर प्रशंसा करते। उनकी सेवा में न कभी क्षोम व्यक्त किया न घिन-घृणा। कहती थीं जीवन में पहली बार उनकी सेवा का अवसर मिला है। हमारे मकान मालिक भी खूब हिम्मत देते।

जन्माष्टमी का दिन। रात लगभग नौ बजे का समय। भगवान कृष्ण का पूजन चल रहा था तभी दीदी के गले से घरघराने की आवाज आयी। मैं अपनी माँ को दीदी कहता था। लगा कि जाने वाली है। मैं दौड़कर आया और जोर से कहा– 'दीदी आज जन्माष्टमी है। आज न जाना।' पता नहीं उन्होंने सुना या नहीं, आवाज आयी– 'हाव।' रात कटी। सुबह श्रीमती जी ने उन्हें कुल्ला-मंजन कराया। स्पंज किया। कपड़े बदले और जन्माष्टमी का प्रसाद खिलाया। मुँह में डालते ही, मुँह चलाकर गुटका। थोड़ी देर बाद मैंने दीदी के पास आकर कहा–'तुमने जन्माष्टमी का प्रसाद खा लिया, अब जा सकती हो।' सुनकर श्रीमती ने झिड़का– 'ऐसा कैसे कहते हो। ऐसा कहा जाता है' और देखते-देखते दीदी के गले से जोरों की घरघराहट की आवाज आने लगी। मैं घबराया। श्रीमती जी घबरायीं। खरे जी और श्रीमती खरे दौड़कर आयीं। खरे जी ने कहा–घबराने, रोने की जरूरत नहीं है। दीदी जा रही हैं। उनकी व्यवस्था करो। कंबल बिछाओ। गंगाजल डालो। गीता सुनवाओ। पण्डित जी गीता सुनाते रहे और माता राम हम सबको छोड़कर कृष्णलोक को पयान कर गयीं। यह जन्माष्टमी के दूसरे दिन सन् 1977 की बात है। अब केवल यादें बाकी हैं।

आज मेरा परिवार सभी प्रकार से सानन्द है। हम दोनों भी भोपाल में बेटे-वधू के पास रह रहे हैं। बुढापे में आश्रय तो चाहिए। मैंने सारा दायित्व, सारा हिसाब-किताब बेटे को सौंप दिया है। सारी जिम्मेदारियों से मुक्ति ले ली। खाना-पीना, लिखना-पढ़ना, टहलना, भगवत भजन करना–यही दिनचर्या है। सुबह पाँच-साढ़े पाँच बजे उठकर रात नौ बजे तक व्यस्तता बनी रहती है। समय का पता ही नहीं चलता। 80 वर्ष की आयु में स्वास्थ्य भी ठीक-ठाक है। सब ईश्वरीय कृपा है।

साठ वर्ष पूरे होने पर मैंने लिखा था– 'मेरा घर तो नन्दनवन है फिर क्यों स्वर्ग ढूँढ़ने जाऊँ।' आज मैं पुन: उन पंक्तियों को दुहराकर ईश्वर को पूरी विनम्रता से प्रणाम करता हूँ। प्रतिदिन उनके चरणों में आधा घण्टा बैठता हूँ। प्रतिदिन रामायण पढ़ता हूँ। यह सदैव का नियम रहा है।

मेरा सिद्धान्त रहा 'सादा जीवन, उच्च विचार'। सच्चाई के मार्ग पर चलो।

छल-कपट मत करो। झूठ मत बोलो। जितनी चादर हो उतने पाँव पसारो। दूसरों के बड़प्पन की नकल मत करो। अपना कर्तव्य पूरी शक्ति और निष्ठा से निभाओ। मेरी पत्नी ने इन सिद्धान्तों का पालन किया। बच्चों ने यही संस्कार ग्रहण किये। आज तक कोई शिकायत नहीं। चार-चार विवाह करने के बावजूद कभी एक पैसे का कर्ज नहीं रहा। यह कम बात नहीं है। 'देन हार कोउ और है देत रहत दिन रैन। राम कीन्ह चाहैं सोई होई।'

मेरे जीवन-साथी

श्रीमती लक्ष्मी बरसैंया

हर लड़की की कामना होती है कि उसे अच्छा घर, वर और परिवार मिले। यह मेरा सौभाग्य और ईश्वर की बड़ी कृपा है कि मुझे प्रख्यात साहित्यकार डॉक्टर गंगाप्रसाद बरसैंया पति के रूप में जीवनसाथी मिले जिन्होंने भाँवरों के समय दिये गये वचनों को निभाने में कोई कमी नहीं आने दी। उसी प्रकार मुझे उनका सात्त्विक स्नेहिल परिवार भी मिला। डॉ. बरसैंया जी की माँ–जिसे सब लोग घर में 'दीदी' कहते थे–अत्यन्त सीधी, सरल, साधु प्रकृति की ममतालु माँ थीं जिन्होंने सदैव अपनी बेटी की तरह अपना प्यार-दुलार दिया।

विवाह के बाद जब मैं ससुराल गाँव भौंरी पहुँची तब मैंने जाना कि गाँव कैसा होता है। कच्चे खपरैल घर, कच्ची गलियाँ। न नल, न बिजली-पंखा, न गैस चूल्हा, न नौकर-चाकर। शाम हुई और डिब्बी या लालटेन के उजाले में सारे काम-काज। लेकिन दीदी की छत्रछाया और बरसैंया जी के सहयोग से कभी कोई असुविधा नहीं हुई। घर का वातावरण अत्यन्त सुखद और अपनत्व से परिपूर्ण था। गाँव में ज्यादा रहने का अवसर तो नहीं मिला, लेकिन जितना मिला, उतने में जाना कि अच्छी सास और माँ में कोई अन्तर नहीं होता। नौकरी के दौरान गर्मियों की छुट्टियों में जब गाँव जाते तो बच्चे खुले-फैले मैदान में खूब खेलते, मस्ती करते और दीदी को लगता कि उन्हें क्या-क्या, खिला-पिला दें। लौटते समय भी वे ढेरों सामान इनके मना करने पर भी बाँध देतीं।

गाँव में रहकर और इनके सम्पर्क से जो पहला पाठ सीखा वह यह कि कम साधनों में जीवन कैसे चलाया जाये। इनका सिद्धान्त रहा है कि 'सादा जीवन उच्च विचार' और 'तेते पाँव पसारिये जेती चादर होय।' यह भी कि आत्मविश्वास के साथ अपने कार्य स्वयं करना एवं परिवार-पड़ोसियों से सदा नेम-प्रेम बनाये रखना। सुख और शान्ति से जीने के ये ऐसे मन्त्र हैं कि ईमानदारी से जीने वाला व्यक्ति या परिवार कभी दुःखी नहीं हो सकता। इसका अनुभव मैंने पूरी तरह से इनमें और अपने में देखा।

जबलपुर छोड़कर जब बागबहरा पहुँचे तब हम एक पुत्री के माता-पिता बन

चुके थे। उस अपरिचित जगह में अकेले घर-गृहस्थी चलाने का व्यावहारिक ज्ञान और बच्ची को पालना सीखा। रायपुर आने पर जीवनानुभवों का विस्तार हुआ। बड़ी जगह, बड़ी गृहस्थी, बड़े खर्चे, बड़े सम्पर्क और बड़े दायित्व। तब तक तीन बेटियाँ स्कूल जाने लगी थीं। इन्होंने अपनी नौकरी और शासकीय दायित्वों को सदैव प्राथमिकता दी। आजीवन महाविद्यालयीन सेवा में रहे। लिखना-पढ़ना, प्रकाशित कराना विवाह से पूर्व ही प्रारम्भ हो गया था। बागबहरा आकर छत्तीसगढ़ को अपनी लेखनी का केन्द्र बनाया जिससे इनकी वहाँ ख्याति बढ़ी। कुछ मित्र भी बन गये थे। रायपुर आकर उसमें खूब बढ़ोत्तरी हुई। नवम्बर 64 में रायपुर आये और जनवरी 65 में इन्हें विवेकानन्द आश्रम में बालि पर भाषण देने का अवसर मिला। उस भाषण का प्रभाव ऐसा हुआ कि चतुर्दिक इनकी प्रशंसात्मक चर्चायें हुईं और ये उस क्षेत्र के साहित्यिक-सांस्कृतिक कार्यक्रमों के प्रमुख वक्ता बन गये।

इनकी दिनचर्या थी– सुबह 7 बजे कालेज जाना। इन्होंने सदैव कालेज में प्रथम पीरियड की कक्षा ली। दो बजे लौटकर नहाना-खाना। 6 बजे तक पत्र-पत्रिकायें-किताबें देखना-पढ़ना। कल की कक्षाओं की तैयारी करना। शाम को गोष्ठियों में जाना, मित्रों के साथ बैठना और रात में एक-डेढ़ बजे तक लिखना या टाइप करना। नौकरी में रहते उन्हें रात में उसी तारीख में सोते मैंने नहीं देखा। अब तो दिनचर्या बदल गयी है। टाइप करना कई वर्षों पूर्व छोड़ दिया था और अब रात्रि में देर तक जगना भी बन्द है, क्योंकि सेवा-निवृत्ति के बाद दिन में ही पर्याप्त समय मिल जाता है। रायपुर में इनकी व्यस्तताओं ने घर-गृहस्थी का सारा दायित्व मुझ पर डाल दिया था। बच्चों की देखभाल के साथ, बाजार की खरीद-फरोख्त मेरे जिम्मे आ गयी। इससे मेरा भी ज्ञान बढ़ा। इन्होंने कभी मेरे कामों-व्यवस्थाओं में टोका-टाकी नहीं की। जरूरत पड़ने पर पूरी मदद करते रहे और स्वयं भी काम सँभालते रहे।

पढ़ाई-लिखाई के साथ इन्हें बाग-बगीचे का बड़ा शौक है। रायपुर में जब बड़ा घर रहने को मिला तो इन्होंने माली लगाकर बड़ा बगीचा विकसित किया। घर एक तरह का बँगला था। फैला हुआ मैदान, उसी में छोटी पानी से लबालब कुइयाँ। नाना प्रकार के फूलों के पौधे तो लगाये ही, साग-सब्जी भी लगायी। बगीचे का अन्दाज इसी से लगायें कि उसमें बीस अलग-अलग रंग के गुलाब थे। रोज शाम को सौ बाल्टी पानी डालना पड़ता था। एक जन पानी खींचता, दूसरा पौधों में डालता। यह कार्य रोज शाम को हम दोनों करते। माली सप्ताह में एक दिन ही आता था। बड़ा ज्ञानी और कर्मठ था। उसी समय ये विदेशी ब्रीड का एक पिल्ला ले आये जो इनके तत्कालीन प्राचार्य के यहाँ था। उसे मैंने बच्चे की तरह पाला। तब तक उसकी आँखें नहीं खुली थीं। उसे फाहों से दूध पिलाती थी। बड़ा होकर जब भूँकता था तो प्रसन्नता होती थी। बड़ा प्यारा था। नाम था कृति। दु:खद यह है कि जब रायपुर से राजगढ़ ट्रांसफर हुआ

तो बगीचा और कुत्ता दोनों छोड़ना पड़ा, क्योंकि राजगढ़ का मकान बहुत छोटा था। बगीचे में पचास गमले थे। गृहस्थी का कुछ बड़ा सामान भी छोड़ना पड़ा था।

इनका ध्यान सदैव अपने लेखन-प्रकाशन पर रहा। बच्चों की पढ़ाई-लिखाई की कभी विशेष व्यवस्था नहीं की। कभी ट्यूशन नहीं लगायी। हमेशा शासकीय स्कूलों में नाम लिखाकर निश्चिंत हो जाते थे। उनके परीक्षा परिणामों के लिए कभी चिन्ता नहीं की। मैं जब ससुराल आयी तो आठवीं पास थी। मैंने आगे पढ़ने की इच्छा व्यक्त की तो बोले—पढ़ो, परीक्षा दो लेकिन अपने बल-भरोसे। घर में भी कभी-कभी ये बच्चों को पढ़ाते थे। उसका प्रभाव मुझ पर भी पड़ा और गृहस्थी के दायित्व सँभालते हुए मैंने हायर सेकेण्डरी, बी. ए. और एम. ए. की परीक्षायें उत्तीर्ण की।

रायपुर तक न हमारे पास फर्नीचर था, न पंखा, न अन्य सजावट के सामान। इनके विभागाध्यक्ष डॉक्टर श्यामसुन्दर लाल दीक्षित का जब रायपुर से शिवपुरी ट्रांसफर हुआ तब उन्होंने अपना फर्नीचर आग्रहपूर्वक इन्हें बहुत कम दामों में दिया। सोफा, चार कुर्सी (बरेली वाली) टेबिल ड्राज वाली, पलँग तथा सेण्ट्रल टेबिल। सब सागौन के मात्र ढाई या तीन सौ रुपयों में। बाकायदा रसीद तक दी। दूसरी बिटिया गम्भीर बीमार पड़ी तो डॉक्टर ने ए.सी. में रखने की सलाह दी, तब किस्तों में उषा पंखा और सिलाई मशीन खरीदी। मैंने सिलाई सीखी। दुबारा राजगढ़ आने पर ट्रांजिस्टर लिया, क्योंकि बेटा रोता था और गाना सुनकर चुप हो जाता था।

रायपुर में इनका बड़ा सम्मान था। बड़े-बड़े प्रतिष्ठित साहित्यकारों से परिचय और आना-जाना था। वहीं इनके शोध-प्रबन्ध के अलावा दो अन्य पुस्तकों का प्रकाशन हुआ। इन्हें अपने लेखन से काम। कभी-कभी खीझ और नोक-झोंक भी हो जाती थी। रायपुर में सजातीय लोगों की बैठकें घर में देर रात तक चलतीं। मुझे आतिथ्य-सत्कार की पूरी व्यवस्था करनी पड़ती थी। नाश्ता और भोजन भी। दोपहर का भोजन ये महीनों रसोई में न कर पाते थे। कोई-न-कोई मेहमान साथ होता था तो भोजन ड्राइंगरूम में होते थे। इससे इनके लेखन में बाधा पड़ती थी। कभी-कभी मुझे ड्राइंगरूम के कमरे में बाहर से ताला लगाना पड़ता था ताकि कोई डिस्टर्ब न करे। टीकमगढ़ और छतरपुर आकर तो इनके लेखन और सामाजिक सम्पर्क का दायरा और अधिक बढ़ गया । सुबह से रात तक आना-जाना लगा रहता। रोज कार्यक्रम होते। इससे अन्दाजा लगायें कि लड़के का विवाह-सम्बन्ध तय होने के पहले जब समधी जी ने पूछा कि हमें क्या व्यवस्था करनी पड़ेगी तो इनका कहना था— 'पहली बात तो यह कि मेरे घर मेहमानों-मित्रों का सुबह से रात तक आना-जाना लगा रहता है। आप अपनी बेटी से कहें कि उनके सत्कार में कभी कोई कमी नहीं होनी चाहिए। दूसरा— 'आप जो खर्च करना चाहते हैं उसमें से दस हजार कम

खर्च करें लेकिन कर्ज न लें और छतरपुर आकर शादी करें, क्योंकि मैं बीमार चल रहा हूँ। उस समय इन्हें श्वास का बहुत कष्ट था जो आज भी अपना प्रभाव दिखाता रहता है। इन्होंने अपनी शादी भी बिना दहेज के की थी।

मितव्ययिता का अर्थ यह नहीं कि इन्होंने कभी मेरी या बच्चों की सुख-सुविधाओं में कभी कोई कमी की हो। भरपूर प्यार-दुलार सभी को मिला। कभी-कभी हम दोनों में नोक-झोंक हो जाती थी, पर अनबन की स्थिति कभी नहीं आयी। मैं पचास-बावन साल से सोरायसिस की मरीज हूँ। इन्होंने मेरे इलाज में पूरी शक्ति लगा दी। सारी पैथियाँ आजमायीं। दूर-दूर तक ले जाकर डॉक्टरों को दिखाया। लाखों रुपया खर्च किया। पर कभी क्षोभ व्यक्त नहीं किया। घर में यदि किसी को कोई कष्ट है तो ये परेशान हो जाते हैं। पारिवारिक मामले में नर्वस और बाहरी सामाजिक कार्यों में धाकड़ हैं। मित्रों पर इनको अखण्ड विश्वास है। चारो बच्चें के विवाह छतरपुर से हुए। सारी व्यवस्थायें मित्रों ने की। दौड़धूप और पैसों की व्यवस्था इनके जिम्मे। इन्हें तो बाद में पता चलता था कि भोजन में क्या बना था और विदाई में क्या-क्या दिया। यह सब दायित्व मेरा होता था और मुझ पर सदैव इन्हें पूरा भरोसा रहा है, आज भी है।

किताबें इन्हें अतिप्रिय हैं। पूरा घर किताबों से भरा। और सामान के लिए जगह नहीं। किसी को किताबें देने में सोच-विचार, किन्तु जब लहर आयी तो लगभग दो हजार पुस्तकें सरस्वती सदन पुस्तकालय छतरपुर को भेंट कर दीं। सारे शोध-प्रबन्ध और पाण्डुलिपियाँ महाराजा कालेज को दे दीं और भोपाल आने पर एक हजार पुस्तकें अटल बिहारी हिन्दी विश्वविद्यालय, भोपाल को सौंप दी। छतरपुर छोड़ते समय अपनी स्व-रचित सैकड़ों पुस्तकें मित्रों को बाँट दीं।

मेरी इच्छा चारों धाम करने की थी। इन्होंने पूर्ण स्वस्थ न रहते हुए भी पैंतालीस दिनों की तीर्थ-यात्रा करायी, जिसमें देश के प्राय: सभी धार्मिक स्थल देखने का सौभाग्य मिला। उत्तराखण्ड के चार धाम रह गये थे वह पूरे परिवार के साथ सन् 2011 में पूरे हुए। उन्हें बीच-बीच में कष्ट होता रहा। पर मेरी भावनाओं का ख्याल रखा। मैंने अनुभव किया कि वे मुझे तनिक भी दु:खी देखना नहीं चाहते। मन का काम न होने पर इन्हें गुस्सा तो आता है, पर वह क्षणिक ही होता है। अगर मैंने कभी कोई इच्छा व्यक्त की तो समय पाकर पूरा करने का पूरा प्रयास किया। एक बार मेरी लापरवाही से मेरे सोने के जेवर चोरी चले गये। घर में ढूँढ़ा कहीं नहीं मिले। बहू-बेटे ने बड़ी मेहनत की लेकिन चोरी की चीज गयी, सो गयी। इन्हें नहीं बताया। आठ-दस दिन बाद मैंने धीरे से इन्हें जानकारी दी तो पहले तो क्रुद्ध और दु:खी हुए क्योंकि सारा जीवन मितव्ययिता से जीने वाले के लिए घटना दु:खद तो है लेकिन थोड़ी ही देर में सामान्य होकर कहा—कोई बात नहीं। जितने दिन तुम्हारे भाग्य में था

तुमने पहना अब जिसके भाग्य में होगा वह पहनेगा। पुलिस में शिकायत की। उसने एक-दो लोगों को पकड़ा किन्तु उनके रोने-धोने पर स्वतः छुड़वा दिया। इससे इनके संवेदनशील स्वभाव का अनुमान लगाया जा सकता है। ये मन आने पर दान-दक्षिणा करते हैं, संस्थानों में योगदान करते हैं, पर उसका खुलासा नहीं करते। तीस वर्षों से श्वास के रोगी हैं किन्तु प्रारम्भ में एक-डेढ़ वर्ष छोड़कर कभी अकर्मण्य बनकर नहीं रहे। इलाज में कष्ट भी उठाये और साधना भी की। उन्हें झूठ, पाखण्ड और बड़प्पन-प्रदर्शन से बड़ी चिढ़ है।

आज भी उनकी दिनचर्या यथावत है। सुबह 5 बजे उठना। एक घण्टा सुबह घूमना। एक घण्टा व्यायाम, योग करना। शाम को घूमना। दोपहर में भोजनोपरान्त एक-डेढ़ घण्टा विश्राम और फिर तीन-चार घण्टा पठन-पाठन-लेखन। आज भी उनके पास प्रतिमाह 15-20 पत्रिकायें आती हैं। रोज डाक आती है। एक घण्टा पूर्वाह्न में उनका समय पत्राचार के लिए निश्चित है। प्रतिमाह एक-दो-तीन लेख पत्रिकाओं में छपते रहते हैं। यह उनकी साधना ही है कि अब तक उनकी 35 से अधिक पुस्तकें छप चुकी हैं। वे स्वयं पैसा खर्च कर पुस्तकें छपवाते हैं। मित्रों-साहित्यकारों को बाँटते हैं। इसमें उन्हें सुख मिलता है। उनका कहना है कि मैं कोई नशा नहीं करता, पान-बीड़ी-सिगरेट, सिनेमा में खर्च नहीं करता। अपनी पेंशन का सदुपयोग साहित्य-साधना में करता हूँ जिससे मुझे सुख तथा आत्मिक आनन्द मिलता है। प्रायः रोज उनके पास समीक्षार्थ या भूमिका लिखने हेतु पुस्तकें आती हैं, वे यथाशक्ति उन पर अवश्य लिखते हैं। निराश नहीं करते। उनका मानना है कि जिसने बड़ी आशा और विश्वास से आग्रह किया है उसे ठुकराना या निराश करना अपराध है। उसकी आत्मा दुःखी होगी जबकि लिखने से उसे आत्मिक सुख होगा। उसके सुख से मुझे भी सुखानुभूति होती है। न लिख पाने पर क्लेश होता है। लोगों की शिकायत है कि समय नहीं कटता और हमारे पतिदेव को समय कम पड़ता है। सदैव व्यस्त रहते हैं। हर पत्र का उत्तर देना, हर पत्रिका के अच्छे लेखों, रचनाओं पर अपनी प्रतिक्रिया अवश्य व्यक्त करते हैं। जब सम्बन्धित लेखकों से धन्यवाद का पत्र मिलता है तो इन्हें सन्तुष्टि होती है कि अच्छी रचना को प्रशंसा मिली। यह पाठक व साहित्यकार का दायित्व भी है। प्रतिक्रिया से सर्जक को शक्ति मिलती है। आजकल फोन भी व्यस्तता और सम्पर्क का कारण है।

ये भोपाल में बड़ा निश्चिन्त जीवन जी रहे हैं। सारा दायित्व, सारी जिम्मेदारियाँ बेटे को सौंपकर प्रसन्न हैं। नित भगवान की पूजा करना, रामायण पढ़ना और मन्दिर जाना उनकी दिनचर्या में शामिल है। भोपाल में भी कई संस्थाओं से जुड़े हैं। परिचय क्षेत्र भी बड़ा है, पर स्वास्थ्य और दूरी के कारण कार्यक्रमों में कम जाते हैं। इससे निकट-सान्निध्य का सुख मुझे मिलता है। ईश्वर पर इनका अखण्ड विश्वास है, पर कर्म से मुँह नहीं मोड़ते।

जीवनसंगिनी लक्ष्मी बरसैंया

मेरे पिता जी

रजनी खरया, प्राचार्य

मैंने बचपन से ही अपने पिताजी को कर्मपुरुष के रूप में देखा है। एक सच्चे, परिश्रमी, सिद्धान्तवादी, समय के पाबन्द, अनुशासन प्रिय, चमक-दमक से दूर, सादा जीवन उच्च विचार को चरितार्थ करता उनका चमकदार व्यक्तित्व। समय के साथ इसमें और निखार आता गया। वे अपनी आयु के सुनहरे अस्सी वर्ष पूर्ण कर इक्यासीवें वर्ष में प्रवेश कर चुके हैं। इतने लम्बे समय में भी कोई परिवर्तन नहीं। जाने कितने उतार-चढ़ाव, उन्होंने अपने जीवन में देखे, परन्तु कोई समझौता नहीं। यही तो उनके व्यक्तित्व की सबसे बड़ी विशेषता है।

मैं प्रारम्भ से ही अपने पिताजी से बहुत प्रभावित हूँ। मैंने हमेशा उन्हें किताबों में से घिरा हुआ और कलम के साथ देखा। उन्हें वीणा पाणि माँ सरस्वती का आशीर्वाद प्राप्त है। वे किसी भी विषय में लिखने बैठते और लगातार बिना रुके कलम चलने लगती। उनके पास शब्दों का भण्डार है। उनकी लेखनी अत्यन्त प्रभावशील है। उनकी हिन्दी भाषा बहुत समृद्ध है। उनके भाषणों से प्रभावित होकर मैं भी बचपन से ही भाषण, वाद-विवाद, निबन्ध आदि प्रतियोगिताओं में भाग लेने लगी थी। वे स्वयं मेरी जिद पर मुझे लिखवाते, साथ ही मंच पर जाकर कैसे बोलना है, यह अभ्यास भी करवाते और हमेशा मैं प्रथम आती। आज मैं प्राचार्य के रूप में कार्य कर रही हूँ। उनके द्वारा उत्पन्न किया गया यह आत्मविश्वास मेरे व्याख्याता से प्राचार्य तक के सफर में हमेशा काम आया फलस्वरूप सभी के समक्ष मैं बेझिझक अपनी बात रख पाती हूँ।

हम तीन बहनें एवं एक भाई हैं। उस जमाने में भी हमें कभी लड़की होने के कारण लालन-पालन में कोई भेदभाव दिखाई नहीं दिया। मैं पढ़ाई के साथ-साथ N.C.C., गाइड, एन. एस. एस. सभी गतिविधियों में भाग लेती और कैम्प में बाहर जाती। मुझे पढ़ाई प्रभावित किये बिना की शर्त पर जाने की अनुमति मिलती।

मेरे पिताजी, खुले दिमाग के एवं जिन्दादिल इन्सान हैं। उनके हँसी के ठहाके तो पूरे मोहल्ले में गूँजते थे। खाने-पीने एवं खिलाने-पिलाने के अत्यधिक शौकीन। एक तनख्वाह में छः सदस्यों के परिवार का लालन-पालन। मोटा पहनाया, परन्तु

खिलाना-पिलाना, घुमाना इनमें कोई समझौता नहीं।

सम्बन्ध बनाने एवं निभाने में उनका कोई सानी नहीं होगा। प्रारम्भ से ही पत्रों से सतत सम्पर्क में रहे। कोई भी पत्र आये उसका तत्काल जवाब देते। फलस्वरूप हमारे क्षेत्र का डाकिया एक भी दिन आराम नहीं कर पाता। चाहे किसी की डाक हो या न हो पर हमारे घर तो उसे दोनों समय आना पड़ता। मेरी ड्यूटी पोस्ट ऑफिस से पोस्टकार्ड, अन्तर्देशी, लिफाफे और टिकिट लाने की रहती। इतनी सारी मात्रा में कि स्टाफ के लोग भी आश्चर्य करते। और आज जब तकनीक इतनी एडवांस हो गयी है उनका यह सिलसिला थमा नहीं है।

मैं वर्तमान में भोपाल में निवास कर रही हूँ। सौभाग्य से दो वर्ष पूर्व वे भी यहीं मेरे भाई के पास आकर रहने लगे हैं। कई वर्षों के अन्तराल के बाद मुझे पुनः उनके साथ ज्यादा समय बिताने एवं सामीप्य का अवसर मिला। मैं उनकी दिनचर्या देखकर हतप्रभ हूँ। जब जाती हूँ वे पढ़ते या लिखते मिलते हैं। इस पर उनकी आयु का कोई प्रभाव नहीं। प्रातःकाल सुबह उठकर, भ्रमण, योग, सन्तुलित आहार, अध्ययन। सामाजिक एवं साहित्यिक गतिविधियों में सहभागिता। सभी उसी तरह चल रहा है।

स्वयं तो अनुशासित हैं ही, अपने शरीर को भी अनुशासित रखते हैं। उसमें कोई भी गड़बड़ बर्दाश्त नहीं। हम सभी बच्चों के घर-परिवार बस गये। अगली पीढ़ियाँ भी आ गयीं, परन्तु पूरे परिवार में उनका निराला व्यक्तित्व है। उनके नाती-पोते भी उनकी कार्यशैली एवं व्यक्तित्व से अत्यधिक प्रभावित हैं।

वास्तव में हम कह सकते हैं कि वे जीवन जीने की कला जानते हैं। हम सभी कभी-भी किसी परेशानी में हों, हमें कोई निर्णय लेना हो, कोई कार्य करना हो, उनके मार्गदर्शन के बिना सम्भव ही नहीं है। हाँ, एक बात जिससे हम सभी थोड़ा परेशान हो जाते हैं, वह है उनका गुस्सा। वे हर काम तत्काल चाहते हैं। इससे कई बार करने वाले के साथ-साथ उन्हें भी तकलीफ होती है। परन्तु उनका गुस्सा क्षणिक होता है। वे डाँटकर तुरन्त भूल जाते हैं और फिर माहौल हल्का हो जाता है।

यह सच है कि अनुशासित जीवन हमें आने वाले समय के लिए तैयार करता है। सीमित साधनों में भी उन्होंने पूरी योजना के साथ कहाँ कितना खर्च करना है, कितनी बचत करनी है, कब कौन-सा कार्य करना है, सब निश्चित किया। हम लोगों को पढ़ाते हुए घर, शादी-ब्याह सभी कार्य किये परन्तु एक पैसा उधार नहीं। और आज भी भरपूर आनन्द के साथ निश्चिन्त होकर अपने परिवार के साथ समय व्यतीत कर रहे हैं।

उनकी ईश्वर के प्रति असीम आस्था है। वे यह मानते भी हैं कि उन्हीं के आशीर्वाद से उनके सारे कार्य बने हैं। मैं अपने-आपको सौभाग्यशाली मानती हूँ एवं ईश्वर को धन्यवाद देती हूँ कि पिता के रूप में मैंने उन्हें प्राप्त किया। मैं ईश्वर से

प्रार्थना करती हूँ कि हम बच्चों पर उनकी छत्र-छाया एवं आशीर्वाद हमेशा बना रहे। वे दीर्घायु हों, सदैव स्वस्थ एवं प्रसन्न रहें।

शासकीय महाराणा प्रताप
हायर सेकेण्डरी स्कूल,
भोपाल (म. प्र.)

सरस्वती के साधक मेरे पापाजी

—डॉ. रीता गुप्ता

यूँ तो हर लड़की की नजर में उसके पिता उसके आदर्श होते हैं किन्तु मेरे लिये सचमुच पापाजी रोल मॉडल हैं। वैसे तो पापाजी की बहुत सारी ऐसी खूबियाँ हैं जिनकी चर्चा की जानी चाहिए किन्तु मैं आज वह बात करूँगी जो मेरे जीवन के साथ विशेष रूप से जुड़ी हैं।

पापाजी एक गम्भीर व सजग चिन्तक तथा प्रतिष्ठित साहित्यकार हैं। उनकी इस प्रतिष्ठा के पीछे उनका परिश्रमी, ईमानदार तथा अनुशासित व्यक्तित्व है। मैंने जब से होश सँभाला, घर में मम्मी की गृहस्थी में सबसे ज्यादा किताबों को देखा और पापाजी को हमेशा पढ़ते और नियमित लेखन करते ही देखा। उनके काम करने का तरीका बहुत ही सुनियोजित होता है। रोज सुबह उठकर दिन-भर के काम की सूची तैयार करना और समय पर उसे पूरा करना उनकी अनिवार्यता होती है। वे समय के बहुत पाबन्द हैं, तनिक भी लेटलतीफी उन्हें बर्दाश्त नहीं। आज 81 की उम्र में भी यही अनुशासित स्वभाव है। यही आदत हम सभी भाई-बहनों में देखना चाहते हैं। जब उनके दिये निर्देश हम लोग समय से पूरा नहीं कर पाते तो डाँट से बचने के लिए झूठ भी बोल देते हैं। शायद पापाजी को इस बात का अनुमान भी हो पर वे इसे ओवरलुक कर देते हैं। क्योंकि यह सच है कि पापाजी जैसे समय के पाबन्द तो हम लोग हो ही नहीं सकते। यही तो जनरेशन गैप है। कहीं व्याख्यान देना या कालेज की क्लास हो, बिना तैयारी के कभी नहीं बोलते। लफ्फाजी उन्हें बिल्कुल पसन्द नहीं। किसी काम में लेट नहीं होते। हमेशा कॉलेज में पहला पीरियड लेना और कॉलेज जाने से पहले नियमित अध्ययन करना उनकी आदत का अनिवार्य हिस्सा रहा। जब मैं छोटी थी तो रोज पापाजी को वही कबीर, जायसी, सूर, तुलसी या अन्य पुस्तकें पढ़ते देखती थी तो समझ नहीं आता था कि वे रोज वही कोर्स पढ़ाते हैं फिर रोज-रोज उसे ही पढ़ने की क्या आवश्यकता। फिर उन्होंने समझाया कि जितने बार भी हम उन दोहों को पढ़ते हैं उतनी बार उसमें नये अर्थ दिखाई देते हैं। तैयारी से आत्मविश्वास आता है। मेरे लिए वह प्रेरणा की बात थी। आज उनकी इस सीख को पालन करते हुए इसकी सत्यता रोज अपनी कक्षा में महसूस करती हूँ।

कॉलेज में पापा की छवि बहुत स्ट्रिक्ट प्रोफेसर की रही है। कॉलेज के बड़े-बड़े गुण्डे भी पापा से डरते रहे हैं। कॉलेज हो या घर उनका अनुशासन बहुत सख्त रहा। घर में सख्ती का सुपरिणाम यह रहा कि हम भाई-बहिन कभी भी भटके नहीं। पापाजी चूँकि शिक्षा-जगत से जुड़े हैं इसलिए वे शिक्षा की अहमियत समझते हैं। उन्होंने हम भाई-बहनों को अच्छी-से-अच्छी शिक्षा दिलायी और सभी को नौकरी के योग्य बनाया।

पापाजी ने गुमनामी के अँधेरे में दबे बुन्देलखण्ड तथा छत्तीसगढ़ के साहित्यकारों तथा उनकी रचनाओं से साहित्य-जगत को परिचित कराने का महत्त्वपूर्ण कार्य किया। बुन्देलखण्ड के अज्ञात रचनाकार, छत्तीसगढ़ के साहित्य और साहित्यकार, सुदामा चरित, वीर विलास उनकी महत्त्वपूर्ण खोज हैं। इस सन्दर्भ में मुझे पापाजी की एक बात याद है। हम लोग बहुत छोटे थे। पापाजी पाण्डुलिपियों को ढूँढ़ने, उन्हें समझने में दिन-रात एक करके परिश्रम करते रहते। उसे सँभालकर बाइण्ड करवाकर अपनी लाइब्रेरी में रखते। इसी पाण्डुलिपि के सिलसिले में टीकमगढ़ के राजा के महल से लेकर छतरपुर के श्री के. पी. सिंह जी से निरन्तर मिलते रहते थे। पापाजी के संग्रहालय में आज भी ऐसी ही बहुत सारी पाण्डुलिपियाँ और अनेक प्राचीन दुर्लभ चित्र संग्रहीत हैं। उन्होंने इन शोध कार्यों में अथक परिश्रम किया है जो साहित्य-जगत के लिए एक महत्त्वपूर्ण देन है।

मुझे आकाशवाणी छतरपुर से प्रसारित होने वाले पापाजी के चिन्तनों ने हमेशा बहुत प्रभावित किया। अपने जीवन से जुड़ी छोटी-छोटी किन्तु गम्भीर बातों पर आधारित इन चिन्तनों ने जीवन में राह दिखाने का काम किया है। आज भी मैं उनसे प्रेरणा लेती हूँ। कई बार जीवन की परेशानियों में जब अपने को घिरे हुए पाती हूँ तब ''रहिमन विपदा तू भली...'' पर पापाजी का चिन्तन आज भी हिम्मत देता है।

पापाजी के व्यंग लेखन की सरल चुटीली भाषा में मीठी कोटिंग में लपेटकर करारी चोट करना। गुदगुदाते हुए गम्भीर-से-गम्भीर व गहरी बात जो दिल तक उतर जाती है मुझे बहुत प्रभावित करती है। व्यंग लेखन की ये अद्‌भुत शैली अन्यत्र देखने को नहीं मिलती। मैंने पापाजी का व्यंग-संग्रह ''अरमान वर पाने का'' तथा ''अथ काटना कुत्ते का भइया जी को'' कई बार पढ़ा, उनकी लयात्मकता अनोखी है। बेबाकीपन व दिखावे से दूर उनके स्वभाव की खास विशेषता है।

पापाजी की सोच बहुत सकारात्मक है। वे बहुत व्यावहारिक सोच रखते हैं। लोकाचार की बात हो, शादी-ब्याह का प्रसंग हो, चाहे पूजा-पाठ आदि का मसला हो। वे कभी भी दकियानूसी विचारधारा नहीं रखते। वे स्वयं शिक्षित हैं अतः हर मसले को पढ़े-लिखों की तरह सुलझाने के लिए कहते हैं। पापाजी नास्तिक नहीं हैं। ईश्वर में विश्वास रखते हैं किन्तु उनकी राय में 'पूजा तीन प्रकार की, छोटी,

बड़ी, मँझोल। यदि अवसर मिलता नहीं तो कर जाओ गोल।' यानी कर्तव्य ज्यादा प्रमुख है।

पापाजी का लेखन जितना गम्भीर व प्रभावी है, वक्तृत्व कला उतनी ही प्रभावी व रोचक। जब वे बड़े-बड़े मंचों से अपना व्याख्यान देते हैं तो दत्तचित्त हो सभी उनकी बात को सुनते और स्वीकार करते हैं। हँसते-गुदगुदाते हुए श्रोताओं को बाँधकर रखना उनकी विशेष कला है। उनकी प्रभावी शैली और विषय की मजबूत पकड़ के सामने तो मेरा आत्मविश्वास कमजोर-सा होने लगता है। अपने अल्पज्ञान के कारण उनके सामने किसी भी विषय में बात करते हुए या अपने लिखे लेख दिखाते समय मुझे आज भी डर लगता है। हालाँकि पापाजी हम सभी को बहुत प्रोत्साहित ही करते हैं। लेकिन भय तो भय ही है। आपको एक वाकया सुनाती हूँ– यह बात सितम्बर सन् 2014 की है। हमारे महाविद्यालय में हिन्दी परिषद का उद्‌घाटन था जिसमें पापाजी को अध्यक्ष के रूप में आमन्त्रित किया गया। पापाजी उस समय भाई के पास रायपुर में थे। कार्यक्रम की पूरी तैयारी हुई। संचालन का दायित्व मुझे सौंपा गया। यूँ तो महाविद्यालय में आयोजित होने वाले अधिकांश कार्यक्रमों का संचालन मैं ही करती थी और कभी मुझे इस काम में भय या घबराहट नहीं हुई, किन्तु इस बार तो पापा जी के सामने बोलना था। इस दिन एक तरफ तो मैं बहुत एक्साइटेड थी वहीं दूसरी ओर घबराहट भी हो रही थी। कार्यक्रम के एक दिन पहले मैंने अपने संचालन की खूब मेहनत से तैयारी की। आयोजन हुआ और बड़ा सफल भी रहा। पापाजी वापस रायपुर चले गये और मैं भी अपने घर पहुँची। मैं बहुत उत्सुक थी। पापाजी से प्रतिक्रिया जानने हेतु मैंने तुरन्त उन्हें फोन लगाया। उस दिन उन्होंने मेरी बहुत प्रशंसा की। मैंने उनसे कहा कि– पापाजी मुझे तो कुछ बोलना ही नहीं आता, मैं क्या करूँ, तो उन्होंने कहा– नहीं तुम बहुत अच्छा बोलती हो। तुम्हारी भाषा बहुत अच्छी है। तुमने विषय को भी अच्छे से समझा और बोला। भविष्य में भी ध्यान रखो, हमेशा पढ़ना चाहिए और लिखना चाहिए। उस दिन से मेरा आत्मविश्वास बढ़ गया। मैं किसी भी आयोजन से पहले सलाह लेना और आयोजन खत्म होने के बाद उसकी रिपोर्ट पापाजी को देना कभी नहीं भूलती। क्योंकि वे ऐसे कामों में हमेशा प्रोत्साहित करते हैं और जो कमी है उसे सुधारते भी हैं।

पापाजी भाषाई शुद्धता पर बहुत ध्यान देते रहे। यही कारण है कि आज हम सभी भाई-बहनों की भाषा चाहे वो लेखन की बात हो, चाहे उच्चारण की, बहुत शुद्ध है। भाषण देते समय अर्द्ध-विराम, पूर्ण विराम में कितना रुकना है, प्रश्नसूचक वाक्य में पिच कैसा हो या भाव के अनुकूल उच्चारण ध्वनि कैसी हो जैसी भाषायी बारीकी पापाजी के ही बदौलत सीखी है।

पापाजी को कवि सम्मेलन सुनने जाना बहुत प्रिय रहा है। हालाँकि पहले कवि सम्मेलन बहुत स्तरीय भी हुआ करते थे। हम लोगों ने पापाजी के साथ बड़े-बड़े कवियों के सामने मंच पर देखा और सुना है। बड़ा अच्छा लगता था। रात-भर कविताओं का आनन्द लेते हुए सुबह के छः कैसे बज जाते थे पता ही नहीं चलता था।

मैंने जब से नौकरी ज्वाइन की तब से लेकर आज तक मैं पापाजी को कॉलेज की एक-एक बात बताती हूँ। मुझे चैन नहीं मिलती। जब बिजावर में मैंने नौकरी को शुरुआत की तो मैं कॉलेज से जैसे ही घर आती थी ड्राइंग रूम में बैठकर दिन-भर का पूरा चिट्ठा सुनाती थी, फिर अन्दर जाती थी, क्योंकि मुझे विश्वास था और आज भी है कि पापा बहुत अनुभवी हैं। वे मेरी गलतियों को सुधारेंगे और हमेशा उचित सलाह देंगे। आज भी कॉलेज की सारी बातें उनसे शेयर करना मुझे बहुत अच्छा लगता है। वे मेरी छोटी-छोटी उपलब्धियों में खुशी जाहिर करते हैं। मुझे सदैव प्रोत्साहित करते हैं। घर-परिवार की समस्याओं में बहुत व्यावहारिक सलाह देते हैं।

आज मैं जो कुछ हूँ उनकी बदौलत उनके आशीर्वाद से। ईश्वर उन्हें स्वस्थ रखें, दीर्घायु दें ताकि उनका आशीर्वाद हम सब पर हमेशा बना रहे। बरगद की तरह विशाल और मजबूत पापाजी के आशीर्वाद की छत्रछाया हम सभी पर बनी रहे और हम सब उस छाँव तले सुकून से अपना समय व्यतीत कर सकें, ईश्वर से यही कामना है।

प्राध्यापक-हिन्दी
शासकीय महाविद्यालय
पो.- उतई, जिला- दुर्ग (छ. ग.)

सूरज से पापाजी : ऊर्जा से भरे और उजाले से भरपूर

– अभिलाष बरसैंया

पापाजी के बारे में लिखना कहाँ से प्रारम्भ करूँ, समझ नहीं आ रहा। लिखने का सिरा कहाँ से पकड़ा जाये, यह असमंजस है।

जब से होश सँभाला, तब से घर में पढ़ने-लिखने का ही वातावरण देखा है। हर तरफ बस किताबें-ही-किताबें। किताबों की आवक सतत बनी ही रहती थी। कभी पुस्तकों के रूप में तो कभी पत्रिकाओं के रूप में। घर में रोज पोस्टमैन का आना और ढेर सारी डाक लाना, पत्र-पत्रिकायें सभी, यह रोज का क्रम था। अवकाश का दिन बड़ा खाली-खाली लगता कि आज कोई डाक नहीं आयी। सम्भवत: उस दिन पोस्टमैन भी राहत की साँस लेता होगा, क्योंकि घर पर डाक लाते समय अक्सर कहता कि साहब आपकी डाक के लिए ही यहाँ तक आना पड़ता है। यह क्रम आज तक सतत रूप से जारी है। इसके चलते आजकल के व्हाट्सअप और फेसबुक के युग में बच्चों को कम-से-कम यह बता पाते हैं कि पत्राचार भी संवाद का माध्यम है। वर्ना अब तो पत्रों को संग्रहालय में सँजोकर रखने की स्थिति आ गयी है। और अब तो पत्रों का स्थान मैसेज ने ले लिया है, वो भी कहीं से आये तो कहीं भी चिपका दिये। मौलिकता तो होती ही नहीं, भावनाओं से कोसों दूर। इस माहौल का असर थोड़ा-बहुत मुझ पर भी हुआ। किताबें तो भारी लगती थीं, पर कभी-कभी पत्रिकायें अवश्य पलटा लेता था। पढ़ना अच्छा लगता था। धीरे-धीरे कवितायें, कहानियाँ, व्यंग इत्यादि विधायें समझ में आने लगीं और रुचि भी बढ़ी। पर इसके लिए भी स्वतन्त्रता नहीं थी। अधिकांशत: तो चुपके से ही पलटकर रख देते थे। घर में हमेशा से ही पापाजी के अनुशासन का माहौल रहा है, जो आज तक कायम है। मजाल है कि कोई उनकी किताब बिना पूछे छू भी ले। अब तो पूछकर ले भी लेते हैं, तब तो पूछ भी नहीं पाते थे, क्योंकि 'अपनी पढ़ाई करो, इस सबमें समय बरबाद नहीं करना है' की झिड़की मिल जाती थी। तो हम भाई-बहन प्राय: पापाजी की अनुपस्थिति में बड़ी ही सावधानी से इस कार्य को सम्पन्न करते थे। जो भी किताब

या पत्रिका देखनी होती थी, पहले बड़े ध्यान से उसका क्रम याद कर लेते थे कि किन-किन किताबों के बीच रखी है। फिर बड़ी ही सावधानी से निकालते थे और वापस बिल्कुल नियत स्थान पर उसी आकार में रखते थे, क्योंकि पापाजी की बारीक निगाहें किताब के जरा आड़े-तिरछे होने से ही पकड़ लेती थीं। और फिर एक जोरदार लेक्चर प्राप्त करके हम सब यहाँ-वहाँ दुबक जाते। पर बाद में वे अपने पत्र, आलेख आदि भेजने से पहले मुझे पढ़ने को अवश्य देते। उनका सारथी बनकर न जाने कितनी गोष्ठियों और आयोजनों को करीब से देखा।

पापाजी के कुछ उसूल बहुत खास हैं, जिनका पालन वे हमेशा से स्वयं करते रहे हैं और हम सबको करने के लिए अपनी शैली में कहते भी रहे हैं। पहला—जो सामान जहाँ से उठाओ वहीं वापस रखो। वर्ना हमेशा हमारी अधिकांश ऊर्जा और समय सामान ढूँढ़ने में खप जाते हैं। दूसरा— समय का विशेष ध्यान रखो। हमेशा नियत समय से पूर्व पहुँचना। पापाजी आज भी कार्यक्रमों, गोष्ठियों में सबसे पहले पहुँचने वाले लोगों में से होते हैं। उनका हमेशा से तरीका रहा कि निर्धारित समय से पहले पहुँचना है। चाहे कोई आयोजन में जाओ या स्टेशन ट्रेन पकड़ने। कई बार ऐसा भी होता है कि पार्टियों में वे मेजबान से भी पहले ही पहुँच जाते हैं, क्योंकि मेजबान और मेहमान सभी भारतीय समयानुसार पहुँचते हैं। आज भी यदि हम लोग स्टेशन जाने में थोड़ी भी देर करें तो उनका गुस्सा तत्काल सबको ठीक कर देता है। इसके शिकार अक्सर मेरे बहन-बहनोई तक हो जाते हैं। सुबह सभी को समय पर उठना ही है। अलार्म लगाकर सोना हम लोगों के जीवन का स्थायी भाव बन गया है। वैसे कितनी भी गहरी नींद हो, उनकी एक आवाज से हम लोग बिस्तर छोड़ ही देते हैं और रात्रि में काम पूरा किये बगैर सोना नहीं है। इस कारण बचपन में किताबों के पीछे मुँह छुपाकर उँघने की कला को हम लोगों ने ही जन्म दिया और उस पर महारत हासिल कर ली। तीसरा— कोई भी आमन्त्रण आये, वहाँ उपस्थित होना ही है। कई बार छतरपुर में एक ही दिन 6-6 शादियों के कार्ड आ जाते थे, पर मैं हमेशा उन्हें स्कूटर से एक-एक जगह लेकर जाता था। बाहर से आमन्त्रण आये, वहाँ न जा पाये तो पत्र जरूर भेजना। चौथा— कोई भी पत्र आये, उसका जवाब जरूर देना और यथासम्भव उसी दिन देना। पाँचवाँ— हर कार्य को समय से पूर्व या कम-से-कम समय पर पूर्ण करना। चाहे बिजली आदि का बिल जमा करना हो या आयकर रिटर्न भरना हो या रिजर्वेशन कराना हो या इस तरह का कोई भी कार्य। इसमें लापरवाही का कोई स्थान नहीं। उनके ऐसे कई कड़े उसूलों के चलते हम लोग काफी हद तक अनुशासित हुए भी। ईमानदारी सबसे ऊपर रखना उनका स्वभाव है।

मेरा जन्म राजगढ़ में हुआ। एक साल बाद टीकमगढ़ पहुँचे। वहाँ मेरा बचपन बीता। पहली बार स्कूल में एडमीशन पुष्पा कॉन्वेण्ट स्कूल में। फिर 2 साल बाद

मुझे सरस्वती शिशु मन्दिर में डाल दिया गया। क्यूँ डाला गया ये याद नहीं, क्योंकि पढ़ाई में तो ठीक-ठाक था। घर में जबर्दस्त अनुशासन था ही। पिटाई की स्थिति में पड़ोस के खरे चाचा-चाची का संरक्षण मिल जाता था क्योंकि तब मम्मी को भी बचाव की अनुमति नहीं होती थी। एक बार तो पिताजी ने दोपहर में घर से बाहर निकाल दिया और दरवाजा अन्दर से बन्द कर लिया। छोटा था 5-6 साल का, बाहर खड़ा रो रहा था। आवाज सुनकर बगल से खरे चाची निकलीं और मुझे अपने पास ले गयीं और वहीं सुला दिया। थोड़ी देर बाद मम्मी ने दरवाजा खोलकर देखा तो मैं नदारद। फिर क्या था, कोहराम मच गया। खूब ढुँढ़ाई हुई। पापाजी ने भी खोजा, पर समझ गये कि हो न हो मैं खरे चाची की ही शरण में होऊँगा। उनका अन्दाज सही निकला। मैं वहीं से बरामद हुआ। चाचा-चाची ने पापाजी को कहा भी कि ऐसे बच्चे को बाहर किया जाता है क्या? वैसे पहले तो उनकी आँखों से ही हवा ढीली हो जाती थी। फिर अगला स्टेप गरजदार आवाज में गुस्सा होना और फिर डाँटना। उनकी अनुशासन की इसी प्रयोगशाला से गुजरकर हम लोगों में निखार आया है।

टीकमगढ़ से 1978 में हम लोग राजगढ़ पहुँचे। यहाँ मेरा एडमीशन सरकारी सराय स्कूल में हुआ। तीसरी कक्षा में पहली बार एक वाद-विवाद प्रतियोगिता में भाग लिया। भाषण पापाजी ने ही लिखकर दिया। याद कराया और बोलने का तरीका भी सिखाया। प्रतियोगिता में मैं पहले विद्यालय और फिर जिले में प्रथम आया और फिर पहली बार सम्भाग स्तरीय प्रतियोगिता में भाग लेने भोपाल गया। मैं और रजनी दीदी दोनों ने ही भोपाल में भी प्रथम स्थान हासिल किया। मुझमें लिखने और बोलने में जो आत्मविश्वास आया है वह पापाजी की ही बदौलत है। मैंने पापाजी के साथ जा-जाकर उनके अनेक कार्यक्रमों में उनके और अनेक विद्वानों के भाषण सुने हैं। आज भी मेरी मान्यता है कि मैंने पापाजी जैसा वक्ता आज तक नहीं देखा। बोलने को रोचक और प्रभावी बनाने के लिए जितने आवश्यक तत्त्व होते हैं उनमें तालमेल बैठाकर इस प्रकार प्रस्तुत करना कि श्रोतागण न केवल मन्त्रमुग्ध होकर सुनें, बल्कि उन्हें कुछ नया ज्ञान भी हासिल हो, यह अनूठी विशेषता मैंने पापाजी में ही पायी है। बात को कहाँ से प्रारम्भ कर कैसे विषय पर आना, फिर कैसे मूल विषय को रखना, कैसे निष्कर्ष प्रतिपादित करना, यह उनसे कोई भी सीख सकता है। बोलने में पिच का अपना महत्त्व है। उनकी आवाज अपने-आप इतने प्रभावशाली ढंग से निकलती है कि श्रोता स्वत: सम्मोहन के से प्रभाव में आ जाते हैं। अक्सर वे वक्तव्य में कड़वी बातें भी अपनी शैली में कह डालते हैं। आदि से अन्त तक अपने वक्तव्य से सबको जोड़े रखना उनकी अनूठी विशेषता है। यही कारण रहा कि हमेशा उन्हें अपने भाषणों के बाद अपने वरिष्ठ जनों से भी सराहना मिलती रही और उन्हें पूरे देश में अनेकानेक स्तरीय कार्यक्रमों में अतिथि के तौर पर

आमन्त्रित किया जाता रहा। यह सिलसिला यहाँ भोपाल में भी जारी है।

1980 में हम लोग छतरपुर पहुँचे। तब मैं पाँचवीं में था। भारती बाल मन्दिर में एडमीशन हुआ। वार्षिक परीक्षा के समय पापाजी जरूर पहाड़े इत्यादि की तात्कालिक परीक्षा लेते और गड़बड़ होने पर उचित खुराक भी मिलती। फिर छठवीं से बारहवीं तक नम्बर 1 स्कूल में पढ़ाई की। नौवीं में हम लोगों को जनरल प्रमोशन का सुख प्राप्त हुआ, यानी बिना परीक्षा दिये पास हो जाना। फिर दसवीं में पता चला कि पूरे प्रदेश में मात्र 13 प्रतिशत बच्चे ही पास हुए हैं। वैसे पापा कभी हम लोगों के स्कूल नहीं गये, पर उस दिन मम्मी ने भेजा कि भाई ! रिजल्ट बहुत खराब है तो आप भी पीछे-पीछे चले जाइये। मैं इस बार भी प्रथम श्रेणी में पास हुआ। गिने-चुने बच्चे ही प्रथम श्रेणी में थे। घर आकर पापाजी बोले कि भाई सन्तोष करने के लिए ये ठीक है। कई घरों में बूँद भर पानी भी न आये और अपने यहाँ थोड़ा-बहुत आ जाये पर तुम्हारे नम्बर और अच्छे आने चाहिए थे। उनके अनुशासन की बदौलत ही मैं हर कक्षा में प्रथम श्रेणी में और अच्छे नम्बरों से पास होता रहा। पाँचवीं में जिले की मेरिट में तीसरा स्थान, आठवीं में सम्भाग में स्थान और कॉलेज में यूनिवर्सिटी की मेरिट में स्थान मिला।

पढ़ाई के साथ-साथ पापाजी ने हमेशा हम भाई-बहनों को इन गतिविधियों के लिए खूब प्रेरित किया। इसके चलते मुझे तीसरी कक्षा से ही बाहर जाने का अवसर मिलने लगा। छठवीं कक्षा में स्कूल की ओर से पहली बार स्काउटिंग का तीन दिन के कैम्प में हिस्सा लिया। फिर आठवीं में 15 दिन के कैम्प में पंचमढ़ी गया। फिर 9वीं से एनसीसी ली, तो स्कूल और कॉलेज की ओर से सागर, चित्रकूट, दिल्ली के अनेक कैम्पों में भाग लिया। सेकेण्ड इयर में एनसीसी के कैम्प में सागर गया तो मेरा चयन मैप रीडिंग में बटालियन, ग्रुप और डायरेक्टरेट स्तर से होते हुए नेशनल कम्पटीशन के लिए हो गया। इस पूरी प्रक्रिया में मैं लगभग एक महीना घर से बाहर रहा और अब 15 दिन के लिए दिल्ली जाना था। पापाजी ने मना कर दिया कि कुछ पढ़ाई भी करोगे कि यही सब करोगे। तो हमारे कमाण्डेण्ट साहब उनसे मिलने घर आये और कहा कि यह अकेला ही पूरे सागर ग्रुप का प्रतिनिधित्व कर रहा है और हमारी प्रतिष्ठा का सवाल है तो पापाजी ने हामी भरी। मुझे 15 दिन के नेशनल कैम्प में गैरीसन परेड ग्राउण्ड दिल्ली में सम्मिलित होने का अवसर मिला और अखिल भारतीय स्तर पर पाँचवाँ स्थान भी हासिल हुआ।

कॉलेज में सेकेण्ड इयर के दौरान ही मैंने अचानक अपने सीनियर मित्रों के कहने पर एलआईसी का परीक्षा फार्म भर दिया। पर मेरे सिवाय किसी का भी परीक्षा देने के लिए कॉल लेटर नहीं आया। सेकेण्ड इयर की परीक्षा के दौरान ही सतना में परीक्षा थी। मैंने घर में मना किया कि नहीं जाऊँगा क्योंकि अभी कौन-सी

नौकरी करनी है। पर पापाजी बोले कि नहीं, परीक्षा देने जरूर जाओ, इससे तुम्हें आगे के लिए अनुभव मिलेगा। मैंने परीक्षा दी और पास हो गया। इण्टरव्यू कॉल भी आ गया। यह भी मेरे अन्तिम पेपर के दिन ही जबलपुर में था। मैं निश्चिन्त था कि इण्टरव्यू के लिए जाना ही नहीं है। तभी अचानक पापाजी को किसी कार्य से जबलपुर जाना पड़ा। वहाँ उन्होंने मेरे इण्टरव्यू की तारीख दो दिन आगे बढ़वा दी। आकर मुझे बताया और कहा कि इण्टरव्यू तो दो, आगे काम आयेगा। मैं जबलपुर पहुँच गया। वहाँ जाकर पहली बार महसूस हुआ कि रोजगार पाने का संघर्ष क्या होता है। उम्मीदवारों की जबर्दस्त भीड़। कोई बी. ई., कोई एम. फिल., कोई पी-एच. डी. भी। मैंने भी इण्टरव्यू दिया। कुछ दिनों बाद परिणाम आया तो पता चला कि मेरा चयन हो गया है। फिर तो घर में वाद-विवाद चला। मेरी इच्छा ज्वाइन करने की कतई नहीं थी। सोचता था आगे पीजी करके प्रतियोगी परीक्षाओं की तैयारी करूँगा। बहन-बहनोई लोग भी मेरे तरफदार थे। पर पापाजी का कहना था कि नौकरी मिल रही है तो ज्वाइन करो। साथ में पढ़ाई भी करते रहना। इसमें भी भविष्य अच्छा है। उनके निर्देश से आगे मैंने ज्वाइन किया। साथ में पढ़ाई भी अच्छे से पूरी हुई। आज मैं एल आई सी में ही ब्रांच मैनेजर के पद पर हूँ। और महसूस करता हूँ कि यह पापाजी की ही बदौलत हुआ, अन्यथा मेरे ही साथियों को बाद में नौकरी पाने के लिए ही बहुत संघर्ष करना पड़ा।

मेरा विवाह भी पापाजी की योजना का ही एक हिस्सा था। उनका निश्चय था कि उनकी सेवानिवृत्ति के पूर्व सारी जिम्मेदारियाँ खत्म हो जानी चाहिए। दिसम्बर 1996 में उनका रिटायरमेण्ट था। मुझसे उन्होंने विवाह के लिए कहा। मैं कतई तैयार नहीं था, पर उन्होंने दबाव बनाया और सब पर भारी पड़े। एक दिन मुझसे खाना खाते समय पूछा कि तुम्हारी कोई च्वाइस हो तो बताओ। लड़की अगर सजातीय होगी तो अच्छा होगा। मैं अवाक् था। क्योंकि उनसे ऐसी बात सुनना कल्पना से परे था। उनकी इच्छा पर मेरे सहित सभी ने मुहर लगायी और रचना मेरी अर्धांगिन बनी।

पापाजी ने जीवन में कभी कोई वाहन नहीं चलाया, साइकिल भी नहीं। इसलिए हम सभी को उन्होंने हमेशा कहा कि सारे वाहन चलाना आना ही चाहिए। समय रहते सीख लो। पाँचवीं में पहुँचते-पहुँचते मैंने दीदी लोगों की सायकिल चलाना सीख लिया। सीधे बड़ी लेडीज सायकिल। सीट तक पहुँच नहीं पाता था तो कैंची शैली से साइकिल चलाता था। उनकी ही जिद से मैंने रायपुर में 2008 में पत्नी रचना को जबरन स्कूटी खरीदवायी, और चलाना सिखाया। इसका लाभ मुझे यह मिला कि वह अब स्वयं घर के सारे कार्य कर लेती है और अब वह कार चलाना भी सीख रही है। पापाजी के दिये हुए कार्यों को करने की शुरुआत कॉपी के बण्डल

पार्सल करने से हुई। पहले मैं छोटा था तो दीदी लोग सायकिल खींचतीं और मैं कैरियर पकड़कर बण्डल सँभालता। पोस्ट ऑफिस में बुक करके आते। फिर थोड़ा बड़ा हुआ तो खुद ही सायकिल से यह कार्य करने लगा। रसीद घर पहुँचते ही पापाजी को तुरन्त देनी होती। यह सिलसिला आज भी इसी अन्दाज में कायम है। फिर धीरे-धीरे घर के सारे काम मैं करने लगा। सुबह मेरे लिए काम की एक सूची 'आज के कार्य' शीर्षक के साथ तैयार रहती थी। शाम को उसका लेखा-जोखा प्रस्तुत करना होता था। भूल से कोई कार्य रह जाये तो फिर दौड़ा दिया जाता था। धीरे-धीरे लापरवाही स्वतः कम होती गयी। इसके बाद तो पापाजी कभी-कभी ही बाजार जाते थे। हर सामान लेने के लिए उनकी एक-एक दुकान बिल्कुल फिक्स रही। किराना, अनाज, कपड़े, जूते, चश्मे, स्टेशनरी, दवा और अन्य हर एक सामान के लिए। उधार कभी लिया नहीं और कभी हो भी गया तो दीवाली पर मुझे भेजकर स्वतः चुकता कर देते थे। उन्होंने हमेशा दुकानदार पर पूरा भरोसा किया। अक्सर उनके परिचित ही होते थे। वे बस दुकान जाकर बोलते थे कि भाई जो हमारे हिसाब से बढ़िया हो वो दे दो और जो दुकानदार ने दे दिया अक्सर वही ले लिया।

लोगों से सतत मेलजोल उनकी एक और विशेषता है। जो अब एकदम दुर्लभ होता जा रहा है। हमेशा घर में आने-जाने वालों का ताँता लगा रहता। बड़े-बड़े लोग घर आते। सार्थक चर्चायें होतीं। अक्सर घर में ही गोष्ठियों का-सा माहौल रहता। सुबह से रात तक यह क्रम चलता। मित्रों के साथ ठहाके लगाना पापाजी की अलग पहचान है। अब लोगों का आना-जाना तो कम हो चला है परन्तु फोन और पत्राचार के माध्यम से उनका सभी से नियमित सम्पर्क बना रहता है। सामाजिक रूप से भी पापाजी बहुत सक्रिय रहे हैं। कितने ही लोग उनसे राय लेने अक्सर घर आते। स्वतः ही वे रिश्तेदारों-मित्रों के बेटे-बेटियों के विवाह की चिन्ता करते और सुझाव देते। कितने ही विवाह उनके माध्यम से हुए।

उनका अपना प्रारम्भिक जीवन अभावों और संघर्षों से भरा रहा। भौंरी जैसे छोटे-से स्थान से निकलकर अखिल भारतीय स्तर पर प्रतिष्ठित होने की उनकी यात्रा उनकी कठिन साधना का सुपरिणाम है। शिक्षा और साहित्य के क्षेत्र में उन्होंने अपने योगदान से अपना गरिमामयी स्थान बनाया है। सर्जना से उन्होंने कभी समझौता नहीं किया। कितनी भी विपरीत परिस्थितियाँ रही हों, स्वास्थ्य खराब रहा हो, पर लिखने-पढ़ने का क्रम यथावत रहा। इसी का ही परिणाम रहा कि लगभग हर वर्ष उनकी किताबें प्रकाशित होती रहीं। उन्होंने हर विधा में लिखा है। उनके व्यंग्य लेख और कवितायें मुझे बहुत प्रिय हैं। भरपूर परिश्रम और अनुशासन के प्रति उनका हमेशा से आग्रह रहा। इसी के चलते वर्षों के खराब स्वास्थ्य के बावजूद आज 80 वर्ष की आयु में भी वे सक्रिय हैं। आज भी सुबह 5 बजे उठने से उनकी दिनचर्या

शुरू होती है। फिर घूमने जाना, फिर योग-प्राणायाम। समय पर चाय, नाश्ता, अखबार पढ़ना, नहाना, पूजा, भोजन और थोड़ा आराम। फिर लिखना-पढ़ना। फिर शाम को घूमना और फिर लिखना-पढ़ना, भोजन, टहलना, डायरी लिखना और समय पर सोना। अब यही उनकी दिनचर्या है। यह समयबद्ध दिनचर्या उनकी अक्षय ऊर्जा का कोष है।

नौकरी के दौरान मेरे कई ट्रांसफर हुए। अधिकांश स्थानों पर 9-10 महीने पापा-मम्मी हमारे साथ रहते और 2-3 महीने को छतरपुर चले जाते। पर स्वास्थ्यगत कारणों से उन्होंने छतरपुर स्थायी रूप से छोड़ने का कठोर निर्णय लिया। 35 वर्ष रहने के बाद अपना शहर और अपना बनाया घर छोड़ना आसान नहीं होता। परन्तु अपनी दृढ़ इच्छाशक्ति से उन्होंने यह निर्णय लिया और अब भोपाल में हम सब उनके संरक्षण में सुखपूर्वक रह रहे हैं। वे स्वस्थ रहें, शतायु हों और अपनी छत्रछाया हम सब पर बनाये रखें, यही प्रार्थना है।

आदर्शों और सिद्धान्तों के धनी चाचा जी

— ओमप्रकाश गुप्ता

डॉ. गंगाप्रसाद बरसैंया हमारे चाचाजी हैं। उनका जीवन हम सभी परिवारजनों के लिए आदर्श है। सभी उनका सम्मान करते हैं। चाचा जी का प्रारम्भिक जीवन कठिनाइयों से भरा संघर्षपूर्ण रहा है, परन्तु अपनी लगन और कर्मठता से तमाम संघर्षों को पार कर आज इस ऊँचाई पर पहुँचे हैं। उनकी जो भी उपलब्धियाँ हैं वे केवल उनके लिए ही नहीं, पूरे परिवार के लिए गौरव की बात है। उन्होंने समाज, प्रदेश और देश में जो उपलब्धियाँ प्राप्त कीं, अनेक संस्थाओं से सम्मान व अलंकार प्राप्त किये, इतनी सारी पुस्तकों का लेखन किया, इतनी ख्याति अर्जित की वह सब हमारे लिए अकल्पित हैं।

उन्होंने सदैव हम बच्चों व परिवार की चिन्ता की। मदद व मार्गदर्शन दिया। हमारा जीवन बनाने में उनका बड़ा योगदान रहा। हर समय वे हमें और अच्छा करने की प्रेरणा देते रहे हैं। आज हम जो शान्तिपूर्ण सुखद जीवन व्यतीत कर रहे हैं, वह सब उन्हीं का आशीर्वाद है। उनका अनुशासन और नियमित दिनचर्या अनुकरणीय है। हमने जब से होश सँभाला तब से उन्हें सदा लिखते-पढ़ते देखा। वह क्रम आज भी यथावत है।

ईश्वर से प्रार्थना है कि वे स्वस्थ, सुखी, प्रसन्न रहकर हमें और पूरे परिवार को अपना आशीर्वाद प्रदान करते रहें।

शाखा प्रबन्धक
भारतीय जीवन बीमा निगम
सबलगढ़ (मुरैना) म. प्र.

हमारे ताऊ जी डॉ. बरसैंया

— विराग गुप्ता

डॉ. बरसैंया जी मेरे इकलौते ताऊ जी होने के साथ हमारे परिवार में सबसे बड़े और क्षेत्र में सबसे ज्यादा पढ़े माने जाते हैं। बचपन में नासमझी के कारण काफी दिनों तक मैं उन्हें दवाई वाले डॉक्टर समझता था। फिर जब समझ आयी तो पता चला कि वे भाषा और साहित्य के सर्जना वाले प्रोफेसर डॉक्टर हैं। उनके गम्भीर विशाल व्यक्तित्व को देखकर यह कभी नहीं लगा कि वे 'अथ काटना कुत्ते का भइया जी को' जैसे प्रभावी व्यंग्य के रचनाकार भी हो सकते हैं। उनके लिखे हुए पत्रों को हम सँजोकर रखते थे जो हमारे शुरुआती लेखन का आधार बने। बुन्देलखण्ड के साहित्य, कला और लोक-संस्कृति के वैशिष्ट्य को उकेरने के साथ छत्तीसगढ़ के आंचलिक साहित्य पर यादगार पुस्तकों का लेखन डॉ. बरसैंया जैसे गुणी साहित्यकार द्वारा ही सम्भव है। उनकी 37 (सैंतीस) पुस्तकें प्रकाशित हुईं, पर उनके लेखन का बड़ा हिस्सा अभी भी अप्रकाशित है। कवि, समीक्षक, साहित्यकार, व्यंग्यकार, निबन्धकार, आलोचक की महती भूमिका के साथ शिक्षक धर्म की चुनौती का उन्होंने जिस कुशलता से निर्वाह किया, उस पर हम सभी का गर्वित होना स्वाभाविक है।

बरसैंया ताऊ जी क्षेत्र और समाज की समस्याओं के लिए सदैव सजग रहे हैं। उन्होंने बुन्देलखण्ड में पिछड़ेपन और सामन्तवाद के लिए महिलाओं की अशिक्षा को प्रमुख कारण माना। इसी तथ्य को ध्यान में रखते हुए उन्होंने अपनी बेटियों को उच्च शिक्षा की प्रेरणा देकर महिला सशक्तीकरण की प्रगतिशल मिसाल पेश की। उन्होंने अपने संस्मरण 'मेरी जन्मभूमि : मेरा गाँव' में चित्रकूट के निकट अपने जन्म ग्राम भौंरी का जो चित्र उकेरा है, वह आंचलिक इतिहास लेखन का विशिष्ट प्रतिमान है। भौंरी गाँव के पाँच-सात कोस के दायरे में भारतीय इतिहास और संस्कृति के महत्त्वपूर्ण सूत्र समाहित हैं। आधुनिक युग में हमारे ताऊ जी उसी परम्परा के प्रतिनिधि माने जा सकते हैं। आदिकवि वाल्मीकि, महर्षि अत्रि, भारद्वाज ऋषि और रामचरितमानस के रचयिता तुलसीदास की पावन भूमि से उपजे आधुनिक युग की साहित्यिक विभूति डॉ. बरसैंया हम सभी के आदरणीय और प्रणम्य हैं।

ताऊ जी (डॉ. बरसैंया) को तत्कालीन राष्ट्रपति डॉ. शंकरदयाल शर्मा द्वारा 'साहित्य श्री' से बहुत पहिले सम्मानित किया जा चुका है। उत्तर प्रदेश में जन्म और मध्यप्रदेश में कर्म तथा छत्तीसगढ़ हेतु साहित्य-धर्म का सफल निर्वहन करने वाले ऐसे साधक मनीषी और चिन्तक को सरकार यदि पद्मश्री सम्मान से सम्माने तो डॉ. बरसैंया के व्यक्तित्व के साथ आंचलिक समृद्ध साहित्यिक परम्परा का भी सम्मान होगा।

ताऊ जी, विद्वान होकर भी अहंकार शून्य, सभी के साथ समरस जीवन जीने वाले सहज-सरल व्यक्ति हैं। नियमित दिनचर्या, ईश्वर के प्रति आस्था और नियमित लेखन उनके सक्रिय जीवन का अंग है। सादा जीवन, उच्च विचार और पूर्ण ईमानदारी तथा सबके प्रति सहयोग उनका स्वभाव है। हमारे ताऊ जी, ओजपूर्ण जीवन के साथ शतायु और सुखी रहें, यही हम सबकी कामना और ईश्वर से प्रार्थना है।

पूर्व आई. आर. एस. अधिकारी
अधिवक्ता सर्वोच्च न्यायालय
नयी दिल्ली

गंगा जी का सफरनामा : बाबूगिरी से प्राचार्य तक

— डॉ. गोविन्ददास हूंका

भौंरी के साधारण ग्रामीण परिवार में जन्म और लालन–पालन। बुन्देलखण्डी परिवेश में, संघर्षशील बचपन के बावजूद, इण्टर आर्ट्स की परीक्षा पास करने के बाद एक 18 वर्षीय विद्यार्थी सन् 1956 में जबलपुर नगर में आ पहुँचा ताकि उच्च शिक्षा प्राप्त कर सके। डी. एन. जैन कॉलेज में बी. ए. पाठ्यक्रम की प्रात:कालीन कक्षाओं में प्रवेश के 6 माह बाद ही शासकीय ग्रन्थालय में लिपिक पद पर नियुक्ति भी मिल गयी। इस प्रकार जीविकोर्जन के साथ विद्यार्जन की गाड़ी पैदल ही चल पड़ी, क्योंकि ग्रामीण घर में साइकिल थी नहीं, सीखने की कोशिश भी नहीं की, और जीवन वाहन विहीन ही रह गया।

उसी समय मैं भी प्रथम एम. बी. बी. एस. का छात्र था। किसी सामाजिक कार्यक्रम में आगन्तुक विद्यार्थी से सामान्य परिचय के बाद दो तरुण समवय छात्रों के बीच मित्रता हो गयी, जो अल्प समय में घनिष्ठ भी हो गयी, जैसे सही फ्रीक्वेन्सी मिल गयी हो। तब से मेरे लिए वो गंगा और उसके लिए मैं गोविन्द था।

जब भी मित्र मण्डली शामों को मिलती थी तो युवाप्रिय गप्पों के बीच गंगा अपनी आरम्भिक कवितायें सुनाते थे। उन कविताओं के स्तर से लगता था जैसे किसी प्रसिद्ध कवि की रचना हों। गंगा के भीतर छिपा हीरा शायद बाहर निकलने को अकुला रहा था।

इसी दौरान गंगा ने एक रोमाण्टिक कविता सुनायी थी। मित्रों ने इसे सराहा और शाबाशी दी। 'मेनी मोर' की फरमाइश के साथ। तरुणाई में ऐसी कवितायें काफी रुचिकर लगती हैं। कविता सुनकर लगा था कि गंगा नहीं, ''ईसुरी'' मुखरित थे। बुन्देली कविता में कृष्ण और गोपियों के बीच आँखमिचौली के दौरान एक गोपी की शरारत का अनुपम चित्रण था। इस समय मेरी स्मृति में उस कविता की (एक लाइन) अन्तिम पंक्ति ही शेष है यथा –''आँख मीचबे के बहाने श्रीकृष्ण की, पीठ पर रगड़े कड़े... अघाय के।''

यह कविता मित्रों के बीच खूब चली किन्तु प्रकाशित नहीं हुई, क्योंकि आशंका थी कि तत्कालीन बड़े-बुजुर्ग (अभी के नहीं) बेहयायी का ठप्पा न जड़ दें। फिर एम. ए. की, थीसिस की व्यस्तता से, क्षमता और प्रतिभा के बावजूद, काव्य-रचना पर अस्थायी विराम लग गया जो वर्षों बाद ''खरी-खरी'' काव्यधारा के रूप में पुनः प्रवाहित हो पाया।

असुविधाओं के बीच भी उनमें पढ़ाई की प्रबल लगन थी, परन्तु खर्चीली शिक्षा के लिए नौकरी भी अति आवश्यक थी। मई 1960 में जब एम. ए. फाइनल की परीक्षा सिर पर थी तभी परीक्षा के लिए छुट्टी नहीं दी गयी। एक तरफ नौकरी दाँव पर थी तो परीक्षा न दे पाने का संकट। एक मात्र आशा बची थी कि येन-केन प्रकारेन मेडिकल लीव मिल जावे। इसके लिए जिले के सर्वोच्च डॉक्टर सिविल सर्जन की सिफारिश आवश्यक थी। परन्तु सिविल सर्जन के पास जाने में सभी लोग डरते थे।

करो या मरो जैसी स्थिति में गंगा जी को सिविल सर्जन के पास ले गये। उनकी लँगड़ाती दर्द भरी चाल और जाँघ से लेकर पैर तक पक्के प्लास्टर की नाटकीय प्रस्तुति सफल रही। उन्होंने मनोवांछित प्रमाण-पत्र जब ग्रन्थालय में दिया तो छुट्टी देनी ही पड़ी। दूसरे ही दिन प्लास्टर कटवाने के बाद परीक्षा दी और उत्तीर्ण हो गये।

इस शानदार अभिनय और निर्देशन की जुगलबन्दी तो निश्चित ही गंगा के उज्ज्वल भविष्य का संकेत मात्र थी। इसी के प्रतिफल से गंगा को ''लक्ष्मी'' प्राप्ति का मार्ग प्रशस्त हो गया। छिपा हीरा बाहर आकर कोहिनूर बन रहा था।

वर्ष 1961 में मेरी छोटी बहन लक्ष्मी से विवाह के उपरान्त सन् 1963 में गंगा जी की प्रथम नियुक्ति बागबहरा कॉलेज (अब छत्तीसगढ़) में हुई। मैंने वहाँ उन की लाजवाब शिक्षण कला देखी थी। खाली कक्षा में दो-चार विद्यार्थी थे परन्तु गंगा का लेक्चर पूर्ण उत्साह के साथ बुलन्द आवाज में जारी था। इसके बाद वे उन्नति पथ पर बढ़ते गये और प्राचार्य पद से सेवानिवृत्त हुए। अध्यापन सेवा में अनेक स्थानान्तरणों के बाद अब स्थायी निवास भोपाल में हो गया है।

उनकी साहित्य-साधना को मैंने समीप से देखा है कि वे कैसे कवि से व्यंग्यकार बने और कैसे उन्होंने ''निन्दक नियरे राखिये'' जैसी अप्रतिम रचना दी। वे किताबों के डॉक्टर थे और मैं आँखों का। इसलिए कभी-कभी गंगा जी आँखें दिखाने का अभ्यास करते रहे हैं और मेरा निदान उनको भी ठीक करता रहा है।

फिलहाल उनके मोबाइल में फोन ड्राप का भयानक रोग लग गया है। नामुराद फोन बात पूरी होने के पहले ही बन्द हो जाता है। मैं फोन का डॉक्टर होता तो ऐसे मनमौजी फोन की टेढ़ी पूँछ भी सीधी कर देता। परन्तु जब फोन लकी चार्म हो तो फेंकते नहीं, चाहे लोग मितव्ययिता के आक्षेप लगायें या कितने भी व्यंग्यबाण चला लें।

मैं साहित्यकार तो नहीं जो उनका मूल्यांकन कर सकूँ। फिर भी मैं जानता हूँ कि साहित्य साधना में वे सदैव ''खरी-खरी'' का अनुसरण करते रहे हैं। उनकी ताजी रचना ''मनोभूमि के विविध रंग'' प्रमाणित करती है कि उनकी अतिवरिष्ठ निर्झरा लेखनी अब भी साहित्य सृजन में लगी रहती है।

ग्रामीण उद्‌गम से गंगा को मैंने सागर बनते देखा है। मैंने सरस्वती के साथ लक्ष्मी का निवास भी देखा है। मेरी मैत्री को गंगा ने सदैव स्वर्ण-कांचन संयोग माना है– यह उनकी विनम्र शालीनता है। मेरी कोटिशः मंगलकामनाएँ हैं कि वे चुस्त रहें और मस्त चलते रहें ताकि हमारे परिवारों में और पड़ोसियों तक, उनके उन्मुक्त ठहाके गूँजते रहें।

जबलपुर
नेपियर टाउन,

मेरे साहित्य-श्री फूफा जी

— आयुष हूंका
कक्षा—10वीं, क्राइस्ट चर्च उच्चतर माध्यमिक शाला, जबलपुर

मेरे पापा के फूफा जी अर्थात् मेरे दादा जी डॉक्टर गंगा प्रसाद गुप्त ''बरसैंया'' मनुष्यों के डॉक्टर तो नहीं हैं पर वे हिन्दी साहित्य-जगत के सुविख्यात रचनाकार हैं। वे हम सब बच्चों के बीच केवल फूफा जी हैं। उनके बारे में मेरा लिखना सूरज को दीप दिखाना होगा।

उन्हें बीसियों संस्थाओं ने सुसम्मानित किया है। इसमें सर्वाधिक उल्लेखनीय उन्हें महामहिम उप-राष्ट्रपति डॉ. शंकर दयाल जी शर्मा के द्वारा ''अखिल भारतीय भाषा साहित्य सम्मेलन'' में ''साहित्य श्री'' की उपाधि तथा इसी सम्मेलन द्वारा प्रदत्त सर्वोच्च राष्ट्रीय अलंकरण ''सरस्वती'' सम्मान अति विशिष्ट है।

ऐसी उपलब्धियों के पीछे उनका बालकालीन संघर्ष था जिसने तराशकर उन्हें कोहिनूर बना दिया। फूफा जी का जन्म उत्तर प्रदेश के तत्कालीन जिला बाँदा के ग्राम भौंरी में वर्ष 1937 में हुआ था। साधारण परिवार से उनके जीवन में अनेक उतार-चढ़ाव आते रहे हैं। पिता के संन्यास के कारण, इनकी माता पर चार भाइयों और एक बहिन का लालन-पालन का भार आ गया था। सीमित साधनों के बीच मेधावी होने के कारण केवल ये ही सुशिक्षित हो सके। भौंरी में प्राथमिक शिक्षा के बाद 'करवी—चित्रकूट' आकर मैट्रिक की परीक्षा उत्तीर्ण की। इसके बाद की उच्च शिक्षा के लिए जबलपुर आ गये और जबलपुर विश्वविद्यालय से हिन्दी विषय में एम. ए. तथा पी-एच. डी. की उपाधि अर्जित की।

जटिल पारिवारिक परिस्थितियों के कारण जबलपुर में भी उच्च शिक्षा के दौरान केन्द्रीय ग्रन्थालय में बाबूगिरी की तथा नयी दुनिया समाचार-पत्र में भी पढ़ाई के साथ कार्य किया। इस नौकरी के दौरान जब परीक्षा के लिए भी छुट्टी नहीं मिल रही थी तब मेरे दादा जी नेत्र विशेषज्ञ डॉ. जी. डी. हूंका, जो उस समय एम. बी. बी. एस. की पढ़ाई कर रहे थे, की नाटकीय सहायता से छुट्टी मिल पायी थी। अभी भी फूफा जी बताया करते हैं कि दादा ने छुट्टी न दिलायी होती तो परीक्षा न दे पाते। हमारे फूफा जी जब भी जबलपुर आते हैं तो दोनों दादाओं के संस्मरणों को सुनकर

पूरे घर में हँसी के ठहाके गूँजने लगते हैं।

पी-एच. डी. करने के बाद उस जमाने में सरकारी नियुक्ति आसानी से मिल जाती थी। जब नियुक्ति की प्रतीक्षा हो रही थी तभी वर्ष 1961 में मेरी बुआ दादी लक्ष्मी के साथ इनका विवाह हो गया। इसके बाद ही रायपुर के निकट बागबहरा महाविद्यालय में व्याख्याता पद पर नियुक्ति भी हो गयी। समयान्तर से परिवार में तीन पुत्रियों और एक पुत्र की आभा जुड़ गयी।

प्रथम नियुक्ति के बाद अनेक नगरों में अध्यापन किया और उन्नति के सोपानों पर चढ़ते हुए म.प्र) के स्नातकोत्तर महाविद्यालय, टीकमगढ़ के प्राचार्य पद से सेवानिवृत्ति के बाद छतरपुर में स्थायी निवास बना लिया और साहित्य-सृजन यथावत जारी रहा।

उनके लेखन में व्यंग, चिन्तन, काव्य, निबन्ध एवं समीक्षाएँ जैसी सभी विधाएँ मुखरित हुई हैं। विभिन्न विषयों पर अब तक सैंतीस पुस्तकें प्रकाशित हो चुकी हैं। जैसे—अरमान वर पाने का, निन्दक नियरे राखिये, खरी-खरी, मनोभूमि के विविध रंग, तुलसी के तेवर, मानस-मनीषा एवं बुन्देली : एक भाषा वैज्ञानिक अध्ययन आदि।

फूफा जी के निर्देशन में बारह शोधार्थियों ने पी-एच. डी. उपाधि प्राप्त की है और उन्हीं के साहित्य सन्दर्भ में अनेक शोधकर्ताओं ने थीसिस लिखकर पी-एच. डी. पायी है।

छतरपुर में इलाज की असुविधा होने के कारण फूफा जी का स्थायी निवास अब भोपाल में हो गया है। यहाँ बेटे, बहू एवं नाती, नातिन के साथ रहते हुए 80 वर्ष की उम्र में भी साहित्य साधना जारी है।

कहावत है कि खरबूजे को देखकर खरबूजा रंग बदलता है। फूफा जी की साहित्य-साधना से प्रेरित बुआ दादी लक्ष्मी की लेखनी भी साहित्य रचने लगी है और उनकी दो पुस्तकें प्रकाशित हो गयी हैं। उनकी रचना "मुर्गा बाँग क्यों देता है" शालाओं की पाठ्य-पुस्तक बालभारती में छपती रही है। तो ऐसी गौरवगाथा है हमारे प्रिय फूफा जी डॉ. बरसैंया की, जो हमारे प्रेरणादायक आदर्श हैं। हमें उन पर गर्व है कि वे हमारे परिवारों के सेतु, सम्बल एवं निदेशक हैं।

जबलपुर

चित्रावली

वंदनीया आदरणीया मां (दीदी), जिनके आशीर्वाद और
पुरुषार्थ से मेरा जीवन-पथ प्रशस्त हुआ

डॉ. बरसैंया उपाधि प्राप्त करने के बाद

प्राध्यापक के रूप में

प्राचार्य कक्ष में

जीवन-संगिनी लक्ष्मी बरसैंया के साथ

पौत्र-प्रौत्रियों सहित परिजनों के साथ

पूर्व राष्ट्रपति डॉ. शंकरदयाल जी शर्मा द्वारा 'साहित्य-श्री' अलंकरण प्राप्त करते हुए

राष्ट्रकवि मैथिलीशरण गुप्त को स्मारिका भेंट करते डॉ. बरसैंया
15-10-1961 जबलपुर

मंच पर बैठे हुए गुप्त बंधु व डॉ. बलदेव प्रसाद मिश्र, शांतिप्रिय द्विवेदी, सेठ गोविन्ददास, कुंजीलाल दुबे आदि

फादर कामिल बुल्के व प्राचार्य डॉ. राजेश्वर गुरु के साथ डॉ बरसैंया व डॉ. राजेन्द्र मिश्र

गांधीवादी तपस्वी साहित्य साधक श्री वियोगी हरि के
साथ डॉ. बरसैंया व डॉ. राधा बल्लभ शर्मा

डॉ. बरसैंया के पुत्र चि. अभिलाष को दुलारते हुए श्री वियोगी हरि

पंडित विद्यानिवास जी मिश्र के साथ डॉ. बरसैंया

बुंदेली समारोह 1981 के मुख्य अतिथि खाद्य राज्यमंत्री प्रख्यात कवि
बालकवि बैरागी का स्वागत करते हुए डॉक्टर बरसैंया

बुंदेली समारोह 1982 को संबोधित करते डॉ. बरसैंया। मंच पर मुख्य अतिथि मुख्यमंत्री
श्री अर्जुन सिंह, उनकी पत्नी श्रीमती साधना सिंह, सांसद सुश्री विद्यावती चतुर्वेदी
डॉ. भगीरथ मिश्र व अन्य साहित्यकार

श्री रामेश्वर शुक्ल अंचल के साथ डॉ. बरसैंया

ओरछा में केशव जयंती समारोह को संबोधित करते डॉ. बरसैंया।
मंच पर श्री मोतीलाल वोरा मुख्यमंत्री मध्यप्रदेश, 7 अप्रैल 1987

मध्यप्रदेश के महामहिम राज्यपाल डॉ. बलराम जाखड़ के हाथों मध्य प्रदेश लेखक संघ का 'समीक्षा सम्मान' प्राप्त करते हुए। साथ में संस्कृति मंत्री श्री लक्ष्मीकांत शर्मा व अध्यक्ष श्री बटुक चतुर्वेदी। 23 अक्टूबर 2005

भारतीय साहित्य परिषद, इलाहबाद द्वारा झांसी में 'बुंदेलखंड की साहित्य सेवा' हेतु डॉ. बरसैया का सम्मान करते हुए प्रसिद्ध कथाकार गोविंद मिश्र व कुलपति झांसी विश्वविद्यालय

कादम्बरी क्लब जबलपुर द्वारा 'सेठ गोविन्द दास सम्मान' प्राप्त करते हुए
17-10-2003

अ.भा. हिंदी साहित्य सम्मेलन प्रयाग द्वारा 'साहित्य वारिधि' से डॉ. बरसैंया का सम्मान

'बुंदेलखंड का साहित्यिक एवं सांस्कृतिक परिदृश्य' पुस्तक का लोकार्पण करते हुए मध्य प्रदेश के महामहिम राज्यपाल श्री रामनरेश यादव व शिक्षा मंत्री श्री उमाशंकर गुप्ता (2 अक्टूबर, 2014)

'बुंदेलखंड के अज्ञात रचनाकार' ग्रंथ के द्वितीय संस्करण का लोकार्पण करते हुए छत्तीसगढ़ के मुख्यमंत्री डॉ. रमन सिंह, रायपुर

डॉ. बरसैंया की पुस्तक का विमोचन करते हुए श्री त्रिलोचन शास्त्री

'रचना अनुशीलन' ग्रंथ का विमोचन साहित्य अकादमी दिल्ली के अध्यक्ष डॉ. विश्वनाथ तिवारी द्वारा (छतरपुर 22 जनवरी, 2009)

नेशनल बुक ट्रस्ट के आयोजन में 'सृजन विमर्श' ग्रंथ का लोकार्पण

'लोक वाटिका' व 'रूपक और साक्षात्कार' ग्रंथों का लोकार्पण
संत श्री देवप्रभाकर शास्त्री द्वारा (5 फरवरी, 2004)

'निंदक नियरे राखिए' कृति का लोकार्पण करते हुए
श्री शिवकुमार श्रीवास्तव, कुलपति डॉ. हरिसिंह गौर विश्वविद्यालय

'रचना से रचना तक' पुस्तक का लोकार्पण करते हुए
श्री पंकज विष्ट व मंगलेश डबराल 15 नवम्बर 2009

मानस विदुषी दीदी मंदाकिनी जी के हाथों पंडित 'रामाकिंकर सम्मान' प्राप्त करते हुए रामायणम् ट्रस्ट, अयोध्या 9 जुलाई 2006

भारतेन्दु साहित्य समिति, बिलासपुर के वार्षिक समारोह को संबोधित करते व ग्रंथों का लोकार्पण करते डॉ. बरसैंया। मंच पर शीर्ष पत्रकार श्री प्रभाष जोशी तथा रायपुर व बिलासपुर विश्वविद्यालयों के कुलपित द्वय।

डॉ. राममूर्ति त्रिपाठी से चर्चा करते हुए डॉ. बरसैंया

केशव जयंती ओरछा के कार्यक्रम में डॉ. विजयपाल सिंह, बनारस,
डॉ. राममूर्ति त्रिपाठी उज्जैन व डॉ. बरसैंया के साथ अन्य साहित्यकार

'छत्तीसगढ़ मित्र' के 'डॉ. बरसैंया विशेषांक' लोकार्पण करते हुए (रायपुर, दिनांक 3-9-2017) बायें से दूसरे श्री कैलाशचन्द्र पन्त, संचालक राष्ट्रभाषा प्रचार समिति हिन्दी-भवन भोपाल। साथ में हैं पत्रिका के सम्पादक दायें से क्रमशः डॉ. सुधीर शर्मा व डॉ. सुशीला त्रिवेदी, रायपुर

हमारे प्यारे नाना जी

बचपन में हमारे लिए गर्मियों की छुट्टी का मतलब नाना-नानी के घर छतरपुर जाना होता था। पूरे साल हम इन्तजार करते थे कि कब हमारी वार्षिक परीक्षा खत्म हो और मम्मी हमें छतरपुर ले जाये। गर्मी में सभी एक साथ इकट्ठा होते। दोनों मौसी, राजू मामा, सारे बच्चे। नाना-नानी के साथ वो गर्मी की छुट्टियों के दो महीने कैसे बीत जाते, पता ही नहीं चलता था। दो महीने पढ़ाई से छुट्टी, Home work की डाँट से छुट्टी। नानी जहाँ हम सब बच्चों को तरह-तरह के पकवान बनाकर खिलातीं, वहीं दूसरी तरफ हम नाना जी के साथ बैठकर गप्पें मारना, घूमने जाना। नानाजी हमें अपने तमाम दोस्तों के घर ले जाते थे और उनके सारे दोस्तों को भी हम नाना जी बुलाते। समय की कोई पाबन्दी नहीं। सिर्फ और सिर्फ मौज-मस्ती।

जब भी हम नाना जी को याद करते हैं तो उन्हें टेबल-कुर्सी पर कोई किताब लिखते हुए ही उनका चेहरा याद आता है। दिन का आधा हिस्सा उनका किताबों में ही बीतता और घड़ी की नोक से शाम को तैयार होके टहलने निकल जाते। हमें अभी भी याद है कि हर दोपहर में नानाजी को बैठाकर उनकी कंघी करते, उनका फेशियल करते, उनकी बालों की चोटी बनाना, ये सभी हमारी मस्ती होती थी। वो हमें जितनी मस्ती करने देते, उतने ही कड़क भी थे। हम कह सकते हैं कि वो नारियल की तरह हैं। ऊपर से कड़क और अन्दर से नरम। उन्होंने हमेशा हम सभी बच्चों को हर चीज में प्रोत्साहन दिया। एक परिवार के मुखिया होने के नाते उन्होंने एक Disciplined जिन्दगी जी, जिससे हम सब प्रेरित हुए हैं।

हम बच्चे धीरे-धीरे बड़े होते गये और पढ़ाई Waching के कारण नाना-नानी के घर जाना कम होता गया। पर आज भी बचपन जितना भी याद है, वो सिर्फ नाना-नानी के घर की ही यादें हैं। हम सभी बच्चे अपने नाना-नानी से बहुत प्यार करते हैं। एक छोटी-सी कविता–

बचपन के वो दिन

एक बचपन का जमाना था,
जिसमें खुशियों का खजाना था।
चाहत चाँद को पाने की थी,

पर दिल तितली का दीवाना था।
खबर न थी कुछ सुबह की,
न शाम का ठिकाना था।
भरपेट खाना खाना, थककर सो जाना,
उस पर खेलने भी जाना था।
एक नाना-नानी का घर था,
जहाँ परियों का फसाना था।
गर्मी की छुट्टियों का मौसम,
बड़ा सुहाना था, बड़ा सुहाना था।
ढेर सारे प्यार के साथ आपके हम बच्चे-
चीनू, मीनू, गरिमा, महिमा, अन्नू, आशु, अनन्या, चीकू, अर्णव एवं आरूष।

साक्षात्कार– एक

सरस्वती के वरदपुत्र से भेंट-वार्ता

– डॉ. सरोज गुप्ता

प्रश्न–*1. आदरणीय चाचा जी, हम सब आपके व्यक्तित्व व कृतित्व पर केन्द्रित अभिनन्दन ग्रन्थ प्रकाशित कराना चाहते हैं। इस पर आपकी क्या प्रतिक्रिया है?*

उत्तर– देखिये सरोज जी,! मान, सम्मान, प्रशंसा, पुरस्कार और अभिनन्दन आदि किसी को बुरा नहीं लगता। निन्दा-आलोचना पीड़ा देती हैं, इसके विपरीत सभी प्रशंसात्मक आयाम आनन्द प्रदान करते हैं। जब आप लोगों ने अभिनन्दन का संकल्प ठान ही लिया तो मेरी शुभकामनायें आपके साथ हैं। वैसे, जब रीता ने मुझे यह सूचना दी कि हमने यह तय किया है तो मैंने मना किया था। कहा था कि इस झंझट में मत पड़ो। पर वह नहीं मानी और पत्राचार शुरू कर दिया। आपको यह और बता दूँ कि सन् 2012 में छतरपुर में भी यह प्रस्ताव मेरे सामने आया था, तब भी मैंने अपनी असहमति व्यक्त की थी।

प्रश्न–*2. आपकी साहित्यिक मान्यतायें व अवधारणायें क्या हैं? आप किन प्रतिमानों को रचनाओं में सन्निहित देखना चाहते हैं?*

उत्तर– मैं यह मानता हूँ कि मनुष्य का सीधा सम्बन्ध समाज से है। व्यक्ति उसका अभिन्न अंग है। संसार में वह जो कुछ भी देखता, सुनता, पढ़ता, अनुभव करता है। वह सब समाज से आता है। मनुष्य और प्रकृति अभिन्न हैं। रचनाधर्मिता का उत्स वहीं है। उसी से रचना की प्रेरणा मिलती है। रचनाकार का धर्म है कि वह अपनी सर्जनाओं में जीवन-समाज के सत्य का दिग्दर्शन कराये। उसे जगाये, चेताये, प्रेरित करे। अन्तरात्मा और व्यक्तित्व का विस्तार कर ऐसी रचना करे जिसका मूल लक्ष्य व्यक्ति-हित हो। उसमें ईमानदारी हो। कोई दुराग्रह या पाखण्ड न हो। 'सहितस्यभावः साहित्यम' इसीलिए कहा गया है। जनमानस उसी को स्वीकार करता है। तुलसीदास ने लिखा था–

> कीरति भनित भूति भल सोई।
> सुरसरि सम सब कर हित होई।
> जोहि प्रबन्ध नहिं बुध आदरहीं।
> सो श्रम बादि बाल कवि करहीं।

प्रश्न 3. *आपकी रचनाधर्मिता का रहस्य क्या है? सेवानिवृत्ति के पश्चात् लेखन के क्षेत्र में आपके अनुभव किस प्रकार रहे?*

उत्तर– मेरी रचनाधर्मिता का रहस्य यही भावना है। मैंने आज तक दुराग्रहवश कुछ नहीं लिखा, सर्जना के साथ बेईमानी नहीं की। आत्मश्लाघा का कुप्रयास नहीं किया। वैसे, कोई भी रचना अनुभूति से प्रेरित होकर रचनाकार की अन्तरात्मा से उत्सर्जित होती है। व्यक्ति की अवहेलना पूरी तरह सम्भव नहीं। सामाजिकता सर्जना को प्रेरित करती है। कच्चा माल वहीं से मिलता है। सजावट का आकार रचनाकार के सामर्थ्य और शिल्प से तैयार होता है।

सेवा-निवृत्ति के बाद एक तो व्यक्ति तमाम शासकीय-अशासकीय दायित्वों, तनावों से मुक्त हो जाता है। उसे सोचने और लिखने का पर्याप्त समय मिलता है। लम्बा अतीत का अनुभव और वर्तमान को इत्मीनान से देखने, सोचने-समझने का अवसर मिलता है। उसकी कल्पनायें खुलकर पंख पसारती हैं। किसी प्रकार के कोई बन्धन या दबाव नहीं होते, अपेक्षाओं का संसार भविष्य को अपने साथ समेटने की चेष्टा करता है। जैसा गुप्त जी ने लिखा– 'हम कौन थे क्या हो गये और क्या होंगे अभी' पर मन्थन होने लगता है।

प्रश्न 4. *आपने व्यंग्य विधा को लेखन का माध्यम बनाया है। 'तीन व्यंग्य रचनायें आपकी हैं। आपके लेखन की दिशा व्यंग्य की ओर मुखरित हुई इसका क्या कारण है?*

उत्तर– मेरा कोई भी लेखन सायास नहीं है। जीवन तो विसंगतियों, विपरीतताओं, पाखण्डों, प्रदर्शनों, अवसरवादियों का फैला जंजाल है। हर व्यक्ति प्रतिदिन वह देखता है जो न स्वीकार्य है और न अपेक्षित। यह भी देखता है कि अपात्र, लाभान्वित हो रहे हैं और सुपात्र उपेक्षित हैं। 'लाबर लाडू खायँ' की स्थिति है। तब व्यक्ति के मन में क्षोम, क्रोध, आक्रोश उत्पन्न होता है। उसकी अन्तरात्मा पीड़ित होती है लेकिन सामाजिक स्थितियाँ उसे न खुलकर रोने देती हैं, और न आक्रोश व्यक्त करने देती हैं। सच्चाई से व्यवस्था की पोल खुलती है, अत: वह भी कानून आदि का भय दिखाती है। ऐसे में व्यंग्य लेखन ऐसी विधा है, जिसमें लेखक अप्रत्यक्ष रूप में अपनी भावनायें व्यक्त करता है जिनमें सत्य-दर्शन के साथ, चेतावनी भी होती है और सर्जक की आन्तरिक पीड़ा की अभिव्यक्ति भी। खरी-खोटी कहने की सबसे सुरक्षित विधा व्यंग्य है जहाँ बड़ी निर्भीकता से व्यक्ति, सत्ता, समाज के मुखौटे उघाड़ने में संकोच नहीं करता। प्रत्यक्ष नामोलेख के बिना भी सम्बन्धित व्यक्ति सब समझ लेता है। इसके बावजूद 'जो न समझे सो अनाड़ी है।' इसी भावना ने मुझे व्यंग्य लेखन की ओर प्रेरित किया।

प्रश्न–*5. क्या आपके लेखन पर शरद जोशी व हरिशंकर परसाई का प्रभाव रहा है?*

उत्तर– मेरे लेखन में परसाई या शरद जोशी या किसी और का प्रत्यक्ष कोई

प्रभाव नहीं है। व्यंग्य लेखकों के व्यंग्य पढ़ता रहा हूँ। पढ़ता रहता हूँ। पढ़ने-लिखने का प्रभाव लेखन में पड़ना स्वाभाविक है। पर मैंने कभी किसी की नकल नहीं की। सामने फैले समाज की घटनाओं ने ही मुझे प्रेरित किया।

प्रश्न–*6. समकालीन साहित्य रचना लेखन व साहित्यिक मूल्यांकनों के सम्बन्ध में आपकी क्या राय है?*

उत्तर– समकालीन रचना-संसार बहुत व्यापक है। अखण्ड ब्रह्माण्ड की बातें सुनते थे– विज्ञान ने उसे प्रत्यक्ष कर दिया। रचनाकारों का ज्ञान और अनुभव विश्व-व्यापी है। संवाद बढ़ा तो विवाद भी कम नहीं है। इतने दल-दंगल हैं। राजनीतिक पार्टियों की तरह साहित्य भी इस दोष से अछूता नहीं है। इससे विश्वसनीयता बहुत खण्डित हुई है। लेकिन जितना विविधवर्णी, ज्ञान-सम्पन्न आज लिखा जा रहा है, जैसी चेतना, निर्भीकता और प्रयोग के दर्शन आज हो रहे हैं, पहिले इतना नहीं था। हाँ, पहिले मर्यादा के प्रति अति सजगता थी, आज वह बात कम देखने में आ रही है। अच्छा-बुरा लेखन पहिले भी था, आज भी है। श्लीलता-अश्लीलता का विवाद वर्षों चला। इन्हीं सबके बीच से उत्तम को निकालना पड़ता है। उत्तम ही टिकेगा। 'सार-सार को गहि रहै थोथा देय उड़ाय।' हर युग में नये दौर आते हैं, फिर स्थिर हुए। कुछ टिके-कुछ मिट गये।

समीक्षा, आलोचना आज मुँह देखी अधिक हो गयी है। अपने-पराये का दौर है। जो अपना है वही श्रेष्ठ है, जो अपना नहीं है, वह कूड़ा है। नाना प्रकार के विमर्शों में दुराग्रहों का बोलबाला है। भाषिक मर्यादा भी भंग हुई है। यह सब अच्छे लक्षण नहीं हैं।

प्रश्न–*7. आप अपने प्राध्यापकीय जीवन से पूर्णतः सन्तुष्ट हैं या आपको लगता है कि कुछ वर्ष और मिलते तो कुछ नया और कर लेते।*

उत्तर– मैं अपने प्राध्यापकीय जीवन से पूर्ण सन्तुष्ट हूँ। मैंने अपने कर्तव्यों-दायित्वों का पूरा निर्वाह किया। कभी समय बरबाद नहीं किया। अनेक शिक्षाविदों, विद्वानों, समाज-सेवियों का सान्निध्य लाभ मुझे मिला। उनका मैंने सदुपयोग किया। निरन्तर कुछ-न-कुछ लिखता रहा। कभी किसी विधा-विशेष से बँधकर नहीं रहा। जो मन में आया उसे लिखा। गलत कभी नहीं लिखा। 'काव्य शास्त्र विनोदेन कालो गच्छति धीमताम्' पर मेरा विश्वास रहा।

प्रश्न– *8. काव्य-रचना की प्रेरणा आपको किससे मिली, कृपया बतायें। किस कवि से आप सर्वाधिक प्रभावित हुए?*

उत्तर– काव्य-रचना की प्रेरणा मुझे जीवनानुभवों से मिली। काव्य मेरी प्रमुख विधा नहीं है। जब भी मन में कोई भावावेग प्रखर हुआ, उसे शब्दों में उतार दिया। किसी को दिखाया, सुनाया नहीं। हाँ, छपवाया अवश्य है। मेरे दो काव्य-संग्रह हैं। तुलसीदास मेरे सर्वाधिक प्रिय और आदरणीय कवि हैं।

प्रश्न–*9. ईश्वर के प्रति आपकी आस्था किस रूप में है? उम्र के इस पड़ाव में आकर आप कैसा महसूस करते हैं?*

उत्तर– ईश्वर के प्रति मेरी गहन आस्था है। ये संस्कार मुझे प्रारम्भ से मिले। मेरा मानना है कि जो होता है वह सब ईश्वरीय कृपा है– 'राम कीन्ह चाहैं सोई होई।' लेकिन इसका आशय यह नहीं है कि अकर्मण्य होकर बैठ जायें। गीता के ज्ञान भक्ति कर्म के सूत्र को जीवन में उतारने में ही सार्थकता है। मेरा विश्वास यह है कि कदम-कदम पर उँगली पकड़कर ईश्वर ने मेरा मार्गदर्शन किया। इसलिए जो करो ईश्वर के प्रति आस्थावान होकर करो।

प्रश्न– *10. आपके लेखन की शुरुआत म. प्र. की छोटी जगहों–छतरपुर, टीकमगढ़ से हुई। आप यदि दिल्ली में होते तो क्या आपकी लेखन-क्षमता पर अलग प्रभाव पड़ता? कृपया बतायें।*

उत्तर– देखिये, सरोज जी, स्थान का प्रभाव तो लेखन पर निश्चित रूप से पड़ता है। मैंने शोध के दौरान देखा कि अनेक प्रतिभाशाली रचनाकार दूरस्थ गाँवों में महत्त्वपूर्ण ग्रन्थ रचकर भी अनजाने और उपेक्षित रह गये। उन्हें न बड़ों का सम्पर्क-सान्निध्य मिला, न प्रकाशन या, प्रचार-प्रसार का अवसर। जबकि बड़े शहरों के साधारण लेखक भी प्रचार-प्रसार के बल पर महान बनकर अनेक सम्मानों-पुरस्कारों के पात्र बन गये। इसका प्रभाव मुझ पर न पड़ा हो, ऐसा नहीं कह सकते। मेरे अनेक साथी भी यह बात कहते हैं कि तुम बड़ी जगह होते तो स्थिति दूसरी होती। लेकिन मैं असन्तुष्ट नहीं हूँ। पूर्ण सन्तुष्ट हूँ। मेरे लेखन की शुरुआत जबलपुर से हुई। रायपुर में उसे पर्याप्त अवसर मिला। अधिकांश प्रकाशन सेवा-निवृत्ति के बाद हुआ। लेकिन प्रायः अपना पैसा लगाकर। लेकिन मुझे कोई शिकायत नहीं। आत्मसुख सबसे बड़ा सुख है।

प्रश्न– *11. आप कई पत्र-पत्रिकाओं के सम्पादक रहे हैं। वर्तमान समय में पत्रिकाओं के स्तर को लेकर आपके क्या सुझाव हैं?*

उत्तर– जब मैं कतिपय पत्रिकाओं से जुड़ा था तब न उनके पास साधन थे, न सहयोगी। उस समय की और आज की कोई तुलना नहीं। आज हजारों छोटी-बड़ी पत्रिकायें जगह-जगह से निकल रही हैं। सभी प्रकार की, सभी विधाओं, विषयों की पत्रिकायें। यह देखकर अतीव प्रसन्नता होती है। पत्रिकाओं के पास सभी प्रकार के साधन हैं। मुझे बख्शी जी ने बताया था कि जब वे 'सरस्वती' के सम्पादक बने तब कई बार अंक की अधिकांश सामग्री वे अलग-अलग नामों से स्वतः तैयार करते थे। अब तो यन्त्रीकरण का युग है। सब कुछ मुट्ठी में। हाँ, छोटी पत्रिकायें आज भी अर्थसंकट का शिकार हैं।

प्रश्न– *12. बुन्देली साहित्य व संस्कृति पर आपने बहुत काम किया है। नये शोधार्थियों के लिए आप क्या सन्देश देना चाहते हैं?*

उत्तर– बुन्देली साहित्य-संस्कृति के प्रति वर्तमान में पर्याप्त जागरूकता आयी

है। तमाम स्थानीय संस्थाएँ, शिक्षा संस्थान निरन्तर आयोजन, सेमीनार, विचार-विमर्श करते हैं। प्रकाशन भी हो रहे हैं। विश्वविद्यालयों के पाठ्यक्रमों में शामिल हैं। गद्य में भी सक्रियता आयी है। बुन्देली की शब्द-शक्ति व सम्पदा पर कार्य हो रहे हैं, जरूरत है पुराने लोक-साहित्य का संग्रह-संरक्षण। इसकी उपेक्षा होने से संस्कृति की दृष्टि से बड़ा नुकसान हो रहा है। दूसरा अप्रकाशित को प्रकाशित करना, शोध के नये द्वार खोलना। अपनी भाषा-संस्कृति के प्रति लगाव बढ़ाना। गद्य साहित्य को बढ़ावा देना। व्याकरण सम्बन्धी कृतियों का प्रकाशन। प्राथमिक शाला के पाठ्यक्रमों में स्थान देना।

प्रश्न—*13. आपके साहित्य-सृजन में परिवार की क्या भूमिका रही है? कृपया बतायें।*

उत्तर— मेरे साहित्य-सृजन और प्रकाशन में परिवार पूरी तरह सदैव सहयोगी रहा। कभी कोई व्यवधान पैदा नहीं किया। गृह-गृहस्थी के कार्यों से प्रायः मुक्त रहा। श्रीमती जी सारा दायित्व निभाती रहीं। फिर बेटा और बेटियों ने।

प्रश्न— *14. बुन्देली साहित्य के किस रचनाकार ने आपको सर्वाधिक प्रभावित किया है और क्यों?*

उत्तर— बुदेली रचनाकारों में ईसुरी ने सर्वाधिक प्रभावित किया।

प्रश्न—*15. क्या आप किसी विशेष आयाम को विशेष टिप्पणी के साथ उद्घाटित करना चाहते हैं?*

उत्तर— प्रश्न 12 के साथ मैं अपनी बात कह चुका हूँ।

प्रश्न—*16. नये रचनाकारों के लिए आपका क्या परामर्श है किन अनछुये तटों का स्पर्श करने की चेष्टा उन्हें करना चाहिए?*

उत्तर— प्रश्न 12 के साथ मैं अपनी बात कह चुका हूँ।

प्रश्न—*17. वर्तमान समय में विमर्श का बोलबाला है। आपकी दृष्टि में कौन-सा विमर्श सर्वश्रेष्ठ है?*

उत्तर— विमर्श अच्छी चीज है। हमारे यहाँ शास्त्रार्थों की परम्परा रही है। विमर्श तब बुरा है जब वह दुराग्रह-दोष से ग्रस्त हो।

प्रश्न—*18. एक श्रेष्ठ साहित्यकार की प्राथमिकतायें क्या होनी चाहिए? रचना-प्रक्रिया में संस्कार व संस्कृति की क्या उपादेयता है?*

उत्तर— ईमानदारी से जनहितकारी भावनाओं की अभिव्यक्ति। मनुष्यता सर्वोपरि। 'सर्वे भवन्तु सुखिनः ...'। विश्वबन्धुत्व। अहिंसा, शान्ति। आत्मचिन्तन।

प्रश्न—*19. विज्ञान के युग में साहित्य की सार्थक भूमिका क्या होनी चाहिए?*

उत्तर— पारम्परिकता का मोह त्यागकर नये युगानुकूल विषयों का चयन और लेखन जिससे नयी पीढ़ी लाभान्वित हो।

साक्षात्कार– दो

डॉ. गंगाप्रसाद बरसैंया से साक्षात्कार

– डॉ. बहादुर सिंह परमार

माननीय प्रणाम ! आपने हिन्दी साहित्य आलोचना के साथ मौलिक लेखन के माध्यम से महत्त्वपूर्ण स्थान अर्जित किया है। मैं आपसे आज कुछ मुद्दों पर बातचीत करके पाठकों को अनछुए पहलुओं से परिचित कराना चाहता हूँ। डॉ. बरसैंया जी।

प्रश्न– *सर्वप्रथम अपने बाल्यकाल के बारे में बताएँ कि वे कौन-से कारक हैं जिन्होंने आपके व्यक्तित्व को प्रभावित किया है?*

उत्तर– मेरे बाल्यकाल की कहानी अभावों की कहानी है। इन्हीं अभावों के बीच में व्यक्तित्व को पनपने का अवसर मिला। मैं जिस परिवार में पैदा हुआ उसमें उच्च शिक्षा की कोई परम्परा नहीं थी। चौथी कक्षा से अधिक कोई पढ़ा-लिखा सदस्य नहीं था। गाँव में भी उच्च शिक्षा के कोई साधन नहीं थे। एकमात्र सरकारी प्राइमरी स्कूल था जिसमें चौथी कक्षा तक पढ़ाई की व्यवस्था थी। तब प्राइमरी स्कूल चौथी कक्षा तक ही हुआ करते थे। चौथी कक्षा उत्तीर्ण लोग छोटी-मोटी नौकरी पा जाते थे। वैसे गाँव में सरकारी नौकरी वाले लोग इक्का-दुक्का ही थे, वह भी प्राइमरी स्कूल के शिक्षक। धार्मिक आयोजन तो होते थे किन्तु साहित्यिक वातावरण नहीं था। अत: मेरी शिक्षा पर भी चौथी कक्षा के बाद विराम लग गया। ऐसे में कैसा व्यक्तित्व बन सकता है, इसकी कल्पना की जा सकती है?

संयोग से स्वतन्त्रता-प्राप्ति के बाद सन् 1949-50 में गाँव के कुछ वरिष्ठ नागरिकों द्वारा मिडिल स्कूल प्रारम्भ किया गया। छठवीं पहली कक्षा थी। मुझे भी उसमें प्रवेश का अवसर मिला। यहीं से मेरा ही नहीं, गाँव के अन्य तमाम लड़कों के भविष्य का दरवाजा खुला।

प्रश्न– *आपके जीवन की परिस्थितियाँ बड़ी ही संघर्षपूर्ण रही हैं। नौकरी के सन्दर्भ में देश के कई कोनों मे जाना पड़ा है। इन सबका आपके साहित्यिक लेखन पर क्या प्रभाव पड़ा?*

उत्तर– जैसा मैंने आपको बताया, जीवन का अधिकांश भाग संघर्षों में ही बीता। इसी संघर्ष ने जीवन-निर्माण की भूमिका निभायी। मैथिलीशरण गुप्त की पंक्ति है– "जितने कष्ट कंटकों में है जिसका जीवन-सुमन खिला। गौरव-गन्ध

उसे उतना ही यत्र-तत्र सर्वत्र मिला।" मेरा अनुभव यह है कि इसमें भाग्य की महत्त्वपूर्ण भूमिका होती है। मेरे साथ कुछ ऐसा ही हुआ। आठवीं का रिजल्ट आया। मैं प्रथम श्रेणी में उत्तीर्ण हुआ। मेरिट में मेरा स्थान था। इससे उत्साह बढ़ा। लोगों ने प्रेरित किया। कुछ गाँव के साथी मिल गये। अतः गाँव से 9-10 मील दूर चित्रकूट इण्टर कालेज, करवी में दाखिला ले लिया। गाँव से करवी तक कच्चा रास्ता। आने-जाने के कोई साधन नहीं। खाने-पीने का सामान टाँगकर पैदल आना जाना होता था। स्वयं खाना बनाना, बर्तन-पानी की व्यवस्था करना। इण्टर के बाद अचानक जबलपुर जाने का अवसर मिला। कोई साधन नहीं, सहयोगी नहीं। छोटी प्राइवेट नौकरी कर रहे भाई के भरोसे जबलपुर पहुँचे। कालेज में दाखिला ले लिया। कहते हैं जिसका कोई नहीं, ईश्वर उसकी मदद करता है।

एक सज्जन की सलाह पर मैंने रोजगार कार्यालय में नाम लिखाया। टाइपिंग सीखना शुरू किया। छः महीने के अन्दर मेरी सरकारी नौकरी लग गयी। जुलाई 1956 में जबलपुर में गया और 24 जनवरी, 1957 को मैं सरकारी लाइब्रेरी में बाबू बन गया और गाड़ी चलने लगी। संघर्ष के दबाव कम हुए। जबलपुर से बी.ए., एम.ए., पी-एच.डी. किया। कुछ दिन अखबार में भी नौकरी की। लोक सेवा आयोग से चयन के बाद सरकारी कालेज में व्याख्याता बना। कुछ दिन प्राइवेट कालेज में भी रहा। मैंने कहा कि संघर्षों की कहानी लम्बी है।

जबलपुर में ही साहित्यिक वातावरण मिला। लिखना-पढ़ना प्रारम्भ हुआ। लेख आदि लगातार छपने लगे। उत्साह बढ़ा। तब से अब तक लगातार लेखन का सिलसिला चल रहा है। कालेज नौकरी में हुए ट्रांसफरों से नुकसान भी हुआ और लाभ भी। नुकसान यह कि लिखने-पढ़ने का क्रम कई बार बाधित हुआ। लाभ यह कि नये लोगों से सम्पर्क हुआ, अनुभव हुए, नयी जानकारियाँ मिलीं जो लेखन में प्रेरक बने। रायपुर, टीकमगढ़, छतरपुर की उपलब्धियाँ जीवन की और लेखन की महत्त्वपूर्ण उपलब्धियाँ हैं। लेखन व शोध की सामग्री मिली, विद्वानों से विमर्श का अवसर मिला। मान-सम्मान मिला। ग्रन्थों का प्रकाशन हुआ, लेखन में विविधता और प्रौढ़ता आयी। दूर-दूर तक सम्पर्क बने।

प्रश्न– *आपने हिन्दी के निबन्ध और निबन्धकारों पर महत्त्वपूर्ण कार्य किया है? वर्तमान में हिन्दी निबन्ध लेखन की आप क्या स्थिति अनुभव करते हैं?*

उत्तर– मेरे पी-एच.डी. के शोध का विषय था 'हिन्दी साहित्य में व्यक्तिवादी निबन्ध और निबन्धकार'। उस समय निबन्ध लेखकों की संख्या अधिक नहीं थी। यद्यपि भारतेन्दु ने युग से उनकी शुरुआत हो गयी थी। व्यक्तिवादी निबन्धकारों की संख्या और भी बहुत कम, विषयों की व्यापकता भी कम थी। वर्तमान में हिन्दी-निबन्धों का संसार बहुत व्यापक है। लेखकों की संख्या की दृष्टि से और विषयों की

विविधता की दृष्टि से। आज लोक-संस्कृति, लोक-साहित्य और लोक-जीवन पर पर्याप्त निबन्ध लिखे जा रहे हैं। भाषा-शैली में भी निखार आया है। वैज्ञानिक विषयों पर गम्भीर लेख लिखे जा रहे हैं। निबन्ध और लेख में अन्तर है। इसका भी ध्यान रखना होगा। निबन्धों की स्थिति सुखद है और भविष्य उज्ज्वल है।

प्रश्न— *आपका लेखन व्यंग्य व विनोद से युक्त है। आप व्यंग्य जीवन के आस-पास से उठाकर उसे व्यापक किस तरह बना देते हैं?*

उत्तर— लेखन पर व्यक्ति की रुचि और स्वभाव का भी प्रभाव पड़ता है। व्यंग्य और विनोद मेरे विनोदी जीवन के अंग हैं। अत: लेखन में उनका पुट अनायास आ जाता है। प्रयास नहीं करता। किसी भी विषय के लिए सामग्री दूर नहीं ढूँढ़नी पड़ती। अपने निजी जीवन और परिवेश का जितना विस्तार होगा, लेखन भी उतना ही व्यापक होगा। आत्मस्थ होकर बैठना, आँख मूँदकर जीना लेखक का स्वभाव नहीं है। वह दुनिया को अपने में और अपने को दुनिया से जोड़कर जीता है। यही उसके लेखन को व्यापक बनाते हैं।

प्रश्न— *'बुन्देलखण्ड के अज्ञात रचनाकार' आपकी महत्त्वपूर्ण शोधात्मक कृति है? इसके लेखन का विचार कैसे आपके मन में आया? प्रकाशन पर मिले रिस्पांस को आप कैसे देखते हैं?*

उत्तर— 'बुन्देलखण्ड के अज्ञात रचनाकार' मेरी सर्वाधिक महत्त्वपूर्ण कृति है। इसकी प्रेरणा टीकमगढ़ में मिली। वहाँ मुझे कुछ प्राचीन पाण्डुलिपियाँ देखने को मिलीं। एक तो कालेज के कबाड़ में पड़ी थी और जिला पुस्तकालय में बेची जाने वाली रद्दी में करीब पचास-साठ पुरानी हस्तलिखित पुस्तकें थीं, सैकड़ों वर्ष पुरानी कुछ पत्रिकायें भी। मैंने उन्हें व्यवस्थित कराया। सूची बनवाकर पुस्तकालय में सुरक्षित किया। अध्ययन किया। उनके अध्ययन से ऐसे चौंकानें वाले नये तथ्य मिले कि उन पर लेख लिखना शुरू किया। छपवाया, चर्चा हुई, पुराने संग्रहों, इतिहास ग्रन्थों की छानबीन की। लगा कि ऐसे अनेक तथ्य हैं, ऐसे रचनाकार हैं जिन्हें इतिहास ग्रन्थों में स्थान नहीं मिला। सर्वथा अज्ञात अथवा अल्पज्ञात है। बस मैं दिन-रात उसी में डूब गया। कई वर्ष लगे लेकिन ग्रन्थ छापने के लिए न कोई संस्था तैयार हुई, न कोई प्रकाशक। कई शोध संस्थानों, विद्वानों के उत्तर और व्यवहार हताश करने वाले थे। आरामपसन्द विद्वानों और व्यवसायी प्रकाशकों से ज्यादा आशा नहीं की जा सकती। आखिर कुछ राशि देकर मैंने इसे दिल्ली के सार्थक प्रकाशन से छपवाया। छपने के बाद इस ग्रन्थ की सर्वत्र चर्चा और प्रशंसा हुई। पाठक मंचों में पहुँचाया गया दूसरा संस्करण निकल गया। अब संगोष्ठियों में प्राय: इसका उल्लेख होता है इससे साहित्येतिहास में नये पृष्ठ जुड़े।

प्रश्न— *आपने अपनी जन्मभूमि पर केन्द्रित पुस्तक रचकर रचनाकारों को एक*

सन्देश दिया है कि हमें अपनी जड़ों से भी जुड़ा रहना चाहिए। आपको इसके लेखन की प्रेरणा कैसे मिली?

उत्तर– अपने गाँव के सम्बन्ध में बचपन से तमाम बातें लोगों से सुनता रहा हूँ, पर कभी उन्हें कलमबद्ध करने की भावना नहीं हुई। आज से लगभग 15–20 वर्ष पहले मैं गाँव गया। चर्चा में पता चला कि पहाड़ी चट्टानों पर लाल गेरू की पुतरियाँ बनी हैं। लोक सोचते हैं कि जानवर चराने वालों ने खेल-खेल में बनाया होगा। मुझे पता लगा कि ये तो शैलचित्र होना चाहिए। मैंने पुरातत्त्व विभाग से पत्राचार कर सर्वेक्षण कराया तो विभागीय विशेषज्ञ ने उन्हें पुरातात्त्विक महत्त्व के पाषाणकालीन शैलचित्र माना। बस, तभी लगा कि अपनी जन्मभूमि पर एक परिचयात्मक पुस्तक होनी चाहिए। तमाम जानकार-बुजुर्गों-जानकारों से जानकारी एकत्र कर पुस्तक छपवायी। बड़ा सुख मिला जैसे मातृ भूमि के प्रति कर्तव्य की पूर्ति हुई। कलेक्टर ने दो शब्द लिखकर सराहना की।

प्रश्न– *'कभी-कभी यह भी' तथा 'खरी-खरी' संग्रह आपकी काव्य प्रतिभा के जीवन्त गवाह हैं। इन संग्रहों के प्रकाशन के पीछे क्या चिन्तन रहा है आपका?*

उत्तर– रचनाकार अपने भाव-विचार किसी भी रूप में व्यक्त करना चाहता है विधा कोई भी हो। काव्य तो व्यक्ति का नैसर्गिक अंग है। प्रायः हर लेखक ने कवितायें लिखीं। कविता मेरी विधा नहीं है, लेकिन जब कभी किसी प्रसंग में भावोदवेग हुआ तो उसे कविताओं में उतार दिया। भावावेग ही कविता का उत्स है। इसीलिए मैंने संग्रह का नाम 'कभी-कभी यह भी' रखा है, इसमें प्रायः ऐसी भाव रस की कविताएँ हैं– तुकान्त भी और अतुकान्त भी। 'खरी-खरी' तो दैनिक भास्कर' भोपाल के आग्रह पर शुरू हुई जो पाँच वर्ष से लगातार मुख्यपृष्ठ पर छपती रहीं। अत्यन्त लोकप्रिय हुई। उद्देश्य था सरल बुन्देली में दैनन्दिन घटनाओं पर व्यंग्य-विनोदात्मक टिप्पणियाँ। कुण्डलियाँनुमा 705 चुनी हुई कुण्डलियों का संकलन है। मित्रों का सुझाव था कि 'सतसई' नाम दूँ, पर मैंने ऐसा नहीं किया।

प्रश्न– *समकालीन परिवेश मे देखें तो साहित्य शहरों तक केन्द्रित हो रहा है। दूरस्थ अंचलों में लिखे जा रहे साहित्य को वह सम्मान प्राप्त नहीं हो रहा है, जिसके वे हकदार हैं? इस सम्बन्ध में आपका क्या विचार है?*

उत्तर– आपका कहना पूरी तरह सच है यह मैं स्वतः वर्षों से इसका अनुभव कर रहा हूँ। मैंने अपनी एक-दो पुस्तकों में भी इसका उल्लेख भी किया है और विद्वतगोष्ठियों में भी इस बिन्दु को उठाया है। असल में शहरी विद्वान अपने को अलग जाति का मानते हैं। जिनके पास ज्ञान-बुद्धि का ठेका है। वे ग्रामीण लेखन और लेखकों को दो कौड़ी का मानकर उपेक्षा करते हैं। जबकि मेरा मानना है कि उनका लेखन शहरी लेखन की तुलना में कहीं कमजोर नहीं है बल्कि कई बार श्रेष्ठ

रचनायें सामने आती हैं। शहरी समीक्षक उनकी समीक्षाओं से कतराते हैं। मेरी तो दो समीक्षा पुस्तकें ग्रामीण रचनाकारों की कृतियों पर हैं।

प्रश्न– *आज साहित्यकार वैचारिक आधार पर गुटबन्दी व गिरोहबाजी करके साहित्य का कबाड़ा कर रहे हैं? आपका इस सन्दर्भ में क्या सोचना है?*

उत्तर– विचारधारा के आधार पर साहित्यिक गुटबन्दी और गिरोहबाजी ने बड़ा कबाड़ा किया है। बड़ा नुकसान किया है। आम जन को साहित्य से दूर कर दिया है। प्रकाशन हो या मान–सम्मान, पुरस्कार–सर्वत्र यह रोग हावी है। मैं इस प्रवृत्ति को बहुत निकृष्ट मानता हूँ। साहित्य में ईमानदारी, तटस्थता और मानवीय दृष्टिकोण बहुत जरूरी है। देश और समाज का हित इसी में है। साहित्य में तो आज राजनीति से भी ज्यादा प्रदूषण है।

प्रश्न– *नयी पीढ़ी के लेखकों को आप क्या सन्देश देना चाहेंगे?*

उत्तर– नयी पीढ़ी को इस दलबन्दी से दूर रहकर के देश और समाज के हित में सत्य दर्शन कराने वाला कल्याणकारी लेखन करना चाहिए। जिससे –'सुरसरि सम सब कर हित हो।'

प्रश्न– *नयी पीढ़ी के रचनाकार आज के परिदृश्य को नयी चुनौती के रूप में लेकर नया करने की जद्दोजहद से जूझ रहा है? इस सम्बन्ध में आपकी सोच क्या है?*

उत्तर– नयी पीढ़ी में भी दो प्रकार के रचनाकार हैं एक तो वे जो किसी समर्थ गुट के साथ होकर मजा मार रहे हैं और दूसरे वे जो तटस्थ हैं। उन्हें कोई पूछ नहीं रहा है न उन्हें प्रकाशन मिल रहा है, न आयोजन में उन्हें बुलाया जा रहा है। उपेक्षित हैं। फिर भी उन्हें धैर्य रखना चाहिए। प्रदूषण की आँधी शान्त होने पर जो धरातल पर है, वही टिकेगा इसका साक्षी मेरा अज्ञात रचनाकार वाला ग्रन्थ है।

प्रश्न– *आपसे एक व्यक्तिगत प्रश्न पूछने की अनुमति चाहूँगा कि हमारी आदरणीया चाची जी का साहित्य–सृजन में किस तरह का सकारात्मक सहयोग रहा है?*

उत्तर– मेरा मानना है कि लेखक को यदि घर–परिवार से सहयोग और अनुकूल वातावरण नहीं मिलेगा तो उसका लेखन निर्बाध नहीं चल सकता। मुझे अपनी धर्मपत्नी और परिवार का सहयोग मिलता रहा है, मिल रहा है। वे सब मेरा पूरा ख्याल रखते हैं।

प्रश्न– *आप एक सफल प्राध्यापक तथा प्राचार्य रहे हैं? आज के उच्च शिक्षा के वातावरण को आप किस तरह देखते हैं?*

उत्तर– आज की उच्च शिक्षा का जहाँ प्रसार हुआ है विषयों की विविधता बढ़ी है, लोगों में पढ़ने की रुचि व्यापक हुई है, वहीं आज का वातावरण उत्साहजनक नहीं

कहा जा सकता। शिक्षा संस्थानों में शिक्षकों, साधनों का अभाव, शिक्षकों की उदासीनता, अर्थलोलुपता और बाहरी दखलन्दाजी तथा विद्यार्थियों की उद्दण्डता शिक्षा की गरिमा को खण्डित कर रही हैं। समाज को उसका पूरा लाभ नहीं मिल रहा। यह दु:खद है।

प्रश्न– *आज के शिक्षकों को आप क्या सन्देश देना चाहेंगे?*

उत्तर– अध्यापकों को अधिकाधिक अध्ययन कर ज्ञानार्जन से अपने को समर्थ और सुयोग्य बनाकर विद्यार्थियों को ईमानदारी से शिक्षित करना चाहिए। राष्ट्र की नयी पीढ़ी को तैयार करने का बहुत बड़ा दायित्व उन पर है। वे ईमानदार और चरित्रवान बनें।

साक्षात्कार– तीन

शोध और समीक्षा को समर्पित डॉ. बरसैंया

– श्री राम तिवारी

(श्रीराम तिवारी पत्रकारिता से जुड़े साहित्य प्रेमी युवक हैं। हायर सेकेण्डरी में व्याख्याता हैं। लिखने का तो नहीं, पर पढ़ने का बहुत शौक है। सभी प्रकार के ग्रन्थ पढ़कर उन पर चर्चा करने की अभिरुचि है। वे डॉ. बरसैंया के पास अक्सर उठते-बैठते रहे हैं। उनके कई ग्रन्थों को उन्होंने पढ़ा है और प्रायः उन पर तर्क-वितर्क करते रहे हैं। यहाँ प्रस्तुत है उनसे बातचीत के अंश।)

श्रीराम– *सर नमस्कार।*

डॉ. बरसैंया– नमस्कार। कहो भाई श्री राम! आज क्या समस्या लेकर आये हो।

श्रीराम– *सर, आपके पास मैं समस्या लेकर नहीं, जिज्ञासा लेकर आता हूँ। आपसे वार्ता करने से बड़ी शान्ति मिलती है। ज्ञान बढ़ता है। सबसे बड़ी बात– नया पढ़ने-जानने की प्रेरणा मिलती है। हम तो सारा जीवन पेट पालने में ही बिता रहे हैं।*

डॉ. बरसैंया– घर-परिवार का दायित्व निभाना और पेट पालना भी महत्त्वपूर्ण है। बल्कि वह प्राथमिक है। अधिकांश लोग इसी में जीवन खपा रहे हैं। आचार्य श्रीराम ने तो गृहस्थी और परिवार को तपोवन कहा है और उसका सही निर्वाह तपस्या बताया है। देख नहीं रहे हो, तमाम परिवारों में दंगल मचा रहता है।

श्रीराम– *सही है सर! यह तो बताइये आज इतनी देर से दोपहर में शेविंग बना रहे हैं? क्या बात है? सब ठीक है न?*

डॉ. बरसैंया– सब ठीक है। असल में आज सुबह से एक पुस्तक की समीक्षा पूरी करने में देर हो गयी।

श्रीराम– *सर, मैं जब भी आपके पास आता हूँ आपको कुछ-न-कुछ पढ़ते-लिखते देखता हूँ। क्या आपको थकान नहीं लगती। जी नहीं ऊबता? आराम करने की इच्छा नहीं होती?*

डॉ. बरसैंया– थकान भी होती है और आराम भी करता हूँ। लेकिन ऊबने की बात मेरे स्वभाव में नहीं है। घर-गृहस्थी, नौकरी की व्यस्तताओं के बीच से ही

समय निकालकर पढ़ता-लिखता रहता हूँ। यह मेरे लिए वैसा ही है जैसे खाना-पीना। हाँ, आराम के समय में थोड़ी कटौती अवश्य करनी पड़ती है।

श्रीराम– *आपको किसी और मनोरंजन का शौक नहीं है? सिनेमा देखने तो जाते होंगे। खेल-कूद में रुचि लेते होंगे?*

डॉ. बरसैंया– देखो श्रीराम! हर व्यक्ति की अपनी रुचि और स्वभाव होता है। मुझे कोई शौक नहीं है। पान मैं खाता नहीं, बीड़ी, सिगरेट पीता नहीं। पान के ठेले में खड़ा होना मुझे अच्छा नहीं लगता। शिक्षक के लिए यह शोभनीय नहीं है।

श्रीराम– *यह तो बड़ा पुराना ख्याल है। अब जमाना बदल गया है। दुनिया कहाँ से कहाँ पहुँची और आप अभी आश्रमी दुनिया में रह रहे हैं।*

डॉ. बरसैंया– तुम कुछ भी कहो। मेरा जीवन ऐसा ही है।

श्रीराम– *और सिनेमा, होटल के बारे में आपका क्या कहना है? सिनेमा देखने आप कब से नहीं गये?*

डॉ. बरसैंया– तुम्हें जानकर आश्चर्य होगा कि विगत 25-30 वर्षों में मैंने दो-चार फिल्में ही देखी होंगी, वह भी परिवार के साथ। तीन-चार घण्टे सिनेमा हाल में बैठना मुझे भारी पड़ता है। नाच-गान, मार-धाड़ वाली फिल्में मुझे कतई पसन्द नहीं। पारिवारिक-सामाजिक पिक्चरें मुझे प्रभावित करती हैं लेकिन फूहड़ नृत्यों-गानों से मुझे घृणा है।

श्रीराम– *सिनेमा हाल में न जाकर फिर घर में देखते होंगे?*

डॉ. बरसैंया– बहुत कम। मेरी रुचि की फिल्म जब कभी टी. वी. में प्रसारित होती है तो घण्टे-दो घण्टे देख लेता हूँ। कभी-कभार पूरी भी देख लेता हूँ अगर अच्छी हो तो।

श्रीराम– *होटल जाने का रिवाज आजकल खूब चल रहा है। मित्रों के साथ आप होटलिंग तो करते होंगे?*

डॉ. बरसैंया– कैसी बातें करते हो श्रीराम! मेरा स्वभाव जानते हुए भी मेरा परीक्षण कर रहे हो क्या?

श्रीराम– *परीक्षण नहीं सर, केवल जानने की गरज से पूछ लिया।*

डॉ. बरसैंया– होटल और सिनेमा मेरी रुचि के विषय नहीं हैं। कभी-कभी बच्चे जब बहुत जिद करते हैं तो मैं भी साथ में होटल चला जाता हूँ। वहाँ की साज-सज्जा, व्यंजनों की विविधता आकर्षक तो लगती है। बच्चे व्यंजनों की सूची देखकर ढेरों चीजें मँगाते हैं। मुझे तो उनका नाम भी नहीं मालूम। जब मुझसे पूछते हैं– 'आप क्या लेंगे?' मैं कहे देता हूँ– 'दाल-रोटी, एक सब्जी अथवा ईडली-डोसा।' दाल-सब्जी बिना तेल-मिर्च की। मेरी वजह से कई बार बच्चों का स्वाद बिगड़ जाता है। सिनेमा सम्बन्धी मेरा ज्ञान शून्य है। मैं तो अधिकांश अभिनेता-अभिनेत्रियों

को पहचानता भी नहीं। गिनती के नाम हैं जो प्राय: रोज दोहराये जाते हैं, वे मुझे भी याद हैं, पर पहचानने में गड़बड़ हो जाता है। गाने तो मुझे एक भी याद नहीं। यदि परीक्षा देनी पड़े तो मैं फेल हो जाऊँगा। जबकि बच्चे हर अभिनेता-अभिनेत्री का नाम-पता छोड़िये पूरी जन्मपत्री जानते हैं। उम्र क्या है, शादी हुई कि नहीं, कितने बच्चे हैं, किसका-किससे सम्बन्ध है, किसकी कौन-सी पिक्चर है। उनका सामान्य ज्ञान अद्भुत है। जब अन्त्याक्षरी खेलते हैं तो सिनेमा के गानों की झड़ी लगा देते हैं। मैं तो उस जमाने का हूँ जब रामचरितमानस की चौपाइयों पर केन्द्रित अन्त्याक्षरी हुआ करती थी।

श्रीराम– *छोड़िये सर! ये सब तो नये जमाने की बातें हैं। आपको कहाँ उलझा दिया। आप तो यह बताइये कि आपके यहाँ इतनी सारी पत्रिकायें आती हैं। क्या आप इन सबको पढ़ते हैं? मैंने आपसे प्राप्त पत्रिकाओं में देखा है कि किसी में संग्रहणीय लिखा है, किसी लेख, कहानी, कविता आदि में अच्छा, बहुत अच्छा, बेकार, गलत, विवादास्पद आदि की टीप लगी होती है। इसका क्या आशय है? फिर पढ़कर आप क्या करते हैं?*

डॉ. बरसैंया– इतने सारे प्रश्न? मेरे पास महीने में बीसों पत्रिकायें आती हैं। कुछ तो अति सामान्य होती हैं। उन्हें बस उलट-पलट लेता हूँ। जो अच्छी, स्तरीय पत्रिकायें आती हैं, उन्हें गम्भीरता से पढ़ता हूँ। जो लेख या रचना मुझे जैसी लगी, पढ़कर उस पर छोटी-सी टीप लगा देता हूँ। कोई बहुत बड़ी बात हुई तो अपनी डायरी में लिख लेता हूँ। अच्छा विशेषांक आदि हुआ तो अपने संग्रहालय में रख लेता हूँ। पत्रिकाओं पर अंकित टीप के अनुसार अपना समीक्षात्मक या प्रतिक्रियात्मक पत्र सम्पादक को अवश्य लिखता हूँ। कभी-कभी सम्बन्धित लेखक को अच्छे लेख, कहानी, कविता के लिए पत्र लिखकर या फोन पर बधाई देता हूँ। बधाई पाकर उन्हें बड़ी प्रसन्नता होती है। गद्गद हो जाते हैं। कभी-कभी आश्चर्य करते हैं कि आज भी कुछ ऐसे लोग हैं जो बधाई का पत्र लिखते हैं।

श्रीराम– *फिर पत्रिकाओं का क्या करते हैं?*

डॉ. बरसैंया– कुछ दिन रखकर या तो तुम जैसे पाठकों को दे देता हूँ या फिर कबाड़ी ले जाते हैं।

श्रीराम– *कबाड़ी को देने की बजाय आप किसी स्कूल, कॉलेज या लाइब्रेरी को भी दे सकते हैं।*

डॉ. बरसैंया– यही आज की विडम्बना है। जो पत्रिकायें पाठक ले जाते हैं उससे तो मुझे सुख मिलता है लेकिन जो कबाड़ी को देनी पड़ती हैं, उसकी पीड़ा का अनुमान तुम नहीं लगा सकते। छतरपुर में मेरे सुपरिचित कुछ साहित्यिक मित्र हैं। उन्हें पढ़ने और संग्रह करने का शौक है। उन्हें मैंने कई सौ पुस्तकें और हजारों

पत्रिकायें दी हैं। उन्होंने अपने घर में एक कमरे को पुस्तकालय का रूप दे दिया है। बहुत सहेजकर रखते हैं। जब मैंने स्कूल-कॉलेज और पुस्तकालयों से सम्पर्क किया तो उन्होंने स्थान की कमी बताकर पुस्तकें लेने से मना कर दिया।

श्रीराम– *आपका घर तो पुस्तकों-पत्रिकाओं से इसीलिए भरा रहता है।*

डॉ. बरसैंया– इस पर घर में प्रायः नोक-झोंक हो जाती है। उलाहना दिया जाता है कि साहित्य के मारे घर में सामान रखने की जगह नहीं बचती। उनके लिए गृहस्थी मूल्यवान है, मेरे लिए पत्रिकायें और पुस्तकें। फिर भी तुम्हें बता दूँ कि बहुत सारी पत्रिकाओं के अंकों की मैंने बाइण्डिंग कराकर एकजुट कर दिया है। लगभग दो हजार पुस्तकें-पत्रिकायें सरस्वती सदन छतरपुर को दे चुका हूँ। सारे शोध-ग्रन्थ पाण्डुलिपियाँ और तमाम पुस्तकें महाराजा कॉलेज छतरपुर को दिया है। यही नहीं, करीब एक हजार पुस्तकें और लगभग पचास पाण्डुलिपियाँ हिन्दी विश्वविद्यालय, भोपाल को भेंट की हैं। अपने छात्र-छात्राओं को तमाम पुस्तकें दी हैं, तब भी घर में पुस्तकों की संख्या पर्याप्त है। अभी भी करीब एक दर्जन पत्रिकायें हर माह आती हैं और दो-चार पुस्तकें समीक्षार्थ आती रहती हैं।

श्रीराम– *आपने सैकड़ों भूमिकायें और समीक्षायें लिखी होंगी। इसके बदले आपको क्या मिलता है? क्या कोई राशि मिलती है?*

डॉ. बरसैंया– तुम जानकार होकर भी ऐसी बात करते हो या मुझसे विनोद कर रहे हो? इसके बदले पैसा नहीं, सम्मान और यश मिलता है। स्वयं को सन्तोष प्राप्त होता है। इन सबका मूल्य पैसों से नहीं आँका जा सकता है। जिन ग्रन्थों की भूमिका या समीक्षा लिखी जाती है उनके लेखकों से पूछो कि इनका मूल्य क्या है। हर कार्य को पैसे से तौलना समझदारी नहीं। सर्जना का मूल्यांकन रुपये पैसों से नहीं हो सकता।

श्रीराम– *लगता है सर आपको मेरी बात का बुरा लग गया। मैंने तो इसलिए पूछा कि मेरे एक परिचित विद्वान साहित्यकार बड़े दावे से कह रहे थे कि वे बिना पैसों के न कार्यक्रमों में जाते हैं और न कुछ लिखते हैं। मैं जानता हूँ कि आपके बारे में तो स्वप्न में भी नहीं सोचा जा सकता।*

डॉ. बरसैंया– ऐसे महान लोगों की बात दूसरी है। मैं उनमें से नहीं हूँ।

श्रीराम– *आपने अनेक धार्मिक, साहित्यिक, सांस्कृतिक, पौराणिक और कुछ ऐतिहासिक ग्रन्थों की समीक्षायें लिखी हैं। वे छपी हैं। ऐसी ही पुस्तकों की भूमिकायें भी लिखी हैं। आपके समीक्षात्मक ग्रन्थों में संकलित भी हैं। ये सब आप किस आधार पर लिखते हैं।*

डॉ. बरसैंया– भूमिका हो चाहे समीक्षा, मुख्य आधार तो वह कृति होती है जो सामने है। यह भी ध्यान रखना होगा कि भूमिका और समीक्षा दोनों में अन्तर है,

परन्तु दोनों महत्त्वपूर्ण और गम्भीर कार्य हैं। भूमिका में जहाँ विषय से सम्बन्धित परम्परा, पृष्ठभूमि और कृतियों को ध्यान में रखकर लक्षित कृति की महत्ता या स्थिति निर्धारित करनी पड़ती है, वहीं समीक्षा में इस सबके साथ कृति के विषय-विवेचन के साथ गुण-दोषों का आकलन कर निष्कर्ष देना पड़ता है। यह कार्य सहज नहीं, बड़ी जिम्मेदारी का है। आप उसके जवाबदेह भी होते हैं। इसके लिए व्यापक अध्ययन और ज्ञान की जरूरत होती है। कभी-कभी एक भूमिका या समीक्षा लिखने में कई-कई महीने लग जाते हैं। यह 'चट मँगनी, पट ब्याह' वाला कार्य नहीं है।

श्रीराम– *आपने तो कई समीक्षाओं व भूमिकाओं में वेदों, पुराणों, उपनिषदों, रामायण, महाभारत, श्रीमद्भागवत आदि बहुत सारे ग्रन्थों के सन्दर्भ देकर उल्लेख किये हैं। क्या ये सारे ग्रन्थ आपके पास हैं? क्या आपने सभी को पढ़ा है?*

डॉ. बरसैंया– अगर मैं कह दूँ कि हाँ तो शायद या दूसरे लोग विश्वास मुश्किल से करेंगे, पर सच्चाई यह है कि बहुत सारे सन्दर्भित ग्रन्थ मेरे संग्रहालय में हैं। इनमें से अधिकांश को मैंने पढ़ा है। किसी को पूरा और किसी को थोड़ा बहुत आवश्यकतानुसार।

श्रीराम– *आपके पास इनमें से मुख्यत: कौन से ग्रन्थ हैं?*

डॉ. बरसैंया– चारों वेद, सभी पुराण और उपनिषद्। श्रीमद्भागवत, महाभारत, डॉ. काणे का धर्मशास्त्र का इतिहास, संस्कृति सम्बन्धी दर्जनों ग्रन्थ, इतिहास के ग्रन्थ, संस्कृत, हिन्दी, उर्दू के कई शब्दकोश। वाल्मीकि रामायण, अध्यात्म रामायण, आनन्द रामायण, भवभूति का उत्तर रामचरित, गीता सम्बन्धी कई ग्रन्थ, कालिदास, विवेकानन्द, रामकृष्ण परमहंस, कबीर, जायसी, तुलसी, निराला, प्रसाद, महादेवी, परसाई सहित अनेक ग्रन्थावलियाँ। लेखन में सन्दर्भ के लिए इस प्रकार के तमाम ग्रन्थों की जरूरत पड़ती है। न मिलने पर काम अटक जाता है तब पुस्तकालयों या मित्रों के पास जाना पड़ता है।

श्रीराम– *मैं आपके लेखों से ही दो-तीन उदाहरण देकर जानना चाहूँगा कि आपने उन पर लिखने के लिए क्या और कब पढ़ा?*

डॉ. बरसैंया– पूछो-पूछो। संकोच मत करो। जब जानने के लिए आये हो तो अपना पूरा सन्तोष कर लो।

श्रीराम– *आपने डॉ. चंसौरिया के खण्डकाव्य 'कर्ण' की भूमिका में महाभारत का पर्याप्त उल्लेख किया है। क्या आपको महाभारत का पहिले से बोध था?*

डॉ. बरसैंया– मैंने तुमसे पहिले ही कहा कि कभी-कभी किसी ग्रन्थ पर लिखने के लिए महीनों का समय लग जाता है। यह ऐसा ही ग्रन्थ है। कर्ण महाभारत का प्रमुख पात्र है। उसकी प्रमुखता की चर्चा व्यास जी ने वृक्ष का रूपक खड़ा करते हुए की है। भूमिका लिखने के पूर्व मैंने महाभारत का अध्ययन किया। नोट्स लिये।

जब सन्तोष हो गया तब भूमिका लिखी। डॉ. चंसौरिया उस भूमिका को पाकर परम सन्तुष्ट हुए और कुछ लोगों को ग्रन्थ छपने के पूर्व दिखाया भी।

श्रीराम– *इसी प्रकार आपने भैयालाल व्यास के दो ग्रन्थों 'रघुवंशम्' और 'सीता सत्यम्' की समीक्षा लिखी जिसमें श्रीमद्‌भागवत, कालिदास, रामायण और रामकथाओं की चर्चा की है। क्या इसके लिए अध्ययन कर तैयारी करनी पड़ी?*

डॉ. बरसैंया– निश्चित रूप से तैयारी करनी पड़ी। फादर कामिल बुल्के की 'रामकथा उद्‌भव और विकास' को पढ़ा, कालिदास का रघुवंश काव्य पढ़ा। भागवत् का पारायण किया। 'मानस' के अतिरिक्त अन्य रामायणों को भी टटोला। कालिदास ग्रन्थावली मेरे पास नहीं थी, उसे बाहर से खरीदकर मँगाया। सीता सम्बन्धी कई ग्रन्थों का पारायण किया। रघुवीर शरण, डॉ. रामकुमार वर्मा, भारतभूषण आदि के सीता सम्बन्धी ग्रन्थ पढ़े। कुछ थोड़ी-बहुत जानकारी अध्ययन काल की थी। इतनी तमाम मशक्कत के बाद दोनों ग्रन्थों की भूमिका लिख सका। व्यासजी इन्हें महाकाव्य कहते थे। मैंने समीक्षा में उनके लिए 'महाकाव्य' शब्द का प्रयोग नहीं किया तो वे थोड़ा रुष्ट भी हुए। मेरी समीक्षा का परिणाम यह रहा कि मथुरा वृन्दावन का प्रकाशक जिस रघुवंशम् को छापने से मना कर चुका था, समीक्षा पढ़कर तैयार हो गया। व्यास जी इसकी चर्चा कृतज्ञभाव से बार-बार करते थे।

श्रीराम– *आपने कई साहित्यिक ग्रन्थों की समीक्षा भी लीक से हटकर की है जैसे– 'गणदेवता' और 'गोदान' का तुलनात्मक अध्ययन।*

डॉ. बरसैंया– 'गणदेवता' बँगला का उपन्यास है। उसे पहला ज्ञानपीठ पुरस्कार मिला था। बहुत चर्चित हुआ। मैंने योजना बनायी कि ज्ञानपीठ और साहित्य-अकादमी से पुरस्कृत ग्रन्थों पर एक समीक्षात्मक कृति तैयार की जाये। 'गणदेवता' से उसका प्रारम्भ हुआ। 'गणदेवता' भी ग्रामीण किसानी जीवन से सम्बन्धित है। समीक्षा लम्बी हो गयी, पर लोगों को अच्छी लगी। इसके लिये प्रेमचन्द के ग्रन्थों को पुनः पढ़ना पड़ा। यद्यपि कक्षाओं में उन्हें पढ़ा था और पढ़ाया था। कहने का आशय यह कि बिना पढ़े आप पुस्तक के साथ न्याय नहीं कर सकते। केवल मूल पुस्तक पढ़ने मात्र से काम नहीं चलता।

श्रीराम– *आपने भूषण और मतिराम को सगे बन्धु मानने से मना किया है। क्यों? जबकि यह साहित्य का स्थापित सत्य माना जाता है।*

डॉ. बरसैंया– स्थापित नहीं, प्रचलित सत्य। मैं भी यही मानता रहा हूँ, क्योंकि वर्षों से यही पढ़ता रहा हूँ लेकिन एक सेमीनार में भूषण पर लेख लिखने के लिए मुझसे कहा गया। मैंने सोचा क्यों न भूषण पर नये सिरे से पढ़ा जाये। मेरे पास जो ग्रन्थ भूषण से सम्बन्धित थे, उन्हें पढ़ा। इतिहास ग्रन्थों का अध्ययन किया। भूषण ग्रन्थावली तथा कुछ अन्य ग्रन्थों को ध्यान से पढ़ा। उनमें अंकित तथ्यों का जब

बारीकी से विश्लेषण किया तो मुझे लगा कि उनके सगे बन्धु होने में कुछ भ्रम है। मैंने सारे तथ्य एकत्र कर विश्लेषण किया और निष्कर्षतः प्रमाणित किया कि भूषण और मतिराम सगे भाई नहीं थे। इस स्थापना को पं. विद्यानिवास मिश्र व डॉ. किशोरी जैसे प्रख्यात विद्वान भी नकार नहीं सके।

इसी प्रकार विस्तृत और गम्भीर अध्ययन के बाद मैंने यह भी स्थापित किया कि दूलह नाम के एक नहीं दो कवि थे। मोहनलाल मिश्र के काल को भी मैंने गलत सिद्ध किया। कहने का आशय यह कि अन्ध अनुकरण की बजाय गहराई से चिन्तन किया जाये तो नये तथ्य उभरकर आते हैं। भूमिकाओं-समीक्षाओं में ये मौलिकतायें बड़े काम की सिद्ध होती हैं।

श्रीराम– *आपने अपनी कई समक्षाओं में विद्वानों द्वारा स्थापित मान्यताओं से असहमति व्यक्त कर साहस का परिचय दिया है। पंडित विद्यानिवास मिश्र और प्रभाष जोशी के ग्रन्थों पर भी।*

डॉ. बरसैंया– इसमें साहस की कोई बात नहीं है। कोई युद्ध थोड़ी करना है। अध्ययन के बाद जो प्रश्न उभरते हैं उनका समाधान जरूरी है। पंडित विद्यानिवास जी मिश्र की 'रहीम ग्रन्थावली' छपकर आयी। मुझे रहीम पर एक समीक्षा लिखनी थी, अतः रहीम ग्रन्थावलियों का अध्ययन किया। इतिहास ग्रन्थों को देखा। मैंने पाया कि मिश्र जी की ग्रन्थावली में वे दो दोहे नहीं हैं जो जनजीवन व साहित्य-जगत में बहुप्रचलित हैं।

श्रीराम– *कौन से दोहे?*

डॉ. बरसैंया– दोहे इस प्रकार हैं। आप भी जानते हैं।

चित्रकूट में रमि रहे रहिमन अवध नरेश।
जा पर विपदा परत है, सो आवत यहि देश।
जाके सिर अस भार, सो कस झोंकत भार अस।
रहिमन उतरे पार, भार झोंकि सब भार में।

मैंने मिश्र जी को पत्र लिखकर उनसे इन दोहों को ग्रन्थावली में न शामिल करने का कारण पूछा तो उनका उत्तर था कि इन दोहों की कोई प्रामाणिकता नहीं है। मैंने कहा, आप यही टिप्पणी संग्रह के परिशिष्ट में दे देते तो लोगों का समाधान हो जाता। उन्होंने इसका कोई उत्तर नहीं दिया।

उत्तर न पाकर इसकी प्रामाणिकता जानने के लिए मैंने दर्जनों विद्वानों को पत्र लिखे। अधिकांश विद्वान मौन रहे। कुछ ने जानकारी न होने की बात लिखी। केवल शिवमंगल सिंह 'सुमन' ने लिखा कि आपका पत्र छः माह से मेरी टेबिल पर है। मैंने भी विद्वानों से पूछताछ की किन्तु समाधान नहीं मिला। अतः मैं कुछ कहने की स्थिति में नहीं हूँ। इस असहमति का कोई अन्यथा अर्थ नहीं है।

श्रीराम– *और प्रभाष जोशी की पुस्तक 'हिन्दू होने का धर्म' की स्थापनाओं से भी आपने अपनी समीक्षा में असहमति व्यक्त की थी।*

डॉ. बरसैंया– वह पुस्तक मेरे पास समीक्षार्थ आयी थी। काफी बड़ा और महत्त्वपूर्ण ग्रन्थ है जिसमें उनके समय-समय पर लिखे सम्पादकीयों का संकलन है। जोशी जी परम विद्वान आदरणीय पत्रकार रहे हैं। उनके ग्रन्थ को सरकार ने खरीदकर जगह-जगह भिजवाया। खूब प्रचार-प्रसार हुआ, लेकिन जब मैंने पढ़ा तो तथ्यों-घटनाओं पर की गयी उनकी टिप्पणियाँ अत्यन्त महत्त्वपूर्ण, बेबाक और सामयिक लगीं। किन्तु कई टिप्पणियों में एकांगिकता, दुराग्रह तथा विरोधाभास भी है। हिन्दू होने का दावा भी और हिन्दुत्व की अतिशयोक्तिपूर्ण छीछालेदर भी। उस पर लिखने के पूर्व मैंने कुछ धार्मिक ग्रन्थों के अलावा दिनकर का संस्कृति के चार अध्याय, चतुरसेन शास्त्री भारतीय संस्कृति का इतिहास, विद्यानिवास जी व हजारी प्रसाद जी के ग्रन्थों का अध्ययन किया। उसके बाद मैंने ग्रन्थ में प्रस्तुत विरोधाभास एकांगिकता व दुराग्रह पर टिप्पणी करते हुए समीक्षा लिखी। समीक्षा की एक प्रति उन्हें भी भेजी। मुझे उत्तर नहीं मिला। इसी प्रकार एक बार जोशी जी ने बिलासपुर के साहित्यिक आयोजन में हिन्दी साहित्य की गम्भीर आलोचना बल्कि भर्त्सना तक कर डाली। आयोजक हक्का-बक्का थे। कार्यक्रम का अध्यक्ष होने के नाते मैंने उनके वक्तव्य का सतर्क खण्डन कर भारतीय साहित्य की महत्ता दृढ़ता से प्रतिपादित की। इससे आयोजकों को राहत मिली। मेरे कहने का आशय यही है कि जो लिखा है उसे आँख मूँदकर स्वीकारने की बजाय विचार तथा परीक्षण करना चाहिए तब निष्कर्षों पर पहुँचना ठीक रहता है।

श्रीराम– *कठिन काव्य का प्रेत कहे जाने वाले केशवदास पर आपने कई प्रशंसात्मक लेख लिखे हैं क्या वह कठिन काव्य कहने वालों को दिया जवाब है?*

डॉ. बरसैंया– डॉ. बड़थ्वाल ने 'केशव' को 'कठिन काव्य का प्रेत कहा' और उनकी रामचन्द्रिका को 'छन्दों का अजायबघर।' यह केशवदास के साथ किया गया अन्याय है जो बिना पूरी तरह से समझे कहा गया। कविप्रिया, रसिकप्रिया और रामचन्द्रिका लिखने वाला 'कठिन काव्य का प्रेत' नहीं कहा जा सकता। हमें तो लाला भगवानदीन 'दीन' का कृतज्ञ होना चाहिए जिन्होंने केशवदास पर व्याख्यात्मक ग्रन्थ लिखकर ग्राह्य बनाया। अन्यथा इसके पूर्व केशव को पाठ्यक्रमों में स्थान नहीं दिया जाता था।

श्रीराम– *पर आपने तो उनको इतिहासकार के रूप में भी प्रस्तुत किया है।*

डॉ. बरसैंया– नहीं, कतई नहीं। मैंने इतिहासकार के रूप में नहीं, अपितु तत्कालीन घटनाओं की जो चर्चा उन्होंने अपने ग्रन्थों में की है, उस पर मैंने अपने विचार व्यक्त किये हैं। इसमें कोई शक नहीं कि वे ओरछा में इन्द्रजीत के समय

राजसत्ता के सबसे निकट थे। उन्होंने लिखा ही है कि 'ताके राज केशवदास राज सो करत है।' रामशाह, इन्द्रजीत और जहाँगीर से जुड़ी तमाम घटनाओं की चर्चा केशवदास ने अपने ग्रन्थों में की है जिनका ऐतिहासिक दृष्टि से महत्त्व है। उन्हीं का आकलन मैंने समीक्षा में किया है। यह समीक्षा एक सेमीनार में पढ़ने के लिए बड़े परिश्रम से लिखी गयी है।

असल में बुन्देलखण्ड के साहित्य के साथ कई बार बड़ा अन्याय हुआ है। बुन्देली का प्रथम लोकगाथा काव्य जगनिक का आल्हा काव्य है। ऐतिहासिक और प्राचीनता की दृष्टि से उसका महत्त्व निश्चित है लेकिन विद्वानों ने उसकी प्रामाणिकता पर प्रश्नचिह्न लगाकर बहुत दिनों तक उपेक्षित किया। बुन्देलखण्ड के साहित्यकारों ने बार-बार जब उसकी प्रामाणिकता तथ्यों के साथ प्रस्तुत की, तब उसे स्वीकृति मिली। आल्हा जन-जन में लोकप्रिय काव्य है। जिसका हजार वर्ष बाद आज भी गाँव-गाँव में गायन होता है। उसमें आये पात्र, स्थान, युद्ध-प्रसंग इतिहास से जुड़े हैं। केवल वर्णन में अतिशयोक्ति है। इसका आशय यह नहीं कि सारी रचना को रिजेक्ट कर दिया जाये। इसी भावना को लेकर मैंने भी वि. वि. की एक पत्रिका के लिए समीक्षात्मक लेख लिखा था। भइया हरि अनन्त हरि कथा अनन्ता है।

श्रीराम– *अच्छा सर, आपका बहुत समय लिया। पर्याप्त जानकारी हासिल की। आप थक गये होंगे। विश्राम करें और मेरा प्रणाम स्वीकार करें।*

डॉ. बरसैंया– धन्यवाद श्रीराम। चर्चा में कितनी-कितनी पुरानी बातें आ गयीं। इससे मुझे भी तो लाभ हुआ। हमारा आशीष। आते-जाते-मिलते रहो।

श्रीराम– *अच्छा सर! चलता हूँ!*

संचार कालोनी के निकट
गुलमोहर, भोपाल

साक्षात्कार– चार

साहित्य और शिक्षा के लोक-साधक से मुलाकात

– प्रो. सुधीर शर्मा

जब कोई व्यक्ति अपनी पहली नौकरी छत्तीसगढ़ से प्रारम्भ करता है तो मुझे लगता है कि वह सामाजिक समरसता, जीवन में सहजता, कार्य में गुणवत्ता और दूसरों के लिए जीने का नया अध्याय प्रारम्भ करता है। हिन्दी के समर्थ आलोचक, लेखक और प्राध्यापक डॉ. गंगा प्रसाद गुप्त 'बरसैंया' ने भी अपने कैरियर की शुरुआत इसी नये अध्याय से की है। डॉ. गुप्त अपनी युवावस्था में अध्यापक बनकर छत्तीसगढ़ आये बुन्देलखण्ड की लोक-संस्कृति के अंकुरित बीज लेकर और छत्तीसगढ़ की लोक-संस्कृति में उसे बगराते चले गये। कुछ तो अध्यापक यहाँ हुए हैं, जिन्होंने हिन्दी का होकर भी छत्तीसगढ़ी के लिए कुछ भी करने का संकल्प किया और उस पर अग्रसर रहे।

मेरा बरसैंया जी से परिचय उनकी समीक्षाओं के माध्यम से ही हुआ। वे समीक्षायें मुझे इतनी अच्छी लगीं कि बाद में मैंने 'छत्तीसगढ़ का साहित्य इतिहास' नाम से इसे अन्य लेखों और बरसैंया जी की पुरानी पुस्तक को केन्द्रित कर प्रकाशित भी किया। मुझे छत्तीसगढ़ी के तीन उपन्यासों पर उनकी विस्तार से लिखी हुई समीक्षाओं ने अत्यधिक प्रभावित किया। जब लोक के साहित्य को दूसरे लोक का पारखी परखता है तो एक जौहरी की तरह। इन उपन्यासों में जीवन्त छत्तीसगढ़ के सामाजिक जन-जीवन, गाँव, खेत-खलिहान और लोक-संस्कृति को बरसैंया जी ने न केवल समझा-परखा बल्कि इसे आत्मसात करने की भरपूर कोशिश की। उन्हें छत्तीसगढ़िया होने में वक्त नहीं लगा। ये अपने समकालीन लेखकों में अत्यन्त प्रिय पात्र रहे।

अभी कुछ माह पहिले वे भिलाई आये थे। मैंने उनसे भेंट की और उनसे छत्तीसगढ़ के साहित्य तथा विविध विषयों पर बातचीत की। वे बताते हैं कि उनके रायपुर-निवास काल में छत्तीसगढ़ के साहित्यिक इतिहास पर एक महत्त्वपूर्ण ग्रन्थ सम्पादित कर प्रकाशित किया गया था जिसका नाम 'समवाय' था। इसके प्रधान

सम्पादक शारदा प्रसाद तिवारी तथा सहयोगी सम्पादक हरिठाकुर, देवी प्रसाद वर्मा (बच्चू जी), कृष्ण कुमार श्रीवास्तव और मैं (डॉ. बरसैंया) थे। यह अपने ढंग का छत्तीसगढ़ सम्बन्धी प्रमुख साहित्यिक शोध-ग्रन्थ था। उसी समय 'संज्ञा' नाम की पत्रिका का प्रकाशन भी प्रारम्भ किया गया, जिसके सम्पादक मण्डल में हरिठाकुर, देवी प्रसाद वर्मा, मैं और नरेन्द्रदेव वर्मा थे। लेकिन इसके कुछ ही अंक निकल सके। पर्याप्त साधनों के बिना नियमित पत्रिका निकालना कठिन कार्य है। उन्होंने बताया कि छत्तीसगढ़ के साहित्य और साहित्यकारों पर उनके लेख 'महाकोशल' समाचार-पत्र ने पहले नियमित रूप से छापे थे। बाद में इन्हीं लेखों को म. प्र. हिन्दी साहित्य सम्मेलन की पत्रिका 'विवरणिका' में उसके तत्कालीन सम्पादक नर्मदा प्रसाद खरे ने प्रकाशित किये थे। इन लेखों की व्यापक चर्चा हुई थी।

बरसैंया जी बताते हैं कि सन् 1963 में बागबहरा के के. एल. जैन कला-वाणिज्य महाविद्यालय में पोस्टिंग हुई थी। बागबहरा में ही नारायणलाल परमार, गजेन्द्र तिवारी, प्रभंजन शास्त्री से परिचय हुआ था। बाद में नवम्बर 1964 में विज्ञान महाविद्यालय रायपुर आये, जहाँ पहिले कला संकाय भी था। डॉ. नरेन्द्रदेव वर्मा विभागीय साथी थे। उन्होंने ही जनवरी 1965 में मुझे विवेकानन्द आश्रम में हुए परिसंवाद में रामायण के पात्र बालि पर बोलने को प्रेरित किया। मेरे व्याख्यान की खूब तारीफ हुई। मैंने बालि पर हुए अन्याय सम्बन्धी विविध प्रसंगों को सोदाहरण प्रस्तुत किया था। वह दौर कुछ और ही था। उस समय महाविद्यालयों में होने वाले सांस्कृतिक कार्यक्रमों में साहित्यकार ही प्रमुख होते थे। आज तो राजनीतिज्ञों ने वह जगह हथिया ली है। मैं जगह-जगह आमन्त्रित किया जाता था। आरंग, महासमुन्द, खरोद, सिरपुर आदि स्थान मैंने पहिली बार तभी देखा था।

बरसैंया जी रायपुर के साहित्यिक माहौल से लाभ ग्रहण करते थे। सत्संग उन्हें प्रिय था। रायपुर के कॉफी हाउस में एक संगोष्ठी हुई थी। श्री शारदा प्रसाद तिवारी अध्यक्ष थे। मैंने वहीं प्रश्न उठाया था काव्य के आधिक्य के बावजूद छत्तीसगढ़ी में गद्य लेखन का अभाव खटकने वाला है। इस अभाव की पूर्ति के लिए साहित्यकारों को प्रयास करना चाहिए। इसे सबने स्वीकारा था। एक वर्ष के भीतर छत्तीसगढ़ी का उपन्यास 'दियना के अंजोर' और 'मोंगरा' शिवशंकर शुक्ल ने लिखा और लखनलाल गुप्त के 'चन्दा अमरित बरसाइस' उपन्यास का प्रकाशन हुआ था। पहिले का उपन्यास 'हीरू के कहिनी' था ही। इन तीनों पर लिखी मेरी समीक्षा 'देशबन्धु' ने पूरे पृष्ठ पर छापी थी। यह मायाराम जी की उदारता थी।

पूछने पर उन्होंने बताया कि छत्तीसगढ़ के दो बड़े लेखकों ने मुझे बहुत प्रभावित किया– पण्डित मुकुटधर पाण्डेय और श्री पदुमलाल बख्शी ने। माधव राव सप्रे और मावली प्रसाद श्रीवास्तव उसी श्रेणी के हैं। लोचन प्रसाद पाण्डेय की

पुरातत्त्व सम्बन्धी देन ऐतिहासिक है। साहित्य में तो उनका योगदान है ही। हिन्दी में समीक्षा की शुरुआत माधवराव सप्रे द्वारा ही हुई, जिसका उल्लेख उन्होंने अपनी पत्रिका 'छत्तीसगढ़ मित्र' में किया है। साहित्य के सूखे मरुस्थल में पेण्ड्रा जैसे छोटे स्थान से 'छत्तीसगढ़ मित्र' का प्रकाशन कर सप्रे जी ने छत्तीसगढ़ में अद्‌भुत हरियाली बिखेर दी। पत्रिका हिन्दी जगत में चर्चित रही। आपने उसका पुन:प्रकाशन कर बड़ा पुनीत कार्य किया है। आप और त्रिवेदी जी बधाई के पात्र हैं।

चर्चा में बरसैंया जी ने दुर्ग-भिलाई के साहित्य-संसार का भी स्मरण किया। वे कहते हैं कि 'स्टील प्लाण्ट' आने से भिलाई-दुर्ग का ही नहीं, सम्पूर्ण छत्तीसगढ़ का विकास हुआ। भिलाई तो भारत के भाषिक संगम का ऐसा स्थल है जहाँ संस्कृति, भाषा, साहित्य और समाज की विविधता व बहुलता है। आज भी यह लघु भारत है। उस समय दानेश्वर शर्मा, विमल पाठक आदि रचनाकार समर्पित होकर अनेक प्रयोग कर रहे थे। सांस्कृतिक कार्यक्रमों, और कलाकारों को तैयार करने का उपक्रम चल रहा था। मुझे उस समय के कोदूराम दलित का स्मरण आता है जो लगातार छत्तीसगढ़ी और हिन्दी में लिख रहे थे। वे मुझसे मिलने रायपुर आये थे।

दुर्ग का हिन्दी भवन उस समय समूचे छत्तीसगढ़ में लोकप्रिय हो रहा था। इसी तरह समाचार-पत्रों में साहित्य और संस्कृति के लिए पर्याप्त जगह थी। उस समय के दीपावली, होली के विशेषांक सामग्री की दृष्टि से महत्त्वपूर्ण और संग्रहणीय होते थे। साहित्य और पत्रकारिता साथ-साथ चल रहे थे। आज नयी पीढ़ी साहित्य के प्रति उतनी जागरूक नहीं है। भाषायी सजगता गायब है। साहित्य, पत्रकारिता और समाज के मध्य जब तक संवाद नहीं होगा, गहरे रिश्ते नहीं होंगे, संस्कृति समृद्ध नहीं रह पायेगी। बाजार ने आज की पत्रकारिता को सम्प्रेषण प्रधान और व्यावसायिक बना दिया है। यह पूछने पर कि आप आज के व्यक्ति में क्या अन्तर पाते हैं– उन्होंने पीड़ा व्यक्त करते हुए कहा– 'शर्मा जी, आज मनुष्य सम्पन्न होकर भी भीतर से गरीब है। साहित्य समाज-सापेक्ष्य नहीं रहा। वह समाज की नब्ज टटोलने में कामयाब नहीं है। वह व्यक्ति केन्द्रित हो रहा है। राजनीति में आये पतन ने समूचे भारत को प्रभावित किया है। आज न जनवाद है, न समाजवाद, केवल विवाद है। आदर्श उपेक्षित है। आन्दोलनों का दौर है। शिक्षा में भी आर्थिक विषमता के कारण भेद है। राजनीति में अगर शुचिता आ जाये तो सब ठीक हो सकता है। आज साधन तो बहुत हैं, लेकिन साधना किसी क्षेत्र में नहीं। शहर बड़े हो गये, आदमियत छोटी।

इसी प्रकार बरसैंया जी से हुई बातचीत में वे यहाँ के अनेक साहित्यकारों को याद करते रहे। उम्र के इस पड़ाव में भी वे लगातार लिख रहे हैं। उनकी तीन दर्जन से अधिक पुस्तकें साहित्य की विविध विधाओं में लोकप्रिय हैं। अखण्ड मध्यप्रदेश में लोक की जो आवाजाही होती थी उस परम्परा का निर्वाह वे आज भी कर रहे हैं।

छत्तीसगढ़ में वे प्रतिवर्ष अपनी बेटी रीता गुप्ता के पास आते हैं। उनकी इस आवाजाही से फिर-फिर नयापन आता रहता है। वे जैसा लिखते हैं, वैसा जीते हैं। मैं इस सरल, सहज, गम्भीर साहित्यकार, प्राध्यापक और श्रेष्ठ मनुष्य की साधना को प्रणाम करता हूँ। उनके स्वस्थ जीवन की कामना करता हूँ। बरसैंया जी का प्यार छत्तीसगढ़ पर निरन्तर बरसता रहे।

अध्यक्ष, हिन्दी विभाग,
कल्याण स्नातकोत्तर महाविद्यालय
भिलाई नगर (दुर्ग) (छ.ग.)

खण्ड– दो

व्यक्ति एक : दृष्टि अनेक

आत्मीय सखा डॉ. गंगाप्रसाद गुप्त 'बरसैंया'

— आचार्य कृष्णकान्त चतुर्वेदी

वैदिक वाङ्मय का सुप्रसिद्ध मन्त्रांश है–

'द्वा सुपर्णा सजुया सखाया समानमेकं परिषस्वजाते।'

वेदों में इस मन्त्र का अभिप्रेतार्थ, यद्यपि भिन्न है तो भी 'द्वा सुपर्ण सजुया सखाया' की प्रस्तुत प्रसंग में पर्याप्त सार्थकता है। मन्त्र में कहा गया है कि दो सुन्दर पंखवाले पक्षी एक-दूसरे से निकटतम रूप से जुड़े हुए सखा, एक साथ वृक्ष की शाखा में बैठे हुए हैं। यहाँ 'सखाया' शब्द महत्त्वपूर्ण है। वैदिक वाङ्मय में 'सखा' शब्द के अनेक अर्थ और सन्दर्भ विभिन्न रूपों में प्राप्त होते हैं। वे सभी व्यक्तियों के घनिष्ठतम सम्बन्धों को रेखांकित करते हैं।

संस्कृत में सखा शब्द 'सह+ख्या' से बना है। जिसका अर्थ है एक साथ सौहार्द्र और मैत्री भाव से सम्पन्न होना। वेद मन्त्रों में इस शब्द का व्यापक अर्थ मिलता है। उसमें एक ही आश्रय में दो व्यक्तियों के आनन्द, आस्वाद और सत्ता का अनुभव करना भी प्रतिपादित है। एक-दूसरे के अत्यन्त अन्तरंग और एक-दूसरे के सम्बन्ध में लगभग वे सभी कुछ जानते हैं। लौकिक संस्कृत का एक और वाक्य है जो मैत्री की परिभाषा, सम्बन्ध के आधार और महत्त्व को प्रस्तुत करता है–

'समानसख्यव्यसनेषु मैत्री' जिनमें, सखा भाव और अपने स्वभाव से गहराई से सम्बद्ध, व्यवहार एक जैसे हों उनमें गहरी मित्रता होती है।

डॉ. गंगा प्रसाद गुप्त बरसैंया के साथ अपने सम्बन्धों को समझने और समझाने के लिए यह पीठिका पर्याप्त उपयोगी है। सख्य और अनिवार्य व्यवहार अर्थात् आदतें एक जैसी हों तो मैत्री सुदृढ़ होती है। डॉ. गुप्त का लोक-साहित्य के शोध से बहुत गहरा सम्बन्ध है। वे राष्ट्रीय स्तर के सुप्रतिष्ठित एवं विख्यात विद्वान हैं। विद्या एवं लेखन उनके आनन्द और सन्तोष का मुख्य कारण हैं। वे आन्तरिक सन्तुष्टि से भरपूर आत्मीय जीवन जीने के अभ्यस्त हैं। यद्यपि मेरे और उनके सख्य-भाव में उनकी वैदुष्य पूर्ण समानता कारण नहीं है, क्योंकि वे एक श्रेष्ठ प्रतिभा-सम्पन्न एवं निरन्तर लेखनशील व्यक्ति हैं। मैं इन सब क्षेत्रों में अपने-आपको उनके समकक्ष नहीं ठहरा सकता। पर सख्य और मैत्री तो है ही तथा उसके अन्य महत्त्वपूर्ण कारण भी हैं।

हमारा डॉ. गुप्त से पहला परिचय 1958-59 के शिक्षा-सत्र में हुआ जब वे हिन्दी में एम. ए. करने हितकारिणी महाविद्यालय के छात्र बने। यह महाविद्यालय नगर के मध्य-भाग में स्थित था। मैं तब वृन्दावन उ. प्र. से बी. ए. करके संस्कृत में एम. ए. करने जबलपुर, साधनहीन अवस्था में आया था। यद्यपि मेरा जन्म-स्थान जबलपुर ही था, परन्तु पारिवारिक कारणों से अध्ययन यहाँ नहीं हो सका। जबलपुर के सबसे पुराने-महाकोशल कला महाविद्यालय (पूर्व नाम– राबर्टसन कॉलेज) में मेरा प्रवेश 1958 में एम. ए. संस्कृत प्रथम वर्ष में हुआ। हमने हिन्दी के विद्वान प्राध्यापक प्रो. हरदत्त दुबे और श्री वाजपेयी, श्री पूरनचन्द श्रीवास्तव जी का नाम सुना था। ये सब हितकारिणी महाविद्यालय में प्राध्यापक थे। हमारे साथ महाकोशल महाविद्यालय में हिन्दी के ही प्रखर मेधावी, सौम्य-सरल स्वभाव के धनी एम. ए. के छात्र श्री सुरेश कुमार वर्मा से परिचय हुआ और वह प्रगाढ़ मित्रता में बदल गया।

एक दिन उन्होंने कहा हितकारिणी महाविद्यालय चलोगे? वहाँ प्रो. हरदत्त दुबे जी बहुत बड़े विद्वान एवं श्रेष्ठ अध्यापक हैं उनका व्याख्यान सुनने मैं जा रहा हूँ। थोड़ा संकोच तो हुआ पर लगा कि एक अच्छे अवसर को छोड़ना नहीं चाहिए। हम दोनों वहाँ पहुँचे। उनकी कक्षा प्रारम्भ होने ही वाली थी। हम चुपचाप पीछे बैठ गये। प्रो. दुबे गम्भीर प्रकृति के गहन चिन्तनशील अध्यापक थे। उनकी बहुत-सी बातें मेरी समझ में नहीं आयीं परन्तु उनमें अद्‌भुत मौलिकता थी, जो मेरे आकर्षण का मुख्य कारण बनी। वहीं पं. भगवतीधर वाजपेयी प्रधान सम्पादक युगधर्म, श्री कैलाश तिवारी, श्री श्यामसुन्दर मिश्र आदि के साथ परिचय हुआ। उसी मण्डली में मुख्य अलमस्त हँसमुख श्री गंगा प्रसाद गुप्त से भी हमारा परिचय हुआ। ये सब हितकारिणी महाविद्यालय के हिन्दी के छात्र थे। समादरणीय वाजपेयी जी हमसे वय, प्रतिष्ठा आदि में पर्याप्त वरिष्ठ थे, अतः हम सब उनका अपने वरिष्ठ अग्रज की तरह सम्मान करते थे। शेष हम सब एक घनिष्ठ मित्रमण्डली और चुहलबाज टोली के रूप में बदल गये। हम सबका प्रायः मिलना होता और हँसी-ठहाके के दौर चलते। हम सबने एक-दूसरे के संक्षिप्त नाम रख लिये थे। हमारा नाम कृ. कां. च., सुरेश वर्मा का सु. कु. व., कैलाश तिवारी का कै. ना. ति. नाम रखे गये और श्याम सुन्दर मिश्र को हम कामरेड कहते थे। तब भी 'सुनौ तो' की टेक गंगाप्रसाद गुप्त के वक्तव्य की खासियत थी जो आज तक अपने पूरे दम-खम के साथ मौजूद है।

हमारे गं. प्र. गु. पूरी मण्डली के वरिष्ठ सदस्य थे, नं. दो पर कै. ना. ति., सु. कु. व. और मैं। मैं न केवल कनिष्ठ सदस्य था अपितु परदेशी भी था, क्योंकि हम दोनों दूसरे कॉलेज के छात्र थे। पर हमारी मैत्री बहुत गहरी और एकरस थी। गं. प्र. गु. जहाँ अपनी मस्ती में मस्त रहते वहीं सु. कु. व. अपनी गम्भीरता और संकोच में लीन, कै. ना. ति. अवसर देखकर मस्त और संकोची दोनों रूप धारण किये रहते।

मैं न केवल परदेशी था विषय की दृष्टि से भी इनकी पंगत से बाहर का और बहुत आत्मकेन्द्रित था। मेरी झिझक इन्हीं मित्रों ने तोड़ी और मुझे भी ठेठ जबलपुरिया बना दिया। इसमें गं. प्र. गु. और सु. कु. व. का विशेष योगदान है।

धीरे-धीरे परीक्षाएँ, एम. ए. प्रथम और द्वितीय वर्ष की निकट आने लगीं। अनिर्दिष्ट, अस्थिर और अपरिचित भविष्य हम सबको बहुत जोर से झकझोर रहा था। परिणामत: हम सब पूरी तरह पढ़ाई में जुट गये। सबसे अधिक गम्भीर और तन्मय सु. कु. व. थे। कै. ना. ति. टेलीफोन एक्सचेंज में ऑपरेटर थे, अत: नौकरी के साथ जितना अधिक सम्भव था वे भी पढ़ाई में जुट गये। ये दो वर्ष हम सबके बड़े मूल्यवान वर्ष थे। बीच-बीच में जब हताशा हमें घेर लेती तो हम युगधर्म में श्री वाजपेयी जी के पास पहुँच जाते जहाँ न केवल आत्मीय आश्वासनमय परिवेश मिलता अपितु उनके स्नेहसिक्त व्यवहार से जैसे हम फिर से हरे-भरे हो जाते। हम सबने सामर्थ्य-भर परिश्रम किया, परिणाम भी लगभग तदनुकूल आये। सभी प्रथम श्रेणी में उत्तीर्ण हुए। गं. प्र. गु. अपने महाविद्यालय में प्रथम श्रेणी में प्रथम रहे। सु. कु. व. ने विश्वविद्यालय की वरीयता सूची में प्रथम श्रेणी में प्रथम स्थान पाया। मैं भी संस्कृत में विश्वविद्यालय में प्रथम श्रेणी में प्रथम आया। तब कला संकाय में एक ही स्वर्ण पदक होता था। उस पदक के सु. क. व. और मैं दोनों ही दावेदार थे। सु. कु. व. परिणाम निकलते ही मेरे पास आये और बधाई देते हुए बोले– तुम कला संकाय में प्रथम स्थान प्राप्त कर स्वर्ण पदक के अधिकारी बन गये हो। मैं सु. कु. व. को अवाक् देखता रह गया। कितना उदार और प्रेमी जीव है कि एक प्रतियोगी को खुद बधाई देने पहुँच गया। सु. कु. व. की इस बात का उल्लेख मैंने अनेकश: किया है।

वैसे तो किसी-न-किसी रूप में सभी की परिस्थिति और माली हालत साधारण ही थी, परन्तु ग. प्र. गु. तो 1957 में बी. ए. प्रथम वर्ष से ही सेण्ट्रल लायब्रेरी में नौकरी करके अपनी पढ़ाई और भरण-पोषण कर रहे थे। वे और कै. ना. ति. दोनों ही इस दौर से गुजर रहे थे। ये तो कहीं-न-कहीं कुछ कर रहे थे, बाकी हम सब बेकार थे। मेरे एक मित्र श्री रामानन्द पाण्डे बरेला, जनपद स्कूल में अध्यापक थे। उन्होंने भी संस्कृत में स्वाध्यायी छात्र के रूप में मेरे साथ एम. ए. संस्कृत में किया था। संयोग से उन्हें एम. एड. में शासकीय रूप से प्रवेश मिल गया। उन्होंने मुझे अपनी खाली जगह में पार्ट-टाइम एवजी में लगवा दिया। 125 रु. मासिक वेतन मिलने लगा।

हम सब का अब एक ही लक्ष्य था कि अपनी-अपनी योग्यता के अनुसार एक अच्छी नौकरी की तलाश। विशेष रूप से हम सब व्याख्याता बनना चाहते थे। उस समय म. प्र. शासन में एक इमर्जेन्सी लिस्ट तैयार होती थी, जिसका आधार एम. ए. में उपलब्ध अंकों का क्रम होता था। हम सबके नाम उसमें ऊपर और अच्छी जगह

में थे। पर न तो आदेश निकल रहे थे और न ये पता था कि क्या इण्टर कॉलेज में जगह मिलेगी अथवा महाविद्यालय में। सभी खबर पाने अपना-अपना जुगाड़ लगा रहे थे। मैं और कै. ना. ति. भोपाल चक्कर काट आये थे। पता लगा कि नाम तो सही ठिकाने से ऊपर है, और नौकरी भी मिलेगी पर कब और कहाँ यह कुछ पता नहीं चला। इसी बीच विश्वविद्यालय शोध-छात्रवृत्ति की, पी-एच. डी. हेतु, सूचना प्रसारित हुई। हम सबने आवेदन दिया और कै. ना. ति. को छोड़कर हम सभी को और वि. वि. के अन्य विभागों के छात्र-छात्राओं को 200 रु. मासिक शोध-वृत्ति मिलना प्रारम्भ हो गयी। तब जबलपुर विश्वविद्यालय, जो अब रानी दुर्गावती वि. वि. हो गया है, का कार्यालय और अध्ययन केन्द्र शहीद स्मारक के भवन में था। एक बड़ा कक्ष हम लोगों को दे दिया गया। उसमें भी मैं सु. कु. व., प्रतापचन्द धूरिया, जे. पी. शुक्ला, प्रमोद देशमुख, वंश गोपाल पाण्डे, कु. रमा चक्रवर्ती, अन्य संकायों के तथा कृषि विज्ञान के भी छात्र सम्मिलित थे। बगल के कक्ष में डॉ. हीरालाल जैन संस्कृत, डॉ. राजबली पाण्डे, प्रा. भारतीय इतिहास और संस्कृति, डॉ. चन्द्रधर शर्मा, दर्शन डॉ. उदय नारायण तिवारी हिन्दी के आचार्य आदि बैठते थे। गं. प्र. गु. और कै. ना. ति. भी यथासमय आ जाते थे। ग्रन्थागार बहुत अच्छा था। अपने घर किताबें ले जाकर पढ़ना अच्छा लगता था। परन्तु यहाँ तो मित्र मण्डली की प्रबल गोष्ठी और हा! हा! हू! हू का तमाशा और अट्टहास गूँजते रहते थे। बगल के कक्ष के प्राध्यापकों को इससे बड़ी असुविधा होती थी। एक दिन तंग आकर डॉ. राजबली पाण्डे और डॉ. उदय नारायण तिवारी जी ने वि. वि. के रेक्टर पं. उमावर मिश्र से हम लोगों द्वारा किये जा रहे हल्ला-गुल्ले की शिकायत की। पं. उमावर मिश्र पहले नागपुर विश्वविद्यालय में पं. कुंजीलाल जी के साथ थे। नये मध्यप्रदेश बनने पर वे भी पं. दुबे के साथ जबलपुर आ गये थे। हम सभी को बुलाया गया। गं. प्र. गु. और कै. ना. ति. तो नौकरीवाले थे और सु. कु. व. शहर के बाहर थे। हम सात-आठ शोध-छात्र शेर के मुँह में बकरी की तरह निरीह खड़े थे। जब डाँट ज्यादा जोर से होने लगी तो कु. रमा चक्रवर्ती और एक अन्य छात्रा रोने लगीं। पं. मिश्र एकदम चुप हो गये। फिर वे बिल्कुल नरम पड़ गये। उन्होंने छात्राओं को पानी पीने को कहा। तब हम सबने एक उनका नया रूप देखा। वे बड़े प्रेम से बोले-- देखो ये अपना विश्वविद्यालय है। इसे अन्तरराष्ट्रीय स्तर का बनाना है। कौन बनायेगा? तुम लोग और तुम्हारे गुरुजन। आदरणीय पण्डित जी (पं. कुंजी लाल दुबे जी) ने देश भर से चुन-चुनकर बहुत बड़े विद्वान बुलाये हैं। उनका पूरा फायदा उठाओ। जाओ, डाँट का बुरा मत मानना। मेरी उम्र तो तुम लोगों के पिता के समान ही तो है। उस मितभाषी गुरू गम्भीर घोर अनुशासन प्रिय व्यक्ति का यह कथन हमें भीतर तक विगलित कर गया। हम सबने उनके चरण छुए और अपने कक्ष में लौट आये। दूसरे

दिन गं. प्र. गु. और कै. ना. ति. बड़े मुस्कराते हुए आये। बिना कुछ पूछे बोले– कहो बच्चू कल कैसी खबर ली गयी। हम सबने पूरी कथा सुनायी वे भी गम्भीर हो गये। फिर हम सब सावधान हो गये कि गुरुजनों को हमसे कोई कष्ट नहीं होना चाहिए।

कुछ दिन बाद प्रताप चन्द धूरिया ने शुरुआत करते हुए कहा कि शोध–छात्रों का एक संगठन होना चाहिए। हम सबको मिलकर कुछ करना चाहिए। एक बैठक बुलायी गयी। उसमें जे. पी. शुक्ला और कुछ लोग जो हमसे वरिष्ठ थे वे कुछ रौब–दाब दिखाने लगे। बोले 'ठीक' है हम लोग सब तय कर देते हैं। जैसा तय करें वैसा तुम सब करना। वंशगोपाल पाण्डे उखड़ गया। बोला– हम लोग क्या भेड़–बकरी हैं चाहे जैसा हाँक दो। हम लोग भी रिसर्च स्कालर हैं। हो जाने दो चुनाव हम अपना प्रत्याशी खड़ा करेंगे। उस समय कुल पच्चीस शोध–छात्र कार्य कर रहे थे। जिसमें जूनियर लोग संख्या में लगभग–लगभग पन्द्रह थे। हमारी अलग मीटिंग हुई। हम सबने मिलकर गं. प्र. गु. को अध्यक्ष पद का प्रत्याशी बनाना चाहा। गं. प्र. गु. बोले - भाई हम आपके साथ हैं पर हमारी भद्द मत उड़वाना। जीतने की गुंजाइश हो तभी खड़ा करो। हम सबने उनको डपटते हुए कहा यह समूह का निर्णय है सबको चुपचाप मानना पड़ेगा। गं. प्र. गु. चुप हो गये। मन्त्री पद के लिए प्रतापचन्द धूरिया का नाम तय हुआ। वह नयी दुनिया में समाचार–पत्र में काम करता था और अधिक उत्साही था। चुनाव अधिकारी, विधि विभाग के डॉ. डी. सी. पाण्डे को मनोनीत किया गया। पन्द्रह दिन की सूचना के बाद चुनाव होने थे। जीतने के लिए वरिष्ठ लोगों ने जोड़–तोड़ शुरू कर दी। गं. प्र. गु. बड़े परेशान क्या करें? क्या न करें? आखिर चुनाव का दिन आ गया, हमारा कोई भी साथी, वरिष्ठों के पक्ष में नहीं गया। मुद्दा केवल एक बन गया। कोई जूनियर अपमान सहन नहीं करेगा। चुनाव होगा। गं. प्र. गु. शोध–छात्र परिषद के अध्यक्ष, प्रताप चन्द धूरिया मन्त्री और कृषि विज्ञान के रामलाल कश्यप उपाध्यक्ष चुन लिये गये। सारे पद कनिष्ठों को ही मिले।

इस दौरान एक और घटना घट गयी। गं. प्र. गु. और वंश गोपाल पाण्डे जैसे ही कक्षा में घुसे उनके चेहरे पर चुलबुलेपन की मुस्कान थी। गं. प्र. गु. ने घुसते ही कहा कुछ मालूम भी है। सब उत्सुक हो गये। उन्होंने वंश गोपाल पाण्डे की तरफ इशारा किया। पाण्डे ने कहा अपनी रमा चक्रवर्ती को महाकोशल में नवनियुक्त व्याख्याता एस. के. डे. से प्रेम हो गया है। परन्तु हम सब सन्न रह गये। इतनी बड़ी बात हो गयी और हम सबको कानों–कान खबर नहीं। सब बड़े प्रसन्न हुए। अब तो एक प्रोजेक्ट मिल गयी थी। वंश गोपाल पाण्डे और मैं रमा चक्रवर्ती के घर से भी परिचित थे। वह हम सबको बन्धु कहकर पुकारती थी। पाण्डे को उसने बताया कि उसके परिवारवाले सहमत नहीं हैं, पर वे दोनों विवाह करने को तैयार हैं। एक विकल्प यह भी सुझाया गया कि कोर्ट–मैरिज करा दी जाये। हममें से कोई भी इसके

विधि-विधान से परिचित नहीं थे। गं. प्र. गु. और मुझसे कहा गया कि हम पं. भगवतीधर वाजपेयी से परामर्श करें और आगे का मार्ग तय करें। हमें वाजपेयी जी से बात करने में संकोच और डर दोनों ही लग रहा था। वे हमसे बड़े तो थे ही और बहुत आदरणीय भी थे। उनके पास जाना तो था ही। गये उनके पास सारी बातें बतायीं। उन्होंने पहले तो आश्चर्यमिश्रित प्रसन्नता व्यक्त की, फिर बोले ठीक है देखता हूँ क्या, कैसे करना है? तीसरे दिन उन्होंने हम लोगों को बुलाया और सारी प्रक्रिया बतायी। उसके लिए एक माह का नोटिस, आवेदन देने की तिथि से, देना तथा उसे कम-से-कम एक समाचार-पत्र में प्रकाशित होना आवश्यक है। उन्होंने आश्वासन दिया चिन्ता मत करो, सब ठीक हो जायेगा। आवेदन दे दिया गया। उनके ही समाचार-पत्र में नोटिस प्रकाशित हो गया और एक माह बाद वह समय भी आ गया जब विवाह की शेष प्रक्रिया पूरी होनी थी। वाजपेयी जी के साथ हम कुछ लोग जिलाध्यक्ष कार्यालय पहुँचे। गवाह के रूप में वाजपेयी जी और मैंने हस्ताक्षर किये। इस खुशी के मौके पर दूसरे दिन शोध-छात्रों ने भरपूर जलपान किया।

यह सारी घटनायें सातवें दशक के अन्त और उसके बाद के एक-दो वर्षों की हैं। कुछ समय बाद हम सब अपना-अपना काम करने लगे, तभी पूरे शहर में बहुत बड़े तनाव की सूचना मिली। पता चला खजांची चौक निवासी उषा भार्गव के साथ हुई घटना को लेकर जबलपुर शहर में बड़े स्तर पर दंगा शुरू हो गया। हम सब शहीद स्मारक में एक प्रकार से कैद होकर रह गये। शहर में कर्फ्यू लग गया। बड़ी मुश्किल से हम सब अपने ठिकानों पर पहुँच पाये। कई दिन तक उसका असर बना रहा। आज भी वह घटना और वह वातावरण मन को विचलित कर देता है।

समय बीतता चला गया। हम सब अपने-अपने लक्ष्य के अनुसार नौकरी में लग गये, परन्तु हम चारों की मित्रता दूर रहने पर भी अविभाज्य बनी रही। बाद में हमारी मण्डली में भोपाल के सुरेश मिश्र भी शामिल हो गये। सब लगभग अलग-अलग शहरों में महाविद्यालयों में कार्यरत हो गये। जब कभी मिलते पुरानी बातों को याद कर लेते और फिर से शोध-छात्र जैसे बन जाते। काल का प्रवाह क्या कभी रुका है जो रुकता। सब अपने-अपने क्षेत्र में अपनी योग्यता का परिचय देकर सुख्यात व्यक्ति बन गये थे। अन्ततः सेवानिवृत्त होकर मैं और सु. क. व. जबलपुर, कै. ना. ति. रीवा और गं. प्र. गु. छतरपुर में रह गये। अब हमारे बीच के प्रिय और आत्मीय कै. ना. ति. दिवंगत हो गये हैं, जिनके अभाव को हम में से कोई भी विश्वास नहीं कर पा रहा है। गं. प्र. गु. भोपाल में रहने लगे हैं। शेष हम दोनों जबलपुर में ही रहे आये।

आज जब पीछे मुड़कर अपनी विगत जीवन-यात्रा जो आठवें दशक में प्रवेश करने जा रही है, की ओर दृष्टिपात करते हैं तो स्मृतियों का एक विराट, तारा पूरित

गगन मण्डल नेत्रों के सामने जाग उठता है। इस दौरान हमारे संघर्ष, हमारी जिजीविषा, हमारी तपस्या सब जैसे अविश्वसनीय-सी लगती है। जो भी, जैसे भी उपलब्धियाँ, हम सबने प्राप्त की हैं उनमें हमारी मित्र मण्डली के पारस्परिक प्रेम को अत्यन्त महत्त्वपूर्ण कारण माना जा सकता है।

डॉ. गंगा प्रसाद गुप्त बरसैंया के व्यक्तित्व की कुछ ऐसी विशेषतायें हैं जो हम सबको निरन्तर प्रभावित करती रही हैं। उनमें प्रमुख है उनकी सरलता और विद्या व्यसन, जो एक बुद्धिजीवी और शिक्षा-जगत से जुड़े व्यक्तित्व की पहचान है। मैंने कभी भी उनको किसी भी प्रकार के दम्भ और अहंकार से प्रभावित नहीं पाया। एक बार मैं एक आयोजन में अमरकण्टक गया था। वहाँ टूरिस्ट बँगले में ठहरा था। पता चला कि वहाँ डॉ. गुप्त भी ठहरे हैं। वे अपने पुत्र के साथ आये थे। हम लोगों को समाचार मिलने के बाद परस्पर मिलना स्वाभाविक ही था। मुझे नर्मदा पुत्र विरक्त सन्त बाबा कल्याणदास जी के यहाँ दर्शनार्थ जाने का मन हुआ। डॉ. गुप्ता बोले मैं भी चलता हूँ। मैंने कहा मैं वहाँ आमन्त्रित नहीं हूँ। स्वामी राजेश्वरानन्द जी के प्रवचन वहाँ चल रहे हैं। सहज ही दोनों सन्तों से भेंट हो जायेगी। वे बोले– 'क्या हानि है। हम भी तो श्रोता के रूप में चले चलेंगे।' वहाँ पहुँचे तो बड़ी भीड़ थी। किसी तरह अन्दर घुसकर जगह बनाकर बैठने को ही थे कि पू. बाबाजी के दृष्टि हम पर पड़ गयी। वहीं से उन्होंने हमें मंच पर बुला लिया। डॉ. गुप्ता बोले, तुम चले जाओ मैं तब तक यहीं बैठता हूँ। मैंने कहा– 'ऐसे कैसे हो सकता है दोनों एक साथ रहेंगे।' मैं आग्रह करके उन्हें बुला लाया। जब मुझे कुछ कहने का अवसर दिया गया तो सबसे पहले मैंने डॉ. गुप्ता के राष्ट्रीय महत्त्व के व्यक्तित्व का परिचय दिया। पू. बाबा जी ने उनसे भी कुछ कहने का अनुरोध किया। वे जो बोले, सबने उसकी भूरि-भूरि प्रशंसा की। वे सरल भाव से गये और लौटे, और निरभिमानी तथा सहज ही बने रहे।

विद्या-व्यसन उनके जीवन की जिजीविषा और संरक्षिका शक्ति है। उसके बिना वे रह नहीं सकते। उसका परिणाम है कि उनकी लेखनी उनके नवीनतम और मौलिक अन्वेषणों को जन्म देती रही जो आज विशाल ग्रन्थ राशि के रूप में विद्वत्-समाज को सुलभ है। उनमें भावुकता और स्नेह कूट-कूटकर भरा है। उनका प्रत्येक वाक्य स्नेह-निर्झर भावोदधि की तरंगों से आप्लावित रहता है। सबकी कुशलता, क्षेम की चिन्ता उन्हें निरन्तर बनी रहती है और वे सबका समाचार न केवल स्वयं प्राप्त करते हैं अपितु सभी सम्बद्ध जनों को सूचित भी करते हैं। यह उनके स्वभाव और दिनचर्या का अविभाज्य अंग है। डॉ. गुप्ता लोक-साहित्य के असाधारण विश्रुत विद्वान हैं जिनको सम्पूर्ण देश में सादर आमन्त्रित किया जाता है। उनके ग्रन्थों में नवीनतम अज्ञात सामग्री का चयन, मूल्यांकन, विश्लेषण और प्रतिष्ठा गम्भीर वैदुष्य

के साथ उपलब्ध है। ग्रन्थों के चयनित विषयों की विविधता उन्हें सबसे अलग और एक व्यापक सामर्थ्यवान प्रातिभ महापुरुष की कोटि में स्थापित करती है।

यह हम सबके तथा शिक्षा, संस्कृति, लोकधर्मी परम्परा और स्वाध्याय पर शोध-कार्य से जुड़े प्रत्येक व्यक्ति के लिए आनन्ददायक समाचार है कि उनके यशस्वी वय के अस्सी वर्ष से आगे बढ़ते स्वस्थ आयुष्य के सम्मान के लिए एक अभिनन्दन ग्रन्थ प्रकाशित हो रहा है। मैं उसकी सम्पादिका सुधी विदुषी डॉ. रीता गुप्ता को इस महनीय कार्य के लिए साधुवाद देता हूँ कि उन्होंने एक महत्त्वपूर्ण एवं आकांक्षित कार्य को सम्पन्न करने का संकल्प लिया, जो अत्यन्त शीघ्र पूरा होने जा रहा है।

इस अवसर पर अपने परम स्नेही मित्र, लोक-साहित्य के अप्रतिम विद्वान, डॉ. गंगाप्रसाद गुप्त बरसैंया को हृदय से शुभकामना प्रेषित करता हूँ, और अचिन्त्य शक्ति परम-प्रभु से प्रार्थना करता हूँ वे इन्हें निरन्तर स्वस्थ एवं सक्षम बनाये रखें और जिससे इनके द्वारा लोक-साहित्य की प्रतिष्ठा के लिए श्रेष्ठ ग्रन्थ-रत्नों का आविर्भाव होता रहे।

अनन्त मंगलकामनाओं के साथ

पूर्व आचार्य एवं अध्यक्ष,
संस्कृत पालि प्राकृत विभाग,
रानी दुर्गावती विश्वविद्यालय
शताब्दीपुरम एम. आर. 4 रोड
जबलपुर (म. प्र.) 482-002

मन ऐसो निर्मल भयौ जैसे गंगा नीर

— डॉ. सुरेश कुमार वर्मा

जीवन एक अविरल यात्रा है। यह एक ऐसी यात्रा है, जिसमें चलना, न चलना आपकी मरजी पर नहीं है। पूर्ण विराम आने तक चलना-ही-चलना है। इसमें अनेक पड़ाव आते हैं। रंग-बिरंगे दृश्य-परिदृश्य झूमते-झमकते निकलते रहते हैं। जाने कितने प्रसंगों और घटनाओं की आड़ी-टेढ़ी राहों से गुजरना होता है। बस और ट्रेन की यात्रा के समान हमसफर कुछ समय साथ रहते हैं और फिर अपनी-अपनी राह निकल पड़ते हैं। किन्तु कुछ सहयात्री ऐसे भी होते हैं, जो एक बार दामन पकड़ लेते हैं, तो फिर पकड़ लेते हैं। ऐसे लोग पताका नायक की भाँति जीवन-यात्रा के बीच में जो एक बार साथ हो लेते हैं तो फिर काल और कर्म को धता बताते हुए जिन्दगी-भर कदम-ब-कदम साथ चलते हैं। डॉ. गंगाप्रसाद गुप्त 'बरसैंया' से जो साथ बना, वह धूप-छाँव-सा सदैव बना रहा।

देखा गया है कि पढ़ाई-लिखाई के दौरान विद्यार्थियों के बीच मित्रता के बीच जो पड़ते हैं, तो फिर उनकी बेल एक बार जो पनपी, तो पनपती ही जाती है। डॉ. बरसैंया के साथ ऐसा ही हुआ। उच्च शिक्षा के उनके अध्ययन काल में जो उनसे एक बार जुड़े, तो ताउम्र जुड़े ही रहे। यह भी अजीब संयोग ही कहा जायेगा, अलग-अलग कॉलेज के विद्यार्थियों में अध्ययनरत होने के बावजूद उनसे सबकी मित्रता की चाशनी उतनी ही गाढ़ी रही। कैलाश नारायण तिवारी और श्यामसुन्दर मिश्र उनके एक ही कालेज के सहपाठी थे। कृष्णकान्त चतुर्वेदी और इन पंक्तियों का लेखक शासकीय महाकोशल महाविद्यालय में पढ़ते थे। डॉ. सुरेश मिश्र मण्डला निवासी थे। उज्जैन विश्वविद्यालय में इतिहास के विद्यार्थी थे। महज इत्तिफाक ही कहा जायेगा कि फिर भी वे उसी समकाल से हम सबके साथ जुड़ गये। इसे बरसैंया जी के व्यक्तित्व का वैशिष्ट्य कहा जायेगा कि उन्होंने लगातार सबसे समरसता के साथ आज तक मैत्री निभायी। आखिर कुछ तो है उनमें।

इसे डॉ. गंगा का सहयोग कहें कि प्रेरणा, या कहें कि संगति, उनके सभी सहपाठियों ने अपने-अपने क्षेत्रों में बड़ा मुकाम हासिल किया। उनमें सर्वोपरि रहे डॉ. कृष्णकान्त चतुर्वेदी। धर्म और संस्कृति के मंच पर आज वे पंक्तिपावन विभूति

के रूप में प्रतिष्ठित हैं। उनके कर्तृत्व की सुरभि प्रदेश से बाहर दिशाओं-विदिशाओं में फैल रही है। डॉ. सुरेश मिश्र भारत के मध्यकालीन इतिहासकार के रूप में अधिमान्य हैं। वे नवलेखन के प्रेरणास्रोत हैं। डॉ. कैलाश तिवारी इरादों के पक्के, मस्त और फक्कड़ व्यक्ति रहे हैं। उन्होंने रीवा में एक शानदार स्कूल बनाने की ठानी, तो जीवन-भर उस धुन में लगे रहे और उस संस्था को कॉलेज के स्तर तक पहुँचाकर दम लिया। उसकी देदीप्यमान शख्सियत हम लोगों के मानस में आलोकपुंज के रूप में घर किये बैठी है। उनके साथ पढ़ीं श्रीमती स्नेहलता तिवारी प्रतिभाशाली छात्रा रही थीं। विद्यार्थियों के बीच उनके अध्यापन की बड़ी ख्याति रही है। एक महीयसी विभूति हैं श्रीमती ज्ञानवती अवस्थी। अपने आरम्भिक शैक्षणिक जीवन से ही मानस प्रवचनकार के रूप में बहुत प्रसिद्धि अर्जित कर चुकी थीं। उनकी इस कला में क्रमशः निखार आता गया। लोकमानस में मानस-हंस के रूप में वे आज भी अधिष्ठित हैं। डॉ. बरसैंया समेत उनके ये सब सहपाठी आकाशगंगा के नक्षत्रों के समान आज भी आलोक बिखेर रहे हैं।

उच्च शिक्षा की दिशा में बरसैंया जी एवं उनके कतिपय सहपाठियों की राह आसान नहीं थी। उन्हें पढ़ाई-लिखाई और आजीविका, दोनों के साधन जुटाने थे। श्यामसुन्दर मिश्र ने तत्कालीन 'युगधर्म' का दामन थामा, कैलाश तिवारी ने टेलीफोन विभाग की नौका पकड़ी। कैलाश की कठिनाई तब और बढ़ गयी, जब फायनल इयर में उसका तबादला नरसिंहपुर कर दिया गया। तब पढ़ाई और नौकरी में तालमेल के लिए उसे बहुत संघर्ष करना पड़ा। संघर्ष के उस विषम दौर में उसके एक सहकर्मी जगदीश प्रसाद सेन ने बहुत सहयोग दिया। जो मुसीबत में काम आये, वही सच्चा मित्र होता है। वह प्रसंग हम सबके लिए सदैव स्मर्त्तव्य रहेगा। श्रीमती ज्ञानवती एक स्कूल में अध्यापन कर जीवन-यापन करती रहीं। श्रीमती स्नेहलता ने एक कॉलेज की लाइब्रेरी में काम किया। बरसैंया जी को सेण्ट्रल लाइब्रेरी में काम मिला। यह काम उन्हें बहुत लाभप्रद रहा, क्योंकि पाठ्य-पुस्तकों, सहायक ग्रन्थों एवं सन्दर्भ ग्रन्थों के लिए उन्हें भटकना नहीं पड़ा। सब कुछ वहीं उपलब्ध था। यह लाभ उन्होंने मित्रों से भी साझा किया। यह सब बताने की जरूरत इसलिए पड़ी, क्योंकि डॉ. बरसैंया की लम्बी साहित्य-यात्रा का प्रस्थान बिन्दु ही कठिनाइयों से भरा था, जैसे उन्हें पहाड़ पर चढ़ने के लिए पहले खाई में उतरना पड़ा हो। वे बड़े जीवट के व्यक्ति हैं। हार मानना तो दूर, थकना भी नहीं जानते, जैसे राह थक जाये, किन्तु राहगीर के पैर न थकते हों।

हम उनके समग्र रचना-कर्म के सतत साक्षी हैं। जरूर उन्हें भरपूर अकादमिक वातावरण मिला, किन्तु बाद में यह वातावरण उन्हें अपने लिए तैयार भी करना पड़ा। बागबहरा जैसे निजी कॉलेज से नौकरी की शुरुआत करने के बाद शीघ्र ही वे शासकीय सेवा में आ गये और रायपुर के शासकीय विज्ञान महाविद्यालय में पदस्थ हुए। तब

छत्तीसगढ़ में साहित्यिक वातावरण इतना समृद्ध नहीं था कि वह रचना-कर्म का पोषण और संवर्धन कर सके। इसलिए डॉ. गंगाप्रसाद गुप्त को एक साहित्यिक वातावरण तैयार करने की जरूरत पड़ी और इस कार्य के लिए उन्हें बड़ी शिद्दत से मेहनत करनी पड़ी। उन्होंने पुरानी संस्थाओं में जान फूँकी, नयी संस्थाओं का गठन किया, मंच तैयार किये और गोष्ठियों का आयोजन किया। उन्होंने छत्तीसगढ़ के साहित्यकारों को प्रेरित किया और नवलेखन के उत्साही युवकों को दिशा-निर्देश दिया। उन्होंने अल्पज्ञात एवं अज्ञात साहित्यकारों को विद्वत् समाज के सामने लाने का प्रयत्न किया। वहाँ उन्होंने एक युगीन आचार्य की भूमिका निभायी। इतने कम वय में, इतने महनीय कार्य के लिए छत्तीसगढ़ के साहित्य का इतिहास उनके प्रदेय को अवश्य रेखांकित करेगा।

टीकमगढ़ में डॉ. बरसैंया के कार्य-क्षेत्र को और विस्तार मिला। स्थानीय साहित्यिक गतिविधियों के साथ-साथ उन्हें ओरछा केशव-संस्थान का दायित्व भी मिला। उनके सौजन्य से मुझे भी एक बार केशवदास से सम्बन्धित समारोह में शिरकत करने का सौभाग्य मिला। तब मुझे उनकी संगठन-क्षमता का परिचय मिला। स्थानीय प्रशासन से सहायता तो मिली ही, बाहर से भी अनेक गणमान्य साहित्यकार पधारे थे। डॉ. बरसैंया आकर्षण के केन्द्र थे। उनके संचालन-कौशल और सधी हुई वक्तृता के सभी कायल हुए। आचार्य केशवदास की साहित्यिक महत्ता के प्रसारण के समानान्तर डॉ. गंगाप्रसाद का अपना रचना-कर्म यहाँ परवान चढ़ा। इस रचना-कर्म के दो रूप थे। एक तो स्वयं का रचनात्मक लेखन और दूसरा अन्य लेखकों के साथ रचना के सेतु का निर्माण। कर्तृत्व के इन दो रूपों का निर्वाह उन्होंने पूरे जीवन-काल में किया। बहुत कम साहित्यकार दूसरे लेखकों के साथ तत्परता के साथ सामंजस्य बिठा पाते हैं। अन्य लेखकों की पुस्तकों पर डॉ. बरसैंया ने अधिसंख्य समीक्षात्मक लेख, टिप्पणियाँ और प्रतिक्रियाएँ लिखी हैं। अभी तक इनका सही आकलन नहीं हो सका है। साहित्य तो बहुत लोग लिखते हैं, किन्तु साहित्यकार के रूप में मान्यता बहुत कम को मिल पाती है। डॉ. बरसैंया को यह मान्यता बहुत जल्द मिल गयी।

आगे राजगढ़ ब्यावरा में अपने निवास-काल में उनका साहित्यकार-स्वरूप और निखरकर आया। उस छोटे से जिला मुख्यालय में साहित्यिक एवं सांस्कृतिक गतिविधियाँ लगभग शून्य थीं। प्रोफेसर प्रेमशंकर रघुवंशी, शिवसिंह पतंग जैसे कुछ कवियों को साथ लेकर बरसैंया जी ने साहित्यिक शून्यता को भरने का प्रयास किया। स्थानीय लोगों से सहयोग लेकर उन्होंने एक वातावरण तैयार किया, जिससे वहाँ रचना-कर्म को नयी राह मिली। राजगढ़ के बाद छतरपुर आने पर उनके व्यक्तित्व को नये आयाम मिले। उनका छतरपुर का निवास उनके कैरियर का स्वर्णकाल कहा जा सकता है। यह ठेठ बुन्देली का इलाका है। बरसैंया जी इसी इलाके में जन्मे,

पले, बढ़े हैं। यहाँ की ज़मीन से उनका आनुवांशिक रिश्ता रहा है। इससे अपने रचना-कर्म के लिये उन्हें अनुकूल जलवायु मिली और उन्होंने इसका भरपूर लाभ लिया। यहाँ लगभग पैंतीस वर्षों तक वे सतत साहित्य-कर्म में संलग्न रहे।

इस अवधि में न केवल उन्होंने अपने सम्पूर्ण दायित्व का निर्वहन किया, अपितु विश्वविद्यालय के उच्च अकादमिक पदों पर आसीन रहते हुए देश के साहित्यकारों के सम्पर्क में रहे। उन्हें बुलाया, उनके यहाँ गये। यहाँ हर दो-तीन वर्ष की अवधि में उनकी एक-न-एक किताब प्रकाशित होती रही। उनकी रचनाओं का अधिकांश छतरपुर की उर्वरा साहित्य-भूमि से उपजा है। उनके पसीने से यह भूमि और ज्यादा उर्वर भी हुई। उन्होंने न केवल स्वयं लिखा, अपितु जाने कितने अन्य लेखकों को आगे बढ़ाया और प्रकाशन में यथासम्भव सहायता दी। यह बात बिना अपवाद उल्लिखित की जा सकती है कि कोई किताब सम्मति या भेंट के लिए उन्हें भेजी गयी हो और उन्होंने उस पर कोई समीक्षा या टिप्पणी न लिखी हो, बल्कि अनेक बार उन पुस्तक-समीक्षाओं को अपने प्रयास से छपवाया भी। यह मेरा व्यक्तिगत अनुभव है कि जितनी बार मैंने अपनी जितनी पुस्तकें उन्हें भेंट की, उन्होंने अपनी ओर से, बिना आग्रह या अनुरोध की अपेक्षा किये हुए, सबकी समीक्षा लिखकर भेजी और यथाशीघ्र भेजी और पत्रिकाओं में छपवायी भी। यह उनके सम्पूर्ण साहित्यकार होने का प्रमाण है। वे निष्काम कर्मयोगी की भाँति निरन्तर साधनारत हैं। उनका एकमात्र प्रयोजन साहित्य के कोष का सर्वतोमुखी संवर्धन करना है, बिना किसी अपेक्षा के। हिन्दी साहित्य के इतिहास में कम-से-कम एक पृष्ठ पर उनका हक यकीनन बनता है।

डॉ. बरसैंया की साहित्य-साधना को देखकर विस्मय होता है। वह स्वतः स्फूर्त है। जन्मजात प्रतिभा से उत्प्रेरित है। उसमें निरन्तरता है। आज की प्रवृत्ति से, कि दूसरों को पीछे ठेलकर आगे निकल चलो, उनकी प्रकृति से मेल नहीं खाती। वे सबको साथ लेकर, सबको ऊपर उठाने की भावना के साथ कदम बढ़ाते हैं और इसमें वे बड़प्पन का अनुभव नहीं करते। अहं तो उनमें रंचमात्र भी नहीं है। जिस कार्यक्रम में वे भाग लेते हैं, उसके केन्द्र बन जाते हैं। पैदल चलना उनका स्वभाव बन गया है। उन्होंने कभी कार, स्कूटर और साइकिल नहीं चलायी, न सीखने का प्रयत्न किया। इस सीमा के बावजूद वे बराबर नियत समय से कार्यक्रमों में पहुँच जाते हैं। तभी हमने कहा कि वे बड़े जीवट के व्यक्ति हैं। साधना को उन्होंने अपनी सीमाओं की जकड़न से मुक्त रखा है।

वे पत्र-लेखन के बेताज बादशाह हैं। यदि कुछ वैसी व्यवस्था होती, तो निस्सन्देह उन्हें 'डाकरत्न' की पात्रता होती। दूसरे दिन सूरज भले अपना फेरा भूल जाये, किन्तु बरसैंया जी जवाब न लिखें, यह हो नहीं सकता। चिट्ठी के लिए उनका सबसे प्रिय माध्यम रहा है पोस्टकार्ड। वे थोक-के-थोक पोस्टकार्ड खरीद लाते

और पत्रोत्तर के सिलसिले को ज़ारी रखते। पत्रों की लिपि पर एक नज़र डालने से साफ हो जाता, कि वह शीघ्रता में लिखी गयी है। तब लिपि का घसीटा होना भी लाजिमी था। वर्णों की डण्डियाँ या रेखायें चारों ओर खिंची और तनी हुई होतीं। लिपि का स्वरूप बहुत कुछ चित्रात्मक होने का संकेत देता। कभी-कभी उस तिलिस्मी लिपि में से अर्थ को ढूँढ़ निकालने के लिए मशक़्क़त करनी पड़ती। यह उनके लेखन-शैली की विशेषता है कि वे पोस्टकार्ड में उपलब्ध अत्यन्त सीमित कैनवास में अपनी सारी बातें कह लेते हैं। सूचना या समाचार हो, घटना या प्रसंग हो, टिप्पणी हो या मूल्यांकन हो, शिकवा-शिकायत हो, उलाहना हो या प्रशंसा हो, पुस्तक की समीक्षा हो या अपनी किसी किताब का कण्टेण्ट हो अपनी कलम की एक रौ में वे सब बातें प्रकट कर देते हैं। ग़ालिब अपनी ग़ज़लों के लिए मशहूर हैं। फिर भी उन्हें ग़ज़ल विधा से शिकायत थी कि उसमें स्पेस इतना कम मिलता है कि अपनी पूरी बात ढंग से नहीं कह पाते– 'बक़दरे शौक नहीं, ज़र्फ़े तंगहाय ग़ज़ल / कुछ और चाहिए वुसअत मेरे बयाँ के लिए।' लेकिन बरसैंया जी को पोस्टकार्ड से कोई शिकायत नहीं रही। वे जो भी बात जैसे कहना चाहते हैं, उस छोटे-से स्पेस में बड़े मौज के साथ कह देते हैं। उन्हें गागर में सागर भरने की कला आती है। यदि समीक्षाशास्त्र में 'पोस्टकार्ड' लेखन जैसी विधा होती, तो वे इसके जनक के रूप में प्रतिष्ठित हो जाते।

महफिलों, गोष्ठियों और बैठकों में अपनी पहचान को उभारने में उन्हें देर नहीं लगती। वे मस्तमौला और फक्कड़ प्रकृति के हैं। उनकी सबसे बड़ी विशेषता उनका निर्व्याज, निर्मल हास-परिहास है। अपने ठहाकों के लिए वे मशहूर हैं। स्मित से लेकर अट्टहास तक हास्य की सारी श्रेणियाँ उनकी वाचिक भंगिमाओं में समय-समय पर प्रकट होती रहती हैं। उनके ठहाकों को सुनकर सड़क पर चलने वाले लोग ठिठक जायें, तो आश्चर्य नहीं होना चाहिए। उनके स्वभाव में गंगा जल की निर्मलता है। यह निर्मलता उनकी वाणी और व्यवहार तक पहुँच बनाये हुए है। इसीलिए उसके साथ बैठने, बात करने और विचरण करने का जी करता है। उनकी लोकप्रियता का यह बड़ा कारण है। प्रकृति, कर्तृत्व और शख़्सियत के आधार पर उन्हें कहीं बिठाना हो, तो उर्दू के प्रख्यात शायर इब्ने इंशा के एक ग़ज़ल की यह पंक्ति मदद कर सकती है– 'सीधे मन को आन दबोचे, मीठी बातें, सुन्दर लोग / मीर, कबीर, नज़ीर और इंशा सबका एक घराना हो।' डॉ. गंगा प्रसाद बरसैंया ऐसे ही किसी एक घराने में बैठने के सहज अधिकारी हैं।

पूर्व अतिरिक्त संचालक, उच्च शिक्षा
810, विजयनगर, जबलपुर (म. प्र.) 482-002

बरसैंया– एक विनोदी व्यक्तित्व

– डॉ. ओम प्रकाश त्रिवेदी

जबलपुर के केन्द्रीय ग्रन्थालय में अपने एक मित्र श्री गोविन्ददास झुड़ेले के साथ जाने का एक बार अवसर मिला। वहाँ बैठे एक युवक ने 'गोविन्द भैया' कहकर मित्र का स्नेहपूर्ण स्वागत किया। कुछ ही क्षणों में दोनों में ''तू तू'', ''मैं मैं'' तथा 'बे' जैसे वर्णों का प्रयोग होने लगा। अन्त में उस युवक ने पान मँगाये और चलते समय मेरे मित्र को एक इकन्नी (पुराना सिक्का) भी भेंट की। इस युवक के व्यवहार से मैं अत्यधिक प्रभावित हुआ। वह युवक था– गंगाप्रसाद गुप्त 'बरसैंया'

1959 के अक्टूबर माह में बरसैंया से मेरा यह प्रथम परिचय था। इसके बाद बरसैंया मेरा निकट से निकटतर मित्र बनता चला गया। प्रारम्भ में उसका झुकाव कविता लेखन की ओर अधिक था, फिर धीरे-धीरे आलोचना-समालोचना की ओर वह बढ़ता गया। एक ओर गहोई वैश्य होने के नाते वह अपने समाज से चिपका है तो दूसरी ओर संकीर्णता के दायरे से निकलकर दूसरों की भी यथासम्भव मदद करता है। साहित्यिक मण्डली में वह अपना सिक्का अलग जमाये हुए है। हर छोटे, बड़े और बराबरी वाले का आदर, आशीर्वाद एवं स्नेह उसे सहज रूप में प्राप्त है। गहोई समाज का हर व्यक्ति, चाहे सामूहिक विवाह का अवसर हो अथवा जातीय पत्रिका के सम्पादन की समस्या हो, बरसैंया से मिलने के लिए उत्सुक दिखाई देता है।

सामान्यत: अध्यापक होने के बाद मनुष्य को आलस्य घेरने लगता है परन्तु बरसैंया मुदर्रिसी करने के साथ साहित्य सेवा के लिए अपना यथेष्ट समय देता है। वह सदैव किसी-न-किसी साहित्यिक कार्य में व्यस्त रहता है। कहीं प्राचीन ग्रन्थों की पाण्डुलिपियों के अन्वेषण तथा पठन-पाठन में वह लगा है तो कहीं किसी शोध छात्र को आवश्यक निर्देशन देने में व्यस्त है। कभी केशव जयन्ती का आयोजन करा रहा है तो कभी लेखक सम्मेलन की योजना बना रहा है। अद्‌भुत संगठन शक्ति है मेरे मित्र में। ''हिन्दी साहित्य में निबन्ध और निबन्धकार'', ''हिन्दी के प्रमुख एकांकी और एकांकीकार'', ''छत्तीसगढ़ का साहित्य और उसके साहित्यकार'', ''आधुनिक काव्य : सन्दर्भ और प्रकृति'' आदि अनेक प्रकाशित ग्रन्थ बरसैंया जी की जीवन्त कर्मठ साहित्यिक चेतना के परिचायक हैं। ''मानस-मनीषा'' और ''समवाय'' का वह

सम्पादक है। अपनी इसी कर्मठता के कारण वह "साहित्यालंकार" की उपाधि से विभूषित हुआ है। लेख के प्रारम्भिक अंश से उसकी जिस मनोविनोदी प्रवृत्ति का परिचय मिलता है वह उसके आडम्बर रहित निश्छल व्यवहार से युक्त पत्रों में भी देखी जा सकती है। मेरे एक पत्र के उत्तर में मेरा दोस्त लिखता है–

3.8.74

प्रियवर,

पत्र मिला। परीक्षा और स्थानान्तरण सम्बन्धी तुम्हारे रोचक कमेण्ट पढ़कर हम कुछ मित्र आनन्दित होते रहे। इधर मेरे दूसरे सहयोगी का स्थानान्तरण उनके ससुराल नगर रीवा के लिए हो गया और अब मैं एकोऽहं वाली स्थिति में केवल रोम लुंचन कर रहा हूँ। चौबे जी छब्बे होने की सोच रहे थे कि दुबे बन गये। मैंने एक व्यक्ति की माँग की थी और हुआ यह कि एक गाँठ का गया। ...क्या तुम्हारे पी-एच. डी. की घोषणा हो गयी? लो भइया अब तो लाभ–ही–लाभ है। हम तो 'बंसरी वाले' ठहरे। बंसरी वाला किस्सा न मालूम हो तो जानने के लिए टिकिट लगा लिफाफा भेजो।

स्नेही– गंगाप्रसाद

पत्र का उत्तर शीघ्र न प्राप्त करने की मेरी शिकायत पर वह लिखता है–

20.1.75

प्रियवर,

पत्र आज शाम को मिला। इसके पूर्व भी एक पत्र तुम्हारी सर्दी की अस्वस्थता का समाचार लेकर आया था। उसे भी सर्दी हो गयी थी। उस पत्र को पढ़ते ही मुझे भी सर्दी हो गयी और ऐसा प्रभाव पड़ा कि पत्र लिखना भी भूल गया। अब दूसरा पत्र पाकर सर्दी से मुक्त हुआ। यद्यपि यहाँ अभी जमकर सर्दी पड़ रही है फिर भी ठिठुरते हुए पत्र लिख रहा हूँ। दोस्ती में कुछ त्याग और कष्ट तो सहना ही पड़ता है।

...आजकल मुझे सभी कोस रहे हैं लच्छम हों (लक्ष्मीनारायण गुप्त) या ओम (लेखक) लेकिन 'चमार' की मनौती से 'पड़ा' नहीं मरता। इधर एक संस्था बनायी है कला परिषद। उसी में बुरी तरह व्यस्त हूँ। अभी एक चित्र एवं पाण्डुलिपि प्रदर्शनी की थी 26/1 को सांस्कृतिक प्रतियोगिता। फिर 4 ग्रन्थों का प्रकाशन। ...भड़भूँजा (एक मित्र का प्रतीक) मजे में है– गंगा

श्रीरामचरितमानस चतुश्शताब्दी समारोह में व्यस्त गंगाप्रसाद का एक और पत्र द्रष्टव्य है।

23.10.74

प्रियवर,

पत्र मिला। शान्ति मिली। 'पैरत थके थाह जनु पाई।' आइ गयउ हनुमान जिमि

करुणा में वीर रस।' तोहि सन उरिन तात मैं नाहीं।' जो भी लिखूँ भावुकता में कम ही लगता है। तुम्हारे वहाँ रहने का लाभ मुझे मिला। मिलता रहता है। अब मैं निश्चिन्त होकर 'मानस' संगोष्ठी आयोजित करूँगा। संगोष्ठी के लिए देश के प्रमुख लोगों की लगभग 40 स्वीकृतियाँ अभी तक मिल चुकी हैं।

स्नेही गंगा

ऐसे स्नेही मित्र के लिए जितना कहा जाय, कम ही है। उसे जो सम्मान मिल रहा है वह उसके प्रतिभा-सम्पन्न व्यक्तित्व और कृतित्व के लिए सर्वथा उपयुक्त है। मेरी शुभकामनाएँ उसके साथ हैं।

डॉ. ओमप्रकाश त्रिवेदी
गढ़ा, जबलपुर

सरस्वती के अथक साधक आचार्य डॉ. 'बरसैंया'

—पं. भगवतीधर वाजपेयी

प्रोफेसर डॉ. गंगाप्रसाद गुप्त सरसैंया का जन्म बुन्देलखण्ड के बाँदा जिले के गाँव भौंरी में अवश्य हुआ किन्तु महाविद्यालय के आचार्य और प्राचार्य के रूप में 4 दशक का सेवाकाल मध्यप्रदेश में ही व्यतीत हुआ है और अब वे इसी प्रदेश के निवासी हैं। अपने सेवाकाल में वे कुछ समय तक छत्तीसगढ़ में भी पदस्थ रहे, क्योंकि उस समय वह मध्यप्रदेश का ही हिस्सा था। अपने शिक्षकीय सेवाकाल को उन्होंने पूरी सारस्वत रचनाकारिता के साथ जीया। आज जब 80 वर्ष की आयु (जन्म 6 फरवरी, 1937) पार कर शतक बनाने की ओर अग्रसर हैं तब एक बड़े भाई, मित्र और सहपाठी के रूप में अनेकानेक शुभकामनाएँ और शतायुपूर्ण करने का आशीर्वाद देना अपना पावन कर्तव्य समझता हूँ।

बुन्देलखण्ड में धरती के नीचे जल की कमी और गरीबी भले ही हो किन्तु उसकी साहित्यिक सम्पदा और कला तथा सांस्कृतिक सम्पन्नता विश्व प्रसिद्ध है। खजुराहो के मन्दिरों का शिल्प किसे आश्चर्यचकित नहीं करता और पन्ना की हीरे की खदानें तो दूर-दूर के जौहरियों को अपनी ओर आकर्षित करती हैं। बेतवा तट पर बसे ओरछा के भगवान राम से सम्बन्धित मन्दिरों का आकर्षण, धर्म प्रेमियों के तो जीवन की साध ही है।

बुन्देली वीरों ने माटी का कर्ज किस प्रकार पटाया वह लोकगीतों से जाना जाता है। वीर छत्रसाल का शौर्य कवि भूषण के काव्य की शोभा है।

गंगाप्रसाद जी ने अपनी लेखनी से बुन्देलखण्ड का कर्ज उतारने का भरसक प्रयास किया है। 'बुन्देलखण्ड के अज्ञात रचनाकार' उनके शोध-निबन्धों का जहाँ संग्रह है वहाँ उन्होंने बुन्देली के भाषा वैज्ञानिक अध्ययन का सम्पादन किया। 'वीर विलास', आल्हा सम्बन्धी प्राचीनतम पाण्डुलिपि पर उन्होंने जो कार्य किया वह महत्त्वपूर्ण है।

'बुन्देलखण्ड का साहित्यिक और सांस्कृतिक परिदृश्य', 'बुन्देली धरा के

अनखुले पृष्ठ' तथा 'छतरपुर का साहित्यिक गजेटियर' एवं 'बुन्देली विविधा' उनका महत्त्वपूर्ण साहित्यिक योगदान है।

छत्तीसगढ़ में व्यतीत किये सेवाकाल में उन्होंने 'छत्तीसगढ़ की साहित्यिक विभूतियाँ' उनकी खोज प्रवृत्ति की परिचायक है और वह उस भूमि के कर्ज से मुक्त होने का उनका प्रयास है। एक अध्यापक के नाते उन्होंने समालोचनात्मक ग्रन्थों का प्रणयन तो किया ही है अनेक मौलिक रचनाओं का लेखन भी किया है। व्यंग्य लेखन के साथ गम्भीर चिन्तन उनकी अभिरुचि रही है। उनके मौलिक ग्रन्थों में काव्य-संग्रह भी है। उनके लेखन और प्रकाशित पुस्तकों की लम्बी सूची तो है ही अनेक पत्र-पत्रिकाओं का सम्पादन भी उन्होंने किया है। हिन्दी साहित्य की उन्होंने जो अब तक सेवा की है उसके कारण अनेक साहित्यिक और सांस्कृतिक संस्थाओं ने उन्हें अलंकृत कर सम्मानित किया है।

गंगा प्रसाद जी शासकीय सेवा से भले ही निवृत्त हो गये हों किन्तु अपने सारस्वत कर्तव्य का पालन वे अभी भी कर रहे हैं। मुझे विश्वास है कि उनकी यह साधना आगे भी जारी रहेगी। इस सबके बाद भी वे अपने मित्रों के बीच में अपने ठहाकों से बातचीत में रस घोलते रहें, यह मैं चाहता हूँ।

एक बार पुनः उनके शतायु होने की कामना करता हूँ।

वरिष्ठ पत्रकार 23 शीतलपुरी
चेरीताल वार्ड जबलपुर (म. प्र.)
फोन– 0761-2750500

एक ऐसी आत्मीय : जिसकी मैत्री उपलब्धि बन गयी

— कैलाशचन्द्र पन्त

मेरी स्मृति उस छोर को नहीं पकड़ पा रही, जिस छोर पर मेरी भेंट पहली बार बरसैंया जी से हुई थी। इतना जरूर याद आ रहा है कि उन्हें हिन्दी भवन और राष्ट्रभाषा प्रचार समिति की सम्पूर्ण जानकारी थी। कभी वे छतरपुर से भोपाल आते तो हिन्दी भवन अवश्य आते। हिन्दी और साहित्य को लेकर चर्चा होती। हिन्दी भवन के प्रकाशन त्रैमासिक 'अक्षरा' (उन दिनों द्वैमासिक नहीं हुई थी) के वे नियमित पाठक बने। कभी-कभी उनके विद्वत्तापूर्ण आलेख भी आते। हमारी यदा-कदा होने वाली भेंट से ही मैंने उनके अध्ययनशील, जिज्ञासु और उदात्त मन को समझा था। इस समझ ने ही हम दोनों को प्रगाढ़ मैत्री के बन्धन से बाँध दिया। आज जब उस प्रारम्भिक परिचय की झीनी स्मृतियाँ मानस पटल पर उभर रही हैं तो कविवर सुमन की ये पंक्तियाँ बरबस ही याद आ रही हैं—

पूर्व परिचय भी नहीं था,
आज भी हम हैं अपरिचित
तुम न मानो, जग न माने
किन्तु मन तो कह रहा है—
मैं तुम्हें पहिचानता हूँ।

कितना गहरा सच छिपा है इन पंक्तियों में, उस पहले मिलन तक हम नितान्त अपरिचित ही तो थे। आज भी यह दावा करना वृथा होगा कि आज भी परिचय पूर्णता पर पहुँच चुका है। हम कभी भी किसी को, सारी घनिष्ठता के बाद भी, पूरी तरह कहाँ पहिचान पाते हैं? पर जब मैत्री सम्बन्ध अपनी सहज-स्वाभाविक गति से बढ़ते जाते हैं तो मान लेना चाहिए कि आन्तरिक सूत्रों में समान उद्वेलन हो रहा है। मैं इतना ही कह सकता हूँ कि बरसैंया जी किसी से भी लाभ-हानि के गणित से नहीं जुड़ते। वे निष्कपट हृदय से और निर्व्याज भाव से ही सम्बन्ध बनाते और उनका निर्वाह करते हैं। आज के समय में ऐसी सहजता विरल हो चुकी है। इसीलिए शायद मैं उनसे मैत्री को जीवन की उपलब्धि मानता हूँ।

हिन्दी साहित्य के प्राध्यापक रहे श्री बरसैंया में साहित्य की अद्यतन धाराओं की

गहरी समझ है। वे अधिकारपूर्वक जितनी हिन्दी साहित्य के आदिकाल पर जानकारी रखते हैं, उतनी ही आधुनिक काल पर भी। यह गहन अध्ययन और हर युग की प्रवृत्तियों का विश्लेषण करने की अपेक्षा रखता है। यह विश्लेषण क्षमता बरसैंया जी में पर्याप्त है। हिन्दी साहित्य के साथ ही बुन्देली साहित्य का भी गहरा अध्ययन कर चुके इस प्राध्यापक के वाक्-कौशल में उस स्वर को आसानी से पहिचाना जा सकता है जो बुन्देली की विशेषता है। मेरा संकेत उस हास्य और व्यंग्य की ओर है जो बुन्देली को अन्य बोलियों से अलग पहिचान दिलाता है। बुन्देली जीवन का यह राग तत्त्व किसी को भी छूने की सामर्थ्य से सम्पन्न बना देता है। श्री बरसैंया जी से वार्ता इसीलिए आनन्द से भर देती है। आज तो लोग आनन्द की प्राप्ति के लिए बड़े-बड़े जतन कर रहे हैं। आनन्द का स्रोत बाहर नहीं, भीतर से उमड़ता है। बस उसके लिए फक्कड़पन और खुला मन चाहिए। यह दोनों तत्त्व बरसैंया जी में हिल-मिल कर रहते हैं। वे कभी अपने अध्ययन के अहंकार से ग्रस्त नहीं होते। उनकी शायद एक ही तमन्ना रहती है कि वे भले इंसान बन सकें। ऐसा भला इंसान ही सार्वजनिक जीवन और गार्हस्थ्य जीवन में समन्वय बना पाता है। जो हासिल कर लेते हैं, वे किसी कुण्ठा से ग्रस्त नहीं होते। जहाँ होते हैं वहाँ अपनी आत्मीय गन्ध का प्रभाव छोड़ जाते हैं। उनके कुण्ठारहित व्यक्तित्व में यह तथ्य प्रमाणित होता है।

हम दोनों के बीच उम्र का अन्तर नहीं के बराबर है। इसलिए मैं अन्तस से उनके भविष्य के लिए, सुखी एवं स्वस्थ जीवन के लिए और रचनात्मक कार्यों में गतिशील बने रहने के लिए शुभकामनायें देता हूँ।

सम्पादक 'अक्षरा'
संचालक–राष्ट्रभाषा प्रचार समिति
हिन्दी भवन, भोपाल (म. प्र.)

प्रोफेसर डॉ. गंगा प्रसाद बरसैंया : मेरी दृष्टि में

— डॉ. भास्कर प्रसाद पाण्डेय

डॉ. गंगा प्रसाद बरसैंया ''बरसैंया'' जी के नाम से ही अधिक जाने-पहचाने जाते हैं। इसलिए मैं उन्हें बरसैंया जी के नाम से ही सम्बोधित करूँगा।

बरसैंया जी से मेरा परिचय शासकीय महाविद्यालय टीकमगढ़ में उनकी पद स्थापना से हुआ, जहाँ मैं पूर्व से ही महाविद्यालय के सहायक प्राध्यापक के रूप में पदस्थ था। यहाँ बरसैंया जी से मेरे सम्बन्ध एक सहयोगी शिक्षक तक ही सीमित रहे।

शासकीय स्नातकोत्तर महाविद्यालय छतरपुर में हमारे सम्बन्ध महाविद्यालयीन सहयोगी के दायरे से बाहर आये। इस अवधि में हमारे सम्बन्धों की अवधि लम्बी भी रही और घनिष्ठ तथा आत्मीय भी। इस समीपता और घनिष्ठता का कारण शासकीय कम व्यक्तिगत अधिक था। डॉ. बरसैंया जी के आत्मीय परामर्श और निकट सहयोग से मेरी बेटी का विवाह सम्पन्न हुआ। बरसैंया जी के अति घनिष्ठ तथा बचपन के साथी गौतम जी के चिरंजीव से मेरी बेटी के विवाह का आरम्भ से लेकर विवाह के सम्पन्न होने तक पूरा-पूरा श्रेय डॉ. बरसैंया जी को ही है जिस हेतु मैं अपने को उनका ऋणी मानता हूँ।

बरसैंया जी से घनिष्ठ होते सम्पर्कों के सम्बन्धों के निर्वहन के दौरान मुझे बरसैंया जी की अन्य विशिष्टताओं से मैं न केवल परिचित हुआ बल्कि लाभान्वित भी हुआ। डॉ. बरसैंया जी की कतिपय विशिष्टताओं से मुझे प्राचार्य के रूप में प्रशासन-गत समस्याओं के सफल निर्वहन में अनुभवजन्य परामर्श एवं सहयोग मिला, विशेषकर दो अवसरों पर। पहला अवसर था महाराजा महाविद्यालय छतरपुर के शताब्दी समारोह के आयोजन का जो भारत के राष्ट्रपति महामहिम श्री जैल सिंह जी की गरिमामय उपस्थिति में आयोजित होना था। महाराजा महाविद्यालय छतरपुर में मैं नया-नया ही प्राचार्य के रूप में पदस्थ हुआ था। इस अति महत्त्वपूर्ण एवं विशिष्ट आयोजन में मुझे बरसैंया जी के ऐसे आयोजनों की न केवल व्यवस्था करने बल्कि उनके सफलतापूर्वक संचालन करने की विशिष्ट क्षमता का पूरा-पूरा लाभ मिला। महाविद्यालय के शताब्दी समारोह की सफलता का पूरा-पूरा श्रेय डॉ.

बरसैंया को रहा। इसके लिए छतरपुर की तात्कालिक सांसद एवं आयोजन समिति की अध्यक्ष माननीया श्रीमती विद्यावती चतुर्वेदी ने व्यक्तिगत रूप से बधाई दी, जो इस आयोजन से प्रारम्भ से लेकर उसके सम्पन्न होने तक जुड़ी रहीं। माननीया विद्यावती जी से बरसैंया जी के सम्पर्कों का इसमें विशेष योगदान रहा।

बरसैंया जी के सम्बन्ध में यह विशेष रूप से उल्लेखनीय है कि बरसैंया जी को सम्पर्क बनाने और उन्हें बनाये रखने में विशिष्टता हासिल है। उनकी यह विशिष्टता इस आयोजन के दौरान ही मुझे विदित हुई। एक बहुत अच्छे शिक्षक एवं प्रखर वक्ता के रूप में बरसैंया जी दूर-दूर तक जाने जाते हैं। विभिन्न सामाजिक, साहित्यिक एवं सांस्कृतिक आयोजनों में बरसैंया जी की उपस्थिति अनिवार्य रूप से देखी जाती है। यह उपस्थिति इन और ऐसे आयोजन में उनकी अभिरुचि का द्योतक है। वह अपने गहोई समाज के एक अति विशिष्ट सदस्य रहे। समाज की गतिविधियों विशेषकर सांस्कृतिक गतिविधियों में बरसैंया जी की गहरी अभिरुचि है। उनके सुपुत्र चि. अभिलाष बरसैंया समाज के ऐसे आयोजनों की व्यवस्था एवं संचालन में अग्रणी भूमिका का निर्वहन करते हैं। आकाशवाणी छतरपुर से भी डॉ. बरसैंया घनिष्ठ रूप से जुड़े रहे हैं। आकाशवाणी की कई महत्त्वपूर्ण समितियों के वह सदस्य रहे हैं। आकाशवाणी की साहित्यिक गोष्ठियों में डॉ. बरसैंया की उल्लेखनीय भागीदारी रही है। उनकी रचनाओं का भी आकाशवाणी द्वारा बराबर प्रसारण हुआ है– विशेषकर उनकी व्यंग रचनाओं का।

महाराजा महाविद्यालय के शताब्दी समारोह में जहाँ बरसैंया जी की संगठन एवं आयोजन क्षमता से मैं अवगत हुआ, वहीं ऐसे ही एक अन्य अति महत्त्वपूर्ण अवसर पर मुझे एक अति विश्वसनीय सहयोगी मिला। अवधेश प्रताप सिंह विश्वविद्यालय रीवा के एक निर्णय के तहत महाराजा महाविद्यालय छतरपुर को परीक्षा केन्द्र के रूप में दायित्व सौंपा गया। परीक्षा जैसे अति महत्त्वपूर्ण एवं गोपनीय कार्य के समुचित सम्पादन के लिए प्राचार्य के रूप में मुझे एक योग्य, निष्ठावान, परीक्षा कार्य में अनुभवी एवं विश्वसनीय सीनियर प्रोफेसर के रूप में डॉ. बरसैंया का पूरा-पूरा सहयोग मिला जिसके कारण विश्वविद्यालयीन परीक्षा जैसा अति गोपनीय और महत्त्वपूर्ण कार्य सफलतापूर्वक सम्पन्न हुआ।

डॉ. बरसैंया एक योग्य शिक्षाविद् के रूप में विख्यात हैं। एक प्रोफेसर के रूप में मध्यप्रदेश लोक सेवा आयोग द्वारा प्रोफेसर के पद पर चयन हुआ था। यह चयन हिन्दी साहित्य में उनकी प्रवीणता का द्योतक है। वह विश्वविद्यालय की विभिन्न समितियों–विशेषकर हिन्दी साहित्य शोध समिति के अध्यक्ष रहे हैं। उनके निर्देशन में अनेक शोध-छात्रों ने पी-एच. डी. की उपाधि प्राप्त की है। डॉ. बरसैंया विभिन्न विश्वविद्यालयों में हिन्दी साहित्य की एम. ए. की परीक्षाओं के परीक्षक रहे हैं।

डॉ. बरसैंया कलम के धनी हैं। उनकी अनेक रचनाओं से हिन्दी साहित्य समृद्ध हुआ है। हिन्दी साहित्य की समृद्धि में डॉ. गंगाप्रसाद गुप्त बरसैंया का उल्लेखनीय योगदान है। उनकी साहित्य-साधना पर शोध भी हुआ है। डॉ. बरसैंया की रचनाओं में भूले-बिसरे रचनाकारों पर शोध को विद्वानों के बीच विशेष रूप से सराहा गया है। उनकी व्यंग रचनाएँ आमो-आम के बीच विशेष रूप से प्रचलित हैं। उनसे अपरिचित व्यक्ति भी ''बरसैंया'' नाम से परिचित हैं और यही ''गंगा प्रसाद जी'' की सबसे बड़ी विशिष्टता है। मुझे पूर्ण विश्वास है डॉ. बरसैंया सामाजिक, साहित्यिक एवं सांस्कृतिक गतिविधियों में संलग्न रहकर इन क्षेत्रों में बराबर योगदान करते रहेंगे।

मैं उनके सुखद, समृद्ध एवं लम्बे जीवन की कामना करता हूँ।

पूर्व प्राचार्य
महाराजा महाविद्यालय,
छतरपुर (म. प्र.)

मादक वक्तृता के धनी अंकल बरसैंया

— डॉ. श्रीकान्त पाण्डेय (IAS)

श्वेत केश। सौम्य चेहरा। पढ़ी-लिखी और सौजन्यता-भरी मुस्कराहट। सुदर्शन कद। आकर्षक और आर-पार निकलती आवाज। सुरुचिपूर्ण स्वच्छ पोशाक। न दुबलों में गिनती, न मोटों में। उन्मुक्त ठहाकों के कुबेर। मशीनी वजन से दूना-तीना व्यक्तित्व का वजन। एक खुरदुरे से लगते व्यक्तित्व में एक स्निग्ध काया। बौद्धिक, सांसारिक और आध्यात्मिक तौल-नाप में सौ टका खरा आदमी। पता नहीं क्यों मुझे हमेशा यह लगता रहा है कि बरसैंया अंकल में कुछ अलग बात है। यह लगना-भर नहीं है। यह सच भी है।

बरसैंया अंकल उस पीढ़ी के प्रध्यापक रहे हैं, जो यह मानती थी कि पठन-पाठन और पारदर्शी आचरण में ही शिक्षक की प्रतिष्ठा मूल रूप से अन्तर्निहित होती है। मुझे उनका शिष्य होने का समुचित अवसर या गौरव यद्यपि नहीं मिला, लेकिन मैं ठीक-ठीक अनुमान लगा सकता हूँ कि उनकी कक्षा में विद्यार्थी निश्चय ही बहुत सजग होकर और अपनी पीठ सीधी करके बैठते रहे होंगे।

अत्यन्त गम्भीर अध्ययन और अत्यन्त पैनी चुटकियाँ, दोनों में शास्त्रगत् विरोध या दूरी भले ही हो, दोनों को एक जैसी सुघड़ता से सँभालने का कौशल मैंने बरसैंया अंकल में ही देखा है। उनकी वक्तृता इतनी मादक है कि उसे चुराकर दो घूँट चखने का अक्सर मन करता है। न जाने कितनी संस्थाओं की भव्यता और सौन्दर्य के नेपथ्य में उनकी वैचारिक ऊर्जा और उर्वरता का हाथ रहा है। उनके सम्बन्धों की परिधि जितनी विस्तृत है, उतनी ही सघन और आयुष्मान भी है। अपने विषय में उनकी पैठ इतनी गहरी है कि उनके विद्यार्थियों को शायद ही कभी लगा होगा कि प्राध्यापन उनका पेशा है। वे एक उत्कृष्ट प्राध्यापक हैं और रहे हैं एवं किसी अन्य में उत्कृष्टता की सम्भावना की पहचान करने में भी वे कम पारंगत नहीं हैं। उनकी नीयत पर उनके प्रतिस्पर्धी भी शंका नहीं कर सकते, सवाल भले ही उठा दें। इस अर्थ में बरसैंया अंकल अजातशत्रु हैं।

अपने जीवन में उन्होंने जो भी खोया-पाया है, उसका मूल्यांकन करने का यह समय अथवा जगह नहीं है, लेकिन मुझे अरस्तु का कहा याद आता है कि मनुष्य के

सभी कार्य मौका, प्रकृति, मजबूरी, आदत, कारण, जुनून तथा इच्छा–इन सात में से किसी-न-किसी एक या अन्य वजहों से होते हैं। बरसैंया अंकल ने जो निर्दोष, सहिष्णु और निष्पाप जीवन जिया है, उसमें ये कारण भी अर्थों की अपनी पूरी शुचिता के साथ सम्मिलित रहे हैं।

बरसैंया अंकल ने एक जीवन्त, उत्साही और क्रियाशील जीवन जिया है। वे एक जीवन्त, उत्साही और क्रियाशील जीवन जीते रहेंगे, ऐसा मेरा भी विश्वास है। वे इसके हकदार भी हैं। इतनी लम्बी यात्रा में तय है कि कई घाव भी उन्हें लगे होंगे। मुमकिन है कि वे अब तक लुहकते भी हों, लेकिन बरसैंया अंकल ने उन्हें हमेशा पट्टी के नीचे ही रखा, हमेशा छुपाया, यही एक शिकायत है मुझे उनसे!

मैं भौतिक दृष्टि से भले ही प्राय: उनसे दूर रहा होऊँ, किन्तु यह विनम्र दावा तो कर ही सकता हूँ कि संवेदना और मानसिक स्तर पर मैं सदैव स्वयम् को उनके एकदम पड़ोस में पाता रहा हूँ। मेरे प्रति उनका अगाध स्नेह रहा है। मैं उनके प्रति अपना अगाध सम्मान व्यक्त करता हूँ। कई बार उन्हें सुनने, उन्हें बताने का मुझे भी सुयोग मिला है और मुझे हमेशा यह लगता रहा है कि उन्होंने अत्यन्त श्रम-साध्य जीवन जिया है, अगर उस जीवन को मैं कष्ट-साध्य न कहूँ तो भी। एक सुविधा-विपन्न, कठिन और असह्य समय में रहकर अपनी साधना सम्पन्न करने वाली पीढ़ी के बचे-खुचे मूर्धन्यों के दीर्घायु होने की हम कामना तो कर ही सकते हैं। यही कामना पूरे मन से मैं बरसैंया अंकल के लिए करता हूँ। बरसैंया अंकल और यशस्वी हों, और कीर्तिवान हों, तथा दीर्घायु हों, मैं उनके आशीर्वाद के विनियम में, इतनी कामना करके स्वयं को गौरवान्वित महसूस कर रहा हूँ।

अति. प्रबन्ध संचालक
म. प्र. पर्यटन बोर्ड
भोपाल

साहित्य मनीषी डॉ. गंगा प्रसाद गुप्त बरसैंया

– पं. कपिल देव तैलंग

संस्कृत कवि श्रीहर्ष की यह संस्तुति मुझे सदैव प्रभावित करती रही है–

गुणाधिके वस्तुनि, मौनता चेत
वाग्जन्मवैफल्यमसह्यशल्यम्।।

अर्थात् किसी गुणवान व्यक्ति के गुणों को देखकर यदि उसकी प्रशंसा न की जावे मौन ही रहा जावे तो फिर वाणी के होने का महत्त्व ही क्या?

यह कथन सर्वथा सटीक है जो समाज सम्माननीयों का सम्मान, प्रशंसनीय की प्रशंसा, समादरणीयों का समादर तथा अभिनन्दनीय-अभिवन्दनीय लोगों का अभिनन्दन अभिवन्दन नहीं करता है वह समाज कभी भी आगे नहीं बढ़ सकता है। यह समाज का अकारण कर्तव्य है। यद्यपि समाज में **जे परदोस लखहिं सहसाखी** की भी कोई कमी नहीं है।

किसी के अभिनन्दन हेतु अभिनन्दन ग्रन्थ का प्रकाशन इसी कड़ी में देखा जाना चाहिए। समाज में अनेक धूल भरे हीरे या वन में खिलने वाले पुष्प हैं जो वन में ही खिलते हैं और वन में ही मुरझा जाते हैं। "**शीर्यते वन एव वा**"।

अत: यह अभिनन्दन हमारी प्रेरणा का स्त्रोत, अनुसरणीय व अनुकरणीय माना जाना चाहिए। "विद्या ददाति विनयम्" विद्या के साथ यदि विनम्रता हो तभी विद्या की सार्थकता होती है।

विनम्रता के सम्बन्ध में एक शेर सटीक चित्रण करता है–

करेगा कौन उनके कद का अन्दाजा
वे आसमाँ हैं पर सर झुकाये रहते हैं।

इस सभी बातों के परिप्रेक्ष्य में जब मैं आदरणीय डॉ. बरसैंया जी के सम्बन्ध में विचार करता हूँ तो उन्हें इन सब बातों के समीप पाता हूँ। वे विद्या ददाति विनयम् के प्रत्यक्ष उदाहरण हैं। वे साहित्य-जगत में क्या नहीं हैं, अध्येता, चिन्तक, रचनाकार, शोधक, अन्वेषक व संवाद कुशल। वे गुप्त हैं और गुप्त ही रहते हैं। अपने को प्रकट कम ही करते हैं ठीक उसी तानपूरे की तरह–

अलग हम सबसे रहते हैं, मिसाले तार तम्बूरा
जरा छेड़े से बजते हैं, बजा ले जिसका जी चाहे।।

किन्तु जब वे प्रकट होते हैं तब ज्ञान की गम्भीरता का परिज्ञान होता है। वैसे साहित्य की हर विधा में वे महारत प्राप्त हैं, किन्तु उन्होंने अज्ञात साहित्यकारों को प्रकाश में लाया है वह अपने-आप में महत्त्वपूर्ण है। इससे जहाँ उनके शोधकर्ता एवं अन्वेषक का स्वरूप प्रकट होता है, वहीं अज्ञात रचनाकारों को एक जीवन मिला है जो ऋषि ऋण का पूरक बनता है। वे गद्य और पद्य दोनों विधा के सफल प्रयोगकर्ता हैं। सृजन की मनोभूमि में वे सफल होते हैं, तो खरी-खरी सुनाने में भी नहीं चूकते हैं। साहित्यकारों से संवाद उनकी एक अन्य विधा है। शताधिक साहित्यकारों के पत्र जहाँ उनके पत्र लेखन का परिचय देते हैं वहाँ तत्कालीन साहित्यकारों के पत्रों के माध्यम से अनेक अज्ञात विषय प्रकाश में आते हैं जो अब तक अनजान से रहे हैं। जैसे श्री मुकुटधर पाण्डे का पत्र पठनीय है जो स्वयं को छायावाद का प्रवर्तक नहीं मानकर प्रसाद जी को यह सम्मान देते हैं। उनकी झरना शीर्षक कविता को इस विधा का प्रत्यक्ष उदाहरण माना है। कई पत्र साहित्य के इतिहास प्रसंगों की दृष्टि से अत्यन्त महत्त्वपूर्ण हैं।

श्री बरसैंया जी का लेखन फलक अति विस्तीर्ण है। उन्होंने हिन्दी साहित्य को क्या नहीं दिया। वे व्यंग लेखन से लेकर काव्य-रचना, अन्वेषण एवं शोध जिनमें प्रमुख बुन्देलखण्ड के अज्ञात रचनाकार, हिन्दी काव्य का प्रथम अज्ञात सुदामा चरित, छत्तीसगढ़ के साहित्य और साहित्यकार तथा आल्हा सम्बन्धी उपलब्ध प्राचीनतम पाण्डुलिपि का सम्पादन उनकी चिन्तन की गहराई का प्रमाण प्रस्तुत करते हैं।

श्री बरसैंया जी अनेक संस्थाओं द्वारा सम्मानित होते रहे हैं। अखिल भारतीय भाषा साहित्य सम्मेलन से **''साहित्यश्री''**, **''भारत भाषा भूषण''** एवं विविध संस्थाओं द्वारा **''तुलसी पुरस्कार''**, **''विद्रोही पुरस्कार'' एवं साहित्य भारती** आदि सम्मानों से सम्मानित हुए हैं और अब भी सम्मानित हो रहे हैं। हिन्दी साहित्य सम्मेलन प्रयाग द्वारा **''साहित्य वारिधि''**। वे भाषाविद एवं भाषण कुशल व्यक्ति हैं। मिलनसारिता उनका विशेष गुण है जिससे वे सबके प्रिय सबके हितकारी बने हुए हैं।

अन्त में काव्यांजलि प्रस्तुत है-

बुन्देली की सरस धरा पर, धारा नवल बहायी
खरे खरे बिखरे रसिकन की, माला सरस बनायी।।
कवि साहित्य धुरीण विज्ञ, व्याख्याता शोधक सर्जक
अनुगत जन के सदा सहायक, अनुपम मार्ग प्रदर्शक।।
स्वयं गुप्त पर गुप्त कविन की, प्रतिमा प्रकट प्रवर्तित
रसिया श्री बरसैंया जी को, शुभकामना समर्पित।।

एस /11 मन्दाकिनी कालोनी,
कोलार रोड, भोपाल
पिन- 462042

डॉ. गंगा प्रसाद बरसैंया का वैशिष्ट्य

– आचार्य दुर्गाचरण शुक्ल

डॉ. गंगाप्रसाद बरसैंया बहुआयामी विधाओं में निष्णात विद्वान हैं। वे सफल व्यंगकार, कवि, सूक्ष्म-दृष्टि-सम्पन्न समीक्षक, संवेदनशील संस्मरणों के सर्जक , गम्भीर, निबन्धकार, अन्वेषक एवं सम्पादक के साथ-साथ बहुत ही सरल और सहज व्यक्तित्व के धनी हैं। उन्होंने मेरे देखते-देखते लगभग आधी शताब्दी से अथक हिन्दी की सेवा की है और आज भी एक सद् गृहस्थ द्रष्टा ऋषि की भाँति सारस्वत अर्चन में निरत रहते हैं। अभी भी साहित्यकारों का मार्गदर्शन और उत्साहवर्धन, अनुप्रेरण उसी तत्परता से सम्पन्न कर रहे हैं जैसे उन्हें आज से 40-45 वर्ष पूर्व देखा जाता था। उनको देखने पर मुझे ऋषि वात्स्यायन का कथन याद आता है कि सोलह से सत्तर वर्ष तक तो यौवन है और इसको पार करने पर प्रौढ़त्व आता है, बुढ़ापा तो 99 से प्रारम्भ होता है।

प्रस्तुत इस आलेख में डॉ. बरसैंया के इन गुणों का विश्लेषण मैं नहीं करूँगा। इस पर अनेक विद्वान बहुत कुछ लिख चुके हैं, शोध-प्रबन्ध रचे जा चुके हैं और निकट भविष्य में और भी गम्भीर लेखन आयेगा ही। मेरी दृष्टि तो मात्र एक रेखीय है। लक्ष है गुणों के संश्लेषण से सम्पूर्ण व्यक्तित्व की विशिष्टता। डॉ. गंगाप्रसाद जी बरसैंया हिन्दी साहित्य के वर्तमान श्रेष्ठ विद्वानों से कहाँ अलग हैं? क्या है उनकी पहचान और विशिष्टता और क्या है उनके सृजन की पूर्व-भूमि? यही जानने का यह आलेख एक लघु प्रयत्न है।

वैदिक विचार के अनुसार सृष्टि की भिन्नता के तीन प्रमुख घटक हैं। मन-प्राण और वाक्, दूसरे शब्दों में नाम, रूप और कर्म। इनके कारण ही पदार्थों में एवं व्यक्तियों में भिन्नता हुआ करती है। दिक्-काल ये दो तत्त्व इस तीन की तिकड़ी की परस्पर संयोग करने में प्रभावित करते हैं। अत: किसी पिण्ड या पदार्थ को दूसरे से पृथक पहचानने में इनका विचार करना इस देश के पूर्व मनीषी महत्त्वपूर्ण मानते रहे हैं। अस्तु।

डॉ. गंगाप्रसाद जी की जन्मस्थली चित्रकूट जनपद है, इनके पिता श्री सखाराम जी गुप्त (गहोई) और माता रामप्यारी बाई थीं जिन्होंने इन्हें जन्म दिया और पोषित

किया। यह घटना आज से आठ दशक पूर्व घटी। तभी पिता और माँ ने 'गंगाप्रसाद' संज्ञा नाम के रूप में प्रदान की। यह तो एक सामान्य तथ्य है, पर एक तथ्य जो अत्यन्त महत्त्वपूर्ण है वह घटक अज्ञात है। काल का सूक्ष्मतम भाग, वह क्षण जब घटना घटित हुई। भारतीय मनीषा इस क्षण को चरम महत्त्व देती है। मानती है व्यक्ति का पुरुषार्थ 'क्षण' के इसी प्रभाव को आगामी जीवन में दिक् काल के आयाम में विस्तार देता है कभी धनात्मक दिशा में और कभी ऋणात्मक दिशा में।

गंगाप्रसाद के व्यक्ति को जन्म से 'गुप्त' और 'गहोई' ये शब्द प्राप्त हुए तथा जन्म के बाद पिता श्री सखाराम जी ने 'गंगाप्रसाद' की संज्ञा प्रदान की। इस गंगा, गुप्त और गहोई तीन शब्दों की विरासत इन्हें मिली। ये शब्द अपने साथ संस्कृति के अनेक अवदान समेटे हैं। प्रथम दो तो अपने वैदिक रूप में ही हैं, मात्र 'गहोई' शब्द की अपनी प्रकृति में कुछ विचलन हुआ है।

'गहोई' शब्द गृहपति शब्द का तद्‌भव रूप है। वैदिक काल में 'गृहपति' उस अग्नि को कहते थे जो यज्ञ के लिए घर में सतत प्रज्वलित रखी जाती थी और वह व्यक्ति भी जो उस यज्ञाग्नि को अपने घर में सुरक्षित रखता था उसे 'गृहपति' ही कहा जाता था। वह घर जिसमें यज्ञाग्नि सुरक्षित रखी जाती थी, 'महाशाला' कही जाती थी। ऋषि वत्स मन्त्रद्रष्टा थे, 'गृहपति' थे और 'महाशाला' थे। उन्हें परम्परा वैश्य ऋषि के रूप में मानती है। इन शब्दों की व्याख्या यजुर्वेद के शतपथ ब्राह्मण में की गयी है। ऋषि याज्ञवल्क्य ने वहाँ कहा है कि जो 'चर्म और वर्म' से सुरक्षित होता है वह वर्ण 'गुप्त' है। वैश्य है। ब्राह्मण चर्म रूप (शर्म) है। अत: शर्मा एवं क्षत्रिय वर्म (कवच) रूप है। अत: 'वर्मा' शब्द से अभिहित होते हैं– जैसे हृदय भाग प्रथम चर्म द्वारा फिर वर्म (कवच) द्वारा सुरक्षित रहता है वैसे ही इस 'गुप्त' वर्ण का दैविक और आध्यात्मिक व्याधियों से ब्राह्मण रक्षा करे और भौतिक उपद्रवों आपदाओं से क्षत्रिय सुरक्षित रखे। ऐसा यह समाज का उरुभाग 'वैश्य' वर्ण है। यह है 'गुप्त' शब्द का संकेत। इस प्रकार गुप्त और 'गहोई' संस्कृति की विरासत सँभालते हैं। रही बात 'गंगा' की सो जग जाहिर है। ध्यान कोई दे, न दे क्या कर सकते हैं। सन्त शिरोमणि तुलसी ने स्पष्ट कहा ही है कि 'गंगा' मुदित ब्रह्ममय वारि है। वाल्मीकि इसे दिव्य जल कहते हैं। वैदिक वाङ्मय गंगा को 'ब्रह्म का प्रथम विवर्त बताता है। इसीलिए ऋग्वेद नदियों में सर्वप्रथम गंगा का कीर्तन करता है क्योंकि गंगा पवित्रतम प्रवाह है।

सामान्य जन मानते हैं, जानते हैं सो कहते हैं कि 'नाम' में क्या धरा है, यह तो मात्र सम्बोधन का बोधक है, पर जिसके तलभेदी आँख है, जो अन्धकार को भेदकर देख सकता है, वह द्रष्टा ऋषि कहता है–'नाम' वह शक्ति है जो अव्यक्त से व्यक्त होकर 'रूप' धारण करती है और 'रूप' उसी अव्यक्त का व्यक्तीकरण है। आत्मा

(प्राण) वह है जो नाम तथा रूप के द्वारा अव्यक्त मूर्त होकर कर्म के रूप में प्रकट होता है। इसीलिए आत्मा (प्राण) को आच्छादन करने वाले 'नाम' और 'रूप' को उपाधि कहा जाता है। चित्रकूट के सन्त प्रवर कहते हैं कि 'अगुन-सगुन विच नाम सुसाखी। उभय प्रबोधक चतुर दुभाखी।' यह नाम है जो अव्यक्त को व्यक्त करता है, अमूर्त अर्थ को पद रूप में मूर्त रूप देता है और पदार्थ को स्वरूप मिलता है। पर यह बात एकदम सीधी नहीं है, इसमें दिक्-काल आयामों की जटिल महती भूमिका है। फिर भी इतना तो स्पष्ट है ही कि पर और पदार्थ एवं व्यक्त और व्यक्तीकरण का अन्त:सम्बन्ध इस तत्त्व के विचारे बिना समझा नहीं जा सकता है।

निश्चित ही वह क्षण जब किसी व्यक्ति का जन्म होता है, उसे नाम की संज्ञा दी जाती है, ये दोनों अपने दिक्-काल के आयाम में व्यक्ति के संस्कारों में निहित होकर प्रतिक्रिया करते हैं। प्राप्त पैतृक गुणों और पुरुषार्थ के पराक्रम से व्यक्ति के निर्माण को विशिष्टता में भी इनका प्रभाव कभी नष्ट नहीं होता है। कभी उद्बुद्ध और कभी सुप्त हो सकता है।

डॉ. गंगाप्रसाद जी के व्यक्तित्व का यह वैशिष्ट्य मैंने इसी परिपार्श्व में देखा है। चित्रकूट जनपद में इनका जन्म हुआ, अत: स्वभावत: ही इन्हें राम और रामायण ने आकृष्ट किया और लगन ने लक्ष्य-प्राप्ति में सहायता की। डॉ. बरसैंया जी समीक्षक, संस्मरणों के सृजक, निबन्धकार, अनेक विद्वानों की तरह शोध-अन्वेषणों के मार्गदर्शक तथा क्रमोन्नति के साथ प्रोफेसर और प्राचार्य पद पर प्रतिष्ठित रहे, पर वह बात कुछ और ही है जिसने इन्हें बहुतों की पंक्ति से पृथक स्थान पर प्रतिष्ठित किया है। लगता है कि इसी बात ने इन्हें देश और काल के प्रभाव से झटककर बलात् वहाँ पहुँचाया है। **वह बात गुप्त है, यह सुषुप्त गृहपति का जागरण है, गंगा का व्यक्तीकरण है।**

यही देखा है और यही पाया है मैंने। आज से लगभग चार दशक पूर्व कम-से-कम तीन बार इसी घटना को देखा है। निकट से देखा और जाना तब इस निष्कर्ष पर पहुँचा हूँ।

रामराजा की नगरी ओरछा में, उन दिनों, वीरेन्द्र केशव साहित्य परिषद, टीकमगढ़ के तत्त्वाधान में रामनवमी के दिन आचार्य और महाकवि केशव की जयन्ती धूमधाम से मनायी जाती थी। देश के जाने-माने साहित्यकार उस महोत्सव में अपनी सक्रिय सहभागिता प्रदान करते थे। टीकमगढ़ के साहित्यकार उस महोत्सव के समायोजन की व्यवस्था सँभालते थे। डॉ. गंगाप्रसाद बरसैंया तब टीकमगढ़ के शासकीय स्नातकोत्तर महाविद्यालय में प्रवक्ता के पद पर प्रतिष्ठित थे और प्रतिवर्ष इस साहित्यिक समारोह में अपनी सक्रिय भूमिका निर्वहन किया करते थे। उस समारोह में साहित्यकारों और विद्वानों के साथ प्रदेश के मन्त्री, विश्वविद्यालयों के उपकुलपति

और गणमान्य शासकीय प्रशासनिक अधिकारी भी यदा-कदा पधारते थे। ऐसा ही समारोह सम्पन्न हो रहा था, तब उसमें प्रथम बार बरसैंया जी सम्मिलित हो रहे थे। मंच पर प्रदेश के मुख्यमन्त्री और अन्य अधिकारी विराजे थे। भाषण हो रहे थे, विद्वान साहित्यकार अलंकृत भाषा में बहुत सावधानी और सजगता से राजनीति के उन कर्णधारों का गुणगान लक्षणा और व्यंजना का सहारा लेकर कर रहे थे, क्योंकि वे इस बात को अच्छी तरह समझते थे कि ये राजनेता और राजपुरुष शायद उनको लाभ तो देने से रहे किन्तु यदि जरा भी चूक हुई तो हानि पहुँचाने में चूकने वाले नहीं हैं।

अब डॉ. गंगा प्रसाद जी बरसैंया की बारी थी। वे सहज ढंग से उठे और अपना शुद्ध साहित्यिक भाषण प्रारम्भ किया। इसके पूर्व मैंने अपने विद्यार्थी जीवन में विख्यात विद्वानों के भाषण सुने थे। सुश्री महादेवी वर्मा की वाणी-वीणा को सुना था। आचार्य नरेन्द्र देव के ज्ञान गर्भित गम्भीर स्वर सुने थे एवं श्री जयप्रकाश जी नारायण के अतिप्रभावपूर्ण भाषण सुनने का सुअवसर भी मिला था और भी विश्रुत विद्वानों के भाषण सुने थे। और तो और स्वयं बरसैंया जी को भी महाविद्यालय में टीकमगढ़ के कई साहित्यिक पर्वों पर कई बार सुन चुका था पर...। पर इस अवसर पर बरसैंया जी की वाणी में गंगा का प्रखर प्रवाह था। गम्भीरवाक् धारा ज्योतित प्रखरता से किनारों को काटती बढ़ रही थी। अनावृत्त सत्य को साहित्यकारों की शान्त सभा मुग्धभाव से सुन रही थी। राजनेता स्तब्ध और हतप्रभ थे। सोचा था कि शायद ये अब कुछ कहेंगे, अवश्य ही अपने अहम् की तुष्टि करेंगे। पर ऐसा कुछ भी नहीं हुआ। वे राजनेता जब बोले तो गिने-चुने चार शब्दों में फीकी मुस्कान लिये बे-मन से प्रशंसा करते हुए बोले और उस विद्वत समाज की श्रेष्ठता को स्वीकार किया।

यह घटना थोड़े हेर-फेर से मैंने तीन बार प्रत्यक्ष देखी है। जब भी समायोजन में राष्ट्रनेता और अधिकारी विराजे रहे तब-तब डॉ. बरसैंया जी की वाणी में अप्रतिम तेज और प्रवाह की प्रखरता प्रकट होती है। क्याहै वह कारण जो इन्हें अनेक श्रेष्ठ विद्वानों से यह अलग पहचान दे रहा?

व्यक्तिगत मेरा मानना है कि यह कारण सुषुप्त, गम्भीर तल में प्रतिष्ठित है। यह गृहपति अग्नि है जो देशकाल की परिस्थितियों की भस्म से आच्छादित है, यह गंगा की गुप्तधारा है तो अवचेतन में सुसुप्त है, पर अभी भी मौजूद है। यही सनातन का सत्य है। युग के प्रभाव से यह अवदमित तो है पर अभी इसका अस्तित्व नष्ट नहीं हुआ है। बाहर से जब कड़ी चट्टान पर कठोर आघात हुआ करता है तो उस संघात से चट्टान में दरार आती है और गुप्त आर्टीजन जलधारा फूट पड़ती है, अन्ततः स्थित सुप्त अग्नि धधक उठती है और शुभ्र सत्य के निरावृत्त दर्शन होने

लगते हैं। यही है डॉ. बरसैंया की पृथककारी पहचान इनके भीतर गहोई (गृहपति) गंगा के संस्कार अन्तस्थल के गह्वर में प्रतिष्ठित हो चुके हैं। इनकी प्रतिष्ठा का अस्तित्व ही डॉ. बरसैंया की पहचान है।

अन्त में मैं इस अवसर पर यह कामना करता हूँ कि ब्रह्मवारि गंगा और गृहपति यज्ञाग्नि का अस्तित्व लोक-कल्याण हेतु इनमें इसी प्रकार शताधिक वर्षों तक प्रतिष्ठित रहे और ये सोत्साह नवसाहित्यकारों की पीढ़ी को अन्वेषण कार्य में अनुप्रेरित करते रहें।

5, कालिदास नूतन बिहार
टीकमगढ़ म. प्र. पिन 07683
मो.- 9406783980
gmail- acharyadurgacharanshukla@gmail.com

साधक व्यक्तित्व : डॉ. गंगाप्रसाद गुप्त 'बरसैंया'

– डॉ. दुर्गेश दीक्षित

डॉ. बरसैंया मेरे पूज्य गुरुदेव हैं उनका शिष्यत्व स्वीकार करके मैं अपने–आपको धन्य समझता हूँ। आपके कुशल निर्देशन में मैंने पी–एच. डी. उपाधि हेतु शोध–प्रबन्ध लिखा है। सन् 1992 में डी. लिट् उपाधि हेतु अवधेश प्रताप सिंह विश्वविद्यालय रीवा के हिन्दी विभाग में आवेदन प्रस्तुत किया था, उन दिनों आप शोध समिति के चेयरमैन थे। उन्होंने अपने शिष्य पर कृपा करते हुए आवेदन स्वीकार करते हुए पंजीकरण की स्वीकृति प्रदान कर दी थी। उनके मूल्यवान उपकार को भुलाया नहीं जा सकता। मैं उनके समीप रहकर आपके व्यक्तित्व और कृतित्व से भली–भाँति परिचित रहा हूँ। गुरुदेव जी की स्थिति कुछ ऐसी रही है कि 'क्षणे रुष्टः क्षणे तुष्टः रुष्टः तुष्टः क्षणे–क्षणे।' मैं ही उनका एक ऐसा शिष्य रहा हूँ जिसकी गुरुदेव से सदैव चोचें लड़ती रहती थीं किन्तु गुरुदेव जी क्षमा करते रहे। उन पर कविवर रहीम का यह दोहा खरा उतरता है–

'क्षमा बड़न को चाहिए छोटन को उत्पात।
का रहीम हरि कौ घट्यौ, जो भृगु मारी लात।।'

गुरुदेव जी हँसकर मेरी सारी भूलों को टालते रहे। मैं जो कुछ भी हूँ उन्हीं की कृपा का सुपरिणाम हूँ। उनकी याद करके मुझे यह श्लोक स्मरण हो आता है–

अज्ञानतिमिरान्धस्य ज्ञानांजनशलाकया।
चक्षुरून्मीलितम् येन तस्मै श्री गुरवे नमः।।

जब आप शासकीय महाविद्यालय टीकमगढ़ में हिन्दी विभागाध्यक्ष होकर पधारे तब एक कार्यक्रम में मुलाकात हो गयी। उस समय आप छत्तीसगढ़ से स्थानान्तरित होकर बुन्देलखण्ड में पधारे थे। गुप्त जी अध्यवसायी और परिश्रमी तो रहे ही हैं, इसके पूर्व सात वर्ष छत्तीसगढ़ में रहकर छत्तीसगढ़ के साहित्यकारों पर उल्लेखनीय कार्य करते हुए एक महत्त्वपूर्ण ग्रन्थ की रचना की थी। जिसकी विद्वानों ने भूरि–भूरि प्रशंसा की थी। यहाँ आते ही वे इस सारे साहित्य–समाज से जुड़ गये। उनकी विद्वत्ता और कर्मठता को देखकर लोग उनका आदर करने लगे। इस क्षेत्र के हर साहित्यिक कार्यक्रम में उनकी प्रमुख भूमिका रही है।

उन दिनों ओरछा में केशव शोध संस्थान की स्थापना हुई थी। डॉ. बरसैंया को विशेष सक्रिय देखकर संस्थान का संयोजक बना दिया गया। उन्होंने अनेक वर्ष तक केशव जयन्ती समारोह का सफलतापूर्वक आयोजन किया। जिसमें देश के साहित्यकारों, कवियों और कलाकारों को आमन्त्रित किया गया। प्राचीन ग्रन्थों की पाण्डुलिपियों की एक प्रदर्शनी लगायी गयी। अनेक वर्ष तक उनकी ही अध्यक्षता में शोध संस्थान के कार्यक्रम संचालित होते रहे। उन दिनों उन्होंने अनेक अमुद्रित पाण्डुलिपियों को प्रकाशित कराया। बुन्देलखण्ड के अज्ञात कवियों के कृतित्व को उजागर करते हुए मूल्यांकन किया। अनेक पत्र-पत्रिकाओं में उन पर लेख प्रकाशित हुए। कुछ कवियों पर शोध-प्रबन्ध लिखे गये। जिनमें डॉ. डी. पी. खरे का श्री परमानन्द प्रधान पर लिखा गया शोध-प्रबन्ध अधिक महत्त्वपूर्ण सिद्ध हुआ है।

वे एक कर्मठ और लगनशील व्यक्ति तो रहे ही हैं, साहित्य के क्षेत्र में उन्होंने अनेक कीर्तिमान स्थापित किये हैं। उन पर यह संस्कृत की उक्ति चरितार्थ होती है–

''गच्छन् पिपीलिको याति योजनानां शतान्यपि।
अगच्छन् वैनतेयोऽपि पदमेकं न गच्छति।।

उनकी कलम लगातार संचालित रही। वे एक अच्छे लेखक, एक संवेदनशील कवि, नाटककार, व्यंग्यकार, समीक्षक, चिन्तक, लोक-संस्कृति और लोक-साहित्य के मर्मज्ञ हैं। प्रकाशित ग्रन्थों की संख्या कुल मिलाकर 37 हो गयी है।

आपका अधिकांश कार्यक्षेत्र रायपुर, टीकमगढ़ और छतरपुर नगर रहा है। बीच में कुछ समय के लिए स्थानान्तरित होकर राजगढ़ जाना पड़ा। उस समय मेरा शोध-कार्य चल रहा था। मुझे मार्गदर्शन हेतु राजगढ़ जाना पड़ा। गुरुजी ने मार्गदर्शन दिये और कठोरतापूर्वक परिपालन भी कराया जो पूरी तरह से मेरे ही हित में था। आप ऊपर से कठोर दिखाई देते हैं किन्तु हृदय बहुत ही सुकोमल है। बाबा तुलसी के शब्दों में– **''सन्त हृदय नवनीत समाना।''**

उन पर ये संस्कृत की उक्ति खरी उतरती है–

''नारिकेलासमाकार: हिदृश्यते हिखलु सज्जना:
अन्ये बदरिकारा: बहिरेव हि मनोहरा:।''

आप अपने शिष्यों के हितचिन्तक रहे हैं। चाहे शिष्य कैसा ही व्यवहार करे किन्तु शिष्यों के प्रति उनके मन में सदैव सद्भाव रहा है। आप अपने शिष्यों के ग्रन्थों की भूमिका लेखन में विशेष रुचि लेते रहे हैं। मैं भी उनकी कृपा से उपकृत हुआ हूँ। छतरपुर में निवास करते समय उनकी व्यंग्यवार्तायें आकाशवाणी केन्द्र छतरपुर से प्रसारित होती रहीं। जिसके कारण उन्होंने बहुत लोकप्रियता अर्जित की थी। उन्हीं दिनों समसामयिक परिस्थितियों पर दैनिक भास्कर में 'खरी-खरी' प्रकाशित होती रही जिसके कारण वे समाज और राजनीति में बहुचर्चित हुए। आप आत्मश्लाघा

से कोसों दूर रहे हैं। फिर भी उन्हें पुरस्कारों और सम्मानों की कमी नहीं रही। उनके साहित्यिक अवदान पर डॉ. हरिसिंह गौर विश्वविद्यालय, सागर और पं. रविशंकर शुक्ल विश्वविद्यालय, रायपुर से शोध-प्रबन्ध लिखे गये और आज भी अनेक छात्र उनके व्यक्तित्व और कृतित्व पर शोध कार्य करने के लिए लालायित हैं। आपकी 'खरी-खरी' दैनिक भास्कर में 5 वर्षों प्रकाशित होती रही, जिनके कारण सारे प्रदेश में डॉ. बरसैंया का नाम चर्चित हुआ। उनके बन्द होते ही वे एक ग्रन्थ के रूप में पाठकों के समक्ष प्रस्तुत हुईं। आपकी सेवायें सहायक प्राध्यापक से लेकर शासकीय महाविद्यालय के प्राचार्य के पदतक संचालित रहीं। आप शासकीय स्नातकोत्तर महा-विद्यालय, टीकमगढ़ के प्राचार्य पद से सेवानिवृत्त हुए। तब तक आपने सारे पारिवारिक दायित्वों का भली-भाँति निर्वाह कर लिया, अपनी पुत्रियों और पुत्र के विवाह से निवृत्त होकर वे साहित्य सेवा में संलग्न हो गये। 80 वर्ष की आयु पूर्ण होने पर भी उनकी लेखनी लगातार संचालित है। उन्हें मान और अपमान से कोई प्रयोजन नहीं। वे खरी बात कहने से कभी चूके नहीं हैं। देश की हिन्दी की पत्र-पत्रिकाओं में विभिन्न विषयों पर उनके आलेख प्रकाशित हो रहे हैं और आज भी प्रकाशित होते जा रहे हैं। आज भी उनकी लेखनी में अवरोध नहीं आ पाया। वे नीति के मार्ग से कभी विचलित नहीं हुए। उन पर ये संस्कृत की उक्ति चरितार्थ हो रही है—

'निन्दन्तु नीति निपुणाः स्तुवन्तु वा।
लक्ष्मी समाविशतु गच्छतु यथेष्टम्।।
अद्यैव मरणास्तु युगान्तरे वा।
न्यायात्पथः प्रविचलन्ति पदं न धीराः ।।

वास्तव में वे धीर व्यक्ति हैं। थोड़े-से लोभ और लालच के हेतु नीति का मार्ग नहीं छोड़ा। आजकल गुरुदेव जी अपने पुत्र के साथ भोपाल में निवास कर रहे हैं। बुन्देलखण्ड संस्कृति परिषद् के कार्यक्रम में यदा-कदा मुलाकात होती रही। गुरुदेव जी उसी आत्मीयता और अपनत्व से मिलते रहे। उनके स्वभाव में रंचमात्र भी परिवर्तन नहीं हुआ। इतने बड़े साहित्यकार होते हुए भी आप सदैव सहज और सरल बने रहे हैं। बाबा तुलसी स्वयं ही मानस में कह गये हैं—

"नहिं कोउ जनमा अस जग माहीं। प्रभुता पाय जाहि मद नाहीं।।"

आप तो प्रेम और करुणा के महासागर रहे हैं। आपमें शिष्यों के प्रति विशेष लगाव रहा है। यदि कोई शिष्य छतरपुर या भोपाल जाकर उनसे मिल नहीं पाया तो उन्हें अन्तःपीड़ा होती रही है और अवसर पर उलाहना देने में चूके नहीं हैं। मैं ही उनका एक ऐसा शिष्य हूँ जो स्वभाव से उग्र रहा है और कभी आक्रोश में अभद्रता भी कर गया किन्तु बाबा तुलसी के शब्दों में—

जो कछु बालक मोद अनुचित करिहीं।
गुरु पितु मातु मन भरहीं
"शीतलतारु सुगन्ध की महिमा घटी न मूर।
पीनस वारों ज्यों तजै, सोड़ा जान कपूर।।"

गुरुदेव जी अभिनन्दनीय हैं और रहेंगे। उनकी यशस्काया अमर रहेगी। कहा भी गया है–

जयन्ति ते सुकृतिनो रस सिद्धाः कवीश्वराः।
नास्ति येषां यशस्कायेजरामरणजं भयम्।।

पूज्य गुरुदेव के चरणों में मेरा कोटिशः नमन्।।

हिन्दी, बुन्देली कवि, वरिष्ठ साहित्यकार
कुण्डेश्वर (टीकमगढ़)
मोबाइल– 9630792227

बरसैंया जी : सुधी पाठक, गुणी व्यक्ति

– ललित सुरजन

एक सम्पादक के लिए इससे बढ़कर सन्तोष और प्रसन्नता का विषय क्या हो सकता है कि उसे सुधी पाठक मिल जाएँ। डॉ. गंगाप्रसाद गुप्त बरसैंया को मैं इन सुधी पाठकों की श्रेणी में रखता हूँ। कुछ वर्ष पूर्व लॉर्ड मेघनाद देसाई की अँग्रेजी पुस्तक 'गीता किसने लिखी' पर मेरा एक कुछ परिचयात्मक, कुछ विश्लेषणात्मक आलेख अक्षर पर्व में प्रकाशित हुआ तो उसे पढ़ने के तुरन्त बाद बरसैंया जी ने न सिर्फ मुझे फोन किया बल्कि पत्र लिखकर उन बिन्दुओं पर अपने विचार रखे जहाँ वे मेघनाद देसाई से सहमत नहीं थे अथवा कुछ और खुलासा चाहते थे। उसी तरह जब प्रोफेसर माधव हाडा की किताब 'पचरंग चोला पहर सखी री' पर गनपत तेली का समीक्षात्मक लेख छपा तो उस पर भी उन्होंने तुरन्त अपनी प्रतिक्रिया व्यक्त की। उन्होंने चितौड़ स्थित मीरा शोध संस्थान का उल्लेख किया। वहाँ से जो मीरायान पत्रिका निकलती है उसके बारे में बताया और यही नहीं, मीरायान के सम्पादक सत्यनारायण समदानी से परिचय कराया।

इन दोनों प्रसंगों से श्री बरसैंया के अनेक गुण मेरे सामने प्रकट होते हैं। एक तो यह पता चलता है कि वे हिन्दी साहित्य के गहन अध्येता हैं। दूसरे उनके पास एक समालोचक की दृष्टि है। वे अपने विचार बिना किसी पूर्वाग्रह के व्यक्त करते हैं और किसी विषय की तह में जाने के लिए संवाद को श्रेष्ठ मानते हैं। उनका तीसरा गुण एक उत्तम अध्यापक होने का है। जिस व्यक्ति ने खुद पढ़ा-लिखा हो और जो प्रभावी ढंग से अपनी बात सामने रख सके वही एक बेहतर अध्यापक हो सकता है। यह भी मानना होगा कि डॉक्टर साहब इधर-उधर की व्यर्थ बातों में समय नष्ट करने के बजाय अध्ययन-मनन में विश्वास रखते हैं। वे विद्यार्थियों से, साथी अध्यापकों से, समकालीन लेखकों से, सम्पादकों से, जो प्रत्यक्ष संवाद तथा पत्राचार करते हैं उसे देखकर यह भी कहा जा सकता है कि वे अत्यन्त परिश्रमी, जीवट के धनी व्यक्ति हैं। उनके व्यक्तित्व का एक और पहलू है जिसका उल्लेख करना आवश्यक है।

गंगाप्रसाद गुप्त बरसैंया एक सिद्धहस्त लेखक भी हैं। उनकी अनेक किताबें

प्रकाशित हुई हैं जिनमें से कुछ देशबन्धु के पुस्तकालय में हैं। एक पुस्तक बुन्देलखण्ड के रचनाकारों पर है। इसे लिखकर वे माटी के ऋण से उऋण हुए हैं। इस पुस्तक में उन्होंने बहुत यत्न के साथ प्रामाणिक जानकारी एकत्र की है तथा कुछेक भ्रान्तियों का निवारण भी किया है। उसी पुस्तक में उन्होंने कुछेक रचनाकारों को विस्मृति के गर्भ से निकालकर उनका साहित्य-जगत के साथ नये सिरे से परिचय करवाया है। कुल मिलाकर यह पुस्तक उनकी वस्तुनिष्ठ शोध-दृष्टि का परिचय देती है। बरसैंया जी व्यंग्य लेखक भी हैं। कोई लेखक जबलपुर में रहे और व्यंग्य लेखक न बने, ऐसा हो ही नहीं सकता। आखिरकार, हरिशंकर परसाई का नगर जो ठहरा। बहरहाल, व्यंग्य उनकी प्रमुख विधा नहीं है, फिर भी उन्होंने इसके अन्तर्गत जितना कुछ लिखा है उससे मालूम होता है कि सामाजिक विसंगतियों की उन्हें सही पकड़ है। वे खीझ निकालने के लिए व्यंग्य नहीं लिखते बल्कि समाज में व्याप्त विषमताओं और विद्रूप को बखूबी उजागर करते हैं। यह रेखांकित करना होगा कि पचास वर्ष पूर्व उन्होंने जो लिखा वह आज भी प्रासंगिक मालूम होता है।

अभी हाल में अक्षर पर्व में उनका बुन्देली भाषा में लिखा एक एकांकी प्रकाशित हुआ है। बुन्देली की जो मिठास है वह इस एकांकी में भरपूर है। इसमें उन्होंने एक रूपक खींचा है कि कैसे एक साधारण महिला समाज में येन-केन-प्रकारेण उच्चासन पर बैठ गये प्रभुओं को उनकी औकात बता देती है। एक बस यात्रा का प्रसंग है जहाँ पूरे पैसे में टिकट खरीदकर बैठी महिला सामने बैठती है और किसी प्रभावशाली व्यक्ति के लिए अपनी सीट छोड़ने से इनकार कर देती है। इस एकांकी ने मुझे अमेरिका में प्रेरणा बन चुकी अश्वेत महिला रोजा पार्क की याद ताजा कर दी जिसने सौ वर्ष पूर्व बस के भीतर श्वेत-अश्वेत की रेखा को मानने से इनकार कर दिया था। वहीं से अमेरिका की सार्वजनिक बस सेवा में रंगभेद समाप्त होने की शुरुआत हुई थी। मेरा अनुमान है कि बरसैंया जी ने यह एकांकी आकाशवाणी के लिए ध्वनि रूपक के रूप में लिखा होगा किन्तु इसका सार्वजनिक मंचन अगर हो सके तो बहुत अच्छा होगा।

बरसैंया जी की लिखने की गति खासी तेज है। वे निबन्ध, समीक्षा, शोध लेख आदि तो लिखते ही हैं, पत्रिकाओं के सम्पादकों को विस्तारपूर्वक पत्र लिखने में भी उन्हें आनन्द आता है। मुझे लगभग हर माह उनका हाथ से लिखा हुआ एक पत्र मिलता है जिसमें वे अक्षर पर्व में प्रकाशित सामग्री पर विस्तारपूर्वक राय देते हैं। मैंने हाल में वैश्विक राजनीति पर दो लेख लिखे तो उनकी प्रशंसा तो उन्होंने की, लेकिन साथ ही यह भी लिखा कि अन्तरराष्ट्रीय राजनीति वगैरह में उनकी गति ज्यादा नहीं है। इसे मैं उनके विनम्र स्वभाव का ही प्रतिबिम्ब मानता हूँ। इस बीच उन्होंने अतीत राग में एक सुन्दर लेख लिखा जो देशबन्धु में प्रकाशित हुआ। इसका शीर्षक था– 'मुझे लौटा दो मेरा वह गाँव।' बरसैंया जी की स्मरणशक्ति बहुत अच्छी है और वे

बारीक-से-बारीक चीजों को देख लेते हैं। इस ललित निबन्ध में उन्होंने अपने गाँव और अपने बचपन के वातावरण का डूबकर वर्णन किया है। हमारे सम्पादक मण्डल को लेख छपने के बाद बधाई भी मिली कि उनकी रचना को खूब सज-धज के साथ छापा गया।

बरसैंया जी के साथ मेरे परिचय के कुछ संयोग और कुछ सूत्र हैं। उनके साथ पहला परिचय 1961 में हुआ जब वे पी-एच.डी. करते हुए जबलपुर देशबन्धु (तब नयी दुनिया) के सम्पादकीय विभाग में काम कर रहे थे। मैं प्रथम वर्ष का विद्यार्थी था और तभी मैंने पत्रकारिता की व्यावहारिक पढ़ाई करना प्रारम्भ की थी। संयोग ऐसा बना कि वे रायपुर के शासकीय विज्ञान म. वि. में प्राध्यापक बनकर आये और मैं भी एम. ए. की पढ़ाई के लिये जबलपुर से यहाँ आ गया था। तब हमारी यदा-कदा भेंटें साहित्यिक गोष्ठियों में होती रहीं। 1970 में हम चौबे कॉलोनी में रहने आ गये, जहाँ बरसैंया जी पहले से निवासरत थे, सो मुलाकातों का सिलसिला कुछ बढ़ गया। बाबूजी उन पर काफी स्नेह रखते थे। उसका एक कारण था। बरसैंया जी जबलपुर के सुप्रसिद्ध वैद्यराज पुरुषोत्तम दास जी हूंका के दामाद हैं जिनके साथ हमारा तीन पीढ़ियों का सम्बन्ध रहा है। अपने बचपन में मैं अपने दादाजी के साथ अक्सर हूंका जी के दवाखाने जाता था। दादाजी स्वयं आयुर्वेदिक चिकित्सा में विश्वास रखते थे। दवाखाने के सामने ही दाऊ जी का मन्दिर था जहाँ वे नित्यप्रति दर्शनार्थ जाते थे। आते-जाते में वैद्यराज जी के साथ उनकी कुछ देर की बैठक हो जाती थी। उनकी टेबल पर दवा की बहुत सारी शीशियाँ रखी होती थीं। मुझे लवण भास्कर चूर्ण का खट्टा-मीठा स्वाद अच्छा लगता था तो वैद्यराज जी से स्नेह स्वरूप चूरण की एक पुड़िया का प्रसाद प्राप्त हो जाता था।

वैद्यराज जी के बेटे गोविन्द हमउम्र थे। उनके साथ मेरी अच्छी बनती थी। बेटी लक्ष्मी भी हमउम्र थी। लक्ष्मी ही आगे चलकर हूंका से बरसैंया बनीं। बचपन की ये स्मृतियाँ 2011 के एक प्रसंग से पुनः जागीं। यही अप्रैल-मई के दिन होंगे। अचानक एक फोन आया– ललित जी बोल रहे हैं। जी हाँ। ललित मैं डॉ. गंगाप्रसाद गुप्त बरसैंया। अरे बरसैंया जी, कहाँ से बोल रहे हैं, आज अचानक कैसे हमारी याद आ गयी। छतरपुर में ही हैं न। हाँ हैं तो छतरपुर में, लेकिन अभी रायपुर से बोल रहा हूँ। आज शाम को एक छोटा-सा आयोजन है। सभी पुराने मित्रों को खबर की है, तुमको भी सपरिवार आना है। आप आये हैं, प्रीतिभोज पर बुला रहे हैं तो अवश्य आयेंगे। लेकिन आयोजन क्या है और रायपुर आना कैसे हुआ है। जब मिलेंगे तब सब बताऊँगा, अभी इतना जान लो कि बेटा अभिलाष यहाँ भारतीय जीवन निगम में शाखा प्रबन्धक है। इस हेतु उसके पास आये हैं। पत्नी भी साथ हैं। ठीक है, तब तो आयेंगे ही आयेंगे।

हम शाम को नियत समय और नियत स्थान पर पहुँचे। अनुमान लग गया था कि इनके विवाह की पचासवीं वर्षगाँठ होगी। अनुमान सही निकला। कार्यक्रम में हम लोगों के अलावा रायपुर के उनके कुछ और पुराने मित्र-परिचित शामिल हुए। बेटा-बहू, बेटी-दामाद, नाती-पोते सबसे मुलाकात हुई। जैसा कि चलन है खूब फोटो भी खिंचे। लक्ष्मी बहन से कोई साठ साल बाद मुलाकात हुई थी। उनको बहुत खुशी हुई कि विवाह की स्वर्ण जयन्ती पर मायके के लोग भी आ गये हैं। इस रायपुर प्रवास में बरसैंया जी कुछ महीनों तक यहाँ रहे, इसके बाद वापिस छतरपुर चले गये। अभिलाष का यहाँ से भोपाल तबादला हो गया। उन सबको सुविधाजनक लगा तो बरसैंया जी भी छतरपुर छोड़ भोपाल आकर बस गये हैं। इससे हमें परस्पर एक लाभ हुआ है कि मैं यदा-कदा भोपाल जाता हूँ तो बरसैंया जी से भेंट हो जाती है। मेरी शुभकामना है कि उनकी साहित्य-यात्रा निरन्तर चलती रहे और वे हिन्दी की सेवा अनथक भाव से करते रहें।

रायपुर

प्रधान सम्पादक, देशबन्धु पत्र समूह

बरसैंया जी की जिज्ञासु आँखें

— प्रभाकर चौबे

डॉ. गंगा प्रसाद गुप्त 'बरसैंया' से मेरी पहली मुलाकात (संक्षिप्त) बागबहरा जिला रायपुर, छत्तीसगढ़ में 1963 में हुई— वैसे इसे मुलाकात नहीं कह सकते— उन्हें बैठे देखा था— बाद में 1964 में रायपुर में बरसैंया जी से भेंट हुई और फिर भेंट मित्रता में और आत्मीयता में बढ़ती चली गयी। 1963 की देखा-देखी का जरा स्वाद ले लें। शिक्षक संघ में काम करते हुए 1963 तक जिला सचिव जैसे महत्त्वपूर्ण पद पर पहुँचा दिया गया था। संगठन के काम से जिले का दौरा करते रहता था। 1963 के किसी माह सांगठनिक काम से बागबहरा जाना हुआ— वहाँ संगठन के स्थानीय सचिव जयप्रकाश श्रीवास्तव ने बरसैंया जी से परिचय कराया। स्कूल के प्राचार्य श्री गौतम ने उनकी तारीफ की, युवक अच्छा साहित्यकार भी है— बात आयी-गयी हो गयी। लेकिन 1964 में बरसैंया जी रायपुर आ गये और मेरा पता लगाकर मुझसे मिल लिये। उन दिनों मैं राजा तालाब में रहता था। बरसैंया जी पुरानी बस्ती में। दोनों के बीच काफी दूरी है, लेकिन उन्होंने पता लगा लिया, मिल भी लिया। उसी समय बरसैंया जी से मैं प्रभावित हुआ। मैं भी युवा था। फिर दोनों के बीच मेल-मुलाकात में निरन्तरता आती गयी। पुरानी बस्ती के जिस मकान में बरसैंया जी रहते थे, उसी मकान में कवि देवी प्रसाद वर्मा (बच्चू जाँजगिरी) भी रहते थे। बरसैंया जी से मिलने जाने पर उनसे भी भेंट हो जाती। उसके बाद बरसैंया जी चौबे कालोनी में रहने आ गये। मैं भी राजातालाब से चौबे कालोनी आ गया। फिर तो रोज ही भेंट होने लगी। बरसैंया जी के ठहाके जगजाहिर हैं। उनकी जिज्ञासु आँखें कुछ खोजती-सी स्पष्ट दिखायी पड़ती हैं। आँखों की चमक बरबस आकर्षित करती है और इसी जिज्ञासुपन ने बरसैंया जी को रचनाशीलता में बड़ी मदद की है— अपने जानने की पिपासा के कारण ही बरसैंया जी जहाँ रहे वहाँ के साहित्य और साहित्यकारों पर शोधपूर्ण सामग्री दी जो आज भी अद्वितीय है। यहाँ तक कि छत्तीसगढ़ छोड़कर जब वे बुन्देलखण्ड गये, तो भी उनका जीवन्त सम्पर्क छत्तीसगढ़ के रचनाकारों से बना रहा। छत्तीसगढ़ की साहित्यिक बिरादरी भी बरसैंया जी को याद करती है। 'छत्तीसगढ़ का साहित्य और साहित्यकार' उनका जबरदस्त काम है। 1968 में वरिष्ठ कवि हरि

ठाकुर ने एक विचार प्रस्तुत किया कि छत्तीसगढ़ के साहित्यकारों पर एक ग्रन्थ निकालना चाहिए। योजना बनने लगी। इसमें शारदा प्रसाद जी तिवारी, देवी प्रसाद जी वर्मा, बच्चू जाँजगिरी, कृष्णकिशोर श्रीवास्तव और डॉ. बरसैंया को शामिल किया गया और एक रूपरेखा इन चारों ने तैयार की। ग्रन्थ का नाम 'समवाय' रखा गया। इसमें चार खण्ड किये गये– 1. गद्य खण्ड, 2. पद्य खण्ड, 3. नाटक खण्ड और 4. निबन्ध खण्ड। इसे मूर्तरूप देने हेतु निरन्तर बैठकें होने लगीं– विचार-विमर्श चलने लगा। इस योजना में गंगा प्रसाद जी गुप्त बरसैंया ने विशेष रुचि ली। सामग्री एकत्रित करने में जमकर मेहनत की, मैं साथ रहा। 'समवाय' ग्रन्थ तैयार हुआ और इसका विमोचन साहित्यकार कमलेश्वर ने किया। 'समवाय' जैसा ग्रन्थ न पहले निकला था न बाद में निकला। 'समवाय' नाम से ग्रन्थ प्रकाशित हुआ इसके चार खण्ड हैं– गद्य, पद्य, निबन्ध और नाटक– एक-एक खण्ड का सम्पादन एक-एक साहित्यकार ने किया– प्राय: हर खण्ड पर विस्तार से चर्चा प्राय: रोज ही होती– यह एक ऐतिहासिक काम है।

साहित्य बिरादरी में 'समवाय' का स्वागत हुआ और अच्छी चर्चा रही। 'समवाय' सामूहिक प्रयास का अच्छा उदाहरण है। उसके बाद ऐसा कोई प्रयास नहीं हुआ। सोचता हूँ बरसैंया जी छत्तीसगढ़ से बाहर नहीं गये होते तो 1968 के बाद छत्तीसगढ़ में साहित्यिक गतिविधियाँ, साहित्यकार ऐसा ग्रन्थ जरूर निकालने का उपक्रम करते। बरसैंया जी शान्त बैठने वालों में से तो हैं नहीं– निरन्तर योजनायें बनाते, उस पर काम करते और साथियों को सक्रिय रखते हैं।

बरसैंया जी चलताऊँ तरीके का निपटा देने के नाम पर कोई काम नहीं करते– डूबकर करते हैं। उन्हीं दिनों हम दोनों ने सोचा कि होली पर कुछ नया किया जाये। योजना बनी। उनके घर काफी रात तक हम बैठते। तय किया कि शहर के प्रसिद्ध साहित्यकारों, कलाकारों को इस अवसर पर टाइटिल दी जाये और इस हेतु होली पर एक पत्रिका निकाली जाये। नाम तय किया 'होली हंगामा'। होली पर इसे साहित्यकारों, पत्रकारों के बीच बाँटा गया। एक मजेदार बात हुई– नगर के एक वकील तथा उनके पुत्र दोनों को टाइटिल दिया गया–

पुत्र को टाइटिल गया–

–मूरख हृदय न चैन

पिता को

– जो गुरु मिलें विरंचि सम...।

दूसरे दिन वकील पुत्र बरसैंया जी के पास पहुँचकर पूछने लगा– इसका क्या अर्थ है। बरसैंया जी अपने हास्य-विनोद की परम्परा का निर्वाह करते हुए जोर से ठहाका लगाते रहे... बोले यह प्रभाकर से जाकर पूछो...।

बरसैंया जी ने खूब लिखा है। इसी में बरसैंया जी का एक व्यंग्य 'कुत्ते का शाप-मोचन' शीर्षक से छपा था। साहित्य की प्रायः हर विधा पर लिखा है– गद्य-पद्य दोनों पक्षों में उत्कृष्ट लेखन है। निबन्ध, व्यंग्य, समीक्षा। उनके कुछ व्यंग्य तो काफी चर्चित हुए थे उन दिनों। बुन्देलखण्ड के अज्ञात रचनाकार उनका शोधपरक लेखों का संग्रह है और प्रामाणिकता लिये हुए है। छत्तीसगढ़ का साहित्य और उसके साहित्यकार एक संग्रहणीय दस्तावेज है। यह काफी जानकारियाँ देता है। देश के प्रायः हर वरिष्ठ व नये साहित्यकारों से पत्रों के माध्यम से संवाद बनाते रहे हैं– संवाद साहित्यकारों से नाम से उनका संग्रह प्रकाशित हुआ है। उनकी सोच, उनकी जिज्ञासा और साहित्य के प्रति अनुराग को स्पष्ट करते थे, पत्र पठनीय हैं। गत दिनों इस संग्रह पर रायपुर में छत्तीसगढ़ प्रदेश हिन्दी साहित्य सम्मेलन के मंच से चर्चा की गयी थी। बरसैंया जी को ढेरों सम्मान-पुरस्कार मिले हैं। बरसैंया जी आज भी साहित्य कर्म में सक्रिय हैं– भोपाल में भाई रामअधीर का संकल्प रथ पत्रिका में अपना रचनात्मक सहयोग दे रहे हैं।

बरसैंया जी आज भी उसी तरह ठहाका लगाते हैं जिस तरह 60 साल पहले लगाते थे। उनकी आँखें आज भी कुछ खोजती हैं, घूमती हैं जो उनके जिज्ञासु प्रकृति को उजागर करती है। रायपुर से ट्रांसफर होकर बुन्देलखण्ड जाने लगे तो सामान की पैकिंग के लिए मुझसे स्क्रू माँगा– अभी भी हँसते हुए कहते हैं फोन पर या मिलने पर कि प्रभाकर तुम्हारा स्क्रू मेरे पास सुरक्षित है...।

शुक्ला प्रोवीजन के पास, रोहिणीपुरम
रायपुर (छ. ग.)
मो.– 9425513356
ई मेल– prabhakarchaube@gmail.com

बुन्देलखण्ड के अन्तःसाक्षी श्री बरसैंया जी

—प्रभुदयाल मिश्र

मुझे वह सन्ध्या नहीं भूलती जब डॉ. गंगाप्रसाद गुप्त बरसैंया मानस भवन में मन्दाकिनी दीदी के तुलसी जयन्ती विषयक प्रतिष्ठा प्रवचन कार्यक्रम में उस दिन के मुख्य अतिथि थे। यह पद प्रायः एक औपचारिकता ही होता है क्योंकि सभी श्रद्धालु श्रोता तो मुख्य वक्ता को ही सुनने आते हैं, और वे उसे ही सुनना चाहते हैं। अतः यह मुख्य अतिथि कितना ही विशिष्ट क्यों न हो, प्रायः ठहरता नहीं और उसकी बात के गहरे उतरने का तो प्रश्न ही नहीं होता। मानस भवन की यह परम्परा लगभग चार दशक पुरानी है तथा पण्डित रामकिंकर उपाध्याय के समय से ही चल रही है। इसमें अनेक महामहिम राज्यपाल, मुख्यमन्त्री, मन्त्रीगण और विद्वद वरेण्य वक्तागण इस अवधि में आते रहे हैं। किन्तु उस शाम जब डॉ. गंगाप्रसाद गुप्त ने अपनी घन-गर्जन आवाज में 'अत्रि प्रिया निज तप बल आनी' से रामचरितमानस, तुलसी और मन्दाकिनी की भूमिका प्रस्तुत की तो सभी श्रद्धालु श्रोता उन्हें मन्त्रमुग्ध सुने जा रहे थे। मैंने तत्काल ही अपने पड़ोस में बैठे खण्डेलवालजी को कहा कि एक मुख्य अतिथि का यह सर्वाधिक प्रभावशाली सम्बोधन कहा जा सकता है। इसके बाद भी मैंने टीकमगढ़ श्री दुर्गाचरण जी शुक्ल और हरिविष्णु अवस्थी को भी ऐसा ही कहा।

अपने प्रभावी प्रस्तुति की इस पृष्ठभूमि में बरसैंया जी की दीर्घ साहित्य-साधना और अध्यवसाय की एकनिष्ठता रही है। उनके व्यक्तित्व और व्यवहार से यह स्पष्ट सन्देश प्राप्त किया जा सकता है कि साहित्य-साधना ईमानदारी का व्यवसाय है। इसमें कुछ लिया तो उससे अधिक देने की कूवत रखनी चाहिए। मुझे नहीं स्मरण आता कि यदि किसी ने भूल से भी अपनी कोई रचना या किताब गुप्त जी को दी हो तो उसके प्रति सधे साहित्य स्वर में उन्होंने कोई प्रतिक्रिया व्यक्त करने में कभी कोई चूक की होगी। इतनी पत्रिकायें भी जहाँ-तहाँ से आती रहती हैं, किन्तु वे अपनी सन्तुलित प्रतिक्रिया प्रायः देते ही हैं। यह शुद्ध ईमानदारी,अच्छे इन्सान और साहित्यिक आदर्श प्रस्तुत करने वाले मनीषी की धार्मिकता ही कही जा सकती है।

बुन्देलखण्ड के साहित्य और संस्कृति के पुनर्जीवन के लिए जन्मना समर्पित गुप्त जी ने अनेक दुर्लभ-लुप्त ग्रन्थों की शोध तो की ही है वे इस कार्य में लगे

सैकड़ों शोधकर्ताओं के लिए प्रेरक और मार्गदर्शक की भूमिका का भी सम्यक निर्वाह करते रहे हैं।

मुझे उनकी और उनके परिवार की वैष्णवी आस्तिकता सर्वाधिक प्रभावित करती रही है। यह उनकी ऐसी प्राणवन्त चेतना है जो उनमें अन्त:स्फूर्ति लाती है और उनके निकट के लोगों को सार्थक जीवन का दिशा दर्शन कराती है।

अभिनन्दन ग्रन्थ प्रकाशन के इस पुनीत प्रसंग में मैं उनके सर्जक शोधकर्ता और वरिष्ठ साहित्यकार को रेखांकित करती उनकी दो कृतियों की अपनी समीक्षा को उद्धृत करते हुए उनके शतायु होने की कामना करता हूँ।

1. बुन्देलखण्ड का अन्त:साक्ष्य
(बुन्देलखण्ड का साहित्यिक एवं सांस्कृतिक परिदृश्य)

जिस प्रकार आत्मसाक्षात्कार, स्वयं की इयत्ता अथवा अपनी क्रान्तिकारिता में कभी कबीर ने काशी को छोड़ मगहर में अपने देह-त्याग की कामना की थी ठीक उसी प्रकार बुन्देलखण्ड के प्रसिद्ध लोक सिद्ध कवि ईसुरी ने भी कहा–

'गंगा जी लों मरे ईसुरी दाग बगौरा दीजो।'

अर्थात् 'मेरी मृत्यु भले ही गंगा तट पर हो किन्तु मेरा अन्तिम संस्कार मेरे जन्म स्थान बगौरा (बुन्देलखण्ड) में ही किया जाये।

यह स्वाभाविक ही है कि प्रख्यात समीक्षक-साहित्यकार डॉ. गंगाप्रसाद गुप्त 'बरसैंया' अपनी मिट्टी के ऋण को बखूबी समझते हैं। उनकी सद्य: संसृष्टि 'बुन्देलखण्ड का साहित्यिक एवं सांस्कृतिक परिदृश्य' इसी सन्दृष्टि का परिचय देती है।

सबसे पहले इस कृति के शीर्षक से ध्वनित संकेत पर ही विचार कर चलते हैं। इस कुछ बड़े से नाम-धाम को लेकर यह संकेत लेना उचित नहीं होगा कि यह बुन्देलखण्ड-समग्र-सन्धान है। जैसा कि कृति के अनुशीलन से प्रकट होता है, यह प्रधानतया लेखक के समय-समय पर लिखे आलेखों, शोध-सन्दर्भों का एक सुचिन्तित संग्रह है। यूँ तो इसमें बुन्देलखण्ड के इतिहास, भूगोल, समाज, कला और लोक-जीवन की झाँकी भी विद्यमान देखी जा सकती है किन्तु यह कोई इस भूखण्ड के सम्पूर्ण साहित्य और संस्कृति का समाहार नहीं है। मैं इस प्रकार स्वयं भी अपने इस संशय का समाधान कर चल रहा हूँ कि इसमें मैथिलीशरण और सियाराम शरण गुप्त हैं तो तुलसी क्यों नहीं हैं और केशव हैं तो उनके राजदरबार (हरदौल, राय प्रवीण सहित) की झलक क्योंकर नहीं है।

यह एक विडम्बना ही है कि एक हजार वर्ष से भी अधिक पुरातन भारतीय सनातन और लोक-संस्कृति का प्रतिनिधि परिक्षेत्र बुन्देलखण्ड इतिहास, साहित्य,

कला और संस्कृति के पहरेदारों की इतनी बड़ी उपेक्षा का शिकार बना रहा। स्वयं इस समीक्ष्य कृति के लेखक श्री बरसैंया जी ने अनेक रचनाकारों (उदाहरणार्थ तुलसी के समकालीन विक्रम कवि पुस्तक, पृष्ठ 41) की खोज की है जिन्होंने अनेक उत्कृष्ट कविता साहित्य का संसर्जन किया। जगनिक के आल्हा के साहित्यिक प्रमाणांकन और दीवान प्रतिपाल सिंह के 12 खण्डों के बुन्देलखण्ड के इतिहास की जानकारी भी ऐसा ही दुर्लभ कोटि का अभिदाय है जिसके लिए लेखक अनेकश: साधुवाद का पात्र है।

पुस्तक के अध्यायों को अनुशीलन की दृष्टि से निम्न पाँच श्रेणियों में विभाजित किया जा सकता है—

1. बुन्देलखण्ड का लोक-साहित्य और इतिहास— इस शीर्षक के अन्तर्गत मुख्य रूप से निम्न दो अध्याय रखे जा सकते हैं— 1. आल्हागाथा के रचयिता कवि जगनिक और परमाल रासो 2. लोक ईसुरी का धार्मिक एवं दार्शनिक चिन्तन। आल्हा गाथा बुन्देलखण्ड के लोक-जीवन में इतनी भीतर तक पैठ करती है कि यदि उसे भुलाया जाता है तो इस क्षेत्र की सही पहचान असम्भव है। किन्तु इतिहास और साहित्य दोनों ने इसकी उपेक्षा की है। इतिहासकार इसे अतिरंजित लोक-कल्पना कहते हैं तो साहित्यकार के लिए कवि के जगनिक की प्रमाणिकता का प्रश्न शेष रहता है। डॉ. बरसैंया जी ने अपने अध्ययन और शोध के आधार पर इसकी ऐतिहासिकता और साहित्यिक पुनर्मूल्यांकन कर अपनी क्षमता का सदुपयोग तो किया ही है, अपनी जन्मभूमि का भी ऋण चुकाया है। वस्तुत: पृथिवीराज रासो और आल्हाखण्ड दोनों का इतिहास और साहित्य में महत्त्व समान ठहरता है तथा यदि इसकी पूर्व में उपेक्षा हुई है तो अब समय की धारा इस अन्याय का प्रतिकार भी करे।

इसी शीर्षक में ईसुरी को उनकी लोक-संवेदना के संस्पर्श की क्षमता के कारण रखा गया है। जैसा कि लेखक ने भी प्रतिपादित किया है, ईसुरी अपने दर्शन में कबीर, तुलसी तथा भक्ति रस में सूरदास से तुलना किये जाने योग्य हैं। उनके द्वारा शरीर को 'किराये के मकान' की संज्ञा देना जितना मौलिक है उससे अधिक उसकी वह सनातन भारतीय दार्शनिकता है जो उसे जीवन के मिथ्यात्व से परिचित कराती है। लेखक के अनुसार—

'ब्रह्म सत्यम् जगन्मिथ्या' सूत्र की पुष्टि इन पंक्तियों (बखरी रैयत है भारे की, दई पिया प्यारे की) से होती है। माता-पिता, भाई-बेटी-पत्नी, धन-दौलत कुछ भी और कोई भी साथ जाने वाला नहीं है... इस संसार से पार लगाने वाला ईश्वर है।'

(पृष्ठ 67)

2. बुन्देली साहित्य का इतिहास— इस शीर्षक के अन्तर्गत तीन अध्याय लिये

जा सकते हैं– 1. बुन्देली के प्रमुख प्राचीन कवि, 2. बुन्देली का प्राचीन साहित्य और इतिहास, 3. बुन्देली के रचनाकार ग्रन्थ : बुन्देली रचनाकारों का विश्वकोश। इस प्रसंग में लेखक ने अपने मूल प्रबन्ध 'बुन्देलखण्ड के अज्ञात रचनाकार' उल्लेख कर यह प्रकट कर दिया है कि इस दिशा में उसका अपना मूल अभिदाय कितना है। यहाँ यह महत्त्वपूर्ण हो जाता है कि बुन्देलखण्ड में साहित्य-सृजन केवल बुन्देली भाषा में ही नहीं खड़ी बोली में भी प्रचुर पैमाने में हुआ है तथा वह अपनी रचनाशीलता, गति और परिमाण के आधार पर हिन्दी साहित्य में विशेष स्थान प्राप्त करने की क्षमता रखता है।

3. बुन्देलखण्ड का इतिहास– 1. दीवान प्रतिपाल सिंह और उनका बुन्देलखण्ड का इतिहास लेखक के अनुसार– '90 वर्ष पूर्व इतिहास का लिखा जाना जितनी बड़ी ऐतिहासिक घटना थी अब सन् 2010 में उसका समग्र प्रकाशन भी उतनी ही महत्त्वपूर्ण ऐतिहासिक घटना है'। (पृष्ठ 52)

4. बुन्देली का लोक-साहित्य– साहित्य के विद्यार्थी यह प्रश्न उठा सकते हैं कि लोक गीत, लोक व्यंग्य और लोक गाथा में कितना साहित्य है। इसके लिए उन्हें इस पुस्तक के इन तीन अध्यायों– 1. लोककवि ईसुरी की फागों में सराबोर राधा-कृष्ण, 2. बुन्देली गीतों में रामकथा, 3. बुन्देली कविता में व्यंग्य को पढ़ना चाहिए। वास्तव में ईसुरी की सामर्थ्य अपार है। यहाँ इस पुस्तक से एक उदाहरण ही पर्याप्त होगा–

'मनुआ को सम्मन है आयो, बूड़े बार दिखायो
दूजो सम्मन है जवानगी, दाँत हिलत जब पायो
तीजो सम्मन लाठी लेके, कम्मर दर्द करायो
कात ईसुरी तऊ नचेते, सोई वारण्ट पठायो' (पृष्ठ 68)

यह एक चमत्कार ही है कि लोक-जीवनी प्रशाकीय शब्दावली को इतना पैना कर जीवन-सन्देश में ढाल सकती है।

5. क्षेत्रीय पुरातत्त्व और सांस्कृतिक समाहार– इस श्रेणी में 1. डोलते-डोलते पाषाण-खजुराहो, 2. अहार और खजुराहो के मन्दिरों में गहोहियों का योगदान, 3. क्या गहोई और जैन कभी एक थे? आयेंगे। खजुराहो पर कला, संस्कृति, इतिहास, तन्त्र और सौन्दर्य आदि अनेक दृष्टियों से बहुत लिखा गया है। इस पुस्तक के लेखक द्वारा प्रस्तुत एक झाँकी बहुधा द्रष्टव्य है–

'विविध मुद्राओं वाली अलौकिक नर्तकियाँ देवताओं की अनुचरियों के रूप में अंजलि में पद्म, दर्पण, घट, वस्त्रालंकार आदि भेंट लिये अपने को विवस्त्र करती, अँगड़ाई लेती, पृष्ठभाग को नखों से खरोंचती, पयोधरों का स्पर्श करती, बहती वेणी से जल निचोड़ती, पैरों से काँटा निकलवाती, पालित पशु-पक्षी से क्रीड़ा करती, पत्र

लिखती, वीणा अथवा बंशी बजाती, दीवार पर चित्रांकन करती, पैरों में महावर रचाती, नूपुर बँधवाती, नेत्रों में सुरमा अथवा काजल लगाती, कन्दुक क्रीड़ा करती कमनीय और सम्पुष्ट युवतियों का चित्रांकन देखते ही बनता है।' (पृष्ठ 97)

6. परिशिष्ट– 1. मैथिलीशरण गुप्त और उनकी 'भारत भारती', 2. श्री सियाराम शरण गुप्त इन दो आलेखों को मैंने इसलिए परिशिष्ट भाग माना है क्योंकि ये दोनों कवि बन्धु मूलत: खड़ी बोली के साहित्य सिद्ध कवि हैं। क्षेत्र की दृष्टि से इनका चयन करते हुए क्या बाबू वृन्दावनलाल वर्मा तथा विजावर के कविराज बिहारीलाल का स्मरण योग्य न होता? किन्तु यह भी स्पष्ट ही है कि यह कोई प्रबन्ध ग्रन्थ नहीं है।

पुस्तक में कुछ पुनरावृत्तियाँ और मुद्रण त्रुटियाँ अवश्य शेष रह गयी हैं जिनका आगामी संस्करण में परिष्कार कर लेना उचित होगा।

पुस्तक शोध, इतिहास दर्शन और हिन्दी साहित्य में बुन्देलखण्ड अंचल के उचित समाहार की दृष्टि से अपरिहार्यप्राय हैं।

2. हरित भूमि तृण संकुल (मनोभूमि के विविध रंग)

राम-कथा और हिन्दी के सम्मान्य हस्ताक्षर डॉ. गंगाप्रसाद गुप्त 'बरसैंया' की मनोभूमि में सात्त्विक श्रद्धा रूपी 'धेनु' जब भाव-रूपी हरित तृण चरने लगी, तो उसमें प्रकट बहुरंगी छटा जैसे उनके 21 लेखों के संग्रह का आकार ले लेती है। इसमें 'घन घमण्ड और राम', 'नीति निपुण विदुषी मन्दोदरी', 'निष्ठावान मन्थरा' तथा 'तुलसीदास की खलवन्दना' जहाँ स्पष्ट तौर पर मानस सम्बन्धी हैं, अन्य अनेक आलेखों में भी लेखक पर मानस-मज्जन का प्रभाव स्पष्ट देखाजा सकता है।

श्री गुप्त जी को जिन्होंने बोलते हुए सुना है, वे उन्हें पढ़ते हुए भी लगभग यही अनुभव करते हैं कि वे उन्हें सुन ही रहे हैं। मेरे साथ भी यही हुआ। इसका प्रकट आशय यही है कि वे जो लिखते हैं, अधिकारिता से लिखते हैं और अपनी बात को पाठक तक पहुँचाने के प्रति सदा सचेष्ट रहते हैं।

मानस सम्बन्धी आलेखों को पढ़ते हुए यह स्पष्ट हो जाता है कि लेखक यहाँ परम्परा में आबद्ध नहीं है। उसने अपनी बात को अपने दृष्टिकोण से समझने और समझाने की पहल की है। उनकी दृष्टि में प्रत्येक निष्कर्ष के पीछे एक लौकिक पक्ष या पृष्ठभूमि है। मन्दोदरी के चरित्रांकन में अन्त में जैसे उन्होंने एक टिप्पणी की है–

'क्रूर-से-क्रूर पति की पत्नी भी पति के हत्यारे की उस दु:खद क्षण में प्रशंसा नहीं करती। मुझे यहाँ तुलसीदास की ये पंक्तियाँ खटकती हैं। माना कि मन्दोदरी राम की महिमा जानती थी, पर यह अवसर नहीं था। इन पंक्तियों में स्वाभाविकता नहीं है।'

(पृष्ठ 25)

यह आवश्यक नहीं है कि प्रत्येक श्री गुप्त जी से यहाँ सहमत ही हों, मेरी भी यहाँ सहमति नहीं है। बालि की पत्नी तारा की स्थिति से मन्दोदरी की तुलना की जा सकती है। वास्तव में मानस में तुलसी के कवि के साथ उनका भक्तिभाव भी समानान्तर चल रहा है। तुलसी तो लोक और वेद– दोनों ही तटों को सँभालकर चल रहे हैं, अस्तु।

इस संग्रह में लोककवि ईसुरी पर आलेख 'ईसुरी लम्पट कवि नहीं' साहित्यिक निर्भीकता की मिशाल हैं। आलेख में लेखक ने ईसुरी विषयक अध्ययन और शोध की परम्परा का विस्तृत दिग्दर्शन कराते हुए उस अल्पज्ञता पर भरपूर प्रहार किया है जो कितना भी बड़ा बाना पहने, सत्य को झुठला नहीं सकती है।

लोक और साहित्य के बहुआयामी क्षितिज को आवृत्त करते संग्रह के ये आलेख सर्वथा स्वागतेय हैं।

35, ईडन गार्डन, चूनाभट्टी,
कोलार रोड, भोपाल- 16

मनस्वी व्यक्ति डॉ. गंगाप्रसाद गुप्त

–डॉ. कृष्णचन्द्र वर्मा

डॉ. गंगाप्रसाद गुप्त हिन्दी के एक तरुण समीक्षक हैं और गम्भीर साहित्यिक अभिरुचि से सम्पन्न एक मनस्वी व्यक्ति हैं। इनमें गहरे साहित्यिक संस्कार हैं और तदनुरूप साहित्यिक जीवन–दृष्टि है। आशय यह कि ये समग्र जीवन को साहित्य की आँखों से देखते हैं। यह बहुत ही स्वस्थ और प्रीतिकर जीवन–दर्शन है। इसमें होता है औदार्य, तुच्छताओं की उपेक्षा गुणग्राहिता, रसग्राहिता और रस वितरण, उदात्तता, हृदय की विशालता, सबके प्रति समभाव, स्वाभिमान, औरों के प्रति आदर, विनय। संक्षेप में यह कि मनुष्यता को प्रोज्ज्वल बनाने वाले समस्त उज्ज्वल गुणों का समाहार। गुप्त जी में सज्जनोचित बहुसंख्यक गुण हैं जो उन्हें जानने वाले प्रत्येक व्यक्ति को उनके निकट ला देते हैं और उन्हें अपने प्रशंसकों के हृदय–देश पर समासीन कर देते हैं। आजकल प्रियता– सच्ची लोकप्रियता बहुत ही दुर्लभ है। गुप्त जी जहाँ भी रहते हैं, कुछ–न–कुछ साहित्यिक आयोजन करते ही रहते हैं। कुछ स्वयं करते हैं और स्वजनों से, सहकर्मियों से कुछ–न–कुछ कराते रहते हैं। परिणामतः जहाँ होते हैं एक साहित्यिक वातावरण का निर्माण करते हैं जो उनके जीवन को सरस और सार्थक बनाता है और उनके परिवेश को भी आलोकित और प्रभापूरित करता है। रायपुर में रहकर डॉ. गुप्त ने 'छत्तीसगढ़ और उसके साहित्यकार'(1972), टीकमगढ़ में रहकर बुन्देलखण्ड के कवियों और उनकी रचनाओं पर महत्त्वपूर्ण सामग्री प्रस्तुत की है। 'बुन्देलखण्ड के अज्ञात रचनाकार' के अतिरिक्त 'रचना से रचना तक' में उन्होंने विषय का प्रतिपादन किया है। समकालीन लेखन पर उनकी स्वस्थ, सन्तुलित दृष्टि और मौलिक साहित्यिक परख के लिए 'आधुनिक काव्य : सन्दर्भ और प्रकृति' (1971) नामक कृति पठनीय है। अपनी गम्भीर साहित्यिक शोध का प्रथम चरणन्यास उन्होंने 'हिन्दी साहित्य में निबन्ध और निबन्धकार' (1971) था। यह बहुत ही हर्ष की बात है कि साहित्य–शोध, चिन्तन और समीक्षा की दिशा में उनके प्रयास निरन्तर गतिशील हैं। कभी केशव जयन्ती का महत् आयोजन करते हैं, कभी मानस चतुश्शती का और कभी सियाराम शरण गुप्त के अभिनन्दन ग्रन्थ का। साहित्य के क्षेत्र में प्राचीन भी उनकी दृष्टिपथ में उतना ही है

जितना नवीन। उन्हें दोनों में ही रस और तत्त्व-लाभ होता है। यही स्वस्थ और सच्ची साहित्यिक दृष्टि है जो वादों और भ्रमित करने वाली वाद-सीमाओं और विभिन्न ध्वजवाहकों की संकीर्णताओं से सन्तुलित मन को ऊपर रखती है।

122, सिन्धी कालोनी,
लश्कर, ग्वालियर,

लोकवादी समीक्षा-परम्परा के सन्त समीक्षक

—डॉ. श्यामसुन्दर दुबे

समीक्षा दायित्वबोधी गम्भीर कर्म है। हमारे समय के अधिकांश समीक्षक इस तरह के कर्म से पराङ्मुख हैं। वे समीक्षा को अपनी पक्षधरता में पासंग बनाते रहते हैं। एक तरह से गुटबाज समीक्षकों का जमावड़ा कुछ इस रूप में हो गया है कि साहित्य के अच्छे-से-अच्छे रचनाकार को अनदेखा कर दिया जाता है, और अपने चेले-चपाटे की घटिया पुस्तक को आसमान पर चढ़ाकर उसके लिए साहित्य की प्रतिष्ठा के सभी दरवाजे खोले जाते हैं। ऐसे माहौल में यदि कोई समीक्षक अपनी उदाराशयी दृष्टि का कोण इतना स्पेस देकर बनाता है कि उसके अन्तराल में रचना के गुण-धर्म की परख ही इष्ट हो तो यह उन सबके लिए सुखद आश्चर्य है, जो समीक्षा को पक्षधरता से मुक्त देखना चाहते हैं। अक्सर इस तरह के समीक्षक को प्राध्यापकीय समीक्षा से जोड़कर खारिज़ करने का रिवाज़ चल पड़ा है और मज़ा यह है कि आक्षेप लगाने वाले प्राध्यापक समीक्षक ही होते हैं। मैं इस भूमिका को समीक्षक-रचनाकार डॉ. गंगा प्रसाद गुप्त 'बरसैंया' के निमित्त दे रहा हूँ, क्योंकि वे प्राध्यापक हैं, और वे अपनी समीक्षा में गुट निरपेक्ष भी हैं।

डॉ. गुप्त के समीक्षक के स्वरूप को बनाने में जिन साहित्यिक परिस्थितियों का योगदान रहा है— उन्हें स्मरण करना यहाँ जरूरी है। डॉ. गुप्त के व्यक्तित्व निर्माण के प्रारम्भिक काल में उन्हें जिस देश-काल से गुज़रना पड़ा— वह आस्तिक, आस्थामूलक और आन्तरिक वैभव से सम्पन्न देश-काल था— तुलसी की मानस और बुन्देलीलोक ने उनका रचनात्मक परिवेश निर्मित किया। एक तरह से ये वे संस्कार बीज थे जो डॉ. गुप्त की संवेदना-भूमि पर अंकुरित हो रहे थे— वे हिन्दी साहित्य के गहन अध्येता हैं— उनकी प्रज्ञा का विकास ही इस संवेदना-भूमि पर अंकुरित होने वाले पौधे का छतनार होना है। वे संवेदनात्मक ज्ञान और ज्ञानात्मक संवेदना के उभयनिष्ठ आधारों पर अपनी समीक्षा-दृष्टि का विकास करते रहे हैं। रचनात्मकता की शक्तियों और शोधात्मक वृत्तियों का समीकरण बनकर जब समीक्षा जन्म लेती है, तब समीक्षा, रचनात्मकता के अन्तर में निहित उन सभी सरोकारों से संवादात्मक निष्कर्ष निकालने में सक्षम होती है— जिनमें रचनाकार का व्यक्तित्व

और रचनाकार की सृजनक्षम शक्तियों की पड़ताल होती है। ये दोनों गुण अर्थात रचनात्मक ऊर्जा और शोधवृत्ति का परिपाक डॉ. गुप्त के व्यक्तित्व में सन्निहित है।

लोक का जीवन-दर्शन और लोक का व्यवहार-जनित संसार खुलेपन का पर्याय है। यह खुलापन डॉ. गुप्त के कृतित्व और व्यक्तित्व में समाहित है। यही वजह है कि उनकी समीक्षा-दृष्टि और समीक्षा-पद्धति पूर्वाग्रहों से मुक्त है। वे खेमेवाजी का मज़मा लगाने वाले समीक्षक नहीं हैं, बल्कि वे उन सबकी खोज-खबर लेने वाले समीक्षकों में से हैं– जो कहीं-किसी अँतरी-कोने में बैठकर रचनारत हैं, या जिनका हालचाल शताब्दियाँ गुज़र जाने के बाद भी कोई पूछने वाला नहीं था। वे यह सब करते हुए सावधान समीक्षक हैं– इसलिए वे कूड़ा-कचरा पछोरना भी जानते हैं।

लोक-साहित्य और शिष्ट-साहित्य के कृत्रिम विभाजन ने हिन्दी साहित्य का अहित ही किया है। डॉ. गुप्त ने लोकपरक रचनाओं की शक्ति-सामर्थ्य की ओर संकेत करते हुए उन्हें श्रेष्ठ साहित्यिक मूल्यों का स्रोत माना है, जबकि कथित समीक्षकों ने इन रचनाकारों पर दृष्टिपात करना उचित ही नहीं समझा। वे अपनी चिन्ता का इजहार करते हुए लिखते हैं, ''हिन्दी के समीक्षा-ग्रन्थों में क्षेत्रीय या आंचलिक भाषा की कृतियाँ प्रायः बहुत कम मिलती हैं। वैसे भी महानगरीय शहरी विद्वान समीक्षक गाँवों, ग्रामीणों, ग्रामीण बोलियों तथा ग्रामीण कृतियों को अक्सर हेय दृष्टि से देखते हैं। उन्हें यह भ्रम रहा है कि सारी बौद्धिकता की समझ और संवेदनात्मकता का ठेका शहरी लोगों के पास है। इसी भ्रमात्मक दृष्टि ने सारे देश की व्यवस्था का कबाड़ा कर रखा है। यही दुःखद स्थिति साहित्य के क्षेत्र में भी देखने में आ रही है। मैं पूरे विश्वास के साथ दावा करता हूँ कि ग्रामीण प्रतिभायें देश की किसी भी शहरी प्रतिभा से कम नहीं हैं। उनका बौद्धिक चिन्तन, संवेदनात्मक भाव और सांस्कृतिक मानवीय मंगलभाव की दृष्टि ऊँची और निष्कलुष है।'' लोक के प्रति लेखक की यह धारणा स्पष्ट करती है कि न केवल साहित्य में बल्कि व्यवस्था से सम्बन्धित सभी निकायों ने लोक का दोहन खूब किया, किन्तु लोक की समृद्धि में कोई रुचि नहीं ली है। लोक-साहित्य को हाशिये में डाल दिया गया और एक श्रेष्ठ परम्परा से हमारी समसामयिक पीढ़ी को काट दिया गया है। डॉ. गुप्त मूलतः लोक-मूल्यों पर आधारित समीक्षा का क्षेत्र विस्तृत करते हैं। वे साहित्य की समग्रता के लोक आग्रही समीक्षक हैं।

मध्यकालीन काव्य के संस्कारों की उत्प्रेरणायें डॉ. गुप्त की समीक्षा-चेतना को उद्‌बुद्ध करती हैं। वे मध्यकालीन काव्य के सम्पूर्ण समीक्षक नहीं हैं, किन्तु मध्यकालीन काव्य के गैप्स को उन्होंने लोकेट किया है। मध्यकालीन काव्य के जिन मेजर कवियों को हम पढ़ते हैं उनके अलावा लोक के स्तर पर अनेक कवि प्रतिभायें भी

सतत सक्रिय रही हैं। जिन गैप्स की मैं चर्चा कर रहा हूँ, वे हिन्दी साहित्य के इतिहास के गैप्स भी हैं। इन गैप्स का खुलासा होने पर इतिहास का पुनर्लेखन सम्भव होता है। डॉ. गुप्त ने लुप्त होते साहित्य को प्रकाश में लाकर इस रूप में एक पीठिका निर्मित की है कि लोकांचलों में क्षीण श्वास होते महत्त्वपूर्ण को उद्घाटित किया जाये और लोक के प्रदेय को भी साहित्य की मूलधारा में समाहित किया जाये। उन्होंने 'रस-विलास', 'वीर विलास' और 'सुदामा चरित' जैसी रचनाओं को अपनी शोधवृत्ति और समीक्षकीय प्रतिभा के माध्यम से हिन्दी साहित्य को एक नयी उजास दी है। उन्होंने 'बुन्देलखण्ड के अज्ञात रचनाकार' जैसी कृति का प्रणयन करके इतिहास और साहित्य की दूसरी परम्परा को नहीं खोजा है बल्कि हिन्दी साहित्य की विशाल परम्परा को और परिपुष्ट किया है। मुझे यहाँ एक पूरा प्रसंग याद हो आया है। मेरे एक शिक्षक जो मुझे विश्वविद्यालय में पढ़ाते थे– दूसरे विश्वविद्यालय में रीडर का साक्षात्कार देने के लिए गये। वहाँ उनसे पाण्डुलिपियों से सम्बन्धित जानकारी विषय विशेषज्ञों ने ली तो उनका उत्तर था कि वे कोई दीमक नहीं हैं– जो इस तरह की चीजों में रुचि लें– वे साहित्य के साँपों में रुचि रखते हैं। एक विशेषज्ञ ने टिप्पणी कर दी– ''साँप आखिरकार दीमकों की बनायी बाखर में ही निवास करते हैं।'' मेरे शिक्षक के पास कोई जवाब नहीं था। अनेक पाण्डुलिपियाँ अभी भी दृष्टि-ओझल हैं। डॉ. गुप्त इस रूप में सक्रिय रहकर अपनी अग्रिम पीढ़ी को सन्देश दे रहे हैं कि अपनी जड़ों को भी तलाशना सीखें। बुन्देलखण्ड के अज्ञात रचनाकार 'सर्वेक्षण शोध और विश्लेषण की दृष्टि से महत्त्वपूर्ण कृति है। लोक की सीमा में आबद्ध रचनाकारों को प्रातिभ समीक्षक उन्हें लोक-वृत्त से प्रक्षेपित करके साहित्य की विस्तृत सीमाओं में स्थापित करते हैं। डॉ. गुप्त अपनी समीक्षा में जिस लोकवादी दृष्टि का परिचय प्रदान करते हैं– वह भारतीय मूल्य-मानकों से सम्प्रकाशित होती हुई अपने समय को उजागर करती है।

डॉ. गुप्त ने समीक्षा के क्षेत्र को चुना, यह उनका शौक या उनकी मजबूरी नहीं है। उनका व्यक्तित्व ही सधे और सन्तुलित चिन्तन का पर्याय है– वे अपनी समीक्षा सरिणी में भी इसी सहजता से सन्तरण करते हैं। यद्यपि अपने प्रारम्भिक काल में उन्होंने एक ऐसी विधा को अपनी समीक्षा के लिए चुना, जो चुनौतीपूर्ण विधा है। उनकी समीक्षा की शुरुआत निबन्ध विधा के साथ हुई। कविता, कथा, नाटक आदि विधाओं की अपेक्षा निबन्ध स्वयमेव रचनात्मक स्तर पर कठिन विधा है और इसकी समीक्षा तो जटिलताओं के जंजाल में अपने-आपको फँसा देने वाली है। जिस तरह निबन्ध रचना के लिए रचनाकार को बौद्धिक, आनुभूतिक और भाषिक शक्तियों का प्रयोग करना पड़ता है, उससे भी अधिक इन शक्तियों की जरूरत निबन्ध के समीक्षक को होती है। डॉ. गुप्त ने अपनी समीक्षा की यात्रा इसी सिंह द्वार से की।

उनकी समीक्षा का परिसर निरन्तर विस्तृत होता गया, कि वे अपनी समीक्षा-चेतना को जिस धुरी पर चक्रित करते रहे, वह धुरी लोक-चिन्तन का भाववादी प्रत्यय थी। वे लोक-कल्याण की जिस कामना से परिचालित रहे हैं, वह उन्हें लोक की स्मृति की ऊर्जा से ही सुलभ हुई है। उनकी समीक्षा का स्पेस इसलिए बड़ा है कि वे लोक के खुलेपन में नैसर्गिक होने की कला से परिपूर्ण है। समीक्षक जब इस गुण से परिपूर्ण हो उठता है, तब वह दृष्टिदोष रहित हो जाता है। वे स्वयं स्वीकार करते हैं कि वे अपनी समीक्षा में जिस राह से आये हैं– उसमें "ना काहू से दोस्ती ना काहू से बैर" ही उनका पाथेय-वाक्य रहा है। यह निर्मलता डॉ. गुप्त को लोक ने प्रदान की है। वे अपनी समीक्षा में इसीलिए बौद्धिक प्रत्ययों से उपरामित ही अधिक हैं। समीक्षा में उनका हृदय ही अधिक बोलता है। बुद्धि तो कभी-कभी टेका लगा देती है। यही कारण है कि उनकी समीक्षा सर्जनात्मक और व्यावहारिक है।

डॉ. गुप्त ने जिन लोकभूमियों पर अपने जीवन को विस्तृत किया, उनमें बुन्देलखण्ड उनकी जन्मभूमि और मध्याह्नोत्तर जीवन की कर्मभूमि रही है। मध्याह्नीय जीवन की कर्मभूमि के रूप में छत्तीसगढ़ के होकर रहे हैं। इन दोनों लोकभूमियों ने उन्हें अपनी द्रवणशीलता में प्रसारित किया है। छत्तीसगढ़ के लिये यद्यपि वे बहिर्व्यक्ति जैसे थे, किन्तु वे वहाँ रमे और उस क्षेत्र की रचनात्मक प्रतिभाओं को उन्होंने अनुभव किया। उनकी छत्तीसगढ़ रचनाओं में से जीवन की सहजता की खोज ही करते रहे। 'बिन भांड़ी के अँगना' की समीक्षा के उपस्थापन में वे लिखते हैं, "अपने परिवेशी जीवन को वास्तविकता से जीने वाला कवि जब जन बोली में अपनी अभिव्यक्ति करता है तो उसमें संवेदना का आत्मीय गाम्भीर्य अधिक सबल होकर अंकित हो पाता है, क्योंकि वहाँ न जीवन नाटकीय है और न अभिव्यक्ति का माध्यम कृत्रिम है। पराया भी नहीं। कवि यदि समझदारी के दायित्व से दबा हो तो वह 'समझ की मौत' को सार्थक करता है।" यह संक्षिप्त-सी टिप्पणी ही संकेत करती है कि डॉ. गुप्त लोक की किस धजा पर मुग्ध हैं। डॉ. गुप्त की समीक्षा लोक की संवेदना की निरन्तर खोज में रत रही है इसलिए उनकी समीक्षा प्रसन्नमुखी है– और पाठक को प्रेरित करती है।

बुन्देलखण्ड के प्रति डॉ. गुप्त की अनुरक्ति स्वाभाविक ही है। वे बुन्देली के सशक्त रचनाकार हैं। इसलिए बुन्देली के शब्दों के मर्म ज्ञाता भी हैं। वे बुन्देली संस्कृति और प्रकृति के अन्तरंग अनुशीलनकर्ता भी हैं। वे बुन्देली बोली की स्थिति से चिन्तित हैं–यह चिन्ता एक बोली विशेष के लिए की जाने वाली चिन्ता नहीं है– बल्कि यह चिन्ता कमोवेश सभी बोलियों के लिए है। वे लिखते हैं, "यह परिवर्तन शहरों से लेकर गाँवों तक परिलक्षित हो रहा है, एक तरह से गाँवों का भी शहरीकरण हो रहा है। यह शहरीकरण ही मूल लोकतत्त्व को विकृत करता है। लोक-जीवन के

सभी क्षेत्रों में यह विकृति दिखाई पड़ रही है। इसने जीवन-रस को भी विकृत और नीरस किया है जिसका सभी अनुभव कर रहे हैं।'' स्पष्टतः डॉ. गुप्त लोक-जीवन को ही जीवन-मूरि मानते हैं– यह जीवन-मूरि ही जीवन-रस को संचारित करने में सक्षम है। लोक के नष्ट होने के मायने हैं– भारतीय रस-परम्परा का विलुप्त होना। डॉ. गुप्त आधुनिकता के साथ परम्परा के पक्षधर हैं। परम्परा से छिन्न मूल आधुनिकता जीवन-आस्वादनों के अनेक आयामों से वंचित हो जाती है। इस रूप में डॉ. गुप्त लोक का स्मरण किसी नास्टेल्जिया की तरह नहीं करते हैं। लोक उनके यहाँ भारतीयता, समग्रता का परिचायक है। लोक-साहित्य पर केन्द्रित उनकी दृष्टि केवल साहित्य की समीक्षा भर नहीं है– वे साहित्य की सीमाओं को व्यापक बनाते हुए अपनी समीक्षा को सभ्यता की समीक्षा के रूप में प्रस्तुत करते हैं। मैं इस रूप में डॉ. गुप्त को समीक्षा के क्षेत्र में सन्त-विवेक से परिचालित समीक्षक मानता हूँ।

पूर्व प्राचार्य एवं निदेशक मुक्तिबोधपीठ
श्री चण्डी जी वार्ड
हटा (दमोह) म. प्र.
मो. 09425405939

डॉ. बरसैंया : 'तुम छत से छाये'

— डॉ. सत्येन्द्र शर्मा

पूरे चार दशक होने को आये किन्तु मेरी आँखों में वह दृश्य जस–का–तस टँका है। महाविद्यालय के खुले परिसर में एक बड़े समारोह का आयोजन है... बड़े आकार का पाण्डाल लगा है, सैकड़ों विद्यार्थियों के अलावा नगर के तमाम सम्भ्रान्त जन और प्राध्यापक वर्ग अगली पंक्तियों में बड़ी संख्या में मौजूद हैं, मंच की भव्यता उसकी चतुर्दिक शानदार सजावट से अधिक कार्यक्रम संचालक की धारा प्रवाही खनकदार आवाज से भाषित हो रही है। कैबिनेट मन्त्री किंचित विलम्ब से आये हैं। प्राचार्य महोदय, मन्त्री को जताते हुए संचालक–टिप्पणी को संक्षेप करने का इशारा कर रहे हैं, किन्तु मन्त्री सबको सुनाई पड़ने वाले स्वर में कहते हैं, *'नहीं' उन्हें बोलने दीजिये मैं सुनना चाहता हूँ; इतना सारगर्भित सुनने को कभी–कभी मिलता है।'* अपने कार्यक्रम संचालक प्रोफेसर के पाण्डित्य और वकृत्व कला पर लट्टू रहने वाले प्राचार्य श्री गोलवलकर स्वयं भी तो यही चाहते थे कि बरसैंया जी बोलते रहें, प्राचार्य ही क्यों, पूरा श्रोता समूह मन्त्रमुग्ध था– डॉ. बरसैंया पूरे रौ के साथ राष्ट्रीय स्वतन्त्रता के उज्ज्वल नामों का स्मरण करते हुए समाजवादी सपने का ताना–बाना और उसमें शिक्षा की भूमिका को रेखांकित कर रहे थे।

यह वाकया सन् 1978 का है। देश आपातकाल से गुजर चुका था। प्रदेश में भाजपाई नेतृत्व की सरकार थी किन्तु कम संख्या के बावजूद सरकारी भागीदारी में समाजवादियों का दबदबा था। उच्च शिक्षा मन्त्रालय श्री लक्ष्मीनारायण यादव के पास था, वे आज के समारोह के मुख्य अतिथि थे। उन्होंने ही कहा था, 'बोलने दीजिये, मैं सुनना चाहता हूँ।' डॉ. बरसैंया की वक्रता में गाँधी जी से लेकर स्वामी विवेकानन्द, काका कालेलकर, आचार्य नरन्द्रदेव और लोहिया आदि के परिप्रेक्ष्य में भारतीय अशिक्षित समाज के यथार्थ पर तल्ख टिप्पणियाँ थीं, लोकतन्त्र की चुनौतियाँ और चेतावनियों का जिक्र था। सत्ता की कथनी और करनी के द्वैत की तस्वीर थी और था जनतन्त्र के आधारभूत मूल्यों नैतिकता, त्याग, उदारता, अपरिग्रह, सत्यनिष्ठा आदि की सार्वजनिक जीवन में अपरिहार्यता का प्रबल आग्रह। पूरे संचालन की चिन्ता का केन्द्रीय सूत्र था शिक्षा और समाज के अन्तिम व्यक्ति का कल्याण।

यह पूरा समारोह अनेक दृष्टियों से उल्लेखनीय था किन्तु लोगों के स्मरण में अनेक दिनों तक और मुझे आज चालीस साल तक वह आयोजन डॉ. बरसैंया के संचालन कौशल, उनकी धारा प्रवाही अभिव्यक्ति, उनकी चिन्ता और चिन्तना के केन्द्रीय सूत्रों की समझ, उनकी राजनीतिक-सामाजिक दृष्टि, लोक-जीवन के प्रति उनका नज़रिया, उनका पाण्डित्य, उनकी बहुज्ञता, शिक्षकीय स्वाभिमान और गौरव-बोध, भाषायी भंगिमा, उच्चारण का वैशिष्ट्य, सच को सच की तरह कहने का हौसला और निर्भीकता, मौलिक सूझ-बूझ और वह खनकदार आवाज जो इस वय में भी सुनने वालों को सम्मोहन-सा जगाती है– कहती हुई सी– 'रहने दे अभी सागरो-मीना मेरे आगे।'

एक और प्रसंग– इतने लम्बे अन्तराल के बाद भी– मेरी याददाश्त में दस्तक देता रहता है। टीकमगढ़ जिले के किसी ग्रामीण इलाके में किसी व्यापारी के घर डाका पड़ा था। धन के साथ शायद जन हानि भी हुई थी। जैसा कि प्राय: होता है घटना के दूसरे दिन कुछ कर्मचारी गण व प्राध्यापक ग्रन्थालय में इस घटना को लेकर बातें कर रहे थे। बातों में पीड़ित के प्रति संवेदना तो दूर उपहास का भाव अलग से था। किसी एक की प्रतिक्रिया थी– 'आसामी ने बड़ा पैसा इकट्ठा कर रखा था, चलो कुछ तो ठिकाने लगा, यह समाजवादी डाका है।' लगभग इन्हीं शब्दों में, इसी आशय की टिप्पणियाँ थीं। अचानक प्रतिक्रियात्मक तेज आवाज ने प्रवेश किया– *'तो समाजवाद हत्या और डाकाजनी करके आयेगा, डाकू-लुटेरे तय करेंगे कि किसको जीने देना है, किसके प्राण लेना है? कल आपका पड़ोसी भी आपके पास पर्याप्त धनराशि देखकर आपका गला पकड़ेगा, तो समाज में मत्स्य न्याय चलेगा।'* स्वर तेज होता जा रहा था। यह अकस्मात फूटी आवाज बरसैंया जी की थी। वे उस विशाल ग्रन्थालय की किसी आलमारी का पट बन्द करते हुए तेजी से उस पंचायत की ओर लपके। सभी सभासद उनके सम्मान में खड़े हो गये। ग्रन्थपाल श्री श्रीवास्तव जी को छोड़कर शायद ही किसी को डॉ. बरसैंया की वहाँ उपस्थिति का भान था। आरोही स्वर पूरे शीर्ष पर था– *'आप समाज के जिम्मेदार लोग हैं, एक ऐसी अमानवीय और नृशंस घटना की आप लोग इस तरह व्याख्या कर रहे हैं, यह कैसा बचकाना नज़रिया है आप लोगों का, चिन्ता और अफसोस की जगह हम उपहास उड़ा रहे हैं। यही पढ़े-लिखे होने का तकाज़ा है, लानत है ऐसी पढ़ाई और समझ पर... ?'* मैं तो नया-नया रंगरूट था। किन्तु उस अनौपचारिक सभा में कुछ वरिष्ठ जन भी थे, और सब– **'देखि महीप सकल सकुचाने। बाज झपट जनु लवा लुकाने।'** जैसी स्थिति को प्राप्त हो गये। उस बैठक का तटस्थ श्रोता मात्र होने के बावजूद मैं अपराध-बोध से गड़ा जा रहा था। कमोबेश मेरी जैसी मन:स्थिति हरेक सभासद की हो गयी थी। सबके चेहरे पर उस गैर-जिम्मेदार बतकही का

पश्चाताप था– **'अनुचित बहुत कहेउ, अग्याता।'** बिजली की भाँति तड़क-भड़ककर बरसैंया जी वहाँ से चले गये, किन्तु वहाँ की स्तब्धता पेन पटक खामोशी की तरह बड़ी देर तक छायी रही।

यदि मैंने इस घटना को इस लेख के नायक के आक्रोश या उस संस्था में उनके दबदबे के रूप में लिया होता तो मैं इसे कब का भूल चुका होता, किन्तु मेरे लिए यह एक सजग, चौकन्ने और सामाजिक उत्तरदायित्व से भरे जागरूक नागरिक की एक सुचिन्त्य प्रतिक्रिया थी। अक्सर, हम लोग समाज और देशकाल की घट रही– छोटी-बड़ी घटनाओं पर अव्वल तो कोई नज़रिया ही नहीं रखते, रखते भी हैं तो बतरस लेने, उपहास या मन बहलाव करने के लिए। एक ठण्डी प्रतिक्रिया, एक तटस्थ भाव जैसे समाज की बहती धारा से हमारा कोई वास्ता न हो और तब न्याय-अन्याय, अँधेरा-उजाला, सत्य-असत्य, उचित-अनुचित सारा परिदृश्य गड्मगड्ड होने लगता है। आखिरकार, **दिनकर जी की प्रसिद्ध काव्योक्ति– 'समर शेष है, नहीं पाप का भागी केवल व्याघ्र; मुक्तिबोध की 'पार्टनर : तुम्हारी पॉलटिक्स क्या है?' दुष्यन्त की 'मत कहो आकाश में कोहरा घना है' और एक अँग्रेजी कविता का अंश कि 'जो हँस रहा है उसने आज सुबह का अखबार नहीं पढ़ा है।'** जैसी उक्तियों में व्यक्ति के निजी स्वार्थ और लाभ-अलाभ से परे होकर सक्रिय हस्तक्षेप का चिरन्तन आग्रह ही तो है। कोई मुझे हलफिया बयान देने को कहे तो मैं बेखटके कहना चाहूँगा कि डॉ. बरसैंया ने हमेशा समाज-सापेक्ष चिन्तन, समाज और संस्थागत सक्रियता, वैचारिक सुसंगता, पक्षधरता और नकली शब्दों का मुल्लम्मा चढ़ाये बगैर हमेशा दो टूक स्पष्ट राय व्यक्त की है। फिर उनकी यह राय ज़िरहबख्तर पहनकर बैठे शहंशाहों, लम्बरदारों और साहित्यिक मठाधीशों के लिए कितनी असुविधाजनक क्यों न रही हो।

प्रायः नामधारी लोग सैद्धान्तिक स्तर पर अपने व्याख्यानों, सृजनात्मक लेखन तथा अन्तःकक्षों में हुए वार्तालापों में जिन मूल्यों की पक्षधरता करते दिखाई देते हैं, सार्वजनिक जीवन में उन मूल्यों की अवमानना देखकर चुप्पी लगा जाते हैं अथवा अपने गम्भीर मौन के छद्म से आवश्यक प्रतिक्रिया देने से बच लेते हैं। डॉ. बरसैंया को यह हुनर नहीं आता। वे अपने लेखन में यदि साहित्य को *'अनुद्वेग करं वाक्यं सत्यं प्रिय हितं च यत'* का हेतु मानते हैं तो वे उसको व्यावहारिक जीवन की कसौटी में निरूपित होते हुए भी देखना चाहते हैं। 'कस्तूरी कुण्डल बसै' जैसी कथात्मक कृति से एकाएक चर्चा में आयीं और पश्चात् नारी-विमर्श और स्त्री-अस्मिता के प्रश्नों को राष्ट्रीय फलक पर असरदार तरीके से उठाने वाली **मैत्रेयी पुष्पा** अपने लेखन में जितनी बेलाग हैं, उससे अधिक वे अपने व्याख्यानों, साक्षात्कारों और परिचर्चाओं में अति मुखर होने लगीं। बुन्देलखण्ड विश्वविद्यालय झाँसी में दिया

गया उनका एक उत्तेजक वक्तव्य तब सुर्खियों में था। मेरी जानकारी में तब डॉ. बरसैंया ऐसे पहले लेखक प्रस्तुत हुए, जिन्होंने सुविचारित और तार्किक ढंग से अनेक पत्र-पत्रिकाओं में लिखकर ये प्रश्न उपस्थित किये कि नारी-विमर्श, वंचित, शोषित और दलित स्त्री-चेतना को जगाकर उसके स्वत्वों से परिचित और आत्मनिर्भर बनाकर उसका गौरव उद्दीप्त करना है, उसको पुरुष की बराबरी पर लाकर समरसता लाने की चेष्टा करना है या कि उसकी देह की परिधि में घूमते हुए मनोग्रन्थियों और विकारों का चित्रण करना है? उसे पुरुष का प्रतिद्वन्द्वी बनाना है या उसे सामाजिक और पारिवारिक समरसता का हेतु बनाना है? नारी और अस्मिता के बहाने लोग अपने मानसिक विकारों की अभिव्यक्ति कर साहित्य के उद्देश्य को भटका तो नहीं रहे हैं?

दूसरा उदाहरण प्रसिद्ध पत्रकार व लेखक श्री प्रभाष जोशी की कृति 'हिन्दू होने का धर्म' को लेकर है। सन् 1992 में अयोध्या में बाबरी ढाँचा गिराये जाने से कुपित श्री जोशी ने 'जनसत्ता' में वर्षों नियमित रूप से हिन्दुत्ववादियों को खूब बुरा-भला लिखा। वे हिन्दुत्ववादियों की खबर लेते और उन्हें जो चाहे कहते, किन्तु वे यहीं नहीं रुके, उन्होंने अति हिन्दुत्ववादियों के साथ 'हिन्दुत्व' पर भी अतार्किक हमले किये और ऐसा करते हुए लेखन की सभी मर्यादाओं को तिलांजलि दे दी। मैं स्वयं उनके उन तर्कों को लेकर मर्माहत था और प्रतिकार में उन्हें पंजीकृत डाक से एक लम्बा पत्र लिखा था। यही नहीं अरसे बाद एक समारोह में सतना आगमन पर जब वे मेरे आवास में सपत्नीक भोजन पर पधारे तो यह नाचीज़ उनसे इस सम्बन्ध में अपनी जिज्ञासा और एतराज व्यक्त किये बिना न रह सका। किन्तु इसके कुछ ही दिनों बाद मुझे डॉ. बरसैंया के ग्रन्थ 'रचना से रचना तक' में श्री जोशी की पुस्तक 'हिन्दू होने का धर्म' की एक स्वतन्त्र अध्याय में तार्किक, सुसंगत, विद्वतापूर्ण किन्तु शालीन भाषा में अच्छी खबर लेने की सुखद प्रतीति होती है।

यद्यपि डॉ. बरसैंया का यह लेख पुस्तक की समीक्षा के शक्ल में लिखा गया है किन्तु छः सौ पचपन पृष्ठ के ग्रन्थ को पढ़कर उसमें से अनेक अतार्किक, अमर्यादित, अप्रासंगिक ब्यौरे निकालकर व्यवस्थित और बौद्धिक, शालीन विवेक और मर्यादा के साथ प्रतिकार करने में उनके उस व्यक्तित्व को समझा जा सकता है, जिसमें उनका लेखन उनके सामाजिक दायित्व का अपरिहार्य अंग है। शायद ही उनके किसी लेखन में ऐसी सैद्धान्तिक स्थापना का आग्रह मिले जिसे वे अपने आचरण और कर्मगत निष्ठा का अपरिहार्य अंग न मानते हों। लिखने, बोलने और जीने के विभेद– 'एक-दूसरे से न मिल सके/यह विडम्बना है जीवन की।' कविर्मनीषी प्रसाद जी की यह चिन्ता डॉ. बरसैंया के आत्मावलोकन और आत्मपरिष्कार वाली जीवन-शैली का हिस्सा है। वे आचरण, लेखन और व्यावहारिक जीवन के स्तर पर

कहीं भी दम्भ के शिकार नहीं हैं। उन्हें मैंने टीकमगढ़ के प्रथम परिचय में जिस रूप और रौ में पहली बार देखा-समझा था, चार दशकों की लम्बी यात्रा में उसी नैरन्तर्य में देखता-समझता आ रहा हूँ। वे जिस धरातल से उठे हैं उसका स्वाभिमान उन्हें है, वे अपने अतीत के स्मृत्या-लोक को अपनी छाती में वर्तिका की तरह जलाये हुए उसके स्नेह रस से आधुनिक जीवन की विसंगतियों और जड़ताओं से रचनात्मक और व्यावहारिक स्तर पर सामना करते दिखाई पड़ते हैं। किसी स्तरीय साहित्यिक पत्रिका में 'माँ' पर प्रकाशित मेरे आलेख को पढ़कर उनका फोन आया और जैसे लम्बी साँस भरते हुए उन्होंने कहा 'सत्येन्द्र जी' : सभी माँ एक जैसी ही होती हैं; वही कर्मठता, वही अपने को तपाने और होम करने नियति, अपना सर्वस्व देकर अपनी सन्तति को सेने का भाव : उदारता, त्याग और तप की मूर्ति...।' मैं इस टिप्पणी को सुनकर एक परिपक्व प्रौढ़ वय व्यक्ति को दूर अतीत में बिसूरकर बेटा होने के एहसास से गुजरते हुए महसूस कर द्रवित हो रहा था।

चरित नायक डॉ. बरसैंया के व्यक्तित्व के परिचय के इस लम्बी कालावधि के उपजे अनुभव से एक और धारणा की पुष्ट होती है कि व्यक्ति अपने जीवन के उत्तरार्द्ध में कितने भी बड़े शिखर पर क्यों न पहुँच जाये किन्तु यदि उसके बाल्य और किशोरावस्था के संस्कारों की दिशा सही, समुन्नत और अपनी मिट्टी के बोध से सम्पृक्त है तो ये तत्त्व उसके जीवन के प्रकर्ष तक पाथेय का काम करते हैं। यही नहीं उसके जीवन-मूल्यों के निर्माण में लोक और शास्त्र के उच्चादर्शों के निर्वाह की अद्‌भुत संगति देखने को मिलती है। लोक सेवा आयोग से चयनित होकर टीकमगढ़ में मेरी पहली नियुक्ति थी। बरसैंया जी मेरे विभागाध्यक्ष थे। एक दिन बोले- 'श्रीमती बरसैंया बी. ए. की परीक्षा दे रही हैं। हिन्दी साहित्य भी उनका विषय है : उनके पाठ्‌यक्रम में कुछ नये कवि भी हैं, मैं उन्हें नहीं समझ पाता। आप नये व्यक्ति हैं, यदि आप पढ़ा सकें...' मैंने इस प्रस्ताव को अचकचाकर सुना। एक तो बरसैंया जी को मैं एकाधिक बार बड़े आयोजनों में उसी संस्था में सुन चुका था, दूसरा उनके एक बहुपठित और अच्छा शिक्षक होने पर कोई संशय ही न था। महाविद्यालय और संस्था से बाहर पूरे शहर में एक सुयोग्य शिक्षक के नाते उनकी अच्छी साख थी। दूसरे विषय के प्राध्यापक तक उनके इस कौशल के कायल थे। प्रथम तो मुझे भरोसा ही नहीं हुआ कि अज्ञेय, मुक्तिबोध, प्रभाकर माचवे आदि (तब के) इन नये कवियों की संवेदनायें इनकी पकड़ से बाहर हैं; दूसरा कॉलेज में पढ़ाने के लिए मेरे पास निर्धारित कक्षायें भाषा और सामान्य हिन्दी की थीं, इसलिए यह सम्भावना भी न थी कि विषय में मेरी अच्छी-बुरी पकड़ की जानकारी उन्हें हो। मेरे शंकालु मन ने इसे एक और परीक्षा की घड़ी समझा और मनोयोग से उन्हें पढ़ाने जाने लगा। मैं यह देखकर दंग था कि अपनी पढ़ाई के निर्धारित समय से पूर्व श्रीमती बरसैंया बच्चों

की देखभाल, गिरस्थी की साज-सँवार कर, पढ़ने के लिए दत्तचित्त होकर बैठी होतीं, जहाँ तक नज़र जाती घर का एक-एक कोना साफ-सुथरा, अभी-अभी बुहारा-सा, हर चीज़ करीने से लगी हुई। अक्सर आँगन में बने तुलसी चौरे के बगल से डॉ. बरसैंया श्री रामचरितमानस का पाठ करते दिख जाते। पूरे परिवेश में अज्ञेय की 'असाध्य वीणा' बजने के बाद वाला प्रशान्त मौन सुनायी पड़ता या निराला की 'सन्ध्या सुन्दरी' का 'सिर्फ एक अव्यक्त शब्द-सा' चुप, चुप,चुप, है गूँज रहा सब कहीं' का दृश्य मूर्त हो रहा होता।

श्रीमती बरसैंया को पढ़वाने के बहाने मेरी परीक्षा ली जा रही है, मेरी इस मूढ़ आशंका के बादल जल्दी ही छँट गये और ऐसा जिज्ञासु विद्यार्थी की वस्तुनिष्ठा, लगन, दत्तचित्तता और मनोयोग देखकर तो हुआ ही उनके द्वारा पूछे जाते प्रश्नों की गम्भीरता और गहराई का बोध भी एक कारण बना। शिक्षण चर्या की यह अवधि बहुत लम्बी न थी, किन्तु जो भी दिन थे वे मेरे लिए जीवन के एक बहुत महत्त्वपूर्ण भाग के प्रशिक्षण के दिन थे। मैं अनुभव कर रहा था कि एक दम्पत्ति में परस्पर आदर-सम्मान का भाव, परस्पर प्रीति, स्वानुशासन क्या होता है। एक-दूसरे के प्रति गौरव का बोध, भाषा की शालीनता, उसके संकेत और ऐसी व्यंजनायें जो कहने और सुनने वाले के अलावा तीसरे को भी रसस्नात कर जाये का स्वरूप कैसा होता है। उनके परस्पर वार्तालाप से ही दम्पत्ति की उदात्त मानसिक संरचना, आत्मदीप्त से भरी पारिवारिक पृष्ठभूमि और अपने-अपने कुल-गौरव की विरासत को सँभालने और भली-भाँति निर्वाह करने का दायित्व-भरा बोध दृश्यमान होता था। कालान्तर में जब-जब मैंने 'सारा आकाश', 'आपका बण्टी', 'आधे-अधूरे' और 'मानव मूल्य और साहित्य' आदि कृतियों के नायकों और नारी-विमर्श तथा नारी-स्वातन्त्र्य के झण्डाबरदारों को पढ़ने-समझने की कोशिशें कीं तब-तब मुझे आचार्य हजारी प्रसाद द्विवेदी 'व्योमकेश दरवेश' में, डॉ. रामविलास शर्मा 'अपनी धरती अपने लोग' में अमृतलाल नागर अचला नागर की 'अमृतलाल नागर की बाबू जी– बेटी जी एण्ड कम्पनी' में और बरसैंया जी अपने व्यावहारिक जीवन के सार्थक दाम्पत्य के दृष्टान्त में दिपदिपाते दिखे। इनमें से औरों को मैं निकट से नहीं जानता था पर डॉ. बरसैंया के शानदार और सफल दाम्पत्य और उनके व्यक्तित्व निर्माण के पीछे रामचरितमानस की एक बड़ी भूमिका होगी। इस कयास के मेरे पास अनेक आधार हैं।

जितना मैं जानता हूँ, बरसैंया जी जिस संस्था और जिस शहर में रहे, उसके आधारभूत व्यक्ति, केन्द्रीय पुरुष, चलती-फिरती रचनात्मक संस्था और रीढ़ की हड्डी बनकर रहे। टीकमगढ़ में उनसे कई वरिष्ठ आचार्यगण कालेज में थे– सर्व श्री रामसहाय चतुर्वेदी, श्री लाल, श्री बी. के. त्रिपाठी, श्री सारस्वत, अँग्रेजी के श्री चतुर्वेदी और अन्य भी, किन्तु प्रशासनिक झमेले हों, विद्यार्थियों-विद्यार्थी समूहों के

रगड़े-झगड़े हों—बरसैंया जी की उपस्थिति मात्र त्वरित समाधान के जादू की छड़ी बन जाती थी। समस्या शुरुआत में विकराल रूप लिये दिखायी देती और कुछ देर बाद ही प्राचार्य गोलवलकर की हँसी के साथ डॉ. बरसैंया के ठहाके सुनायी पड़ने लगते और दूसरे ही दिन स्टॉफ रूम में उस पूरी घटना की समीक्षा रि-प्ले के रूप में सामने आती तथा प्राध्यापकों के संवादों में लक्षणा और व्यंजना की झड़ी लग जाती। ठेठ लोकभाषा के मुहावरों और कहावतों-लोकोक्तियों से भरी वार्ता होती। प्रसंग तो तत्कालीन होते और सन्दर्भ मानस की अर्द्धालियों से लिये जाते। ये अर्द्धालियाँ, चौपाइयाँ इन आचार्यों—विशेषकर श्री चतुर्वेदी और श्री बरसैंया के होंठों का शृंगार और वस्तु-सौन्दर्य बनकर उपजतीं— बिहारी और रहीम के नीति के दोहे और घनानन्द के सवैये इस महफिल के अभिव्यंजना-सौन्दर्य के हेतु होते। काव्य शास्त्र के आचार्यों के गिनाये ध्वनि-रूपों और जिनके नामोल्लेख वे आचार्य नहीं दे पाये होंगे उनके उदाहरण और अभिव्यक्ति देखकर यह नाचीज़ बार-बार न्यौछावर होता। इन अनौपचारिक सभाओं और संगोष्ठियों में वाकपटुता, प्रसंगानुसार उक्ति का चयन और प्रत्युपन्नमति का सबसे सूक्ष्म सौन्दर्य डॉ. बरसैंया की वाग्मिता में दिखाई पड़ता। भाषा के इतने रूप, इतनी ध्वनियाँ, उच्चारण और कहन की ऐसी-ऐसी मनोहारी व्यंजनायें कि मन करता कि ये स्थिति अबाध बनी रहे पर कर्तव्य की पुकार का घण्टा निनाद करता और लोग अपनी-अपनी कक्षाओं में चले जाते। इन तीस-चालीस वर्षों में महाविद्यालयीन शिक्षा में व्यवस्थाजन्य कारणों से साहित्य सहित जिन भी विषय अनुशासनों में जो लोग शिक्षक के रूप में आये हैं— और तो और— भाषा के अन्य रंगों की समझ तो दूर अभिधात्मक स्वरूप का बोध भी उन्हें कितना है, यह चिन्ता और चिन्तन का विषय है। आज महाविद्यालयीन आचार्यों में अपने विषय की सतही पकड़ और सम्प्रेषण तथा अभिव्यक्ति का अकाल जितनी तेजी से महसूस करता हूँ उतनी ही शिद्दत से मुझे बरसैंया जी के भाषिक फुहारों की यादें मन को भिगो जाती हैं।

प्रसिद्धि और प्रभुत्व व्यक्ति को अहंकारी बना देता है। विनम्रता प्राय: पाण्डित्य और विद्वता से दूर छिटककर रहती है। कुछ लोग ऊपर से अतिशय विनम्रता का स्वाँग भरकर रहते हैं जिसका मुलम्मा जल्दी ही छूट जाता है और असली रूप सामने आ जाता है। बरसैंया जी की विनम्रता उनकी सहजता, सरलता और स्वाभाविकता में अकृत्रिम रूप में विद्यमान है। वे दो टूक और साफ-साफ कहने-लिखने के आदी हैं। मूल्यों के प्रति उनका आग्रह कथित विनम्रता के आड़े नहीं आता। उनके तईं अहं का दूर-दूर तक कोई स्थान नहीं। मुझे एक वाकया हमेशा याद रहेगा। मेरे शोध कार्य के उत्प्रेरक कारक डॉ. कान्तिकुमार जैन जी हैं (वह एक अलग किस्सा है) वे ही मेरे शोध निर्देशक होंगे बात तय हो गयी थी, पंजीयन के

अन्तिम दौर में विश्वविद्यालय ने निर्देशक के विश्वविद्यालयी क्षेत्र के मानदण्ड का प्रश्न उठा दिया। अब डॉ. जैन मेरे निर्देशक नहीं हो सकते थे। कोई नामी-गिरामी व्यक्ति निर्देशक हो, यह तो मेरा भाव था ही– दूसरा नाम सूझा डॉ. बरसैंया का। वे उन दिनों रीवा विश्वविद्यालय के संकायाध्यक्ष भी थे। शोध रूपरेखा में निर्देशक का नाम परिवर्तित कराकर छतरपुर उनके आवास पहुँच गया और जस-की-तस सारी दास्ताँ उनके सामने बयान कर दी। उन्होंने पूरी संजीदगी से उलट-पुलटकर रूप-रेखा देखी, मुझसे कुछ प्रश्न किये और बिना कोई हीला-हवाला किये, बिना कोई नाज-नखरे दिखाये और अपनी स्वीकृति दे दी– तुरन्त हस्ताक्षर कर दिये।

शोध कार्य मैंने पूरी लगन, मेहनत और निष्ठा से किया। प्रत्येक इकाई का मसौदा उन्हें देखने-परीक्षण करने के लिए भेजता रहा। एक-एक इकाई पर विस्तार से चर्चा करते और तमाम तरह के प्रश्न शोध निर्देशक की भाँति न कर जिज्ञासु भाव से रखते। यह अलग बात है कि उनका किसी भी रूप में पूछना मुझे पूरी तरह सावधान और सचेत कर देता, क्योंकि मुझे उनकी बहुज्ञता और बहुपठितता का पूरा भान था। अब शोध कार्य में अन्तिम रूप से उनके हस्ताक्षर होने थे। मैंने शीर्षक पृष्ठ में भाषायी प्रचलन से अलग व्याकरण के आधार पर विश्वविद्यालय कर्ता के साथ लिंग परसर्ग का निर्धारण किया था। स्वभावतः बरसैंया जी को यह प्रयोग अशुद्ध लगा। मैंने अनुरोध किया कि आप हस्ताक्षर कर दें, मैं अपने लेखन की पुष्टि में व्याकरणगत आधार भेज दूँगा। हस्ताक्षर तो उन्होंने कर दिये पर पीछे-पीछे डाक से उनका एक लम्बा पत्र आया, जिसमें उस तरह के व्यवहारगत प्रचलन के अनेक उदाहरण उन्होंने दिये थे। मैं जान-बूझकर चुप्पी लगा गया था, क्योंकि मुझे साहस नहीं हो रहा था कि मैं इतने विद्वान व्यक्ति की मान्यता का खण्डन करूँ। अन्ततः मैंने आचार्य किशोरीदास वाजपेयी के हिन्दी शब्दानुशासन में निर्धारित नियम और पृष्ठ का उल्लेख कर उन्हें भेजा। उन दिनों भारतीय डाक विभाग की व्यवस्था के ऐसे दुर्दिन नहीं आये थे। मुझे तीसरे दिन उनका फिर पत्र मिला, जिसमें मेरे भाषा-बोध की भूरि-भूरि प्रशंसा करते हुए मुझे प्रोत्साहित किया गया था। शास्त्र को प्रमाण न मानकर 'बाबा वाक्यम प्रमाणम्' की जड़ता ठाने कथित विद्वानों और महन्तों के आचरण से अलग बरसैंया जी में वैदुष्य की बेमिसाल तरलता है। इस प्रसंग के अर्से बाद जब उनकी पुस्तक 'संवाद साहित्यकारों से' मुझे पढ़ने को मिली मैं तब जान पाया कि जिस व्यक्ति ने मुझे शोधार्थी के रूप में सहज स्वीकृति दे दी थी, उसकी दृष्टि में शोध कार्य कितने श्रम,कितनी निष्ठा, कितने अध्यवसाय, कितनी अध्ययनशीलता, तर्क-पद्धति और वस्तुगत प्रामाणिकता का प्रतिफल होता है। वास्तव में प्राध्यापक अथवा आचार्य पद की जैसी सार्थकता उन्होंने अपनी कर्मशीलता,उदारता, निःसंग तटस्थता किन्तु वात्सल्य भाव की कोमलता और करुणा से पल्लवित की है; वह एक विरल उदाहरण है।

नष्ट होने और अनेकशः खो जाने के बाद भी डॉ. बरसैंया के लिखे एक दर्जन से अधिक पोस्टकार्ड-पत्र मेरी निधि हैं। पोस्टकार्ड में आखिरकार कितना लिखा जा सकता है, किन्तु उनके एक ही पोस्टकार्ड में व्यक्तिगत सुख-दुःख के समाचारों का आदान-प्रदान, शिक्षा और साहित्य-जगत की समसामयिक चिन्तायें, राजनीति और धर्म के अपकर्ष की चर्चायें, विकास की दिशायें और प्रकृति के क्षरण की दुश्चिन्तायें समाहित मिलेंगी। इसके बावजूद उनके प्रत्येक पत्र की परिणति अदम्य आशा, सार्वजनिक जीवन के मंगलमय भविष्य की आशा और विश्वास से होती है। मैं हैरान होता हूँ कि तमाम विद्रूपताओं और अँधेरे के बावजूद अपने हृदय के किस कोने से वे उजास की गहरी आभा सिरजते और परोसते हैं। मुझे स्वयं पत्र लिखना और पाना रुचिकर लगता रहा है। पत्रों का महत्त्व व उसकी महिमा का गौरव मुझे मेरे पिता से बिरासत में मिला है। उनकी हस्तलिपि बहुत सुन्दर थी और वे मुझे जब पत्र लिखते थे तो उसे पढ़कर मैं नये आवेग से भर जाता था और मेरा रोम-रोम आह्लादित हो उठता था। ठीक-ठीक कारण तो मैं भी नहीं बता सकता किन्तु उन पत्रों के मर्म की कुछ-कुछ प्रतीति मुझे डॉ. बरसैंया के अपने प्रति लिखे पत्रों से होती है; शायद इसकी एक वजह उनकी निश्छल आत्मीयता है। एक पत्र में वे लिखते हैं–

12–MIG चौबे कालोनी
छतरपुर (म. प्र.)
दि. 08.09.09

प्रियवर श्री शर्मा जी,

सप्रेम नमस्कार,

आपका 03.09.09 का पत्र मिला। बचपन से पढ़ते-सुनते आ रहे हैं कि व्यक्ति परिस्थितियों का दास है इसका अनुभव अब धीरे-धीरे बुढ़ापे में स्पष्ट होता जा रहा है। हरि इच्छा बलवान होती है। मुझे भी बुढ़ापे में स्थिर खूँटा छोड़कर इधर-उधर जाना पड़ता है। सारी व्यवस्था और दिनचर्या गड़बड़ा जाती है। योजनायें ध्वस्त हो जाती हैं। लिखना-पढ़ना बाधित हो जाता है। अकर्मण्यता बढ़ती जाती है। फिर भी मैं अभी गतिहीन नहीं हूँ। चाहता हूँ कि अन्तिम स्वाँस तक गतिशील बना रहूँ।

आपने अपना नया मोबाइल नं. नहीं लिखा, सूचित करें। मेरा मोबाइल नं. नोट कर लें 94253 76413

सभी को सस्नेह।

शुभेच्छु
(हस्ताक्षर)

छतरपुर छोड़ने के पहले और भोपाल प्रवास के पूर्व लिखा उनका यह पत्र आज दोबारा बाँच रहा हूँ और उनकी खनकती आवाज को अपने जीवन-भर सुनते रहने की ईश्वर से कामना करता हुआ, प्रसिद्ध कवि यश मालवीय की लिखी 'पिता' कविता की ये पंक्तियाँ गुनगुना रहा हूँ–

'तुम छत से छाये
जमीन से बिछे, खड़े दीवारों से
तुम घर के आँगन
बादल से घिरे, हुए बौछारों से।।'

श्यामायन,
सहकार मार्ग,
सतना–485001 (म. प्र.)
सम्पर्क : 094251 67567

वह कर्ज चुकाता है

– डॉ. देवेन्द्र दीपक

मुझे वह पसन्द है क्योंकि वह कर्ज चुकाता है, मूल से अधिक कर्ज। वह कर्ज-माफी के लिए दरवाजा खटखटाने और उसके खुलने की प्रतीक्षा नहीं करता। जिसका उसने लिया, उससे अधिक लौटाता है। मुक्तिबोध की पंक्ति– 'लिया ज्यादा, दिया कम' को चुनौती देता हुआ।

शासन की सेवा में था तो स्थानान्तर तो होने ही थे, लेकिन उसने स्थानान्तरण निरस्त कराने के लिए किसी 'गाड फादर' को नहीं खोजा। आदेश मिला, बिस्तर बाँधा और चल दिया। यह तो अनेक लोग करते देखे जाते हैं, लेकिन उसने एक अलग लीक पकड़ी। वह लीक थी उस भूमि को प्रणाम करने की। वह जहाँ भी गया, भूमि-पुत्र बनकर रहा। वहाँ के युवा छात्रों के साथ आत्मीयता से जुड़ना। अपने पास का सर्वोत्तम देने को सक्रिय रहना। वहाँ की रचनाधर्मिता की टोह लेना। विलुप्त को लुप्त होने से बचाना। वहाँ के साहित्यकारों की साधना की सकारात्मक पड़ताल करना और सब स्वयं स्फूर्त।

वह एक जिम्मेदार आदमी है। वह अपने प्रति तो जिम्मेदार है ही, सामाजिक व्यवहार में उनके प्रति भी जिम्मेदार है जो भी उसके सम्पर्क में आते हैं। मध्यप्रदेश शासन के उच्च शिक्षा-विभाग में दायित्व से बचना एक संक्रामक रोग है। मैं ऐसे अनेक स्वनामधन्य साहित्यकार प्राध्यापकों को जानता हूँ जो संस्था के बाहर के कार्यक्रमों में शिरकत करते रहे लेकिन कालेज के छात्रसंघ का चुनाव आया तो छुट्टी, परीक्षा के दिन आते ही काम से बचने का बहाना खोजते। मध्य प्रदेश के कालेजों में लोग प्रोफेसर तो बनना चाहते हैं लेकिन प्राचार्य बनने में आनाकानी करते हैं। कौन झंझट में पड़े लेकिन वह है कि हर दायित्व को नवाचार और सदाचार से निभाना।

मैंने कहा न मुझे वह पसन्द है। आप कहेंगे, कौन वह? वह और कोई नहीं, डॉ. गंगाप्रसाद गुप्त बरसैंया हैं। एक अध्यापक साहित्यकार किसी एक खूँटे से बँधा नहीं, सबके साथ विचार और व्यवहार साझा करने वाला। सामान्य-से-सामान्य को मान्य मानना उसका स्वभाव है। वह मेरा पुराना आत्मीय प्रिय मित्र है।

निदेशक-निराला सृजन पीठ,
डी–15, शालीमार गार्डन, कोलार रोड, भोपाल–12
मो. 94256-79044

मैंने जितना जाना

– विजय बहादुर सिंह

मध्यप्रदेश की उच्च शिक्षा में अध्यापक और हिन्दी का लेखक होने के नाते जो नाम मेरे कानों और जानकारियों में आते और पड़ते वे उन्हीं के थे जो कोरे कक्षा अध्यापक नहीं, अलग-अलग विषयों में लिखते भी थे। उन्हीं में से एक नाम गंगाप्रसाद गुप्त 'बरसैंया' जी का था। एक बार मैं जब छतरपुर आकाशवाणी के बुलावे पर गया तो सह्रदय और दम्भमुक्त बरसैंया जी मुझसे मिलने भी आये। मैंने पाया कि उम्र में वे मुझ से बड़े हैं और बुन्देली भाषा और साहित्य के एक प्रतिष्ठित लेखक हैं।

उस मुलाकात में मैंने यह भी महसूस किया कि उन्हें अपने होने का बोध स्वाभिमान तक भी है, पर अभिमान से वे कोसों दूर हैं। पढ़ने-पढ़ाने के अलावा उनका मन उस लोक-साहित्य में रमता है, जिसे वे जीते हैं।

आजादी के आस-पास की जो पीढ़ी मैंने अध्यापकों की देखी है, वह बेहद विद्या-व्यसनी और छात्रों के प्रति सन्देह-हीन ढंग से समर्पित पीढ़ी थी। लेकिन कुछ ही दिनों बाद समस्त बौद्धिक वर्ग में गिरावट साफ-साफ दिखने लगी। तब भी कुछेक लोग रेगिस्तान में मरुद्यान की तरह बचे रह गये। बरसैंया जी उन्हीं में से एक लगे मुझे।

मैं यों तो आज तक किसी उनके छात्र से मिला नहीं। संयोग से मिलता तो यह जरूर पूछता कि कक्षा और छात्रों के साथ उनका व्यवहार कैसा रहा। मैं मानता हूँ कि हमारे छात्र ही हमारे सबसे बड़े चरित्र-प्रमाण हैं। वे बगैर किसी दोषपूर्ण आग्रह के हमारा सटीक मूल्यांकन किये बैठे रहते हैं। पर बरसैंया जी अगर छतरपुर में इतने दिनों तक रहे और निर्विवाद रहे तो यह कैसे सम्भव हुआ होगा। छतरपुर तो सामन्ती चरित्र का शहर है। पर सामन्तीय शिष्टता, मर्यादा और मूल्य ऐसे भी नहीं कि उन्हें सिरे से दरकिनार कर दिया जाये। उसमें बहुत कुछ खूबसूरत, मानवीय और बचाकर रखने लायक भी है। बरसैंया जी में यह उतनी ही खूबसूरती से है, यद्यपि आधुनिक तौर-तरीकों से वे अपरिचित नहीं हैं। तब भी वे स्नेहिल, सुसंस्कृत और विदग्ध साहित्यजीवी हैं। वे हमारे साथ ऐसे ही बने रहें, यही कामना है।

29, निराला नगर
दुष्यन्तकुमार मार्ग, भोपाल-3

एक और साहित्यिक गंगोत्री : डॉ. गंगाप्रसाद गुप्त 'बरसैंया'

— डॉ. रमेश चन्द्र खरे

हाँ, एक ऐसी गंगोत्री जिससे साहित्य की अजस्र धारा प्रवाहित हो रही है। कृतित्व ही व्यक्तित्व का सच्चा परिचायक होता है और जब दोनों बहुआयामी हों तब विविध कोणों से उनकी छटा निराली होती है। मेरे अग्रज आत्मीय मित्रवर 'बरसैंया जी' से वर्षों पहले पत्र-पत्रिकाओं के माध्यम से परिचय छतरपुर आकाशवाणी पर आते-जाते साहित्यिक धरातल पर प्रगाढ़ होता गया। जब मिलते, प्रोत्साहन देते-पत्रों में खूब लिख रहे हो, अच्छा लिख रहे हो। 'वे स्वयं एक अच्छे शिक्षाशास्त्री (प्राचार्य, शा. महाविद्यालय), कवि, समालोचक, व्यंग्यशिल्पी, नाटककार और बुन्देली के सिद्धहस्त हस्ताक्षर हैं। ग्राम भौंरी (बाँदा-उ. प्र.) में 6 फरवरी, सन् 1937 को माँ गंगा-कृपा से जन्मे प्रतिभाशाली बालक का विकास सरस्वती की गोदी में हुआ। आश्चर्य है आधुनिक सूचना-प्रौद्योगिक के युग में भी वर्तमान साहित्यकारों के जन्म-स्थान में विसंगति है—कोई उसे सं. 6 फरवरी, 1992 छतरपुर बताता है, वहीं दूसरे ग्रन्थ में सं 1994 वि. 6.2.37— सही (बुन्देली भाषा साहित्य का इतिहास/ बुन्देली के रचनाकार ग्रन्थ) और कोई साफ संवत 6 फरवरी, 1992, छतरपुर अंकित करता है (बुन्देली साहित्य का इतिहास) आप अपने यशस्वी जीवन के अभिनन्दनीय अस्सी वर्ष पूरे किये हैं, यह स्वर्णकाल आपके करीब 35 ग्रन्थों की साहित्य-साधना से समुज्ज्वल है।

'हिन्दी साहित्य में व्यक्तिवादी निबन्ध और निबन्धकार' पर शोध कर (पी-एच. डी.) आप एक निष्णात निबन्धकार के रूप में उभरे और शा. महाविद्यालयीन सेवा में छत्तीसगढ़ में रहते हुए 'छत्तीसगढ़ का साहित्य और उसके साहित्यकार', 'हिन्दी के प्रमुख एकांकी और एकांकीकार, जैसे ग्रन्थों के साथ, करीब 200 शोधपरक निबन्धों का प्रकाशन जैसी उपलब्धि प्राप्त की। तदनन्तर छतरपुर अपनी कर्मभूमि में वहाँ के संस्थापक महाराज छत्रसाल के विषय में पर्याप्त ऐतिहासिक अध्ययन का प्रमाण डॉ. बहादुर सिंह परमार के साथ आपके साक्षात्कार में उपलब्ध

है। ('साक्षात्कार' मासिक, दि. 16)। बुन्देलखण्ड के अज्ञात रचनाकार, और 'हिन्दी का प्रथम अज्ञात सुदामा चरित', मध्यकालीन काव्य 'मानस मनीषा' की तरह शोध समीक्षाओं सहित 'रसविलास' (आल्हा सम्बन्धी उपलब्ध प्राचीनतम् पाण्डुलिपि) और 'विन्ध्यालोक' का भी सम्पादन किया। बुन्देली नाटककार के रूप में 'बदलाव' आपकी महत्त्वपूर्ण कृति है।

आप एक श्रेष्ठ कवि और व्यंग्य शिल्पी भी हैं, तभी हमारी सम प्रकृति में आत्मीयता दृढ़ होती गयी। आपकी काव्य-यात्रा सरस, समतल, बढ़ती हुई, 'कभी-कभी यह भी', 'मेरी जन्मभूमि, मेरा गाँव', शब्दों के रंग बदलते प्रसंग, 'रचना अनुशीलन' जैसे मील के पत्थर गढ़ती गयी। अपने पद्य और गद्य दोनों में व्यंग्य शिल्प भी गढ़कर तीखे तेवर की तासीर दिखायी। आपने 'व्यंग्य यात्रा' में मेरे 'व्यंग्यायन' खण्ड काव्य की समीक्षा करते हुए उसे 'व्यंग्येतिहास का दुर्लभ उल्लेखनीय काव्य प्रयोग बताया।' बरसैंया जी का मन भरा नहीं और उन्होंने पद्य-व्यंग्य में भी 'खरी-खरी' सुना डालीं खोटे खलों को।

वे 'दैनिक भास्कर' पत्र के छतरपुर संस्करण में विशेष आग्रह पर शरद जोशी के 'प्रति दिन' स्तम्भ की तरह लोकप्रियता की सीमा को छूती स्पष्टवादी झकझोरती बुन्देली कुण्डलियाँ लिख रहे थे जिनके कटाक्ष पाठकों को प्रतीक्षारत रखते। वे सोचने-विचारने को मजबूर भी करते थे। बकौल कवि-'आँखन देखी घटनाओं ने कई बार आँखों को गीला किया है, मन को आक्रोश से भरा है, भावनाओं को विचलित किया है। जब पीड़ा का प्रतिकार क्रिया या प्रतिक्रिया से नहीं हो पाता तो वह कलम के माध्यम से शब्दों में व्यक्त होकर समाज को जगाती-झकझोरती है।' 705 बुन्देली कुण्डली चक्र की यह कृति आधुनिक मानवीय कमजोरियों पर शक्तिपात है- 'गगन बिजुरिया, अन्धकार को आँख दिखावै। और 'सत्याग्रह' का शब्दार्थ खण्डन! - 'प्रगति की खानापूरी/आग्रह रह गओ शेष, सत्य से हो गयी दूरी।' धन-विनिमय-गति - 'लक्ष्मी है अति चंचला/धरत कित्तउ रूप/रहत न एकउ ठौर', हमें रहीम कवि के दोहे की याद दिलाता है-'पुरुष पुरातन की वधू, क्यों न चंचला होय! कवि आज की अपसंस्कृति के पतन से मर्माहत है'- *'नग्न नृत्य व्यापार, कष्ट में संस्कृति सीता।'*

वे आज की छद्म धर्मनिरपेक्षता पर भी टाण्ट मारते हैं- ''ओढ़ धर्म, निरपेक्षता, कर रए बड़ो अनर्थ/धर्म, कर्म और संस्कृति, सबई हो रहीं व्यर्थ। और आज की विकृत अवसरवादिता को ही भ्रष्टाचार की कहानी मानते हुए कहते हैं।- 'सबखां चहिए पद, पइसा, सत्ता की गाड़ी/कोई न पूछत अब जनता की फूटी हाँड़ी।' इतने विविध कोणों से देखकर उन्होंने मायावी मीडिया को भी नहीं बख्सा- 'एक कैत भारत उदै, एक कैत अवसान्।' और उसकी अँग्रेजी-परस्तों की खिचड़ी भाषा की

दुरंगी नीति-अपनी माँ खों माँ कैबे में लाज लग रई!' क्या विडम्बना है! 'खरी-खरी' के कई छन्द देश के कैंसर भ्रष्टाचार को समर्पित हैं– 'जगा-जगा मचो है खुल कै भ्रष्टाचार।' और– 'जा अन्धी सरकार न दिखवें भ्रष्टाचारी।' हमारी विधायिका और शिक्षा के अवमूल्यन पर प्रबुद्ध रुदन देखा आपने?– 'संविधान की आत्मा, करवै हा हा कार। क्यों?– मूल्य सभई खण्डित भये, भ्रष्ट भये आदर्श/ संस्कार कलुषित सबै, बचौ न सत्य विमर्श।' वैसी ही शिक्षा– 'सरस्वती के पुत्र अब भये दाम के दास/शिक्षक व्यवसायी बने बैठे खोल दुकान।' 'देश सेवा और समाज सेवा'–मूल्य पर प्रसारित यह करुण–विद्रोह है।

'साहित्य श्री; भारत भाषा भूषण' गंगाप्रसाद जी प्रत्यक्ष ही नहीं, परोक्ष रूप से भी देश-विदेश के कई मूर्धन्य साहित्यकारों से प्रसंशित हैं।' उनसे आपका सतत पत्र-व्यवहार, 'संवाद, साहित्यकारों से' के नाम से प्रकाशित हुआ है। आक्सफोर्ड वि. वि. ओरिएण्टल इंस्टीट्यूट के इमरे बँधा, वेस्ट जावा की प्रीति व्यास, जापान के लक्ष्मीधर मालवीय के पत्र आपकी सतत साहित्य-साधना पर प्रकाश डालते हैं। छत्तीसगढ़ और बुन्देलखण्ड में लम्बे प्रवास से, वहाँ के सरोकारों और साहित्यकारों से गहरे जुड़ाव ने झाँसी के वयोवृद्ध बुन्देली साधक कन्हैया लाल कलश,व द्वारिकेश मिश्र, गौरीशंकर द्विवेदी 'शंकर', बनारसी दास चतुर्वेदी, पदुमलाल पुन्नालाल बख्शी, डॉ. बलदेव प्रसाद मिश्र आदि का उन्हें आत्मीय साहित्य संगी बना दिया। छायावाद के प्रवर्तक 92 वर्षीय मुकुटधर पाण्डे के पत्र भारतेन्दु– पूर्व की काव्य परम्परा व्यक्त करते हैं। गोया कि उस मोबाइल विहीन युग में भी आपका पत्र-शैली विनिमय साहित्यिक इतिहास की धरोहर है। ये पत्र जिज्ञासु प्रश्नकर्ता की छवि को भी प्रतिबिम्बित करते हैं जिनका आकर्षण इन सशक्त हस्ताक्षरों को भी उत्तर देने को विवश कर गया और इनका प्रकाशन साहित्य की धरोहर बन सका। डॉ. सन्तोष कुमार तिवारी उन्हें– 'मूल्य चिन्ता का रचनाकार व सांस्कृतिक चैतन्य का मानवतावादी लेखक' मानते हैं। ऐसे बहुआयामी व्यक्तित्व और कृतित्व के धनी अविरल साहित्य साधक की साधना को, अभिनन्दित करते हुए आपके सुदीर्घ साहित्य अवदान के प्रति अशेष शुभकामनायें।

'श्यामायन' एम. आई. जी. बी. 73,
विवेकानन्द नगर, दमोह, म. प्र.

डॉ. बरसैंया : माटी से जुड़े संस्कृति-साधक

– अयोध्या प्रसाद गुप्त 'कुमुद'

डॉ. गंगाप्रसाद गुप्त बरसैंया, बुन्देलखण्ड में जन्मे, रचे-बसे उन साहित्य तथा संस्कृति के साधकों में हैं,जिन्होंने यहाँ की माटी के सोंधेपन से प्रभावित होकर उसमें अपने चिन्तन, मनन, श्रम की केसरिया गन्ध मिलाकर उसे अति सुवासित किया। विशेष दृष्टि एवं अध्यवसाय से यहाँ की कला-संस्कृति, प्रागैतिहासिक शैल चित्रकला, लोक-जीवन तथा बुन्देलखण्ड की एक विशिष्ट छवि जनमानस में बनायी। यह संयोग ही है कि वह व्यवसाय से हिन्दी विभाग के प्रोफेसर तथा समीक्षक रहे, इससे समीक्षा तथा लेखन की विविध शैलियों का उन्होंने उपयोग किया। इस साधना-क्षेत्र में उन्होंने दर्जनाधिक शोध-छात्रों को पी-एच. डी. उपाधि के शोध-प्रबन्ध लिखने में मार्गदर्शन किया, इससे अधिक लघु शोध-प्रबन्ध लिखवाने हेतु मार्गदर्शन किया, उनमें भी बुन्देलखण्ड उनके मनो-मस्तिष्क में मुख्यतया छाया रहा। इस कारण उनकी छवि शिक्षण-क्षेत्र में कुशल शोध-पर्यवेक्षक, सशक्त निबन्धकार, निष्णात समीक्षक तथा अच्छे सामाजिक कार्यकर्ता के रूप में स्थापित हुई। अनेक नामचीन संस्थाओं के निदेशक/कर्ता-धर्ता, पत्रिकाओं के कुशल सम्पादक रहे, जिन्होंने उन्हें विविध सम्मान दिलाने में महत्त्वपूर्ण पृष्ठभूमि तैयार की। इससे उन्होंने ही नहीं उन संस्थाओं तथा विभागों ने भी धन्यता प्राप्त की। उनका व्यक्तित्व तथा कृतित्व वरेण्य है।

भगवान राम के वनवासी क्षेत्र चित्रकूट की परिधि के अन्तर्गत ग्राम भौंरी में 6 फरवरी, 1937 को जन्मे डॉ. बरसैंया, शिक्षण क्षेत्र में विभिन्न दायित्वों का निर्वहन करते हुए वर्ष 1996 में स्नातकोत्तर प्राचार्य पद से सेवानिवृत्त हुए। उसके पूर्व तथा बाद में उनके श्रम-साध्य प्रयास से लगभग तीन दर्जन पुस्तकें तथा सैकड़ों शोध-निबन्ध प्रतिष्ठित ग्रन्थों/शोध पत्रिकाओं में प्रकाशित हुए। उनके कार्यक्षेत्र का बहुलांश छतरपुर या निकटवर्ती बुन्देली क्षेत्र ही रहा तथा स्थायी निवास अपने पुत्र के साथ प्रदेश की राजधानी भोपाल में बना लिया है। यह विडम्बना ही है कि इतने रचनाधर्मी हस्ताक्षर को अब साहित्यिक लेखन का वातावरण नहीं मिल पा रहा है। उन्होंने अपने एक व्यक्तिगत पत्र में मुझसे यह चिन्ता व्यक्त की। फिर भी सन्तोष की बात

है कि वह निरन्तर साधनारत हैं। समय तथा आयु सापेक्ष शिथिलता सामान्य बात है, फिर भी उनसे हमें बहुत आशायें हैं।

यह मेरा सौभाग्य रहा कि मुझे उनका सामीप्य तथा स्नेह लगभग आधी शताब्दी सेअधिक मिला। प्रथम परिचय सम्भवत: 1967 में गहोई वैश्य महासभा के छतरपुर अधिवेशन में हुआ था। 1962-63 में इस संस्था के भोपाल अधिवेशन में हिंसक वातावरण बन गया था। छुरी, चाकू, पिस्तौलें चलीं तथा एक सक्रिय राष्ट्रीय संगठन लगभग मृतप्राय हो गया था। उसे संजीवनी दी डाक विभाग के सेवानिवृत्त अधिकारी (अब स्व.) दयाराम बहरे ग्वालियर ने। उन्होंने लोगों को देश-भर में प्रेरित करके महासभा को पुनरुज्जीवित किया तथा छतरपुर समाज ने उस अधिवेशन का शानदार आतिथ्य करके एक संगठन पुन: खड़ा कर दिया। उक्त अधिवेशन में बरसैंया जी भी सहयोगी भूमिका निभा रहे थे। मुझे पहली बार अपने सजातीय अधिवेशन में सम्मिलित होने का अवसर मिला। मेरे प्रेरणास्त्रोत थे– गहोई वैश्य बन्धु के यशस्वी सम्पादक (स्व.) मेघाकाम पहारिया (कोंच)। उन्होंने उस किशोरवय में मेरी क्षमताओं का आंकलन कर उसे एक 'अच्छा मंच' दिलाया। यह भी संयोग था कि हम दोनों ही कोंच (मेरी जन्मभूमि) के निवासी थे तथा 1959-60 से ही जातीय पत्रिकाओं बन्धु (कोंच) तथा गहोई समाचार (चिरगाँव) से जुड़ गया था। पहारिया जी मुझे अपने साथ छतरपुर ले गये तथा प्रमुख सजातीय सज्जनों से परिचित कराया। दूसरे परिचायक थे श्री कृष्ण गोपाल गुप्त (पहारिया) करवी जो मेरे रिश्तेदार हैं तथा प्रतिष्ठित वकीलों में 'के. जी. बाबू' के नाम से जाने जाते हैं। उनके माध्यम से इन 'गंगा भैया' से परिचय हुआ। यह दोनों सज्जन ममेरे-फुफेरे भाई थे। के. जी. बाबू सिंहपुर के मूल निवासी थे। के. जी. बाबू ने मुझे अपने छोटे भाई बद्री गुप्त से भी परिचित कराकर उन्हें मेरे साथ जोड़ा। जब मैं उक्त संगठन की युवा शाखा का (पहले) अ. भा. महामन्त्री तथा अ. भा. अध्यक्ष बना तो वह हमारी कार्यकारिणी में भी रहे। वह दैनिक जागरण कानपुर में वाणिज्य-प्रबन्धक थे तथा जेसीज नामक अन्तरराष्ट्रीय युवा संगठन से जुड़े थे। वह आयु में मुझसे थोड़ा बड़े थे तथा जागरण एवं जेसीज में जोड़ने तथा प्रोत्साहित करने में वह आजीवन निमित्त रहे। इस नाते ''गंगा भैया'' से प्राय: मिलना होता रहा।

बरसैंया जी से परिचय की एक और कड़ी बने वरिष्ठ साहित्यकार पं. उदयशंकर दुबे (वाराणसी)। उन्होंने बरसैंया जी का परिचय मुझसे एक सर्वथा नवीन रूप में कराया, वह रूप था बरसैंया जी का 'प्राचीन पाण्डुलिपियों के उद्धारक' का। दुबे जी उन दिनों नागरी प्रचारिणी सभा की हस्तलिखित पाण्डुलिपि-संग्रह योजना के अन्वेषक के रूप में बुन्देलखण्ड में कार्य कर रहे थे। लगभग एक दशक से अधिक वह दतिया में रहे तथा दतिया को केन्द्र बनाकर यत्र-तत्र भ्रमण करके मठों,मन्दिरों, जमींदारों या

साहित्य-संग्राहकों के घर-घर जाकर पाण्डुलिपियाँ खोजते थे। इससे दतिया में उनका मूल नाम गायब हो गया, नया नाम वहाँ के लोगों ने दिया– 'खोजी लाल जी।' दतिया में साहित्यकारों का जमावड़ा प्रतिदिन कटारे ज्वैलर्स की दुकान पर लगता था। सभी नामी-गिरामी विद्वान, साहित्यकार वहीं जमते थे, इनमें कृती साहित्यकार (स्व.) हरिनारायण वर्मा जी भी थे। वहीं उनसे भी मेरा घनिष्ठ परिचय हुआ। वस्तुत: उक्त प्रतिष्ठान के स्वामी (स्व.) राम प्रसाद जी कटारे एक जिन्दादिल साहित्यिक व्यक्तित्व थे। उनका मिजाज़ शायराना था तथा थोड़ी-थोड़ी बात पर मौजू शेर कह देते थे जो मजलिस को गुदगुदा देते थे। मुझे याद है, कटारे जी ने एक बात पर एक शेर सुनाया था– "रस्क होता है तेरी किस्मत पर, क्या तेरे हाथ में लकीर मिली। हजार नियमतें मिलीं सो अलग, पड़ोसन बेनजीर मिली।" सारा वातावरण ठहाकों से गूँजता रहता था। वहीं दुबे जी, अपनी खोजी यात्रा की थकान मिटाते थे। दिन-भर में 100-50 चाय तथा आतिथ्य का दौर चलता रहता था, शाम को कटारे जी के आवास पर 'सन्ध्या-वन्दन' की बैठक जमती तथा मौज छनती थी। किन्तु मेरा और दुबे का उस 'सिटिंग' से कोई सम्बन्ध नहीं था, दुबे जी ने प्रेरित किया था कि मुझे भी बरसैंया जी की तरह पाण्डुलिपियों की खोज तथा उनके प्रकाशन में जुटना चाहिए, भले ही प्रकाशन कहीं से हो। बरसैंया जी के इस नये परिचय से मैं लाभान्वित ही हुआ तथा उनका प्रशंसक बनता चला गया। इस क्रम में मैंने अनेक पाण्डुलिपियाँ एकत्रित कीं, जिनमें से कुछ सप्रे– संग्रहालय, भोपाल को दान कर दी थीं।

बरसैंया जी से आत्मीयता-विस्तार का एक और माध्यम बना, कोंच से प्रकाशित 'गहोई वैश्य बन्धु'। उन दिनों कोंच तथा उरई मेरा प्रमुख कार्यक्षेत्र था। कोंच में मेरा पैतृक आवास था तथा अधिकांश मुवक्किल (आयकर-बिक्रीकर के) वहीं के थे। प्रति सप्ताह शनिवार-रविवार कोंच जाता था, बन्धु के प्रकाशन–केन्द्र 'पहारिया प्रेस' जाना लगभग तय था। उसी के पास से लौटने की, बस 'चन्दकुआँ' से मिल जाती थी। मैं बन्धु से नियमित लेखन से जुड़ा ही था। सम्पादक मेघाकाम जी ने आग्रह किया कि मैं बन्धु के किसी विशेषांक के प्रकाशन की योजना बनाऊँ? मुझे आचार्य शिवपूजन सहाय द्वारा सम्पादित 'मारवाड़ी' का स्मरण हो आया। वह मारवाड़ी समाज का मुखपत्र था, किन्तु उसमें सजातीय समाचारों पर कुछ ही पृष्ठों में, अन्त में सामग्री छपती थी। मूलत: वह पत्र मारवाड़ी समाज की कला-संस्कृति, लोक-परम्पराओं पर सामग्री परोसता था तथा उस दृष्टि से एक अपरिहार्य सन्दर्भ सांस्कृतिक-पत्र बन गया था। मैंने पहारिया जी से कहा, मैं सजातीय समाचारों पर कम विश्वास करता हूँ, जातीय बन्धुओं के लिए तो ठीक है, परन्तु उस पत्रिका को साहित्य में भी स्थान मिले। इन दोनों के बीच का मध्य-मार्ग निकाला गया। तय

हुआ कि मैं 'महोई साहित्यकार अंक' का सम्पादन (कार्यकारी सम्पादक) के रूप में करूँ जो साहित्य की दृष्टि से भी महत्त्वपूर्ण एवं सन्दर्भ-अंक बन सके तथा जातीय-पत्रिका का धर्म निर्वाह भी कर सके। इस निमित्त एक सम्पादक मण्डल गठित किया गया, उसमें समाज के नामचीन साहित्यिक बन्धुओं के नाम सम्मिलित किये गये। उनमें डॉ. गंगाप्रसाद गुप्त 'बरसैंया', डॉ. नर्मदा प्रसाद गुप्त, डॉ. सत्यकाम पहारिया एवं लक्ष्मी नारायण गुप्त का भी नाम था। उस सम्पादक मण्डल की कभी बैठक नहीं हो सकी। पत्राचार अथवा फोन से ही सम्पादकीय-नीति तय होती रही। बरसैंया जी ने अनेक रचनात्मक सुझाव दिये, मेरा उत्साहवर्द्धन किया तथा हम लोग और निकट आते गये।

मेरा मानना है कि ग्राम्यांचल में रचे-बसे गुप्त जी बचपन से ही उस परिवेश में रमे थे। इससे अपने परिवेश की कला-संस्कृति को उन्होंने निकटता से देखा, समझा तथा आत्मसात किया था। इसका गम्भीर प्रभाव उनके लेखन पर पड़ा। वह उस परिवेश की रागात्मकता में इतने जुड़ गये थे कि शहरी जीवन तथा बहुमंजिलें भवनों की संकीर्णता उन्हें रास नहीं आयी। इसके दो चित्र देखिये– ''लोक-जीवन और लोकोक्तियाँ और लोक-साहित्य अथाह समुद्र की तरह हैं– अगम और अनन्त। अन्तर केवल एक है– सागर खारा होता है। उसके जलपान से न आनन्द मिलता है और न तृप्ति होती है, जबकि लोक-जीवन सुस्वादु और तृप्ति दायक होता है। उसके मध्य पहुँचते ही भागीरथी के शीतल जल के स्पर्श की अनुभूति है। अन्तरात्मा तृप्त हो जाती है। भागीरथी गंगा के जल की एक बड़ी विशेषता है कि उसमें कभी विकृति नहीं होती। यही स्थिति लोक-जीवन, लोकरीति और लोक-साहित्य की भी है।''

''लोक-जीवन में ही लोक-रीतियाँ समाहित हैं। ये लोक-रीतियाँ पूरे वर्ष-भर लोक-जीवन को सक्रिय, जीवन्त, आस्थावान और सामूहिक बनाये रखती हैं। हमारे पर्व-त्योहार, व्रत, अनुष्ठान, आदि सब लोक-रीतियों के ही अलग-अलग स्वरूप हैं। इनमें गायन, वादन, नृत्य, भजन-पूजन सहित जन्म से विवाह तक के सारे संस्कार समाहित हो जाते हैं। इन लोक-रीतियों का हमारे प्राचीन ग्रन्थों में विस्तार से वर्णन है। वहाँ उनकी महत्ता प्रतिपादित की गयी है। प्राचीन काल में लोक-रीतियों का अत्यधिक महत्त्व था। बिना किसी भेदभाव के छोटे-बड़े सभी इनका निर्वाह करते थे। इनमें जीवन का ज्ञान, शिक्षा, सन्देश, व्यवहार आदि के तमाम संकेत निहित हैं। हमारे अनेक कवियों ने अपनी कृतियों में इनकी चर्चा की है। तुलसीदास तो जनजीवन के लोकमंगल और लोक-चिन्तन के सर्वमान्य कवि हैं। उन्होंने अपने लोकप्रिय ग्रन्थ रामचरितमानस में रामविवाह का जैसा चित्रण किया है, उसे पढ़कर स्पष्ट होता है कि उन्हें तत्कालीन वैवाहित नेग-दस्तूरों और रीति-

रिवाजों का गहरा ज्ञान था। वे बुन्देलखण्ड और अवध-क्षेत्र के लोक-जीवन से भली प्रकार परिचित थे क्योंकि उन्हीं क्षेत्रों से वे आजीवन जुड़े रहे। यहाँ उनके द्वारा वर्णित राम विवाह सम्बन्धी लोक-रीतियों की थोड़ी झलक देने की चेष्टा मात्र है।'' (मनोभूमि के विविध रंग, पृष्ठ 14-15)। इसके विपरीत शहरी जीवन उन्हें सीमित, संकीर्ण तथा रसहीन लगा। न खुलकर बतियाने का अवसर और न सच्ची आत्मीयता। इसका भी एक चित्र देखें– ''फ्लैट से खुला आसमान उतना ही दिखायी देता है जितना खिड़की में समा जाये। पेड़-पौधों , चिड़ियों के दर्शन नहीं। रोटी खिलाने के लिए गाय ढूँढ़नी पड़ती है। छोट-छोटे पौधे भी घरों के अन्दर दुर्लभ हैं। पूजा के फूल और तुलसी तलाशनी पड़ती है। पूजा-पाठ के लिए भी पर्याप्त स्थान नहीं है। वहीं गृहस्थी का सामान और वहीं भगवान का स्थान। भगवान को भी फ्लैट के अनुसार एडजस्ट होना पड़ता है। ठण्ड के दिनों में धूप के लिए तरसना पड़ता है। खिड़कियों से थोड़ा आसमान तो दिख जाता है, भले ही उड़ते-चहकते पक्षी न दिखायी पड़ें। वैसे भी धीरे-धीरे पक्षियों का अभाव होता जा रहा है। उनके रहने, बसने, घोंसला बनाने के स्थान ही नहीं बचे।'' **(मनोभूमि के विविध रंग, पृष्ठ 35)** तथा ''उन्होंने जीवन का अधिकांश समय खुले वातावरण में गुजारा है। गाँव में तीन तरफ पहाड़। घना जंगल। हरियाली-ही-हरियाली। एक पहाड़ी तो पारिजात के वृक्षों से भरी थी। पहाड़ों पर नाना प्रकार के पेड़-पौधे, लतायें-बेलें। मौसमी फल-फूल, जड़ी-बूटियाँ। बेर, मकोइयाँ, करौंदों की झाड़ियाँ लदी हुईं। गाँव में चारों ओर इमली, आम, महुआ, नीम, पीपल, बरगद, गूलर आदि वृक्ष। खजूर की पंक्तियाँ, ताड़, कैथा, बेल, तेन्दू। क्या-क्या गिनायें। नदी, तालाब, नाना रंग-रूप के पशु-पक्षी। कभी-कभी हिरनों के झुण्ड। खेत-खलिहान। बगुलों-बतखों-सारसों की पंक्तियाँ। रम्भाती, बछड़ों को दूध पिलाती गैयाँ कितनी प्यारी लगती थीं। देखते ही प्यार से शरीर में फुरफुरी दौड़ जाती थी। ठण्ड के दिनों में कउड़ा, किस्सा-कहानियाँ, रामलीला-रासलीला, बरसात में आल्हा, क्या आनन्द का जीवन होता है गाँव में। आपसदारी में शादी-विवाह, दुःख-सुख के सामूहिक आयोजन। शहर में सब कुछ दुर्लभ है। गाँवों में पक्के मकान भले न हों, पर खपरैल के घरों में चहल-पहल रहती है, गहरी नींद आती है। गाँव में पढ़े-लिखे लोग ज़्यादा भले न हों पर वे गुनी अनुभवी होते हैं। संयुक्त परिवार। चार-चार पीढ़ियाँ एक साथ। सबकी मर्यादा, सबका सामंजस्य। पर्व-त्योहारों की अलग छटा होती है। जब महिलायें सामूहिक रूप से गीत गाते निकलती हैं तो मानो सारा दुःख-कष्ट गायब हो जाता है। छुआछूत भले हो, पर अलगाव नहीं। सभी के रीति-रिवाज लगभग एक से। पूजा-पाठ, शादी-विवाह में नाच-गाना। खाने-पीने, परोसने में आग्रह। शहरों में न स्नेह, न आग्रह, न गीत, न भजन। कूल्हा मटकाऊ फूहड़ नृत्य, डीजे का कानफोड़ू शोर।

कहीं कोई मान-मर्यादा नहीं। यह सब देखकर बड़ी कोफ्त होती है। गाँव में सुबह से रात तक काम-ही-काम। चूल्हा-बर्तन, खाना-पीना, गोबर-पानी, खेत-खलिहान लेकिन थकान और ऊब का नाम नहीं। यहाँ तो हर पल जी ऊब रहा है। कहाँ जायें, क्या देखें, किससे मिलें, क्या करें। टी. बी. सीबी में अपना मन नहीं लगता। पूरा शरीर बेहूदा, खुला नंगा नाच।'' **(मनोभूमि के विविध रंग, पृष्ठ 36-37)।**

बरसैंया जी का एक और महत्त्वपूर्ण योगदान है, अपने मानस-पूर्वजों, साहित्यकारों का 'साहित्यिक श्राद्ध'। यह शब्द मुझे पं. बनारसी दास जी चतुर्वेदी से सीखने को मिला। उनका मानना था कि अपने से जुड़े व्यक्तियों पर, विशेषकर कला-संस्कृति के क्षेत्र में, लेखादि लिखकर उनका अस्तित्व तथा मूल्यांकन एवं महत्त्व समाज को बताते रहिये वरना आगे आने वाली पीढ़ियों में उनका नामलेवा भी नहीं बचेगा। इस दिशा में उन्होंने प्रेरक कार्य किया था। मैंने भी इस विषय पर अपनी एक कृति का नाम ही रख दिया 'साहित्यिक श्राद्ध'। बरसैंया जी ने भी अनेक साहित्यकारों का साहित्यिक श्राद्ध किया, जहाँ अवसर मिला, कुछ लेख विभिन्न पुस्तकों / पत्रिकाओं में प्रकाशित कराये। इसमें उनकी वरीयता सजातीय साहित्यकार अथवा उनके द्वारा खोजी गयी प्राचीन पाण्डुलिपियों के रचनाकार रहे। उनकी एक पुस्तक- 'बुन्देली धरा के अनखुले पृष्ठ' 14 लेखों में, एक सम्पादकीय तथा अन्तिम चार लेख बुन्देली साहित्य संस्कृति के अतिरिक्त शेष सभी 9 लेख अज्ञात, अल्पज्ञात, विलुप्त कृतिकारों अथवा उनके साहित्यकार ही हैं। इनमें महामति-प्राणनाथ की कृति खुलासा के अलावा शेष हैं- अज्ञात कवि वृन्दावन दास, नारायण दास बौखल, आचार्य बिहारी भट्ट, राममनोहर ब्रजपुरिया 'सम्राट', रामनाथ गुप्त 'हरिदेव', रामनाथ नीखरा, देवीदयाल गुप्त, शहीद सेठ सुन्दर लाल ददरया। उन्होंने मुझे एक पत्र में प्रेरित किया कि उक्त साहित्यकारों में 'देवीदयाल गुप्त' मेरे आस-पास के थे। मैं उनकी खोज करके और अधिक प्रामाणिक वृत्त तथा उनका साहित्य प्रकाश में लाऊँ। मैं उनसे क्षमा प्रार्थी हूँ कि मेरी लेखन-प्रतिबद्धताओं के चलते अभी 1-2 वर्ष ऐसा सम्भव नहीं है। सम्भव है भविष्य में उनका साहित्यिक श्राद्ध करने का पुण्य मिल सके।

बरसैंया जी का एक और योगदान है- ''प्रागैतिहासिक शैलचित्रों'' को प्रकाश में लाने का। उनके अपने गाँव भौंरी के निकट के शैलाश्रयों पर एक लेख 'मनोभूमि के रंग' में अन्तिम लेख के रूप में है। इस लेख की विशेषता यह है कि वह इस गाँव का ऐतिहासिक-भौगोलिक वृत बनाने के साथ ही जनश्रुतियों की वाचिक परम्परा का अलिखित इतिहास बताने की भी तर्कपूर्ण गुंजाइश ढूँढ़ लेते हैं तथा नयी पीढ़ी को उस विषय पर आगे-अनुसन्धान करने की प्रेरणा भी देते हैं। इस क्रम में वह लिखते हैं- ''भौंरी गाँव से दो किलोमीटर की दूरी पर पूर्व दिशा में लालापुर नामक स्थान की ऊँची पहाड़ी पर महर्षि वाल्मीकि का आश्रम है। लोगों का ख्याल है कि

बनवासी राम की महर्षि वाल्मीकि से भेंट यहीं पर हुई थी क्योंकि प्रयाग से आकर यहीं से होकर राम चित्रकूट महर्षि वाल्मीकि के निर्देशानुसार पहुँचे थे। भौंरी से चित्रकूट की दूरी 15-16 किलोमीटर पश्चिम में है। उत्तर में 10-12 मील दूर तुलसीदास का जन्म स्थान राजापुर है। इस प्रकार पौराणिक एवं ऐतिहासिक दोनों दृष्टियों से उस गाँव का महत्त्व है (पृष्ठ 120-122)। मेरे विचार से श्रीराम के गाथा-गायकों में दोनों महाकवियों से उनके व्यक्तित्व की निकटतम जानकारी उन्हें इसी स्रोत से हुई होगी, जिससे उन्हें श्रीरामचरित लिखने की विशेष सामग्री मिली होगी। आज जब केन्द्रीय तथा मध्य प्रदेश शासन श्रीराम के वनगमन मार्ग की खोज पर कार्य कर रही है, उक्त सूचना आगामी शोधकर्ताओं के लिए विशेष चुनौतीपूर्ण है कि वे पुरातत्त्वीय साक्ष्य जुटाकर इसे और अधिक प्रामाणिक स्वरूप दें। कुल मिलाकर बरसैंया जी का व्यक्तित्व तथा कृतित्व प्रेरणास्पद है। उनके बारे में, एक शायर के शब्दों में कहा जा सकता है– 'इस अँधेरी कोठरी में, एक रोशनदान है।'

सम्पर्क : मण्डपम्,
राठ रोड उरई, जिला-जालौन (उ. प्र.)
मो. 094512 12095,
E- mail : kumud.apg@gmail.com

उत्सवधर्मी परम्परा के पुरोधा : डॉ. बरसैंया

– डॉ. राधावल्लभ शर्मा

डॉ. गंगाप्रसाद गुप्त 'बरसैंया' सन् 1980 में महाराजा महाविद्यालय छतरपुर में प्रोफेसर के रूप में राजगढ़ से स्थानान्तर पर आये। उन्हीं दिनों मैं शासकीय ठाकुर रणमत्तसिंह महाविद्यालय, रीवा से और डॉ. नर्मदा प्रसाद गुप्त गंजबसौदा से छतरपुर आ चुके थे। डॉ. कन्हैयालाल वर्मा 'बिन्दु' और डॉ. रमादेवी जैन वहाँ पहले से पदस्थ थे। सभी बुन्देली भाषा के संवर्धन में तन-मन-धन से प्रयासरत थे।

डॉ. बरसैंया ने छतरपुर में उत्सवधर्मी परम्परा प्रारम्भ की। उन्होंने बुन्देलखण्ड कला संस्कृति परिषद की स्थापना की जिसके वे अध्यक्ष और मैं सचिव बना। दिसम्बर 1980 में अमेरिका से स्वामी प्रणवानन्द सरस्वती, जो मूलतः महाराजापुर के निवासी थे, छतरपुर पधारे। स्वामी जी योग के आचार्य थे और 120 देशों में भ्रमण कर अनेक संस्थायें स्थापित की थीं। विदेशों से प्राप्त धन से वे अपने देश में साहित्यिक-सांस्कृतिक संस्थाओं के गठन तथा शैक्षणिक संस्थाओं के उन्नयन में सहयोग प्रदान करते थे। फिर क्या था? हम दोनों स्वामी जी से मिले। उन्होंने बुन्देली साहित्य-संस्कृति के साधकों व कलावन्तों के महाकुम्भ के लिए उदारतापूर्वक प्रारम्भिक राशि उपलब्ध करा दी। तत्कालीन सांसद विद्यावती चतुर्वेदी, तत्कालीन विधायक सत्यव्रत चतुर्वेदी, विधायक शंकर प्रताप सिंह 'मुन्ना राजा', राष्ट्रीय स्वयं सेवक संघ के महाकोशल प्रान्त के प्रमुख एडवोकेट श्री निवास शुक्ल, अशोक चौरसिया (जो बाद में विधायक बने), जितेन्द्र सिंह बुन्देला (अध्यक्ष छात्र संघ- जो बाद में सांसद बने) आदि तथा नगर और कालेज के लोगों ने मिलकर अभूतपूर्व एकता के साथ मार्च 1981 में प्रथम 'बुन्देली समारोह' का सफलतापूर्वक आयोजन किया। इस द्वि-दिवसीय समारोह में बुन्देलखण्ड के लगभग सभी विद्वानों-कलावन्तों ने अतिउत्साह से भाग लिया। समारोह का उद्घाटन म. प्र. के तत्कालीन खाद्य राज्य मन्त्री व प्रख्यात कवि बालकवि बैरागी ने किया। हजारों लोगों का यह मेला अपनी संस्कृति, साहित्य और भाषा के लिए पूर्ण योगदान के संकल्प के साथ सम्पन्न हुआ। प्राध्यापकों ने बुन्देलखण्ड के इतिहास, साहित्य, संस्कृति, भाषा, लोकगीत व लोक-साहित्य की विविध विधाओं पर सामग्री एकत्र करने और शोध कार्य कराने का

संकल्प लिया। आकाशवाणी, छतरपुर ने भी इसमें सहयोग किया।

परम्परा चल पड़ी। अगले वर्ष महाराजा छत्रसाल की 250वीं निर्वाण तिथि पर 'बुन्देली समारोह'– 82 का बड़े पैमाने पर आयोजन किया गया। तत्कालीन मुख्यमन्त्री अर्जुन सिंह जी मुख्य अतिथि के रूप में पधारे। उन्होंने शासन की ओर से महाराज छत्रसाल के चौक बाजार स्थित जीर्ण-शीर्ण चबूतरे को जीर्णोद्धार कराने, कालेज चौराहे पर महाराजा छत्रसाल की प्रतिमा स्थापित कराने तथा महाराज छत्रसाल की जन्मतिथि पर सार्वजनिक अवकाश की घोषणा की। आयोजन के दूसरे दिन महाराज छत्रसाल की स्मृति में जुलूस निकाला गया। अपने इतिहास, संस्कृति, भाषा और साहित्य के संरक्षण, प्राचीन पाण्डुलिपियों की खोज और उनके संरक्षण के प्रति समूचे क्षेत्र में उत्साहपूर्वक जाग्रत करने का श्रेय डॉ. बरसैंया को है– यह कहना अतिशयोक्तिपूर्ण नहीं होगा। आज क्षेत्र की अनेक संस्थायें इस दिशा में सक्रियता से कार्य कर रही हैं।

डॉ. बरसैंया में अपने सम्पर्क में आने वालों के प्रति इस हद तक जुनून पैदा करने की क्षमता है कि व्यक्ति अपने परिवार तक की समस्या को गौण मान बैठता है। ऐसा ही कुछ मेरे साथ हुआ। मेरे पुत्र का जन्म 21 मार्च, 1982 को ग्वालियर में हुआ। उन्हीं दिनों बुन्देली समारोह चल रहा था। बरसैंया जी का ऐसा पारिवारिक प्रभाव था कि मैं अपने नवजात शिशु को देखने भी समारोह की समाप्ति के बाद जा सका, जिसकी उलाहना मेरी धर्मपत्नी आज तक देती हैं।

तीसरा प्रसंग है महाराजा महाविद्यालय के शताब्दी समारोह का। छतरपुर का महाराजा महाविद्यालय 1885 ई. में हाई स्कूल के रूप में प्रारम्भ हुआ था। तत्समय इसकी सम्बद्धता कलकत्ता विश्वविद्यालय से थी। लाला भगवानदीन 'दीन' इसी विद्यालय के सेकेण्ड हेडमास्टर थे। सन् 1948 में स्नातक तथा 1958 में स्नातकोत्तर महाविद्यालय बना। डॉ. बरसैंया और मैंने प्राचार्य डॉ. पाण्डेय से इसकी चर्चा की। फिर तो शताब्दी वर्ष का जुनून महाविद्यालय के प्राचार्य और प्राध्यापक वर्ग पर सवार हो गया। समितियाँ बन गयीं जिसमें महाविद्यालय व नगर के अनेक प्रमुख लोग थे। संरक्षक व मार्गदर्शक सांसद विद्यावती चतुर्वेदी व संयोजक डॉ. बरसैंया को बनाया गया। प्रस्ताव पारित किया गया। शताब्दी कार्यक्रम के लिए महामहिम राष्ट्रपति ज्ञानी जैल सिंह को मुख्य अतिथि के रूप में आमन्त्रित किया जाये। योजना बन गयी। मैं उन दिनों अस्वस्थ था। जब अवकाश से लौटकर आया तो पता चला कि राष्ट्रपति कार्यालय से कोई उत्तर नहीं आया। मेरी ड्यूटी लगायी गयी कि जैसे भी हो तत्कालीन सांसद विद्यावती जी के माध्यम से महामहिम को लाने का प्रसास करें। अन्ततः योजना सफल हुई। राष्ट्रपति जी की सहमति मिलिट्री सेक्रेटरी ने सीधे प्राचार्य डॉ. भास्कर पाण्डेय को फोन पर दी। कहा कि अपनी सरकार को अवगत करा दें।

हम लोग उस समय सरकारी रीति-नीति व प्रोटोकाल से परिचित नहीं थे। कार्यक्रम में महामहिम समय पर पधारकर उद्‌बोधन दिया। शताब्दी सभागार उसी कार्यक्रम की देन है। इस अवसर पर मुख्यमन्त्री श्री वोरा, महामहिम राज्यपाल, प्रभारी मन्त्रीगण, सागर व रीवा विश्वविद्यालयों के कुलपति, आयुक्त, उच्चशिक्षा आदि उपस्थित हुए। शताब्दी स्मारिका का सम्पादन डॉ. बरसैंया जी ने किया तथा इलाहाबाद जाकर मुद्रण कराने का दायित्व मुझे व ग्रन्थपाल शुक्ला जी को सौंपा गया। स्मारिका का विमोचन भी राष्ट्रपति महोदय ने किया। आयोजन सभी प्रकार से पूर्ण सफल। इसी अवसर पर पुस्तकालय भवन का भी लोकार्पण किया गया था।

बरसैंया जी सन्तुष्ट होकर बैठने वाले जीव नहीं हैं। पुनः एक संकल्प ठान लिया कि ओरछा में महाकवि केशव के नाम पर मध्यकालीन साहित्य और कला के लिये एक उच्चस्तरीय शोध-केन्द्र स्थापित होना चाहिए। यह संकल्प भी तब पूरा हुआ जब मुख्यमन्त्री अर्जुन सिंह जी से इसकी घोषणा 'केशव जयन्ती समारोह' में करवा दी। केन्द्र स्थापित हुआ। बरसैंया जी भी इसके निदेशक बने। पर क्षेत्रीय राजनीति के कारण संग्रह-संकलन केन्द्र ही ओरछा में रह पाया, अध्ययन केन्द्र हिन्दी विभाग के रूप में अवधेश प्रताप सिंह वि. वि. रीवा में स्थापित हो गया। बुन्देलखण्ड-बघेलखण्ड का खूब विवाद भी हुआ। ओरछा का उपकेन्द्र उपेक्षा की दुर्दशा भोग रहा है। कोई देखने वाला नहीं।

डॉ. बरसैंया अपनी आयु के 80 वर्ष पूर्ण कर अभी भी सक्रिय और सचेतन हैं। उनकी वाक्‌पटुता और व्यंग्य-विनोद की प्रवृत्ति लेखक के रूप में और बुन्देलखण्ड के अज्ञात रचनाकारों के अनुसन्धाता के रूप में जगजाहिर है। वे मध्यमार्गी हैं। विशुद्ध साहित्यिक। न वामपन्थी और न दक्षिणपन्थी हैं। मैं सौभाग्यशाली हूँ कि लम्बे समय तक उनके साथ काम करने और सीखने का अवसर मिला।

पूर्व प्राचार्य एवं पूर्व अतिरिक्त संचालक,
उच्चशिक्षा, म. प्र., भोपाल

अभिनन्दनीय एवं अनुकरणीय डॉ. बरसैंया

— सुरेन्द्र शर्मा शिरीष

आदरणीय, अभिनन्दनीय ही नहीं, अपितु अनुकरणीय, सुमधुर व्यक्तित्व के धनी, सहज-सरल-सादगीपूर्ण जीवन जीने की कला के प्रेरणादायक पक्षधर, अनवरत साहित्य-सृजन-साधना के निष्ठावान लगनशील साधक, सादा जीवन के साथ उच्च विचारों व आदर्शों के पोषक, 'साहित्य-वारिधि', उपाधि से विभूषित, श्रेष्ठ चिन्तक, समीक्षक, शोधकर्ता, निबन्धकार, व्यंग्यकार, कहानीकार एवं कवि, हिन्दी साहित्य-संसार में प्रशंसापूर्ण व सम्मानजनक स्थान रखने वाले, अहं-रहित, छल-कपट व क्रोध से कोसों दूर रहने वाले, विनम्र व शीतल वाणी बोलने में निष्णात, स्पष्टवक्ता, जिनके सभी प्रशंसक हों– ऐसे विरले व्यक्ति हैं डॉ. गंगाप्रसाद जी बरसैंया।

लगभग छत्तीस वर्ष पूर्व शासकीय महाराजा महाविद्यालय के हिन्दी विभागाध्यक्ष पद पर स्थानान्तरित होकर डॉ. बरसैंया का छतरपुर में आगमन हुआ। मिलनसार स्वभाव एवं साहित्यसेवी होने के नाते उन्होंने क्रमशः नगर के सभी रचाकारों से औपचारिक भेंट करना प्रारम्भ किया। धीरे-धीरे प्रमुख साहित्य सेवियों से वे अनौपचारिक होते गये। उनसे सभी के स्नेह-सूत्र जुड़ते गये। परिणामस्वरूप नगर के साहित्यिक समारोहों, आयोजनों, कवि-गोष्ठियों आदि में उनकी गरिमामय उपस्थिति होने लगी और आवश्यक होती गयी। प्रगाढ़ता बढ़ती गयी जो मित्रता में परिवर्तित हो गयी। सभी के सुख-दुःख की घड़ियों में वे अनिवार्य रूपेण आने-जाने लगे। उन्हें नगर के स्तम्भों में परिगणित किया जाने लगा। उन दिनों नगर के साहित्य के चार स्तम्भ थे– सर्वश्री भैयालाल जी व्यास, श्रीयुत् श्रीनिवास जी शुक्ल, श्रीयुत् डॉ. नर्मदा प्रसाद गुप्त एवं श्रीयुत् डॉ. गंगाप्रसाद जी बरसैंया। यह समय छतरपुर के साहित्य-इतिहास का स्वर्णकाल कहा जाना चाहिए। इस चतुष्टयी के संरक्षण व मार्गदर्शन में नगर की साहित्य-वाटिका खूब फूली-फली।

डॉ. बरसैंया के छतरपुर निवास-काल में उनकी लगभग पन्द्रह कृतियाँ सृजित और प्रकाशित हुईं। इनमें शोधपरक व व्यंग्यपरक कृतियों के साथ काव्यकृतियाँ भी हिन्दी जगत के सम्मुख आयीं। नगर में उन्हें पर्याप्त सम्मान मिलना प्रारम्भ हुआ। इसी क्रम में डॉ. बरसैंया को राष्ट्र-कवि मैथिलीशरण गुप्त विद्यालय समिति,

बुन्देलखण्ड केशरी छत्रसाल स्मारक ट्रस्ट एवं सरस्वती सदन पुस्तकालय ट्रस्ट में पदाधिकारी व ट्रस्टी के रूप में सम्मिलित होकर सक्रिय योगदान का भी श्रेय प्राप्त हुआ। बुन्देलखण्ड केशरी छत्रसाल ट्रस्ट द्वारा प्रकाशित 'बुन्देली बाँकुरे अंक' जो 'राष्ट्र गौरव' शृंखला का प्रकाशन था– के वह प्रधान स्म्पादक रहे। नगर गहोई समाज द्वारा उनका नागरिक अभिनन्दन कर उनकी सेवा व सहयोग भावना को भूरि-भूरि सराहा गया।

उनके व्यंग्य, हास-परिहास व उपस्थिति से कवि गोष्ठियों में रौनक आ जाती थी। उनसे की गयी चर्चाओं में ज्ञान-वृद्धि के साथ-साथ आनन्द की भी प्राप्ति होती थी। वे लल्लो-चप्पो से दूर स्पष्टवादी कुशल वक्ता के रूप में नगर में जाने जाते रहे। श्री व्यास जी व श्री शुक्ल जी के डॉ. साहब प्रिय मित्र बन गये थे। इनके यहाँ वे हर दूसरे-चौथे अवश्य बैठने जाया करते। संयोगवश और जो पहुँच जाते वे 'काव्य शास्त्र विनोदेन' में याद भी न रख पाते कि कितना समय व्यतीत हो गया।

डॉ. बरसैंया अपनी व्यक्तिगत कठिनाइयों एवं समस्याओं के कारण भोपाल निवासी हो गये। शेष तीनों स्तम्भ काल की कराल गति से जीवन-मुक्त हो गये। श्री शारदा प्रसाद उदानिया 'मनोज', राजा सन्तोष सिंह बुन्देला एवं पं. रामजीलाल चतुर्वेदी के जाने से वर्तमान में एक शून्यता-सी व्याप्त हो गयी है। कोई यह कहने वाला नहीं रहा– 'सुरेन्द्र! यह कर लो, वह कर लो।

नगर गहोई मण्डल द्वारा डॉ. बरसैंया के अभिनन्दन के समय मैंने उद्‌गार व्यक्त करते हुए कहा था कि डॉ. बरसैंया का कृतित्व व व्यक्तित्व बहुत विशाल है। अभिनन्दन पत्र नहीं, उन्हें अभिनन्दन ग्रन्थ भेंट होना चाहिए। ईश्वर-कृपा से वह पल निकट है। यह मेरे लिए व्यक्तिशः अत्यन्त हर्षदायक पल होगा।

छतरपुर में माँ पीताम्बरा के विशाल मन्दिर के संस्थापक पूज्य श्री शिवनारायण जी खरे, वयोवृद्ध राजनेता व पूर्व मन्त्री श्री दशरथ जैन, राज्य सभा सांसद श्रीयुत् सत्यव्रत जी चतुर्वेदी आदि सम्पूर्ण बुद्धिजीवी वर्ग से उनके स्नेहासिक्त मधुर सम्बन्ध रहे हैं।

एक संस्मरण के उल्लेख करने से मन को रोक नहीं पा रहा हूँ। मैं प्रथम बार जब डॉ. बरसैंया के निवास पर उनसे भेंट करने गया तो दरवाजा उनकी आदरणीया धर्मपत्नी जी ने खोला और बिना कुछ बोले मुझे देखते ही रह गयीं। कुछ समय बाद जब डॉ. साहब आये तो रहस्योद्‌घाटन हुआ कि उनकी पत्नी मुझे देखकर अपने भाई का भ्रम कर बैठीं। तब से मैं उन्हें बहिन जी ही कहकर सम्बोधित करता रहा।

एक छोटा-सा संस्मरण और। डॉ. बरसैंया किसी मित्र के यहाँ जा रहे थे कि चक्कर आने से गिर गये और चेतना-शून्य हो गये। वहीं पास में एक शराब की दुकान थी। अतः लोगों ने सोचा कोई शराबी शराब पीकर पड़ा होगा। ध्यान नहीं

दिया। भीड़ लगने लगी। संयोगवशात कुछ परिचित लोगों ने पहचानकर डॉक्टर के पास ले जाकर उपचार कराया। उन्हें स्वस्थ होने में दो-तीन सप्ताह लग गये। संयोग से कोई चोट नहीं लगी।

डॉ. बरसैंया व बहिन जी ने सदैव मुझे जो स्नेह दिया उसे भुलाया जाना मेरे लिए असम्भव है। मैं मंगलकामना करता हूँ कि वे स्वस्थ-सानन्द रहें। शत-शत बासन्ती प्रभातों की स्वर्णिम रश्मियाँ उनके जीवन उपवन को आलोकित-प्रकाशित करती रहें।

सचिव, छत्रसाल स्मारक ट्रस्ट
शुक्लाना, छतरपुर (म. प्र.)

डॉ. बरसैंया जी की प्रतिभा के विविध आयाम

– डॉ. के. एल. जैन

डॉ. बरसैंया जी विविधवर्णी प्रतिभा के धनी हैं जो अनवरत गतिशील हैं। उनकी विशेषताओं को इस प्रकार रेखांकित किया जा सकता है–

श्रेष्ठ शिक्षक– डॉ. बरसैंया जी मूलतः शिक्षक थे। शिक्षकीय गौरव की गरिमा उनके जीवन का मूलाधार थी। उन्होंने अध्ययन-अध्यापन के क्षेत्र में जो ख्याति अर्जित की है उसका प्रामाणिक आधार उनका रचनात्मक अवदान है। अध्यापन के क्षेत्र में छात्रों के ऊपर उनका ऐसा जादुई प्रभाव था कि देखते ही बनता था। उनकी कक्षा में छात्र अक्सर यही कहा करते थे कि यदि उनकी कक्षा 'मिस' कर दी तो हो सकता है भविष्य में उनके श्रीमुख से वे बातें सुनने को न मिलें जो आज उनकी अमृतमयी वाणी से निःसृत होंगी। उनकी वाणी में एक प्रकार का 'तिलिस्म' था जो विरले ही लोगों में देखने को मिलता है। यही वजह है कि उनके शिष्य आज भी उन्हें अत्यन्त आदर और सम्मान के साथ स्मरण करते हैं। डॉ. बरसैंया जी ने वास्तव में विषय को पढ़ा ही नहीं वरन् जिया भी था। इसीलिए वे डूबकर पढ़ाते थे। उनका ऐसा मानना था कि साहित्य जिसने नहीं पढ़ा वह मानव को भलीभाँति समझ पाने की क्षमता अर्जित नहीं कर सकता है क्योंकि साहित्य के द्वारा मानव का अध्ययन किया जाता है। उसके अन्तर्मन में समाहित संवेदनाओं, सहानुभूति, करुणा, दया, परोपकार, प्रेम और वात्सल्य भाव का अध्ययन किया जाता है। उक्त तत्त्वों से परे मानव वास्तव में मानव कहलाने का हकदार नहीं है।

कुशल प्रशासक– डॉ. बरसैंया अनेक वर्षों तक अध्यापन कार्य करने के उपरान्त पदोन्नति प्राप्त कर सर्वप्रथम शासकीय महाविद्यालय, महाराजपुर, जिला–छतरपुर के प्राचार्य पद पर पदस्थ हुए। इसके उपरान्त वे स्नातकोत्तर प्राचार्य के रूप में शासकीय पी. जी. महाविद्यालय, टीकमगढ़ में पदस्थ हुए। उस समय मैं वहाँ पर प्राध्यापक के रूप में पदस्थ था। प्राचार्य के रूप में डॉ. बरसैंया जी ने अपनी प्रशासनिक दक्षता के आधार पर महाविद्यालय के अधिकारियों/कर्मचारियों और छात्रों के बीच जिस प्रकार के अनुशासन का वातावरण बनाया उसे आज भी लोग सुखद स्मृति के रूप में स्मरण किया करते हैं। डॉ. बरसैंया जी की प्रशासनिक

अधिकारी के रूप में सबसे बड़ी विशेषता यह थी कि वे समझौतावादी नहीं थे। उन्होंने मानवीय दृष्टिकोण को साथ रखकर नियमों के परिप्रेक्ष्य में ही प्रशासनिक कार्यों का सम्पादन किया है। उन्होंने कभी भी कोई कार्य राजनैतिक दबाव में आकर नहीं किया। उनका मानना था कि 'अर्थ' और 'स्थान' मेरी कमजोरी नहीं है पर क्योंकि प्रायः इन्हीं दो कमजोरियों के कारण व्यक्ति समझौतावादी बन जाता है। उन्होंने कभी कोई गलत समझौता नहीं किया। वे स्थानान्तरण के लिए सदैव तैयार रहते थे। उन्होंने कभी किसी राजनेता के दरवाजे पर अपने निजी कार्य के लिए दस्तक नहीं दी। वे मूलतः एक सिद्धान्तवादी, कर्मठ, ईमानदार और संवेदनशील मानव रहे हैं, जिसकी सराहना आज भी उनके अपने लोग जो उन्हें भलीभाँति जानते हैं– किया करते हैं।

प्रतिष्ठित शोध-निर्देशक– शोध-निर्देशक के रूप में डॉ. बरसैंया जी को उत्तर भारत के प्रायः सभी विश्वविद्यालय भलीभाँति जानते हैं। एक निर्देशक के रूप में जितना करीब से मैं उन्हें स्वयं जानता हूँ, शायद कोई दूसरा जानता हो। जब शोधार्थी के रूप में मैंने अपना पंजीयन कराया तो बरसैंया जी ने शीर्षक से लेकर रूपरेखा तक स्वयं तैयार करवायी। शोधार्थी के रूप में सामग्री से लेकर उसके जाँचने, संशोधन आदि का कार्य वे जिस तत्परता के साथ करते थे उससे ऐसा लगता था कि जैसे कि वे स्वयं शोधार्थी हों। उन्होंने सदैव अपने शोध छात्रों से पुत्रवत् स्नेह रखा। बरसैंया जी ने हमेशा यही चाहा कि शोधार्थी शोध के क्षेत्र में नवीन आयामों को उद्घाटित करते हुए मौलिकता का परिचय दे। यही वजह है कि किसी भी शोधार्थी का शोध-प्रबन्ध न तो संशोधित हुआ और न ही निरस्त हुआ। शोध कार्य के क्षेत्र में वे एक निष्णात विद्वान हैं। शोध परम्परा के क्षेत्र में उनका नाम सदैव शीर्ष पर रहेगा– ऐसा मेरा मानना है।

लब्ध प्रतिष्ठ रचनाकार– डॉ. बरसैंया जी का नाम एक श्रेष्ठ रचनाकार के रूप में साहित्य-जगत में विख्यात है, उन्होंने किसी विधा विशेष पर ही नहीं वरन् साहित्य की बहुविध विधाओं पर अपनी लेखनी से उस विधा को गौरवान्वित किया है। उन्होंने कहानी, नाट्क, निबन्ध, संस्मरण, कविता, अनुवाद और समीक्षा आदि सभी विधाओं को अपने रचनात्मक अवदान से मण्डित किया है। बुन्देलखण्ड में अज्ञात साहित्यकारों पर उनका शोध कार्य अपने-आप में अनूठा है। बुन्देलखण्ड में जो कवि और रचनाकार हुए हैं उनके अप्रकाशित साहित्य तथा जर्जर पाण्डुलिपियों को संग्रहीत कर डॉ. बरसैंया जी ने जो शोध-कार्य किया है वह साहित्य-जगत को अनुपम देन ही मानी जावेगी।

संवेदनशील मानव– डॉ. बरसैंया जी एक अत्यन्त संवेदनशील मानव हैं। मानवता उनमें कूट-कूट कर भरी है। उन्होंने पारिवारिक दायित्वों के साथ-साथ

सामाजिक दायित्वों का भी पूर्ण निष्ठा/लगन और ईमानदारी के साथ निर्वहन किया है, किसी अनजान व्यक्ति द्वारा भी यदि उनसे किसी प्रकार की मदद की अपेक्षा की गयी तो उन्होंने पूर्ण उदारता के साथ उसकी मदद की है। वे श्रेष्ठ सलाहकार के रूप में भी अपने परिचितों के मध्य काफी लोकप्रिय थे। जब भी कोई विषम स्थिति निर्मित होती थी, तो वे अपनी सूझ-बूझ के द्वारा आसानी से हल कर देते थे। अनुभव की जो सम्पदा उनके पास थी वह विरले ही लोगों में देखने को मिलती है। डॉ. बरसैंया जी ने अपने जीवन का प्रयोग जिस रूप में दूसरों के हितार्थ किया है वह असाधारण है। साहित्य जगत उनके अवदान को कभी भी विस्मृत नहीं कर पायेगा। यहाँ पर मैं एक बात और कहना चाहता हूँ कि विवेकानन्द ने एक स्थान पर कहा था कि–

बड़प्पन वह गुण है
जो पद से नहीं संस्कारों
से प्राप्त होता है
परायों को अपना बनाना
उतना मुश्किल नहीं,
जितना अपनों को अपना
बनाये रखना।

मेरे गुरुवर डॉ. बरसैंया जी का यही वह गुण है, जिसके कारण उन्होंने लोगों को अपना बनाया तथा अपनों के प्रति अपनत्व के भाव की गुरूता बनाये रखी, उसे उनके आत्मीयजन कभी विस्मृत नहीं कर सकेंगे।

मुझे इस बात की हार्दिक प्रसन्नता है कि मेरे गुरुवर पर अभिनन्दन ग्रन्थ का प्रकाशन होने जा रहा है। यह उनके असाधारण व्यक्तित्व के प्रति सच्ची श्रद्धा का अवदान माना जायेगा। मेरे गुरुवर का मेरे ऊपर अशेष स्नेह सदैव बना रहे– इसी कामना के साथ...।

सादर चरण वन्दन

अतिरिक्त संचालक, उच्च शिक्षा
जबलपुर सम्भाग, (म. प्र.)

टीकमगढ़ के साहित्य-जगत को डॉ. बरसैंया का अवदान

– हरिविष्णु अवस्थी

हिन्दी एवं संस्कृत साहित्य के उन्नायक एवं बुन्देला स्थापत्य के जनक के रूप में प्रख्यात वीर सिंह जूदेव 'प्रथम' (1605–27 ई.) के शासनकाल में हिन्दी भाषा के प्रथमाचार्य महाकवि केशवदास मिश्र एवं संस्कृत साहित्य के मनीषी मित्र मिश्र ने जहाँ साहित्याकाश में अपनी यश–पताका फहरायी तो रायप्रवीन ने साहित्य के साथ–ही–साथ संगीत–गायन–वादन के क्षेत्र में नवीन कीर्तिमान स्थापित किये।

वीरसिंह जूदेव द्वारा स्थापित साहित्य संगीत की यह परम्परा साढ़े तीन सौ वर्षों तक लगभग अक्षुण्य बनी रही। भले ही इसकी गति में अनेक उतार–चढ़ाव आते रहे। साहित्य उन्नयन की इस चिरस्थापित परम्परा को ओरछा राज्य टीकमगढ़ के अन्तिम शासक वीरसिंह जूदेव 'द्वितीय' (1930–56 ई.) ने चरमोत्कर्ष पर पहुँचाया। देश की स्वतन्त्रता के बाद देशी राज्यों का अस्तित्व समाप्त हो गया और राज्य द्वारा पोषित साहित्यकार समाज बिखर गया।

ओरछा राज्य टीकमगढ़ का स्वरूप परिवर्तित होकर विन्ध्य प्रदेश राज्य के जिला टीकमगढ़ के रूप में हो गया। सन् 1956 में नवगठित मध्यप्रदेश का टीकमगढ़ एक जिला बना रहा। आजादी के बाद के 20–25 वर्षों में जिला–टीकमगढ़ में साहित्य–सृजन के क्षेत्र में बहुत गिरावट आयी। पं. कृष्ण किशोर जी द्विवेदी, पं. बालकृष्णदेव तैलंग, पं. कपिल देव तैलंग, पं. देवकीनन्दन मिश्रा, पं. दुर्गा चरण शुक्ल, पं. कैलाश बिहारी द्विवेदी, पं. हरिविष्णु अवस्थी पं. गुणसागर सत्यार्थी, श्री प्रेम नारायण रूसिया, श्री देवी प्रसाद खरे, श्री सुरेन्द्र नाथ श्रीवास्तव, श्री दुर्गेश दीक्षित, श्री वीरेन्द्र बहादुर खरे, श्री हरगोविन्द त्रिपाठी 'पुष्प', श्री विजय कृष्ण देव तैलंग आदि प्रभृति विद्वानों द्वारा साहित्य–सृजन तो होता रहा किन्तु कोई उल्लेखनीय कार्य साहित्य–सृजन क्षेत्र में नहीं हुआ।

तत्कालीन साहित्यिक सृजन की स्थिति का सटीक वर्णन करते हुए 'साप्ताहिक ओरछा टाइम्स' दिनांक 14 जून, 1973 के अंक में ''कुछ काम करो, मत रटो नाम

पुरखों का'' शीर्षक आलेख में डॉ. गंगाप्रसाद बरसैंया ने लिखा था कि– ''टीकमगढ़ के साहित्यिक वर्तमान के प्रति देश के बाहर बौद्धिक जगत में बहुत गलतफहमी है। टीकमगढ़ का नाम लेते ही स्व. वीरसिंह जूदेव 'द्वितीय' के व्यक्तित्व से मण्डित सौम्य-उदार प्रशासक, ऐतिहासिक उपलब्धियों से सम्पन्न नगर, साहित्यिक-सम्पदा से आपूरित-सम्मानित रसज्ञ एवं बौद्धिक शक्ति सम्बलित विद्वत समाज तथा प्राकृतिक हरीतिमा और कलरव से विमोहित करने वाला वातावरण साकार होता है।

टीकमगढ़ के साहित्य-प्रेमी और साहित्यिक अतीत रस चर्चा में ही अपने को धन्य और अपने कर्तव्य की इतिश्री मान लेते हैं। स्व. ओरछेश और दादा बनारसी दास चतुर्वेदी तथा कृष्णानन्द गुप्त अथवा श्री गौरीशंकर द्विवेदी आदि अनेक विभूतियों ने तत्कालीन सुविधाओं का सदुपयोग करते हुए जो कुछ भी किया और नगर को दिया वह इतिहास का उल्लेखनीय पृष्ठ तो है, पर भविष्य का मार्गदर्शक होने के साथ ही दायित्व के प्रति सचेतक भी। हमारा कर्तव्य है कि हम आत्मावलोकन और आत्मालोचन करें कि हम अपनी उन उपलब्धियों से कितना आगे बढ़े हैं। इस आत्मावलोकन में जो कुछ मिलता है वह बहुत निराशाजक है। पिछले 15-20 वर्षों से यहाँ साहित्यिक दिशा में कोई गम्भीर प्रयत्न नहीं हुए हैं।''

ज्ञातव्य है कि बुन्देलखण्ड के साहित्यिक वातावरण से जुड़े डॉ. गंगाप्रसाद जी बरसैंया सन् 1972 के अन्तिम माहों में टीकमगढ़ के शासकीय पी. जी. कालेज के हिन्दी विभाग में सहायक प्राध्यापक के रूप में पदस्थ हुए थे। टीकमगढ़ में पदांकित होने पर वह यहाँ संचालित साहित्यिक गतिविधियों से जुड़ते चले गये और उन्होंने नगर के साहित्यकारों के मध्य, अपना एक सम्माननीय स्थान बना लिया।

तत्कालीन कलेक्टर अरुण गुप्ता साहित्यिक अभिरुचि के व्यक्ति थे। डॉ. बरसैंया जी ने उनसे सम्पर्क स्थापित किया। नगर में संचालित गतिविधियाँ को मंच प्रदान करने की दृष्टि से 'कला परिषद' नाम से एक साहित्यिक संस्था का गठन हुआ, जिसके अध्यक्ष डॉ. बरसैंया बनाये गये। इस नवगठित संस्था का शासकीय उच्चतर माध्यमिक विद्यालय टीकमगढ़ के प्रांगण (तोपखाना) विधिवत उद्घाटन सम्पन्न हुआ था।

मानस चतुश्शताब्दी का आयोजन पूरे देश में किया जा रहा था। मध्य प्रदेश शासन द्वारा प्रत्येक जिले में इस हेतु समितियों का गठन किया गया था। 'कला परिषद' टीकमगढ़ ने इस अवसर पर एक स्मारिका के प्रकाशन करने का निर्णय लिया। देश के शीर्षस्थ विद्वानों से 'मानस' सम्बन्धी आलेखों के मँगवाने का दायित्व डॉ. बरसैंया जी को सौंपा गया। जिसका उन्होंने बखूबी निर्वाह किया।

डॉ. भागीरथ मिश्र, डॉ. त्रिलोचन पाण्डेय, डॉ. कृष्णदत्त अवस्थी, डॉ. सुरेश वर्मा, डॉ. कृष्णचन्द्र वर्मा, डॉ. कमला प्रसाद पाण्डेय, डॉ. लक्ष्मीनारायण गुप्त, डॉ.

ओमप्रकाश द्विवेदी, डॉ. यतीन्द्र तिवारी, प्रो. प्रमोद वर्मा, पं. गौरीशंकर द्विवेदी, कपिल देव तैलंग जैसे देश के अनेक शीर्षस्थ मानस मनीषियों के आलेख डॉ. बरसैंया जी के प्रयास से स्मारिका में प्रकाशन हेतु प्राप्त हुए। इससे स्पष्ट है कि डॉ. बरसैंया देश के इन शीर्षस्थ विद्वानों के निकट सम्पर्क थे और इसी कारण वह डॉ. बरसैंया जी के आलेख भेजने के अनुरोध की अनदेखी नहीं कर सके।

डॉ. बरसैंया जी ने कुशलतापूर्वक प्राप्त आलेखों का सम्पादन कर 'मानस-मनीषा' नाम से स्मारिका का प्रकाशन 'मानस चतुश्शताब्दी समिति' टीकमगढ़ की ओर से 'कला परिषद' टीकमगढ़ द्वारा सन् 1975 ई. में कराया। इस अवसर पर आयोजित भव्य समारोह बाहर में पधारे विद्वानों की गरिमामय उपस्थिति में सम्पन्न हुआ था। इस अवसर पर डॉ. बरसैंया जी द्वारा रामकथा सम्बन्धी पाण्डुलिपियों की एक प्रदर्शनी भी लगायी गयी थी जिसकी सर्वत्र सराहना हुई।

ओरछा में केशव जयन्ती का आयोजन तो सन् 1930-31 से होने लगा था। किन्तु ओरछा राजसत्ता होने के पश्चात् सन् 1948 ई. से आयोजन बन्द हो गया था। सन् 1969-70 में टीकमगढ़ जिले की सर्वप्राचीन साहित्यिक संस्था श्री वीरेन्द्र केशव साहित्य परिषद 'टीकमगढ़' बुन्देलखण्ड साहित्य परिषद टीकमगढ़, के साहित्यकारों ने अपने सीमित साधनों से श्रमसीकर बहाते हुए केशव स्मारक खण्डहर की सफाई कर केशव जयन्ती का आयोजन किया था। आगामी वर्ष श्री प्रेमनारायण रूसिया की प्रेरणा एवं पहल पर तत्कालीन कलेक्टर श्री रामनारायण जी वैद्य के सहयोग से केशव जयन्ती समारोह समिति का गठन किया गया। समिति के सचिव श्री प्रेमनारायण रूसिया तत्कालीन जिला शिक्षा अधिकारी टीकमगढ़ ने समारोह को सुव्यवस्थित रूप प्रदान किया।

सूचना विभाग टीकमगढ़ के सहयोग से कवि सम्मेलन का आयोजन किया जाने लगा। प्रशासनिक सहयोग पाकर प्रतिवर्ष समारोह की गरिमा बढ़ती गयी। श्री प्रेमनारायण रूसिया एवं डॉ. गंगा प्रसाद बरसैंया व हरगोविन्द पुष्प के संयोजकत्व में इस समारोह का विकास हुआ। देश के ख्याति-प्राप्त विद्वान डॉ. भागीरथ मिश्र, डॉ. भाल चन्द्रराव तैलंग, डॉ. हरिहर निवास द्विवेदी, डॉ. जगदीश प्रसाद, श्री यशपाल जी जैन, डॉ. किशोरीलाल, रामेश्वर शुक्ल 'अंचल', डॉ. विजयपाल सिंह, डॉ. महेन्द्र प्रताप सिंह, डॉ. भगवानदास गुप्त, डॉ. भगवानदास माहौर, कृष्णचन्द्र वर्मा, कृष्णदत्त वाजपेयी, गनेशीलाल बुधौलिया, ओमप्रकाश द्विवेदी, डॉ. सुरेश वर्मा आदि ने अपनी गरिमामय उपस्थिति से केशव जयन्ती समारोह को नयी उच्चाइयाँ प्रदान की।

केशव जयन्ती के अवसर पर आयोजित समारोह में पढ़े गये आलेखों सम्बन्धी एक स्मारिका भी प्रकाशित हुई। समारोह में केशवदास जी के व्यक्तित्व एवं कृतित्व सम्बन्धी व्याख्यानों के अतिरिक्त हिन्दी भाषा एवं बुन्देली भाषाओं के विकास सम्बन्धी

आलेखों का वाचन भी मंच पर किया जाता था। श्री दुर्गाचरण जी शुक्ल एवं श्री कैलाश बिहारी द्विवेदी द्वारा बुन्देली भाषा के वैज्ञानिक अध्ययन सम्बन्धी अनेक लेख मंच से पढ़े गये। कुछ आलेखों का प्रकाशन 'ओरछा टाइम्स' में भी समय-समय पर होता रहा।

कला परिषद टीकमगढ़ ने इन महत्त्वपूर्ण निबन्धों को पुस्तकाकार प्रकाशित करने का निर्णय लिया। डॉ. बरसैंया जी ने 'बुन्देली एक भाषा वैज्ञानिक अध्ययन' के प्रकाशकीय में लिखा कि– "इन स्फुट निबन्धों के माध्यम से बुन्देली का वास्तविक रूप उजागर होता है। परिषद ने "बुन्देली एक भाषा वैज्ञानिक अध्ययन", "बुन्देलखण्ड के अज्ञात रचनाकार", "बुन्देलखण्ड परिचय" आदि ग्रन्थों के प्रकाशन का संकल्प किया था। ...इस वर्ष (सन् 1976 ई.) हम रामनवमी के पावन पर्व पर केशव जयन्ती समारोह में बुन्देली एक भाषा वैज्ञानिक अध्ययन पुस्तक का प्रकाशन करते हुए अत्यधिक हर्ष का अनुभव कर रहे हैं। आशा है सभी के सहयोग से हमारे अन्य संकल्प भी पूर होंगे।" डॉ. बरसैंया के पहल पर इस बार केशव जयन्ती में, प्रो. वी. के. त्रिपाठी 'कक्का सर' के निर्देशन में प्रेमचन्द जी के सुप्रसिद्ध उपन्यास 'कफन' का नाटकीय रूप में मंचन हुआ। ज्ञातव्य है कि 'कफन' उपन्यास का नाटक में रूपान्तरण वरिष्ठ साहित्यकार श्री सुरेन्द्रनाथ जी श्रीवास्तव द्वारा किया गया था। इस अवसर पर उपस्थित राज्य एवं केन्द्र मंत्रियों व कर्मचारियों द्वारा इस मंचन को बहुत सराहा गया था।

केशव जयन्ती समारोह उत्तरोत्तर भव्यता ग्रहण करता रहा। साहित्यकारों के साथ-ही-साथ राजनेतागण भी रामनवमी के दिन आयोजित होने वाले केशव जयन्ती समारोह में सहभागिता करने लगे। दि. 12 अप्रैल, 1981 ई. को केशव जयन्ती में मुख्य अतिथि के रूप में मध्यप्रदेश के मुख्यमन्त्री माननीय अर्जुन सिंह जी पधारे थे। डॉ. बरसैंया ने उनसे ओरछा में 'केशव शोध संस्थान' की स्थापना करने का अनुरोध किया। मुख्यमन्त्री जी ने बिना विलम्ब किये मंच से 'केशव शोध संस्थान' ओरछा में स्थापित किए जाने की घोषणा कर दी। ओरछा में स्थापित केशव शोध संस्थान का डॉ. गंगाप्रसाद बरसैंया को निदेशक नियुक्त किया गया। उन्होंने निरन्तर दो वर्षों तक कुशलतापूर्वक 'शोध संस्थान' का संचालन किया।

टीकमगढ़ नगर के सबसे वरिष्ठ साहित्यकार प्रो. पं. कृष्ण किशोर द्विवेदी अध्यक्ष, श्री वीरेन्द्र केशव साहित्य परिषद टीकमगढ़, जिनके मार्गदर्शन में टीकमगढ़ की युवा साहित्यिक पीढ़ी साहित्यिक गतिविधियों में संलग्न रहती थी तथा जो डॉ. बरसैंया जी से काफी निकट थे। पं. कृष्ण किशोर जी द्विवेदी का जन्म पौष कृष्ण दूज संवत् 1973 वि. तदनुसार 16 दिसम्बर, सन् 1916 ई. को हुआ था। जब बातों-ही-बातों में डॉ. बरसैंया जी को इसका पता चला तो उन्होंने हिसाब लगाया कि 16 दिसम्बर, 1976 को द्विवेदी साठ वर्ष की वय पूर्ण करेंगे। डॉ. बरसैंया जी ने 'कला परिषद' की कार्यकारिणी की बैठक आहूत कर आदरणीय द्विवेदी जी के षष्ठि पूर्ति पर एक

अभिनन्दन स्मारिक प्रकाशित करने का प्रस्ताव रखा। जिसे सर्व सम्मति से पारित किया गया।

"पं. कृष्ण किशोर द्विवेदी षष्ठि-पूर्ति अभिनन्दन स्मारिका" के सम्पादकीय में डॉ. बरसैंया जी ने लिखा कि– "इस लघु अभिनन्दन स्मारिका में सामग्री कम, श्रद्धा भावना ही अधिक है। यह उक्त संकल्प की प्रतीक (भाववर्तिका) है जो हम अपने सहज, सरल पण्डित जी को उनकी साठवीं वर्ष ग्रन्थि पर समर्पित करते हैं। हमें विश्वास है कि उनके आशीष से हमारी यह भावना भविष्य में विशाल रूप लेगी।" समय के साथ डॉ. बरसैंया जी की यह भावना भी फलीभूत हुई और सन् 2005 में श्री वीरेन्द्र केशव साहित्य परिषद टीकमगढ़ द्वारा द्विवेदी जी का एक दीर्घकाय अभिनन्दन ग्रन्थ का प्रकाशन किया गया।

डॉ. बरसैंया जी ने टीकमगढ़ में रहते हुए लोगों को शोधकार्य करने हेतु भी प्रेरित किया। श्री कैलाश बिहारी द्विवेदी ने सागर विश्व-विद्यालय सागर से सर्वप्रथम पी-एच. डी. की उपाधि अर्जित की। श्री के. एल. जैन, श्रीमती शोभना जैन, श्री दुर्गाप्रसाद दीक्षित 'दुर्गेश' एवं श्री देवी प्रसाद खरे 'प्रसाद' सभी टीकमगढ़ निवासियों ने तो डॉ. बरसैंया जी के मार्गदर्शन (गाइडेन्स) में पी-एच. डी. की उपाधि अर्जित कर टीकमगढ़ जिले का साहित्य के क्षेत्र में मान बढ़ाया है।

सन् 1978 में बरसैंया जी टीकमगढ़ से परिवर्तित होकर पहले राजगढ़ फिर छतरपुर चले गये, किन्तु उनका जीवन्त सम्पर्क यहाँ के साहित्यकारों एवं अपने प्रिय विद्यार्थियों से निरन्तर बना रहा। सेवा के अन्तिम वर्षों में उनकी पदोन्नति प्राचार्य पद पर पी. जी. महाविद्यालय टीकमगढ़ में ही हुई और वह टीकमगढ़ के शासकीय पी. जी. कालेज के प्राचार्य पद से सेवानिवृत्त हुए।

अनेक वर्षों तक छतरपुर निवास के बाद वह कुछ वर्ष पूर्व भोपाल नगर के स्थायी निवासी हो गये हैं। किन्तु आज भी डॉ. बरसैंया जी का टीकमगढ़ के साहित्यकारों से पत्राचार एवं दूरभाष के माध्यम से जीवन्त सम्पर्क बना हुआ है। श्री वीरेन्द्र केशव साहित्य परिषद टीकमगढ़ द्वारा आयोजित साहित्यिक समारोहों में तो वह सदैव कृपापूर्वक अपनी गरिमामयी उपस्थिति से आयोजन की शोभा बढ़ाते रहे हैं। मुझे पूर्ण विश्वास है कि जीवन-पर्यन्त डॉ. बरसैंया का जुड़ाव टीकमगढ़ के साहित्यकारों के साथ पूर्व की भाँति बना रहेगा।

अध्यक्ष
श्री वीरेन्द्र केशव साहित्य परिषद
अवस्थी चौराहा
टीकमगढ़ (म. प्र.) 472001
मो. 9407873003

गंगा-सा पावन व्यक्तित्व : डॉ. गंगा प्रसाद गुप्त बरसैंया

— पं. गुणसागर सत्यार्थी

'नाम बड़े और दर्शन छोटे' की लोकोक्ति को झुठलाने वाले व्यक्तित्व हैं डॉ. बरसैंया जी। कहने को तो वे एक बड़े साहित्यकार, सु-लेखक, समीक्षक, आलोचक ही नहीं कवि भी हैं, अर्थात् सरस्वती के वरद पुत्र। उनकी सारस्वत साधना में पावनता क्यों न हो जब कि वे स्वयं पावनता की प्रतीक माँ गंगा का प्रसाद हैं। प्राय: कवियों व साहित्यकारों में यह अपेक्षित शुचिता देखने को नहीं मिलती। अत: मेरे पूज्य पिता– पं. गुलाबराय जी ने एक दोहा लिखा था–

''जैसी कवि कविता करत, तैसे नाहिं चरित्र;
ऊपरतें हैं 'राय' शुचि, भीतर हैं अपवित्र।''

निश्चय ही साहित्य-सृजन स्वयं में सरस्वती का आराधन है, साधना है। आराधन और साधना के लिए शुचिता का होना अति आवश्यक है। आज एक से बढ़कर एक कवि और लेखक मिल जायेंगे, किन्तु उनके जीवन में यदि वह अपेक्षित शुचिता नहीं है तो वे कितना ही श्रेष्ठतर क्यों न लिखें समाज में वे आदर के पात्र नहीं बन पाते। इसी सन्दर्भ में मुझे याद आ रही है अब से लगभग साढ़े चार दशक पूर्व की घटना– टीकमगढ़ के शासकीय स्नातकोत्तर महाविद्यालय के हिन्दी विभाग में सहायक प्राध्यापक के रूप में डॉ. बरसैंया जी आ गये थे। नये-नये आये थे, अत: लोग ज्यादातर उनसे परिचित भी नहीं हो पाये थे। उस समय टीकमगढ़ में दो साहित्यिक संस्थायें क्रियाशील थीं। एक राजाशाही जमाने की पुरानी संस्था– श्री वीरेन्द्र केशव साहित्य परिषद, जिसका स्वर्णिम इतिहास भारतीय साहित्य-जगत में ख्यात रहा है और दूसरी थी– बुन्देलखण्ड साहित्य परिषद, जिसके संरक्षक राष्ट्रकवि मैथिलीशरण गुप्त, डॉ. वृन्दावन लाल वर्मा और पं. बनारसीदास चतुर्वेदी थे। साहित्य, कला, संस्कृति के क्षेत्र में जो भी गतिविधियाँ व बड़े आयोजन यहाँ होते, इन्हीं संस्थाओं के द्वारा सम्पन्न होते थे। ओरछा का केशव जयन्ती समारोह इन्हीं दो संस्थाओं के संयुक्त तत्त्वावधान में शुरू किया गया था। ऐसी महती

पृष्ठभूमि जब यहाँ थी, तभी डॉ. बरसैंया जी भी यहाँ पधारे थे। उनका यहाँ आना भी मानो यहाँ की साहित्यिक-सांस्कृतिक हलचल में एक ऐतिहासिक घटना इसलिए कही जा सकती है कि चले आ रहे– 'ढला-चला' में कुछ नयापन आया और गतिविधियों में शुचिता की ओर लोगों का ध्यान गया। अस्तु–

उन दिनों एक फिल्म बहुत लोकप्रिय आयी थी– 'पाकीजा'। यह नाम भी पावनता या शुचिता का पर्याय है। पाकीजा के सुरीले गाने जहाँ-तहाँ गूँज रहे थे। तभी टीकमगढ़ में पाकीजा के एक प्रमुख गीतकार श्री कैफ भोपाली अकस्मात पधारे। नगर की उक्त दोनों साहित्य-संस्थाओं ने नगर भवन के सभागार में कैफ भोपाली के सम्मान में एक आयोजन रोप दिया। नगर के तमाम साहित्यकार, बुद्धिजीवी और प्रतिष्ठित जन कैफ साहब को सुनने पहुँचे थे। पं. कृष्ण किशोर द्विवेदी जैसे वरेण्य पुरुषों की उपस्थिति से आयोजन की गरिमा बढ़ी हुई थी। कैफ साहब की शायरी जो उर्दू में पीढ़ी-दर-पीढ़ी से चली आ रही उर्दू काव्य-परम्परा से हटकर नये प्रयोगों से इतनी खूबसूरती पा रही थी कि प्रशंसा के लिए शब्द नहीं हैं। पढ़ते-पढ़ते कैफ साहब ने ज्यों ही मंच पर खुलेआम बोतल निकाली और खूबसूरत शायरी के संग मदिरा की गन्ध से तरंगें बिखर पड़ीं। कैफ साहब पीते जा रहे थे। उपस्थित सभ्य-समाज मौन यह दृश्य देख रहा था। शायद कैफ साहब की शायरी की ऊँचाई एवं अनूठी गहराई की तुलना में वह कृत्य उपस्थित सभ्य समाज ने सहज ही अनदेखा करके हजम कर लिया था। उसी समय एक व्यक्ति वहाँ उठकर खड़ा हुआ और जोर से बोला– यह बड़े शर्म की बात है कि इस सारस्वत मंच पर जहाँ सरस्वती के वरद पुत्र बैठे हैं वहाँ मदिरा पान से मंच अपवित्र किया जा रहा है। साहित्य में यदि शुचिता नहीं, तो ऐसे साहित्य, चाहे वह कितना भी श्रेष्ठ क्यों न हो, मैं उसका बहिष्कार करता हूँ...। साहित्य में शुचिता नहीं होना मैं हरगिज बर्दाश्त नहीं कर सकता... आदि जोर-जोर से बड़बड़ाते हुए वह व्यक्ति उस सभा से उठ कर चला गया। साहित्य में शुचिता के प्रति ऐसी प्रतिबद्धता देखकर मेरे जैसे अकिंचन व्यक्ति के हृदय में न केवल उस सरस्वती-पुत्र के प्रति श्रद्धाभाव जागा अपितु उनके परिचय पाने की भी उत्सुकता बढ़ी। पूछने पर ज्ञात हुआ कि कालेज के हिन्दी विभाग में नये आये हैं। वह और कोई नहीं, डॉ. गंगाप्रसाद गुप्त बरसैंया थे। मुझे पूज्य पिताजी का लिखा दोहा याद आ गया– "जैसी कवि कविता करत, तैसे नाहिं चरित्र...।" उसी दिन से मैं बरसैंया जी को अपने बड़े भाई के रूप में देखने लगा।

इस घटना के बाद डॉ. बरसैंया जी ने टीकमगढ़ में दो स्थापित साहित्य संस्थाओं के होते हुए भी एक और नयी संस्था को जन्म दे दिया– नाम दिया 'कला परिषद' भोपाल में जो प्रदेश स्तर पर उन दिनों मध्य-प्रदेश कला परिषद संचालित थी, शायद

यह उसी की टीकमगढ़ इकाई के रूप में स्थापित की गयी थी। इसके पूर्व जो साहित्यिक संस्थायें यहाँ संचालित थीं वे केवल आयोजनों और गोष्ठियों में पढ़े जाने वाले परचों तक ही सीमित थीं। डॉ. बरसैंया जी का कहना था आयोजनों में पढ़ी या बोली गयी बातें कितने लोगों ने सुनीं? जब तक हमारा कृतित्व पुस्तक रूप में प्रकाशित नहीं हो जाये वह स्थायित्व नहीं पा सकेगा। बरसैंया जी की कला परिषद ने प्रकाशन की जो बुनियाद टीकमगढ़ में रखी वह उनकी ऐतिहासिक पहल मैं मानता हूँ। कला परिषद टीकमगढ़ ने तुलसी चतुश्शताब्दी के अवसर पर 'मानस-मनीषा' नाम से पुस्तक का प्रकाशन किया। उसके बाद उन्होंने देखा कि केशव जयन्ती समारोह ओरछा में प्रतिवर्ष बुन्देली भाषा से सम्बन्धित एक से बढ़कर एक शोधपत्र पढ़े गये। पढ़ने के बाद वे हवा में उड़ गये। ऐसे शोध-पत्रों में आचार्य दुर्गाचरण शुक्ल और डॉ. कैलाश बिहारी द्विवेदी के कुछ अति मूल्यवान शोध-पत्रों को डॉ. बरसैंया ने अपने सम्पादन में कला परिषद से जो पुस्तक प्रकाशित की उसका नाम दिया– 'बुन्देली : एक भाषा वैज्ञानिक अध्ययन' यह पुस्तक बुन्देली के सन्दर्भ में मील का पत्थर साबित हुई।

इस प्रकार टीकमगढ़ में डॉ. बरसैंया जी ने यहाँ के रचनाधर्मी लोगों को एक दिशा दी प्रकाशन की जो उनके जाने के बाद अद्यतन सतत प्रवाहित है। व्यक्तिगत लेखन भी प्रकाशित हुआ, चाहे वह बुन्देलखण्ड का इतिहास हो, या बुन्देली शब्दकोश, बुन्देली में अनूदित साहित्य भी रचा गया जिसकी अनेक पुस्तकें प्रकाशित हैं। बुन्देलखण्डी शब्दों का व्युत्पत्ति कोश तो स्वयं में ऐतिहासिक प्रकाशन है। जिसके लिये स्वयं डॉ. बरसैंया जी ने लिखा– ''आचार्य दुर्गाचरण शुक्ल प्रणीत ''बुन्देली शब्दों का व्युत्पत्ति कोश'' बुन्देली सम्बन्धी अब तक प्रकाशित ग्रन्थों की श्रेणी की प्रथम पंक्ति के शीर्ष पर बे-हिचक रखा जा सकता है। सम्भवत: ऐसा अनूठा ग्रन्थ पहली बार प्रस्तुत हुआ है...।''

टीकमगढ़ में साहित्य के नाम पर इसके पूर्व आयोजनों-गोष्ठियों में सिर्फ मौखिक एवं वाचिक रूप में ही बहुत कुछ दिखायी देता रहा है। राजशाही जमाने की बातें भी अमुक प्रकार से हवा में उड़ती दिखायी देती हैं। टीकमगढ़ में डॉ. बरसैंया ने कला परिषद के माध्यम से पुस्तकों के प्रकाशन की जो महती परम्परा स्थापित की है वह आज खूब फल-फूल रही है।

ऐसी महती परम्परा के लिए डॉ. बरसैंया जी टीकमगढ़ में सदा याद किये जाते रहेंगे। जबकि इससे हटकर उनका स्वयं का लेखन भी बहुमूल्य है जिस पर मनीषी विद्वानों ने पर्याप्त लिखा है। वे एक कुशल संयोजक एवं सूत्रधार हैं। स्वयं अपना लिखने के अतिरिक्त अन्य लोगों से भी लिखवाकर एक ऐसा माहौल बना देने की महारत उन्हें प्राप्त है कि उनके लिए क्या लिखा जाये, क्या कहा जाये? जैसे प्रश्नों

में उलझकर रह जाता हूँ। भगवान कुण्डेश्वर से यही प्रार्थना है कि डॉ. बरसैंया की गंगा के समान पावन प्रेरणास्पद धारा टीकमगढ़ की ही भाँति यत्र-तत्र-सर्वत्र प्रवाहित होती रहे और वे दीर्घायु होकर प्रकाश स्तम्भ की भाँति नयी पीढ़ी के मार्ग को आलोकित करते रहें।

कुण्डेश्वर (टीकमगढ़)

डॉ. बरसैंया-स्मृति के आईने में

— *वीरेन्द्र बहादुर खरे*

विज्ञान ऋषि आइंस्टाइन ने एक जिज्ञासु व्यक्ति को सापेक्षवाद के बारे में बतलाते हुए कहा था– ''आप एक व्यक्ति से पाँच मिनट बात करते हैं, पर वह समय एक घण्टे–सा दीर्घ लगने लगता है, पर किसी दूसरे व्यक्ति के साथ दो घण्टे समय बिताने पर आपको ऐसा लगता है जैसे अभी पाँच मिनिट ही बीते हैं। समय के इसी अन्तर को सापेक्षवाद कहते हैं। डॉ. बरसैंया भी ऐसे व्यक्ति हैं जिनसे बातचीत करने एवं समय बिताने पर समय का पता ही नहीं चल पाता। उनसे बात करने पर मन ऊबता नहीं। मन को सहज आनन्द मिलता है। वे पटुवक्ता हैं और गोष्ठियों में सहज आकर्षण बन जाते हैं।

सन् 1972–73 में वे टीकमगढ़ महाविद्यालय में हिन्दी के प्रोफेसर के रूप में आये। उस समय टीकमगढ़ छोटा–सा नगर था। इस नगर में अपना कहने को एक मात्र हिन्दी के डॉक्टर महेश जायसवाल ही थे। एक–दो अन्य विधा के डॉक्टर उपाधि–धारी थे, पर वे सब बाहर के थे और कालेज में पदस्थ थे। उस समय किसी विषय में डॉक्टर होना हमारे लिए बड़ी बात थी और व्यक्ति के पाण्डित्य का प्रमाण था।

डॉ. बरसैंया इन सबसे अलग सहज और हमें अपने से लगे। प्रथम दृष्टि में देखने पर वे भी गम्भीर और अल्पभाषी लगे, किन्तु वे अल्पकाल में ही टीकमगढ़ के साहित्य प्रेमियों और विचारकों से घुल–मिल गये। समरस हो गये। उनकी प्रोफेसर वाली गम्भीरता सहज, सरल आदमी में बदल गयी। डॉक्टरी की उपाधि उनसे सम्बन्ध बनाने में बाधक नहीं थी। वे हल्की–फुल्की बातों से लेकर गम्भीर चर्चा सहज भाव से कर लेते हैं।

आजादी के बाद पाँचवें से सातवें दशक तक टीकमगढ़ में साहित्य की धारा बहुत मन्द अलसायी गति से चल रही थी। यद्यपि रियासत काल में वीरसिंह जूदेव द्वितीय के समय साहित्य की गति चरम पर थी। विरासत बहुत सम्पन्न थी। वीरेन्द्र केशव साहित्य परिषद् देश की प्रमुख साहित्यिक संस्था थी जिसके संरक्षक पण्डित बनारसीदास चतुर्वेदी थे। उनके समय में यहाँ से प्रकाशित 'मधुकर' मासिक आज

भी देश के साहित्य-जगत में सम्मान से याद किया जाता है। उस समय यहाँ से दिया जाने वाला साहित्य का 'देव पुरस्कार' देश के बड़े पुरस्कारों में गिना जाता था। किन्तु विन्ध्य प्रदेश बनने के बाद यहाँ की साहित्यिक गतिविधियाँ मन्द हो गयीं। यदा-कदा वीरेन्द्र केशव साहित्य परिषद के तले गोष्ठियाँ हो जाती थीं। पपौरा में साल में एक बार अ. भा. कवि सम्मेलन हो जाते। सन् 1960 के आस-आस स्वतन्त्रता संग्राम सेनानी पण्डित श्यामनारायण कश्मीरी, पण्डित कृष्ण किशोर द्विवेदी व सुरेन्द्रनाथ श्रीवास्तव की सक्रियता से एक बार पुन: साहित्यिक वातावरण बना और नगर के तमाम छोटे-बड़े साहित्य प्रेमी मिल-बैठकर चर्चायें करने लगे। हरगोविन्द पुष्प ने 'ओरछा टाइम्स' समाचार प्रारम्भ किया और प्रेमनारायण रूसिया ने केशव जयन्ती कार्यक्रमों की शुरुआत की। इन सबके बावजूद लेखन-प्रकाशन का कोई वातावरण नहीं था। केवल मौखिक चर्चायें होती थीं। जो लिखते भी थे तो अपने तक सीमित थे।

सन् 1972 में डॉ. बरसैंया के टीकमगढ़ आने पर वे अपने मिलनसार स्वभाव के कारण यहाँ की साहित्य मण्डली में शामिल हो गये। उनके आने से साहित्यिक गतिविधियों में पर्याप्त तेजी आयी। लेखकों की लेखन के प्रति उदासीनता को उन्होंने तोड़ने का प्रयास किया। यहाँ के बुद्धिजीवियों को लेख लिखने और प्रकाशित कराने को प्रत्यक्ष और परोक्ष रूप से प्रेरित किया। उन्होंने समवयस्कों को व्यंग्य और हास्य-परिहास से, बड़ों को अनुरोध और आग्रह से तथा छोटों को डाँटकर, समझाकर, उत्साहित कर सक्रिय करने का अभियान छेड़ा। टीकमगढ़ में विद्वानों-प्रतिभाओं की कमी नहीं थी, केवल उन्हें उनकी शक्ति से परिचित कराना था। पण्डित श्यामनारायण कश्मीरी और डॉ. बरसैंया ने यह कार्य बखूबी किया। यहाँ के लेखक और बुद्धिजीवी बुन्देली भाषा-साहित्य, पुरातत्त्व, इतिहास, लोक-संस्कृति और लोक-साहित्य की विविध विधाओं पर लिखने लगे। डॉ. बरसैंया ने बुन्देलखण्ड के बुन्देली और ब्रजभाषा के अप्रकाशित साहित्य और साहित्यकारों की खोज का महत्त्वपूर्ण कार्य किया। यहाँ के बुद्धिजीवियों को शोध-कार्य करने को प्रेरित किया। टीकमगढ़ में रचनात्मक वातावरण बनाने में इनका बड़ा हाथ रहा। 1973 के बाद लेखकों ने अलग-अलग विषयों पर पर्याप्त लेखन किया। दुर्गाचरण शुक्ल, डॉ. कैलाश बिहारी द्विवेदी एवं स्वयं डॉ. बरसैंया जी के अनेक लेख 'ओरछा टाइम्स' में प्रकाशित हुए और एक पुस्तक प्रकाशित हुई। दुर्गेश दीक्षित को डॉ. दुर्गेश दीक्षित उन्होंने ही बनाया। के. एल. जैन, साधना जैन, डी. पी. खरे– इन तीनों ने भी उन्हीं के निर्देशन में डॉक्टरेट की उपाधि पायी। यहाँ तक कि उन्होंने कैलाश बिहारी द्विवेदी को भी अपना शोध-प्रबन्ध पूरा करने में प्रेरित और मदद की। वे गतिशील साहित्यकार को गति देने, अलसाये साहित्यकार को धक्का देकर आगे बढ़ाने में मदद करते हैं।

डॉ. बरसैंया जितने अच्छे गम्भीर विचारक, शोधकर्ता, समीक्षक हैं उतने ही प्रबन्ध-पटु और संयोजक हैं। वे विचार रखने और उसे कार्य रूप देकर साकार करने में भी कुशल हैं। वे कार्य प्रारम्भ कर उसे सिद्धि के मुकाम तक पहुँचाने में विश्वास रखते हैं। टीकमगढ़ में उन्होंने प्राचीन पाण्डुलिपियों की प्रदर्शनी लगवायी थी। उनके सहयोग से केशव जयन्ती कार्यक्रम को नयी दिशा और विस्तार मिला। उनके सम्पर्क और प्रभाव से देश के अनेक प्रख्यात विद्वान ओरछा के केशव-जयन्ती कार्यक्रम में आते रहे। पहले जयन्ती का उद्देश्य केशव को स्मरण करना मात्र था। उनके प्रयास से कार्यक्रम में बुन्देली साहित्य, इतिहास, पुरातत्त्व और संस्कृति के आयाम जुड़े। उनके ही प्रयासों से नैनी– इलाहाबाद के डॉ. किशोरी लाल जी ने केशव के ग्रन्थों की टीका लिखी और ओरछा में विमोचन कराया।

डॉ. बरसैंया में अहं भाव नहीं है। वे सबसे दिल खोलकर मिलते हैं। वे अन्तर्मुखी भी हैं और सामाजिक भी। वे विद्वता का आतंक नहीं फैलाते। उनकी कर्मठता और लगनशीलता का लोहा सभी मानते हैं। टीकमगढ़ से उनका अटूट रिश्ता आज भी यथावत बना हुआ है। वे बराबर यहाँ के सम्पर्क में रहते हैं। इसी सन्दर्भ में मैं अपनी एक घटना की चर्चा करना चाहूँगा। मेरा एक दोहा संग्रह 'देह धरे का दर्द' शीर्षक से प्रकाशित हुआ। पुस्तक मैंने तमाम मित्रों-परिचितों-विद्वानों को भेजी। डॉ. बरसैंया भोपाल में थे। अत: उन तक पहुँचाने के लिये श्री तैलंग जी के पास भिजवायी। तब तक बरसैंया जी छतरपुर आ गये। पुस्तक उन्हें नहीं मिली। छतरपुर आने पर उन्हें मेरी प्रकाशित पुस्तक की जानकारी जैसे ही मिली, उन्होंने डी. पी. खरे को फोन कर उलाहना दिया कि खरे जी ने मुझे पुस्तक क्यों नहीं भेजी? खरे जी ने मुझे बताया। मैंने स्थिति स्पष्ट करते हुए तुरन्त पुस्तक भेजकर उनसे अपनी राय भेजने का आग्रह किया। पुस्तक मिलने के तीन-चार दिन के अन्दर ही अपनी प्रतिक्रिया भिजवायी। जिसे पढ़कर मैं धन्य हो गया। समीक्षा आत्मीयता से भरी, औपचारिकता से दूर। रस्म अदायगी से हटकर। यह बरसैंया जी की सहजता और बड़प्पन का एक उदाहरण है। वे जितने बड़े साहित्यकार हैं, उतने ही अच्छे इन्सान हैं। उनके स्वस्थ-सुखी जीवन की कामना करते हुए यही कहूँगा–

बरसैंया बरसों जियें, रहें सदा खुशहाल।
कलम सदा चलती रहे, करती रहे कमाल।

पूर्व प्राचार्य
कटरा बाजार, टीकमगढ़ (म. प्र.)

छतरपुर की पहचान हैं डॉ. बरसैंया

– डॉ. बहादुर सिंह परमार

डॉ. गंगाप्रसाद गुप्त 'बरसैंया' नाम से छतरपुर की पहचान देश के साहित्य-जगत में है। वे परिस्थितियों वश छतरपुर छोड़कर भोपाल के निवासी भले बन गये हों, पर उनका मन बराबर छतरपुर में ही रचता-बसता है। हफ्ते में एकाध दिन नागा भले ही हो जाये, अन्यथा फोन से वे छतरपुर का हाल-हवाल लेते रहते हैं। उनके जीवन के महत्त्वपूर्ण वर्ष छतरपुर में ही बीते हैं। अनेक उपलब्धियाँ और स्मृतियाँ उनके जीवन से जुड़ी हैं। न वे छतरपुर को कभी भूल सकते हैं और न ही छतरपुर उन्हें भुला सकता है। वे हमारे व्यक्तिगत मार्गदर्शक, हृदय से स्नेह करने वाले, परम शुभेच्छु हैं। जब कभी भी हम 'अटकते हैं तो फौरन सर' हमें याद आते हैं। फोन से निरन्तर उनका मार्गदर्शन लेते हैं। वे बिना आलस किये तुरन्त हमारी समस्या का समाधान करते हैं। उनके सम्मान में अभिनन्दन ग्रन्थ का निकलना हम सबके लिए गौरव का क्षण है।

डॉ. गंगाप्रसाद बरसैंया का नाम पहले हम सुना करते थे। उनसे रूबरू होने का मौका सन् 1991 ई. में मिला, जब मैं प्रगतिशील लेखक संघ का सचिव बना। मेरे पूर्व 1989 ई. तक प्रो. प्रमोद पाण्डेय प्रगतिशील लेखक संघ के सचिव थे। उनके न रहने पर लगभग दो वर्ष तक प्रलेसं की गतिविधियाँ ठप रहीं। श्री रामजी लाल चतुर्वेदी 'नन्ना' के प्रयास से प्रलेसं का पुनर्गठन हुआ और मुझे सचिव का दायित्व सौंपा गया। उस समय मैं शिक्षक पद पर पदस्थ था। प्रलेसं की बैठक में डॉ. बरसैंया व जगदीश किंजल्क का सम्मान प्रेमचन्द जयन्ती के अवसर पर करने का निर्णय लिया गया। इसी सिलसिले में मेरा पहला परिचय बरसैंया जी से हुआ जो आज प्रगाढ़तर और स्नेहासक्ति है।

डॉ. बरसैंया विद्वान व्यक्ति तो हैं ही, विशेष उल्लेखनीय यह है कि उनमें अहंकार लेशमात्र भी नहीं है जबकि हमने कई लोग देखे हैं जो ज्ञानी होने के साथ अभिमानी हो जाते हैं। उनके द्वारा प्रभूत मात्रा में मौलिक साहित्य का सृजन किया गया है। वे व्यंग्यकार के साथ कवि और निबन्धकार भी हैं। उन्होंने कई नाटकों से साहित्य को समृद्ध किया है। उनकी गवेषणापूर्ण समीक्षायें ज्ञानवर्द्धन के साथ

भावी–पीढ़ी की पथ–प्रदर्शक भी हैं। बुन्देलखण्ड के गुमनाम व अज्ञात साहित्यकारों पर किया गया उनका कार्य ऐतिहासिक और स्तुत्य है। उनके पास बैठकर सीखने का अपना ही आनन्द है।

डॉ. बरसैंया अपनी बात को बड़ी निर्भीकता और बुलन्दी से रखते हैं। जहाँ उनकी असहमति होती है, वे उसे खुलकर दर्ज कराते हैं। इस सम्बन्ध में मुझे दो प्रकरण याद आ रहे हैं। पहला राष्ट्रीय स्तर पर ख्यात मैत्रेयी पुष्पा का उपन्यास 'कही ईसुरी फाग' का जब प्रकाशन हुआ तो किताब के ब्लर्व पर ईसुरी को 'लम्पट' घोषित किया गया। इससे प्रत्येक बुन्देलखण्डवासी और ईसुरी को जानने–समझने वाले को बुरा लगा जो एकदम स्वाभाविक था। बरसैंया जी इस प्रकरण से लाल हो गये। निन्दा प्रस्ताव पारित कराया, प्रकाशक व लेखक को भेजा। इसके बाद पूरे अंचल से विरोध–पत्र लिखवाने की अगुवायी की। जब प्रकाशक ने क्षमा माँगी, तब कुछ काम बना। दूसरा प्रकरण छतरपुर के शताधिक वर्ष पूर्व स्थापित सरस्वती सदन पुस्तकालय ट्रस्ट से जुड़ा है। वहाँ के एक पदाधिकारी की मनमानी से नाराज होकर उन्होंने जिस रूप में विरोध किया, वह काबिले–तारीफ है। अन्ततः ट्रस्ट से अलग होकर ही माने। उनका मानना था कि जब साहित्यिक संस्थाओं में ईमानदारी और लोकतान्त्रिक व्यवस्था नहीं होगी, तो कहाँ होगी? हम सब कलमकार दूसरों को रास्ता दिखाने का काम करते हैं तो खुद का आचरण भी पाक–साफ होना चाहिए।

शिक्षक के तौर पर उन्हें समय का पाबन्द, कक्षाओं के प्रति सजग, पूर्ण निष्ठा व ईमानदारी से अध्यापन करने वाले विद्वान के रूप में पहचाना जाता है। हालाँकि, मुझे उनसे कक्षा में बैठकर पढ़ने का सौभाग्य नहीं मिला, किन्तु उनके शिष्य इस बात को स्वीकारते हैं। वे अनुशासनप्रिय, समर्पित शिक्षक रहे हैं। मुझे उनके निकट बैठकर ज्ञान प्राप्त करने का पर्याप्त सौभाग्य मिला है। किसी भी तथ्य को प्रमाण सहित सहजता से समझाते हैं। वे मध्यकालीन साहित्य के गहन अध्येता हैं। पूर्व–मध्यकाल व उत्तर–मध्यकालीन हिन्दी साहित्य में उनकी गहरी अभिरुचि है। निबन्ध उनके शोध का विषय रहा है। नौकरी के प्रारम्भ में वे छत्तीसगढ़ अंचल में रहे, जिससे छत्तीसगढ़ी से भी उनका गहरा अनुराग है जिसका प्रमाण उनके द्वारा रचित छत्तीसगढ़ साहित्य सम्बन्धी ग्रन्थ हैं।

जिनसे वे असहमत हैं उनसे भी वे मानवता के नाते गहरा प्रेम करते हैं। वे मानते हैं कि असहमति व्यक्ति के बौद्धिक विकास के लिए जरूरी है। मुझे याद आते हैं श्रीरामजी लाल चतुर्वेदी 'नन्ना' जिनसे वे घण्टों चोंच लड़ाया करते थे। चाहे जब 'नन्ना जी' कहते चलो बरसैंया जी की चाय पी आयें और उन्हें तंगा भी आयें। बरसैंया जी के व्यक्तित्व की यह एक विशेषता है कि असहमतियों के बाद भी वे

उन व्यक्तियों से बराबर प्रेम करते रहे हैं। एक प्रसंग और– मैंने सुन रखा था कि सेवा-अवधि में उनकी अनबन किसी निकटतम सहयोगी प्राध्यापक से हो गयी। बोलचाल भी बन्द। किन्तु जब लम्बे अन्तराल के बाद वे प्राध्यापक उनसे मिलने उनके आवास पर गये तो भेंट में उस अनबन की कहीं दूर-दूर तक कोई नामोनिशान नहीं था। यही नहीं, मैंने स्वत: डॉ. बरसैंया जी को उन प्राध्यापक से बड़े लाड़-प्यार से बतियाते हुए देखा है। बरसैंया जी समय के साथ समझौता करने वाले नहीं, बल्कि अपने विचारों व मूल्यों के साथ दृढ़ता से जीने वाले हैं। जो समय के साथ अपना रुख बदलते हैं उनसे वे प्रसन्न नहीं रहते। अन्याय के विरुद्ध लड़ने के एक प्रसंग की और चर्चा करना अनुचित न होगा।

बरसैंया जी वरिष्ठता के कारण अवधेश प्रताप सिंह विश्वविद्यालय, रीवा के हिन्दी अध्ययन मण्डल के अध्यक्ष, कला-संकाय के संकायाध्यक्ष (डीन) और महामहिम राज्यपाल महोदय द्वारा नामांकित कार्य-परिषद के सदस्य भी रहे हैं। विश्वविद्यालय द्वारा लिये गये गलत निर्णय का उन्होंने विरोध किया, लेकिन विश्वविद्यालय के अधिकारियों ने उनकी बात नहीं मानी। नियमानुसार सारे विरोध के बावजूद जब विश्वविद्यालय अपनी जिद पर अड़ा रहा तो वे न्याय पाने के लिए विश्वविद्यालय के उस निर्णय के विरुद्ध न्यायालय चले गये। अन्तत: उच्च न्यायालय ने विश्वविद्यालय के निर्णय को निरस्त करते हुए डॉ. बरसैंया के पक्ष में निर्णय दिया। विश्वविद्यालय को अपना निर्णय बदलना पड़ा। दूसरे प्राध्यापक, कुलपतियों के विरुद्ध ऐसा कदम उठाने की हिम्मत नहीं कर पाते।

डॉ. बरसैंया हम जैसे नये लोगों को प्रोत्साहित करने के लिए आदर्श आचार्य हैं जो पूरे मन से नयी पीढ़ी को आगे बढ़ाना चाहते हैं। छतरपुर में किसी भी कार्यक्रम में उनकी उपस्थिति अनिवार्य-सी हो गयी थी। उनके आने से आयोजन की गरिमा बढ़ जाती थी। बसारी के बुन्देली उत्सव में भी वे प्रतिवर्ष अपनी उपस्थिति दर्ज कराते थे। उनका मिलना-जुलना-बोलना प्रभावित करता है।

ऐसे विराट व्यक्तित्व के धनी डॉ. बरसैंया का छतरपुर से भोपाल जाना हम सबको वेदनाकारक व मर्माहत करने वाला है। छतरपुर को उनकी अनुपस्थिति निरन्तर कचोटती है। वे वहाँ रहकर भी हमें मार्गदर्शन देते रहते हैं। आशा है उनका मार्गदर्शन और स्नेह सतत मिलता रहेगा।

प्राध्यापक हिन्दी,
महाराजा महाविद्यालय,
छतरपुर (म. प्र.)

सरस्वती-पुत्र डॉ. बरसैंया

— डॉ. जगदीश रावत

बुन्देलखण्ड साहित्य, कला, संस्कृति का उद्‌गम स्थल रहा है। यहाँ अनेक संस्कृतियाँ परिपोषित हुई हैं। यहाँ का साहित्य कालजयी रहा है जो काल की सीमाओं से परे अक्षत और अक्षुण्य रहा है। हिन्दी के तीन जाज्वल्यमान रत्नों सूरदास, तुलसीदास और महाकवि केशवदास में से तुलसीदास और केशवदास बुन्देलखण्ड में ही जन्मे, यद्यपि परवर्ती काल में तुलसीदास ने अपना कार्यक्षेत्र अवध बना लिया था लेकिन हिन्दी साहित्य के मेरुदण्ड और रीतिकाल के प्रथम आचार्य केशवदास की कर्मस्थली बुन्देलखण्ड ओरछा ही रही।

इसी स्वनामधन्य साहित्यकारों की परम्परा में डॉ. गंगाप्रसाद गुप्त 'बरसैंया' का नाम बुन्देलखण्ड के वर्तमान साहित्यकारों में बड़े आदर के साथ लिया जाता है। छतरपुर में डॉ. नर्मदा प्रसाद गुप्त और डॉ. गंगाप्रसाद गुप्त खूब सक्रिय और चर्चित रहे। उस समय हम एक पैरोडी इस प्रकार करते थे–

इत 'गंगा' उत 'नर्मदा', इत 'जगदीश्वर' मित्र।
बुन्देली की मही में पावन परम पवित्र।

डॉ. नर्मदा प्रसाद गुप्त ने बुन्देली लोक-संसार को अपनी तूलिका से आलोकित किया, वहीं डॉ. बरसैंया ने उसके समालोचनात्मक पक्ष को समृद्ध किया। विशेषकर महाकवि केशव अनुसन्धान केन्द्र, ओरछा के निदेशक के रूप में उनके वरेण्य कार्यों को उनकी चिरस्थायी सम्पदा कहा जा सकता है। वैसे तो उनके बहुआयामी व्यक्तित्व के अनेक समृद्ध रूप हैं, लेकिन ओरछा के निदेशीय कृतित्व और व्यक्तित्व बुन्देलखण्ड के साहित्येतिहास में रेखांकित करने योग्य है।

बुन्देलखण्ड में प्राचीन पाण्डुलिपियाँ जो कालकवलित, जर्जर और भग्नावशेषी हो रही थीं, पहली बार डॉ. बरसैंया के कुशल नेतृत्व में उन्हें सहेजने, सम्हालने, संरक्षित और अनुरक्षित करने का अनुसन्धानात्मक, गवेषणात्मक, विश्लेषणात्मक कार्य किया गया। उनके द्वारा किये गये कार्यों में यह सर्वाधिक महत्त्वपूर्ण कहा जा सकता है। उनकी शोध और सर्जना की क्षमता, प्रतिभा विस्मित करने वाली है। देश के एक लोकप्रिय दैनिक भास्कर में पाँच वर्ष तक लगातार उनकी बुन्देली भाषा की

कुण्डलियानुमा कविता प्रतिदिन मुख पृष्ठ पर प्रकाशित होती रही, जिससे उनकी लोकप्रियता जन-जन की चर्चा का विषय थी। बुन्देलखण्ड की विस्मृत साहित्यिक विभूतियों पर केन्द्रित उनका ग्रन्थ 'बुन्देलखण्ड के अज्ञात रचनाकार' हिन्दी साहित्येतिहास को सर्वथा नवीन देन है। उनकी लेखनी से पहली बार ऐसा मृत्युंजय गौरव ग्रन्थ सामने आया जिसके बारे में निःसंकोच कहा जा सकता है– 'न भूतो न भविष्यति।'

शिक्षाविद् आचार्य और प्राचार्य के रूप में उन्होंने अपने शिष्यों की लम्बी शृंखला तैयार की है जो देश-विदेश में उनकी कीर्ति को आगे बढ़ा रहे हैं। भोपाल में रहकर भी उनकी लेखनी बराबर गतिशील और सक्रिय है। वे पूर्ण स्वस्थ रहकर सरस्वती का भण्डार भरते रहें। इन्हीं शब्दों के साथ मैं साधक सरस्वती-पुत्र को सादर प्रणाम करता हूँ।

'जगदीश्वर'
पूर्व वन मण्डलाधिकारी
खजुराहो रोड, छतरपुर (म. प्र.)

डॉ. बरसैंया : कुशल संगठक और बेबाक वक्ता

— कैलाश मड़बैया

अभी ज्यादा दिन नहीं बीते पिछले माह की ही बात है शायद 16 जून, 2017 का दिन ही था जब डॉ. बरसैंया जी का फोन आया कि एक लेख चाहिए है, जल्दी। मैंने पूछा कोई पत्रिका निकाल रहे हैं क्या? तो बरसैंया जी का संक्षिप्त-सा उत्तर था नहीं मेरे ऊपर एक अभिनन्दन ग्रन्थ निकल रहा है उसके लिए मुझ पर कोई लेख लिख दीजिये। मैंने कहा यह तो प्रसन्नता की बात है, अवश्य लिखूँगा। बधाई, यह तो बड़ी अच्छी खबर है। ...थोड़ा विस्मय अवश्य हुआ कि बहुधा 75 वर्ष पूर्ण होने पर साहित्यकारों पर अभिनन्दन ग्रन्थ प्रकाशित होने की परम्परा रही है पर गंगाप्रसाद बरसैंया जी तो लगभग 81 के हो रहे हैं? इतने विलम्ब से अभिनन्दन ग्रन्थ क्यों? पर यह प्रश्न किससे करें, विलम्ब तो हम सभी साथी कलमकारों के कारण हुआ है, इसमें बरसैंया जी का क्या दोष! खैर देर आयद दुरुस्त आयद। बाद में उनकी बेटी रीता गुप्ता का एक अनुरोध-पत्र भी आया जिसमें भी उक्त निवेदन किया गया था कि कृपया पिता जी पर अभिनन्दन ग्रन्थ निकालना है उन पर एक लेख भेज दीजिये। अच्छा लगा कि एक वरिष्ठ लेखक पर विलम्ब से ही सही अभिनन्दन ग्रन्थ तो निकल रहा है। और विलम्ब भी क्यों बरसैंया जी की साहित्यिक सक्रियता 81 जैसी बूढ़ी तो कहीं से नहीं दिखती, वह तो आज भी 18 जैसी ही युवा लगती है। वे अच्छे काम पर तत्काल बधाई देना नहीं भूलते और गलतियों पर तुरन्त टोकना नहीं छोड़ते। किसी रचना पर टिप्पणी करना उनके स्वभाव में सन्निहित है। अपने कामों में वे अत्यधिक सक्रिय आज भी हैं। उनका शैक्षिणक और उससे सम्बन्धित साहित्यिक अनुभव दीर्घ है। अत: अभिनन्दन ग्रन्थ निकालकर उनके व्यक्तित्व का मूल्यांकन और प्रतिभा का सम्मान आवश्यक है। खैर... अब जब लेख लिखने बैठा तो स्वाभाविक रूप से मन अतीत की स्मृतियों में खो गया।

मेरा परिचय बरसैंया जी से टीकमगढ़ के उनके शैक्षणिक सेवा-काल से है। फिर छतरपुर भी साथ रहे और मध्यप्रदेश हिन्दी साहित्य सम्मेलन में श्री मायाराम सुरजन के अध्यक्षीय कार्यकाल में साथ-साथ कार्यकारिणी सदस्य बतौर अनेक वर्षों कार्य किया और अब तो वे छतरपुर से भोपाल ही रहने आ गये, अत: अ. भा.

बुन्देलखण्ड परिषद के सभी कामों में प्रत्यक्ष या परोक्ष रूप में उनकी सहभागिता सदैव बनी ही रहती है। वैसे भी वे भोपाल के लगभग हर बुन्देली सम्मेलन में सहभागिता करने जहाँ रहे प्रायः आते ही रहे हैं। अब तो 2-3 दिनों में एक-दो बार तो फुनया ही लेते हैं। कभी-कभी तो एक दिन में कई बार फोनिक छेड़छाड़ हो जाती है। उनसे पारिवारिक सम्बन्ध सदैव बने रहे हैं।

टीकमगढ़ के उनके कालेज में रहते हुए, जब डॉ. गंगा प्रसाद गुप्त ने कला परिषद का गठन किया था तब हमने उनकी संगठन क्षमता भी देखी कि कैसे छोटे स्थानों पर बढ़िया संगठन चलाया जा सकता है। उन दिनों शायद कोई कलेक्टर गुप्ता वहाँ पदस्थ थे जिनकी कलाप्रियता का लाभ उठाया गया और बुन्देली में कार्य कर रहे अनेक मौन साहित्य सेवियों को मुखर किया गया। मुझे जहाँ तक स्मरण है स्व. श्री लक्ष्मीचन्द नुना पहले मौन साधक थे जिन्होंने बुन्देली शब्दों पर और बुन्देली व्याकरण पर मौलिक कार्य किया था और वे उन्हीं दिनों प्रकाश में आये थे। बाद में अन्य लोगों ने काम को आगे बढ़ाया। उन दिनों मेरे कुछ लेख धर्मयुग में छप रहे थे तो बरसैंया जी ने मुझे हर बार ढेरों बधाइयाँ दीं। हालाँकि मैं उनकी उस समय काम कर रही टीम में सम्मिलित नहीं था, कारण शायद जल्दी ही मैं भी स्थानान्तरित होकर टीकमगढ़ से बाहर चला गया था। हालाँकि ओरछा के केशव जयन्ती के लगभग प्रत्येक सम्मेलन में मैं रचना पाठ करने आता ही रहता था इसलिए जुड़ाव टूटा कभी नहीं।

फिर छतरपुर में 'गंगा' और 'नर्मदा' का प्रवाह समानान्तर चला तो स्थानीय अनेक साहित्यिकों सहित मुझे भी दो गुप्त धाराओं में उलझना पड़ा, लेकिन सृजन भी उन परिस्थितियों में काफी होता रहा। चूँकि प्रतिस्पर्धा में रचनाशीलता बढ़ तो जाती ही है हालाँकि तत्कालीन वर्तमान में मतभिन्नता अवश्य तैरती दिखती है लेकिन परिणाम बाद में प्रायः सुखद ही आते हैं। हिन्दी साहित्य सम्मेलन, मध्य प्रदेश में सुरजन-काल तक, काफी सक्रिय रहा और मैं व बरसैंया जी दोनों उसके आयोजनों में अनेक वर्षों तक सक्रिय रूप से जुड़े रहे। चूँकि हम दोनों पर ही वाम या दक्षिण पन्थ की मुहर नहीं लगी थी इससे हिन्दी में लोक पर काम करने में सुगमता होती थी क्योंकि हम हर अच्छे काम की प्रशंसा और खटकने वाले कामों की आलोचना खुलकर कर लेते थे। अनेक बिन्दुओं पर हमारी राय प्रायः एक जैसी हुआ करती थी। हालाँकि ऐसा नहीं कि हमारी हर बात में सहमति ही होती रही है वरन् जहाँ तक मुझे स्मरण है कि बरसैंया जी से सकारात्मक असहमति ही अधिक होती रही। पर हमारे बीच में कभी दूरी नहीं बढ़ी, क्योंकि एक तो वे उम्र में वरिष्ठ और दूसरे हमारे सृजन के क्षेत्र अलग-अलग रहे। मैं कविता के लिए और वे गद्यलेखन के लिए जाने जाते रहे हैं। डॉ. गंगाप्रसाद गुप्त प्रारम्भ में छत्तीसगढ़ में रहे, इसलिए छत्तीसगढ़ लोक-साहित्य से जुड़े रहे, पर थे तो मूलतः बाँदा, बुन्देलखण्ड के, इसलिए जैसे ही वे बुन्देलखण्ड में पदस्थ

हुए उनका बुन्देली प्रेम फूट पड़ा और अब वे निरन्तर बुन्देली में सक्रिय रहने लगे। इतने कि दिल्ली के किसी एक उपन्यास में प्रकाशक ने लोक कवि ईसुरी को श्रृंगार का कवि होने के कारण कुछ हल्का शब्द लिख दिया तो वे उस लेखक और प्रकाशक के पीछे ही पड़ गये कि ईसुरी जैसे मौलिक और महान रचनाकार को अभद्र शब्द क्यों प्रयोग किया गया? उन्होंने इस विरोध में हम सभी को भी शामिल कर लिया और हमें भी उनका यह पक्ष उचित लगा। बुन्देली के अज्ञात साहित्यकारों को उन्होंने साहित्य-जगत में ज्ञात कराया।

बरसैंया जी की खूबी यह है कि उन्हें कोई किताब दी जाये तो वे उस पर समीक्षा अवश्य लिख देते रहे हैं। अगर कोई अच्छी किताब की चर्चा सुनते तो उसे प्राप्त कर भी उस पर टिप्पणी लिखना उनकी आदत में रहा है। इस कार्य में उनकी दृष्टि सदैव सकारात्मक रही है। मेरी तो अनेक पुस्तकों की समीक्षा बरसैंया जी ने लिखी है और वे यत्र-तत्र प्रकाशित भी हुई हैं। समीक्षाओं पर उनकी कई किताबें भी प्रकाशित हुई हैं। वे किताबें लेने में जितने उदार हैं देने में उतने ही अनुदार गुप्त भी हैं। हालाँकि इस मामले में किसी भी लेखक की सीमायें होती हैं। यह मैं खूब जानता हूँ। पर उन्हें छेड़ना अच्छा लगता है।

डॉ. बरसैंया एक अच्छे लेखक होने के साथ एक अच्छे वक्ता भी हैं। मैंने उन्हें अनेक आयोजनों में सुना है। उनके वक्तव्य हमेशा बेबाक रहते हैं। उनकी बुलन्द आवाज में उनका चिन्तन स्पष्ट झलकता है। एक अच्छी बात यह भी है कि वे कोई त्रुटि होने पर तत्काल स्वीकार कर लेते हैं। टाल-टूल उन्हें नहीं आती। एक बार किसी पत्रिका में उन्होंने छत्रसाल से सम्बन्धित कुछ अन्यथा जानकारी दी। मैंने उन्हें कहा कि इतिहास में ऐसा नहीं है तो उन्होंने स्वीकार कर कहा अलग-अलग मत हो सकते हैं। वे साफ कहते हैं और सच में असहमति भी एक प्रकार की सहमति ही है।

इन दिनों बढ़ती वय के हिसाब से उनका और आदरणीया भाभी जी का स्वास्थ्य स्वाभाविक रूप से बहुत अनुकूल नहीं रहता कि वे पहले की तरह भोपाल जैसे महानगर में प्रत्येक समारोह में आते-जाते रहें, पर अपनी शुभकामनायें देना वे कभी नहीं भूलते। ईश्वर उन्हें लम्बी आयु दे और स्वस्थ रखे, सृजन किये बिना तो वे रहेंगे ही नहीं। अत: यशस्वी हों। माँ भारती का भण्डार भरते रहें। यही मंगल कामना है।

75 चित्रगुप्त नगर,
कोटरा, भोपाल-3
मो. 9826015643

प्रतिभापुंज गुरुवर डॉ. बरसैंया

— *डॉ. देवीप्रसाद खरे*

मिला स्वत: संयोग अब, ईश भक्ति के संग।
शोध व कृत्तिकार को, मिले विमल गुरु गंग।

डॉ. बरसैंया जी हिन्दी साहित्य के सशक्त हस्ताक्षर ही नहीं, बल्कि भारत के उन मनीषियों में से एक हैं, जो 80 वर्ष की आयु में अब तक 35 ग्रन्थ लिख चुके हैं और अभी अनवरत रूप से लेखन का क्रम जारी है। यह मेरा सौभाग्य है कि मुझे उनके निर्देशन में पी-एच. डी. का शोधकार्य करने का सुयोग प्राप्त हुआ।

डॉ. बरसैंया जी मेरे पुराने सुपरिचित थे। जब मैं शोधकार्य के निमित्त छतरपुर उनके पास पहुँचा और अपना उद्देश्य बताया तो उन्होंने निदेशक बनने से साफ इनकार कर दिया। एक तो उन्होंने समय की कमी और अपनी अस्वस्थता का कारण बताया। दूसरा उन्होंने कहा कि आजकल के शोधार्थी मेहनत नहीं करना चाहते। सब कुछ निदेशक के सिर बोझ बनता है। मैं तो सच्चे मन से उन्हें अपने शोध का गुरु बनाने गया था। मैंने भी ठान लिया कि मैं डॉ. बरसैंया के निर्देशन में ही शोध करूँगा। मैंने अपनी ज़िद व्यक्त करते हुए कहा कि मैं तो आपके निर्देशन में ही काम करूँगा, भले ही एकलव्य की तरह संकल्पित होना पड़े। मैंने उन्हें विश्वास दिलाया कि मैं पूरी निष्ठा और परिश्रम से अपना शोधकार्य करूँगा। आपको शिकायत का अवसर नहीं मिलेगा। सोच-विचार के बाद उन्होंने विषय पूछा। चर्चा की और वहीं बैठे-बैठे शोधकार्य की रूपरेखा बनवायी और कहा इन्हीं अध्यायों के आधार पर कार्य करो। पहले मूल ग्रन्थ प्राप्त कर उनका अध्ययन करो। विषय अज्ञात कवि परमानन्द प्रधान से सम्बन्धित था। यह भी कहा कि जितना लिखो, उसे बताते जाओ।

चर्चा के बाद मैं टीकमगढ़ वापस आया। सर्वप्रथम सारे ग्रन्थ एकत्र किये। फिर एक-एक का अध्ययन शुरू किया। जब एक-दो अध्याय लिख गये, तो मैं गुरुवर डॉ. बरसैंया को दिखाने गया। उन्होंने पढ़ा, मुँह बनाया और पूरे लिखे पर कलम फेर दी, कहा– 'ऐसा लिखा जाता है। यह कोई प्राइमरी का निबन्ध है। गम्भीरता से विचारकर साहित्यिक भाषा में लिखो। पहले समझो कि शोध का आशय क्या है। गम्भीरता से कार्य करो, जल्दबाजी में नहीं।' मुझे बुरा तो लगा। अब तक का सारा

लिखा व्यर्थ गया। उन्होंने कुछ बिन्दु दिये। समझाया। मैं दु:खी मन से घर लौटा। लेकिन मरता क्या न करता। फिर लिखा। फिर दिखाने गया। इस बार न तो वे नाराज हुए और न काट-पीट की। सुधार किया और पुनः मार्ग-दर्शन दिया। परमानन्द प्रधान की 33 पुस्तकों पर पहली बार समीक्षात्मक शोध तैयार हो रहा था। अन्ततः निर्धारित तय सीमा में मेरा शोध-प्रबन्ध वि. वि. में प्रस्तुत हुआ।

दोनों शोध परीक्षकों से अनुकूल रिपोर्ट पाकर वि. वि. से मौखिकी की सूचना मिली। डॉ. बरसैंया ने न केवल अग्रिम बधायी दी, अपितु मेरे साथ वि. वि. तक गये। मौखिकी के पूर्व कुछ भय-सा लग रहा था, पर गुरुदेव ने आश्वस्त कर आशीर्वाद दिया। मौखिकी के समय इलाहाबाद से पधारे विद्वान डॉ. दूधनाथ सिंह ने सार्वजनिक रूप से कहा कि यद्यपि इस समय शोधकार्यों की स्थिति अच्छी नहीं है, पर जब तक ऐसे शोध प्रबन्ध सामने आते जायेंगे तब तक आश्वस्ति बनी रहेगी। उन्होंने शोधकार्य और शोधार्थी दोनों की सराहना की। कुछ दिनों बाद विश्वविद्यालय ने मेरे पी-एच. डी. होने की सूचना प्रसारित की और मैं डॉक्टर बन गया। इसे मैं गुरुदेव की कृपा मानता हूँ। यदि वे मार्ग-दर्शन न देते, सुधार न करते तो यह सम्मानजनक उपलब्धि कैसे प्राप्त होती।

डॉ. बरसैंया ने बुन्देलखण्ड क लगभग 60-70 साहित्यकारों को पहली बार प्रकाशित कर साहित्येतिहास में नया अध्याय जोड़ा। वे अनेक विश्वविद्यालयों, साहित्यिक संस्थाओं से सम्मानित और पुरस्कृत हैं। महामहिम उप-राष्ट्रपति डॉ. शंकर दयाल शर्मा ने उन्हें 'साहित्य श्री' से अलंकृत किया था। हिन्दी साहित्य सम्मेलन, इलाहाबाद ने अपनी 'साहित्य वारिधि' उपाधि से उन्हें छतरपुर जाकर सम्मानित किया था। उनकी विद्वता, सरलता और गुणों की जितनी प्रशंसा की जाये कम है। टीकमगढ़ में साहित्य-साधना को गतिशील बनाने में, आपका बड़ा योगदान है। अन्त में उनके चरणों में ये पंक्तियाँ समर्पित कर उन्हें सादर नमन कर रहा हूँ-

गुरुवर सचमुच पूजनीय हो।
जन-जन के तुम वन्दनीय हो।
पूज्यपाद गुण गाऊँ कैसे?
साहित्य श्री से अभिनन्दनीय हो।
आर्य! तुम्हारी सौरभ से तो-
परिचित है यह गली-गली।
और आपकी कृतियों से
महकी भाषा की कली-कली।

शहीद स्टेडियम के पास
टीकमगढ़ (म. प्र.)

'नित नवीनता की अनुभूति, उनकी संजीवनी है'

— अभिनन्दन गोइल

साहित्य मनीषी परम आदरणीय डॉ. गंगाप्रसाद गुप्त बरसैंया हिन्दी और बुन्देली साहित्य की विभिन्न विधाओं में सृजन करते हुए साहित्य और संस्कृति की समृद्धि में निरन्तर योगदान कर रहे हैं। वे गम्भीर निबन्धकार, सुधी समीक्षक, शोधार्थी एवं शोध निर्देशक, सफल व्यंग्यकार, कवि और कुशल वक्ता हैं। उनका विस्तृत रचना-संसार चकित करता है कि अपने शैक्षणिक, पारिवारिक और सामाजिक दायित्वों के उत्कृष्ट निर्वहन के साथ, कैसे वे इतना विस्तृत-बहुआयामी साहित्य सृजित कर सकें। इस बात का उत्तर उनके ही अन्तरंग उद्‌गारों में प्रगट हुआ है कि– ''हर दिन नया और हर रचना नवीन लगती है। नवीनता की यही अनुभूति संजीवनी शक्ति का काम करती है। आकांक्षा यही है कि अन्तिम साँस तक यह संजीवनी शक्ति काम करे।'' अपनी सतत सक्रियता का उक्त रहस्य उन्होंने अपने आलेखों के समुच्चय 'सृजन विमर्श' के प्राक्कथन में स्वयं उद्‌घाटित किया है।

आदरणीय बरसैंया जी मेरे स्वर्गीय पिता श्री मगनलाल जी गोइल (स्वतन्त्रता संग्राम सेनानी, पूर्व विधायक) के अति आत्मीय रहे हैं। अत: वे मेरे लिए पितृ तुल्य हैं। एक बार भोपाल में छत्रसाल जयन्ती के अवसर पर उनसे भेंट हुई। मेरे द्वारा उनके चरण स्पर्श करने पर मुझे गले लगाकर आनन्द विभोर होते हुए बोले– ''अरे... ! गोइल जी के बेटे भी इतने बूढ़े हो गये हैं।'' उन्होंने मेरे सफेद बालों को देखकर उक्त स्नेहिल कटाक्ष से मुझे वरिष्ठ होने जैसा आभास करा दिया। उनके आशीर्वाद देने की यह विधि मुझे अभिभूत कर गयी। मुझे लगा कि यही हास्य-व्यंग और वक्रता विधान तो उनकी रचनाधर्मिता को धारदार बनाता है। बरसैंया जी के विविध आलेखों के अध्ययन से ऐसा लगता है कि उनमें विषय प्रतिपादन की अद्‌भुत क्षमता है। उनकी समीक्षात्मक शैली निरन्तर नीर-क्षीर विवेक के साथ अग्रसर होती प्रतीत होती है।

वर्तमान साहित्य में बढ़ता दुराग्रह, प्रदूषण और विकृत मानसिकता उनकी चिन्ता के विषय हैं और उनकी प्रखर आलोचना के केन्द्र भी।

साहित्य के क्षेत्र में व्याप्त दुराग्रह के प्रति उनकी गहन पीड़ा उनके आलेख

''दुराग्रह-साहित्य का धर्म नहीं'' में कितनी सघनता से उजागर हुई है, देखें- ''आज रामायण और महाभारत की कथा और उनके पात्रों पर प्रश्नचिह्न लगाये जा रहे हैं जबकि अपने रचनाकाल में वे युग-जीवन से गहरे जुड़े थे और आज भी उनके अधिकांश सूत्र सम्यक् दिशा-निर्देश और प्रेरणा देने में सक्षम हैं। हालत यहाँ तक पहुँच गयी है कि धर्म निरपेक्षता और प्रगतिशील सोच का दावा करने वाले कुछ ज्ञानियों ने सरस्वती वन्दना तक का बहिष्कार कर दिया। ज्ञान की देवी में भी साम्प्रदायिकता के दर्शन करने का आधार समझ से बाहर है। इसके पूर्व राष्ट्रध्वज, राष्ट्रगान और राष्ट्रग्रन्थ के साथ भी दुर्व्यवहार किये जाते रहे हैं। आज ढूँढ़-ढूँढ़कर विरोध के बिन्दु खोजे और उठाये जा रहे हैं।''

बरसैंया जी ऐसे दुराग्रहों से बचने का आह्वान भी करते हैं और साहित्यकारों को दुराग्रह के कारण अपने विवेक को असंयत न करने का आग्रह भी अपने लेखों के माध्यम से करते हैं।

समाज की विषम परिस्थितियों के बीच भी आज के साहित्यकारों की कृतियों में समुचित संवेदना और प्रेरणा नहीं उतर पाती। यह चिन्ता भी बरसैंया जी के लेखन में व्यक्त होती है। वे कहते हैं- ''साहित्यिक कृतियाँ आज प्रेरणा, चेतना और आत्मीयता प्रदान नहीं करतीं। वे आतंकित अधिक करती हैं। रचना में शोर नहीं शक्ति और सार्थकता होनी चाहिए। मानव-मन को छूने और हृदय को उद्वेलित करने की शक्ति होनी चाहिए।''

बरसैंया जी बुन्देली साहित्य पर भी शोध और सृजन की निरन्तरता से माटी के कर्ज को चुका रहे हैं। उनके सृजन से बुन्देली साहित्य और संस्कृति के उन्नयन को भी गति मिली है।

आदरणीय बरसैंया जी के उदार और स्नेहिल, व्यक्तित्व तथा कृतित्व का वर्णन संक्षेप में करने के लिए भी एक ग्रन्थ कम पड़ेगा। मेरे जैसे अल्पबुद्धि द्वारा उनके व्यक्तित्व और कृतित्व के सम्बन्ध में कुछ भी कहना तो 'सूरज को दीपक दिखाने' जैसा ही प्रयास होगा। अत: मैं उनके सुदीर्घ और सुखी जीवन हेतु मंगल कामना करता हूँ। उनकी कीर्ति उत्तरोत्तर बढ़ती रहे, ऐसी भावना भाते हुए उन्हीं के शब्दों का सहारा लेकर विराम लेता हूँ।

''राव गये राजा गये-साधक सन्त फकीर।
केवल कीरत रै गयी, नश्वर जगत शरीर।।'' ('खरी-खरी' से उद्धृत)

जिला अध्यक्ष
अ. भा. बुन्देलखण्ड साहित्य एवं संस्कृति परिषद्
बाजार जैन मन्दिर मार्ग, टीकमगढ़
मो. 9424923622

एक जिन्दादिल शख्सियत– डॉ. गंगाप्रसाद बरसैंया

– एन. डी. सोनी

औसत कद–काठी और सामान्य रंग–रूप होते हुए भी डॉ. गंगाप्रसाद गुप्त के व्यक्तित्व में कुछ ऐसा आकर्षण है, जो उनसे मिलने वाले हर व्यक्ति को अपनी ओर खींचता है। इसका राज या कहें चुम्बकीय गुण है उनकी मुस्कराहट और बोलती हुई आँखों में। यह तो है प्रथम दृष्टि की बात। इसके बाद जैसे–जैसे आप उनसे मिलेंगे और वार्तालाप होगा या आपको उनका कोई भाषण सुनने को मिलेगा तो आप उनके ज्ञान और उनकी वक्तृत्व कला के मुरीद हुए बिना नहीं रह सकते। यह अनुभव मुझे तब हुआ जब सन् 1972 में बरसैंया जी शासकीय महाविद्यालय टीकमगढ़ में हिन्दी के सहायक प्राध्यापक के रूप में आये और उनसे मेरी पहली मुलाकात स्व. प्रेमनारायण रूसिया के यहाँ हुई। शिक्षा विभाग में कार्यरत होने के कारण मेरा सम्पर्क पी. एन. रूसिया, पी. एन. खरे और पी. एस. श्रीवास्तव अर्थात् शिक्षण प्रशिक्षण जगत के तीन पी. से रहा, जो उन दिनों टीकमगढ़ ही नहीं प्रदेश की चर्चित हस्तियाँ थीं। बरसैंया जी भी इस त्रिवेणी से जुड़े। उस जमाने में टीकमगढ़ में महाविद्यालय, माध्यमिक विद्यालय और प्रशिक्षण संस्था कुण्डेश्वर के शिक्षकों का आपस में जुड़ाव और ताल–मेल रहा करता था जो अब नहीं दिखता। बरसैंया जी अच्छे शिक्षक के साथ सामाजिक व्यक्ति रहे हैं इसलिए वे सभी वर्गों के लोगों से स्नेहपूर्वक मिलते और दिल खोलकर खुलते भी रहे। हमउम्र और हमपेशा होने के कारण मैं भी उनसे जुड़ गया और साहित्यिक तथा सामाजिक कार्यक्रमों में अक्सर मुलाकातें होती रहती थीं।

टीकमगढ़ में अपने छः वर्ष के प्रथम कार्यकाल में श्री बरसैंया जी ने साहित्यिक गतिविधियों को जागृत रखने में सक्रिय भूमिका निभायी। उनकी इस भूमिका में महाविद्यालय के तत्कालीन पुस्तकालयाध्यक्ष श्री सुरेन्द्रनाथ श्रीवास्तव महत्त्वपूर्ण सहयोगी सिद्ध हुए, क्योंकि वे पूर्व से ही टीकमगढ़ की साहित्यिक मण्डली के सक्रिय कार्यकर्ता के रूप में साहित्यिक गोष्ठियों का आयोजन किया करते थे। जहाँ

तक मुझे याद है बरसैंया जी ने टीकमगढ़ में कला परिषद नामक संस्था का गठन किया था। यद्यपि टीकमगढ़ में सन् 1933 से संचालित श्री वीरेन्द्र केशव साहित्य परिषद जैसी पुरानी संस्था पं. कृष्ण किशोर द्विवेदी की अध्यक्षता में साहित्यिक गतिविधियों का आयोजन करती थी, मगर इनमें और तीव्रता लाने का काम कला परिषद ने किया।

कला परिषद के माध्यम से श्री बरसैंया जी ने आयोजनों में वृद्धि करके जहाँ नये साहित्यकारों को प्रोत्साहित किया, वहीं साहित्य-सृजन को बढ़ावा दिया। उस समय कला परिषद के माध्यम से तीन महत्त्वपूर्ण ग्रन्थों का प्रकाशन हुआ, जिनमें 'मानस मनीषा', 'बुन्देली एक भाषा वैज्ञानिक अध्ययन' तथा 'पं. कृष्ण किशोर द्विवेदी षष्ठिपूर्ति स्मारिका' रहीं। ये कृतियाँ आज भी साहित्य की धरोहर हैं। 'बुन्देली एक भाषा वैज्ञानिक अध्ययन' के लेखक आचार्य दुर्गाचरण शुक्ल और डॉ. कैलाश बिहारी द्विवेदी की प्रतिभा इस पुस्तक ने उजागर की जिसकी भूरि-भूरि प्रशंसा साहित्यकारों ने की। इससे कला परिषद और बरसैंया जी दोनों के व्यक्तित्व में चार चाँद लगे। दूसरों को प्रोत्साहन देने का काम वही कर सकता है जो स्वयं अच्छा कवि या लेखक हो। बरसैंया जी कवि और लेखक दोनों हैं। वे ऐसे व्यक्ति हैं जो जी भरकर जीने और दूसरों को जीने देने में विश्वास रखते हैं। इसी नजरिये के कारण बरसैंया जी का लेखन न केवल सतत चलता रहा बल्कि उसमें उत्तरोत्तर वृद्धि होती गयी। उनके पच्चीस से अधिक ग्रन्थों और सैकड़ों लेखों का प्रकाशन इसका प्रमाण हैं।

जब बरसैंया जी टीकमगढ़ आये उस समय श्याम केश युवा थे, इसलिए जोश होना स्वाभाविक था। इसके बाद शासकीय सेवा में घूमते हुए जब छतरपुर आकर बसे तो श्वेत-श्याम केश उनकी प्रौढ़ता के प्रतीक थे जो जोश और अनुभव का संगम था। छतरपुर में उनका काफी लम्बा समय बीता और टीकमगढ़ से प्राचार्य के रूप में सेवानिवृत्ति के बाद वहीं आशियाना बना। अपने मिलनसार स्वभाव और साहित्यिक योगदान के कारण वे छतरपुर के साहित्य-जगत के अति महत्त्वपूर्ण व्यक्तियों में शामिल रहे हैं। यहीं पर रहते हुए वे श्वेत-श्याम से श्वेत केश हो गये परन्तु इससे उनकी साहित्य-साधना में कोई फर्क नहीं आया। महाकवि केशव के अनुसार श्वेत केशों ने उन्हें बाबा भले ही बनाया हो मगर वे मन से आज भी बूढ़े नहीं हुए हैं। उनकी लेखनी अब भी सतत चल रही है।

सेवा निवृत्ति के पूर्व बरसैंया जी स्नातकोत्तर महाविद्यालय के प्राचार्य होकर पुनः टीकमगढ़ आये जरूर मगर कुछ महीनों के लिए ही। उन महीनों में भी टीकमगढ़ रहना कम ही हो सका क्योंकि छतरपुर में स्थायी निवास बन चुका था। सेवानिवृत्ति पर टीकमगढ़ में उनका अभिनन्दन हुआ और सभी ने उनसे यहाँ आते

रहने का आग्रह किया। उनका जुड़ाव भी टीकमगढ़ के लोगों से बना रहा इसलिए वे समय-समय पर अनेक आयोजनों में टीकमगढ़ आते रहे। साहित्यिक संस्था वीरेन्द्र केशव साहित्य परिषद ने अनेक कार्यक्रमों में उन्हें बुलाया और उन्होंने सहर्ष आकर भाग लिया। इसके अलावा समाज के जिन लोगों से उनके निकट सम्बन्ध रहे उनके बुलावे पर भी आते रहे और लोगों से स्नेह भाव बना रहा। छतरपुर के साहित्यिक कार्यक्रमों में या किसी अन्य कार्य से हम लोग जब भी छतरपुर गये तो बरसैंया जी के यहाँ अवश्य जाते रहे। इस प्रकार आत्मिक सम्बन्धों का सिलसिला अब तक बना है। भोपाल जाने से दूरी और उम्र की विवशताओं ने मिलने की जगह दूरभाष से वार्तालाप को सन्तुष्टि का माध्यम बना दिया है।

बरसैंया जी की शख्सियत में मुझे जो विशेषतायें देखने को मिलीं उनमें उनकी कर्मठता ने मुझे सबसे ज्यादा आकर्षित किया। उन्होंने गीता से फल की चिन्ता किये बगैर कर्म करने की सीख ली। पूरी निष्ठा से अध्ययन-अध्यापन और लेखन में निरत रहने के कारण वे शिष्यों और समाज में आदर के पात्र रहे। जैसे-जैसे उनके शोध-लेखों और पुस्तकों का प्रकाशन होता रहा, सम्मान, पुरस्कार, अलंकरण और पद अपने-आप उन्हें प्राप्त होते रहे और आगे भी होते रहेंगे। जुगाड़ू साहित्यकारों से अप्रभावित श्री बरसैंया जी अपनी लेखन-शक्ति पर भरोसा करने वालों की पंक्ति में महत्त्वपूर्ण स्थान बनाया है।

उनके दूसरे जिस गुण ने मुझे प्रभावित किया वह है उनकी तीक्ष्ण पारखी बुद्धि। सामने आने वाले व्यक्ति को दो-चार मुलाकातों में ही वे भली-भाँति परख लेते हैं। जिन लोगों की क्षमता में उन्हें विश्वास हुआ उन्हीं के लेखन या पी-एच. डी. के लिए प्रोत्साहित किया। उनसे मिलने वाला हर व्यक्ति उनका मुरीद हो जाता है, पर वे किसी के मुरीद न भी हों तो भी हर परिचित से मित्र सम व्यवहार करते हैं। यही व्यावहारिकता लोगों को उनका कायल बनाती है। टीकमगढ़ के जिन लोगों को उन्होंने पी-एच. डी. करायी उनमें डॉ. दुर्गा प्रसाद दीक्षित दुर्गेश, डॉ. डी. पी. खरे और डॉ. शोभना जैन तीन लोग हैं। तीनों के शोध ग्रन्थ महत्त्वपूर्ण हैं।

बरसैंया जी के गुणों में उनकी अनोखी भाषण कला भी है। वे विषय विशेष पर परिस्थिति और समय का ध्यान रखते हुए संयमित और सारगर्भित बात प्रभावशाली तरीके से रखते हैं। इस भाषण कला और उनके ज्ञान ने उन्हें अनेक साहित्यिक और समाजसेवी संस्थाओं से जोड़ा। जिस संस्था से भी वे जुड़े उसके विकास में महत्त्वपूर्ण भागीदार बने। छतरपुर नगर इसके लिए उनका विशेष ऋणी है।

लेखन के क्षेत्र में बरसैंया जी गद्य और पद्य दोनों विधाओं के लेखन में पूर्ण सक्षम हैं जिसकी साक्षी उनकी प्रकाशित पुस्तकें हैं। उनका विशेष रुझान गद्य लेखन में कुछ नया लिखने का रहा है। अल्प ज्ञात और अज्ञात कवियों और लेखकों की

खोज में उनकी विशेष रुचि और मेहनत के कारण बहुत से कवि व लेखक प्रकाश में आये हैं। काल के गाल में समा चुके कवियों पर उन्होंने शोध कार्य किया, परिणामस्वरूप ऐसे कवियों की जानकारी हुई जो ज्ञात और प्रतिष्ठित कवियों से भी बढ़कर हैं। यदि उनके साहित्य का प्रकाशन हो गया होता तो निश्चय ही वे सराहना के पात्र होते। बरसैंया जी के शोध–लेखों से ऐसे अनेक कवियों के बारे में साहित्य–जगत को जानकारी हुई जो भावी साहित्यकारों को शोध के क्षेत्र में प्रेरणा का काम करेगी। 'बुन्देलखण्ड के अज्ञात रचनाकार' शीर्षक बरसैंया जी की पुस्तक इस मायने में अपना विशेष स्थान रखती है।

बरसैंया जी दूसरों को लेखन के लिए प्रोत्साहित करने में कभी कंजूसी नहीं करते। मैंने कभी–कभार जो थोड़ा लिखा उसमें उन्हें जो पसन्द आया उसकी प्रशंसा करके उन्होंने आगे लिखने को प्रोत्साहित किया। देश की लगभग सभी प्रतिष्ठित हिन्दी पत्र–पत्रिकाओं में उनके लेख व पत्र प्रकाशित होते रहते हैं। यह उनकी देश–व्यापी प्रतिष्ठा का ही प्रतीक है। अन्त में मैं इतना और कहना चाहता हूँ कि बरसैंया जी साहित्य–साधना के साथ–साथ स्वस्थ और सुखी जीवन जीने की कला में भी माहिर हैं। इसी कारण उन्होंने अस्सी पार की उम्र में अपनी प्रिय साधनास्थली छतरपुर को छोड़कर भोपाल जैसे महानगर में रहने का निर्णय लिया ताकि वे अपने परिवार के साथ सुखपूर्वक रह सकें। उनकी जिन्दादिली उन्हें शतायु प्रदान करेगी ऐसा विश्वास है। ईश्वर उनके हौसले को बनाये रखे ताकि वे अन्त तक साहित्य सेवा करते रहें।

राजमहल के पास, टीकमगढ़
मो. 9993750271

निबन्ध और प्रबन्ध के शिल्पी डॉ. बरसैंया

– डॉ. लक्ष्मीनारायण गुप्त 'विश्वबन्धु'

राष्ट्रकवि मैथिलीशरण गुप्त ने व्यक्तित्व विकास के लिए लोक-जीवन को एक बहुमूल्य सूत्र अपनी कविता में प्रदान किया है। सूक्ष्म द्रष्टा कवि ने संघर्ष को व्यक्तित्व विकास, कौशल विकास व कर्मशीलता के विकास का मूलभूत कारण माना है, वे कहते हैं–

जितने कष्ट कंटकों में हैं जिनका जीवन-सुमन खिला।
गौरव गन्ध उन्हें उतना ही यत्र-तत्र-सर्वत्र मिला।।

एक अन्य सुप्रसिद्ध कवि एवं शिक्षाशास्त्री श्री रामेश्वर शुक्ल "अंचल" ने भी कुछ ऐसे ही भावों की अभिव्यक्ति की है। यथा–

फूल काँटों में खिला था सेज पर मुरझा गया।

इस प्रकार संघर्ष-गाथा उद्धृत करने में मुझे डॉ. गंगाप्रसाद बरसैंया के सम्बन्ध में कुछ लिखने का सम्बल मिला है।

गंगाप्रसाद जी से मेरी भेंट लगभग सन् 1958-59 में हुई जब मैं इम्पीरियल बैंक में कैशियर था और रात्रि में आयुर्वेद पढ़ने प्राणाचार्य पं. सुन्दरलाल शुक्ल के महाकौशल आयुर्वेद महाविद्यालय जाता था। भेंट का माध्यम एवं स्थान श्री पुरुषोत्तमलाल जी वैद्य का दवाखाना था, जहाँ प्राय: सन्ध्या समय सामाजिक सरोकार से या भेंट करने के उद्देश्य से समाज के लोग जाते थे, क्योंकि वैद्यराज जी समाज के पंच भी थे। यहीं एक दिन अचानक श्री बरसैंया जी से भेंट हो गयी। बरसैंया जी उन दिनों सम्भवत: अपने गाँव की शिक्षा प्राप्त कर आगे अध्ययन हेतु जबलपुर आये थे।

हम समवयस्क थे। बरसैंया जी की जन्मतिथि 6 फरवरी, 1937 थी और मेरी 18 सितम्बर, 1935। हम दोनों को कभी बड़े-छोटे का अहसास ही नहीं हुआ वरन् मैं तो गंगाप्रसाद जी को ही सदा अपना बड़ा भाई मानता रहा। यह बात तो तब सामने आयी जब 82वें वर्ष की आयु में मेरे अभिनन्दन का कार्यक्रम रखा गया। वे इस कार्यक्रम के मुख्य अतिथि रहे और मैं उन्हें वैसे ही अपने से आयु, अध्ययन एवं विभिन्न सामाजिक गतिविधियों व साहित्य-सृजन में सदा से ही ज्येष्ठ-श्रेष्ठ मानता आ रहा हूँ, और इस विचार में कोई परिवर्तन सम्भव ही नहीं है।

श्री बरसैंया जी और मेरे जीवन में कुछ समानतायें हैं। भौंरी (चित्रकूट) से जबलपुर आने के बाद अध्ययन के साथ-साथ उन्होंने पत्रकारिता जगत में प्रवेश के साथ तत्कालीन नयी दुनिया दैनिक समाचार में नियुक्ति पा ली। मैंने मैट्रिक के बाद आगे पढ़ाई अवरुद्ध हो जाने के बाद सन् 1953 में एक वर्ष सेठ गोविन्ददास द्वारा प्रकाशित जयहिन्द समाचार-पत्र में कार्य किया।

संघर्षपूर्ण जीवन-यात्रा में श्री बरसैंया जी ने व मैंने हिन्दी में 1962 में एम. ए. हिन्दी में करके पी-एच. डी. में भी पंजीयन करा लिया। मुझे फरवरी 1967 में "रामचरितमानस में तुलसी की नैतिक मान्यतायें" विषय पर पी-एच. डी. प्राप्त हुई। जहाँ तक मुझे स्मरण आता है श्री बरसैंया जी इसके पूर्व ही सन् 1964 के लगभग पी-एच. डी. की उपाधि से अलंकृत हो गये थे। दोनों को उपाधि जबलपुर वि. वि. से मिली।

मेरा स्थानान्तरण 1960 में सतना हो गया था और बरसैंया जी की प्रथम पदस्थापना रायपुर के पास बागबहरा के निजी महाविद्यालय में हुई। मैं सन् 1954 में तत्कालीन इम्पीरियल बैंक में कैशियर के पद पर नियुक्त हुआ।

गहोई वैश्य नवयुवक मण्डल– श्री बरसैंया जी और मैं क्रमशः अध्यक्ष एवं मन्त्री पद पर गहोई वैश्य नवयुवक मण्डल में पदस्थ हुए। बाद में मैं इस नवयुवक मण्डल का अध्यक्ष और श्री सुभाष कठल मन्त्री बने।

श्री बरसैंया जी को बागबहरा में प्रतिष्ठित होने पर प्रतिष्ठा बढ़ी। इसके बाद वे मध्यप्रदेश शासन के महाविद्यालयों –रायपुर, टीकमगढ़, राजगढ़, छतरपुर, दमोह में प्राध्यापक रहे और बाद में टीकमगढ़ महाविद्यालय में प्राचार्य के पद पर पदस्थ होकर 31-12-96 को सेवानिवृत्त हो गये। यह संयोग की बात है कि मेरी भी अल्पकालीन पद स्थापना सन् 1964 में हो गयी थी। इस समय मैं पी-एच. डी. करने के प्रयास में लग गया था और टीकमगढ़ में किसी साहित्यिक पाण्डुलिपि के सम्पादन हेतु खोज कर रहा था। अन्त में मुझे टीकमगढ़ से ओरछा के रानी वृषभानु कुँवरि रचित दो ग्रन्थ मिले जिनमें उनका प्रथम ग्रन्थ "होरी रहस" जिसका सम्पादन कर मैंने उसे अयोध्या शोध संस्थान की आर्थिक मदद से प्रकाशित करा दिया। दूसरा बुन्देली ग्रन्थ "झूलन रहस" प्रकाशनाधीन है। यह चर्चा प्रस्तुत करने का केवल यह तात्पर्य है कि बरसैंया जी ने बुन्देली साहित्य और साहित्यकारों की खोज कर पुस्तकें प्रकाशित करायीं तो बुन्देली राम रसिक शाखा का चरणामृत पान करने का अवसर मुझे भी प्राप्त हो गया।

पत्रिकाओं का सम्पादन– यह अत्यन्त आश्चर्य की बात हो सकती है कि श्री बरसैंया जी ने क्रमशः तीन मासिक पत्रिकाओं– नवज्योति, संज्ञा, बन्धु-पत्रिका का सम्पादन किया तो वे मुझे कैसे इस धारा में बहने से बचा सकते थे। उनके सम्भवतः

सान्निध्य का ही फल था कि मुझे भारतीय स्टेट बैंक के स्थानीय कार्यालय में हिन्दी/राजभाषा प्रबन्धक के पद पर पद स्थापना प्राप्त हुई और मैंने भोपाल के राजभाषा विभाग से मासिक प्रवाह पत्रिका जबलपुर क्षेत्रीय कार्यालय के राजभाषा अनुभाग से 'नर्मदा' और ग्वालियर राजभाषा अनुभाग से 'प्रतिबिम्ब' पत्रिकायें हजारों की संख्या में स्टाफ के वितरण हेतु प्रकाशित कीं।

बिछोह– हम दो मित्रों का बिछोह डॉ. गंगाप्रसाद बरसैंया के बागबहरा हिन्दी व्याख्याता पद पर पदस्थ हो जाने पर हो गया। दोनों की दिशायें बदलीं पर मनोदशायें नहीं बदलीं। दोनों की लेखनी निरन्तर चलती रही। दोनों के पत्र-सम्पर्क सदा बने रहे।

दूर-मिलन– बरसैंया जी की एक शुभ आदत है कि वे पत्र का उत्तर तत्काल देते हैं। यदि कभी पत्र न मिले और वे मेरी रचना कहीं देख लेते तो भी तुरन्त उस पर प्रतिक्रिया व्यक्त करते रहे हैं। वे अपनी गतिविधियों की भी जानकारी देने से नहीं चूकते थे। मेरी प्रत्येक पुस्तक उन्हें मिलते ही वे तत्काल समीचीन समालोचना हाथ से ही लिखकर भेजते रहे हैं। मेरी दस पुस्तकों में उनकी प्राप्त समीक्षा को मेरे अभिनन्दन समारोह के अवसर पर आयोजकों ने "डॉ. लक्ष्मीनारायण गुप्त 'विश्वबन्धु' के कृतित्व की सांस्कृतिक समीक्षा" नामक पुस्तक में प्रकाशित करा दिया है। डॉ. बरसैंया ने अपनी लगभग दस पुस्तकें मुझे प्रदान की हैं। राष्ट्रकवि मैथिलीशरण गुप्त ने भी अपनी दो पुस्तकें 'राजा प्रजा' एवं 'विष्णुप्रिया' मुझे सन् 1958 में प्रदान की थीं।

निबन्ध और प्रबन्ध के शिल्पी बरसैंया जी– अभी तक मैंने गंगाप्रसाद जी के साथ सद्मित्र-सान्निध्य के संस्मरण प्रस्तुत किये, अब मैं उनके कृतित्व पर भी चर्चा करता हूँ। बरसैंया का कृतित्व नयी दुनिया दैनिक, जबलपुर से प्रारम्भ होता है जहाँ उन्हें अनेक विषयों के समाचार-पत्रों पर टिप्पणियाँ लिखनी होती थीं।

दैनन्दिन समाचारों की टिप्पणियों में मैं कृतित्व के सूत्र पाता रहा हूँ उन्हीं अभ्यासों ने बरसैंया जी की लेखनी का विकास कर उन्हें सम्भवत: निबन्ध पथ से प्रबन्ध गन्तव्य तक पहुँचाया है। मुझे भी बड़े भाई जीवनदास गुप्त के साप्ताहिक समाचार-पत्र 'एटम' में समाचार लिखकर अपनी लेखन क्षमता का विकास कर पाया था। बरसैंया जी लिखते ही नहीं सामाजिक मंचों पर जयन्तियों पर व्याख्यान भी देते थे।

"हिन्दी साहित्य के व्यक्तिवादी निबन्ध और निबन्धकार" विषय पर पी-एच. डी. कर आपने मेरे विचार से Subjective & Objective निबन्धों पर दृष्टिपात कर निबन्ध के माध्यम से निबन्धकार के व्यक्तित्व का उद्‌घाटन किया है, लेखक की संवेदनशीलता, स्वभाव, सहृदयता, शील को उजागर किया है और विषय प्रधान

निबन्धों में विषय के गहराई में जाकर शोधपूर्ण तथ्य प्रगट किये हैं। इन प्रयोग और प्रयासों के साथ आप स्वयं एक सुनामधन्य निबन्धकार बन गये, तभी तो आप निबन्ध, एकांकी, शोध-पत्र, तीखे व्यंग, चिन्तन, समीक्षात्मक निबन्ध, छत्तीसगढ़ और बुन्देलखण्ड के साहित्यकारों की पहचान उजागर कर सके।

श्री बरसैंया जी ने 'कभी-कभी यह भी' काव्य रचना कर रसधारा भी बहायी है। साहित्य की अनेक विधाओं में हिन्दी साहित्य को अपने भावों-विचारों व शोध क्षमता के परिणामों के द्वारा आपने सम्पन्न व समृद्ध बनाया है।

आपकी अनेक रचनाओं पर लेखक बहुत कुछ लिखेंगे। मैंने तो 60 वर्ष के सान्निध्य से आपके साथ हुए हृदय-योग-सान्निध्य से प्राप्त कुछ भाव प्रगट किये हैं। मैं डॉ. गंगा प्रसाद जी बरसैंया को हृदय से शुभकामनायें देते हुए उनके स्वस्थ दीर्घ जीवन की कामना करता हूँ। और कहना चाहता हूँ आपको लक्ष्मी मिली और लक्ष्मीनारायण भी। आपकी लोक कीर्ति अक्षुण्य बनी रहे।

अस्वस्थता में इतना लिखने का बल भी आपके सान्निध्य से ही पाया है।

चाणक्यपुरी चूना भट्टी
भोपाल
मो. 9827055600

बूढ़ो पति बरसैंया

– डॉ. कन्हैयालाल वर्मा 'बिन्दु'

बुन्देलखण्ड की धरती वीर प्रसूतनी के साथ साहित्यकारों की जननी भी रही है। इसकी गोद में जगनिक, केशव, छत्रसाल, गंगाधर व्यास, वियोगीहरि, राष्ट्रकवि मैथिलीशरण गुप्त, सियारामशरण गुप्त, वृन्दावन लाल वर्मा जैसे सैकड़ों रचनाकारों ने अनेकानेक खेल खेले हैं। छतरपुर नगरी जाने–माने साहित्यकारों की शरण स्थली रही है। डॉ. गुलाबराय, मिश्र बन्धु आदि ने यहीं आश्रय पाकर साहित्य–साधना की है। इसी नगरी में महोबा से आकर नर्मदा प्रसाद गुप्त एवं बाँदा–चित्रकूट से आकर डॉ. गंगाप्रसाद बरसैंया ने साहित्य के भण्डार को भरा है। छतरपुर इसीलिए कहा जाता है–

नगरी को सौभाग्य है लाल मिले दो मुफ्त।
प्रथम नर्मदा जी मिले, दूजे बरसैंया गुप्त।

बरसैंया जी बुन्देली माटी के सच्चे सपूत हैं। इसी धरा के कण–कण से उनकी कद–काठी का निर्माण हुआ है। इसी के गोद के पालने में वे झूले हैं। यहाँ की मौसमी बहारों ने उन्हें सहलाया, दुलराया, पुचकारा है। पवन ने लोरी सुना–सुनाकर बड़ा किया है। बुन्देली टौरिया की उठानों ने उन्हें उठाया–बढ़ाया है। गति और प्रगति दी है। करदइया की उरइया ने उन्हें झुकना सिखाया है, टूटना नहीं। इसीलिए ये कभी टूटे नहीं, रुके नहीं। प्रगति के सोपानों को छूकर ही दम लिया है। लगन और निष्ठा से पगडण्डी से प्रगति के राजपथ पर अग्रसर होते रहे हैं क्योंकि जो विश्राम की कामना नहीं करते, विजय श्री उनके चरण चूमती है। इसी भावना ने उन्हें उच्चकोटि का साहित्यकार बनाया है। ऐसे सपूत पाकर बुन्देली माटी धन्य हुई है।

बालक बरसैंया का नामकरण हुआ गंगाप्रसाद बरसैंया। इनके नाम की सार्थकता अनूठी और अनुपम है। आप 'गंगा' जैसे पावन, निर्मल, सुष्ठु भावनाओं के धनी हैं। 'प्रसाद' के पुनीत आशीषयुक्त भावनाओं से परिपूरित फलदार वृक्ष से लदे–फदे विनम्रता के आधार स्तम्भ हैं। कर्म–सौन्दर्य की गरिमा से मण्डित स्वभाव से मृदुल, हँसमुख, विनोदी 'वर' (श्रेष्ठ) हैं और 'सइयाँ' शब्द को सार्थक करने में आपकी कोई सानी नहीं है क्योंकि 'सइयाँ' (पति, मालिक) के दायित्वों को आपने निष्ठापूर्ण लगन से सदैव परिपूर्ण किया है। क्या परिवार, क्या समाज, क्या मित्रमण्डली, सबमें आप सबके

दु:ख–सुख के सदैव सहभागी रहे हैं। यही उदात्त भावनायें आपके व्यक्तित्व में चार चाँद लगा देती हैं और सार्थकता प्रदान करती हैं नाम को– 'गंगा''प्रसाद''बरसैंया'।

बरसैंया जी को देखते ही श्रीकृष्ण सरल जी की पंक्तियाँ बराबर याद आती हैं– जब हम गिरते हैं तो राष्ट्र खड़ा होता है। हमें गिरने दो, हमसे राष्ट्र बड़ा होता है।'

साहित्यिक क्षेत्र को खड़ा करने में बरसैंया जी का महत्त्वपूर्ण योगदान है। संघर्षों की पगडण्डी से चलकर राजपथ की यात्रा उनकी साहित्यिक साधना की परिणति है। वे एक सधे–सफल व्यंगकार हैं। चुभते–चुटीले–नुकीले व्यंग देने के मँजे कलाकार हैं, पर कटु नहीं होते। चुभते तो हैं, पर घाव नहीं करते। यह उनकी मौलिक शैली है। आप कुशल समीक्षक हैं। समीक्षा में यथार्थ दर्शाते हैं, निन्दा नहीं करते। सहज भाव से विश्लेषण कर दूध का दूध और पानी का पानी कर देते हैं। वे कुशल आलोचक, जीवन्त व्यंगकार, संवेदनशील कवि, गम्भीर निबन्धकार, नाटककार, संस्मरण लेखक, गहन अन्वेषक, शोधकर्ता के साथ कुशल सम्पादक भी हैं। वे खोजी स्वभाव के दृढ़ निश्चयी, कठोर परिश्रमी व्यक्ति हैं। अपनी खोजी प्रवृत्ति के कारण उन्होंने अनेकानेक अज्ञात साहित्यकारों को खोद–खोदकर खोज निकाला है। बुन्देली लोक–संस्कृति का अपना अनूठा संसार है। बरसैंया जी ने अपनी श्रम–साधना से उसके अनछुये पहलुओं को अपनी रचनाओं में प्रभूत स्थान दिया है।

बरसैंया जी विज्ञ शिक्षक हैं। पारिवारिक दायित्व निभाने में कुशल, मित्र मण्डली के प्रिय मित्र हैं क्योंकि वे हँसमुख और मिलनसार हैं। सुनते सबकी हैं। वाद–विवादों से परे रहकर सबके मददगार हैं। उनका स्वभाव नारियल जैसा है– ऊपर से कठोर और अन्दर से मृदुल, मीठा और पौष्टिक। वे अच्छे मित्र के साथ अच्छे पिता भी हैं। उन्होंने बच्चों को अनुशासन, विनम्रता, सच्चाई और व्यावहारिकता का पाठ पढ़ाया है। मधुरिमा का रस, शीतल जल के गुणकारी संस्कार दिये हैं। इन सबके निर्माण में बरसैंया जी के साथ आदरणीय भाभी जी (श्रीमती लक्ष्मी बरसैंया) का पूरा–पूरा योगदान है। भाभी जी यथानाम तथागुण वाली हैं। सहज, सरल, विनम्र और उदारता की देवी हैं। उनके सारे गुण बरसैंया जी को सौगात में मिले हैं। कहा गया है कि जब पुरुष में नारी के गुण आते हैं तो वह देवता बन जाता है। इसीलिए बरसैंया जी सफलता की मचान पर प्रतिष्ठित हैं। मुझे भाभी जी से सदैव बड़ी भाभी–माँ–सा आत्मीय दुलार और आशीर्वाद मिला है। जब कभी बरसैंया जी बरसते थे तो वे अपनत्व देकर गद्गद् कर देती थीं। उनके सम्मान में ये पंक्तियाँ अर्पित हैं–

भइया भौतइ नोनी भाभी, नइयाँ नेक खराबी।
तुम तो लिखे-लिखाये कारड, बे तो आँय जवाबी।
ऊँचे हुओ हिमालय जैसे, बे नदिया ज्यौं राबी।
भाभी सूदी सरल सलोनी, बिन्दु शीष झुकाबी।

बरसैंया जी जहाँ भी रहे उनकी मित्रमण्डली का दायरा विस्तृत रहा है। टीकमगढ़ में उनकी लोकप्रियता उदाहरण थी। निवाड़ी के खर्द परिवार में उनका समधियाना है। खर्द परिवार बड़ा धार्मिक, सात्त्विक और परोपकारी पूर्व से रहा है। बरसैंया जी अपने मित्रों एवं मेरे आग्रह पर मेरे मित्र सहपाठी श्री यशोदानन्दन खर्द की सुपुत्री कुमारी रचना खर्द को अपने पुत्र चि. अभिलाष की जीवन-संगिनी बनाकर रचना खर्द को श्रीमती रचना बरसैंया बना दिया। बिना किसी लेन-देन के, बिना दहेज के पुत्रवधू स्वीकार कर उस समय समाज में उच्च आदर्श प्रस्तुत किया। जब दहेज का दानव चारो ओर हाहाकार मचाये हुए था तब बरसैंया जी ने जो उदाहरण प्रस्तुत किया, वह उनके गाँधीवादी विचारधारा के पोषक होने का प्रमाण है। धन का प्रलोभन देने वाली अन्य पार्टियों को उन्होंने ठुकरा दिया। ऐसा उदाहरण उन्होंने अपने स्वयं के विवाह में भी प्रस्तुत किया था– बिना दहेज का आदर्श विवाह।

विभागाध्यक्ष हिन्दी के रूप में महाराजा महाविद्यालय, छतरपुर में पदस्थ रहकर बरसैंया जी ने छात्रों के सांस्कृतिक उत्थान एवं शैक्षणिक प्रगति के लिए अनेक कार्यक्रम सम्पन्न कराये। छतरपुर के दो बुन्देली समारोह तथा महाराजा कालेज का शताब्दी समारोह डॉ. बरसैंया की सूझ-बूझ और डॉ. राधावल्लभ शर्मा के अकल्पित सहयोग के ऐतिहासिक प्रमाण हैं। शताब्दी समारोह में महामहिम राष्ट्रपति ज्ञानी जैल सिंह पधारे थे जिन्हें लाने का श्रेय तत्कालीन सांसद श्रीमती विद्यावती चतुर्वेदी को है। कालेज प्राचार्य डॉ. बी.पी.पाण्डेय ने सारी व्यवस्थायें कीं। कालेज का शताब्दी भवन उसी की देन है। महामहिम ने कालेज के पुस्तकालय भवन का लोकार्पण भी किया था। बुन्देली समारोह में तत्कालीन मुख्यमन्त्री अर्जुन सिंह आये थे, तभी छत्रसाल की प्रतिमा स्थापित करने तथा छत्रसाल शोध संस्थान स्थापना की माँग की गयी थी। आज छतरपुर में छत्रसाल की विशाल भव्य प्रतिमा स्थापित है और छत्रसाल भवन कार्यक्रमों का केन्द्र है। उस समय विभाग में बरसैंया जी के सहयोगी डॉ. नर्मदा प्रसाद गुप्त, डॉ. राधावल्लभ शर्मा, डॉ. कन्हैयालाल वर्मा 'बिन्दु', डॉ. रमा जैन, डॉ. वन्दना जैन थीं। उस समय कालेज में हिन्दी विभाग सबसे अच्छा और सक्रिय माना जाता था। जिसकी प्रशंसा घर-बाहर सर्वत्र होती थी। तब डॉ. बिन्दु ने लिखा था–

कै रईं आपस में सब गुइयाँ, लजालजा के मुइयाँ।
जैसो जो हिन्दी विभाग है, दूजौ कौनउ नइयाँ।
'राधा' संग कन्हैया नाचै, ता था ता था थइयाँ।
रमा वन्दना करत नर्मदा, बूढ़ो पति बरसैंया।

163, कला निकेतन, नीरजा नगर-II
जे. के. रोड, भोपाल- 462-021
मो. 94250-74943

बुन्देली माथे कौ तिलक – डॉ. गंगा प्रसाद बरसैंया

– डॉ. रामनारायण शर्मा

बुन्देली धरा साहित्य भूमि है। इके रज–कनों में अनेक ऋषि, सन्त, कवि कोविद उपजे। जिनकी वास–सुवास आजउँ इतै–उतै बिखरी है जिनमें कवि कुलगुरु वाल्मीकि, भवभूति, पाणिनी, पतंजलि आदि ने साहित्य की भाव–भूमि रची। जिनकी पताका जगनिक, विष्णु दास, पद्माकर, केशव, ईसुरी, मैथिली शरण गुप्त आदि ने ऊँची फैरायी। ऐसेई बुन्देलखण्ड में जन्मे, बुन्देली माटी के सपूत डॉ. गंगा प्रसाद गुप्त 'बरसैंया' हैं, जिनकौ रचौ साहित्य आज बुन्देली माथे कौ टीका बनो है।

हम सब में ऐसे कम लोग हैं जो ईकी जानकारी राखत कै डॉ. बरसैंया जी ने हिन्दी के अलावा बुन्देली में सोई रचना करीं। उनके हिदी रचनान में लोक–वाटिका, रचना से रचना तक, बुन्देलखण्ड के अज्ञात रचनाकार, हिन्दी साहित्य–एक अुशीलन, संवाद साहित्यकारों से आदि हिन्दी व बुन्देलखण्ड विषय के रचे ग्रन्थ साहित्य के शृंगार बने हैं। डॉ. बरसैंया जी ने बुन्देली भाषा में अनेक ग्रन्थ रचे। जिनमें 'खरी–खरी' काव्य–रचना के अलावा बुन्देली–कहानियाँ व अनेक पत्रों द्वारा अपनी छाप बुन्देली साहित्य पै छोड़ी है। ऐई सबके तनिक दरसन ई के प्रमान रूप में प्रस्तुत हैं।

काव्य-रचना– बुन्देलखण्ड में कानात है कै इतै की हवा में कविता के बोल सुनाई देत।

डॉ. गंगा प्रसाद गुप्त 'बरसैंया जी ने' होंस सँभारतई ऐसी हवा में साँस लई। ऐसे में कविता तो उनकी रग–रग में समायी है जो उनकी बुन्देली काव्य–ग्रन्थ 'खरी–खरी' में देखबे मिलत। 'खरी–खरी' वास्तव में दैनिक समाचार के स्तम्भ लेखन में रोजमर्रा के जीवन सूत्र हैं जो जन–भाषा में लोक की जागृति में किस्तों में लिखे गये और छपे। इनकी सराहना इतनी भई कै कवि कौ नाम ही 'खरी–खरी' कवि जनता में फैल गयो। प्रसारण कइयक बरसन चलो और बाद में सन् 2004 ई. में किताब के रूप में साहित्य की निधि बनी। ई में समाज, व्यक्ति, रीति–रिवाज,

राजनीति, समाज में फैले दोष, नीति-कुरीति जैसी समस्यान कों सामें लाकें जागीरति कौ काम करो गयो। अतएव हमनें इनें जीवन सूत्रों कौ दर्जा दयो। अब ऐसेई सूत्रों के दर्शन कौ लाभ व प्रसादी इतै बाँटी जा रई। जी कौ पारन कर हम सब सोंचें और विचारें और जीवन के सुफल की राह बनायें।

डॉ. बरसैंया की लेखनी में खरौपन है। लेखक सदा समय के साथ चलबो मानत। जो खरी-खरी में देखवे मिलत। इनके कछू रूप इतै दये जारये।

(1) सतकर्म– डॉ. बरसैंया जी की कथनी और करनी में समानता रई। कर्म से कीर्ति मिले की बात उननें ई तरां से करी–

राव गये, राजा गये, साधक सन्त फकीर।
केवल कीरत रै गई, नश्वर जगत शरीर।

(2) पूजा-पाठ– पर लेखक कौ प्रहार देखिये–

पाखण्ड पर चोट-बिना सीप मुख खुले, न उपजत मोती

बेईमानी व रिश्वत– जो आज भी एक समस्या है–

रिश्वत अतिमीठी लगे, उधरत होत कलेश।
जो बोउत उपजत सोई, होतई रओ हमेश।

समाज की दशा–

जाति-पाँति फल-फूल रई, पनप रओ आतंक।
लूटपाट नित हो रई, अपराधी नि:शंक।

शिक्षा की दुर्दशा–

सण्डे-मण्डे याद भौ, भूल गये रवि-सोम।
फागुन चैत न जानहीं, संवत् भओ विलोम।

पहिनावा–

बसन पहिनबो सोई भलो, दिखे-सुहावन अंग।
वा कपड़ा का काम कौ, रूप करै बेढंग।

सामूहिक विवाह– पर व्यंग्य देखिये–

जगा जगा पै लगन लगे बिटियन के बाजार।
लरका आँखें फार कें, उनखाँ रये निहार।

शिक्षा– पर करारी चोट कवि कर कहत है–

केवल रहे किताब के होत नहीं है ज्ञान।
बिना ज्ञान के नईं मिलत जीवन में सम्मान।

आरक्षण–

आरक्षण के नाम पै राज नीति की चाल।
मेहनत मैरिट योग्यता सब हो रये बेहाल।

मन्दिर-मस्जिद पर खेल की राजनीति–

मन्दिर मस्जिद छोड़ कै, नहीं समस्या और।
बेकारी और भुखमरी सबई भये बेठौर।

पुस्तक के आखिर में कवि की सीख देखिये–

जैसी बनी सो कै दई, रखी न लाग-लपेट।
समझदार चिन्तन क्रहैं, मूरख कहैं चपेट।

नाटिका–

खरी-खरी तो डॉ. बरसैंया जी के लेखन की एक बेबाकी है, अब आगे उनकी लेखनी में समय के साथ साहित्य में बदलाव लाबै की कूबत देखबे उनकी नाटिका 'बदलाव' प्रस्तुत है। ई में साधारण मखनियाँ की समाज में फैली असमानता पै चोट करी भई है। कहानी लम्बी है। सो ई के कछू संवाद इतै दये जा रये। बस में बैठबे की सीट की कबायत सें शुरू होत नाटिका कौ अन्त पचासेक बरस में जो बदलाव होय चइयततो बो नई भयो पै खतम होत।

कण्डक्टर– बाई उतै आगे की सीट मा न बैठो।

मखनिया– काय न बैठे?

कण्डक्टर– जा सीट रिजर्व है।

मखरिया– की लाट साब नन्ना की सीट है।

काफी बतबड़वाब के बाद नन्ना के आवे पै मखनिया खुलकें बामन-अहीर, मटमैले कपड़न और चमक-दमक के पैराबे, पढ़े-अनपढ़े, गरीब-अमीर के बीच की खाई पै कहानीकार ने बेबाकी सें बात करी। जो डॉ. बरसैंया जी जैसे लेखक के बूते की ही है। कहानीकार में समाज में फैली असमानता कौ अस्तर-पलस्तर हमाये सामें खोलबे कौ साहित्यिक काम करो है।

बुन्देली में लिखे पत्र– डॉ. बरसैंया जी ने जैसी खरी-खरी में कई और 'बदलाव' नाटिका के मार्फत आज के समाज के बदलाव की परत-दर-परत खोली बैसेईं अपनी बुन्देली भाषा में लिखी चिट्ठी-पत्री में लिखे पत्रों से आज के साहित्य लिखइयन की पोल खोल दई कै अगर इच्छा होय तौ बुन्देली जैसी भाषा में पत्र लिखे जा सकत। बात ईमें विचारों में बदलाव ल्यावे की है।

डॉ. बरसैंया जी बदलाव के पुजारी हैं। उन्नें अपनी कलम सें बुन्देली में पत्र लिखकें समय के संग भाषा कों नजरिया कौ एक ठोस पहल दईं। मेरे पास उनके पोस्ट-कार्ड पै लिखे अनेकन चिट्ठी हैं जो उनके प्रेम-भाव की बात करत दिखा रये। उनके पत्र कौ एक नमूना दरपेस है।

भइया शर्मा जू

प्रणाम,

आप कों साहित्य अकादमी नयी दिल्ली द्वारा मिलो सम्मान से हमें बड़ी खुशी भई। आप नें खूब लिखौ। सो सम्मान तो मिलने हतो। हमाई बधाई। अब बात जाहै कै एक जलसा करो जाये जीमें हम आपकौ सम्मान होत देखें। कायसें जंगल में मोर नाचो कीनें देखो। सो हमाई ईसें हमाई खुशी दैजैहै।

वैसें बात सोरा आनें सई है। इतनोई नईं एक बात और कैबे की है कै डॉ. साब की चिट्ठी जो पढ़ लेय वो तो पी-एच. डी. पाबै जोग्य मानो जौहै। दूसरी बात उनके लिखे पत्र की विशेषता जाहैं कै पोष्ट कार्ड के दोऊ तरफ लिखबो तो सबई ठीक है पै डॉ. बरसैंया जी आगें-पाछें कोनऊ खाली जगा नईं छोड़त। जा बात उनके पत्र लिखे की विशेष है।

आखिर में हमें एक बात डॉ. बरसैंया के बुन्देली में लिखबे सें सई लगी कै जो कैबौ सई नइयाँ कै बुन्देलीमें लिखबो-पढ़बो कठिन है। ऐसे साहित्यकार के सरजना को हम वन्दन कर लेखक के कौशल-कर्म को अभिनन्दन करबै जोई विनय करत—

"सौ बरस तक ऐसोई लिखत रइयो"

अस्तु

रामायण 695/13 सिविल लाइन्स
झाँसी, उ. प्र.
1-6-2017

स्मृति के वातायन से : डॉ. गंगाप्रसाद गुप्त 'बरसैंया'

— डॉ. (श्रीमती) गायत्री वाजपेयी

व्यक्तित्व एवं कृतित्व परस्पर पूरक हैं। प्राय: व्यक्तित्व ही कृतित्व में परिदर्शित होता है, लेकिन जब व्यक्तित्व अथवा कृतित्व पर लेखनी उठाना हो तो कृतित्व पर लिखने की अपेक्षा व्यक्तित्व पर लिखना असम्भव नहीं तो कठिन अवश्य है। कारण यह कि कृतित्व के आकलन का आधार व्यक्ति का सृजन-संसार समाज के सम्मुख होता है जिसमें प्रविष्ट होने पर कृति का मूल्यांकन स्वमेव हो जाता है लेकिन व्यक्तित्व के मूल्यांकन का आधार व्यक्ति तो अवश्य सामने होता है लेकिन उसका आभा मण्डल एवं गुणादि अव्यक्त होते हैं, अत: उसे समग्रता से समझ पाना तथा उस पर अपना अभिमत देना 'छुरस्य धारा' पर चलने के सदृश होता है। हाँ समय, परिस्थिति एवं अवसर विशेष पर गुणावगुणों की अभिव्यक्ति अवश्य देखी जाती है। जहाँ तक डॉ. गंगा प्रसाद गुप्त 'बरसैंया' जी का प्रश्न है वे मेरे गुरु हैं और मेरे लिए अति सम्मान्नीय हैं। उनसे मेरा प्रथम परिचय सन् 1984 में शासकीय महाराजा स्नातकोत्तर महाविद्यालय, छतरपुर (म. प्र.) हिन्दी विभाग में एम. ए. प्रथम वर्ष में प्रवेश लेने के पश्चात हुआ। तदनन्तर मैं सदैव उनके सम्पर्क में रही। उनके ही मार्गदर्शन में मैंने सन् 1990 में अवधेश प्रताप सिंह विश्वविद्यालय, रीवा (म. प्र.) से डॉक्टर ऑफ फिलॉसफी की उपाधि प्राप्त की। एक जिज्ञासु शिष्या के रूप में समय-समय पर जो परामर्श व दिशा-निर्देशन मुझे उनसे मिला एवं उनकी कृतियों का अध्ययन कर मैंने जैसा उन्हें पाया एवं जितना समझ पायी हूँ उसी आधार पर लिखने का प्रयत्न कर रही हूँ। एक विद्यार्थी के रूप में मैंने अनुभव किया है कि गुप्त जी ऊपर से भले ही सख्त रहे, वाणी तिक्त व तल्ख रही, लेकिन संगीदिल कभी भी नहीं रहे। उनकी इस ऊपरी कठोरता और अन्दर की शुभेच्छु कामना को कबीर के शब्दों में कहूँ तो अधिक उपयुक्त होगा—

गुरु कुम्हार सिष कुम्भ है, गढ़ि-गढ़ि काढ़ै खोट।
अन्तर हाथ सहार दैं, बाहर बाहैं चोट।।

यही कारण है कि आज उनसे शिक्षा व संस्कार ग्रहण करने वाले विद्यार्थी विभिन्न स्थानों में उच्च पदों पर पदस्थ हो देश एवं समाज की सेवा कर रहे हैं तथा उनके द्वारा प्रदत्त अनुशासन, कर्तव्य-परायणता, सेवा, समर्पण व अधिकारों की गम्भीरता की सीख अंगीकृत कर उन्नति के पथ पर अग्रसर हैं।

आज वे जीवन के 80 बसन्त पार कर चुके हैं। अस्थमा के रोग ने उनको शारीरिक रूप से भले ही दुर्बल कर दिया हो लेकिन मन से वे आज भी दृढ़ संकल्पित ऊर्जावान व उत्साही हैं। उन्होंने समय का भरपूर उपयोग किया तथा समाज को भी भरपूर दिया। शिक्षा एवं साहित्य-जगत में उन्होंने अपनी विशिष्ट छवि बनायी है। वे एक कुशल शिक्षाविद्, संवेदनशील साहित्यकार एवं प्रखर वक्ता हैं। अपनी अनोखी वक्तृता के लिए वे ख्यात हैं।

आज समय और समाज उनके शून्य से शिखर तक की यात्रा का मूल्यांकन करने जा रहा है। उनके व्यक्तित्व एवं कृतित्व पर अभिनन्दन ग्रन्थ निकालने की परियोजना उनकी आत्मजा रीता गुप्ता ने बनायी है।

मेरे लिए यह सुनना अत्यन्त सुखद है। सर्वप्रथम मैं उस कर्तव्यनिष्ठ पुत्री के प्रति कृतज्ञता प्रकट करती हूँ जिसके धवल अन्त:करण में पितृऋण से मुक्ति का यह पुनीत भाव जाग्रत हुआ और उसे कार्य-रूप में परिणत करने हेतु वह कृत संकल्पित है। उसके मानस में इस परिकल्पना का उदय होना इसबात का स्पष्ट संकेत है कि बरसैंया जी ने अपने गार्हस्थिक दायित्वों का पूर्ण निष्ठा से निर्वहन किया है। वे एक श्रेष्ठ शिक्षक ही नहीं हैं वरन् श्रेष्ठ पिता भी हैं जिन्होंने न केवल अपनी सन्तानों को शिक्षित किया है वरन् श्रेष्ठ संस्कार भी प्रदान किये हैं। आज जब सम्पूर्ण परिदृश्य बदल रहा है उपभोक्तावादी संस्कृति व आपाधापी के युग में जहाँ सन्तानें माता-पिता को एक समय के बाद अनुपयोगी व बोझ समझकर उपेक्षित करने लगते हैं उनके प्रति अपने कर्तव्यों का निर्वहन तो दूर उन्हें अपने पास भी रखना पसन्द नहीं करते। ऐसे वातावरण में बरसैंया जी की सन्तानों के हृदय में पिता के प्रति अनुराग एवं सम्मान का यह भाव श्लाघनीय व अनुकरणीय है।

नि:सन्देह गुप्त जी एक ऐसे व्यक्तित्व के स्वामी हैं जिन्होंने अपनी लगनशीलता, कर्तव्यनिष्ठता, अनुशासनबद्धता, परिश्रमशीलता एवं कर्मठता आदि गुणों से अपने जीवन को सजाया एवं सँवारा है। उनका जन्म उत्तर प्रदेश के एक छोटे से गाँव भौंरी में 6 फरवरी, 1937 को हुआ। वे अपनी पुस्तक 'मेरी जन्मभूमि : मेरा गाँव' में लिखते हैं– ''बड़े होने पर हम उस कमरे को बड़ी उत्सुकता से देखा करते थे जहाँ हमारा जन्म हुआ था। इसी गाँव में हम खेले-कूदे, बड़े हुए। अनुकूल-प्रतिकूल सभी प्रकार के दिन देखे। मेरी माँ (जिसे हम दीदी कहते थे) ने यदि साहस और पराक्रम से काम न लिया होता तो आज मैं यहाँ तक न पहुँचता। उसने माता-पिता

दोनों का दायित्व निभाया। परिश्रम, साहस, संघर्ष और मर्यादा का अनुपम उदाहरण थीं हमारी माँ। मेरे बड़े भाई श्री अनन्तराम जी ने भी बड़ा संघर्ष किया था। माँ की गोद और मातृभूमि का आँचल ही मेरी बाल्यावस्था की क्रीड़ा स्थली थी। ...तब तक हम लोगों का कोई भविष्य नहीं था।''

गुप्त जी के साहित्य को पढ़कर तथा समय-समय पर उनसे हुए वार्तालाप से मैंने यह अनुभव किया है कि वे चाँदी की चम्मच लेकर पैदा नहीं हुए वरन् उन्होंने जो भी अर्जित किया वह पूर्व जन्म के पुण्य और इस जीवन के कठोर परिश्रम, अध्ययवसायी लगन के आधार पर प्राप्त किया। वे एक श्रेष्ठ शिक्षाविद् बने तो अथक परिश्रम से, एक श्रेष्ठ साहित्य सर्जक बने तो अपने चिन्तन की मौलिकता से, एक प्रखर ओजस्वी वक्ता बने तो अपने स्वाध्याय के बल पर। एक निजी महाविद्यालय से अपनी सेवाएँ प्रारम्भ करने वाले गुप्त जी शासकीय स्नातकोत्तर महाविद्यालय के प्राचार्य पद से सेवानिवृत्त हुए। उनके द्वारा रचित साहित्यिक कृतियाँ लगभग तीन दर्जन से ऊपर का आँकड़ा पार कर चुकी हैं और आज भी उनकी लेखनी अविराम गति से चल रही है।

मैं छतरपुर में उनके निज निवास 12 एम. आई. जी. चौबे कॉलोनी में जब भी गयी उनको अपने कक्ष में तख्त पर स्वाध्याय में निरत पाया अथवा अपने साहित्यिक मित्रों से विचार-विमर्श करते हुए देखा। तख्त के ऊपर किताबें व पत्र-पत्रिकायें सुव्यवस्थित रूप से रखी दिखीं, जिसे देखकर यही लगा कि वे अत्यन्त सुनियोजित व सुव्यवस्थित ढंग से अपनी दिनचर्या निर्धारित किये हुए हैं। उनके द्वारा प्रणीत साहित्य विविधमुखी है। हालाँकि उनकी प्रिय विधा व्यंग्य है जिसमें उन्हें महारत हासिल है, जो उनके वार्तालाप में प्रत्यक्ष परिलक्षित है। उनका व्यंग्य लेखन बड़ा तीक्ष्ण, तल्ख तथा तुर्शी से भरा है। वे युगीन सामाजिक, राजनैतिक, आर्थिक, शैक्षणिक इत्यादि विसंगतियों एवं विषमताओं पर करारा व्यंग्य ही नहीं करते वरन् सुधार व समाधान भी प्रस्तुत करते हैं। अपनी ''निन्दक नियरे राखिये' कृति में वह लिखते हैं– ''मेरे इन निबन्धों में न चोट है, न चाँटा है। हाँ अँगुलि निर्देश बराबर है, मुस्कराते हुए झकझोरने का प्रयास है। मीठी गोली में दवा देने की भावना है। वीभत्सता और फूहड़पन का बाजार सजाकर हँसाने की कला का मैं कतई पक्षधर नहीं हूँ। इंजेक्शन और कैपसूल में जो ताकत है वह पुलटिश में नहीं।'' 'कभी-कभी यह भी' कृति में उनका कल्पना प्रवण, भावुक, संवेदनशील कवि-रूप मुखर है वहाँ प्रेम, भक्ति, रीति एवं नीति के स्वर भी गुंजित हैं तो जागतिक विसंगतियों तथा विद्रूपताओं से क्लान्त हृदय का करुण क्रन्दन भी सुनायी पड़ता है। गुप्त जी की अन्य गद्यात्मक कृतियों में चिन्तन की गहराई, विचार गाम्भीर्य एवं अनुसन्धान की प्रवृत्ति के स्पष्ट दर्शन होते हैं। उनके द्वारा रचित साहित्य आज जहाँ ज्ञान-पिपासुओं

तथा सहृदय पाठकों को तुष्टि प्रदान करता है, तो शोधार्थियों के लिए भी अत्यन्त उपयोगी है।

डॉ. बरसैंया जी विशाल हृदय एवं उदार चित्त के स्वामी हैं इसका ज्वलन्त प्रमाण है उनका अपने निजी पुस्तकालय की पुस्तकों का लोक-हितार्थ सरस्वती सदन पुस्तकालय, छतरपुर को भेंट करना तथा शोधकार्य की दृष्टि से अत्यन्त उपयोगी लघु शोध-प्रबन्ध, बृहद शोध-प्रबन्ध एवं पाण्डुलिपियों को अपने अत्यन्त निकटस्थ, बेहद ऊर्जावान, प्रिय शिष्य डॉ. बहादुर सिंह परमार के माध्यम से शासकीय महाराजा, छतरपुर हिन्दी विभाग को सुपुर्द करना। अपनी स्वरचित कृतियाँ भी उन्हीं के माध्यम से उन्होंने मुझे एवं अन्य विभागीय प्राध्यापकों को हस्तगत करायीं। जिनका उपयोग विभाग में शोधछात्र एवं प्राध्यापक गण कर रहे हैं।

अन्ततः यही कामना है कि परमेश्वर उनके तेजस्वी, ओजस्वी तथा उत्साही व्यक्तित्व को शक्ति, सामर्थ्य एवं स्वास्थ्य प्रदान करें। वे दीर्घायु हों ताकि भावी जीवन में अपना श्रेष्ठतम अंश समाज को प्रदान कर सकें तथा हम सभी को उनका स्नेहाशीष सदैव प्राप्त होता रहे। उनके चिन्तन, मनन, सृजन से हम सब सदा लाभान्वित होते रहें। अन्त में उन समस्त कर्मठ साथियों को साधुवाद जिन्होंने इनके अभिनन्दन हेतु अभिनन्दन ग्रन्थ प्रकाशित करने की यशस्वी योजना बनायी और उसे क्रियान्वित करने हेतु अथक श्रम किया। इति शुभम्। जीवेत शरदः शतम्।।

प्राध्यापक, हिन्दी
श्री कृपा निकेत, आदर्श नगर, हायर
सैकेण्ड्री नं. 01 स्कूल के पीछे,
छतरपुर (म. प्र.)
Email: gayatribajpai 16@gmail.com
मो. 9425189487

प्रेरणा स्त्रोत मेरे गुरुवर

– डॉ. शोभना जैन

हम उस देश के नागरिक हैं, जिसकी सभ्यता-संस्कृति को सारा विश्व प्रणाम करता है। ईश्वर आराधना, अपने बुजुर्गों क चरण स्पर्श कर आशीष ग्रहण करना। ऐसा हमें बाल्यकाल से ही सिखाया जाता है। प्राचीन काल में हमारी बाल्यावस्था की शिक्षा गुरुकुल में ही सम्पन्न करायी जाती थी, लेकिन धीरे-धीरे वह विद्यालय-महाविद्यालय में परिणति हो गया।

भारतीय गुरु परम्परा में गुरु का स्थान अत्यन्त महत्त्वपूर्ण माना गया है। वे आत्मज्ञानी होते हैं, गुरु शिष्य पर अनन्त उपकार करता है, जिससे शिष्य के अनन्त ज्ञान चक्षु खुलते हैं, जिससे शिष्य साहित्य को समझने की जिजीविषा उत्पन्न कर पाता है, अगर शिष्य कुछ गलत मार्ग पर जाता है, तो उसके पास गुरु का आश्रय है।

मैंने जो साहित्य अर्जन किया है, वह गुरु से ही अर्जित किया है। भाव-विचार, रचना-शक्ति सब मेरे गुरु से ही मुझे मिली है, उन्होंने मुझे संकीर्णता से उबारने, पतन से बचाने और जीवन में मानव-मूल्यों को प्रतिष्ठित करने का अनवरत प्रयास कराया।

जिस प्रकार से स्वामी विवेकानन्द के गुरु श्री रामकृष्ण परमहंस थे और उन्होंने अपने शिष्य को जो शिक्षा दी, उसको आज युवा पीढ़ी अपना आधार बनाये तो आगे बढ़ सकती है, उसी प्रकार मेरे गुरुदेव का व्यक्तित्व विराट परिपूर्णता का प्रखर प्रतीक है, उसकी परिव्याप्ति को मैंने आत्मसात् किया।

मैंने अपने गुरु में ऐसे मनुष्य को देखा, उनकी वाणी सुनी और उनके प्रति श्रद्धा अर्पित की, और उन्हीं के चरणों में मैंने अपनी आत्मा की अनुरक्ति निवेदित की जिसको मैंने आत्मसात् किया और अनुभव किया कि जीवन में गुरु की क्या महत्ता है।

पानी के बिना/
नदी बेकार है/
अतिथि के बिना/
आँगन बेकार है/

प्रेम न हो तो/
सगे-सम्बन्धी बेकार हैं/
और जीवन में गुरु न हो तो/
जीवन बेकार है/
इसलिए/
जीवन में गुरु जरूरी है/
गुरुर नहीं/

मैं अपने श्रद्धेय गुरु डॉ. गंगाप्रसाद गुप्त बरसैंया के बारे में जब स्मरण करती हूँ, तब मुझे ऐसा लगता है कि जब मैं स्नातकोत्तर में थी और अपने लघु शोध लिखने के लिए संज्ञान, हताशा, व समस्याओं से जूझ रही थी, तब उस समय मुझे मेरे गुरुदेव से डॉ. कैलाश बिहारी द्विवेदी ने मिलाया और बताया यही तुम्हारे सही मार्गदर्शक बनेंगे। तत्पश्चात् मुझे ऐसा लगा जैसे घने अन्धकार को सूर्य की किरणों का पुंज दूर कर देता है, उसी प्रकार उन्होंने अपने ज्ञान रूपी प्रकाश से मेरे जीवन को आलोकित कर दिया और वास्तव में जब उन्होंने मुझे श्री विजय कृष्ण देव तैलंग के व्यक्तित्व एवं कृतित्व विषय पर लघु शोध लिखने का विषय दिया तो मैं डर गयी कि जिनको मैं जानती नहीं उनके ऊपर कैसे लिखूँगी। तब उनके शब्द थे शोध का मतलब ही खोजना है, तुम खोजो और लिखो। जिस व्यक्ति को कोई नहीं जानता, जो असमय ही काल के गाल में समा गया, उसके अछूते, भावपूर्ण, व्यंग्यपूर्ण काव्य व आलेखों को दुनिया के सामने लाओ। वास्तव में मैंने जाना कि मेहनत से जब हम किसी उपलब्धि को हासिल करते हैं, तो उसकी खुशी क्या होती है।

इस प्रकार से अपने गुरु के प्रेरक व्यक्तित्व, मानवीय मूल्य, सदाशता, परोपकार, परदुःखकातरता, स्वाभिमानी व्यक्तित्व से जुड़ती गयी और जब मैंने पी-एच. डी. की इच्छा जाहिर की तो मुझे टीकमगढ़ से छतरपुर जाना पड़ता था, और मैं रोज जाकर दरवाजे पर घण्टी बजाती थी, लेकिन सहमे-सहमे, उनकी रौबदार आवाज से डरते हुए अपना निवेदन करती थी। उन्होंने पी-एच. डी. कराने से इनकार कर दिया, लेकिन मैं नहीं मानी, अपने साहस और धैर्य को बटोरती रही अपना प्रयास करती रही, मैं बराबर एक महीने तक उनके दरवाजे पर दस्तक देती रही। जिस प्रकार मन्त्रोच्चार से भगवान प्रसन्न हो जाते हैं, उसी प्रकार मेरे गुरु भी खुश हुए। फिर एक दिन ऐसा आया जब उन्होंने पत्र लिखा कि तुम्हारी आस्था, साहस, सहनशक्ति, कोशिश और धैर्य देखकर मैं तुम्हें पी-एच. डी. कराने को तैयार हूँ। तब मुझे ऐसा लगा कि जीवन का सबसे अमूल्य वरदान मुझे मिल गया।

उनके आशीर्वाद से ऐसा लगा जैसे अब मेरी पी-एच. डी. हो ही जायेगी। जब विषय चयन की बारी आयी तो तब गुरुवर ने केदारनाथ अग्रवाल पर शोध करने का

आदेश दिया तब भी मैं हतप्रभ रह गयी कि जीवित व्यक्ति पर कैसे लिखूँगी, तब उनका जवाब मिला मृतकों को सब पूजते हैं, लेकिन अगर जीवित कवि पर शोध करोगी तो समझ में आयेगा कि तुम्हारे शोध की पराकाष्ठा क्या होगी आलोचना या समालोचना।

वास्तव में मैं गुरुवर से आशीष पाकर ही आज यहाँ पहुँची हूँ, नहीं तो आज पता नहीं मैं कहाँ होती।

गुरुवर शाश्वत सुख दर्शक
यह साहित्य स्वरूप तुम्हारा है
आशीष रहे तुम्हारा मुझ पर
यह प्रसास हमारा है।

गुरु के बारे में जितना लिखना चाहती हूँ उसकी सीमा अनन्त है, लेकिन समय की अल्पता और शासनाधीन होने के कारण लिखने की इच्छा को यहीं शान्त करती हूँ और अपने गुरुवर को शत्-शत् नमन् करती हूँ।

सहायक प्राध्यापक हिन्दी
शासकीय महाविद्यालय सारनी जि. बैतूल

आदर्श प्राचार्य डॉ. बरसैंया

— प्रो. अनल शर्मा

आदमी वर्तमान जीता अवश्य है परन्तु अतीत से हमेशा जुड़ा रहता है, विशेषकर ऐसा विद्यार्थी जो 43 वर्षों से भी अधिक समय तक एक ही संस्था में अपनी सेवायें देता रहा हो। वह संस्था की तमाम महत्त्वपूर्ण घटनाओं को अनायास ही मन-मस्तिष्क में सँजोकर रखता है।

सन् 1964 में स्थापित छत्रसाल महाराजा महाविद्यालय महाराजपुर (छतरपुर) अक्टूबर 1982 को शासनाधीन अवश्य हो गया था और संस्था को सन् 1984 में नियमित प्राचार्य पद पर श्री दाताराम जी प्राप्त हो गये थे, परन्तु उनका परिवार पन्ना में होने के कारण उन्होंने बहुत शीघ्र अपना स्थानान्तरण पन्ना करवा लिया, फलतः महाविद्यालय सन् 1991 तक प्रभारी प्राचार्य के भरोसे चलता रहा।

छतरपुर जिले का अग्रणी महाविद्यालय महाराजा महाविद्यालय सूचना-प्रसारण का भी काम किया करता है, खासतौर पर ट्रांसफर के सीजन में। भोपाल से आदेश बाद में आते हैं, महाराजा कालेज में व्यक्ति-विशेष की चर्चा पहले होने लगती है। ऐसी ही एक चर्चा अगस्त 1991 में चली कि महाराजपुर कालेज में प्राचार्य पद पर डॉ. बरसैंया के आदेश हो रहे हैं। चर्चा के बाद प्राचार्य से मिलने की उत्सुकता होना स्वाभाविक है, विशेषकर जब पूर्व से कोई जान-पहचान न हो। डॉ. बरसैंया जी के बारे में इतना जरूर सुना था कि वे महाराजा कालेज छतरपुर में हिन्दी के प्रोफेसर और साहित्यकार हैं तथा हमेशा व्यंजना में बात करते हैं।

संयोग से मुझे सितम्बर–91 के प्रथम सप्ताह में छतरपुर जाना पड़ा। रास्ते में वापसी पर चौबे कालोनी में उनके निवास पर डॉ. बरसैंया से भेंट हो गयी। उन्हें प्रणाम कर इतना ही कह पाया कि मैं महाराजपुर कालेज से अनल शर्मा—इतना सुनते ही अपनी चिरपरिचित शैली में—'अरे! भैया शर्मा जी, अहोभाग्य आपके दर्शन हो गये'— कहकर गले से लगा लिया जैसे वर्षों की पहचान और मित्रता हो। औपचारिक वार्तालाप के बाद मैंने पूछ लिया— 'सर! कब तक आ रहा है?' जवाब में विस्मयात्मक विस्फोट—'क्या आ रहा है?' मैंने कहा— 'सर, आपका महाराजपुर कालेज के लिए आदेश।' जवाब में डॉ. साहब ने इतना ही कहा कि न तो मैं भोपाल

गया और न ही मुझे कोई खबर है।' आखिर 15 सितम्बर, 1991 को आदेश सहित डॉ. बरसैंया जी ने महाराजपुर महाविद्यालय के प्राचार्य-पद का दायित्व ग्रहण कर लिया।

उनके प्राचार्य पद का भार ग्रहण करते ही मैं अपने को हल्का और चिन्तामुक्त होने की कल्पना कर रहा था, क्योंकि सन् 1984 से महाविद्यालय का प्रभारी प्राचार्य होने के कारण वहाँ की बिगड़ती स्थिति और समस्याओं से परेशान था। कुछ समय के बाद प्राचार्य जी ने बुलवाया। मेरे उपस्थित होने पर मुझे एक कागज देकर कहा कि इसे अपने पर्स में रखो। जिज्ञासावश कागज को पर्स में रखने से पहले खोलकर पढ़ा जिसमें लिखा था– ''मेरी उपस्थिति और अनुपस्थिति में प्रभारी प्राचार्य का दायित्व प्रो. ए. के. शर्मा सँभालेंगे।'' पत्र पढ़ने के बाद मैंने जैसे ही कुछ कहना चाहा तो उन्होंने डाँटते हुए। (आत्मीयता से) कहा– ''सुनो शर्मा जी, मैं न सुनना पसन्द नहीं करता। इसे चुपचाप अपने पर्स में रख लो और जब तक मैं इस कालेज में हूँ तब तक पर्स से न निकालना।'' बन्धुओ! विश्वास करें, वह स्लिप बरसैंया के कार्यकाल में तो ठीक, अपने रिटायरमेण्ट तक नहीं निकाली।

प्राचार्य पद ग्रहण करने के दो दिन बाद ही उन्होंने महाविद्यालयीन गतिविधियों के संचालन हेतु जो समितियाँ बनायीं, उनमें प्रायः सभी में मेरा नाम था। वैसे भी, कालेज में प्राध्यापकों की संख्या सीमित थी। धीरे-धीरे मेरी निकटता घनिष्ठता में बदल गयी। इसका आशय यह कतई नहीं है कि उन्होंने कभी किसी के साथ भेदभाव या अन्याय किया हो। वे समय से प्रतिदिन नियमित कालेज आते, अध्ययन-अध्यापन की व्यवस्था देखते और पूरे समय कालेज में रहते। इसका परिणाम यह हुआ कि न केवल कक्षायें विधिवत संचालित हुईं, विद्यार्थियों की संख्या भी बढ़ गयी।

अध्ययन-अध्यापन के अलावा उन्होंने महाविद्यालय के बहुमुखी विकास पर भी ध्यान दिया। नवम्बर–84 से सितम्बर-91 तक प्राचार्य। प्रभारी प्राचार्य की उदासीनता के कारण विकास तो अवरुद्ध हुआ ही, अनुशासनहीनता का बाजार गर्म होने लगा था। बरसैंया जी की अनुशासनप्रियता और रीति-नीति से महाविद्यालय में अप्रत्याशित परिवर्तन हुआ। सारे कार्य नियमित और नियमानुसार होने लगे। उनका विश्वास डाँट-फटकार में नहीं, काम पर था। सबके प्रति आत्मीयता।

पहाड़ी पर स्थित महाविद्यालय का भवन छात्र संख्या की दृष्टि से छोटा पड़ने लगा। सांस्कृतिक हॉल, चार कमरे तथा पार्टीशन की गयी गैलरियाँ थीं। कमरों के सामने ऊबड़-खाबड़ जमीन थी। छोटा वनस्पति उद्यान भी था जिसमें घास के अतिरिक्त कुछ न था। श्रम की ही नहीं अर्थ की भी समस्या थी। प्राचार्य जी ने सुधार-विकास के लिए आश्वस्त किया और सभी से सहयोग की अपेक्षा की।

उन्होंने प्राध्यापकों-कर्मचारियों में ऐसा जोश भरा कि कुछ दिनों बाद ही उस ऊबड़-खाबड़ जमीन पर 100×10 फीट के चबूतरे का निर्माण हो गया। सारा श्रम कर्मचारियों ने किया। उन्होंने कर्मचारियों का उत्साह देखकर वनस्पति उद्यान को सजाने-सँवारने का प्रस्ताव रखा। सभी कर्मचारी जुट गये। आवश्यक सामग्री उपलब्ध करायी गयी। चन्द दिनों बाद जो भव्य उद्यान तैयार हुआ उसका शासकीय मूल्यांकन 53000/- बना जबकि कालेज में केवल 13500/- ही खर्च किये। तत्कालीन छतरपुर कलेक्टर के सहयोग से एक नये कमरे का निर्माण कराया तथा यू. जी. सी. की राशि से साइकिल स्टैण्ड आदि की व्यवस्था । यही नहीं, पुस्तकालय भवन का विस्तृत प्रस्ताव बनाकर यू. जी. सी. को भिजवाया जो उनके जाने के बाद स्वीकृत होकर आया और भव्य निर्माण हुआ।

छात्रों के प्रवेश, छात्रसंघ चुनाव तथा तीनों पारियों की परीक्षाओं में उपस्थित रहकर निरन्तर व्यवस्थित संचालन उनकी कर्मठता, कुशलता और ईमानदारी का प्रमाण है। पूरे महाविद्यालय में पूरे समय सौमनस्य रहा। उपलब्धियों की दृष्टि से उनका कार्यकाल ऐतिहासिक काल है। सेवानिवृत्ति के बाद भी महाविद्यालय एवं स्टाफ के प्रति उनकी आत्मीयता और सम्पर्क बराबर बना हुआ है। मेरे ऊपर अग्रज डॉ. बरसैंया का सदैव स्नेहिल आशीर्वाद रहा है जो आज भी बना हुआ है। महाविद्यालय उन्हें सदैव स्मरण करेगा। उनकी आत्मीयता के प्रति इतना ही कहूँगा—

न तुम भूल पाओ, न हम भूल पायें,
नाते वही जो सदा याद आयें।
हो कितनी भी दूरी धरा की गगन से,
तुम जब भी बुलाओ, हम दौड़े आयें।

डी-2, रमा निवास
पैलेस आचर्ड सी-निट्स कालोनी,
सरई रोड, छतरपुर (म. प्र.)

बट छैंया हैं बरसैंया जी

– शिवभूषण सिंह गौतम

डॉ. गंगा प्रसाद गुप्त बरसैंया जी का व्यक्तित्व विशाल वटवृक्ष की सघन शीतल छाँव के समान है। जिसने भी इनके सान्निध्य में कुछ क्षण बिताये हैं वही उस सुखद अनुभव का अहसास कर सकता है। मेरा तो लगभग 35 वर्षों का साथ रहा है। कितनी ही खट्टी–मीठी स्मृतियाँ हैं जो मानस पटल पर अंकित हैं जिन्हें कागज पर अंकित कर पाना उतना सहज नहीं है।

बरसैंया जी का छतरपुर आगमन वर्ष 1980 ई. के अगस्त में हुआ था। वे महाराजा महाविद्यालय छतरपुर के हिन्दी विभाग में स्थानान्तरित होकर आये थे। उनके छतरपुर आगमन की सूचना मुझे डॉ. महेन्द्र प्रताप सिंह, दिल्ली ने अपने पत्र के माध्यम से दी थी तथा मेरे बारे में बरसैंया जी को भी लिखा था। उस समय मैं पुलिस कोतवाली छतरपुर में पदस्थ था। बरसैंया जी ने अपना प्रथम निवास जेल रोड नया मुहल्ला में बनाया था और वहीं पर मेरा उनसे प्रथम साक्षात्कार हुआ। मुझे परिचय देने की आवश्यकता नहीं पड़ी। अभिवादन के उत्तर में उनका सीधे– 'आइये गौतम जी'– का सम्बोधन मेरे लिए सुखद, पर आश्चर्यचकित करने वाला था।

बरसैंया जी का छतरपुर आगमन यहाँ के साहित्यिक वातावरण में हलचल पैदा करने वाला था। आते ही सन् 1980 में ही बुन्देलखण्ड कला संस्कृति परिषद की स्थापना कर डाली जिसके अध्यक्ष बरसैंया जी स्वयं तथा सचिव डॉ. राधावल्लभ शर्मा जी थे। परिषद की स्थापना के कुछ ही महीनों के भीतर प्रथम बुन्देली समारोह का द्वि–दिवसीय सफल आयोजन कर डाला। इस कार्यक्रम में मुख्य अतिथि के रूप में मध्य प्रदेश शासन के खाद्य एवं आपूर्ति राज्यमन्त्री बाल कवि बैरागी के अतिरिक्त वयोवृद्ध साहित्यकार श्री कृष्णानन्द, डॉ. त्रिलोचन पाण्डे, डॉ. बलभद्र तिवारी, डॉ. लक्ष्मी नारायण दुबे, डॉ. यतीन्द्र तिवारी, डॉ. महेन्द्र प्रताप सिंह, दिल्ली रामचरण हयारण मित्र, डॉ. भगीरथी मिश्र अनेकों विद्वान साहित्यकारों ने भाग लिया था। 31 जनवरी एवं 1 फरवरी, 1981 के दोनों दिन विभिन्न गोष्ठियों में सैकड़ों लोगों ने इन विद्वानों के दर्शन एवं श्रवण का आनन्द लिया। एक वर्ष के अन्तराल से दूसरे बुन्देली समारोह–82 का भी आयोजन किया गया। जिनकी स्मृतियाँ आज भी नगर के प्रबुद्ध

जनों के अन्तरमन में गहरे तक समायी हैं। इसी समारोह के बीच मध्य प्रदेश के मुख्यमन्त्री माननीय अर्जुन सिंह के समक्ष तीन विशेष माँगें रखी गयी थीं जिनमें प्रथम थी–नगर में महाराज छत्रसाल की प्रतिमा की स्थापना, द्वितीय थी, महाराज छत्रसाल पर डाक टिकट जारी करना तथा तृतीय माँग थी छत्रसाल शोध संस्थान की स्थापना। तीनों में से दो माँगें शासन द्वारा यथाशीघ्र पूर्ण कर दी गयी थीं। इसमें परिषद के अध्यक्ष के नाते बरसैंया जी का विशिष्ट योगदान रहा है।

नगर की विभिन्न साहित्यिक एवं सामाजिक संस्थाओं में बरसैंया जी सक्रिय रूप से भागीदारी निभाते रहे हैं। वे सरस्वती सदन के उपाध्यक्ष, छत्रसाल स्मारक ट्रस्ट के सचिव, अखिल भारतीय भाषा साहित्य परिषद् की शाखा छतरपुर के अध्यक्ष तथा केन्द्रीय समिति के सम्मानित सदस्य तथा महाकवि केशव अनुसन्धान केन्द्र ओरछा के संचालक सहित अनेकों संस्थाओं के अध्यक्ष व संचालक रहे हैं।

छतरपुर में ही रहते हुए बरसैंया जी की अधिकांश पुस्तकों का प्रकाशन हुआ है। कई प्राचीन पाण्डुलिपियों की खोज कर उनका सम्पादन किया तथा 'वीर विलास', 'रस विलास' व 'सुदामा चरित' का प्रकाशन भी कराया। देश ही नहीं विदेश के ख्यातनाम विद्वानों से उनका जीवन्त सम्पर्क है। ऐसे तमाम विद्वानों के पत्रों का संकलन 'संवाद–साहित्यकारों से' नामक संग्रह में प्रकाशित है। कई स्मारिकाओं तथा पत्रिकाओं एवं मानस मनीषा तथा विन्ध्यालोक जैसी कृतियों का सम्पादन भी किया है।

साहित्यिक ही नहीं, पारिवारिक दायित्वों का निर्वाह भी छतरपुर में ही रहकर बरसैंया जी ने किया है। सभी बेटियों व बेटे का विवाह सम्पन्न किया। सेवानिवृत्ति के पश्चात भी लगभग 20 वर्ष तक छतरपुर रहे। पर बीमारी व अकेलपन के कारण उन्हें छतरपुर छोड़कर भोपाल परिवार के साथ जाकर रहना पड़ा है, किन्तु अभी भी छतरपुर से लगाव वैसा ही बना है। महीने में कई–कई बार फोन द्वारा सम्पर्क बनाये रहते हैं।

इधर मेरे स्वयं सेवानिवृत्त होने के बाद प्रायः प्रतिदिन मेरा कुछ देर के लिए बरसैंया जी का सान्निध्य दिनचर्या बन गया था। घण्टों बैठकर चर्चा करना, पत्र–पत्रिकायें व पुस्तकें पढ़ना, उन पर बातें करना कैसे भूल सकता। पुस्तकों पर समीक्षा लिखने की प्रेरणा बरसैंया जी से ही मुझे मिली है। बरसैंया जी का सान्निध्य मुझ जैसे अकिंचन को तो पारसमणि के समान था जिसके स्पर्श से लोहा भी सोना बन जाता है।

आज इस अस्सी वर्ष की वय में भी जिस प्रकार से सक्रिय साहित्यिक गतिविधियों में बरसैंया जी सतत क्रियाशील हैं। परमपिता परमेश्वर से यही प्रार्थना है कि आगे भी ऐसी ही सक्रियता पूर्ण शतायु प्रदान करें। ताकि भविष्य में भी इनकी रचनाओं का आस्वादन करने का अवसर मिलता रहे।

–कमला कालोनी, छतरपुर (म. प्र.) 471003

समर्पित समाजसेवी डॉ. बरसैंया

— उदय नारायण कनकने

प्रिय बेटी रीता गुप्ता

प्रभु तुम्हें सदा सुखी, स्वस्थ्य एवं सानन्द रखें। प्रोफेसर डॉ. गंगा प्रसाद जी बरसैंया के अभिनन्दन ग्रन्थ के विषय में तुम्हारा अनुरोध-पत्र प्राप्त हुआ, अत्यन्त महत्त्वपूर्ण कार्य को सम्पन्न करने हेतु तुमने बीड़ा उठाया है। नि:सन्देह यह कार्य शीघ्र ही पूरा होगा।

देव भाषा की पुरातन सूक्ति है ''सर्वत्र जयंइच्छेत पुत्रार्थ शिष्यात् चइच्छेद पराजयं'' इस सूक्ति का उद्देश्य यह है कि गुरु की साधना एवं पिता का उत्तराधिकारी निरन्तर विकास को प्राप्त होता रहे।

बेटी, मैं तुम्हारे पिता जी से आयु में 10 वर्ष बड़ा हूँ। वे 80 वर्ष के हुए मैं 90 वर्ष का हो चुका हूँ। प्रभु ने हम दोनों को ऋषि कुल गुरूतीय गहोई वैश्य जाति में जन्म दिया है। डॉ. बरसैंया को प्रभु ने अपनी लीला-स्थली चित्रकूट जनपद के भौंरी ग्राम में तथा मुझे भक्त प्रहलाद की जन्मभूमि हिरण्याक्षपुरी ''हेरक्षपुरी''– एरच जिला झाँसी जो एक ऐतिहासिक चतुर्योगी नगरी है जो बेत्रवती गंगा के पूर्वी तट के निकट स्थित है, वहाँ के कनकने गहोई वैश्य परिवार में जन्म दिया।

डॉ. बरसैंया का साहित्यिक क्षेत्र की हर विधा में अनुपम योगदान है, जैसा कि स्वयं तुम्हारे अनुरोध-पत्र में दिया गया है। वस्तुत: हम दोनों अखिल भारतीय गहोई वैश्य महासभा में एक-दूसरे के पूरक अत्यन्त सहज स्वाभाविक ढंग से बने रहे। वे बचपन से ही कुशाग्र बुद्धि एवं ओजस्वी वाकशक्ति के धनी रहे तथा मुझ में स्वाभाविक रूप से लगन एवं सहनशीलता के गुण अपने छात्र जीवन से ही रहे। इस प्रकार हम दोनों जाने-अनजाने एक-दूसरे के पूरक के रूप में कार्य करते हुए महासभा को विकास के पथ पर अग्रसर करते रहे।

पहले गहोई वैश्य जाति श्री पन्नालाल जी पहारिया कोंच, जिला जालौन तथा मुक्ता प्रसाद जी तरसौलिया कानपुर जो महासभा के मुख पत्र गहोई वैश्य बन्धु के सम्पादक थे, उनके लेखों से शनै:-शनै: महासभा विकसित होती रही।

हम दोनों महासभा की जिस कार्यकारिणी समिति की बैठक अथवा अधिवेशन

में होते थे, तो श्रोताओं को स्वाभाविक रूप में आकर्षण बना रहता था तथा महासभा एवं गहोई वैश्य जाति की उन्नति हेतु नये-नये प्रस्ताव एवं विचार प्रात होते रहते; वो कार्यकारिणी समिति की बैठकों एवं अधिवेशनों का मुख्य आकर्षण बना रहता। इस प्रकार धीरे-धीरे महासभा की उन्नति होती रही।

अधिवेशनों के प्रारम्भ में सदस्यों के प्रस्ताव एवं सुझाव 'विषय निर्धारिणी समिति' की बैठक में रखे जाते थे, जिसमें हम दोनों का सदा महत्त्वपूर्ण स्थान बना रहा।

आये हुए प्रस्तावों पर खुले अधिवेशन में विचार-विमर्श होता तथा जो प्रस्ताव व सुझाव महासभा द्वारा स्वीकृत किये जाते उनका प्रकाशन महासभा के मुख पत्र में अविकल रूप में किया जाता। इस प्रकार महासभा के कार्य को प्रामाणिक रूप प्राप्त हुआ।

2-3 नवम्बर, 1971को महासभा के 26वें अधिवेशन बड़ागाँव जनपद झाँसी में स्व. बाबू झण्डीलाल जी मिसूरहा एडवोकेट (उरई) द्वारा रचित गहोई वैश्य जाति एवं महासभा का सचित्र इतिहास वितरित किया गया, जिसके पृष्ठ संख्या—230 पर डॉ. श्री गंगाप्रसाद जी बरसैंया का लेख 'प्रगतिशील विधायक दादा गुलाब चन्द्र' जबलपुर प्रकाशित किया गया, उस समय डॉ. बरसैंया की आयु लगभग 30 वर्ष की रही होगी। किन्तु उक्त लेख को पढ़कर यह लगता है मानो किसी बड़े समीक्षाकार ने वह लेख लिखा हो।

प्रारम्भ में रायपुर (छत्तीसगढ़) में रहते हुए अल्पायु में ही डॉ. बरसैंया समाज सेवा के कार्य से जुड़ गये थे तथा वहाँ शीघ्र ही उनका एक महत्त्वपूर्ण स्थान समाज में बन गया था। वे शीघ्र ही वहाँ के गहोई समाज के अध्यक्ष बनाये गये थे। उनका चित्र श्री मिसूरहा जी के उक्त इतिहास में प्रकाशित किया गया था। उनकी प्रखर वाग्मिता की छटाँ महासभा की कार्यकारिणी समिति की बैठकों एवं अधिवेशनों में देखने को मिलती थी। कभी-कभी वे मेरे कार्य की समालोचना भी करते, किन्तु मेरे व उनके मन में कभी एक-दूसरे के प्रति वैमनस्य नहीं आ पाया। लोगों को यह देखकर आश्चर्य होता कि अभी थोड़ी देर पहले डॉ. बरसैंया मेरी आलोचना कर रहे थे किन्तु शीघ्र ही सहभोज में मेरे साथ एक ही पत्तल में भोजन कर रहे थे, मानो कुछ हुआ ही न हो। इस प्रकार हम दोनों के बीच सदा सामंजस्य बना रहा। मेरे द्वारा "गहोई वैश्य जाति एवं महासभा" का इतिहास लिखा गया है, उसमें डॉ. बरसैंया ने बड़ी मार्मिक भूमिका लिखी है। डॉ. बरसैंया ने मेरे द्वारा लिखे उक्त इतिहास के विमोचन समारोह में मुख्य वक्ता एवं मुख्य अतिथि की भूमिका भी निभायी। वस्तुतः वे मुझे अपना अग्रज मानते थे। इस प्रकार हम दोनों का योगदान महासभा एवं गहोई समाज के लिए सदा बना रहा।

साहित्यिक क्षेत्र की हर विधा में उनका महत्त्वपूर्ण स्थान सदा रहा और आज 80 वर्ष की आयु हो जाने पर भी उनके समीक्षात्मक लेख सामाजिक पत्र-पत्रिकाओं में प्रकाशित होते रहते हैं जो महासभा एवं गहोई वैश्य जाति को जीवन्त बनाये रखते हैं। मेरी मान्यता है कि साहित्यिक क्षेत्र में डॉ. श्री बरसैंया जी का जितना महत्त्वपूर्ण योगदान है वैसा ही महत्त्वपूर्ण योगदान उनके द्वारा गहोई वैश्य समाज एवं महासभा को प्रगतिशील बनाये रहने में है।

एडवोकेट
95/1, चौधरयाना, झाँसी
मो.- 7897528491

गहोई समाज के विकास में डॉ. बरसैंया का योगदान

—रामप्रकाश गुप्त

डॉ. गंगा प्रसाद गुत (बरसैंया) हिन्दी साहित्य के मर्मज्ञ आलोचक एवं अज्ञात रचनाकरों की खोज करके प्रकाश में लाने वाले बहुआयामी व्यक्तित्व के धनी रचनाकार हैं। मेरा बरसैंया जी से परिचय बुन्देलखण्ड के सम्बन्ध में मेरे द्वारा किये जा रहे खोज एत्रं शोध के सम्बन्ध में उनके आवास चौबे कालोनी, छतरपुर में हुआ था। उनके आत्मीय व्यवहार से अद्यावधि साहित्यिक सन्दर्भों में मिलना-जुलना और दूरभाष से वार्ता होती रहती है। गहोई वैश्य समाज में जन्म लेने के कारण मुझे अखिल भारतीय गहोई वैश्य के विभिन्न कार्यक्रमों में आने-जाने और पत्र-पत्रिकाओं से जुड़ने का अवसर मिलता रहा है। इन सभी में डॉ. बरसैंया जी की सक्रिय सहभागिता सदैव देखने को मिलती रही। यद्यपि डॉ. बरसैंया जी का जन्म उत्तर प्रदेश में गोस्वामी तुलसीदास जी की जन्मभूमि राजापुर के पास भौंरी, जिला-चित्रकूट धाम कर्वी में हुआ किन्तु उनकी उच्च शिक्षा व नौकरी का अधिकांश समय मध्यप्रदेश में ही बीता। इस दृष्टि से उनकी कर्मभूमि मध्यप्रदेश ही रही। गहोई वैश्य समाज की उन्नति एवं सेवा-कार्य के लिए वह अपनी किशोरावस्था से ही सक्रिय रहे हैं। वह अ.भा. गहोई वैश्य नवयुवक मण्डल के मन्त्री एवं अखिल भारतीय गहोई वैश्य महासभा में विभिन्न पदों पर रहे और महासभा के अधिवेशनों एवं सामाजिक कार्यों में सहभागी रहे। वह गहोई वैश्य नवयुवक मण्डल के राष्ट्रीय उपाध्यक्ष भी रहे। सन् 1961 में जबलपुर से डॉ. बरसैंया जी ने अ.भा. ग. वैश्य महासभा के मुखपत्र 'गहोई वैश्य बन्धु' का प्रकाशन-सम्पादन कुशलतापूर्वक किया। गहोई वैश्य बन्धु के जनवरी 1971 में मेधाकाम पहारिया के प्रधान सम्पादकत्व में प्रकाशित 'गहोई साहित्यकार अंक' के डॉ. बरसैंया सम्पादक मण्डल में रहे। बरसैंया जी के गहोई वैश्य समाज के साहित्य, इतिहास, समाज-सुधार आदि पर अनेकों लेख विभिन्न पत्रिकाओं, स्मारिकाओं व ग्रन्थों में निरन्तर प्रकाशित होते रहते हैं। बरसैंया जी ने गहोई समाज के अज्ञात साहित्यकार परमानन्द सुहाने के जीवन व साहित्य के सम्बन्ध में खोज कर उन्हें हिन्दी साहित्य-जगत में प्रकाशित किया।

गहोई समाज में कुरीतियों के उन्मूलन, प्रगतिगामी सोच, गहोई समाज के इतिहास, संस्कृति एवं सामाजिक एकता हेतु बरसैंया जी ने अपनी लेखनी के साथ-साथ अपनी ओजस्वी वाणी और दूरदर्शी सोच के द्वारा सामाजिक उन्नति के लिए अग्रगामी रहकर कार्य किया। जब-जब समाज में और समाज की सर्वोच्च संस्था अखिल भारतीय गहोई वैश्य महासभा में पदाधिकारियों ने अपनी मनमानी दिखायी और असंवैधानिक कृत्य किये बरसैंया जी ने ऐसे अवसरों पर न केवल पदाधिकारियों को सही रास्ते पर चलने के लिए उचित मार्गदर्शन दिया अपितु कई अवसरों पर अपनी जुझारू शैली में सफल प्रतिरोध भी किया।

डॉ. बरसैंया जी का जीवन जहाँ एक अध्ययनशील शोधकर्ता का रहा वहीं वह एक सफल लेखक, निबन्धकार, व्यंग्यकार, कवि, सम्पादक, कुशल वक्ता और शिक्षाविद् हैं। अपने व्यस्ततापूर्ण जीवन में भी वह गहोई समाज की सेवा के लिए सदैव तत्पर ही नहीं, समर्पित भी हैं। ऐसे परम् विद्वान, साहित्यिक विभूति, वाणी के वरद्पुत्र का अभिनन्दन एक बार नहीं शत बार भी हो तो कम ही है।

मुझ पर डॉ. बरसैंया जी का स्नेह और आशीर्वाद सदैव रहा है। यद्यपि मैं उनके समक्ष अल्पबुद्धि और विद्यार्थी के समान हूँ किन्तु फिर भी उन्होंने मुझे बुन्देखण्ड के साहित्य, इतिहास, लोक-संस्कृति, पुरातत्त्व और गहोई समाज की पत्रिका, 'गहोई समाचार' (अब गहोई गरिमा) के सम्पादन में अपना मार्गदर्शन और प्रोत्साहन किया। डॉ. बरसैंया जी के चरणों में प्रणाम करते हुए उनके शतायु और परम यशस्वी जीवन की कामना करता हूँ।

रामप्रकाश गुप्त (हथनौरिया)
प्रधान सम्पादक– गहोई गरिमा पत्रिका
विद्यानगर, कालोनी चिरगाँव (झाँसी)

बालकवि बैरागी पूर्व सांसद
लोकसभा 1984-1989, राज्यसभा 1998-2004
(प्रख्यात कवि व साहित्यकार)

नमन्! शुभम्!! मंगलम्!!!

सूचना और समाचार सुखद है कि डॉ. श्री गंगाप्रसाद जी बरसैंया के यशस्वी एवं सामाजिक तथा साहित्यिक जीवन पर अभिनन्दन ग्रन्थ हिन्दी-बुन्देली बौद्धिक समाज के सामने आ रहा है। मैं डॉ. श्री बरसैंया से सर्वथा अपरिचित था किन्तु शनैः-शनैः उनसे परिचित होकर करीब-करीब सुपरिचित होने का सौभाग्य प्राप्त कर सका। वे एक विशेष श्रेणी के शिक्षाविद् रहे और बुन्देली तथा हिन्दी में उनकी कलम करीब-करीब 60-65 वर्षों से साहित्य सेवा और सृजन कर रही है। मैं उनके

पाठकों में स्वयं को शुमार करता हूँ। उनका लिखा और रचा चाहे हिन्दी में मिले या बुन्देली में मिले, उसे पढ़ता हूँ और अपना ज्ञानवर्द्धन करता हूँ। वे समय-समय पर मुझे याद कर लेते हैं यह उनका बड़प्पन है और विशेषता है। उनकी आत्मीयता जिस स्नेह और अपनत्व से प्रकट होती है वह मुझ जैसे लोगों के लिए एक सम्पदा और निधि बन जाती है।

मैं उनकी लेखनी को प्रणाम करता हूँ और उनके व्यक्तित्व को अपना मालवी माथा झुकाकर नमन करता हूँ। वे दीर्घजीवी हों यह प्रार्थना परम पिता परमात्मा से करना मेरा धर्म है।

अभिनन्दन ग्रन्थ के प्रकाशन का अनुष्ठान एक सहस्त्र मुखेश्वर महाशिव का अभिषेक है। इस अभिषेक के प्रति मेरी पूजा भावना पूरी विनय के साथ अर्पित है।

निस्सन्देह यह अभिनन्दन ग्रन्थ सर्वत्र सम्मान पायेगा और पृष्ठ-पृष्ठ पढ़ा जायेगा।

मेरी हार्दिक शुभकामनाओं के साथ सम्पादक मण्डल को हार्दिक बधाइयाँ। शुभम्!!

बालकवि बैरागी

मेरे परम मित्र : डॉ. गंगाप्रसाद बरसैंया के कुछ पत्र
(छत्तीसगढ़ से लेकर बुन्देलखण्ड तक)

— उदय शंकर दुबे

राष्ट्रभाषा हिन्दी के उन्नायक और प्राचीन हस्तलिखित ग्रन्थों के सम्पादक एवं उद्धारक डॉ. गंगाप्रसाद गुप्त बरसैंया से मेरी पहली भेंट रायपुर यशवन्त गोरे चौक पर स्थित सन्मार्ग साप्ताहिक पत्र के कार्यालय में सन्मार्ग के सम्पादक श्री जगदीश चन्द्र मिश्र के माध्यम से दिसम्बर 1966 ई. में हुई। मैं नागरी प्रचारिणी सभा-काशी की ओर से छत्तीसगढ़ में हस्तलिखित हिन्दी ग्रन्थों की खोज का कार्य करने हेतु भेजा गया था। सभा के निर्देशानुसार मुझे रायपुर में सर्वप्रथम खोजकार्य करना था। मेरे स्थानीय निरीक्षक विज्ञान कालेज के प्राचार्य श्री रामेश्वर शुक्ल अंचल जी थे। डॉ. बरसैंया विज्ञान कालेज में हिन्दी के प्रवक्ता थे। वे समय निकालकर सन्मार्ग कार्यालय बहुधा आ जाते और हिन्दी के हस्तलिखित ग्रन्थों पर चर्चा करते। इसी चर्चा के दौरान एक दिन मैंने उनसे निवेदन किया कि मेरे मित्र और जगदीशचन्द्र मिश्र के बड़े भाई चन्द्रशेखर मिश्र ने भोजपुरी में कुँवर सिंह महाकाव्य लिखा है– उसकी प्रति मेरे पास है। मैं आपको प्रति देता हूँ, आप एक लेख लिखकर साप्ताहिक हिन्दुस्तान में प्रकाशनार्थ भेज दें तो अच्छा होगा। बरसैंया जी ने ग्रन्थ का अध्ययन कर लेख लिखकर साप्ताहिक हिन्दुस्तान में प्रकाशन हेतु भेज दिया। संयोग से उनका लेख "जेकर बैरी सुखि से सोवइ, धिक्कार लाख वहि जीवन कै" शीर्षक से 29 जनवरी, 1967 ई. के अंक में, पृष्ठ 35 पर प्रकाशित हुआ। भोजपुरी के वीर रस के प्रथम कवि श्री चन्द्रशेखर का वीर रसप्रधान काव्य कुँवर सिंह पर डॉ. बरसैंया के आलेख की बिहार और उत्तर प्रदेश में विशेष चर्चा रही।

दिसम्बर 1966 से लेकर मार्च 1967 तक मैं डॉ. गुप्त, संज्ञा के सम्पादक श्री हरि ठाकुर-बच्चू जाँजगीरी के सहयोग से रायपुर नगर में मठों-मन्दिरों एवं व्यतिगत संग्रहों में सुरक्षित हिन्दी क हस्तलिखित एक सौ पचास ग्रन्थों का विवरण तैयार कर लिया था।

जुलाई 1967 ई. में मुझे सभा के प्रधानमन्त्री श्री सुधाकर पाण्डेय का आदेश मिला कि बुन्देलखण्ड में जाकर वहाँ का कार्य सम्पन्न करें। यद्यपि बुन्देलखण्ड में छतरपुर जिले में श्री रघुनाथ शास्त्री पहले से हस्तलिखित ग्रन्थों की खोज-कार्य में संलग्न थे। सभा के आदेश से मैं बुन्देलखण्ड की रियासत दतिया को अपना कार्यक्षेत्र चुना और वहाँ पहुँचकर खोज-कार्य में संलग्न हो गया। दतिया राज्य का प्राचीन ग्रन्थागार हस्तलिखित हिन्दी ग्रन्थों की दृष्टि से अत्यन्त समृद्धशाली ग्रन्थागार था। बहुत दिन बाद मैंने दतिया से ही एक पत्र डॉ. बरसैंया जी को लिखा। उनका यथासमय उत्तर प्राप्त हुआ। इसी समय से बरसैंया जी के पत्र निरन्तर मेरे पास आते रहे। जब रायपुर से उनका स्थानान्तरण बुन्देलखण्ड में हो गया तो वे बराबर पत्र भेजते रहे। उनके द्वारा लिखे गये शताधिक पत्र मेरे संग्रह में सुरक्षित हैं। उनके पत्र मेरे लिए प्रेरणा के स्रोत थे। डॉ. बरसैंया के कुछ पत्र यहाँ प्रस्तुत हैं–

वास्तव में पत्र लिखने की प्राचीन परम्परा रही है। पत्र किसी भी व्यक्ति के जीवन-संघर्ष, मानसिक उथल-पुथल, मानसिकता, वैचारिक प्रतिबद्धता आदि उन सभी तत्त्वों के जीवन्त दस्तावेज होते हैं जो उसकी मानसिक संरचना को समझने तथा उसकी जीवन-गाथा को लिपिबद्ध करने में सहायक होते हैं। किसी लेखक के सम्बन्ध में तो उसके पत्र और भी महत्त्वपूर्ण हो जाते हैं। डॉ. गुप्त द्वारा लिखे गये पत्र ऐसे ही हैं–

1. डॉ. गंगाप्रसाद गुप्त 'बरसैंया' — हाउस
हिन्दी विभाग, — रायपुर
शासकीय विज्ञान महाविद्यालय — दिनांक- 5-9-69

भाई श्री दुबे जी,

पत्र मिला, जिस काम में आप लगे हैं वह वस्तुत: पुण्य और तपस्या का कार्य है जिसका लाभ दूसरी पीढ़ियाँ भी उठायेंगी और पूर्व पीढ़ी का भी मूल्यांकन होगा। प्रसन्नता की बात है कि आप इस काम में रहकर उसका सदुपयोग कर रहे हैं। तुलसी हजारा तापस प्रसंग आदि लेख आपकी उपलब्धियों में गिने जावेंगे। कुछ काम मेरे लिए भी बताइये। कुछ पुरानी हस्तलिखित पुस्तक दीजिये जिसका सम्पादन कर सकूँ।

मैंने डॉ. किशोर एवं डॉ. सियाराम शरण को पत्र लिखे थे किन्तु उत्तर अभी तक नहीं मिले... उन्होंने तो अपना जीवन लगा ही दिया है। यह समाचार मैंने झाँसी के "भारती" साप्ताहिक में भी पढ़ा था। उन्हें मेरा प्रणाम कहें।

राजापुर में सम्भवत: आपको कुछ न मिले सिवाय एक पुरानी हस्तलिखित पोथी (पुस्तक) के, जिसका विस्तृत उल्लेख डॉ. माता प्रसाद गुप्त ने किया है। वैसे मन्दिर है। स्मारक की योजना भी अभी अधूरी अवस्था में है। ऐसे मेरे खास परिचित

वहाँ कोई नहीं है। ठहरने की वहाँ मन्दिर में ही व्यवस्था हो पावेगी। दिक्कत कुछ न होगी।

आपने मेरे पत्र में उर्दू शब्दावली का बाहुल्य गलत बताया किन्तु मैं साधारण बोल-चाल की भाषा को बुरा नहीं मानता।

स्नेही, गंगा प्रसाद गुप्त

श्री उदयशंकर जी दुबे
अन्वेषक, प्रतिनिधि
(नागरी प्रचारिणी सभा)
द्वारा, आधुनिक प्रेस
साहित्य कुटीर, दतिया (म. प्र.)

2. डॉ. गंगाप्रसाद गुप्त 'बरसैंया'
हिन्दी विभाग
शासकीय विज्ञान महाविद्यालय

7, रायपुर
दिनांक- 25/8

भाई श्री दुबे जी!

नमस्कार,

अरसे के बाद आपका पत्र मिला, लगा कि जैसे बहुत दिनों का छूटा स्नेही अचानक पास आ गया हो। आभारी हूँ कि बब्बा जी के साथ आपने भी अपने वहाँ होने की सूचना दी। वस्तुतः मैं दतिया का वह राजकीय ग्रन्थालय देखने के लिए लालायित हूँ किन्तु आ नहीं पाता। आपने बिहार विश्वविद्यालय वाली बात लिखी कि किशोर जी ने याद किया है। मैंने उन्हें पत्र लिखा है और अध्यक्ष होने की बधाई भी दी है। यह भी लिखा है कि यह सूचना मुझे श्री दयाशंकर जी दुबे से मिली है। अभी उत्तर नहीं आया।

आशा है आप स्वस्थ एवं प्रसन्न हैं। इस वर्ष ग्रीष्मावकाश में आ सका तो भेंट होगी ही। इस पत्र-व्यवहार को बरकरार रखें। मैं सपरिवार सानन्द हूँ। सभी मित्र प्रसन हैं।

स्नेही
गंगाप्रसाद गुप्त

श्री दयाशंकर दुबे
अन्वेषक (नागरी प्रचारिणी सभा)
द्वारा-आधुनिक प्रेस, दतिया (म. प्र.)

उपर्युक्त पत्र 22/8/1969 ई. का है। इसमें उदय शंकर दुबे के स्थान पर

दयाशंकर दुबे लिख गया है। अच्छा है। यह मेरे बड़े भ्राता का नाम है। इससे मुझे हार्दिक प्रसन्नता भी हुई।

डॉ. गुप्त द्वारा छत्तीसगढ़ से अड़तालीस वर्ष पूर्व लिखे गये पत्र के साथ अब उनके द्वारा बुन्देलखण्ड से भेजे गये पत्र इस प्रकार हैं–

3. श्री

डॉ. गंगाप्रसाद बरसैंया

12, MIG, चौबे कालोनी
छतरपुर (म. प्र.)
दि.– 27–8–05

प्रिय श्री दुबे जी,

सप्रेम नमस्कार,

आपका 12/8 का पत्र कल मिला। मैं मई 05 से प्रायः बाहर ही रहा। पहले अपने पुत्र के पास चला गया, फिर अन्यान्य कारणों से यात्रा करनी पड़ी। कल ही लखनऊ से लौटा हूँ। आपके श्रीधर शास्त्री अ. भा. हिन्दी साहित्य सम्मेलन, प्रयाग ने मुझे साहित्य वारिधि अलंकरण से अलंकृत करने की सूचना दी है। 14/9 को इलाहाबाद में कार्यक्रम है। स्वीकृति तो मैंने भेज दी थी पर अभी तक जाने का निश्चय नहीं कर पाया हूँ।

विष्णु विलास जब छपकर आ जाये तब भिजवायें। फिलहाल कोई कार्यक्रम नहीं है। सरस्वती सदन पुस्तकालय का शताब्दी समारोह निकट भविष्य में होगा तभी इसका उपयोग करेंगे।

पं. श्री निवास शुक्ल विगत दस माह से शैया पर हैं। पराधीन जीवन जी रहे हैं। स्वयं उठ–बैठ नहीं सकते। मन–मस्तिष्क से स्वस्थ हैं। उस पर भी प्रभाव पड़ने लगा है। 84–85 वर्ष के हैं।

डॉ. आत्मा राम शर्मा, अरूण की इन निरर्थक बातों पर मैं ध्यान नहीं देता। विचित्र स्वभाव के जिद्दी व्यक्ति हैं। पत्र बहुत लिखते हैं। रत्नाकर के पीछे हाथ धोकर पड़े हैं।

शुभेच्छु
गंगाप्रसाद बरसैंया

प्रति–श्री उदय शंकर दुबे
ग्राम– करेरूआ
पो.– खमरिया
जिला– वाराणसी (उ. प्र.)

4. श्री

ताल दरवाजा, टीकमगढ़
22-11-75

प्रियवर,

बहुत दिनों से पत्र नहीं मिला। इस बीच मेरी माता जी की बीमारी और फिर... ने मुझे भी अस्त-व्यस्त कर दिया था। अब सामान्य हो रहा हूँ। ग्रन्थ की प्रेस कापी तैयार है। अप्रैल तक ...आ जाने की सम्भावना है। मैं उसे थोड़ा और भी माँजना चाहता हूँ।

सुना है कि दतिया राज पुस्तकालय में शंकर लाल कायस्थ लिखित 'कृष्ण चन्द्र-चन्दिका' नामक पुस्तक की पाण्डुलिपि है। आप मुझे उसकी प्रति उपलब्ध करवा सकते हैं? यदि नकल करवाने में कुछ पैसा लग जाये तो भी चिन्ता की बात नहीं है, काम जल्दी होना चाहिए। बुन्देलखण्ड में... के सन्दर्भ में इसकी मुझे अत्यन्त आवश्यकता है। आशा है आप......................................जोड़ लूँ।

शंकर लाल कायस्थ दतिया नरेश श्री पारीक्षित के समकालीन हैं। सं. 1924 में कृष्ण चन्द्रिका लिखी गयी है। दतिया में ही।

अपने समाचार दें। श्री कटारे व डॉ. रत्नेश को मेरा नमस्कार दें।

स्नेही
गंगाप्रसाद गुप्त बरसैंया

श्री उदय शंकर जी दुबे
अन्वेषक नागरी प्रचारिणी सभा
साहित्य कुटीर-दतिया
पो.-जिला- दतिया (म. प्र.)
DATIA

5. श्री

लाल दरवाजा-टीकमगढ़
12-4-76

प्रिय श्री दुबे जी

नमस्कार,

पत्र मिला, केशव जयन्ती समारोह बड़ी धूमधाम से अन्य वर्षों की अपेक्षा अधिक सुन्दर ढंग से सम्पन्न हुआ। डॉ. तैलंग जी आये थे। बड़े प्रसन्न थे। उन्होंने अपनी सरलता और विद्वता से सभी को प्रभावित किया। आपकी बड़ी याद कर रहे थे। निबन्ध गोष्ठी में भी आपका अभाव खटका।

बुन्देली भाषा वाली पुस्तक का विमोचन हो गया। दो-तीन पुरस्कारों की भी घोषणायें की गयीं। रात का कवि सम्मेलन भी जमा, कुल मिलाकर पिछले वर्षों की अपेक्षा इस वर्ष अधिक ठोस परिणाम रहा। झाँसी वि. वि. के कुलपति भी आये थे– वि. वि. में अलग बुन्देली भाषा विभाग खोलने की उन्होंने सार्वजनिक घोषणा की। लोग बड़े प्रसन्न थे। केशव जयन्ती समारोह में भी सहयोग देने का उन्होंने वचन दिया।

आपने अखबारों में विवरण पढ़ा होगा। शेष यथावत

स्नेही
गंगाप्रसाद बरसैंया

श्री उदय शंकर दुबे
अन्वेषक नागरी प्रचारिणी सभा
साहित्य कुटीर, दतिया
पो., जि.-दतिया (म. प्र.)

6. श्री
डॉ. गंगाप्रसाद बरसैंया

12 MIG, चौबे कालोनी
छतरपुर (म. प्र.)
दि.- 13-12-05

बन्धुवर श्री दुबे जी,
नमस्कार,

आपका 2/12 का पत्र मिला। आप शास्त्री जी के साथ 22/1/06 को सम्मान कार्यक्रम में छतरपुर आ रहे हैं यह जानकर अतीव प्रसन्नता हुई। यह मेरे लिए सुखद है। मुझसे आप लम्बी अवधि से भली प्रकार परिचित हैं, नितान्त अपने हैं।

मैंने वाणी प्रकाशन दिल्ली को पत्र लिखकर आचार्य विश्वनाथ प्रसाद मिश्र द्वारा सम्पादित भूषण ग्रन्थावली मँगवायी है। आशा है 8-10 दिन में मिल जायेगी। फिर भी आप श्री ब्रजरत्न दास सम्पादित ग्रन्थावली लेते आवें। मैंने दो-तीन चीजें और मँगवायी थीं। जाते समय आपको नोट भी करवाया था। एक तो आपकी सम्पादित रामायण है। बाकी याद नहीं।

शुभेच्छु
गंगाप्रसाद बरसैंया

पुनश्च, विन्ध्यवासिनी माता का
एक चित्र अवश्य भिजवायें।

प्रति, श्री उदय शंकर दुबे
ग्राम-करेरूआ, पो. खमरिया,
जिला-वाराणसी (उ. प्र.)
पि. 221306

7. श्री
डॉ. गंगाप्रसाद बरसैंया
सेवानिवृत्त प्राचार्य

12-MIG, चौबे कालोनी
छतरपुर (म. प्र.) 471001
(07682) 41024
15-3-03

प्रिय श्री दुबे जी,
नमस्कार,

आपका 7/3 का पत्र मिला। डॉक्टर किशोरीलाल जी स्वस्थ हैं यह जानकर राहत मिली। इधर दो-तीन माह से लगातार उनकी अस्वस्थता के समाचार मिल रहे थे। उनकी कई पुस्तकें आ रही हैं, यह सुखद है। अस्वस्थ होते हुए भी लेखन में संलग्न।

आपके दो लेख लक्ष्मीबाई और कमल कुँवरि से सम्बन्धित रूसिया जी के अभिनन्दन ग्रन्थ में तथा विन्ध्यवासिनी सम्बन्धी लेख बुन्देली बसन्त में छपे हैं। आप सम्पादकों को पत्र लिख दें। छतरपुर में मैं डॉ. बहादुर सिंह से कह दूँगा। अपने समाचार दें।

प्रति,
श्री उदय शंकर जी दुबे
ग्राम-करेरूआ पो.- खमरिया
जि.- वाराणसी (उ. प्र.)
पि.- 221306

8. श्री
डॉ. गंगाप्रसाद बरसैंया
सेवानिवृत्त प्राचार्य

12-MIG, चौबे कालोनी
छतरपुर (म. प्र.) 471001

(07682) 41024
6-3-03

प्रिय श्री दुबे जी,
नमस्कार,

आपने 15/2 के पत्र में लिखा था कि आप 17/2 को प्रयाग जाकर डॉ. किशोरीलाल जी से मिलेंगे और लौटकर उनका समाचार देंगे। मैं अभी तक प्रतीक्षा करता रहा। कृपया समाचार दें इस बीच डॉ. साहब का एक कार्ड मिला था जिसमें उन्होंने कुछ बेहतर होने की बात लिखी थी। इस बार वे वृद्धावस्था-जनित रोगों की चपेट में आ गये। सज्जनों को सभी सताते हैं, वे बड़े काम के विद्वान व्यक्ति हैं। उन्हें स्वस्थ रहकर शतायु होना चाहिए अभी ढेरों काम पड़ा हुआ है। वे स्वयं काम करते हैं और दूसरों को सहयोग भी देते हैं। विषय विशेषज्ञ तो हैं ही। मैंने उन्हें पत्र लिखा है। इधर लगभग तीन माह से कोई खास काम नहीं हुआ। कुछ मित्रों की पुस्तकों की भूमिकायें और समीक्षायें ही लिखी हैं। फुटकर काम मौसमी और क्षणिक होता है। ग्रन्थ का कार्य स्थायी है। यद्यपि समय, श्रम और साधन तथा ज्ञान दोनों में चाहिए। अपने समाचार दें।

प्रति,
श्री उदय शंकर दुबे
ग्राम- करेरूआ, पो.- खमरिया
जि.- वाराणसी (उ. प्र.)

9. श्री
डॉ. गंगाप्रसाद बरसैंया
सेवानिवृत्त प्राचार्य

12-MIG, चौबे कालोनी
छतरपुर (म. प्र.) 471001
(07662) 41024

प्रिय श्री दुबे जी,
नमस्कार,

होली की हार्दिक शुभ कामनायें स्वीकारें। दो-तीन दिन पूर्व ही पत्र भेजा था, मिला होगा। इधर हजारा वाली पुस्तक के प्रकाशन का कुछ रूप बन रहा है। परमानन्द सुहाने द्वारा सम्पादित नख शिख हजारा और षटऋतु हजारा। वैसे अभी दिल्ली दूर है। सुयोग बना तो इसी वर्ष काम हो जायेगा।

मेरे पास विक्रम कवि का सुदामा चरित है। पुरानी कृति है जिसकी कुछ प्रतियाँ

इलाहाबाद से... कान्ति कुमार जी के माध्यम से छपी थीं। उसकी प्रति शायद आपके पास हो, अब नये सिरे से प्रकाशित करने हेतु एक सज्जन सहमत हैं। यदि आप उसे सम्पादित कर दें तो एक महत्त्वपूर्ण कार्य हो जावेगा। मैं पाण्डुलिपि, छपी प्रति तथा चयनित शब्दावली, पूर्व में लिखित भूमिका आपके पास भेज सकता हूँ। शब्दावली के अर्थ भी दिये हैं काम अधिक नहीं है। दूसरी प्रति नहीं है। कृपया शीघ्र स्वीकृति भेजें। काम शीघ्र होना है।

शुभेच्छु,
गंगाप्रसाद बरसैंया

प्रति,
श्री उदय शंकर दुबे
ग्राम- करेरूआ
पो.- खमरिया
जि.- वाराणसी (उ. प्र.)

डॉ. गुप्त के उपर्युत पत्रों में उनकी प्राचीन ग्रन्थों के प्रति गहरी अभिरुचि प्रकट है। यही कारण है कि उन्होंने हिन्दी भाषा के कई हस्तलिखित ग्रन्थों का सम्पादन कर प्रकाशित कराया। बुन्देलखण्ड के अज्ञात कवि उनकी प्रसिद्ध रचना है जिसके दो संस्करण निकल चुके हैं। वीर विलास आल्हा-ऊदल से सम्बन्धित वीर रस का काव्य है। इसमें आल्हा मनौआ की कथा के साथ पृथ्वीराज से युद्ध का वर्णन विविध छन्दों में है। पत्र लिखने में वे माहिर हैं। पत्र में वे अपने मित्रों को भूलते नहीं, कार्य करने की प्रेरणा भी देते हैं। समय-समय पर डॉ. गुप्त द्वारा लिखे गये पत्र अब साहित्य की धरोहर हैं। बुन्देलखण्ड में प्राचीन काल में कवियों द्वारा लिखे गये ग्रन्थों को संग्रह कर सम्पादन करने की प्रेरणा उनके पत्रों में निहित है।

उदय शंकर दुबे
साहित्य कुटीर, कठारी बाजार
पो.- खमरिया
जि.- भदोही (उ. प्र.)
पिन- 221306

सम्मान्य डॉ. गंगाप्रसाद जी गुप्त 'बरसैंया' के अभिनन्दन अवसर पर सादर सप्रेम समर्पित अभिनन्दन-पत्र

मंगलकामनाएँ

डॉ. हिन्दी जगत के वाणी मधुर पवित्र।
गं गा सा पावन सदा अनुकरणीय चरित्र।
गा या जीवन गीत को संघर्षों के साथ।
प्र तिभामय व्यक्तित्व है, उन्नत रहता माथ।
सा ल हुई इक्यासवीं, युवकों-सा उत्साह।
द क्ष निरत निज कर्म में, रहता सदा उछाह।
ब ख्त बहुत है कीमती, अध्ययन में तल्लीन।
र चना करने में निरत, सुन्दर और नवीन।
सै द्धान्तिक जीवन रहा, सबसे सम व्यवहार।
या खास का अनुगमन डटकर बाँटा प्यार।
चि र आयु हो आपकी, बुन्देली के लाल।
रा ग द्वेष से दूर रह, जियो हजारों साल।
यु वा सरिस करते रहो सृजन, न हो विश्राम।
हों ठों पर मुस्कान हो, हो आराम हराम।
अभिनन्दन है आपका, हे श्रद्धा के पात्र।
भेंट करूँ क्या आपको, शब्द-सुमन हैं मात्र।
अनेकानेक मंगल कामनाओं सहित–

हरिविष्णु अवस्थी
अध्यक्ष एवं समस्त पदाधिकारी,
श्री वीरेन्द्र केशव साहित्य परिषद्
टीकमगढ़ (म. प्र.)

डॉ. बरसैंया का रचना-संसार

'कर्म और आराधना', संग में 'सृजन विमर्श।'
बरसैंया जी के रहे, ये दोनों आदर्श।
'रचना से रचना रची', लिखे 'शब्दों के रंग।'
'चिन्तन-अनुचिन्तन' किया, 'तुलसी तेवर' संग।
'रस विलास' के साथ ही, खोजा 'वीर विलास।'
'अथ कुत्ते का काटना', व्यंग्य बन गया खास।
'निन्दक नियरे राखकर', 'वर पाया अरमान।'
'कभी-कभी यह भी' लिखा, 'लोक वाटिका' ज्ञान।
'चरित सुदामा' का दिया 'नाटक और निबन्ध।'

'अज्ञातों को ज्ञातकर', खोले उनके बन्ध।
'खरी-खरी' लिखते रहे, ज्ञानी सिद्ध सुजान।
'बुन्देली-छत्तीसगढ़ी' को खूब दिया सम्मान।
सैंतीस ग्रन्थों के कर्ता हैं, बरसैंया श्रीमान।
अहंकार तनकऊ नहीं, विनम्रता की शान।
पोषण शिष्यों का किया, देकर ज्ञान-बदाम।
ऐसे वाणी-पुत्र को, बारम्बार प्रणाम्।
(इसमें डॉ. बरसैंया की कृतियों के नाम चिह्नित किये गये हैं।)

राजीव नामदेव 'राना लिधौरी'
शिवनगर कालोनी, टीकमगढ़ (म. प्र.)

स्वर्ण-कमल

स्वर्ण कमल से खिले-खिले साहित्य-सरोवर में।
माँ वाणी के वरद् पुत्र ये जन्मजात वरदानी,
जिन पर पैनी दृष्टि सदा ही रखती है कल्याणी,
भाषा का उद्‌गम प्रवाह, गति सब है जानी मानी,
स्वयं कलम दे गयी हाथ में इनके वीणापाणी।
शब्द रूप रस गन्ध भरे ये मान सरोवर में।
यह धरती पर बिछा हुआ संस्कृति का पावन आसन,
हिन्दी है शोभायमान, इतना ऊँचा सिंहासन।
स्वयं सिद्ध जिनकी संज्ञा ही अर्चन पूजन वन्दन,
'गंगा' का अभिनन्दन, हिन्दी भाषा का अभिनन्दन।
संवर्धन कर रहे ज्ञान-विज्ञान धरोहर में।
कोटि-कोटि के सादर वन्दित, विद्या, बुद्धि प्रदाय बने।
संरक्षण, पोषण, संवर्द्धन के भी विविध उपाय बने।
चलती है अविराम लेखनी, गणपति के पर्याय बने,
यह तो युग गणना कर लेगा, कब कितने अध्याय बने।
पूरा-पूरा जीवन-दर्शन है पीयूष पयोधर में।
कालजयी ये स्वयं काल को आदेशित करते हैं,
जीवन का लेखा-जोखा भी सम्प्रेषित करते हैं।
सहृदयता से मानवता को सम्बोधित करते हैं,
जो पाषाण हो गये, उनको उद्वेलित करते हैं।
सतत साधना स्वयं सिद्ध, रमते सिद्धेश्वर में।

अगनित रत्नों को तराश कर मुक्ता माल बनायी,
शीश नहीं, अपनी जननी के चरणों में पहनायी।
रत्न-प्रसवनी भारत माँ की कोख धन्य कहलायी,
आज भारती के आँगन में बजती मधुर बधायी।
मंगल गीत गूँजते आशीर्वचनों के स्वर में।

मालती श्रीवास्तव
किशोर सागर
छतरपुर (म. प्र.)

गुरुदेव बरसैंया जी

हम ओरन के पूज्य सिरोमन, गुरुदेव बरसैंया।
सांसी कयें कै गुरुदेवन में, उनकी सानी नैयाँ।।

(1)

अपने प्यारे शिष्य वर्ग पै, हरदम प्रेम बनों रओ।
उन गुरुवर की महा कृपा कौ, सिर पै छत्र तनों रओ।
पढ़बौ-लिखबौ बोल चालवौं उन्नें हमें सिखा दओ।
प्रगति-पन्थ पै आँगे बढ़ रये, ऐसौ मार्ग दिखादऔ,
मनमुक्ते सुख साधन दै रई, कलप बिरछ की छैयाँ।
सांसी कयें कै गुरुदेवन में...............

(2)

मुस्क्यानी-सी सूरत उनकी, इन आँखन में झूलै।
जैसे कौनऊ सुख-सागर में कमल सरीसों फूलैं।।
उन्नें अपने युवा काल में चिन्तन अधिक करो है।
नये-नये ग्रन्थन खौं लिखबे चुन कै ज्ञान धरो है।
इतनें आगै बढ़े गुप्त जू, छी लईं सरग तरैयाँ।।
सांसी कयें कै गुरुदेवन में...............

(3)

गद्य-पद्य संस्मरन जीवनी, कैउ ग्रन्थ लिख डारे।
सम्पादक आलोचक बनकैं, कर दये बारे-न्यारे।।
व्यंग्यवार्ता नाटक लिखकैं नाम कमा लो इतनों।
नाम उजागर होत काऊ कौ, जीवन भर में जितनों,
इतनें चले प्रगतिपन्थ पै, घिस गयी पाँव पनैयाँ।।
सांसी कयें कै गुरुदेवन में..............

(4)

भारत के पत्रन में उनके, कई आलेख छपत रये।
शिष्यन कौ हित करबै काजैं माला सदा जपत रये।।
सरस्वती के वरद पुत्र तुम अमर पूत वरदानी।
उनके कारन बुन्देली कौ, उतर न पायो पानी।।
शिक्षा औ साहित्य क्षेत्र में, डर गयी सगुन हरेयाँ।।
सांसी कयें कै गुरुदेवन में...............

(5)

प्रेम सहित गुरुदेव आपकौ, कर रये हैं अभिनन्दन।
कर लिइयौ स्वीकार शिरोमनि रोरी चाँवर चन्दन।।
हम औरन पै गुरुवर ऐसई कृपा बनायें रइयौ।
प्रगति पन्थ पै चलबे काजैं, गैल धरायें रइयौ।।
चलबो, फिरबो सबई सिकइयौ, पकर शिष्य की बैयाँ।
सांसी कयें कै गुरुदेवन में................

– डॉ. दुर्गेश दीक्षित
हिन्दी, बुन्देली कवि, वरिष्ठ साहित्यकार
कुण्डेश्वर (टीकमगढ़)
मो.– 9630792227

साहित्य मनीषी डॉ. गंगा प्रसाद जी गुप्त बरसैंया जी के 81वें वर्ष प्रवेश के सुअवसर पर सस्नेह अभिनन्दन

(1)

बरसैंया जी गुप्त का प्रकट दिवस सुपुनीत
दम्पति सह सम्पत्ति लहै रहे परस्पर प्रीत।।

(2)

जीवन के रसकाव्य का यह इक्यासिवाँ छन्द
बने सतसई रूप में छन्द बन्ध अनुबन्ध।।

(3)

जीवन– सरिता का बहै सतत दिव्य प्रवाह
पावन गंगा के सदृश हो जीवन की राह।।

(4)

गुरुजन की अनुकूलता मित्रों से सद्भाव
छोटों से मिलता रहे परम स्नेह का भाव।।

(5)

कलित काव्य कमनीयता ललित निबन्ध विधान
फलित सदा होता रहे सरसुति का वरदान।।

शुभाकांक्षी
कपिल देव दैलंग
एस/11 मन्दाकिनी कालोनी
कोलार रोड, भोपाल
6-2-2017

साहित्य-जग की शान हैं, गंगा प्रसाद जी

कितने सरल सुजान हैं, गंगा प्रसाद जी
साहित्य-जग की शान हैं, गंगा प्रसाद जी

अनुपम सुधी समीक्षक, व्यक्तित्व के धनी,
वाणी के कीर्तिमान हैं, गंगा प्रसाद जी

अपना ही ढंग, सोच नयी, कहन निराली,
मौलिक विचारवान हैं, गंगा प्रसाद जी

नाटक कहानी व्यंग में हासिल है महारथ,
आलोचना की जान हैं, गंगा प्रसाद जी

इन्सान का साहस बढ़ाने वाले अनोखे,
उज्ज्वल गुणों की खान हैं, गंगा प्रसाद जी

शिक्षक हो चाहे छात्र, या कोई समाज का,
सबके लिए समान हैं, गंगा प्रसाद जी

चेहरे पै कभी क्रोध न देखा है किसी ने,
सज्जन सुभाववान हैं, गंगा प्रसाद जी

ब्यौहार में सादा, बड़े सीदे औ संकोची
अपनी स्वयं पहचान हैं, गंगा प्रसाद जी

जैसा है नाम, नाम के अनुरूप दिख रहे,
जल में कमल समान हैं, गंगा प्रसाद जी

ये धूलभरे हीरा से दमकत रहे सदा,
बेदाग मूल्यवान हैं, गंगा प्रसाद जी

जिससे मिले वे उसको न भूले हैं आज तक,
''स्नेही'' मनुज महान हैं, गंगा प्रसाद जी।

– डॉ. राघवेन्द्र उदैनियाँ ''स्नेही''
गल्लामण्डी सरानी दरवाजे के बाहर
छतरपुर म. प्र.
मो.– 9406762156

डॉ. गंगा प्रसाद गुप्त बरसैंया जी के सम्मान में

(गीत)

इनकी बोली बानी नौंनी लगत सबइ खाँ प्यारी।
सबइ जने बरसैंया जी की करत रहत बड़वारी।।
इननें बालापन सें अबलौ इतै कलम खाँ पूजो।
इन जैसो आराधक हमनें क्यॉउ तको ना दूजो।
जे साहित्य जगत के मन्दिर के रए सदा पुजारी।।
उच्च विचार सदा रए इनके रओ है सादा जीवन।
गंगा जल जैसो पावन निर्मल रओ है इनको मन।
इननें इतै हमेशा सबके हित की बात विचारी।।
नाटककार निबन्धकार कवि चिन्तक कुशल प्रशासक।
व्यंगकार आलोचक साँचे साधक हैं सम्पादक।
सबरें होत शोध की चर्चा औरन सें अतकारी।।
लेख लिखे हैं इननें नौंने लिखीं कहानीं साजीं।
लगत शारदा मइया इनके हिरदय बीच विराजीं।
चलतइ रात कलम नित नौंनी संजा भोर दुपारी।।

एक बात में हमनें इन खाँ औरन सें बड़ लेखो।
इतनों सब है तौउ तनक लौ अहंकार नइँ देखो।
इनकी ई विशेषता पै हम बार बार बलिहारी।।
इनके इतै बसे सें कविता की बगिया हरियानी।
इनके छतरपूर छोड़े सें कली कली कुम्ल्यानी।
रान लगें फिर इतँइ आनकें मंसा जेइ हमारी।।
ऐसे नॉ विद्वान क्याँउ के जौन इनें नॉ जानें।
बड़ी विचित्र कलम है इनकी सबइ जने जा मानें।
इनके आँगें गुनी जनन नें अपनी हिम्मत हारी।।
साँची के विस्तार ज्ञान को इनको अम्बर सम है।
इनके बारे में हम जितनो लिखिये उतनो कम है।
इनकी कलम चलत रय ऐसइ कृपा करें त्रिपुरारी।।
साँचउ जे साहित्य जगत की आँखन के उजयारे।
चाहत हैं ''मायूस'' बने रयँ ऐसइ जे चैंगारे।
राम करै बरसैंया जी की उम्मर होय हजारी।।

नवल किशोर सोनी ''मायूस''
कोतवाली के पीछे छतरपुर (म. प्र.)- 471001
मो.- 9993693226

हम आभारी

सुहृद, सुकवि, लेखक बरसैंया जी के हम आभारी।
हृद तन्त्री के तार सुझंकृत जन-जन को सुखकारी।।
दया धर्म अरु रीति-नीति के हैं तन-मन से चाहक।
सुन्दर, महज, सटीक विचारों के सच्चे संवाहक।।
कविता और कहानी लिखकर सचमुच अलख जगाया।
विविध विद्या में चली लेखनी पढ़कर मन हर्षाया।।
लेते हैं सब ही आदर से नाम-सु जिनका ऐसे।
खनक रही साहित्य जगत में रस मय तन्त्री जैसे।।
कब कितनों को मिली प्रेरणा कौन लगाये लेखा?
बड़े-बड़े दिग्गज हैं देखे किन्तु न उन सम देखा।।
रहते हैं जो मगन स्वयं में, परहित का उद्देश्य लिये।
सैंदुर से चमकीले दमकें, सदभावों हित सदा जिये।।

याचा चाही नहीं किसी से, देते ही देते हैं।
जीवन जिनका निष्कलंक है पीड़ा खुद पी लेते हैं।
केवल सरस्वती के पूजक जो हैं उनकी आराध्या।
हम जैसों के लिए न किंचित जिनको कोई बाध्या।।
मन अति निर्मल जो कि ज्ञान का भी अथाह भण्डार हैं।
आदर अर्पित उन चरणों में जो विराट संसार हैं।।
भाग्य हमारे, ऐसे गुरुवर, जो प्रकाश स्तम्भ हैं।
रीति सिखायी, नीति निभायी, कहीं न किंचित दम्भ है।।

ओम प्रकाश तिवारी
पर्यटक ग्राम- कुण्डेश्वर
जिला- टीकमगढ़ (म. प्र.)

आचार्य श्री गंगाप्रसाद बरसैंया जी
सादर-अभिनन्दन

आ– आदृत विद्वत-जनों में, 'निकष' रहा 'शुभ ज्ञान'।
अध्यापन में रुचि रुचिर, मानवता का ध्यान।।

चा– चाहत की चाँटी करी, परहित में रत नित्य।
विनत भाव से सँजोया, स्वान्तस् में नित सत्य।।

र्– रत रह शुभ सत्कर्म में, षड् विकार से दूर।
षड् सम्पदा सदा रहीं, तव समीप भरपूर।।

य– यती सदृश जीवन जिया, मन से रहे प्रसन्न।
मन, वाणी, कृति की त्रयी का समत्व आसन्न।।

श्री– 'श्री' पाई शुभ कर्म से, हृदि सेवा का भाव।
परहिताय मति आपकी, श्लाघ्य आपका चाव।।

गं– गंग-तरंगों-सी ललक, ज्ञान-दान की वान।
चित्तवृत्ति अति संयमी, आप प्राप्त सम्मान।।

गा– गान किया सद्धर्म का 'मन' साधा सुज्ञान।
सदा आपकी सुकृतियाँ, रहीं रम्य पहचान।।

प्र– प्रमुदित तव जीवन रहा, साथी शुभ साहित्य।
आप ज्ञान की ज्योति वर, ज्यों तमहर आदित्य।।

सा– 'साध' ज्ञान के वरण की, ज्ञान-दान-व्रत लीन।
पावन मति, गति, कृति लिये सुकृती आप प्रवीन।।

द– दम, शम, उपरति, तितिक्षा, समाधान तव साथ।
'सत्य' रूप शुभ पुण्य से, रहते आप सनाथ।।

ब– वरदायिन माँ शारदा, के हैं आप सपूत।
भारत माँ के भक्त पुनि, श्रद्धा लिये अकूत।।

र– 'रति' विज्ञों के चरित में, सरल स्वभाव सुगम्य।
सहज सुशोभन रुचिर वर, तव रचनायें रम्य।।

सैं– सैन्धव का उपयोग ज्यों, देता स्वाद अनन्य।
त्यों नवरस से सरस तव, कृतियाँ बनी सुधन्य।।

या– यात्रा जीवन की कठिन, पर 'अध्यात्म' निदान।
आत्मज्ञान से आपने, सत्य लिया पहचान।।

जी– जीव-मात्र से नेह का, किया आपने जाप।
अभिनन्दन है आपका, चिरजीवी हों आप।।

श्रीमती लक्ष्मी गुप्ता,
उद्योग विभाग के पास,
सिविल लाइन्स,
दतिया (म. प्र.) 475661
मो.- 9826249448

खण्ड-तीन
कलम की कसौटी पर कृतियाँ

दो शब्द

श्री गंगाप्रसाद बरसैंया ने बुन्देलखण्ड की ऐसी प्रतिभाओं के बारे में महत्त्वपूर्ण सूचनायें संकलित की हैं जिनके बारे में जानकारी या तो नहीं के बराबर है और है तो ठीक-ठीक नहीं। मैंने जब इनकी पुस्तक पढ़ी तो मुझे ऐतिहासिक दृष्टि से बहुत महत्त्वपूर्ण लगी। कई उल्लेखनीय सूचनायें इस ग्रन्थ में मिलती हैं। उदाहरण के लिये ज्ञानी जी का रायसो। यह 442 छन्दों का ग्रन्थ है और उसकी पाण्डुलिपि 300 वर्ष पुरानी है। उन्होंने आल्हा की कथा दोहों, छन्दों और कुण्डलियों में रची है और जगनिक के बारे में महत्त्वपूर्ण सूचनायें दी हैं। इसी प्रकार चाचा हितवृन्दावन से पृथक वृन्दावनदास की रामचरितावली के बारे में सूचना। इसी तरह लाला परमानन्द की प्रमोद रामायण, नीति सारावली, राजपुत्र संग्रह, मंजुल रामायण जैसे ग्रन्थों की सूचना दी है जो उन्नीसवीं शताब्दी के प्रारम्भ की हैं। कवि विक्रम की सुदामा चरित (संवत् 1664 में रची) बुन्देली भाषा में रची गयी है। दूसरे प्रकाश में लाये जाने वाले कवि हैं चैनदास जिन्होंने 18वीं शताब्दी के अन्त में "रस विलास" की रचना की और 19वीं शताब्दी के अन्त में कवि परमानन्द सुहाने के बारे में महत्त्वपूर्ण सूचना मिलती है जिन्होंने कई संग्रह तैयार किये। नखशिख हजारा, षटऋतु हजारा, राधिका-कृष्ण हिण्डोरा, होलिका दहन फागोत्सव, सर्वसार संग्रह, पावस कवित्त रत्नाकर, कवित्त हजारा, गोपीप्रेम पयोध आदि।

अपने शोध के द्वारा बरसैंया जी ने यह सिद्ध किया है कि कवि मोहनलाल मिश्र 17वीं शताब्दी के न होकर 19वीं शताब्दी के थे और उनकी रचनायें उदाहरण के तौर पर प्रस्तुत की हैं। उन्होंने अन्यत्र यह भी प्रतिपादित किया है कि दूलह नाम के दो कवि थे। दूलह त्रिवेदी तो भलीभाँति ज्ञात हैं, पर दूलह राय श्रीमद् भगवद्गीता के पद्यानुवाद के रचयिता का परिचय लोगों को कम है। ये 18वीं शताब्दी के प्रारम्भ में पैदा हुए सुज्ञात दूलह त्रिवेदी से पहले हुए थे। उन्होंने भूषण और मतिराम के सहोदरी सम्बन्धों का भी खण्डन किया है। खण्डन का आधार यह है कि यदि मानें कि मतिराम नाम के दो कवि थे। एक तो भूषण के भाई थे और तिकवाँपुर के निवासी थे, दूसरे बनपुरा के रहने वाले वत्सल गोत्रीय त्रिपाठी थे। इन्होंने "छन्दसार" की रचना की तो कुछ कठिनाइयाँ सामने आती हैं। बनपुरा गाँव महाराज मधुकरशाह

ओरछा नरेश द्वारा पण्डित चक्रमणि को जागीर के रूप में दिया गया था। उन्होंने यह भी सिद्ध किया है कि दो की कल्पना करना उचित नहीं है। मतिराम एक ही हैं और ये वत्सल गोत्रीय हैं। कवि बोधा के बारे में जो नयी जानकारी दी गयी है वह यह कि बोधा महाराज छत्रसाल के आश्रित कवि बिन्द के वंशज थे और नाथ कवि के छः पुत्रों में से एक थे। बोधा शाहगढ़ के राजा खेत सिंह के आश्रित थे। 18वीं शताब्दी के उत्तरार्ध के थे।

एक लेख में उन्होंने पन्ना राज ने जो सनदें कवियों को दीं उनका विवरण दिया है। प्रसिद्ध कवि छत्रसाल के आश्रित लाल कवि को दी गयी दो सनदों का विवरण दिया गया है। यह भी विवरण दिया गया है कि उनका नाम गोरेलाल नहीं था। उनका दूसरा ग्रन्थ विष्णु विलास है जिसमें नायिका भेद बरवै छन्द में वर्णित है। धनुष पचासा में सीता स्वयंवर के छन्द हैं। एक महत्त्वपूर्ण सूचना उन्होंने बुन्देलखण्ड की रानी कँवल कुँवरि के बारे में दी है। वे संवत् 1800 विक्रमी में जनमी थीं। रानी कँवल कुँवरि ने राधावल्लभ सम्प्रदाय में दीक्षा ली थी और अपने इष्टदेव राधा को ही उद्दिष्ट करके उन्होंने बधाइयाँ लिखीं। उनकी एक रचना "तुलसी चरित" थी। काव्य के अच्छे उदाहरण इस परिचय ग्रन्थ में दिये गये हैं जो बहुत ही महत्त्वपूर्ण हैं।

निष्कर्ष रूप में हम यह कह सकते हैं कि बरसैंया जी ने अपने इस महत्त्वपूर्ण ग्रन्थ के द्वारा एक ऐतिहासिक वृत्ति की पूर्ति की है और उत्तर-मध्यकाल के बारे में ऐसी नयी रचनाएँ जोड़ी हैं जिनका साहित्य इतिहासों में उल्लेख नहीं के बराबर है। मैं इसके लिए उन्हें हार्दिक बधाई देता हूँ और यह आशीर्वाद देता हूँ कि वे इसी प्रकार अनुशीलन में प्रवृत्त रहें। उन्हें इन कवियों की रचनाओं का संकलन भी करने की बात सोचनी चाहिए जिसके द्वारा यह रेखांकित किया जा सके कि बुन्देलखण्ड के कवियों ने अपनी भाषा को बुन्देली के संस्पर्श से बहुत सरस और जीवन्त बनाया है।

— डॉ. विद्यानिवास मिश्र

आमुख

बुन्देलखण्ड की धरती जहाँ अपने सांस्कृतिक भण्डागारों के ऋण से हमें मुक्त नहीं कर सकी है, वहीं यहाँ के कवि-कोविदों के प्रभूत वांगमय हमारी विगत और साम्प्रतिक गौरवमयी परम्पराओं की महत्त्वपूर्ण कड़ियों को जोड़कर हमें भारतीय चिन्तन और ज्ञान-राशि के बहुआयामी स्वरूप के द्वारा कृतकृत्य करते रहे हैं। वस्तुतः प्राचीन काव्य-साधना के केन्द्र स्थल बुन्देलखण्ड और ब्रजमण्डल ही अधिक चर्चित रहे हैं। ब्रज की सीमा का संस्पर्शन करने वाला बुन्देलखण्ड हिन्दी साहित्याकाश के नक्षत्र आचार्य कवि केशवदास के प्रखर पाण्डित्य सर्जना के कवि-कलाकार जितने बुन्देलखण्ड में रहे हैं, उतने ब्रजमण्डल में नहीं। सतसईकार बिहारीलाल ग्वालियर के बसुआ गोविन्दपुर के ही थे जिनकी तरुणाई मथुरा में बीती, क्योंकि मथुरा उनकी ससुराल थी। एक महत्त्वपूर्ण बात यह भी है कि अधिकांश कवि बुन्देलखण्ड के राजाओं के आश्रित रहे हैं। इस सम्बन्ध में कई महत्त्वपूर्ण लेख और शोध-प्रबन्ध लिखे जा चुके हैं। कुछ समय पूर्व चरखारी के कन्हैया सिंह ने नागरी प्रचारिणी पत्रिका के एक अंक में चरखारी-दरबार के कवियों की गवेषणात्मक सूचनाओं द्वारा हिन्दी-जगत को लाभ पहुँचाया था। बाँदा से सागर प्रस्थान करने वाले रीतिकाल के अन्तिम कवि पद्माकर भट्ट की महत्त्वपूर्ण जानकारी 'पद्माकर श्री' में पद्माकर वंशज डॉ. भालचन्द्रराव तैलंग ने अपने अनुसन्धान द्वारा प्रस्तुत की थी। पन्ना नरेश के दरबारी कवियों पर भी अनुसन्धान कर्ताओं ने पर्याप्त काम किया है। इधर छतरपुर के अन्यान्य कवियों के साथ ईसुरी-गंगाधर पर भी शोध-कार्य हो चुका है। बिजावर नरेश के दरबारी कवि बिहारीलाल भट्ट कृत "साहित्य सागर" आधुनिक लक्षण ग्रन्थों में अयोध्या नरेश ददुआ साहब के "रस कुसुमाकर" और जगन्नाथ भानु कृत "काव्य-प्रभाकर" से किसी भी रूप में कम महत्त्वपूर्ण नहीं है। फिर भी नव अनुसन्धान की शृंखला उत्तरोत्तर बढ़ती ही जा रही है। कुछ समय पहले झाँसी के पं. गौरीशंकर द्विवेदी ने "बुन्देल-वैभव" के द्वारा बहुत से अज्ञात कवियों की नयी जानकारी दी थी और "मिश्र बन्धु विनोद" या "कविता-कौमुदी" से भिन्न बहुत से अपरिचित कुल गोत्र के कवियों को फिर से प्रतिष्ठित करने का स्तुत्य प्रयास किया था।

इसी शृंखला में मध्यकालीन साहित्य के मर्मज्ञ डॉ. गंगाप्रसाद बरसैंया द्वारा लिखित "बुन्देलखण्ड के अज्ञात रचनाकार" एक नवोपलब्ध कृति है जिसमें ऐसे-ऐसे कवियों की कृतियों एवं उनके जीवन के सम्बन्ध में प्रथम बार तथ्यात्मक विवरण दिये गये हैं जिनसे हम पहले परिचित नहीं थे। रामकृष्ण चौबे, ज्ञानी कवि, विक्रम कवि, चैनदास, हरिदास हरिजन, परमानन्द दास, वृन्दावन दास, कमल कुँवरि आदि इसी प्रकार के हैं। ग्रन्थ की महत्ता का अनुमान इसी आधार पर लगाया जा सकता है कि डॉ. बरसैंया ने विद्वानों की पूर्व मान्यताओं पर जहाँ एक ओर पुनः विचार करने के लिए प्रेरित किया है, वहीं बहुत-सी अमुद्रित सामग्री को नवीन आलोक में परखने और समझने का पूर्ण प्रयास किया है। इस दृष्टि से पूर्व विवेचित और सर्वथा मौलिक दोनों प्रकार की सामग्री के विनियोग से निश्चय ही ग्रन्थ में चार चाँद लग गये हैं।

पूर्व विवेचित सामग्री के अन्तर्गत डॉ. बरसैंया जी ने भूषण और मतिराम के सहोदरत्व पर प्रश्न-चिह्न लगा दिये हैं; वे अब बहुत आश्वस्त होकर घोषणा करते हैं कि भूषण और मतिराम सगे भाई नहीं थे। इसके पूर्व इस विवाद शृंखला में भगीरथ दीक्षित, भवानी शंकर याज्ञिक, पं. कृष्णबिहारी मिश्र बन्धु और डॉ. किशोरीलाल गुप्त प्रभृति विद्वानों का उल्लेख किया गया है। इसी प्रकार डॉ. बरसैंया ने दूलह राय और दूलह नामधारी दो कवियों का उल्लेख किया है, एक दूलह बनपुरा के थे और दूसरे दूलह ओरछा के थे। अभी यह तय नहीं हो सका था कि "कविकुलकण्ठाभरण" के कवि दूलह त्रिवेदी और बनीपारा के निवासी दूलह राय एक हैं या भिन्न। परन्तु अपने सारगर्भित अनुसन्धान के द्वारा डॉ. बरसैया जी ने सिद्ध कर दिया है कि लक्षणकार त्रिवेदी दूलह और श्रीमद्भागवत के अनुवादक और ओरछा निवासी दूलह राय दोनों भिन्न हैं। इसी प्रकार मोहनलाल मिश्र के रचनाकाल के बारे में भी नयी जानकारी दी गयी है और पूर्व स्थापना का खण्डन किया गया है।

इस ग्रन्थ में डॉ. बरसैंया के कुछ पहले के लेख भी संकलित हैं जिनमें "कवि बोधा के पूर्वज भी कवि थे", "काव्य-परम्परा की आठ पीढ़ियाँ" और "ओरछा दरबार के कवि" अतिशय महत्त्वपूर्ण लेख हैं। इधर नयी खोजों के आधार पर डॉ. बरसैंया ने "परमानन्द सुहाने की साहित्य-सेवा" पर विस्तृत और तथ्यपूर्ण जानकारी दी है। यद्यपि प्राचीनकाल के कवियों के बहुत से संग्रह-ग्रन्थ निकल गये हैं, परन्तु सुहाने का यह संग्रह साहित्य के इतिहास में अनुसन्धान होने पर एक नयी शृंखला जोड़ सकता है, इसमें किसी प्रकार का सन्देह नहीं किया जा सकता। इस प्रकार का एक अच्छा संग्रह बुन्देलखण्ड के बलदेव कवि ने भी किया था जिसका नाम "सत्कविगिरा विलास" है और जो किसी समय ठाकुर शिवसिंह सरोज का आधार ग्रन्थ रहा है। यह प्रसन्नता का विषय है कि यह ग्रन्थ अब सुना गया है कि मुद्रित हो

रहा है। डॉ. बरसैंया ने इस ग्रन्थ में ओरछा दरबार और महाराजा छत्रसाल द्वारा कवियों को दी गयी सनदें, दीवान प्रतिपाल सिंह द्वारा दी गयी बुन्देलखण्ड के रचनाकारों की सूची तथा श्री गौरीशंकर द्विवेदी द्वारा ही गयी बुन्देलखण्ड के रचनाकारों की सूची भी दी है जो निश्चय ही अनुसन्धायकों के बड़े काम की है।

निस्सन्देह तीन सौ पचास पृष्ठों का यह विशालकाय ग्रन्थ मुद्रित होने पर बहुतों का नेत्रोन्मीलन करेगा और भारी मात्रा में व्याप्त भ्रान्तियों के निराकरण में पग-पग पर सहायक सिद्ध होगा। अतः ऐसी अनुपम और मौलिक सर्जना के लिए डॉ. बरसैंया धन्यवार्दाह हैं और मुझे विश्वास है कि उनकी तरुण लेखनी कथमपि वार्धक्य का निमन्त्रण स्वीकार न करेगी। इसके साथ ही मैं बरसैंया जी की साहित्यिक साधना की मंगलकामना करते हुए यह आशा करता हूँ कि वे अनवरत प्रगति की दिशा में आगे बढ़ते रहेंगे।

31.5.2001

—डॉ. किशोरी लाल

160, नैनी बाजार, इलाहाबाद

बुन्देलखण्ड के अज्ञात रचनाकार

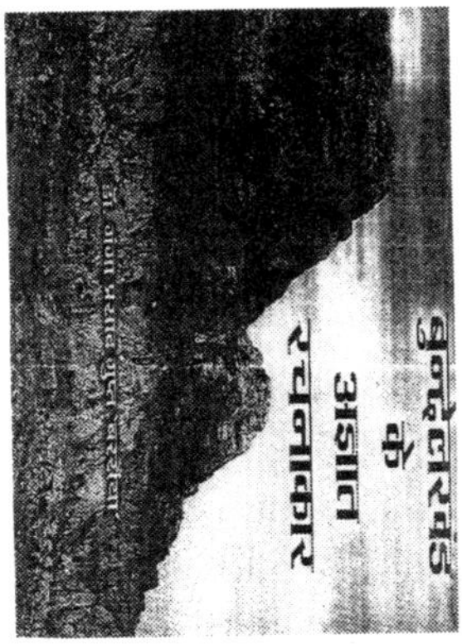

लिखते रहे ज़ुनूं की हिकायाते खूं चका

– सुरेश आचार्य

मिर्ज़ा ग़ालिब का एक प्रसिद्ध शेर है–

लिखते रहे जुनूं की हिकायात-ए-खूं चका।
हरचन्द इसमें हाथ हमारे कलम हुए।।

अर्थ यह कि हम तो अपने उन्माद की रक्तस्नात; खून में डूबी सत्यकथा लिखते रहे हालाँकि हर बार हमारे हाथ काट दिये गये। अच्छे रचनाकारों को ज़माना तो सिर आँखों पर लेता है मगर सरकारों को वह फूटी आँखों नहीं सुहाता। डॉ. गंगा प्रसाद बरसैंया ने जब बुन्देलखण्ड के अज्ञात रचनाकारों पर डी. लिट्. का शोध विषय तय किया तो आचार्य भगीरथ मिश्र और आचार्य राममूर्ति त्रिपाठी जैसे परम् विद्वान बड़े प्रसन्न हुए। रीवा विश्वविद्यालय में इस शोध-विषय का पंजीकरण भी हुआ। तभी उनका स्थानान्तर बुन्देलखण्ड के एक बेहद पिछड़े क्षेत्र में हो गया। उस ज़माने की विकट साधनहीनता के चलते जब डॉ. बरसैंया ने तत्कालीन शिक्षा मन्त्री से शोध-कार्य के लिए स्थानान्तरण निरस्त करने का निवेदन किया तो उनका उत्तर था– सरकार ने आपसे शोध करने का कोई निवेदन तो नहीं किया। आप शोधकार्य बन्द कर दीजिये और स्थानान्तरित स्थान पर जाकर नौकरी कीजिये। यह म. प्र. और छ. ग. की बदकिस्मती थी। वरना आज यह शोध-प्रबन्ध दोनों राज्यों के विश्वविद्यालयों के पुस्तकालयों की शोभा बढ़ाता। यह वाकया उन दिनों का है जब संयुक्त म. प्र. के उच्च शिक्षा मन्त्री श्रीयुत चित्रकान्त जायसवाल थे। वे शायद कभी न जान पाये होंगे कि उन्होंने बुन्देलखण्ड का कितना अहित किया। वह भी केवल प्रमाद में।

आखिरकार डॉ. गंगाप्रसाद गुप्त बरसैंया ने इसे पुस्तकाकार में प्रकाशित किया। उन्होंने अपनी व्यथा का उल्लेख भी किया। 'बुन्देलखण्ड के अज्ञात रचनाकार' की भूमिका लिखते हुए आचार्य विद्यानिवास मिश्र ने स्वीकार किया कि 'हम कह सकते हैं कि बरसैंया जी ने अपने इस महत्त्वपूर्ण ग्रन्थ के द्वारा एक ऐतिहासिक वृत्ति की पूर्ति की है और उत्तर-मध्यकाल के बारे में ऐसी नयी रचनाएँ जोड़ी हैं जिनका साहित्य इतिहासों में उल्लेख नहीं के बराबर है। मैं इसके लिए उन्हें हार्दिक बधाई देता हूँ और यह आशीर्वाद देता हूँ कि वे इसी प्रकार अनुशीलन में प्रवृत्त रहें। उन्हें

इन कवियों की रचनाओं का संकलन भी करने की बात सोचनी चाहिए जिसके द्वारा यह रेखांकित किया जा सके कि बुन्देलखण्ड के कवियों ने अपनी भाषा को बुन्देली के संस्पर्श से बहुत सरस और जीवन्त बनाया है।' आचार्य विद्यानिवास मिश्र की यह स्वीकृति 'तेईस अप्रैल दो हज़ार एक' की है। परन्तु मैं इस लेख में देश के विख्यात संस्मरणकार और आलोचक प्रोफेसर कान्तिकुमार के शब्दों में कहना चाहता हूँ कि बुन्देलखण्ड के अज्ञात रचनाकारों की तलाश में बुन्देली लोक का कोना-कोना झाँक आये हैं।' यदि आचार्य रामचन्द्र शुक्ल 'हिन्दी साहित्य का इतिहास' न लिखते तो साहित्येतिहास का यह महान कार्य इस तरह सरस्वती न बन पाता। डॉ. बरसैंया जी को बुन्देलखण्ड का रामचन्द्र शुक्ल कहने में मुझे तो बड़ा आत्मसन्तोष होता है। जब भी हम मिलते हैं मैं आदरपूर्वक उनसे पण्डित जी कहता हूँ जो इसी तरफ का इंगित होता है। शोधकार्यों को नौकरी से जोड़ने के कारण 'कट-पेस्ट' रिसर्च की भयावहता को कौन नहीं जानता। इसलिए मैं आचार्य गंगा प्रसाद गुप्त बरसैंया जी की इस बात से सहमत हूँ कि 'शोध का अर्थ ही है किसी खोयी हुई वस्तु को ढूँढ़ना। साहित्य कोई वस्तु नहीं है। वह कला है, रचना है, सोच, चिन्तन, भावना और अनुभूति है। अतः इसके सन्दर्भ में शोध का आशय जहाँ ढूँढ़ना है। वहीं उसमें निहित तथ्यों का पुनःपरीक्षण, पुनर्मूल्यांकन, पुनरावलोकन आदि भी है।' उन्होंने यह भी सच लिखा है कि किसी समय कबीर को साहित्य से बाहर रखा गया था। आज कबीर साहित्य के शीर्ष पर हैं। शोधकार्य यही भूमिका निभाते हैं। मैंने बुन्देलखण्ड के अज्ञात रचनाकार का आद्योपान्त और सांगोपांग अध्ययन किया। मैं डॉ. गुप्त की वैज्ञानिक दृष्टि और निरन्तर शोध-संलग्न दिनचर्या से बहुत प्रभावित हुआ। उनकी यह बात सबके गले उतर जायेगी कि 'विज्ञान की उपलब्धियाँ साहित्य के अतीत की वर्जना नहीं करतीं। वे ज्ञान का विस्तार करती हैं। साहित्य के विद्वान वैज्ञानिक भले ही न हों, पर वे वैज्ञानिक सोच के हामी होने का ढिंढोरा अवश्य पीटते हैं। इसीलिए अतीत की अज्ञात साहित्य सम्पदा नष्ट हो रही है। पहले इस विनाश के लिए अज्ञानी जिम्मेदार थे, क्योंकि उन्हें ज्ञान नहीं था। अब ज्ञानी जिम्मेदार हैं, क्योंकि वे जानकार होकर भी ध्यान नहीं दे रहे हैं।'

बुन्देलखण्ड अपने मन्त्र, तन्त्र, काव्य, धर्म और साहित्य के विपुल सम्पदा भण्डार के बावजूद वह कीर्ति प्राप्त नहीं कर सका जिसका वह वास्तविक हकदार था। आचार्य लोकनाथ द्विवेदी सिलाकारी ने सागर विश्वविद्यालय की बुन्देली-पीठ में रहते हुए जो कार्य किया था, डॉ. गंगाप्रसाद गुप्त 'बरसैंया ने उसे आगे बढ़ाते हुए बुन्देली साहित्येतिहास के गौरव में श्रीवृद्धि की है। उनके डी. लिट्. शोधप्रबन्ध के दौरान यदि तत्कालीन शिक्षा-मन्त्री उनका स्थानान्तरण निरस्त करते हुए उनसे बुदेलखण्ड के साहित्येतिहास पर भी कार्य हेतु सवैतनिक अवकाश स्वीकृत करते

तो वे खुद भी साहित्येतिहास में दर्ज होते। दाग़ की तरह याद किये जाते। खेद है उन्होंने यह अवसर खो दिया। बहरहाल हम डॉ. गुप्त को हज़रत दाग़ की तरह स्मरण करते हैं। उनका बुन्देलखण्ड के अज्ञात रचनाकारों पर किया गया कार्य किसी के प्रमाण-पत्र का मोहताज़ नहीं है।

तुम्हारी बज़्म में देखा न हमने 'दाग़' सा कोइ।
जो सौ आये तो क्या आये, हज़ार आये तो क्या आये।।

आचार्य विद्यानिवास मिश्र, आचार्य भगीरथ मिश्र जैसे पूर्व कुलपतियों और आचार्य राममूर्ति त्रिपाठी तथा प्रोफ़ेसर कान्तिकुमार जैसे विख्यात विद्वानों की सराहना के पश्चात उन्हें किसी और के सर्टिफिकेट की जरूरत नहीं रह जाती। उनका यह अफसोस भी जायज है कि 'बुन्देलखण्ड जनपद के परमानन्द और वृन्दावन दास जैसे तीस-तीस ग्रन्थों के रचयिता हिन्दी साहित्य के वृहद् इतिहास में स्थान नहीं पा सके। स्थान तो छोड़िये नामोल्लेख तक नहीं है। 'आल्हा' पर पहला ग्रन्थ लिखने वाले 'वीर विलास' के रचयिता ज्ञानी कवि ओर हिन्दी-बुन्देली का पहला 'सुदामा चरित्र' लिखने वाले विक्रम कवि बुन्देलखण्ड के ही थे, इसकी जानकारी किसी को नहीं है।' मैं इसमें यह तथ्य भी जोड़ना चाहूँगा कि रहली ज़िला सागर के रामचन्द्र भार्गव कृत रामचरित्र मानस को भी हमें स्मरण करना चाहिए।

मैंने अभी बुन्देलखण्ड की विभिन्न कला सरणियों का उल्लेख किया था, मैं कहना चाहता हूँ कि बुन्देलखण्ड में तो वैद्य भी कविराज कहलाते थे। उनकी चिकित्सा परामर्श की कार्य-पद्धति भी काव्यमय होती थी। यथा 'ब्यारी कबहुँ न छोड़िये छोड़े सैं बल जाय। जो ब्यारी औगुन करे तौ दुफरै थोरो खाय।। देह का उपचार तक साहित्यिक। भई वाह। मगर मेरी बात पं. मोहनलाल मिश्र के 'श्रृंगार सागर' जैसे ग्रन्थ के प्रामाणिक समय के लिए डॉ. गुप्त के अथक प्रयास और शोध-संलग्नता की चर्चा के बिना पूरी नहीं हो पायेगी। डॉ. गुप्त ने यह सप्रमाण सिद्ध किया कि श्रृंगार सागर का रचनाकाल विक्रम संवत् 1916 तदनुसार ईस्वी 1859 ठहरता है जो कि सही है। यह ग्रन्थ ज्येष्ठ शुक्लपक्ष दसमी संवत् 1918 में सम्पूर्ण हुआ। सही है, इतने विशाल ग्रन्थ में दो वर्ष के लगभग समय लगना स्वाभाविक है। बुन्देलखण्ड में तन्त्रशास्त्र के जिन विद्वानों की चर्चा होती है उनमें मोहनलाल मिश्र का नाम भी आता है। खेद है कि इस विषय को तथाकथित ज्ञानियों ने हमेशा दरकिनार किया। डॉ. गुप्त ने मोहनलाल मिश्र के तद्विषयक ज्ञान पर भी अपनी खोजपरक दृष्टि डाली है। चरखारी रियासत के राजा रतन सिंह के समय थानाध्यक्ष मीर कुतुबअली खाँ किसी कारण से मोहनलाल मिश्र से नाराज हो गये। मीर साहब ने जब मोहनलाल का जीना मुश्किल कर दिया तो उन्होंने कुपित होकर 'शक्ति-बत्तीसी' की रचना की। उन्होंने इसमें मीर कुतुब पर केन्द्रित एक छन्द लिखा। यह

स्मरणीय और प्रमाण पुष्ट तथ्य है कि इस छन्द को सुनकर सिंहवाहिनी कालिका ने मीर कुतुब अली खाँ की जीवन-लीला ही समाप्त कर दी। इस छन्द का उल्लेख मैं इस दृष्टि से करना चाहता हूँ कि हमारी लुप्त होती आध्यात्मिक शक्तियों और उनसे सदा संलग्न साहित्यिक अभिरुचि की जानकारी अद्यतन बनी रहे। मोहनलाल मिश्र जैसे 'शृंगार सागर' और शृंगार सदन के रचनाकार का यह छन्द पाठकों को रसोद्रेक, रसाभास और भयानक रस का साक्षात करायेगा। यह छन्द पढ़ते समय स्मरण रखना आवश्यक है कि मोहनलाल ने दीर्घायु प्राप्त की और कुल मिलाकर उन्तालीस (39) ग्रन्थों की रचना की। बहरहाल छन्द देखिये–

'जै जै सिंहवाहिनी निबाहनी स्वजन गुण,
गाहिनी सदा ही रहौ दाहिनी कृपालका।
कर अति क्रुद्ध रौद्ररस सज शुद्ध सज,
वाहन विशुद्ध होव शत्रुन कौ शालका।
मोहन भनत मार अरिन जरूर कीजे,
चुगलन चूर हौं हमारी प्रतिपालका।
मांस को मुरालो चीख चरबी चबावो खैंच,
खोपड़ी को खालो मीर कुतुब की कालिका।'

दरअसल, मोहनलाल मिश्र जितने बड़े कवि थे, उतने ही बड़े तन्त्रशास्त्री भी थे। मोहन, मारण, उच्चाटन, वशीकरण आदि अपविद्याओं में गिने जाते थे। धीरे-धीरे ये विद्याएँ सामाजिक निरादर के कारण लुप्त हो रही हैं। 1962 के चीनी आक्रमण के समय पं. नेहरू की पीताम्बरा पीठ दतिया स्थित बगुलामुखी मन्दिर की गुप्त यात्रा और पश्चात हुए 'युद्ध-विराम' का कोई अधिकृत स्पष्टीकरण आज तक न मिलना भी एक तरह का सामाजिक निरादर ही है। मैं डॉ. गंगाप्रसाद गुप्त बरसैंया को एतदर्थ बधाइयाँ और धन्यवाद देता हूँ कि उन्होंने इस उपेक्षित 'अपविद्या' पर भी शोधकर्ता की दृष्टि डाली है। तय है कि अनेक जघन्य विद्वान मुझसे असहमत होंगे। रहें। मगर उनसे आग्रह है कि डॉ. गुप्त के 'बुन्देलखण्ड के अज्ञात रचनाकार' को एक बार आद्यन्त पढ़ें। लिखना बढ़िया बात है मगर कभी-कभी पढ़ना भी अच्छा होता है। डॉ. गुप्त शतायु हों, आरोग्य और आनन्दपूर्वक रचना में दत्तचित्त रहें। इस शुभकामना के साथ। मिर्ज़ा ग़ालिब से आरम्भ की गयी अपनी बात उन्हीं के इस शेर के साथ समाप्त करता हूँ–

जो यह कहे, कि रेख़्तः क्योंकि हो रश्क-ए-फ़ारसी
गुफ्तः-ए-ग़ालिब एक बार पढ़के उसे सुना, कि यों।

सुरेश आचार्य
सागर

साहित्य के इतिहास में प्रभावी हस्तक्षेप

— श्यामसुन्दर दुबे

साहित्य में खोजबीन के तौर-तरीके क्या बदले, साहित्य की शिनाख्त इकतरफा होकर रह गयी। हम आधुनिकता के आस-पास अपनी शोध दिशायें तलाशने लगे। हिन्दी साहित्य में जो शोध-कार्य इन दिनों सम्पन्न हो रहे हैं—वे वर्तमान सर्जना पर अधिक केन्द्रित हैं। इधर समीक्षापरक जो भी पुस्तकें रची जा रही हैं और प्रकाशित हो रही हैं, वे भी अधिकांशत: वर्तमान रचना-धर्मिता पर केन्द्रित हैं। शोध का यह सिलसिला हमारी कतिपय अन्यतम धरोहरों को नज़रअन्दाज़ करते हुए विकसित हुआ है इसलिए वे युवा और युवतर पीढ़ियाँ, जो साहित्य को शोध के सन्दर्भ में ग्रहण कर रही हैं— अपने अतीत से एकदम अनभिज्ञ हैं।

जबकि हमारी अपनी समकालीनता रूपरंगी जीवन-प्रणाली की तरह विकसित होकर नहीं आयी है। परम्पराओं के ऊर्जा-स्रोतों से उसने अपना प्राण-बल खींचा है। आज के अनेक प्रतिष्ठित प्रौढ़ रचनाकार अपनी रचनात्मकता में लोकानुभवों की विशद् परम्परा से सम्प्रेरित हैं। ये रचनाकार ठेठ गाँवों में आये हुए हैं; इसलिए अपनी जातीय स्मृतियों का सिलसिला इनकी रचनाओं के रेशे-रेशे में भिंदा हुआ है। इन भिंदी हुई जातीय स्मृतियों के मर्म का अनुभव तभी किया जा सकता है, जब दबे-छिपे-ओझल अतीत का स्मरण उसकी रचनाधर्मिता के विमर्श के रूप में किया जाये। साहित्य की परम्परा को इंगित करने वाला जो इतिहास रचा गया है, वह उन रचनाकारों पर केन्द्रित है जो सतह से ऊपर अपना प्रभामण्डल विकसित कर रहे थे जबकि सतह के नीचे अनेक ऐसे रचनाकार अपने अवदान से एक उर्वर प्रदेश की संरचना में व्यस्त थे, जिनकी शक्ति प्राप्त कर इतिहास में स्थित विभूतियाँ अपना स्थान बना रही थीं। ये जो आन्तरिक उर्वर प्रदेश रहा है—अभी तक ओझल ही है! अनेक ऐसे अज्ञात रचनाकार आज भी पाण्डुलिपियों, पोथियों, और अनुश्रुतियों में अपनी अनबुझी उपस्थिति बनाये हुए हैं। यह जो साहित्य की एक अन्तर्वर्ती धारा है—जो यद्यपि हिन्दी की बोलियों की साहित्यिक समृद्धि की सूचक है, किन्तु अब यह धारा ओझल होकर नष्ट प्रमाण होती जा रही है।

ऐसे समय में डॉ. गंगाप्रसाद गुप्त बरसैंया, की पुस्तक 'बुन्देलखण्ड के अज्ञात

रचनाकार' एक आश्वस्ति लेकर आयी है। डॉ. गुप्त ने इस विषय को अपने अकादमिक शोध-कार्य के रूप में प्रस्तुत करना चाहा था, किन्तु कतिपय कारणों से यह शोध-कार्य शोध की औपचारिक और विहित प्रक्रिया में सम्पन्न नहीं हो पाया, फिर भी उन्होंने शोध के डौल को अपनी तरह से एक फलान्विति प्रदान की है। हिन्दी साहित्य के इतिहास में जिसे हम मध्यकाल के नाम से जानते हैं, उसमें क्षेत्रीय बोलियों की काव्य-रचनाओं का सातत्य छोटे-छोटे गाँवों से लेकर राजदरबारों तक निरन्तर रहा है। इस तरह के अज्ञात रचनाकारों का अता-पता लेना और उनके कृतित्व को अपने अध्ययन का विषय बनाना कष्ट-साध्य साहित्यिक व्यापार है। इस तरह के शोध-कार्य शोधार्थी की हिम्मत की परीक्षा लेने वाले होते हैं। डॉ. गुप्त सुधी, हिम्मती और लगनशील अन्वेषक हैं। उनकी इन विशेषताओं को उनका यह ग्रन्थ प्रतिपादित करता है।

डॉ. गुप्त का यह ग्रन्थ एक तरफ अज्ञात रचनाकारों के कृतित्व को उजागर कर उसका विश्लेषण करता है, तो दूसरी ओर कतिपय रचनाकारों से सम्बन्धित तथ्यात्मक भ्रमों का निवारण भी करता है। शोध की ये दोनों दिशायें अपनी प्रपत्तियों और अपनी निष्पत्तियों में हिन्दी साहित्य के इतिहास में दखलंदाज़ी भी करती हैं; और उसे नया आलोक भी देती हैं। इस प्रक्रिया में इतिहास की दिशा अलग तरह से तय भी होती है और इतिहास में कुछ नया जुड़ता है। इस मायने में डॉ. गुप्त का यह शोध-कार्य अपनी शोध-दृष्टि और अपनी शोध-पद्धति में एक मानक शोध-कार्य की तरह स्मरण किया जायेगा। इस दिशा में सम्पन्न अपने पूर्ववर्ती शोध-कार्यों के प्रकाश में अज्ञात कवियों का निर्धारण इस तथ्य की ओर संकेत करता है कि अनुसन्धित्सु अपने शोध की प्रामाणिकता और मौलिकता के प्रतिपादन में सजग है। शोध में प्रमाण-पुष्टता के लिए जिस तरह के साक्ष्यों की आवश्यकता होती है; उस तरह के समस्त साक्ष्य इस शोध-कार्य हेतु जुटाये गये हैं। लेखक की सतर्क खण्डन-मण्डन प्रवृति ने विश्लेषण पद्धति को विवेक-सम्मत बनाकर पूर्वाग्रह रहित अपने निर्णयों-निष्कर्षों की निरपेक्षता को प्रतिपादित किया है।

कृति में बुन्देलखण्ड एक समशीला सांस्कृतिक इकाई की तरह प्रस्तुत हुआ है—साथ ही इसकी भौगोलिक हदों का भी इसमें समावेश है। अतः इस क्षेत्र की रचनात्मक शक्तियों के उन उद्रेकों का विवेचन इस कृति में है, जो इतिहास की विभिन्न प्रवृत्तियों के निर्माण में अपनी अन्तर्वर्ती चेतना का उपयोग करते रहे हैं। बुन्देलखण्ड की मध्योत्तर सीमा में आने वाले दतिया, ओरछा, झाँसी, चरखारी, टीकमगढ़, छतरपुर, पन्ना आदि जनपदों के अज्ञात रचनाकारों की विशद उपस्थिति इस तथ्य को व्यक्त करती है कि रजवाड़ों के आस-पास रचनात्मकता को विकसित होने के अवसर सुलभ होते रहे हैं। राजदरबारों में पालित-पोषित कवियों के साथ

राजदरबारेतर ग्राम्य क्षेत्रों के कवियों की शिनाख्त इतना तो स्पष्ट करती ही है, कि दरबारी कवियों का अनुसरण करने की प्रवृत्ति तत्कालीन लोकांचली प्रतिभाओं में विद्यमान थी। और वे अपने सहज काव्य उद्रेक के लिए अपनी ही संसाधनगत-व्यवस्थाओं में यह उपक्रम कर रहे थे। मठों-मन्दिरों से लेकर रसिक-निवासों तक में ऐसे रचनाकारों का रहवास था।

इन रचनाकारों की रचनागत प्रवृत्तियों और उनके शिल्प-वैभव के साथ उनका स्थान, समय निर्धारित करते हुए डॉ. गुप्त ने अपने पूर्ववर्ती ग्रन्थों की कवि-परिचय प्रधान वृत्ति का अतिक्रमण किया है। 'बुन्देली वैभव' 'मिश्रबन्धु विनोद', 'कविता कौमुदी' आदि ग्रन्थों में भी इतस्ततः प्रकीर्णित कवियों की संसूचनायें संकलित हैं किन्तु प्रस्तुत कृति में एकदम अज्ञात रचनाकारों के कृतित्व और कवि-वृत्त का सांगोपांग विवेचन है। कवि विक्रम, सन्त निपट निरंजन, भगवत रसिक, सुखदेव बड़ेरिया, रामकृष्ण चौबे, इसवी खान, कवि ज्ञानी, जैन देवीदास, गुसाईं तुलसीदास, राय शिव प्रसाद, माधवसिंह ऐनसाईं, कवि जगन्नाथ, जवाहरदास, मोहनलाल मिश्र, कवि भोज, वल्लभदास, रंग कवि, हीरालाल व्यास ह्रदेश, हरिदास हरिजन, गदाधर भट्ट, वृन्दावन दास, वुधजन, रानी कमल कुँवरि, मदन सिंह, परमानन्द सुहाने, परमानन्द प्रधान, कवि ख्यालीराम, ठाकुर रूपसिंह, कवि मंचित, चतुर्भुज चतुरेश, शिवगिरि आदि कवियों की प्रमुख कृतियों को केन्द्र में रखकर डॉ. गुप्त ने सप्रमाण सूक्ष्म विवेचन किया है। शोधकर्ता के इस विवेचन से यह स्पष्ट होता है कि अपने युग की मुख्य साहित्यिक प्रवृत्तियों से इन अज्ञात कवियों की रचनायें प्रभावित भी थीं और इसे इस तरह से भी अनुभव किया जा सकता है कि इन कवियों ने भी अपने कृतित्व के माध्यम से अपने समय के साहित्य की मूलधारा के निर्माण में अपना आंशिक योगदान किया था।

ज्ञानी कवि की कृति 'ज्ञानी रायसो' आल्हा की कथा पर केन्द्रित तीन सौ वर्ष पुरानी रचना है। इस कृति को 'वीर विलास' नाम से भी जाना जाता है। इस ग्रन्थ के शिल्प पर चन्द वरदाई के 'रासो' ग्रन्थों का प्रभाव परिलक्षित होता है। कवि ने लोकतत्त्वों का इसमें भरपूर प्रयोग किया है। इसी तरह पौराणिक प्रसंगों पर मध्यकाल में अनेक चरितकाव्य रचे गये। इन चरित काव्यों में 'सुदामा चरित' लोकप्रिय विषय की तरह प्रतिष्ठित हुआ है। कवि विक्रम का 'सुदामा चरित' यद्यपि नरोत्तमदास द्वारा विरचित 'सुदामा चरित' के बाद का ग्रन्थ है, किन्तु इसमें लोक-प्रसंगों का समायोजन इसे जो लोक-व्याति देता है, वह बुन्देलखण्ड की सांस्कृतिक परम्पराओं की पुष्टि करने वाला है। इन कृतियों के ऐतिहासिक और पौराणिक परिदृश्य का समुद्घाटन बुन्देलखण्ड की लोक-प्रकृत्ति का खुलासा करने वाला है। गदाधर भट्ट का जन्म ई. 1818 में हुआ था। ई. 1857 के विद्रोह के वे चश्मदीद गवाह जैसे थे।

झाँसी की रानी लक्ष्मीबाई के द्वारा स्वतन्त्रता के समर्थन में अँग्रेजों का प्रतिरोध करते हुए अपने प्राणार्पण कर देना–कवि को उद्वेलित करने वाली घटना थी। गदाधर भट्ट ने तब लिखा था 'तिहि गदर समय झाँसी निहार, झाँसी नरेस रानी उदार। बाई सु लक्ष्मी नाम जान, तिहि किय अजंट सों युद्ध ऑन। जुझिय सु आप लसकरिहिं खेल, लिय सची संग आसन सुचेत। किय राज सु झाँसी अति प्रवीन।'' ऐतिहासिक तथ्यों की प्रामाणिकता को पुष्ट करने वाले ऐसे अनेक साक्ष्य इस पुस्तक में समाहित हैं।

भक्ति और धार्मिक कर्मकाण्ड जैसे विषयों का समावेश भी इन अज्ञात कवियों की कविताओं में हुआ है। इष्ट के प्रति प्रेम, समर्पण, सेवा के साथ-साथ संसार की निस्सारता और शरीर की क्षणभंगुरता से उत्पन्न भक्ति और वैराग्य भाव को जगाने वाली कवितायें जहाँ भक्तिकाल के प्रभाव को संसूचित करती हैं, वहीं शृंगार के पक्ष में रची गयी कविताओं में प्रस्तुत होने वाली मौलिक उद्भावनायें रीतिकाल की पृष्ठभूमि से उपजी हैं। इस तरह की काव्य-रचनाओं में आश्रयदाता की कीर्ति का गायन और काव्य-शास्त्र निरूपण की परम्परा का निर्वाह हुआ है। रीतिकालीन प्रवृत्तियों की पोषक ये रचनायें कवियों की कलात्मक चेष्टाओं का प्रतिमान भी हैं। इन विषयों के साथ-साथ उन अज्ञात कवियों द्वारा लोक-व्यवहारपरक अनेक काव्य-ग्रन्थों का प्रणयन लोकचित्त और लोकप्रकृति के अन्तरंग का साझा उपक्रम है।

डॉ. गुप्त ने लगभग इन्हीं आधारों पर विभिन्न कवियों की रचनाओं का विवेचन इस ग्रन्थ में किया है। कहीं-कहीं तो डॉ. गुप्त की अभ्युक्तियाँ इन रचनाकारों के अवदान को ज्ञात रचनाकारों से भी अधिक महत्त्वपूर्ण मानती हैं। डॉ. गुप्त ने कुछ स्वतन्त्र शोध लेख भी इस कृति में समाहित किये हैं। ये लेख साहित्येतिहास में व्याप्त अनेक भ्रमों के जालों को साफ करने के लिए विचार-वुहारियों की तार्किक नियोजना जैसे हैं। कवि मोहनलाल मिश्र का काल पूर्ववर्ती विद्वानों द्वारा सत्रहवीं शताब्दी किया गया था, जबकि डॉ. गुप्त ने उन्हें विभिन्न प्रमाणों के आधार पर उन्नीसवीं शताब्दी का कवि माना है। इसी तरह भूषण और मतिराम के सहोदरी सम्बन्धों का खण्डन करते हुए उन्होंने मतिराम नामक दो कवियों की उपस्थिति पर अपनी आपत्ति दर्ज करायी है। कवि बोधा के विषय में भी इस कृति में जो प्रामाणिक जानकारी दी गयी है उसके अनुसार बोधा शाहगढ़ के राजा खेतसिंह के आश्रित कवि थे। उनका समय अठारहवीं शती के उत्तरार्द्ध में ठहरता है।

जब उत्तर-मध्यकाल में ब्रजभाषा की रचनात्मक शक्तियाँ अपनी कलात्मक ऊचाइयों का स्पर्श कर रही थीं, तब बुन्देली बोली की साहित्यपरक रचनात्मकता का यह एक अन्तर्वती प्रवाह चल रहा था, जो बुन्देली की काव्यपरक सामर्थ्य को व्यक्त करता है। इस कृति में अनेक पाण्डुलिपियों की प्रतिच्छायायें प्रकाशित हैं।

उपष्कारक ग्रन्थों का भी यथास्थान इसमें उल्लेख है। शोध की मानक प्रणालियों को आत्मसात करने वाला यह ग्रन्थ, इस दिशा का प्रेरक ग्रन्थ है। अमूमन ऐसे शोधकार्य कभी पूर्ण नहीं होते हैं—उनमें कुछ-न-कुछ नया जुड़ता ही रहता है। मसलन यदि दमोह और सागर जिलों के अज्ञात रचनाकारों को सप्रयत्न तलाश कर इस तरह के अध्ययन में शामिल किया जाता तो कृति-शीर्षक की व्यापकता को और मार्मिकता के साथ अनुभव के अवसर होते। निर्विवाद रूप से यह ग्रन्थ हिन्दी साहित्य के इतिहास में एक सार्थक हस्तक्षेप है और अपनी मौलिक धारणाओं से बहुत दूर तक अपनी प्रभावी भूमिका को ले जायेगा।

पूर्व स्नातकोत्तर प्राचार्य एवं
पूर्व निदेशक मुक्तिबोध पीठ
चण्डीवार्ड हटा
जिला-दमोह (म.प्र.)

पुरातन इतिहास पर प्रामाणिक प्रकाश

— राम अधीर

मध्यप्रदेश में बुन्देलखण्ड की माटी कितनी समृद्ध है और अपने इतिहास पर दृष्टिपात करने का आमन्त्रण इतिहासकारों ओर साहित्यकारों को सदियों से दे रही है कतिपय विद्वानों ने इसे गम्भीरता से लेते हुए जो शोधपरक कार्य किये उनमें छतरपुर के वरिष्ठ एवं सक्रिय साहित्यकार डॉ. गंगाप्रसाद गुप्त बरसैंया का नाम उल्लेखनीय है। इस माटी का महत्त्व मध्यकाल से ही उल्लेखा जा रहा है। इसकी माटी पर राजशाही के समय से ही साहित्य, कला, पुरातत्त्व, संगीत और अनूठे महाकवियों के अतिरिक्त बेतवा के सुरम्य तटों की महत्ता का प्रतिपादन किया जा रहा है। इसकी माटी अयोध्या के भगवान राम को ओरछा तक ले आयी और इस प्राचीन नगर को छोटी अयोध्या की गरिमा प्राप्त हो गयी। अगर माटी में रची-बसी सम्भावनाओं की ओर ध्यान न जाता तो बुन्देलखण्ड के अज्ञात रचनाकार नामक अद्वितीय ग्रन्थ का प्रणयन डॉ. बरसैंया की लेखनी से सम्भव नहीं होता।

डॉ. गंगा प्रसाद गुप्त बरसैंया की इस कृति में ऐसे रचनाकारों को अज्ञात के घर से ज्ञात के घर तक ले आया गया है जिनके बारे में सदियों तक किसी का ध्यान ही नहीं गया। उल्लेखनीय तथ्य यह भी है कि उन्होंने मूल कृतियों की प्रामाणिकता के लिए पाण्डुलिपियों के पृष्ठों को मूल रूप में प्रस्तुत कर अपनी शोध-दृष्टि में रचा-बसा सत्य और भी पुष्ट कर दिया है इस सत्य से कोई इनकार नहीं कर सकता कि बुन्देलखण्ड एक विस्तृत क्षेत्रफल में बसा है और इसकी बोली का माधुर्य ठीक वैसा ही है जैसा छत्तीसगढ़ी और भोजपुरी का है। अपने शौर्य और औदार्य के लिए भी बुन्देलखण्ड इतिहास में अपना अलग स्थान सदियों से बनाये हुए है। लगभग 330 पृष्ठों के इस ग्रन्थ में कुछ ऐसे नाम भी हैं जिन्होंने अपने साहित्यिक अवदान को विस्मृति के गर्भ में नहीं जाने दिया। जैसे कवि चैनदास, गुसाईं तुलसीदास, कवि जगन्नाथ, कवि भोज, गदाधर भट्ट, बुधजन, आचार्य चतुरेश, सुदामा चरित के सृजन को लेकर नरोत्तमदास के अतिरिक्त बुन्देलखण्ड के कवि विक्रम का नाम भी आता है जिनके बारे में बहुत कम लोग जानते हैं। यह भी उल्लेखनीय है कि बुन्देलखण्ड की इस माटी ने मुसलमान और पिछड़ी जातियों के रचनाकारों को जन्म दिया है।

ओरछा के रामराजा मन्दिर का नाम अयोध्या से भी जुड़ा हुआ है, क्योंकि रानीगणेश कुँवर अयोध्या से भगवान राम को अपनी गोद में बिठाकर ओरछा लायी थीं। आज भी अवधपुरी से ओरछा लायी अवधनरेश का गुणानुवाद राम-जानकी विवाह के प्रसंग पर प्रत्येक बुन्देलखण्डवासी के अधरों पर प्रतिष्ठित है। इस कृति का एक और वैशिष्ट्य है कि महाराजा छत्रसाल के दरबार में भी अनेक कवि हुए हैं जिनकी नामावलियाँ इस कृति में दी गयी हैं। यह भी उल्लेखनीय है कि अज्ञात रचनाकारों ने भक्ति, नीति और सामयिकता से जुड़ी कविताएँ की हैं। उनको खोजकर प्रस्तुत करने से बुन्देलखण्ड को प्रतिभाओं का गढ़ कहा जा सकता है। आश्चर्य तब होता है जब इसके इतिहास की गहराई में जाकर ज्ञानगंगा में अवगाहन किया जाये। यह भी खेद का विषय है कि खड़ी बोली के विकास के साथ ही जिस परिष्कृत हिन्दी का विकास हुआ उसके पहले के कवियों ने प्रायः अपनी रचनाओं में सवैया, कवित्त और घनाक्षरी का प्रयोग अधिकतम किया है। वैसे इन छन्दों का माधुर्य कालान्तर की छान्दसिकता में शतांश भी नहीं उतर सका।

इस कृति के कुछ अध्याय पाठकों का ध्यान आकर्षित करते हैं जैसे-भूषण और मतिराम, बुन्देलखण्ड के कुछ कवि और उनकी सनदें, छत्रसाल के आश्रित कवि, बुन्देलखण्ड के कुछ अल्पज्ञात कवि, दीवान प्रतिपाल सिंह द्वारा दी गयी बुन्देलखण्ड के रचनाकारों की सूची और गौरीशंकर द्विवेदी द्वारा दी गयी सूची आदि।

यहाँ यह भी उल्लेखनीय है कि बुन्देलखण्ड की माटी में जन्मे डॉ. गंगाप्रसाद गुप्त बरसैंया ने जितना प्यार-दुलार इस माटी को दिया उतना बहुत कम लोगों और सर्जकों ने दिया। उनके इस अनूठे प्यार से ही संस्कृत और हिन्दी के मनीषी विद्वान स्व. विद्यानिवास मिश्र ने भी उनकी प्रतिभा और साधना को सराहा है। इस कृति की प्रशंसा में उन्होंने लिखा है कि डॉ. बरसैंया ने बुन्देलखण्ड की ऐसी प्रतिभाओं के बारे में महत्त्वपूर्ण सूचनाएँ संकलित की हैं जिनके बारे में जानकारी या तो नहीं के बराबर है या है तो ठीक-ठीक नहीं। कई उल्लेखनीय सूचनाएँ इस ग्रन्थ में मिलती हैं। उदाहरण के लिए ज्ञानी जी का रायसो 442 छन्दों का ग्रंथ है। उसकी पाण्डुलिपि 300 वर्ष पुरानी है। जगनीक के बारे में भी महत्त्वपूर्ण सूचनाएँ दी गयी हैं। अपने इस शोध के बारे में बरसैंया जी ने यह सिद्ध किया है कि कवि मोहनलाल मिश्र 17वीं शताब्दी के न होकर 19वीं शताब्दी के थे।

इस प्रकार बुन्देलखण्ड के अज्ञात रचनाकार नामक यह ग्रन्थ केवल पठनीय ही नहीं है बल्कि संग्रहणीय भी है। यह कृति शोधार्थियों के लिए उनुपलब्ध सामग्री प्रदान करती है। मुझे विश्वास है कि छत्तीसगढ़ के समान ही यह कृति बुन्देलखण्ड के पुरातन इतिहास पर प्रामाणिक प्रकाश डालते हुए पाठकों को सृजन की ओर आकर्षित करेगी।

सम्पादक-संकल्परथ (मासिक)
भोपाल (म. प्र.)

अज्ञात लोक-साहित्य का दस्तावेज

– डॉ. लालमणि तिवारी

साहित्य का इतिहास हो अथवा इतिहास का साहित्य जब तक उसकी सम्पृक्ति लोक के अविरल प्रवाह से नहीं होती तब तक उसमें देश, काल, संस्कृति और सभ्यता की दहलीज का दस्तावेज बनने की सार्थकता नहीं आ पाती। हिन्दी साहित्य के इतिहास लेखन के साथ यही हुआ है, लेखकों द्वारा उपलब्ध सामग्री से अलग हटकर लोक की अतल गहराइयों में जद्दोजहद करने का साहस नहीं किया गया और यही कारण है कि विषय और काल की भ्रामक जानकारी प्रस्तुत की गयी। हिन्दी साहित्य के इतिहास का आरम्भिक काल और मध्यकाल में विशेषकर उत्तर मध्यकाल इसीलिए आज भी विवादास्पद बना हुआ है। डॉ. गंगाप्रसाद गुप्त बरसैंया के शोध निष्कर्ष बुन्देलखण्ड के अज्ञात रचनाकार साहित्येतिहास की इस रिक्तता की पूर्ति करने वाला ग्रन्थ है। आज जब चारों तरफ विवादों, विमर्शों के नाम पर सुर्खियों में बने रहने की नितान्त सतही आरोपों-प्रत्यारोपों की लेखन-जगत में होड़-सी मची हुई है तब ऐसी स्थिति में डॉ. बरसैंया का यह प्रयास और भी प्रासंगिक है।

वस्तुतः 'बुन्देलखण्ड के अज्ञात रचनाकार' अतीत की अज्ञात सम्पदा की अमूल्य धरोहर है, तथा साहित्येतिहास की इस तरह की प्रथम प्रकाशित मौलिक स्थापना है। कृति के माध्यम से लेखक ने न केवल अचर्चित कवियों की तथ्यपरक जानकारी प्रस्तुत की है अपितु ऐसी सामग्री भी प्रस्तुत की है जिसके बारे में या तो अधूरी जानकारी थी, अथवा विषय-वस्तु को गलत तरीके से प्रस्तुत किया जाता रहा है। किसी भी देश की जातीय मनोवृत्ति, पुरातन सभ्यता और संस्कृति का बोध साहित्यकार द्वारा ही कराया जाता है इसीलिए साहित्य के इतिहास को चित्त-वृत्तियों का बोधक माना गया है, परन्तु चित्तवृत्तियों का बोध समग्र दृष्टि के अभाव में हो नहीं सकता। ...यह समग्र दृष्टि आये कैसे ? गम्भीर प्रश्न है ! इस मर्म को डॉ. गुप्त ने सूक्ष्म दृष्टि से देखने का प्रयास इस कृति के माध्यम से किया है।

रामकृष्ण चौबे, ज्ञानी कवि, विक्रम कवि, चैनदास, हरिदास हरिजन, परमानन्द दास, वृन्दावन दास तथा कँवल कुँवरि एवं महात्मा शिवगिरि लेखक की समग्र एवं समतामूलक दृष्टि के परिचायक हैं। बुन्देलखण्ड के इन लोककवियों की रचना-

धर्मिता के बगैर इतिहास का ज्ञान अधूरा ही होगा। ज्ञानी जी का रायसो की प्राप्त पाण्डुलिपि लगभग 300 वर्ष पुरानी है, 442 छन्दों का यह ग्रन्थ कवि जगनिक की महत्त्वपूर्ण जानकारी देता है तथा रासो काव्य की परम्परा अनवरत रूप से आधुनिक काल तक प्रवाहित होती रही है ऐसे चिन्तन के लिए यह ग्रन्थ पाठकों को सामग्री प्रदान करता है। चाचाहित वृन्दावनदास का उल्लेख साहित्य के इतिहास ग्रन्थों में मिलता है, परन्तु रामचरित्रावली के रचनाकार वृन्दावनदास नाम के दूसरे कवि हुए हैं, इसकी जानकारी इतिहास ग्रन्थों में प्राप्त नहीं होती। इसी तरह लाला परमानन्ददास की प्रमोद रामायण, नीति सारावली, राजपुत्र संग्रह, मंजुल रामायण, जैसे ग्रन्थों की जानकारी लेखक की नवीनतम स्थापनाओं में है।

इतिहास ग्रन्थों की ऐसी सामग्री जो या तो अधूरी है या भ्रामक हैं। लेखक की अन्वेषी दृष्टि ने उसे भी खोज निकाला है जैसे मोहनलाल मिश्र 16वीं सदी के नहीं 19वीं सदी के कवि थे, दूलह नाम के दो कवि थे, दूलह त्रिवेदी और दूलह राय। दूलह राय ने ही श्रीमद्भगवत गीता का पद्यानुवाद किया था। इसी तरह भूषण और मतिराम के सहोदरता को भी लेखन ने तथ्यहीन बताया है। लेखक की मान्यता है कि मतिराम नाम के दो कवि नहीं थे, इतिहास ग्रन्थों में दो मतिराम मिलते हैं एक बिकवापुर के निवासी जो भूषण के सहोदर हैं दूसरे वनपुरा के निवासी वत्सलगोत्रीय त्रिपाठी। लेखक की स्थापना हैं कि मतिराम वनपुरा निवासी वही वत्सलगोत्रीय त्रिपाठी ही थे। बुन्देलखण्ड के कवियों में गोसाईं तुलसीदास हिन्दू-मुस्लिम एकता के प्रतीक कवि ऐनसाइ, शृंगार सागर के रचयिता जगन्नाथ तथा कृष्ण चन्द्रिका के रचनाकार ठाकुर रूपसिंह की प्रामाणिक सामग्री उपलब्ध कराकर लेखक ने शृंगार काव्य-परम्परा को आधार सामग्री प्रदान की है। बोधा के पूर्वज भी कवि थे। महाराज छत्रसाल के आश्रित कवि विन्द के वंशज थे, और नाथ कवि के छह पुत्रों में से एक थे। बोधा शाहगढ़ के राजा खेत सिंह के आश्रित कवि थे, खेत सिंह महाराज छत्रसाल के प्रपौत्र अमान सिंह के छोटे भाई थे जो 18वीं शती के उत्तरार्ध में हुए हैं। डॉ. गुप्त ने महाराज पन्ना के द्वारा कवियों को दी गयी सनदों का भी उल्लेख किया है। दी गयी सनद से ही स्पष्ट होता है कि कवि लाल की रचना छत्रप्रकाश अपूर्ण ग्रन्थ है क्योंकि 1768 की लोहागढ़ की लड़ाई के बाद का वर्णन उसमें प्राप्त नहीं होता। इनका दूसरा ग्रन्थ विष्णु विलास बरवै छन्द में रचित नायिका भेद का ग्रन्थ है और धनुष पचासा में सीता स्वयंवर की कथा है।

बुन्देलखण्ड की मीरा के नाम से विख्यात रानी कँवल कुँवरि राधा वल्लभ सम्प्रदाय में दीक्षित थीं, उनका साहित्य अपने आराध्य राधा वल्लभ हितहरिवंश को समर्पित है, उन्होंने बधाइयाँ लिखी हैं—स्वामी जी की, लालजी की, राधाजू की तथा कृष्ण की बधाइयाँ। तुलसी चरित इन्हीं की रचना है जिस पर तुलसी की विनय

पत्रिका का प्रभाव है।

इस प्रकार डॉ. गुप्त ने रचना के माध्यम से इतिहास लेखक में समग्रता का निर्वाह करते हुए शौर्य काव्य, भक्ति काव्य, शृंगार काव्य तथा आधुनिक काव्य-परम्पराओं का उल्लेख करते हुए इतिहास के पृष्ठ पर अचर्चित विषय-वस्तु को उकेरने का मानक प्रस्तुत किया है। रचना ऐतिहासिक वृत्ति को तो पूर्ण करती ही है विषय-वस्तु की अनेक भ्रान्तियों को भी तोड़ती है।

लालमणि त्रिपाठी, सतना

गहन शोध का बेजोड़ नमूना

— डॉ. सुभद्रा राठौर

'बुन्देलखण्ड के अज्ञात रचनाकार डॉ. गंगाप्रसाद गुप्त 'बरसैंया' जी की यह कृति हाथों में है, अचम्भित हूँ। किसी एक ग्रन्थ में इतनी विशद् सामग्री समेटी जा सकती है भला? गागर में सागर का अप्रतिम निदर्शन। इसके पृष्ठों पर ज्यों-ज्यों निगाह जाती है, सर्वप्रथम अनुभूति यह कि रचना के लिए लेखक की स्तुति की जाये, सराहना की जाये अथवा ज्ञापित की जाये कृतज्ञता; कृतज्ञता समूचे साहित्य-संसार की ओर से, उन ज्ञात-अज्ञात, अल्पज्ञात साहित्यकारों की ओर से, जिन्हें आज तक अपने दाय का प्रतिदान नहीं मिला; समाज में समुचित-वांछित मान-सम्मान और स्थान नहीं मिला। आलोच्य कृति लेखक की बरसों की साधना का सुन्दर प्रतिफल है। समाज महत्ता के आभामण्डल में प्रायः बहुसंख्य प्रतिभाओं को उपेक्षित कर दिया करता है, यह वृत्ति प्रतिभा के प्रति अन्याय तो है ही समाज को भी इससे स्वयं हानि उठानी पड़ती है।

गुरु रवीन्द्रनाथ टैगोर और महावीर प्रसाद द्विवेदी की प्रेरणा से कभी मैं मैथिलीशरण गुप्त ने उपेक्षित चरित्रों की प्रतिष्ठा का भार उठा लिया था, परिणाम सुखद रहा। उर्मिला, कैकेयी, यशोधरा, विघृता ने समाज में अपनी नयी पहचान बना ली। साधुवाद डॉ. बरसैंया जी के लिए, क्योंकि कुछ-कुछ वैसी ही भूमिका में आप भी नजर आ रहे हैं। आपने यदि पहल न की होती तो निःसन्देह समाज अति श्रेष्ठ साहित्य से वंचित रहा आता। प्रायः पाठक, अध्येता और शोधार्थी ज्ञात साहित्यकारों तक ही सीमित हो जाया करते हैं। एक बार जो नाम जुबान पर चढ़ गये, जिन कृतियों ने प्रसिद्धि प्राप्त कर ली, सारा जमघट वहीं लग जाया करता है। विशाल बरगद तले दूसरा बिरवा कैसे पनपे? दुष्परिणाम यह कि तुलसी, सूर, कबीर, जायसी की तेजोमयता ने कई-कई नक्षत्रों को धुँधला कर दिया। अज्ञात-अचर्चित रहने के मायने यह कदापि नहीं लगाना चाहिए कि कमी गुणों की है; कमी तो पाठकों, गुणग्राहकों की रही। परिणाम यह कि अनेकानेक द्युतिमान हीरक कणिकाएँ गहन अन्धकार में सिमटने को बाध्य हुईं, एक छटपटाहट के साथ कि कभी तो मेहनतकश अँजुरियों का उद्धारक संस्पर्श प्राप्त होगा। साहित्य-सृजन विशिष्ट व्यक्ति,

देश, काल तक सीमित रहने वाली प्रक्रिया नहीं है। अच्छी सूचनाएँ कभी भी, कहीं भी, किसी के भी द्वारा रची जा सकती हैं; वे यदि अप्रकाशित हैं, अँधेरे में हैं तो दुर्भाग्य कृतिकार का नहीं, समाज का है। ऐसी कृतियों और कृतिकारों को प्रकाश में लाने का कार्य श्लाघनीय है किन्तु अत्यन्त श्रमसाध्य भी। साहस यदि डॉ. बरसैंया ने किया है, प्रशंसा अवश्य की जानी चाहिए।'

'शोध' का एक अर्थ है– अनुसन्धान, खोजना। शोध शब्द में ही कुछ नया ढूँढ़ निकालने के संकेत होते हैं, किन्तु शैक्षिक क्षेत्र में उपाधि अर्जन के फेर में शोध के नाम पर इन दिनों जो कुछ चल रहा है, क्या सारा कुछ 'शोध' कहलाने का अधिकारी है? आज पी-एच. डी. एवं डी. लिट्. उपाधिधारकों की संख्या में अप्रत्याशित बढ़ोत्तरी हुई है, किन्तु प्रश्न शोध की स्तरीयता और शुचिता को लेकर हैं अन्यथा क्या बात है कि कई ईमानदार, स्वाभिमानी शोध उपाधिधारक आहत होकर अपने नाम के पूर्व 'डॉक्टर' शब्द लगाना व्यर्थ, अप्रासंगिक मानने लगे हैं? शोध का बाजारीकरण, उसका गिरता स्तर उच्च शिक्षा जगत के लिए चिन्ता का विषय है। ऐसे परिदृश्य के मध्य जब 'बुन्देलखण्ड के अज्ञात रचनाकार' जैसी शोधपरक कृति लेकर डॉ. बरसैंया उपस्थित होते हैं, एक नयी आशा जागती है। प्रस्तुत कृति लेखक की उस शोध-यात्रा का परिणाम है जो डी. लिट्. उपाधि हेतु की गयी थी। भले ही शासन की अविवेकी उपेक्षा का शिकार होकर उन्होंने उपाधि-प्राप्ति में असफलता पायी हो किन्तु परिश्रम कभी व्यर्थ नहीं जाता। उनकी ईमानदार शोधी-वृत्ति, एकाग्रता, रुचि, लगन और नया करने की जिद ने निश्चित ही साहित्य व शोध-जगत को नयी सोच, नयी दृष्टि, नयी दिशा और प्रेरणा दी है।

अब मैं बातें करना चाहूँगी कृति के कथ्य के विषय में, क्या है इसमें? बुन्देलखण्ड मध्य भारत का वह भू-भाग है जहाँ रचनाकारों की अच्छी-खासी धमक रही है। हिन्दी साहित्य के इतिहास में यहाँ के कई साहित्यकारों ने शीर्ष में अपनी जगह बनायी है। केशव, बिहारी, भूषण, पद्माकर, बोधा जैसे ख्यात रचनाकारों के मध्य कई ऐसे महान रचनाकार हुए जिनकी चर्चा साहित्य-इतिहास में कहीं नहीं मिलती। प्रस्तुत कृति में लेखक ने बुन्देलखण्ड के ऐसे अल्पज्ञात-अचर्चित अथवा अज्ञात रचनाकारों को गहन शोध के पश्चात अपने लेखों में आबद्ध किया है। प्रत्येक रचनाकारक के लिए पृथक-पृथक आलेख हैं, जिनमें सम्बन्धित रचनाकार का जीवन-परिचय, कृति-परिचय दिया गया है। रचनाकार की रचनाओं के उदाहरण और काव्य-सौष्ठव की चर्चा भी साथ-साथ चलती है।

आलेखों में लेखकों की ऐतिहासिक पृष्ठभूमि, तात्कालीन सामाजिक परिवेश, राज-समाज का सम्पूर्ण सन्दर्भ भी निहित है, जिसके आलोक में साहित्यकार का परिचय अपनी पूर्णता को प्राप्त करता है। डॉ. बरसैंया का वैशिष्ट्य है कि वे कोई

भी बात बिना प्रमाणों के नहीं करते, उनकी कृति 'फील्ड वर्क' का अद्‌भुत, बेजोड़ नमूना है। यह मेज पर, उपलब्ध सामग्रियों के आधार पर किया गया शोध-कार्य नहीं है, औपचारिकता मात्र नहीं है। सामग्री-संकलन में की गयी भाग-दौड़ और खेद की झलक यहाँ साफ दीख पड़ती है। साक्ष्यों के आधार पर कही गयी बातें विश्वसनीय, प्रामाणिक, तथ्यात्मक और तर्कपूर्ण हैं। आद्यन्त मूल ग्रन्थों के पृष्ठों का प्रकाशन कृति में रोचकता और कुतूहलता के पुट जोड़ता है। बुन्देलखण्ड के अज्ञात साहित्यकार तो कृतिकार के मूल लक्ष्य हैं ही किन्तु लगे हाथ वे ज्ञात साहित्यकारों के विषय में भी यह इंगित करने से नहीं चूकते कि आलोचकों ने इन्हें भी एकांगी दृष्टि से परखा है। केशव, बिहारी, भूषण अथवा पद्‌माकर जैसे कवि सिर्फ श्रृंगार रस तक ही क्यों बाँधकर बाँधे गये? जबकि इनका समग्र साहित्य समस्त मानवता के लिए हित-साधक है। तात्पर्य हमें किसी भी रचनाकार को उसकी समग्रता के आधार पर विवेचना की तुला पर तौलना चाहिए, एकांगी दृष्टि उचित नहीं। इसी प्रकार विभिन्न प्रमाणों के आधार पर वे कुछ स्थापित धारणाओं, ग्रन्थों का भी निवारण करते हैं।

बुन्देलखण्ड में ख्यात और गुमनाम सैकड़ों साहित्यकार हैं। लेखनी और भाग्यवश जो शीर्ष पर पहुँचे, पहुँच गये, अन्यथा शेष का कोई नामलेवा तक न रहा। विक्रम कवि, चैनदास, वृन्दावन दास, परमानन्द दास, हरिदास, देवीदास, जगन्नाथ, जवाहर दास, बुधजन, एनसाईं, ईसवीं खान, माधव सिंह, रामकृष्ण चौबे, हंसराज, भोजनाज, नरेन्द्र गिरि, राय शिवप्रसाद सिंह, गदाधर, ज्ञानी के साथ लोक-कवि ख्यालीराम भुजबल अज्ञात साहित्यकारों की श्रेणी में आते हैं। विक्रम कवि द्वारा रचित 'सुदामा चरित' बुन्देली का प्रथम सुदामा चरित है और समस्त सुदामा चरितों में छन्द संख्या की दृष्टि से सर्वाधिक बड़ी कृति है, लेखक विभिन्न साक्ष्यों के माध्यम से इसे प्रमाणित करते हैं। घाघ-भड्‌डरी, ईसुरी की भाँति ही सुखदेव बड़ेरिया रचित 'वणिक-प्रिया' व्यवसाय-व्यापार-सम्बन्धी सूत्रों का अद्‌भुत संयोजन है। रामकृष्ण चौबे रचित 463 पदों वाली रचना 'कृष्ण विलास' अनुपम है। सम्पूर्ण कृति इस प्रकार की जानकारियों से परिपूर्ण है, पाठक को चकित करती है, इस प्रश्न के साथ कि आज तक इन महान रचनाकारों की ओर किसी का ध्यान कैसे नहीं गया? कृति में अल्पज्ञात रचनाकारों का संक्षिप्त विवरण भी दिया है, ताकि शोधार्थी इन सम्पर्क सूत्रों के सहारे शोध हेतु पहल कर सके।

सारतः यह कहा जा सकता है कि 'बुन्देलखण्ड के अज्ञात रचनाकार' एक महत्त्वपूर्ण कृति है। बात सिर्फ बुन्देलखण्ड के अज्ञात साहित्यकारों की है, इसलिए इसका महत्त्व सीमा-रेखाओं के भीतर कैद हो जायेगा, ऐसा विचार कतई उचित नहीं होगा। चूँकि समग्र भारत के अज्ञात रचनाकारों को एक स्थान पर सँजो पाना आसान नहीं है; ज्ञात रचनाकारों पर कार्य करना सहज होता है, सामग्रियाँ सुलभ

होती हैं। अज्ञात साहित्यकारों को तलाशना तो 'ग्राउण्ड जीरो मिशन' है, यहाँ जमीनी मेहनत चाहिए। लेखक ने अपने अंचल को चुना, यह सही निर्णय था। लेखक का मानना है कि शोध में विस्तार नहीं, घनत्व होना चाहिए, गहराई होनी चाहिए। यदि शोधार्थी इसी भाँति खण्ड-खण्ड में समस्त भारतीय साहित्य-जगत को खँगालना प्रारम्भ करे, अन्त में एक पूर्ण दस्तावेज अवश्य तैयार होगा। इस कृति का एक बड़ा योगदान यह है कि यह शोधार्थियों को शोध के मायने समझाती है; शोध की सही प्रणाली, सही स्वरूप से रूबरू कराती है। रचना के एक-एक आलेख नवीन शोध के लिए प्रस्थान-बिन्दु साबित होंगे; इच्छुक विद्यार्थियों के लिए यहाँ शताधिक शोध-विषय व्याप्त हैं।

डॉ. बरसैंया का परिश्रम सार्थक होगा यदि अज्ञात साहित्यकारों को समाज में प्रतिष्ठा मिले, उनकी रचनाओं का प्रकाशन-प्रसारण हो और यह भी कि ऐसे श्रमसाध्य शोध के लिए कुछ और भी निष्ठावान शोधार्थी अपनी कमर कसें, ताकि हिन्दी साहित्य का इतिहास एक बार फिर लिखा जा सके, समग्रता के साथ।

प्राध्यापक–हिन्दी विभाग
छत्तीसगढ़ महाविद्यालय रायपुर
(छ. ग.)

छत्तीसगढ़ का साहित्य और उसके साहित्यकार

पूर्वकथन

साहित्य, संस्कृति, इतिहास और पुरातत्त्व की दृष्टि से छत्तीसगढ़ प्रारम्भ से ही महत्त्वपूर्ण प्रान्त माना जाता रहा है। वह अनेक पौराणिक सन्दर्भों से भी जुड़ा है। साहित्य की परम्परा भी सुदीर्घ, समृद्ध और सम्पन्न रही है। इतिहास के प्रारम्भ से ही यहाँ के साहित्य-साधक अपना योगदान करते रहे हैं। उनकी संख्या सैकड़ों में है। आदिकाल से लेकर आज तक यहाँ के साहित्यकार समय के साथ कदम-से-कदम मिलाकर चलते रहे हैं। यहाँ की नाट्यशाला प्राचीनतम पुरातात्त्विक महत्त्व की है जो यहाँ की सर्जना और कला-प्रेम की द्योतक है। हिन्दी का प्राचीनतम नाटक 'कपटी मुनि' यहीं लिखा गया, हिन्दी की पहली कहानी 'एक टोकरी भर मिट्टी' यहीं लिखी गयी, हिन्दी समालोचना का प्रारम्भ यहीं से हुआ और छायावाद के प्रवर्तक छत्तीसगढ़ की ही विभूति हैं। इतने सारे गौरव एक साथ कम प्रान्तों को प्राप्त होते हैं।

—डॉ. बरसैंया

आचार्य बख्शी जी का अभिमत

छत्तीसगढ़ के प्रमुख साहित्यकारों की चर्चा करने वाले विज्ञों में डॉ. गंगा प्रसाद गुप्त 'बरसैंया' जी अग्रगण्य कहे जा सकते हैं। छत्तीसगढ़ के लिए यह एक सौभाग्य की

बात है कि सन् 1963 से वे इस क्षेत्र में कार्यरत हैं। उनके द्वारा समय-समय पर पत्र-पत्रिकाओं में छत्तीसगढ़ के सम्बन्ध में गवेषणा पूर्ण लेख लिखे गये हैं। अपने उन लेखों में उन्होंने छत्तीसगढ़ के सांस्कृतिक और साहित्यिक विकास का बड़ा ही अच्छा विश्लेषण किया है। उनके ऐसे निबन्धों की सम्पूर्ण सामग्री शोधपरक है, फिर भी उनकी शैली की यह विशेषता है कि उनकी विवेचना में एक सरसता आ गयी है। इसीलिए वे निबन्ध सभी प्रकार के पाठकों के लिए पठनीय हो गये हैं। उन्होंने भानु जी से लेकर कुंजबिहारी चौबे तक छत्तीसगढ़ के प्रमुख साहित्यकारों की कृतियों की विवेचना बड़ी ही मार्मिकता से की है। उनके ऐसे निबन्धों में केवल व्यक्तिगत परिचय ही नहीं है, उनकी रचनाओं का विश्लेषण भी है, उनमें कितनी ही अज्ञात सूचनाओं का भी संकलन हो गया है। इसके कारण उनका यह निबन्ध-संग्रह शोध के छात्रों के लिए ही नहीं, साधारण पाठकों के लिए भी पठनीय है।

छत्तीसगढ़ में एक ओर लोक-साहित्य की रचना होती रही है और उसी के साथ विदग्ध साहित्य का भी। छत्तीसगढ़ के लोकगीतों और लोक-कथाओं के सौष्ठव का वर्णन करने के बाद उन्होंने उन उपन्यासों की भी विशद चर्चा की है जो छत्तीसगढ़ी बोली में लिखे जा रहे हैं। कुछ समय से छत्तीसगढ़ी बोली में कविताओं के साथ-साथ उपन्यासों और नाटकों की भी रचना होने लगी है। इसमें सन्देह नहीं कि ऐसी रचनाओं का भी जन-जीवन के जागरण काल में विशेष महत्त्व है। 'बरसैंया' जी के समान एक साहित्य मर्मज्ञ विज्ञ के द्वारा उन लोक गीतों, लोक-कथाओं और उपन्यासों की विवेचना छत्तीसगढ़ी साहित्य की गति को और अधिक शक्ति प्रदान करेगी।

विदग्ध साहित्य के अन्तर्गत छत्तीसगढ़ में काव्य, कथा, निबन्ध और आलोचना के क्षेत्र में अभी तक जो कुछ लिखा गया है उसकी भी विवेचना 'बरसैंया' जी के द्वारा बड़ी सरसता और मार्मिकता से की गयी है। मुझे विश्वास है कि डॉ. बरसैंया जी की इस कृति से शोध-छात्रों को तो लाभ होगा ही, साधारण पाठकों को भी उसमें यथेष्ट पठनीय सामग्री प्राप्त होगी। ऐसी रचना कर डॉ. बरसैंया जी मेरे समान सभी छत्तीसगढ़ वासियों के धन्यवाद के पात्र हैं।

पदुमलाल मुन्नालाल बख्शी

छत्तीसगढ़ के अनुरागी डॉ. बरसैंया जी

— प्रोफे. शंकर प्रसाद श्रीवास्तव

'विद्वान् सर्वत्र पूज्यते' की भावना को सार्थक कर, क्षेत्रीयता की संकीर्णता से ऊपर उठकर साहित्य और साहित्यकारों का सम्मान करने वाले डॉ. बरसैंया जी ने छत्तीसगढ़ के साहित्यकारों के प्रति सम्पूर्ण सम्मान के साथ उनका न केवल स्मरण किया है, अपितु उन पर कई प्रामाणिक पुस्तकें लिखी हैं और हिन्दी साहित्य के इतिहास की मुख्य धारा में लाने का स्तुत्य प्रयास किया है। छत्तीसगढ़ के साहित्यकारों पर उनकी लेखनी तब चली, जब हिन्दी साहित्य के इतिहासकार पं. माधवराव सप्रे जैसे हिन्दी के अनन्य सेवक और प्रकाण्ड विद्वान, प्रखर सम्पादक, गम्भीर चिन्तक, शताधिक निबन्धों के लेखक, अनुवादक, अनेक संस्थाओं का निर्माण कर मध्यप्रदेश में जन-जागरण के प्रमुख सूत्रधार जैसे साहित्यसेवी का नाम तक न लेते थे। 'छत्तीसगढ़ का साहित्य और उसके साहित्यकार' इस दिशा में उनकी पहली पुस्तक थी, जो सन् 1972 में रचना प्रकाशन, इलाहाबाद द्वारा प्रकाशित की गयी थी। बाद में वही 'छत्तीसगढ़ का साहित्य' शीर्षक से सन् 2005 में वैभव प्रकाशन, रायपुर द्वारा प्रकाशित हुई। इन दोनों पुस्तकों में उन्होंने स्व. जगन्नाथ प्रसाद 'भानु' से लेकर स्व. कुंज बिहारी चौबे तक 11 साहित्यकारों को याद किया। और, अभी सन् 2005 में 'छत्तीसगढ़ की साहित्यिक विभूतियाँ' प्रकाशित हुई, जिसमें छत्तीसगढ़ के प्रथम महाकवि गोपाल मिश्र से लेकर डॉ. बलदेव तक 22 साहित्यकारों का परिचय दिया गया है। यह उनके निरन्तर अध्यवसाय तथा छत्तीसगढ़ के प्रति उनके अनुराग को प्रमाणित करता है।

वे जब शासकीय विज्ञान महाविद्यालय, रायपुर के हिन्दी विभाग में पदस्थ होकर आये, तो वे केवल छात्रों को हिन्दी पढ़ाने तक सीमित नहीं रहे, अपना समय और श्रम छत्तीसगढ़ के साहित्यिक अवदान को सामने लाने का व्रत लिया और पहली बार यहाँ के उन विस्मृत साहित्यकारों का स्मरण किया, जिन्हें लोग जानते तक न थे या उन्हें जान-बूझकर भुला दिया गया था। उनमें एक प्रमुख नाम था मावली प्रसाद श्रीवास्तव का, जिन्होंने अपना सम्पूर्ण जीवन हिन्दी साहित्य की सेवा में समर्पित कर दिया था।

इस सम्बन्ध में डॉ. बरसैंया जी ने एक संस्मरण सुनाया था। बरसैंया जी मध्यप्रदेश हिन्दी साहित्य सम्मेलन की पत्रिका 'विवरणिका' में धारावाहिक रूप से साहित्यकारों का परिचय लिख रहे थे। एक अंक में मावली प्रसाद श्रीवास्तव जी का परिचय प्रकाशित करवाया और जब वे रायपुर में श्रीवास्तव जी से मिले, तब उन्हें वह अंक दिया। उस अंक में अपना परिचय प्रकाशित देखकर श्रीवास्तव जी ने बरसैंया जी से कहा कि 'तैं ह मोला फेर से जिया देस' (अर्थात् आपने मुझे फिर से जिला दिया।) यह कथन इसलिए मार्मिक था और है कि किसी साहित्यकार का स्मरण करना ही उसे जीवित रखना है। किसी का विस्मरण करना उसकी मृत्यु नहीं, उसकी हत्या करने के समान है। जो साहित्यकार समाज, राष्ट्र और पूरी मानवता के लिए स्वयं को समर्पित कर देता है; उसका विस्मरण हत्या नहीं तो और क्या है। आज समय का वह दौर चल रहा है, जब आदमी निपट स्वार्थी हो चला है। जो माता-पिता तक का तिरस्कार करने से नहीं चूकता, वह साहित्यकार जैसे दूर के रिश्ते का क्या सम्मान करेगा! ऐसे समय में बरसैंया जी अपने सामाजिक दायित्व के प्रति सजग होकर दूरस्थ साहित्यकारों का स्मरण कर रहे हैं, उन्हें परिश्रमपूर्वक ईमानदारी के साथ साहित्य-जगत् के सामने लाने का प्रयास कर रहे हैं, तो वे अभिनन्दनीय तो हैं ही, हिन्दी के उन शिक्षकों और प्राध्यापकों के लिए भी प्रेरक हैं, जो कक्षा में हिन्दी पढ़ाने के सिवाय हिन्दी का एक वाक्य तक नहीं लिखते।

सन् 2000 में छत्तीसगढ़ प्रान्त के गठन के बाद शोधकार्य की दशा और दिशा के सम्बन्ध में चिन्ता व्यक्त करते हुए उन्होंने पुस्तक के 'पूर्वकथन' में लिखा है–

'...शोधकार्य में पर्याप्त प्रगति हुई, परन्तु इस प्रगति को सुव्यवस्थित दिशा नहीं दी गयी। शोधार्थियों ने अपनी-अपनी रुचि के विषय चुने। यहाँ-वहाँ फुटकर कार्य हुए। एक ही विषय की अनेक जगह पुनरावृत्ति हुई। विश्वविद्यालयों ने योजना बनाकर कार्य नहीं किया। फलतः बिखराव ही अधिक हुआ। यदि कोई ठोस शोधकार्य सामने आया, तो उसके प्रकाशन और प्रचार-प्रसार की ओर ध्यान नहीं दिया गया। यह बात मैं विशेष रूप से हिन्दी विषय के सम्बन्ध में कह रहा हूँ। इसका दुष्परिणाम यह है कि आज भी तमाम साहित्यकारों के बारे में समुचित प्रामाणिक सामग्री उपलब्ध नहीं है। अनेक पुराने साहित्यकार आज भी अछूते हैं। कई बार उनका नामोल्लेख भर मिलता है (कुछ का तो नामोल्लेख भी नहीं है)। यह गम्भीर चिन्ता का विषय है। इस ओर शोधार्थियों, प्राध्यापकों तथा विश्वविद्यालयों को ध्यान देना चाहिए। ...'

डॉ. बरसैंया की इस चिन्ता पर ध्यान दिया जाना चाहिए। मेरे मन में पी-एच-डी. करने की इच्छा जगी। मैंने 'पं. माधवराव सप्रे : व्यक्तित्व एवं कृतित्व' विषय चुना। शोध-निर्देशक थे डॉ. राजेश्वर गुरु। कुछ काम शुरू होता कि उन्होंने शोध-

निर्देशन का काम छोड़ दिया। मैंने डॉ. हरिशंकर शुक्ल जी को निर्देशक बनाया। इसी बीच मेरी नियुक्ति महाविद्यालय, शिवपुरी में हुई-रायपुर से लगभग एक हजार कि. मी. दूर। तब मैंने डॉ. बरसैंया जी से निवेदन किया जो सम्भवत: टीकमगढ़ में थे। वे मुझे जानते थे, अत: सहर्ष तैयार हो गये। मैं उन्हें सामग्री भेजता और वे तुरन्त उस पर अपनी टिप्पणी और मार्गदर्शन भेजते। मैं उनकी तत्परता देखकर चकित था कि दस-पन्द्रह दिनों के भीतर ही मुझे वापस मिल जाता। शोधकार्य प्रगति पर था, पर इसी बीच पिता जी का रायपुर में 1974 में निधन हो गया। एक वर्ष शासकीय महिला महाविद्यालय, रायपुर में रहकर मैं पुनः बैतूल स्थानान्तरित कर दिया गया। बार-बार सिलसिला टूटने के कारण मैं शोधग्रन्थ पूरा न कर सका और मैंने पी-एच. डी. का इरादा ही छोड़ दिया।

वे 80 वर्ष की अवस्था में भी इतने ऊर्जावान और सक्रिय हैं जिसके सामने युवा भी लज्जित हो जाये। उनकी कर्मठता का प्रमाण उनके द्वारा रचित 37 पुस्तकें हैं जो हिन्दी साहित्य को समृद्ध करती हैं।

उनके स्वभाव का एक पक्ष मुझे सदैव प्रभावित करता रहा कि वे सच को बिना किसी लाग-लपेट के खरी-खरी कहने में कभी भी और कहीं भी नहीं हिचकते।

सम्पादक-विवरणिका
पुरानी बस्ती, रायपुर (छ. ग.)

हिन्दी साहित्य में निबन्ध और निबन्धकार

हिन्दी साहित्य में व्यक्तिवादी निबन्ध और निबन्धकार

— श्री नारायण परमार

हिन्दी साहित्य में व्यक्तिवादी निबन्ध और निबन्धकार जबलपुर विश्वविद्यालय की पी-एच. डी. की शोध उपाधि के लिए श्री गंगाप्रसाद गुप्त बरसैंया द्वारा प्रस्तुत शोध-प्रबन्ध है। प्राक्कथन एवं उपसंहार को छोड़कर आठ अध्यायों में विवेचित सामग्री निस्सन्देह साहित्य को निबन्ध विधा के व्यक्तिवादी पक्ष पर सम्यक् प्रकाश डालती है। लेखक की अन्वेषणात्मक जिज्ञासा ने यह संज्ञापित किया है कि व्यक्तित्व का जो भाग किसी साहित्यिक रचना को प्रभावित करता है, वही व्यक्ति की आन्तरिक विशेषता है जिसे अँग्रेजी में 'पर्सनालिटी' कहते हैं। अँग्रेजी में इसी से मिलता-जुलता एक शब्द है 'इण्डिविजुअलिटी' किन्तु हिन्दी में प्रचलित व्यक्तित्व शब्द इन दोनों अँग्रेजी शब्दों का सम्मिलित रूप ही है। इस प्रकार व्यक्तित्व शब्द जीवन की सम्पूर्ण जीवन्त सम्भावनाओं का केन्द्र रूप है। दूसरे शब्दों में यह कहा जा सकता है कि व्यक्तित्व मौलिकता का संवाहक होता है। अनुकरण वृत्ति की सीमाओं से परे वह चेतन अर्थवत्ता का द्योतन करता है।

निबन्ध शब्द प्राचीन होते हुए भी हिन्दी की साहित्यिक चेतना का प्रतीक है। खड़ी बोली गद्य की यह विशेषता है। इसका इतिहास लगभग एक शताब्दी से अधिक पुराना नहीं है।

निबन्ध की परिभाषा आज भी विवादास्पद मानी जाती है किन्तु इतना तो स्वीकार कर ही लिया गया है कि किसी भी रचना को निबन्ध की श्रेणी में आने के लिए विशेष तत्त्वों से समन्वित होना ही चाहिए। इसमें विशेष के सांगोपांग निरूपण की अनिवार्यता कम ही होती है चूँकि निबन्धकार का गन्तव्य मत प्रतिपादन कदापि नहीं है। वह तो विषय को अपने व्यक्तित्व के अमृत में आप्लावित कर देता है। निबन्ध पढ़कर पाठक इतना अनुप्राणित हो उठता है कि वह लेखक के साथ एक अकृत्रिम आत्मीयता स्थापित कर ले।

विषय सूची में श्री गुप्त जी ने निबन्ध को भावपक्ष, चिन्तन पक्ष और रचनाशिल्प के आधार पर मुख्य रूप से दो भागों में विभाजित किया है– 1. परात्मक, 2.

निजात्मक। यह सच है कि साहित्य की प्रत्येक विधा किसी-न-किसी प्रकार से साहित्यकार के व्यक्तित्व से आरोपित रहती है परन्तु जहाँ तक व्यक्तिवादी निबन्धों का प्रश्न है– रचनाकार को अपनी रचना के साथ एकाकार होना ही पड़ता है। पाँचवें अध्याय में यह बात आस्थापूर्वक कही गयी है कि व्यक्तिवादी निबन्धों में नाटकीय तत्त्व, आख्यायिका, सुलभ रंजकता एवं व्यक्ति वैचित्र्य का अनुभूतिपूर्ण चित्रण तथा उद्देश्य की पूर्णता आवश्यक ही नहीं अनिवार्य भी है। और यदि कहें कि व्यक्तिवादी निबन्धों को परखने का एकमात्र निष्कर्ष यही है तो इस कथन में जरा भी अत्युक्ति नहीं होगी।

सच तो यह है कि मनुष्य मात्र में साहित्य के पृष्ठों पर रूपायित होने की जितनी उत्कट अभिलाषा आज परिलक्षित हो रही है उतनी पहले कभी न थी। साहित्य की प्रत्येक विधा, वैसे तो अपने विषय-वैविध्य, भाव-गाम्भीर्य, सामाजिक तथा राजनैतिक चैतन्य के फलस्वरूप पुष्पित-पल्लवित हो रही है, परन्तु निबन्धों की धारा अपनी प्रेषणीयता में अनन्य है। प्रारम्भिक निबन्ध चाहे पत्रकारिता से अत्यधिक सम्बद्ध रहे हों, परन्तु आज निबन्ध जन जीवन के भाष्यकार के रूप में स्वीकारा जाता है।

डॉ. विनयमोहन शर्मा ने लिखा है कि निबन्ध भी कला का रूप धारण करने लगा है। उनमें गम्भीर विवेचन की अपेक्षा आत्मानुभव की झाँकियाँ अधिक हैं। और आज यह प्रत्यक्ष देखा जा रहा है कि अपनी संवेदनाओं को प्रेषित करने के जितने भी माध्यम हैं– वे अनेक कलापरक विधि निषेधों से युक्त हैं, परन्तु निबन्ध की विधा काफी स्वतन्त्र हो गयी है और युग को प्रतिबिम्बित करने का सामर्थ्य इसने प्राप्त कर लिया है। व्यक्तिनिष्ठ निबन्धों की परम्परा में आज भी कहीं व्यतिक्रम नहीं दिखता। भारतेन्दु से लेकर हरिशंकर परसाई तक यह धारा अजस्र रूप में प्रवाहित होती चली आयी है। चूँकि इसमें निबन्धकार की विचारधारा ही विषय पर नियन्त्रण रखती है इससे जो परम् उपलब्धि होती है वह यह कि लेखक मनचाहा विषय लेकर उस माध्यम से रोचक ढंग से अपनी बातें पाठक से कह सकता है।

अँग्रेजी राज्य की पूर्ण प्रतिष्ठा के बाद देश में एक विशेष प्रकार की सामाजिकता आरोपित हुई। लोग कुछ गम्भीर हो गये। अतएव निबन्धकार भी इन शिक्षितों के निकट-से-निकटतर होता गया। और धीरे-धीरे तो 'भारतेन्दु युगीन' सार्वजनिकता का जैसे लोप ही होता गया। दूसरे शब्दों में हम कह सकते हैं कि निबन्ध बौद्धिक अधिक हो गये हैं और उनकी हार्दिकता कम हो गयी। यह सब इसलिए कि आचार्य महावीर प्रसाद द्विवेदी का युग साहित्य का युग कम और नैतिक आदर्श का युग अधिक था। अस्तु तत्कालीन व्यक्तिवादी निबन्धकारों में पं. चन्द्रधर शर्मा गुलेरी और अध्यापक पूर्णसिंह का योग चिरस्मरणीय रहेगा। निर्बन्ध निबन्धों ने इनसे एक नयी दिशा प्राप्त की है। विचारों ने दृढ़ता और शैली ने प्रगतिशीलता पायी है। व्यंग

में परिमार्जन लाने का श्रेय इनको ही है।

अध्यापक पूर्णसिंह का मार्ग मानवतावादी था। इनने निबन्धों को एक नयी लय और गति से आगे बढ़ाया। श्रम की पावनता का बखान किया। कहना होगा कि इनके द्वारा प्रचारित नयी भावना ने हिन्दी के पाठकों को सम्भवत: प्रथम बार गहराई से छुआ है। भावों को सप्राण करने में ये एक ही कुशल शिल्पी हैं। आज भी इनके निबन्धों की चित्रात्मकता, गम्भीर विचार संकेत हृदयहारी भाव व्यंजना और ओजपूर्ण भाषण-शैली पाठक के मन पर विशेष प्रभाव डालती है। श्री शान्तिप्रिय द्विवेदी के निबन्धों का एक मात्र आधार है स्वच्छन्दता और संवेदनशीलता। इनकी विचारधारा से जो रेखाएँ प्रस्फुटित होती हैं उनमें अन्त:प्रयास कम और अन्त:प्रेरणा अधिक होती है। महादेवी और पन्त ने भूमिका के रूप में तथा कुछ फुटकर निबन्धों के रूप में ही अपने मार्मिक और अतिवैयक्तिक विचारों का चित्रण किया है। विषय और वैविध्य की दृष्टि से माखनलाल जी चतुर्वेदी का स्थान अनन्य है। राष्ट्रीयता और आध्यात्मिक प्रेम के मध्य इनने पाठक मन को विविध रूपों में रमाया है। प्राकृत दृश्यों और यात्रा-विवरणों के मधुर-वातावरण में जादुई आकर्षण उत्पन्न करने में सबसे अधिक प्रवीण कोई है तो वह नाम है देवेन्द्र सत्यार्थी का।

श्री पदुमलाल बख्शी के लिए यह कहा जा सकता है कि रचना-विन्यास की दृष्टि से उन पर रवीन्द्रनाथ ठाकुर के 'विचित्र प्रबन्ध' का प्रभाव है, परन्तु जहाँ तक बख्शी जी के निबन्धों के विकास पक्ष की बात है, उनकी सहज-सरल मौलिकता ने ही उन्हें द्विवेदीयुगीन उदारमना लेखकों में अग्रगण्य घोषित किया है। साहित्यिक मर्यादा, के साथ ही सुखद किन्तु आत्मीय ढंग से वे अपनी गम्भीर बात कहना जानते हैं।

गाँधीवाद से प्रभावित सियारामशरण जी की निबन्ध प्रतिभा अपनी सहजता, करुणा एवं कवि सुलभ भावुकता के कारण अप्रतिम मानी जाती है। डॉ. हजारी प्रसाद द्विवेदी रवीन्द्रनाथ के विकासशील मानववाद के पोषक कहे जाते हैं, अतीत के कोने-अँतरों से रस ढूँढ़ लाना उनका ही काम है। जैनेन्द्र की मूल प्रकृति सहजता की है परन्तु कभी-कभी लगता है वे गम्भीर दार्शनिक हो उठे हैं, परन्तु जब वे अपने सरल स्वाभाविक रूप में ही पाठकों के सन्मुख आते हैं तो अपनी अनसँवरी भाषा में पाठकों से गहरी आत्मीयता स्थापित कर लेते हैं। बाबू गूलाबराय अपने अनुभव सारल्य से ही इस क्षेत्र में उल्लेखनीय रहे हैं।

प्राकक्थन में श्री गुप्त जी ने लिखा है कि साहित्य की कोई भी विधा पूर्णता का दावा नहीं कर सकती—और सच भी है कि अभी व्यक्तिनिष्ठ निबन्धों के उच्च कोटि के लेखकों की संख्या उँगलियों पर गिनी जा सकती हैं। संख्या को यदि सन्तोष जनक मानें तो लेखन की मात्रा या फिर उसकी गुणात्मकता हमें निराश करती है।

इस प्रकार जाने-माने कुछ इने-गिने नामों तथा उनके लेखन पर ही श्री गुप्त जी ने आस्था रखकर कार्य किया है भारतेन्दु हरिश्चन्द्र, बालकृष्ण भट्ट, प्रतापनारायण मिश्र, और बालमुकुन्द गुप्त के साथ पिछली दो पीढ़ियों के और आज के जिन छब्बीस निबन्धकारों की श्री गुप्त जी ने विवेचना की है उनके नाम इस प्रकार हैं– अध्यापक पूर्ण सिंह, चन्द्रधर शर्मा गुलेरी, पद्मसिंह शर्मा, गिरजादत्त शुक्ल गिरीश, बाबू गुलाबराय, पदुमलाल पुन्नालाल बख्शी, माखनलाल चतुर्वेदी, रायकृष्णदास, वियोगी हरि, चतुरसेन शास्त्री, पाण्डेय बेचन शर्मा उग्र, चण्डीप्रसाद हृदयेश, शान्तिप्रिय द्विवेदी, भदन्त आनन्द कौशल्यायन, जैनेन्द्र कुमार, रामवृक्ष वेनीपुरी, हजारीप्रसाद द्विवेदी, प्रभाकर माचवे, देवेन्द्र सत्यार्थी, कन्हैयालाल मिश्र प्रभाकर, हरिशंकर शर्मा, सियाराम शरण गुप्त, विद्यानिवास मिश्र, महादेवी वर्मा, सुमित्रानन्दन पन्त, हरिशंकर परसाई।

श्री गुप्त जी ने निबन्धों की आलोचना विवेचना की इस दुर्गम दिशा में महत्त्व का कदम उठाया है। निबन्धकारों के मानसिक व्यक्तित्व के उद्घाटन का उनका यह प्रयास कठिन तपस्या से कम नहीं है। साथ ही मेरा मत है कि उपर्युक्त नामों में यदि श्री निराला, राहुल सांस्कृयायन, सदगुरुशरण अवस्थी, भगवती चरण वर्मा, यशपाल, डॉ. नामवर सिंह और रामप्रसाद विद्यार्थी रावी के नाम और जोड़ दिये जाते तो बात कुछ और वजनदार हो जाती। फिर भी कहूँगा कि जहाँ आज निबन्ध सम्बन्धी आलोचना ग्रन्थों का स्पष्ट अभाव है वहाँ श्री गुप्त जी ने अपने शोध-प्रबन्ध में जो विवेचना सामग्री जुटाई है–वह आधुनिक निबन्ध साहित्य के अध्येताओं के लिए पर्याप्त उपयोगी सिद्ध होगी।

श्री विजयशंकर मल्ल ने अपने एक निबन्ध हिन्दी निबन्ध को समापन करते हुए लिखा है हिन्दी का निबन्ध साहित्य अपने थोड़े जीवन-काल में किस प्रकार विविध रूपों-रंगों में विकसित होता आया है। आगे साहित्य में विषय-वैविध्य ज्यों-ज्यों बढ़ता जायेगा विशेषज्ञ लेखक भी बढ़ते जायेंगे और विशेषज्ञों के साथ में पड़कर साहित्यिक निबन्ध भी अलग-अलग रुचि के लोगों की गम्भीर जिज्ञासा पूर्ति के साधन बनते जायेंगे। यह प्रवृत्ति यदि एक ओर निबन्धों को गम्भीर और गूढ़ बनाकर इनका पाठक-समाज सीमित करती जायेगी तो दूसरी ओर सामान्य पाठकों के थके मस्तिष्क को स्फूर्ति प्रदान करने वाले निर्बन्ध निबन्धों के प्रणयन और पठन में प्रेरक रूप भी होगी। दोनों प्रकार के विषयनिष्ठ और व्यक्तिनिष्ठ, जिन्हें परिबन्ध निबन्ध और निर्बन्ध निबन्ध कह सकते हैं– निबन्धों की आवश्यकता का अनुभव करने वाले पाठक और उन्हें लिखने वाले लेखक बढ़ते जायेंगे, पर इस समय निर्बन्ध निबन्धों का भविष्य विशेष आशाजनक प्रतीत हो रहा है।

विज्ञान के कारण आज संसार एक हो रहा है। जीवन की समस्त अनुभूतियाँ

साहित्य के पृष्ठों में आ रही हैं। साहित्य की हर विधा के साथ-साथ निबन्ध ने भी इस अनुष्ठान में अपना दायित्व सराहनीय रूप से निभाया है। अतएव कविता, कहानी, नाटक और उपन्यास की भाँति निबन्ध का विषय भी आज सम्यक विवेचना की बाट जोह रहा है। श्री गुप्त जी ने यह बीड़ा उठाकर उसे सफल सम्पन्न किया है। विषय-सूची का रेखांकन उनकी ज्ञान-पिपासु वृत्ति का द्योतन करता है। आठ अध्यायों में क्रमशः उन्होंने निबन्ध का शास्त्रीय विवेचना एवं वर्गीकरण, शैली की स्थापना और विकास, निबन्ध में निबन्धकार का व्यक्तित्व, व्यक्ति प्रधान निबन्धों की प्रमुख विशेषतायें, व्यक्तिवादी निबन्ध और साहित्य की अन्य विधाएँ, निबन्ध के विकास में व्यक्तिवादी निबन्धों का स्थान तथा हिन्दी में व्यक्तित्व प्रधान निबन्धों के दो युग के माध्यम से अपने इस गुरू-गम्भीर विषय को विवेचित किया है। कुछ प्राचीन मान्यताओं का परिमार्जन किया है, कुछ अपनी ओर से नयी मान्यताओं का अमृत मिलाया है और इस प्रकार निबन्धों की आलोचना—दिशा में एक नयी खिड़की खोली है।

शोध-प्रबन्ध का छठवाँ अध्याय अपने सम्यक निर्वाह एवं विषय प्रतिपादन में अद्वितीय उतरा है। उसकी महत्ता यह है कि अभी तक निबन्धों के तुलनात्मक अध्ययन का सर्वथा अभाव रहा है जिसके कारण निबन्ध साहित्य के अध्येताओं के लिए प्रायः यह दिशा रुँधी हुई लगी है, परन्तु यह एक मात्र हर्ष का विषय है कि श्री गुप्त जी ने व्यक्तिवादी निबन्धों से निकटतम रखने वाली साहित्य की अन्य विधाओं जैसे— गद्य, काव्य, जीवनी, आत्मकथा, संस्मरण, पत्र आख्यायिका, प्रगीत, स्केच, प्रबन्ध, रिपोर्ताज, कथा, दैनन्दिनी, डायरी आदि से उसकी तुलना कर इस विवेचित विषय को मूल्यवान बनाया है। अपनी इस अन्वेषणात्मक साथ ही मौलिक दृष्टिकोण के लिए वे सचमुच प्रशंसनीय हैं।

अन्त में प्रस्तुत शोध-प्रबन्ध की भाषा-शैली पर बिना कहे रहा नहीं जायेगा। समष्टि रूप से शैली शब्द गद्य लेखन के कलात्मक गुणों का द्योतक है। और भाषा भावों तथा विचारों की प्रेषणीयता का साधन है। यही भाषा जब सुलझे हुए विचारों को पृष्ठांकित करती है तब उसमें एक सहज चमत्कृति आ जाती है। शापेनहावर के अनुसार शैली विचारों की आवृत्ति है। न्यूमैन की मान्यता है कि शैली में विचार ही मुखरित होते हैं। इस प्रकार हम कह सकते हैं कि स्वस्थ शरीर रूपी विचारों के लिए शैली ही त्वचा स्वरूप है, तो इस कथन में जरा भी अतिशयोक्ति नहीं है। श्री गुप्त जी की शैली सचमुच ही उनके विवेचन का प्रतिबिम्ब है। जितने सुलझे हुए विचार हैं उतनी ही सहज-सरल अकृत्रिम भाषा है। प्रायः आलोचना लेखक विषय की गुरू-गम्भीरता की आड़ लेकर कभी-कभी भाषा-शैली के प्रति उचित न्याय नहीं कर पाते। भाषा इतनी क्लिष्ट और अप्रयुक्त हो जाती है कि पाठक उस कृति से

सन्तुष्ट नहीं हो पाता। श्री गुप्त जी में पाण्डित्य का आग्रह नहीं है। उनमें विषय की जानकारी के प्रति गहरी जिज्ञासा है। उलझनों को सुलझाने का सहज धैर्य है। निबन्ध जैसी विधा को प्रासादिकता देकर उन्होंने सचमुच एक साहसिक कदम उठाया है। वे इस अर्थ में एक शैलीकार भी हैं जिन्होंने अपनी अर्थदृष्टि की अभिव्यक्ति के लिए सहजता को सहज स्वीकारा है। जहाँ उनकी शैली उनके व्यक्तित्व और विषय के अनुकूल है वहाँ वह सुधी पाठक के मानसिक स्तर और अभिरुचि का भी ध्यान रखती है।

साहित्य की अन्य विधाओं की तरह आधुनिक निबन्धों का इतिहास भी भारतेन्दु हरिश्चन्द्र से ही माना जाता है। अर्धशताब्दी से भी अधिक समय हो गया किन्तु जैसा कि श्री गुप्त जी ने अपने प्राक्कथन में लिखा है कि अभी तक निबन्ध सम्बन्धी दो शोध–प्रबन्ध प्रस्तुत किये गये हैं। जिनमें एक अभी भी अप्रकाशित है। उन शोध–प्रबन्धों में भी निबन्ध साहित्य विधा का सामान्य विवेचन है किसी पक्ष या प्रकार विशेष का विवेचन तो स्वतन्त्र रूप से हिन्दी साहित्य में दिखाई नहीं पड़ा।

इस प्रकार प्रस्तुत शोध–प्रबन्ध व्यक्तिवादी निबन्ध और निबन्धकार सचमुच एक उपलब्धि है जो कि निबन्धों के व्यक्तिवादी पक्ष का सांगोपांग अध्ययन प्रस्तुत करता है। दूसरे शब्दों में श्री गुप्त जी हिन्दी निबन्ध साहित्य विवेचन में एक बहुत बड़े अभाव को पूर्ण करने में सफल हुए हैं। शोध–प्रबन्ध अभी अप्रकाशित हैं इसलिए अधिक कुछ कहना प्रशंसा का अतिरेक ही होगा, परन्तु मेरा यह विश्वास है कि प्रकाशित होते ही इस विवेचन ग्रन्थ को मूर्धन्य सुधी साहित्यिकों की समवेत मान्यता प्राप्त होगी।

जिला–धमतरी (छ. ग.)

रचना से रचना तक

अपनी बात

रचना से रचना तक संग्रह के 'गणदेवता' से 'साँड़' तक की उपन्यास यात्रा हिन्दी कथा-साहित्य के विकास की यात्रा कही जा सकती है। 'भूले बिसरे चित्र' में सन् 1880 से सन् 1930 तक का भारत अंकित है और 'गणदेवता' में सन् 1925 से सन् 1945 तक के चित्र हैं। 'राग दरबारी' और 'साँड़' सातवें-आठवें दशक की रचनाएँ हैं जो स्वतन्त्र भारत के आन्तरिक सत्य का साहसिक बोध कराने में सक्षम हैं। अन्य उपन्यास ऐतिहासिक, आंचलिक, सांस्कृतिक पृष्ठभूमि पर केन्द्रित हैं जिनका अपना अलग महत्त्व है। कुल मिलाकर इनमें लगभग एक शताब्दी का जीवन संकलित है जहाँ हम विकास की उपलब्धियों और विसंगतियों की झलक पा सकते हैं।

—डॉ. बरसैंया

समय-सहचर की समीक्षा-यात्रा

– डॉ. सत्येन्द्र शर्मा

अवधांचल निवासी और मुम्बई प्रवासी प्राध्यापक मित्र ने एक संगोष्ठी में प्रसंगवश यह वाकया सुनाया। वे गाँव गये हुए थे, वृद्ध माँ गाँव में ही रहती थीं। उन दिनों उनके हाथ में विषहरी (एक फोड़ा) हो आया था। शहर ले जाकर फोड़े की शल्य-क्रिया करा देने के बेटे के प्रस्ताव को नकारते हुए उन्होंने उन नाई काका को निकटस्थ दूसरे गाँव से बुला लाने के लिए कहा जिससे वे और अन्य जन ऐसा इलाज करा लेते थे। ग्रामीण अंचल में नाई का दायित्व निभाने वाले लोग इस शल्य-क्रिया में प्राय: पारंगत हुआ करते थे और ऐसे फोड़ों का इलाज देशी-पद्धति से कर लेते थे। नाई काका मुसलमान थे और एक जमाने से नाई का दायित्व निभाते आ रहे थे। उनके दोनों बेटे– एक पाकिस्तान और दूसरा सऊदी अरब में रहकर अच्छी-खासी कमाई करने लगे हैं। बेटों के आमन्त्रण-आग्रह को ठुकराकर वृद्ध दम्पत्ति 'जिस देश-जाति में जन्म लिया बलिदान उसी पर हो जावें' की मानो जिद ठाने यहीं रहते हैं। प्रोफेसर मित्र पौ फटते ही नाई काका के टोले पहुँच गये। गरमी के दिन, नाई काका अपने दरवाजे में बिछी चारपाई में उठकर बैठे पूरी लयकारी के साथ गुनगुना रहे थे– 'सन्देसनि मधुबन कूप भरे।'

प्रोफेसर मित्र ने दुआ-सलाम कर कहा– 'का हो दादा! हमरे सूरदास का गाऽऽय रहे हो।' दादा तुरन्त बोले 'सूरदास तोहरे कब से होइ गयेन?' दादा के उत्तर में आँखों में नाराजगी, आश्चर्य और क्षोभ का मिला-जुला भाव था। पूछने वाले को गलती का अहसास होते देर न लगी। उधर अनजाने में हुई छोटी-सी चूक का मलाल घुलते भी देर लगी–पर विभाजन से लेकर स्वतन्त्र भारत में जो सार्वजनिक माहौल बना है उसमें यह धारणा घर कर गयी है कि हिन्दी रचना-संसार और भावधारा से मुसलमानों का विरोध है ठीक वैसे ही जैसे कोई हिन्दू उर्दू को पराया माने।

यह वाकया मुझे डॉ. गंगा प्रसाद गुप्त 'बरसैंया' के समालोचना ग्रन्थ– 'रचना से रचना तक' में संग्रहीत 'हफीजुल्ला खाँ और उनका 'हजारा' शीर्षक आलेख को पढ़ते समय बार-बार याद आता रहा। 'हजारा' की भूमिका में हफीजुल्ला खाँ लिखते हैं–

'हिन्दी भाषा काव्य की मनहरण तरंगें ऐसी नहीं हैं कि जिनके अवलोकन से ही मुद्दतों का दु:ख मनुष्य के हृदय से न धो जायें और इस परम् सोहावनि मृगनयनी शीलवन्त पिकबयनी नागरी भाषा में ऐसे वचन नहीं हैं कि जिनके एक बार भी कान में पड़ने से हर एक सुजन महाशय का चित्त गद्‌गद् न हो जाये या उसकी ओर टकटकी बाँधकर न रह जाये। मनुष्य का जन्म लेकर हिन्दी काव्य को पढ़ने-पढ़ाने, सुनने-सुनाने की ओर जिसकी इच्छा न हुई हो तो मेरे विचार से उससे बढ़कर कोई दुष्ट चाण्डाल महामूर्ख संसार में न होगा।'

(पृष्ठ 267)

मध्यकाल के रसखानि हों, उन्नीसवीं शताब्दी के हफीजुल्ला खाँ हों, और चाहे सूरदास या किसी अन्य भक्त कवि की काव्य-गंगा में निमग्न रहने वाले स्वतन्त्र भारत के मुसलमान नाई काका सबमें भावधारा की वह अन्तर्वर्ती चेतना प्रवाहित होती रही है, जिसमें मातृभूमि और मातृभाषा के लिए सहजात लगाव रहा है। इस लगाव के पीछे कोई नारा या वैचारिक दृष्टिकोण से अधिक हिन्दी की उस प्रकृति, प्रवृत्ति या सरोकार की प्रतिष्ठा रही है जिसमें—मनुष्य मात्र के जय की कामना की गयी है।

'हफीजुल्ला खाँ और उनके हजारा' का सम्यक परिचय कराते हुए डॉ. बरसैंया लिखते हैं– 'हफीजुल्ला खाँ ने यह बात तब लिखी जब अँग्रेजों का राज्य था। अँग्रेजी और उर्दू का बोलबाला था।' (पृष्ठ 267) अँग्रेज तो गये किन्तु दुर्भाग्य से वे देश का विभाजन ही नहीं करा गये बल्कि दोनों समुदायों—हिन्दू और मुसलमान—के अनेक छद्‌म विभेदकारी तत्त्वों में हिन्दी और उर्दू जुबान तक के अलग होने की फसल बो गये। जहर की इस फसल को सत्ताधारी अनेक राजनेता अपने तात्कालिक स्वार्थ की पूर्ति के लिए सींचते रहते हैं। बहरहाल, उपर्युक्त वृत्तान्त से एक बार फिर इस तथ्य की पुष्टि होती है कि साहित्य समाज और मनुष्य मात्र को जोड़ता है, जबकि गैर-जिम्मेवार राजनीति समाज और मनुष्य को बाँटने का काम करती है। अस्तु!

यहाँ मेरा उद्‌देश्य डॉ. बरसैंया की समीक्षा कृति 'रचना से रचना तक' को केन्द्र में रखकर विचार करना है, किन्तु मन रम गया उनके द्वारा विवेच्य ग्रन्थ हजारा और उनके संकलनकर्ता केन्द्रित आलेख में। वास्तव में ग्रन्थ सर्जनात्मक हो या समालोचनापरक, महत्त्वपूर्ण बात होती है समीक्षक की मूल चिन्ता या केन्द्रीय विचारणा। इसीलिए यह अकारण नहीं होता कि कई बार सर्जनात्मक कहा जाने वाला साहित्य उबाऊ, नीरस और खोखले शब्दों का समुच्चय मात्र होता है और समीक्षात्मक ग्रन्थ भी सरसता, रोचकता के साथ जीवन को ऊष्मा और आवेग देने वाले शब्दार्थ की प्रतीति कराता है।

डॉ. बरसैंया निबन्धकार, कवि और समीक्षक के साथ चिन्तनपूर्ण वकृत्वकला के धनी हैं। वे अनेक समीक्षात्मक ग्रन्थों के लेखक हैं। 'रचना से रचना तक' उनकी सद्यः प्रकाशित समीक्षात्मक कृति है, जिसमें रीतिकाल के ऐतिहासिक दस्तावेज स्वामी लाल दास कृत 'बीतक' से लेकर बीसवीं शताब्दी के प्रमुख और एकाधिक कारणों से चर्चित ग्रन्थों की परिचयात्मक समीक्षा की गयी है। ये समीक्षाएँ उन्होंने अलग-अलग समय में लिखी हैं, और शास्त्रीय भाषा में कहें तो विभिन्न 'काव्य-रूपों' वाले ग्रन्थों पर लिखी हैं। इसमें जहाँ एक और अपने समय के चर्चित उपन्यास 'गणदेवता', 'भूले बिसरे चित्र' और 'राग दरबारी' पर चर्चा की गयी है वहीं दूसरी ओर अधुनातन व्यंग्य कथाकार ज्ञान चतुर्वेदी के 'बारहमासा' को अध्ययन का विषय बनाया गया है।

काव्य-विधा में जहाँ अज्ञेय, अंचल, बच्चन जैसे अपने समय के महत्त्वपूर्ण रचनाकारों की किसी एक कृति के बहाने संग्रहीत काव्य-रचनाओं के साथ उनकी काव्य-यात्रा को भी संकेत में देखा-दिखाया गया है। वहीं दूसरी ओर ज्ञानपीठ पुरस्कार प्राप्त हिन्दीतर कवि उमाशंकर जोशी के 'निशीथ' के साथ अपने एक ही कविता-संग्रह से चर्चा में आये कवि प्रमोद वर्मा के 'कविता दोस्तों में' को भी रखा गया है। यहाँ ध्यान देने योग्य बात यह है कि जहाँ 'निशीथ' के हिन्दी रूपान्तर में भी समीक्षक ने अपनी रुचि, आस्वाद और पैठ का परिचय दिया है, वहीं काव्येतर कारणों से भी चर्चित अशोक वाजपेयी, 'प्रगतिशील परम्परा' के आलोक धन्वा, वाग्स्फीति का परिचय देते नारायण लाल परमार, हमारी परिचित दुनिया से हमें रू-ब-रू कराते प्रेमशंकर रघुवंशी और मितभाषी किन्तु गहरी ध्वन्यात्मकता वाले श्रीकान्त जोशी आदि के काव्य-ग्रन्थों को रुचि और मनोयोग से जाँचा-परखा गया है। बरसैंया जी के इस आलोचना ग्रन्थ से ही पता चलता है कि विश्वविद्यालय के प्रतिष्ठित आचार्य और काव्य-शास्त्र के मर्मज्ञ (स्व.) भगीरथ मिश्र ने 'बृजभूमि' में न सिर्फ परम्परागत सवैया छन्द में अपने कवि-रूप का परिचय दिया है, बल्कि जन्मभूमि 'बृज' और कर्मभूमि बुन्देलखण्ड के प्रति अपने हृदय की आत्मीय कृतज्ञता व्यक्ति की है। इसे डॉ. मिश्र द्वारा आधुनिक सन्दर्भों में ऋषि ऋण चुकाने का उपक्रम भी माना जाये तो अतिरंजना न होगी।

अन्य विधाओं के मूल्यांकन के बरक्स काव्यालोचना में समीक्षक डॉ. बरसैंया की दृष्टि अधिक विस्तृत, सूक्ष्म, बहुपठित, सन्तुलित, विश्लेषणपरक, समाज-सापेक्ष और रोचक है। काव्य के शास्त्रीय प्रतिमानों से परे वे बार-बार वस्तु तत्त्व का व्यक्ति और समाज-मूल्यों के परिप्रेक्ष्य में परीक्षण करते हैं। ऐसा करते हुए वे समीक्षक की गुरूता से भरे हुए नहीं बल्कि अपने लिखे को भारी-भरकम होने से बचाये रखते हैं, बल्कि यह कहना ज्यादा उपयुक्त होगा कि वे जिज्ञासु पाठक के

नजरिए से समीक्षक का दायित्व निर्वाह कर ले जाते हैं। शायद यही ताकत उनके समीक्षा आलेखों को रोचक, जीवन्त, समय-सापेक्ष, पूर्वाग्रह रहित और निष्पक्ष बनाये रख सकी है। कविता को सुधी पाठक की भाँति भावक बनकर अनुभूति से एक रस होते हुए वे प्रसंगवश रचना-प्रक्रिया जैसी गम्भीर चर्चा भी कर लेते हैं। उमाशंकर जोशी कृत 'निशीथ' के मूल्यांकन में आलेख के दूसरे परिच्छेद में ही वे कहते हैं :

'रचना-प्रक्रिया को हम अवचेतन से चेतन अथवा आत्मान्वेषण से आत्म-विस्तार की ओर जाने की क्रिया कह सकते हैं। अवचेतन में ग्रहीत तत्त्व और उत्प्रेरित भाव चेतनावस्था में कवि द्वारा व्यक्त किये जाते हैं। यह व्यक्ति रूप कवि के आत्ममन्थन का वैयक्तिक वैशिष्ट्य होकर भी समष्टि और सार्वजनिक रूप ग्रहण करता है।' (पृष्ठ-84)

समीक्षा की सम्यक दृष्टि विवेच्य कृति की पड़ताल तो करती ही है, समकालीन कृति या कृतिकारों पर भी आवश्यकतानुसार नजर दौड़ाती है। यह बात जान-बूझकर नहीं होती वरन् चीजों को विश्लेषित करते हुए स्वभावत: सामने आ जाती है, इससे कथन और साफ होता है और तर्क को साक्ष्य मिल जाता है। अज्ञेय के काव्य-संकलन 'क्योंकि मैं जानता हूँ' की समालोचना के प्रारम्भ में ही डॉ. बरसैंया लिखते हैं–

'बच्चन अपने उतार में लोकाभिमुख हुए, किन्तु अधिक दिनों तक नवीनता की रक्षा नहीं कर सके। इसके पूर्व पन्त की सौन्दर्य एवं संवेदनशील प्रतिभा भी किनारा काटने लगी तो वे अधिक समाजपरक होकर चिन्तन पक्ष के कवि बन गये। अंचल की 'अनुपूर्वा' उनके काव्यात्मक ढलान का संकेत करती है। नागार्जुन 'मन्त्र' जैसी एबसर्ड कविता लिखकर नवीनतम बनने की चेष्टा करते हैं।' (पृष्ठ 115)

नागार्जुन की चर्चित कविता 'मन्त्र' को एबसर्ड कहने में समीक्षक के साथ हमारी सहमति-असहमति हो सकती है, किन्तु ऐसी रचनाओं से नागार्जुन पुनर्नवा तो दिखते ही हैं, जिसकी ओर यहाँ इशारा किया गया है। अज्ञेय के उत्तरकालीन रचना-संसार केन्द्रित संकलन का जिक्र करते हुए समीक्षा में उनके समकालीन दूसरे रचनाकारों पर बात करते जाना समीक्षक के अध्ययन विस्तार और समकालीन रचना-जगत से गहरे जुड़ाव का परिचय देता है। यह कहने की आवश्यकता नहीं है कि एक अच्छी समीक्षा के लिए वस्तु के सहधर्मी तत्त्वों का परिचय होना बहुत जरूरी है। शायद इसी कारण डॉ. बरसैंया की समीक्षा वस्तु के तत्त्व-बोध के साथ अन्य दूसरे आयाम खोलते जाने के कारण अधिक परिचयात्मक और रोचक हो जाती है।

समालोचना में दो टूक या बेबाक राय रखने का रिवाज कुछ कम है। समीक्षक प्रायः दाएँ-बाएँ कहकर इस कठिन धर्म का निर्वाह कर ले जाते हैं, किन्तु 'रचना से रचना तक' के आलेखों में विश्लेषण के पूर्व या पश्चात निष्कर्ष दिये गये हैं, समीक्षक की अपनी स्पष्ट मान्यता जगह-जगह इस अन्दाज में व्यक्त होती है :

'नयी कविता के शीर्ष कवि अज्ञेय ने भी कम प्रयोग नहीं किये। किन्तु प्रस्तुत संग्रह भाषा, भाव, शिल्प, संवेदना किसी भी दृष्टि से महत्त्वपूर्ण प्रतीत नहीं होता। सीधी-सपाट जनभाषा को काव्य-रूप देने में जो सफलता बच्चन को मिली वह किसी कवि को नहीं।' (पृष्ठ 115)

बेशक, जनभाषा को काव्य-भाषा देने का सेहरा बच्चन के माथे पर है, और यह इसलिए भी सम्भव हुआ कि बच्चन काव्य-भाषा के प्रति बहुत सचेत थे और छायावादोत्तर दौर में 'खड़ी बोली को गीतों का माधुर्य देना वे एक कठिन कार्य' मानते थे। उन्होंने इसे चुनौती के रूप में लिया और वे इसमें सफल भी हुए। इस आशय का मन्तव्य ऐतिहासिक काव्य-संग्रह 'पाँच जोड़ बाँसुरी' में संकलित उनके एक सुविचारित लेख में व्यक्त हुआ है।

अक्सर काव्य प्रेमी जन 'नयी कविता' के उत्तरार्द्ध में लिखी जाने वाली कविता को क्लिष्ट, अबूझ, नीरस और उबाऊ मानते हैं। वह गणित और ज्यामिति के सवालों की तरह हो गयी है, किन्तु यही बात लिखकर कहने में लोग हिचकते हैं। कहीं वे नासमझ न समझ लिये जायें, शायद यह आशंका भी इस प्रवृत्ति के पीछे हो। जो भी हो, वर्तमान काव्य दौर का अधिकांश काव्य-धर्म से च्युत है, ऐसे काव्यकारों के पक्षधर आचार्य 'हृदय का स्थान बुद्धि' और 'रस का स्थान विचार ने लिया' बताते हैं। यहाँ इस बहस में पड़ने का अवकाश नहीं है, किन्तु डॉ. बरसैंया ने इस समीक्षा ग्रन्थ में अनेक स्थलों पर ऐसी कविताई (?) की अच्छी खबर ली है :

'अमूर्तता के आग्रह ने जहाँ आज की कविता को सूक्ष्मता दी है, वहीं उसे असहज, असम्प्रेषणीय, अग्राह्य और अबूझ भी बनाया है। विशिष्टता के इस दुर्गुण ने व्यक्ति और कविता के बीच दूरी और अरुचि उत्पन्न की है... ।' (पृष्ठ 151) आधुनिक कविता के इन ऋणात्मक पक्षों को अलग-अलग काव्य-संग्रहों की समीक्षा करते हुए समीक्षक ने उभारा है। ये विभिन्न निष्पत्तियाँ प्रकारान्तर से सही कविता की तलाश तो करती ही हैं समीक्षक की गहरी काव्य समझ का बोध भी कराती हैं।

काव्य का आस्वादन मेरी कमजोरी है, इसलिए 'रचना से रचना तक' गुजरते हुए काव्य केन्द्रित समीक्षाओं में मैं बिलम गया, अन्यथा जैसा कि पहले कहा जा चुका है इस ग्रन्थ में उपन्यास, नाटक, साक्षात्कार, ऐतिहासिक काव्य ग्रन्थ, समकालीन कविता-संग्रह, भाषा केन्द्रित पुस्तक तथा किसी स्वतन्त्र किन्तु महत्त्वपूर्ण विषय पर

विचार करती निबन्धात्मक कृति आदि पर कुल 37 समीक्षा आलेख संकलित हैं।

उपन्यासों की आलोचना में वैसा पैनापन देखने को नहीं मिलता जो काव्यालोचना में दिखाई देता है। वैसे भी सभी उपन्यासों के मूल्यांकन का प्राय: एक ही आधार है। कथा के सारांश की प्रस्तुति, कथा-विकास की परख, पात्रों के चरित्र का उद्घाटन और भाषा की समय-सापेक्षता पर विचार। एक तरह से यह अकादमिक पद्धति का मूल्यांकन है। कथा सारांश के लेखन में भी कहीं-कहीं चूक हुई है जैसे 'विराटा की पद्मिनी' में नायिका कुमुद का पिता यदि नरपति है तो समीक्षक द्वारा प्रस्तुत यह वृत्तान्त कि– 'कुंजर सिंह वहीं अपने गले की माला और अँगूठी नरपति को देता है। नरपति वहीं उक्त अँगूठी कुमुद को पहना देता है और प्रसाद देने का आग्रह करता है। इस आदान-प्रदान में एक-दूसरे की दृष्टियों का आदान-प्रदान होता है और...।'(पृष्ठ 42) विसंगति पैदा करता है। उपन्यास समीक्षा में उद्धरणों की पुनरावृत्ति भी खटकने वाली कमजोरी है। इसी उपन्यास की समीक्षा में पृष्ठ 43 पर उद्धृत 'कक्का जू... रुँध गया' उद्धरण पृष्ठ 48 पर जस-का-तस अंकित है। प्रत्येक कृति का एक समीक्षा शीर्षक दिया गया है किन्तु 'पुनर्नवा : पात्र पौरुष का प्रश्नचिह्न' वस्तु तत्त्व से मेल देखने पर भी कोई अर्थ खोलता नहीं लगता। 'पुरुष पात्रों पर प्रश्नचिह्न' या 'पौरुष पर प्रश्नचिह्न' जैसे अभिप्राय को व्यक्त करने के लिए भी निर्धारित शीर्षक अटपटा लगता है।

डॉ. बरसैंया के समीक्षा ग्रन्थ में प्रसिद्ध पत्रकार व गाँधीवादी चिन्तक प्रभाष जोशी की चर्चित कृति 'हिन्दू होने का धर्म' पर 'नाम बड़े और दर्शन थोरे' शीर्षक से समीक्षा लिखी गयी है। मात्र इस एक समीक्षा से समीक्षक की सजग और चौकन्नी दृष्टि, समय सहचर होने का प्रमाण, साफगोई, और तार्किकता देखते बनती है। प्रभाष जी की यह कृति समाचार-पत्रों से लेकर अन्यान्य कारणों से विधानमण्डलों के पटल पर भी चर्चा और उत्तेजना का कारण रही है किन्तु, शायद ही किसी नामधारी स्तम्भकार, राजनीतिक टिप्पणीकार, गाँधीवादी चिन्तक या वरिष्ठ राजनेताओं ने खुलकर इस पर अपनी राय व्यक्त की हो। 'मौनं स्वीकृति लक्षणम्' सिद्धान्त कथन भी यहाँ लागू नहीं होता, क्योंकि पुस्तकाकार आने के पूर्व जब इसके अंश दैनिक जनसत्ता में स्तम्भ के रूप में प्रकाशित हो रहे थे, तभी अनेक सहधर्मी मित्र इसके आत्ममुग्ध पाण्डित्य, अतिरंजित धारणाओं, विरोधाभासों और असन्तुलित भाषा के प्रयोग पर जब-तब टिप्पणी करते थे। डॉ. बरसैंया ने पूरे ग्रन्थ का मनोयोग से पारायण कर मूलभूत मुद्दे उठाये हैं, कि अयोध्या स्थित विवादास्पद ढाँचा गिराने वाले तत्त्वों के बहाने आप समूचे हिन्दुत्व पर प्रश्नचिह्न नहीं लगा सकते, कि हिन्दुत्व वही नहीं है जिसकी अवधारणा संघ प्रस्तुत कर रहा है, कि संघवाद यदि संकीर्ण और सम्प्रदायवादी है तो लाखों हिन्दू पण्डितों को अपनी सरजमी से निकालने वाले

कथित जेहादियों के लिए क्या हमारे पास गुस्से का एक शब्द भी नहीं है?

श्री जोशी के हिन्दुत्व के प्रति नीम-नाराजी के सन्दर्भ में डॉ. बरसैंया, डॉ. कर्ण सिंह द्वारा प्रस्तुत हिन्दुत्व की व्याख्या के पाँच सूत्रों का स्मरण दिलाते हैं जिसमें (1) ईश्वर की सर्वत्र व्याप्ति, (2) प्रत्येक के भीतर ब्रह्म का निवास, (3) मनुष्य जाति परस्पर एक कुटुम्ब है। (4) सभी धर्मों का मूल एक है, और (5) सभी के कल्याण की भावना। इस विवेचना के बाद डॉ. बरसैंया सौ टंच खरी बात कहते हैं।– 'यह सर्वमान्य सत्य है कि यह साम्प्रदायिक कट्टरता पारस्परिक प्रतिद्वन्द्विता और प्रतिक्रिया से उपजी है।'(पृष्ठ 43 वे ठीक प्रश्न उठाते हैं कि 'लगभग एक दशक से कश्मीर साम्प्रदायिक कट्टरवाद और आतंकवादी हिंसा का शिकार है। रोज घटनाएँ घटती हैं आश्चर्य है कि जोशी जी के इस ग्रन्थ में उससे सम्बन्धित एक भी लेख नहीं हैं।' (पृष्ठ 244) और समीक्षा के अन्त में उत्तर भी ठीक देते हैं– 'ग्रन्थ में सार कम शोर अधिक है। लाभ लेखक और प्रकाशक को तो मिलेगा ही।' (पृष्ठ 246)

डॉ. बरसैंया के इस समीक्षा ग्रन्थ को पढ़कर उनके व्यक्तित्व से अपरिचित भी कोई व्यक्ति यह सहज ही जान सकता है कि वे अच्छी कृतियों का चयन कर निरन्तर अध्ययनशील, सर्जनशील, सजग, चौकन्ने और शब्द की सत्ता पर अबाध विश्वास करने वाले एक प्रतिष्ठित शिक्षक-आचार्य हैं। उनकी दृष्टि शोधपरक और समय-सापेक्ष हैं। उन्होंने प्रतिदान की कामना किये बगैर अनेक ऐतिहासिक ग्रन्थों की पाण्डुलिपियों की खोज और उनके शोध में अपने चश्मे के लेन्स मोटे करवाये हैं। प्राचीन और आधुनिक विभिन्न काव्य-रूपों में प्रस्तुत सैंतीस ग्रन्थों को लगभग तीन सौ मुद्रित पृष्ठों में समेटे यह समीक्षा कृति डॉ. बरसैंया के समय सहचर होने का साक्ष्य देती है।

प्राचार्य शासकीय स्नातकोत्तर
महाविद्यालय, सतना

आलोचना की महत्त्वपूर्ण पुस्तक है

– बहादुर सिंह परमार

आलोचक अपनी आलोचना-दृष्टि से रचना के भीतर व्यापक जीवन के विभिन्न रंगों को पकड़कर उसे आलोचना के माध्यम से इस तरह पुन:प्रस्तुत करता है जिससे पाठक के सामने रचना का मर्म उद्‌घाटित हो जाता है। आलोचना में रचनाकार और पाठक के बीच नया तादात्म्य बैठाया जाता है। पाठक के सामने भावों की विभिन्न अर्थछवियाँ आलोचक प्रस्तुत करके पुनर्सृजन करता है। डॉ. गंगाप्रसाद बरसैंया ने समकालीन व्यावहारिक आलोचना के क्षेत्र में 'रचना से रचना तक' लिखकर महत्त्वपूर्ण कार्य किया है। इसमें हिन्दी में महत्त्वपूर्ण चर्चित उपन्यासकारों, कवियों, नाटककारों पर समीक्षा के साथ बुन्देलखण्ड के विभिन्न अज्ञात-अल्पज्ञात कवियों के कृतित्व पर आलोक डाला है।

आलोचक डॉ. गंगाप्रसाद बरसैंया ने इस पुस्तक में भारतीय ज्ञानपीठ से पुरस्कृत तारा शंकर बन्द्योपाध्याय के उपन्यास 'गणदेवता' के बारे में लिखा है, 'एक बात इस उपन्यास में स्पष्ट है कि वहाँ वैयक्तिक समृद्धि और दूसरों के शोषण की पराजय प्रस्तुत की गयी है। सामूहिक प्रयास, सामूहिक प्रगति ही सही है। जहाँ नवीन-प्राचीन, आदर्श-यथार्थ आदि का समन्वय प्रगट है। यह देखने में आता है कि जिसके दृष्टिकोण एकांगी, दृढ़ और अति पर हैं उन्हें पराजय देखनी पड़ी है। वहाँ समन्वय और सामूहिकता की ही विजय हुई है। डॉ. गुप्त लेखक के नाम से आतंकित हुए बिना रचना में प्रवेश कर उसके बारे में अपनी राय को उद्धरणों सहित रखकर बड़ी साफगोई से बात करते हैं।' वृन्दावनलाल वर्मा के उपन्यास 'विराटा की पद्‌मिनी' की समीक्षा करते हुए उनकी भाषा की जहाँ एक ओर प्रशंसा करते हैं वहीं दूसरी ओर कथा-संयोजन की कमियों की ओर इशारा भी करते हैं।

''घटना और पात्रों का आधिक्य, कतिपय प्रसंगों और चित्रों का निरर्थक विस्तार, पारम्परिक विश्वासों के प्रति आग्रह, संयोगों का संयोजन, आवश्यकता पड़ने पर पात्र और घटना का जन्म और काम निकल जाने पर उनका समापन आदि ऐसे तथ्य हैं, जो सम्पूर्ण रोचकता के बाद भी औपन्यासिक तकनीक तथा विकसित स्थितियों के अनुकूल प्रतीत नहीं होते हैं।'' आचार्य हजारी प्रसाद द्विवेदी के उपन्यास 'पुनर्नवा' के बारे में लेखक का यह लिखना है कि ''अधिकतर पात्र स्थितियों और समस्याओं

का सामना करने से न केवल कतराते हैं बल्कि जीवन से पलायन भी करते हैं।''

उपन्यासों के माध्यम से तत्कालीन समाज का समग्र जीवन का प्रस्तुतीकरण होता है। आजादी के बाद 'राग दरबारी' के माध्यम से श्रीलाल शुक्ल ने समाज की विसंगतियों पर तीखा प्रहार किया जिससे यह उपन्यास चर्चित हुआ। इस उपन्यास के सम्बन्ध में डॉ. गुप्त का मत है कि ''सम्पूर्ण उपन्यास में हर वर्ग, हर व्यवस्था पर व्यंग्य है। भाषा का व्यंग्य तथा पैनापन इतना धारदार है कि पाठक को ऊबने नहीं देता।'' डॉ. ज्ञान चतुर्वेदी का 'बारामासी' व्यंग्य तथा आंचलिक उपन्यास का मिला-जुला रूप है। इसके माध्यम से लेखक द्वारा बुन्देलखण्ड की सैर करवाने के साथ, इसकी भाषा का पैनापन आकर्षित करता है। अम्बिकाप्रसाद 'दिव्य' के उपन्यास 'जूठी पातर' में बुन्देलखण्ड के प्रसिद्ध शासक छत्रसाल के जीवन पर आलोक डाला गया है। इसके बारे में डॉ. गुप्त के विचार हैं कि ''यह कृति छत्रसाल के चरित्र के एक अछूते प्रसंग को उजागर करती है और 'बुन्देलखण्ड का सूरज' जैसे पूर्व से प्रकाशित छत्रसाल सम्बन्धी उपन्यासों में प्रस्तुत गलत तथ्यों और विसंगतियों का निराकरण भी करती है।''

हरिवंशराय बच्चन के काव्य-संग्रह 'बहुत दिन बीते' पर राय देते हुए गुप्त ने माना है कि पूर्ववर्ती काव्य-संग्रहों की तुलना में यह कमजोर रचनाओं का संग्रह प्रतीत होता है। अज्ञेय के काव्य-संग्रह 'क्योंकि मैं जानता हूँ' पर विचार व्यक्त करते हुए समीक्षक का मानना है कि इन कविताओं को देखकर लगता है कि कवि में नित-नवीनता की धारणा पुरानी हो गयी है। डॉ. भगीरथ मिश्र हिन्दी के महत्त्वपूर्ण काव्यशास्त्रीय आचार्य रहे हैं। उनके काव्य-संग्रह 'ब्रजभूमि' की समीक्षा करते हुए डॉ. गुप्त ने इसे भावपक्ष तथा कलापक्ष दोनों ही दृष्टियों से श्रेष्ठ माना है जिसमें विविध वर्णी एक सौ आठ छन्दों की सुन्दर, सार्थक एवं आस्थावान माला गूँथी गयी है। समीक्षक का मन इन कविताओं में अधिक रमा है जिससे सिद्ध होता है कि छन्दबद्ध रचनाओं के प्रति इनके मन में अधिक आकर्षण है। भैयालाल व्यास के काव्य-संग्रह 'रस वृन्दावन' पर लेखनी चलाते हुए भी यह देखा जा सकता है। श्री निवास शुक्ल की काव्य-रचना 'चेतना सेतु तुलसी' के बारे में समीक्षक का कहना है कि तत्कालीन दलित-दमित-विशृंखलित-भ्रमित और स्वार्थ प्रेरित भारतीय मनीषा को आत्मगौरव और एकता की सांस्कृतिक चेतना प्रदान कर भारतीयता की रक्षा कर जो महान कार्य तुलसी ने किया उसका भरपूर परिचय इस कृति में मिलता है।

इस पुस्तक की समीक्षाओं में डॉ. गुप्त की लोकमंगलकारी दृष्टि के साथ सामाजिक मूल्यों पर चेतना के दर्शन होते हैं। समीक्षक जहाँ एक ओर नूतनता, नवीनता के प्रति वहीं तक आकर्षित होता है जहाँ तक परम्पराओं को क्षति न पहुँचे। वहीं दूसरी ओर वह भारतीयता तथा भारतीय मूल्यों के प्रति आस्थावान है।

प्राध्यापक, हिन्दी महाराजा महाविद्यालय, छतरपुर (म.प्र.)

समीक्षा की साफ-सुथरी दृष्टि

—राम अधीर

किसी साहित्यकार की कृति के साथ समीक्षक तब ही न्याय कर सकता है, जब उसके पास पक्षपातरहित साफ-सुथरी दृष्टि हो और उसके विचार पूर्वाग्रह से मुक्त हों। प्राय: देखा गया है कि अनेक समीक्षक कृति को मनोयोग से न पढ़कर सतही समीक्षा कर देते हैं। ऐसे क्षणों में कहा जायेगा कि उसके पास समीक्षकीय विचार नहीं हैं। वैसे समीक्षा शास्त्र पर अनेक ग्रन्थों की रचना हुई है। हाल ही में बुन्देलखण्ड के समर्थ आलोचक, समीक्षक और खोजी दृष्टि के धनी डॉ. गंगाप्रसाद गुप्त बरसैंया का एक ग्रन्थ आया है—'रचना से रचना तक'। कृति के नाम से ही यह ध्वनित होता है कि एक लेखक को उसकी कृति ही सृजन तक ले जाती है। यहाँ तक कि रचना चाहे किसी भी विधा की हो उसका निर्माण रचना ही करती है। इस बहुमूल्य कृति में डॉ. बरसैंया ने किसी भाषा के साहित्यकार के साथ न तो पक्षपात किया ओर न कोई पूर्वाग्रह ही पाले। उनकी अध्येता दृष्टि सम्पन्नता का बोध इसी से हो जाता है कि बात उनके द्वारा विख्यात बँगला उपन्यासकार ताराशंकर बन्दोपाध्याय के उपन्यास—'गणदेवता' की समीक्षा से प्रारम्भ की गयी है।

इस कृति में बुन्देलखण्ड की अनेक विस्मृत प्रतिभाओं को भी लिया गया है, जिनके बारे में पाठक ही क्या, उस अंचल के लोग भी कम जानते हैं। जैसे कवि पजनेस के इसी नाम की कृति को पाठक शायद नहीं के बराबर जानते हैं। लक्षण ग्रन्थ के कवि भिखारीदास के आचार्यत्व को समझने के लिए डॉ. बरसैंया हमें रीतिकाल के साथ चलने का आग्रह रखते हैं। उत्तर-छायावाद के काल में प्रतिष्ठा प्राप्त उपन्यासकार-कवि स्व. भगवतीचरण वर्मा का नाम सुपरिचित रहा है। उनकी कृति—'भूले बिसरे चित्र' को एक काल-सापेक्ष उपन्यासों की श्रेणी में रखा गया था। आचार्य हजारी प्रसाद द्विवेदी का नाम उपन्यास, ललित-निबन्धकार और दार्शनिक विचारों के लिए हिन्दी में अप्रतिम रहा है। उनका उपन्यास 'अनामदास का पोथा' अगर बहुचर्चित है तो 'पुनर्नवा' भी उनकी लेखनी के चमत्कार का साक्षी है। अपनी समीक्षकीय प्रतिभा के बल पर डॉ. बरसैंया ने इन कृतियों के पात्रों को जीवन्त कर दिया है। समीक्षा-गुणों के माध्यम से कृति को काल-सापेक्ष बनाना समीक्षक से ईमानदारी का आग्रह कहा जा सकता है। शिष्ट व्यंग्य की नयी शैली पिछले कई

वर्षों बाद श्रीलाल शुक्ल ने ईजाद की है।

'रचना से रचना तक' कृति का एक वैशिष्ट्य पृथक से उल्लेखा जाना चाहिए कि इसमें राज्य के अनेक उपन्यासकार, कहानीकार और कवियों को सम्मानपूर्वक समेटा गया है, जिनकी चर्चा साहित्य-जगत में आज तक हो रही है। जैसे भोपाल के ही डॉ. ज्ञान चतुर्वेदी एक बहुपठित और यशस्वी व्यंग्यकार हैं, जिनकी कालजयी कृति 'बारामासी' ने उनको हरिशंकर परसाई और शरद जोशी की कतार में खड़ा कर दिया। इस सत्य पर गर्व किया जा सकता है कि मध्यप्रदेश के स्व. अम्बिकाप्रसाद दिव्य का झूठी पातर, रामेश्वर शुक्ल अंचल का–'अनुपूर्वा', आचार्य भगीरथ मिश्र, प्रमोद वर्मा, अशोक वाजपेयी, प्रेमशंकर रघुवंशी, श्रीकान्त जोशी, नारायणलाल परमार, भैयालाल व्यास, पं. श्रीनिवास शुक्ल, आचार्य भगवत दुबे, स्वामी लालदास, गोविन्द मिश्र, पत्रकार प्रभाष जोशी, डॉ. कान्तिकुमार जैन, पन्ना के रीतिकालीन कवि रूपसाहि और मुसलमान कवि हफीजुल्लाह खाँ के कृतित्व पर गहराई से प्रकाश डाला गया है।

रचना से रचना तक ग्रन्थ में स्व. अज्ञेय, हरिवंशराय बच्चन, उमाशंकर जोशी, आचार्य विद्यासागर जी महाराज की अमूल्य कृतियों की स्तरीय समीक्षाएँ की गयी हैं। यह कृति पढ़ने के बाद मुझे यह अनुभूति हुई कि किसी कृति की समीक्षा करने के समय समीक्षक की आत्मा में कोई ध्वनि आती है कि वह कृति के साथ न्याय करने को बाध्य हो जायेगा जिसे उसने पढ़ा है। अनेक पश्चिमी समीक्षकों ने समीक्षा शास्त्र पर अपने विचार दिये हैं। आचार्य सीताराम चतुर्वेदी ने तो समीक्षा शास्त्र ग्रन्थ का प्रणयन ही एक विशेष उद्देश्य से ही किया है। इस कृति में देश के विभिन्न राज्यों–बंगाल, मध्यप्रदेश, छत्तीसगढ़, बुन्देलखण्ड, गुजरात, उत्तर प्रदेश, बिहार, कर्नाटक और दिल्ली के साहित्यिक अवदान पर पैनी दृष्टि से प्रकाश डाला गया है। यह कृति उन पाठकों का सही मार्गदर्शन करती है जिनको पढ़ने के लिए ऐसा साहित्य नहीं मिलता जिनमें सर्जक की सृजात्मकता से जुड़ी आत्मा सर्जक से कई सवाल करती है। फिर डॉ. बरसैंया की भाषा-शैली और विषय प्रतिपादन का कौशल स्वयं मुखरता से अपना बयान देता है। वैसे भी किसी कृति की सही वकालत समीक्षकीय शैली में सहज-सरल नहीं है, जबकि जिन कृतियों को इसमें लिया गया है, उनमें अनेक अब इस लोक में नहीं हैं। साहित्य की विभिन्न विधाओं के साथ कितना न्याय रचनाकारों ने किया है उसका लेखा-जोखा बड़ी ही ईमानदारी से हुआ है। वैसे साहित्य की कोई भी विधा हो उसका उद्‌गम हृदय होता है और कुछ को प्रत्यक्षतया देखकर उसकी समीक्षा या आलोचना की जाती है।

विश्वास है पाठक और बुद्धिजीवी वर्ग 'रचना से रचना तक' को पढ़कर अपनी कोई-न-कोई राय का निर्धारण करेंगे। साथ ही अनेक राज्यों की साहित्यिक ऊर्जा से भी जुड़ने का मन बनायेंगे।

सम्पादक-संकल्परथ
108/1 शिवाजी नगर, भोपाल

डॉ. बरसैंया की समीक्षा दृष्टि

—आचार्य भगवत दुबे

समीक्षा के अपने कुछ नियम और दृष्टिकोण होते हैं। समीक्षक इन्हीं के आधार पर किसी कृति का मूल्यांकन करता है। हिन्दी समीक्षा और उसका इतिहास इस बात का साक्षी है कि हर युग, अपने साथ समीक्षा दृष्टि और नये मापदण्ड लाता है। यह पुराने और नये का वैचारिक संघर्ष है। रचना-प्रक्रिया में नवीन और पुरातन सामाजिक सम्बन्धों, जीवन-मूल्यों एवं विचारों के बीच द्वन्द्व होता है। परम्परा और समकालीनता के तनाव से आलोचना को रचनात्मक ऊर्जा मिलती है। नयी दृष्टि पुरानी मूल्य-दृष्टि की जाँच करती है उसमें संशोधन सुझाती है। इसे ही डॉ. देवी शंकर अवस्थी ने 'आलोचना का दूसरा दायित्व' कहा है। नये प्रतिमानों की स्थापना न केवल समकालीन कृतियों के आधार पर होती है अपितु अतीत की उपलब्धियों का भी उसमें समावेश रहता है। डॉ. नामवर सिंह ने पुराने प्रतिमानों को 'बद्धमूल्य संस्कार' की संज्ञा दी है। नयी समीक्षा दृष्टि ने आलोचना के सन्दर्भ में समझदारी के साथ-साथ ईमानदारी क ी माँग की है। समीक्षात्मक प्रतिमान स्वत: विकसित होते हैं उन्हें आरोपित नहीं कराना चाहिए। पिछले युग की समीक्षा दृष्टि के पीछे एक विशाल संस्कृत साहित्य शास्त्र था और रीतिकालीन मानक भी थे, अत: तत्कालीन समीक्षकों ने उन्हें ही ग्रहण अथवा विकसित किया था। पुराने सिद्धान्तों में भी जो युगानुरूप अनुकूल एवं युगानुरूप लचीले होते हैं वे स्वीकार कर लिये जाते हैं। हिन्दी समीक्षा में रस सिद्धान्त, ध्वनि, और वक्रोक्ति की पुनर्व्याख्या की जरूरत इसलिए थी कि उनमें कुछ लचीलापन था। दृष्टि, बोध और रुचि, काल-सापेक्ष होकर भी परिवर्तनशील हैं। इनके बदलने से सृजन का स्वरूप बदलता है और काव्य के प्रतिमान भी बदलते हैं। डॉ. नन्द दुलारे वाजपेयी आचार्य रामचन्द्र शुक्ल की परम्परा के विद्वान थे। आपने छायावादी काव्य की रस-विस्तार एवं समाजवादी मूल्यों के आधार पर पड़ताल की है।

डॉ. हजारी प्रसाद द्विवेदी ने कविता को उसके व्यापक सांस्कृतिक परिप्रेक्ष्य में देखा और परखा है।

डॉ. नागेन्द्र ने कविता में रसानुभूति को अधिक महत्त्व दिया है।

मार्क्सवादी आलोचना, वर्ग-संघर्ष के ऐतिहासिक और प्रासंगिक परिप्रेक्ष्य में

मानव-जाति के कलात्मक विकास की व्याख्या प्रस्तुत करती है किन्तु श्री रांगेय राघव ने वर्ग-संघर्ष के माध्यम से साहित्य एवं मनुष्य को यान्त्रिक बनाने वाले इस दृष्टिकोण को रूढ़िवादी कहा है। डॉ. रामविलास शर्मा का मानना है कि परम्परा का मूल्यांकन कठिन होता है वह एक साफ-सुथरी पूर्वाग्रहहीन अन्तर्दृष्टि की अपेक्षा रखता है।

डॉ. गंगा प्रसाद गुप्त बरसैंया कवि, लेखक शिक्षाशास्त्री एवं शोध निदेशक भी हैं उन्होंने अनेक नाटक भी लिखे हैं। आपका अध्ययन एवं अनुभव-संसार बहुत व्यापक है। अतः आपकी समीक्षाओं में नये और पुराने मूल्य-बोध का सामंजस्य पाया जाता है। आप एक सुलझे हुए रचनाकार एवं समीक्षक हैं। आपकी रचना धर्मिता में साहित्यिक समझदारी एवं चिन्तन में संवेदनशील परख, आधुनिक दृष्टि एवं बौद्धिक प्रखरता है।

आलोचना के सैद्धान्तिक और व्यावहारिक दोनों ही क्षेत्रों में डॉ. बरसैंया जी की गहरी पैठ है। आपने शताधिक पुस्तकों की स्तरीय समीक्षा लिखी है। 'रचना से रचना तक' में डॉ. गंगा प्रसाद गुप्त बरसैंया जी द्वारा लिखित विभिन्न विधाओं की सैंतीस पुस्तकों की समीक्षायें संग्रहित हैं। इन समीक्षात्मक आलेखों से जहाँ एक ओर बरसैंया जी के रचनात्मक वैदुष्य का परिचय हमें मिलता है वहीं दूसरी ओर हिन्दी की प्रतिनिधि कृतियों एवं कृतिकारों के विवेचन, विश्लेषण, मूल्यांकन का निष्कर्ष भी हमें प्राप्त होता है।

संग्रह में संकलित कुछ आलेख समय-समय पर विभिन्न पत्र-पत्रिकाओं में प्रकाशित हो चुके हैं तथा कुछ अप्रकाशित भी हैं। इन आलेखों का कोई सुनियोजित क्रम नहीं है।

इस पुस्तक का प्रथम समीक्षात्मक आलेख श्री ताराशंकर बन्दोपाध्याय की कृति 'गणदेवता' पर है। इस कृति को चण्डीमण्डप एवं पंचग्राम कृतियों से प्रभावित माना गया है। इस कृति में पुरानी पूँजीपति एवं जमींदारी सभ्यता व्यवस्था को तोड़कर नयी औद्योगिक सभ्यता की स्थापना एवं वैयक्तिक स्वातन्त्र्य का स्वर मुखरित हुआ है जो प्रेमचन्द की सोच से काफी करीब है। उपन्यास के प्रमुख पात्र 'देबू घोष' को सुदृढ़ संकल्पवाला सक्रिय पात्र गढ़ने में समीक्षक ने उपन्यासकार को सफल निरूपित किया है। स्वातन्त्र्य संग्राम के समय जो लहर चल रही थी उसका सही चित्रांकन देबू घोष के माध्यम से हुआ है। श्री भगवती चरण वर्मा के उपन्यास में भूले-बिसरे चित्र का महत्त्वपूर्ण स्थान है, इस कृति को भी विद्वान समीक्षक ने प्रेमचन्द की परम्परा का निर्वाह बताया है। अनेक पात्रों के अचानक निधन से कथा-विकास की सम्भावनाओं के पटाक्षेप को समीक्षक ने उपन्यास का कमजोर पक्ष निरूपित किया है।

ऐतिहासिक उपन्यास लेखकों में वृन्दावन लाल वर्मा का स्थान शीर्ष पर सुशोभित है। डॉ. गुप्त ने वर्मा जी को बुन्देलखण्ड की धरती एवं बुन्देली संस्कृति का विशेषज्ञ निरूपित किया है। सम्पूर्ण कथानक में जहाँ उथल-पुथल और अस्त-व्यस्तता है वहीं मार्मिकता और वेदनात्मक अनुभूति से यह उपन्यास विशिष्टता मण्डित है।

डॉ. हजारी प्रसाद द्विवेदी के वृहद एवं चर्चित उपन्यास 'पुनर्नवा' का समीक्षक ने अपनी समीक्षा में संक्षिप्तीकरण किया है। जिसकी आवश्यकता ही नहीं थी किन्तु समीक्षक ने उपन्यास पर अनेक प्रश्नचिह्न लगा दिये हैं। गुप्त जी के अनुसार उपन्यासकार डॉ. द्विवेदी ने अनेक पात्रों के माध्यम से कथानक का विस्तार इतना अधिक कर दिया कि वह स्वयं उस बिखराव को समेटने में अक्षम प्रतीत होता है। उपन्यास के अनेक पात्र परिस्थितियों का सामना नहीं करते अपितु पलायन करते दिखाई देते हैं। समीक्षक ने कृति की भाषा को पाण्डित्य प्रदर्शन से मुक्त नहीं माना है।

व्यंग्यकार श्री लाल शुक्ल का उपन्यास राग-दरबारी अधुनातन उपन्यास साहित्य में यथार्थ के धरातल पर एक चर्चित कृति है जिसमें प्रजातान्त्रिक व्यवस्था के अन्तर्गत साधन सुलभ ग्राम्य शिवपाल गंज के माध्यम से भारत के हर पिछड़े ग्रामों का परिदृश्य व्यंग्यात्मक शैली में प्रस्तुत किया गया है। इसमें कोई एक बँधी कथा नहीं है। विभिन्न झलकियों के माध्यम से समाज में व्याप्त चालाकी, धूर्तता एवं आडम्बरों का बड़ी रोचक शैली में उद्घाटन किया गया है। राग-दरबारी और 'साँड़' आठवें दशक की कृतियाँ हैं जिनमें स्वतन्त्र भारत के आन्तरिक सत्य का युगबोध बड़ी सहजता से होता है। अन्य उपन्यास ऐतिहासिक, आंचलित एवं सांस्कृतिक पृष्ठभूमि पर केन्द्रित हैं।

'निशीथ' गुजराती के प्रतिष्ठित कवि श्री उमाशंकर जोशी के आत्मविस्तार की अभिव्यक्ति है जो काव्य-परम्पराओं को आत्मसात किये हुए है, जो युगीन स्वरों को भविष्य का मन्त्र रचने के लिए संकल्प सन्नद्ध प्रतीत होती है।

हरिवंश राय बच्चन और रामेश्वर शुक्ल अंचल छायावादोत्तर युग के सशक्त हस्ताक्षर हैं जो समकालीन होकर भी अपने-अपने शिल्प में एक-दूसरे से भिन्न हैं। अज्ञेय नयी कविता के अधिष्ठाता माने जाते हैं। तार सप्तक के बाद आपने अपनी कृतियों में युगबोध के नये आयाम दिये हैं। प्रमोद वर्मा प्रगतिशील विचारधारा के विचारक हैं। अशोक वाजपेयी को गुप्त जी ने उनके विशिष्ट शिल्प के लिए रेखांकित किया है।

'पकी फसल के बीच' नामक कृति में ही प्रेमशंकर रघुवंशी की कविताओं को गुप्त जी ने निजता से उपजी कविताएँ कहा है। श्री रघुवंशी की कविताएँ गाँव की माटी की महक से सुवासित हैं उनमें आकाश कुसुम नहीं है। 'शब्द से आगे'

काव्य-संग्रह में श्रीकान्त जोशी ने शब्द को संवेदना के धरातल पर अनेक कोणों से परिभाषित किया। जोशी जी की कविताओं को गुप्त जी ने एक ईमानदार कवि की भावनाओं का सच्चा दस्तावेज निरूपित किया है।

श्री भैया लाल व्यास की कृति रसवृन्दावन की मीमांसा करते हुए समीक्षक ने कृष्ण गाथा की आधार शक्ति राधा को नवीन दृष्टि से देखने-परखने एवं पौराणिक चरित्र को युगानुरूप प्रस्तुत करने के दुष्कर कार्य की सराहना की है।

'स्कन्दगुप्त' को आधार बनाकर गुप्त जी ने प्रसाद जी की नाट्य-शैली को पूर्व-पश्चिम की नाट्य विशिष्टताओं का समावेश माना है।

मोहन राकेश नये युग के प्रगतिशील बौद्धिक रचनाकार हैं आपके नाटक 'लहरों के राजहंस' को समीक्षक ने भोक्ता मनुष्य की जीवन-स्थितियों के साथ जोड़ते हुए नाट्य कला की नवीनता की प्रशंसा की है।

'रचना से रचना तक' ग्रन्थ में तीन महाकाव्यों पर भी विद्वान समीक्षक ने उत्कृष्ट आलेख लिखे हैं। आचार्य विद्यासागर की कृति 'मूक माटी' में जीवन की दार्शनिक व्याख्या की गयी है। आचार्य भगवत दुबे द्वारा विरचित महाकाव्य 'दधीचि' की चर्चा करते हुए काव्य मर्मज्ञ समीक्षक डॉ. बरसैंया ने इस कृति को कवि के कीर्ति स्तम्भ के रूप में निरूपित करते हुए उत्कृष्ट कोटि का काव्य माना है जिसमें महाकाव्य के प्रणेता ने पौराणिक कथा को समकालीन सन्दर्भों में प्रस्तुत किया है।

चर्चित कवि श्री रामशंकर मिश्र के महाकाव्य द्रोपदी को गुप्त जी ने 'अपमानी व्यथा की स्वाभिमानी गाथा' के रूप में रेखांकित किया है, इसमें मूल कथा में बिना परिवर्तन किये भी मिश्र जी ने द्रोपदी को नयी आभा से विमण्डित किया है। आसाधारण काव्य-प्रतिभा के धनी महाकाव्य के रचयिताओं को डॉ. गुप्त ने महाकवि कहा है।

समीक्ष्य ग्रन्थ 'रचना से रचना तक' में गुप्त जी ने 21वीं शताब्दी के प्रारम्भ में प्रकाशित कृतियों 'हिन्दू होने का धर्म' (प्रभाष जोशी) एवं श्री कान्ति कुमार जैन की पुस्तक 'इक्कीसवीं शताब्दी की हिन्दी' का समालोचनात्मक विश्लेषण किया है। श्री प्रभाष जोशी की कृति 'हिन्दू होने का धर्म' की चर्चा करते हुए गुप्त जी ने 'नाम बड़े अरु दर्शन छोटे' कहा है तथा अन्त में स्पष्ट शब्दों में 'सार कम शोर अधिक' कहकर अपनी साहसिक अभिव्यक्ति दी है। बरसैंया जी ने समीक्षा को व्यक्तिनिष्ठता एवं पूर्वग्रह से मुक्त रखा है एवं साफ-सुथरी वस्तुनिष्ठ, बोधगम्य, लोकोपयोगी एवं कल्याणकारी समीक्षा-पद्धति की प्रतिष्ठा की है।

विद्वान समीक्षक डॉ. बरसैंया एक सुलझे हुए समर्थ समालोचक हैं आपकी इस कृति से समीक्षा की सम्भावनाओं और प्रासंगिकता पर उठने वाले प्रश्नों के उत्तर भी मिल सकते हैं। आपकी भाषा, स्पष्ट, प्रवाहमान तथा परिपक्व है इसमें कहीं भी

अनावश्यक विस्तार का वाग्जाल नहीं है।

आपके आलेखों में विषय के गूढ़ाशय, प्रतिपादन की नवीनता तथा विवेचनात्मक दक्षता के दर्शन होते हैं, मैं कृतिकार के समालोचनात्मक दृष्टिकोण का सादर सम्मान करते हुए हार्दिक बधाई देता हूँ।

आचार्य भगवत दुबे
2672 'विमल स्मृति'
पिसनहारी–मढ़िया के पास,
जबलपुर 482003 (म. प्र.)

आलोचना का रचनात्मक हस्तक्षेप

—डॉ. सन्तोष कुमार तिवारी

रचना के साथ भीतरी यात्रा करने की सामर्थ्य जिस समीक्षक में नहीं होती वह न तो रचना का स्वस्थ विश्लेषण दे सकता है और न कथा-सूत्रों के महीन तानों-बानों का उदघाटन कर सकता है। समीक्षक का दायित्व परिवेश और रचना के माध्यम से उभरे जीवन-बोध से होता है। यदि रचनाकार का दायित्व सामाजिक सरोकार की गहरी पकड़ के साथ मानव जीवन को उभारता है तो जीवन-मूल्यों की तलाश और परिवर्तन के जीवन्त तत्त्वों को समझना समीक्षक का भी दायित्व होता है। दरअसल, आलोचना एक रचनात्मक हस्तक्षेप है जो सामाजिक अभिप्रायों को परखती है और रचना को फूहड़ता, बयानबाजी और प्रचारात्मकता के सरलीकरण से बचाती है। रचना और आलोचना की सहकारिता इस बात में निहित होती है कि आलोचना सदैव रचनाकार के अनुभवों की साझेदार बनकर वस्तु-जगत के यथार्थ और युगीन हलचलों को सूक्ष्मता से पकड़े और रचनाकार के अन्तर्विरोधों की तलाश करे। अभिप्राय यह है कि रचनाकार में आलोचक की बौद्धिक सजगता चाहिए जिससे वह खुली आँखों से देखने की सतर्कता का निर्वाह कर सके और आलोचक में निस्संग बौद्धिकता के साथ कृतिकार की तरह संवेदनशीलता चाहिए। जब इन दोनों तथ्यों का उचित सामंजस्य होता है तब आलोचना भी सृजनधर्मी हो जाती है और समीक्षा भी रचना का आनन्द देने लगती है। यही कारण है कि डॉ. गंगाप्रसाद गुप्त 'बरसैंया' ने इस समीक्षा पुस्तक का नाम रखा है— 'रचना से रचना तक'। दरअसल, डॉ. गुप्त की ये समीक्षाएँ हमें रचना का आनन्द भी देती हैं। अपने मूल रूप में ये समीक्षाएँ रचनाकार की आस्था लेकर सृजन और समीक्षा के अतिशय सामीप्य की घोषणा करती हैं। इनमें आस्वाद का धरातल है, समीक्षक का पक्षपात-हीन, पूर्वाग्रह रहित, सकारवादी जीवन-दृष्टि का प्रतिफलन है।

डॉ. गंगाप्रसाद गुप्त 'बरसैंया' ने 'रचना से रचना तक' समीक्षा कृति में केवल स्तुतिपरक खेमेबाज़ी या बाड़ेबन्दी के आधार पर अपनी राय ज़ाहिर नहीं की, अपितु दो टूक और बेलाग टिप्पणियों के साथ अपनी निर्मम अन्दाज़ेबयाँ रख दी है। उनका विरोधी स्वर भी कुछ इस अक्खड़ता के साथ है कि न ऊधो का लेना न माधो न देना।

इस समीक्षा कृति में उपन्यासों के साथ कविता-संग्रह भी है। कतिपय नयी-पुरानी कृतियों पर संक्षिप्त और सारगर्भित समीक्षाएँ यों तो किसी एक तारतम्य में नहीं हैं और न लेखक का यह दावा है कि ये पुस्तकें ही साहित्य की प्रतिनिधि रचनाएँ हैं, किन्तु यह भी सच है कि साहित्य की युग-सापेक्ष दृष्टि और परिवर्तन-कामी जीवन-यथार्थ की पकड़ राष्ट्रीय स्पन्दनों को भी आत्मसात करती है। समीक्षक ने यह भी परखने की चेष्टा की है कि आलोच्य कृति अपने परिवेश और समय से मुठभेड़ करने का माद्दा रखती है या नहीं?

उपन्यासों में 'गणदेवता', भूले बिसरे चित्र, रागदरबारी, विराटा की पद्मिनी, पुनर्नवा आदि प्रमुख हैं। 'भूले बिसरे चित्र' में चार पीढ़ियों के द्वारा भारतीय जीवन के पचास वर्षों के परिवर्तित स्वरूप और बदलते नये विचारों-मूल्यों का दिग्दर्शन कराया गया है। इस उपन्यास के आधार पर भगवती चरण वर्मा के विषय में डॉ. गंगाप्रसाद गुप्त की स्पष्ट राय है 'प्रगतिशीलता के नाम पर कुरूप और कुत्सित चित्रण, आदर्श के नाम पर कोरी काल्पनिकता से वे दूर हैं। भारतीय जनमानस की गहरी दृष्टि से देखने-समझने वाले कलाकार की तरह वे उनके अन्तर्बाह्य तथ्यों की बखूबी परीक्षा करके अत्यन्त आत्मीय और प्रत्यक्ष ढंग से प्रस्तुत कर पाने में कुशल हैं। प्रेमचन्द ने कहा था कि मानव-चरित्र पर प्रकाश डालना और उसके रहस्यों को खोलना ही उपन्यास का मूल तत्त्व है। वर्मा जी ने प्रेमचन्द के इसी सिद्धान्त का निर्वाह किया है।' किस रचनाकार को किस परम्परा में और क्यों देखा जाये, इस नज़रिये से वही समीक्षक लिख सकता है जिसके अध्ययन का पाट बहुत चौड़ा हो और जो किसी विधा को उसकी विकास यात्रा में देखने का हिमायती हो। ऐसी दृष्टि डॉ. गुप्त को बखूबी मिली है।

इसी तरह भट्ट जी के उपन्यास 'सागर, लहरें और मनुष्य' को एक नयी उपलब्धि मानते हुए समीक्षक ने आंचलिकता के सवाल पर दो टूक राय दी है। उपन्यास के उत्तरार्द्ध को पढ़ते समय हम ऐसा अनुभव करते हैं कि जैसे फिल्मी जीवन पर उपन्यास पढ़ रहे हों—इससे आंचलिक तत्त्व निःशेष हो गया। इसमें प्रकृति का काव्यमय चित्रण भी उतना नहीं है जितना रेणु के उपन्यासों में। वस्तुतः सागर, लहरें और मनुष्य में कुछ तत्त्व तो आंचलिक हैं पर कथानक का फैलाव बम्बई के फिल्मी-जगत का चित्रण, काव्यात्मक प्रकृति-चित्रण का अभाव आदि उसकी आंचलिकता को आघात पहुँचाते हैं। अन्त में सभी पात्र बरसोवा छोड़कर बम्बई में ही एकत्र होते हैं। समीक्षक ने सभी आलोच्य उपन्यासों की कथा-वस्तु के साथ उसके रचना-कौशल और पात्रों की बारीक चारित्रिक रेखाओं को भी उभारा है। फलस्वरूप जिन्होंने उपन्यास न पढ़ा हो, वे भी उसका आस्वादन करते हुए समीक्षक के मत और निष्कर्षों में अपनी सहमति तार्किकता के आधार पर व्यक्त करने को अप्रत्यक्षतः सहमत हो

जाते हैं। यह समीक्षक के वैशिष्ट्य का परिचायक है।

डॉ. गंगाप्रसाद गुप्त को आंचलिकता और खासकर बुन्देली सन्दर्भों का व्यापक अनुभव और अध्ययन है। 'विराटा की पद्‌मिनी' में उन्होंने वृन्दावन लाल वर्मा की इतिहास-दृष्टि, काल्पनिकता और रोमाण्टिक भावभूमि को बखूबी उभारा है। साथ ही प्रसंगों के निरर्थक विस्तार, पात्रों और घटनाओं के आधिक्य, संयोगों के संयोजन और पारम्परिक विश्वासों के प्रति आग्रह जैसी बातों पर लेखकीय कमजोरी को भी उजागर किया है।

इसी तरह आचार्य हजारी प्रसाद द्विवेदी के 'पुनर्नवा' उपन्यास पर समग्र दृष्टि डालते हुए अपने निर्मम निष्कर्षों में समीक्षक ने यह तथ्य रेखांकित किया है कि 'भाषा की दृष्टि से भी उपन्यास पण्डिताई से मुक्ति नहीं पा सका...।' 'बाणभट्ट की आत्मकथा' से शिल्प-शैली में आगे नहीं जा सका।' समीक्षक डॉ. गुप्त की एक विशेषता यह है कि वे किसी बड़े नाम के साहित्यकार की प्रतिष्ठा और ख्याति से अभिभूत या आतंकित नहीं होते। वे रचना के भीतर से लेखकीय दृष्टि और सामाजिक उपादेयता को परखते हैं। इसी वजह से समीक्षक ने यह बेलाग टिप्पणी दी है– 'कहने का आशय यह कि व्यक्ति-पुरुषार्थों से हमें इसमें किसी समस्या का समाधान नहीं मिलता। स्थितियाँ और दिव्य संकेत ही पात्रों को ढकेलकर आगे ले जाते हैं। यह एक चिन्तनीय तथ्य है।' हमारी राय में उपन्यासों की समीक्षाएँ ऐतिहासिक, सांस्कृतिक, सामाजिक, राजनीतिक और आंचलिक धरातल पर केन्द्रित होकर स्वतन्त्रता के पूर्व और पश्चात् की सारी हलचलों का यथार्थ चित्रण पेश करती हैं तथा विभिन्न पात्रों की चारित्रिक रेखाओं का उद्‌घाटन इस तथ्य-सत्य में बहुत सार्थक सिद्ध हुआ है।

यदि हम कविता-संग्रहों पर ध्यान दें तो डॉ. गुप्त ने अज्ञेय, प्रमोद वर्मा, अशोक वाजपेयी, श्रीकान्त जोशी, आलोक धन्वा आदि की समीक्षाएँ कुछ इस अन्दाज़ से की हैं कि रचनाकारों के कवि व्यक्तित्व के ताने-बाने और कविताओं के धरातल समग्र रचनात्मक अवदान के सूत्रों को उजागर करने में समर्थ हैं। 'क्योंकि मैं जानता हूँ' कविता-संग्रह के आधार पर समीक्षक ने अज्ञेय की काव्यात्मक प्रतिभा और कलात्मक शक्ति के उतार की घोषणा की है। 'एक पतंग अनन्त में' संग्रह के आधार पर अशोक वाजपेयी के बारे में ये पंक्तियाँ कवि की समग्र रचना-धर्मिता को पहचान देती हैं– इससे यह स्पष्ट होता है कि बाहरी दुनिया की उलझनों-तनावों से जूझने-निपटने वाला व्यक्तित्व जीवन की संवेदनाओं को शब्दाकार देते समय नितान्त आन्तरिक और आत्मीय जगत से जुड़ता है। जहाँ वह होता है, उससे जुड़ी माँ, दिदिया जैसे आत्मीयजन होते हैं और होता है वह सारा वातावरण, समाज और राष्ट्र का विसंगतियों भरा दुःख-दर्द जिसे वह बाहरी दुनिया के बीच रहते हुए भी

संवेदना के कारण भुला नहीं पाता।' इसी तरह 'दुनिया रोज बनती है' के आधार पर आलोक धन्वा के बारे में समीक्षक की स्पष्टवादिता एक बहुत बड़ी हक़ीक़त की ओर संकेत करती है– 'अमूर्तता के आग्रह ने जहाँ आज की कविता को सूक्ष्मता दी है, वहीं उसे असहज, असम्प्रेषणीय, अग्राह्य और अबूझ भी बनाया है। विशिष्टता के इस दुर्गुण ने कविता और व्यक्ति के बीच दूरी और अरुचि भी उत्पन्न की है, इसे हमें स्वीकार करना ही होगा। ...आलोक धन्वा की रचनाएँ भी इस दोष से पूरी तरह मुक्त नहीं कही जा सकतीं।'

जाहिर है इस तरह की अचूक टिप्पणियाँ वही समीक्षक कर सकता है जिसने ऐतिहासिक तारतम्य में नयी-कविता और समकालीन के आधार-सूत्रों को बारीकी से पकड़ा हो। डॉ. गुप्त की विश्लेषण क्षमता कविता की विकास-यात्रा के सभी पड़ावों को हृदयंगम करती हुई अपनी निष्पक्ष दो-टूक राय देती है।

समीक्षक ने आचार्य विद्यासागर की 'मूकमाटी' को 'उत्तम मंगलकारी चेतनामय प्रकाश से सद्भावना की ओर प्रेरित करने वाली नवीन भावभूमि' कहा है। 'दधीचि' महाकाव्य के बारे में लिखते हुए समीक्षक ने आचार्य भगवत दुबे की शब्द मर्मज्ञता और व्यापक शब्दकोश की चर्चा की है।

प्रस्तुत समीक्षा ग्रन्थ में तुलसी से लेकर आलोक धन्वा तक की रचनाओं का समाहार एक विस्तृत आधार फलक को व्यक्त करता है। इसमें 'ब्रजभूमि' संग्रह के आधार पर डॉ. भगीरथ मिश्र के भावुक कवि हृदय उद्‌गारों से लेकर पन्त के वैचारिक व्यक्तित्व की चर्चा है, तीन नाट्य कृतियाँ हैं और डॉ. कान्तिकुमार की 'इक्कीसवीं सदी की हिन्दी' पुस्तक का लेखा-जोखा भी है जिसमें भू-मण्डलीकरण की प्रवृत्ति, अँग्रेजी प्रभाव और लोकतन्त्रों के दबावों के परिप्रेक्ष्य में हिन्दी भाषा के परिवर्तनों पर एक दृष्टि है। आलोच्य ग्रन्थ के बारे में यह बात सहज ही कही जा सकती है कि ये संक्षिप्त और सारगर्भित समीक्षाएँ अपने सम्पूर्ण वैविध्य में सहृदय पाठकों, शोधार्थियों और जिज्ञासुओं की समझ में बहुत कुछ जोड़ती हैं जो आज के युग की माँग है। डॉ. गुप्त की समीक्षा दृष्टि में आचार्य रामचन्द्र शुक्ल की लोकमंगलकारी भावना, आचार्य हजारी प्रसाद द्विवेदी का मानवतावादी नज़रिया और आचार्य नन्द दुलारे वाजपेयी की सांस्कृतिक चेतना का समानुपातिक सामंजस्य हुआ है। समीक्षा की सही रचनात्मक पहल नकारवादी और धूमिल दृष्टि नहीं अपनाती, वह तटस्थता के साथ सकारवादी नज़रिया अपनाती है। उनकी समीक्षा-पद्धति हिन्दी-जगत में इसीलिए स्वीकार्य है।

एल. आई. जी.–6,
पद्‌माकर नगर, सागर
पिन– 470004 (म. प्र.)

रचना अनुशीलन

सहृदय तथा तटस्थ समीक्षक का प्रमाण

—कमल किशोर गोयनका

डॉ. कमल किशोर गोयनका M.O./9810052469
A/98, अशोक विहार 26/3
फेज प्रथम, दिल्ली–110052

मान्य श्री गुप्त जी,

चित्रकूट में आपने कृपा करके 'रचना अनुशीलन' पुस्तक दी थी। मैं इसके लिए अनुग्रहीत हूँ।

'रचना अनुशीलन' समीक्षा का ग्रन्थ है। इसमें 46 पुस्तक–समीक्षाएँ हैं। इनमें प्राय: सभी प्रकार की विधाओं की पुस्तकें हैं। इतनी पुस्तक समीक्षा वाली पुस्तक इसके पूर्व हिन्दी में मैंने नहीं देखी। यह समीक्षक के सहृदय तथा तटस्थ होने का प्रमाण है कि वाद, क्षेत्र, जाति के किसी पूर्वाग्रह के बिना वह पुस्तकों की समीक्ष करता है और अपने मन पर पड़ी प्रतिक्रियाओं को शब्द–बद्ध करता है। यह कृति

इसलिए भी महत्त्वपूर्ण है कि इसमें छोटे कस्बों-शहरों के लेखकों की कृतियों को भी पूरे सम्मान के साथ देखा-परखा गया है। महानगर में तो लेखक बिकते हैं। सभी गुटबन्दी में फँसे हैं और केवल अपने हित में मग्न हैं। यह समीक्षा की अराजकता है। 'रचना अनुशीलन' इस अराजकता को तोड़ती है और समीक्षा का एक समदर्शी परिवेश निर्मित करती है। ऐसे सहृदय समीक्षकों का सर्वत्र स्वागत होना चाहिए और लेखकों को भी समझना चाहिए कि प्रायोजित समीक्षाओं से यश प्राप्त नहीं होता।

आपका विनीत

कमल किशोर गोयनका

कृतियों के अन्तर्जगत की सटीक पहचान

—आचार्य भगवत दुबे

डॉ. गंगाप्रसाद बरसैंया हिन्दी के मूर्धन्य रचनाकार एवं चर्चित समीक्षक हैं। आपने साहित्य की विविध विधाओं में लेखन किया है। स्नातकोत्तर हिन्दी विभाग के अध्यक्ष एवं महाविद्यालयीन प्राचार्य रहते दर्जनों शोध छात्र-छात्राओं का शोध-निर्देशन किया है। आज भी निरन्तर अध्ययन, चिन्तन एवं लेखन में सक्रिय हैं। आप अच्छे लेखक के साथ कुशल प्रशासक एवं पटु वक्ता भी हैं। डॉ. बरसैंया उच्चकोटि के निबन्धकार, व्यंगकार, समीक्षक, कवि, शोधकर्ता, शोध-निदेशक तथा सम्पादन कला में निष्णात हैं।

'हिन्दी साहित्य में निबन्ध और निबन्धकार' तथा 'बुन्देलखण्ड' के अज्ञात रचनाकार' आपके शोध ग्रन्थ हैं। इन ग्रन्थों में आपकी तथ्य निरूपण कला एवं अन्वेषक जिज्ञासु प्रवृत्ति का परिचय मिलता है। आपने अनेक पाण्डुलिपियों की खोजकर उन्हें पुस्तकाकार प्रदान कर विनष्ट होने से बचाया है। साथ ही बुन्देलखण्ड के अनेक अज्ञात कवियों की रचनाओं को एकत्र कर उन्हें साहित्यिक पहचान दिलाने का स्तुत्य कार्य किया है। रस विलास, वीर विलास और सुदामा चरित जैसी अज्ञात कवियों की पाण्डुलिपियों का सम्पादन एवं प्रकाशन महत्त्वपूर्ण साहित्यिक प्रदेय हैं। आपकी अढ़ाई दर्जन के लगभग पुस्तकें प्रकाशित हो चुकी हैं। 'चिन्तन-अनुचिन्तन', 'रचना से रचना तक' एवं सधः प्रकाशित समीक्ष्य कृति 'रचना-अनुशीलन', समीक्षाओं एवं आलोचनाओं का ऐसा संकलन है जिसमें आपके द्वारा की गयी पुरानी तथा आज के रचनाकारों की पुस्तकों की समीक्षायें सम्मिलित हैं। देश की प्रमुख पत्र-पत्रिकाओं में आपकी समीक्षाएँ प्रकाशित होती रहती हैं।

समीक्ष्य कृति 'रचना-अनुशीलन' में संग्रहीत समीक्षाएँ डॉ. बरसैंया की सहज प्रतिक्रिया का परिणाम हैं। अपने आत्मकथ्य में आपने स्वयं लिखा है कि "किसी विशेष सिद्धान्त, आग्रह या शास्त्र की कसौटी पर रखकर मैंने इन्हें नहीं देखा-परखा। पढ़ने के बाद मन में जो प्रतिक्रिया हुई उसके आधार पर कृतियों का गुण-दोषपरक आकलन-अनुशीलन किया गया है।" आज साहित्य-जगत में भी खेमेबाजी अपनी पैठ बना चुकी है। समीक्षक चीन्ह-चीन्हकर रेवड़ियाँ बाँट रहे हैं। बड़े

नामवर समालोचक अपनी विचारधारा के लल्लू-पंजू को भी रातोंरात साहित्य का शिरोमणि बना देते हैं, वहीं अन्य रचनाकार की श्रेष्ठ कृति को आँख उठाकर भी नहीं देखते। ऐसे स्वनामधन्य जौहरी पीतल को सोना बनाकर ऊँचे दाम दिलवाते रहते हैं और खरे सोने का अवमूल्यन कराने से भी नहीं चूकते, किन्तु डॉ. बरसैंया ने अपने सारस्वत धर्म के साथ कभी बेईमानी नहीं की। आप एक ईमानदार एवं तटस्थ समालोचक हैं। आप रचनाकार के सम्पूर्ण कृतित्व की बारीकी से पड़ताल कर किसी कृति का नीर-क्षीर विवेक के साथ मूल्यांकन करते हैं। प्रस्तुत कृति 'रचना अनुशीलन' में अनेक विधाओं की 46 पुस्तकों की समीक्षाएँ सम्मिलित हैं जिनमें कविता, गीत, नवगीत, ग़ज़ल, खण्डकाव्य, महाकाव्य, कहानी, उपन्यास, व्यंग, निबन्ध एवं समीक्षा आदि से सम्बन्धित ग्रन्थ हैं।

भारतीय संस्कृति के आदर्श श्री राम एवं नारी जाति की गौरव देवी सीता पर केन्द्रित अनेक रचनाकारों ने अपने प्रबन्धकाव्य लिखे हैं। समीक्षक डॉ. गंगाप्रसाद गुप्त 'बरसैंया' ने भैयालाल व्यास के 'सीता सत्यम' को चित्रण वैशिष्ट्य के कारण पारम्परिक होते हुए भी स्पृहणीय बताया है। 'सीता सत्यम' को आपने व्यास जी की आस्थामयी समर्पित भावभूमि की रचना निरूपित किया है। रामशंकर मिश्र की 9 सर्गों में निबन्ध प्रबन्ध कृति 'विप्रवीर परशुराम' को आपने आम जनता के समझने योग्य बताते हुए भारत में व्याप्त वर्तमान विषाक्त वातावरण में आध्यात्मिक एवं मानवता की दृष्टि से उपयोगी माना है। अठारह सर्गों में प्रणीत डॉ. रामविशाल चंसौरिया की काव्यकृति 'कर्णजयी' की समीक्षा करते हुए डॉ. बरसैंया ने रामायण और महाभारत के अनेक चरित्रों की चर्चा करते हुए कर्ण के चरित्र-चित्रण की मौलिकता एवं कवि के काव्य-कौशल की प्रशंसा की है। चित्रकूट के शंकराचार्य स्वामी रामभद्राचार्य विरचित 'अरुन्धती' महाकाव्य के अनेक काव्यांशों को उद्धृत करते हुए सती अनुसूइया को शान्ति, भक्ति, सात्त्विकता की मूर्ति बताते हुए गृहस्थाश्रम के दायित्व-बोध के लिए महत्त्वपूर्ण एवं मंगल प्रयास का प्रतिफल कहा है। मासिक पत्रिका 'संकल्परथ' के सम्पादक जाने-माने गीतकार रामअधीर के गीत-संग्रह 'वह नदी बीमार है' में गीत विधा के बदलाव को रेखांकित करते हुए कवि को कबीर जैसा अक्खड़ बताया है। समीक्षा कृति 'रचना-अनुशीलन' में डॉ. बरसैंया ने रामेश्वर शुक्ल 'अंचल', जवाहरलाल 'तरुण', डॉ. श्यामसुन्दर दुबे, नारायण लाल परमार, आचार्य भगवत दुबे, प्रेमशंकर रघुवंशी, डॉ. सन्तोष कुमार तिवारी, डॉ. विष्णुकान्त शास्त्री, नर्मदा प्रसाद उपाध्याय एवं महामति प्राणनाथ जैसे अनेक मूर्धन्य रचनाकारों की कृतियों का समीक्षात्मक विवेचन करते हुए उनके वैशिष्ट्य को उजागर किया है जो उन कृतियों को समझने में पूरी तरह सहायक है।

डॉ. बरसैंया अपनी राय बिना किसी लाग-लपेट के प्रस्तुत करते हैं। अगर कहीं कोई विसंगति है तो उसे अंकित करने में कोई संकोच नहीं करते। सच्चे समीक्षक

की यही पहचान है। मैत्रेयी पुष्पा के उपन्यास 'कही ईसुरी फाग' में आयी विसंगतियों पर उन्होंने अनेक प्रश्न उठाते हुए अपनी असहमति व्यक्त की है। लगता है जैसे कृति पढ़कर समीक्षक के अन्दर छिपा हुआ बुन्देली का जानकार तिलमिला उठा है। अपनी शंकाओं के समाधान के लिए डॉ. बरसैंया ने आठ बिन्दुओं वाला एक पत्र मैत्रेयी पुष्पा को लिखा था। उत्तर न मिलने पर उस पत्र को भी उन्होंने अपनी समीक्षा में शामिल किया है। डॉ. सन्तोष कुमार तिवारी की दो समीक्षा कृतियों का परीक्षण करते हुए उनके 'अज्ञेय से अरुण कमल तक' समीक्षा ग्रन्थ का उल्लेख करते हुए उन्हें शीर्ष समीक्षकों की पंक्ति में प्रतिष्ठित करते हैं।

बुन्देली क्षेत्र के सारस्वत सपूत डॉ. बरसैंया में अपनी आंचलिकता एवं बुन्देली भाषा-साहित्य के लालित्य के प्रति गहरा अनुराग दिखाई पड़ता है तभी तो उन्होंने प्रख्यात उपन्यासकार मैत्रेयी पुष्पा के उपन्यास 'कही ईसुरी फाग' डॉ. श्यामसुन्दर दुबे की 'धरती के अनन्त चक्करों में' द्वारिकेश मिश्र की 'रानी लक्ष्मीबाई चरित' एवं गोपालदास रूसिया की चौकड़ियों की समीक्षाएँ बड़े मनोयोग से की हैं। बुन्देली ही नहीं, छत्तीसगढ़ी को भी भरपूर महत्त्व देते हुए 'पर्रा भर लायी' रहँचुली, और 'बिना भाँड़ी के अँगना' जैसी छत्तीसगढ़ी बोली की कृतियों को भी अपनी समीक्षाओं में स्थान दिया है। इसके साथ ही आंचलिक भाषाओं के वैशिष्ट्य और सामर्थ्य तथा उनके प्रति अपनाये जा रहे रवैये पर भी अपने विचार व्यक्त किये हैं।

साहित्य-चन्द्रिका एवं रस कल्लोल के रचनाकार करण भट्ट के जीवन-सूत्रों को जोड़ते हुए डॉ. बरसैंया ने उक्त ग्रन्थों की बड़ी बारीकी से सूक्ष्म एवं शोधपूर्ण समीक्षा की है। आपने करणभट्ट के आचार्य-कर्म की अपेक्षा उनके कवि-कर्म की अधिक सराहना के साथ उनकी मौलिकताओं को महत्त्वपूर्ण बताया है। इसी प्रकार महामति प्राणनाथ के ग्रन्थ 'खुलासा' का विवेचन करते हुए उस युग की सामाजिक, धार्मिक, राजनैतिक क्षेत्रों की स्थितियों प्रवृत्तियों पर भी प्रकाश डाला है तथा प्राणनाथ के सामाजिक एकत्व तथा कल्याणकारी भावनाओं-विचारों को भी उद्धृत किया है।

डॉ. बरसैंया की नवीन समीक्षा कृति 'रचना-अनुशीलन' उनके व्यापक अध्ययन, सूक्ष्म एवं सन्तुलित दृष्टि तथा तटस्थ विश्लेषण की परिचायक है। उनकी समीक्षा दृष्टि सकारात्मक एवं हितकारी है। आप कटु सत्य को भी मधुरवाणी में कहने की कला में पारंगत हैं। वे कृतिकार की मनोदशा से तादात्म्य स्थापित कर उसकी मूल भावना को कृतियों में झाँककर अपना सारगर्भित निर्णय देते हैं। आप प्रबुद्ध सामाजिक-सांस्कृतिक चेतना-सम्पन्न मानवतावाद के प्रतिष्ठापक, शोध-दृष्टि-सम्पन्न साहित्याचार्य हैं। इन सबके साक्ष्य इस समीक्षा कृति में मौजूद हैं। डॉ. बरसैंया का सृजनात्मक, समीक्षात्मक अवदान हिन्दी साहित्य में आदर के साथ रेखांकित किया जायेगा।

सम्पादक-'दीपशिखा' (त्रैमासिक)
पिसनहारी मढ़िया के पास, जबलपुर (म. प्र.)-482003

समीक्षा और आलोचना से अधिक कठिन है अनुशीलन

—राम अधीर

साहित्य की कोई भी विधा हो, उसका अनुशीलन समीक्षा-आलोचना से कहीं अधिक कठिन है, क्योंकि इस शब्द के साथ 'शील' शब्द जुड़ा हुआ है जिसका सीधा सम्बन्ध चरित्र से है। जिस तरह किसी मनुष्य के चरित्र को शील के साथ पहचाना जाता है उसी प्रकार कृति का भी शील होता है और यह सब तब ही सम्भव होता है, जब कृति का चरित्र समझा जाये। बुन्देलखण्ड से अधिक मध्यप्रदेश का कोई अन्य अंचल या क्षेत्र नहीं है जो साहित्य, कला, संस्कृति और पुरातत्त्व के लिहाज से समृद्ध हो। फिर बुन्देल का माधुर्य भी अनूठा है। डॉ. गंगाप्रसाद गुप्त बरसैंया के पास साहित्य की खोजी और अनुसन्धानपरक दृष्टि है इसलिए उन्होंने लम्बे साधना-समय का पूरा उपयोग करते हुए मध्यप्रदेश के ऐसे क्षेत्र की प्रतिभाओं के सृजन की खोज की और फिर उसका अनुशीलन किया। हाल ही में उनकी श्रम-साध्य कृति 'रचना अनुशीलन' का प्रकाशन हुआ है, जिसमें मध्य काल (भक्ति काल), रीति काल और वीरगाथा काल से लगाकर तो आधुनिक काल के साहित्यकारों और कवियों के कृतित्व का सही-सही मूल्यांकन समीक्षा की शैली में किया है।

यह कृति इसलिए नये सृजन का भी आस्वाद देती है क्योंकि समग्र राज्य में किसने क्या सिरजा इसका परिचय कराती है। एक वैशिष्ट्य यह भी है कि इसमें कृतिकार के व्यक्तित्व और कृतित्व की रंग-रेखाएँ कुछ इस तरह से उभरती जाती हैं कि उनको पढ़कर पाठक अपने ढंग से सृजन का मूल्यांकन करता है। फिर इसमें साहित्य की विभिन्न विधाओं में रची गयी कृतियों को समेटा गया है। यहाँ एक और उल्लेखनीय तथ्य है कि समूचे देश के विभिन्न राज्यों के साहित्यकारों को समेटते हुए उनकी विशिष्ट कृति का अनुशीलन इसमें है। अगर इसमें जगद्गुरु रामभद्राचार्य जी की कृति 'अरुन्धती महाकाव्य' को लिया गया है तो अपने समय के युग तुलसी रामकिंकर जी रामायणी के 'राम गुन गाऊँ' का समावेश भी पाठक को सुख प्रदान करता है। बुन्देली के प्रतिष्ठित कवि भैयालाल व्यास के सीता सत्यम्, रमा शंकर मिश्र की कृति विप्रवीर परशुराम, कुछ बोलो राम पर श्रीनिवास शुक्ल और प्रत्यूष की भटकी किरण यायावरी के माध्यम

से उत्तर छायावादी कवि स्व. रामेश्वर शुक्ल अंचल को भी विस्मृत नहीं किया गया।

डॉ. बरसैंया जी ने इस कृति में न केवल कविता अपितु ललित निबन्ध की कृतियों पर भी अपनी बात बहुत ही गहराई से कही है। नर्मदा प्रसाद उपाध्याय प्रभास की सीपियाँ, डॉ. कृष्णबिहारी मिश्र की गाँव की कलम, श्रीलाल शुक्ल विश्रामपुर का सन्त, डॉ. भगवतीशरण मिश्र की कृति सूरज के आने तक के बारे में पढ़कर पाठक प्रसन्न होंगे। कही ईसुरी फाग के कारण काफी चर्चा में रहीं श्रीमती मैत्रेयी पुष्पा को भी इसमें पढ़ा जायेगा। प्रताप साहि और उनकी व्यंगार्थ कौमुदी और उनकी एक अप्रकाशित कृति की जानकारी भी आत्माराम शर्मा के आलेख के द्वारा मिलती है।

छत्तीसगढ़ के श्यामलाल चतुर्वेदी, प्रभंजन शास्त्री, बिन भांडी के अँगना और भगतसिंह सोनी की कृति रेंहचुली के माध्यम से छत्तीसगढ़ की रचनाओं का आस्वाद भी पाठक को प्रसन्नता देगा।

समीक्षा की रचनात्मक पहचान में डॉ. सन्तोष कुमार तिवारी और धरती के अनन्त चक्करों में डॉ. श्यामसुन्दर दुबे इन लेखकों की उपस्थिति दर्ज हुई है जबकि बाँकी बनी बुन्देली बानी में शंकर दयाल खरे और नीचट बोल बुन्देली के गोपालदास रूसिया में इस अंचल को मौजूद पाया जा सकता है। छत्तीसगढ़ के प्रतिष्ठित गीतकार स्व. नारायण लाल परमार 'खोखले शब्दों के खिलाफ' में बहुत कुछ कह जाते हैं तो स्व. हरि ठाकुर ने गीतों के शिलालेख कुछ इस तरह से उकेरे हैं कि उनको आसानी से पढ़ा जा सकता है। राजस्थान के नन्द चतुर्वेदी, जबलपुर के आचार्य भगवत दुबे और प्रेमशंकर रघुवंशी पाठकों के साथ चलते प्रतीत होते हैं। यह कृति पढ़ते समय महाकवि घनानन्द की बात कि—मोहि तो मोर कवित्त बनावत का स्मरण आता है तो एक आलेख में केशवदास की बानगी भी अनूठी है—बानी जगरानी की उदारता बखानी जाये ऐसी उदार बुद्धि कहौ कौन भी भई..., जबलपुर के वरिष्ठ कवि जवाहरलाल चौरसिया 'तरुण' की काव्य कृति पर भी बहुत अच्छा लिखा गया है।

यहाँ एक ओर सत्य उल्लेखा जाना जरूरी है कि डॉ. बरसैंया उन्हें प्राप्त कृतियों को मनःपूर्वक सहेजकर रखा और उन पर अनुशीलनपरक आलेख लिखे जो अब जिल्द में आ गये हैं। इस कृति का आज नहीं तो आने वाले काल में साहित्यिक दृष्टि से दुबारा नहीं कई बार मूल्यांकन होना सुनिश्चित है। तब एक बार हमें साहित्य के व्यतीत हुए युग में लौटने का आग्रह ऐसी कृतियाँ करेंगी। यह कृति राजनीति के चरित्र को महीन छलनी से छानकर परखने वाले स्व. विष्णुकान्त शास्त्री की कृति 'पर साथ-सा चल रही याद' से भी रूबरू कराती है। पाठकों को यह निष्कर्ष निकालने में सहजता होगी कि अनुशीलन की भाषा का अपना मुहावरा होता है—जैसा कि संस्मरणों की भाषा का। इस तरह का सृजन हिन्दी साहित्य में लगभग अब विरल हो गया है।

सम्पादक-संकल्परथ

108/1, शिवाजी नगर, भोपाल-17

पुस्तक में पुस्तकालय का समावेश है—
'रचना अनुशीलन'

—कुँ. शिवभूषण सिंह गौतम

डॉ. गंगाप्रसाद बरसैंया साहित्य-जगत में किसी परिचय की अपेक्षा नहीं रखते। अब तक उनके द्वारा लिखित व प्रकाशित लगभग तीस पुस्तकें उनके कृतित्व व व्यक्तित्व को व्याख्यायित करने के लिए समर्थ हैं। विभिन्न विधाओं में प्रकाशित ये कृतियाँ साहित्यिक जनों के बीच चर्चित एवं समादृत हैं।

डॉ. बरसैंया लेखक के साथ-साथ एक सजग एवं विवेकशील पाठक भी हैं। यदि वे पुरातन सामग्री की खोज कर अध्ययन व प्रकाशन के लिए प्रयत्नशील रहते हैं तो वहीं नये-से-नये लेखक की रचना को पढ़ने और उसके मूल्यांकन के प्रति जिज्ञासु भी। ऐसे ही पौने तीन सौ पृष्ठों में छियालिस समीक्षात्मक आलेखों का संकलन है उनकी यह नवीनतम प्रकाशित पुस्तक, 'रचना-अनुशीलन' इस विधा की यह उनकी तीसरी कृति है। इसके पूर्व 'चिन्तन-अनुचिन्तन' तथा 'रचना से रचना तक' नामक दो समीक्षा संकलन प्रकाशित हो चुके हैं।

'रचना-अनुशलन' में समाहित आलेखों के माध्यम से उन तमाम समीक्ष्य पुस्तकों के बारे में कथ्य और शिल्प सहित सम्पूर्ण तथ्यात्मक जानकारी उपलब्ध हो जाती है, जिन्हें पढ़ने अथवा देखने का अवसर नहीं मिल पाया। पुस्तक में गद्य-पद्य से जुड़ी लगभग सभी विधाओं की रचनाओं का समावेश हुआ है। गद्य विधा में यदि उपन्यास, निबन्ध, शोध, संस्मरण, समीक्षा आदि पर आलेख हैं, तो वहीं पद्य विद्या में प्रबन्ध काव्य, महाकाव्य, खण्डकाव्य, कविता, गीत, नवगीत तथा हिन्दी गजल आदि की पुस्तकों पर समीक्षात्मक आलेख सम्मिलित किये गये हैं। इनमें कुछ तो अत्यन्त प्राचीन तो कुछ अत्यन्त नवीन कृतियाँ भी हैं।

पुस्तक में यदि रीतिकालीन कवि प्रतापशाहि की रचना व्यंग्यार्थ कौमुदी व महावीर को नख-शिख, करन भट्ट विरचित रस कल्लोल तथा स्वामी प्राणनाथ की रचना ''खुलासा'' की तथ्यात्मक विवेचना है तो वहीं पौराणिक पात्रों पर आधारित कृतियाँ अरुन्धती—रामभद्राचार्य, सीता सत्यम—भैयालाल व्यास, विप्रवीर परसुराम—रमाशंकर मिश्र,

कर्णजयी—डॉ. रामविशाल चंसौरिया, रामगुण गाऊँ—पं. रामकिंकर उपाध्याय तथा कुछ बोलो राम—श्री निवास शुक्ल, जैसी कृतियों पर व्यापक विचार-विमर्श किया गया है।

''समय के परिवर्तन के साथ जीवन के रहन-सहन और चिन्तन में भी परिवर्तन होता है। शिक्षा तथा ज्ञान की अभिवृद्धि तथा संचार-साधनों की व्यापकता के कारण बुन्देलखण्ड के जीवन में भी व्यापक परिवर्तन हुए हैं। यह परिवर्तन शहरों से लेकर गाँवों तक परिलक्षित हो रहा है। एक तरह से गाँवों का भी शहरीकरण हो रहा है। यह शहरीकरण ही मूल लोकतत्त्व को विकृत करता है। लोक-जीवन के सभी क्षेत्रों में यह विकृति दिखाई पड़ रही है। इसने जीवन रस को भी विकृत और नीरस किया है जिसका अनुभव सभी कर रहे हैं यह एक गम्भीर और विचारणीय तथ्य है जिसके प्रति सभी को सजग और संवेदनशील बनना होगा।'' (पृष्ठ-126) उनकी यही लोकोन्मुखी भावना उन्हें आंचलिकता के प्रति आकर्षित करती है। परिणामस्वरूप उनकी इस कृति में बुन्देली की पुस्तकों को पर्याप्त स्थान मिला है।

डॉ. रामनारायण शर्मा की काव्य कृति ईसुरी के साथ ईसुरी के ही जीवन को आधार बनाकर लिखा गया मैत्रेयी पुष्पा का उपन्यास ''कही ईसुरी फाग'', पं. द्वारिकेश मिश्र का प्रबन्ध काव्य ''रानी लक्ष्मीबाई चरित'', महाकवि बिहारीलाल भट्ट रचित ''बिहारी विनोद'', महेन्द्र फुसकेले का उपन्यास ''मैं तो ऊँसई अतर में भींजी'', शंकरदयाल खरे की ''बाँकी बनी बुन्देली'' तथा गोपालदास रूसिया की पुस्तक ''नीचट बोल बुन्देली के'' बुन्देली साहित्य की विकास-यात्रा के प्रतिमान के रूप में देखे जा सकते हैं।

डॉ. बरसैंया के जीवन के कुछ वर्ष छत्तीसगढ़ की वर्तमान राजधानी रायपुर में बीते हैं। इस बीच उन्हें छत्तीसगढ़ी साहित्य और साहित्यकारों को निकट से देखने, सुनने और समझने का अवसर मिला है, जिसे वे अपने जीवन का बहुमूल्य समय मानते हैं। आज भी वे यदा-कदा अपने छत्तीसगढ़ प्रवास की सुखद स्मृतियों में डूबते-उतराते हुए देखे जा सकते हैं। खोखले शब्दों के खिलाफ—नारायणलाल परमार, 'गीतों के शिला लेख', —हरि ठाकुर, 'पर्रा भर लाई', —श्यामलाल चतुर्वेदी, 'रेहुँचुली', —भगतसिंह सोनी, 'बिन भाँड़ी के अंगना', —प्रभंजन शास्त्री आदि रचनाओं का समावेश उनके इसी आंचलिक प्रेम का प्रमाण हैं।

पृष्ठ 165 में प्रेमशंकर रघुवंशी की काव्यकृति ''देखो साँप तक्षक नाग'' की काव्यात्मक समीक्षा पढ़कर उनके समर्थ कवि स्वरूप का परिचय मिलता है। कम-से-कम शब्दों में सारभूत गहरी बातों को वे बड़ी सहजता के साथ कहते हैं। वे उदार प्रशंसक हैं तो बेलाग और बेलिहाज विवेचक भी।

आज इतना कुछ लिखा और प्रकाशित किया जा रहा है कि वह हर किसी के लिए पढ़ पाना सम्भव नहीं है। ऐसे में एक ही पुस्तक में इतनी तमाम पुस्तकों की विषयवस्तु सहित तथ्यात्मक जानकारी को पाठकों तक पहुँचाने में डॉ. बरसैंया की यह कृति

'रचना-अनुशीलन' पुस्तकालय की भूमिका का निर्वाह करती है। साथ ही इस समीक्षा कृति से जहाँ कृतिकार की, बहुज्ञता, पैनी समीक्षा-दृष्टि और बेलाग कथन का परिचय मिलता है वहीं हम एक साथ साहित्य के विविधवर्णी व्यापक संसार का परिचय पाते हैं। जो सोचने-समझने की सामग्री के साथ जानकारी के नये आयामों से भी जोड़ता है और कृतियों तथा कृतिकारों को जानने, पहचानने की नयी दृष्टि प्रदान करता है। कुल मिलाकर रचना-अनुशीलन साहित्य-जगत में एक स्वागत योग्य कृति है।

कमला कालोनी, नया पन्ना, नाका छत्तरपुर, म. प्र.-471001

सृजन-विमर्श

मैंने अनुभव किया कि साहित्य और कला से जुड़ा व्यक्ति न तो बूढ़ा होता है और न भयभीत। न वह थकता है और न ऊबता है। निरन्तर नयी ऊर्जा का अनुभव करता हुआ तरो-ताजा बना रहता है जिसे यान्त्रिक क्षेत्र में 'रिचार्ज' होना कहते हैं। साहित्यकार की सोच और संवेदना का क्षेत्र व्यापक होता है। वह अपनी सीमा में बँधकर या बन्द होकर रहने की बजाय खुले वातावरण में विचरण करता है। सबका बनकर ऐसी बात लिखता है जो सबकी बन जाती है। उस सबमें वह स्वयं शामिल होकर सार्थकता का अनुभव करता है।

–डॉ. बरसैंया

गागर में सागर का आभास कराती है–
सृजन-विमर्श

—कुँ. शिवभूषण सिंह गौतम

डॉ. गंगाप्रसाद गुप्त 'बरसैंया' हिन्दी साहित्य के गम्भीर अध्येता, सुधी शोधकर्ता, सजग समीक्षक एवं पाठानुसन्धानिसु हैं। विभिन्न साहित्यिक विधाओं पर उनकी लगभग पच्चीस रचनायें प्रकाशित हो चुकी हैं। तीन सौ छत्तीस पृष्ठों में बावन आलेखों को समाहित किये तीन भागों में विभाजित 'सृजन-विमर्श' उनकी सद्यः प्रकाशित कृति है।

संग्रह के प्रथम भाग में सर्वाधिक इकतीस आलेख हैं, जो हिन्दी साहित्य के विभिन्न कालखण्डों के कतिपय ज्ञात, अज्ञात अथवा अल्पज्ञात साहित्यकारों के कृतित्व-व्यक्तित्व के साथ ही उनकी सम्पूर्ण रचना-प्रक्रिया का भी बोध कराते हैं। जबकि द्वितीय भाग में साहित्य कला और जीवन के अन्यान्य क्षेत्रों पर विचारोत्तेजक पन्द्रह अत्यन्त महत्त्वपूर्ण आलेखों को संग्रहीत किया गया है। सबसे कम कुल छह व्यंग आलेख तृतीय भाग में हैं। जिनके माध्यम से जीवन और साहित्य के क्षेत्र की अनेकों विसंगतियों को लक्ष्य बनाया गया है।

हिन्दी साहित्य का क्षेत्र इतना विशाल, व्यापक और बहुआयामी है कि उसका सम्पूर्ण रूप से अवगाहन किसी सामान्य पाठक की सामर्थ्य के बाहर की बात है। ऐसे में तमाम जिज्ञासु पाठकों के लिए गागर में सागर भरने के उपक्रम जैसा सफल प्रयास लेखक की यह नवीन कृति 'सृजन-विमर्श' है।

इस एक की कृति के माध्यम से जहाँ गुरु अफजल साहब, बुन्देलखण्डी कवि ठाकुर, चैनराय, रेवाराम, अमान सिंह गोटिया, दीवान प्रतिपाल सिंह तथा घनश्याम दास नौगरैया (कक्का जबलपुरी) जैसे अज्ञात साहित्यकारों पर प्रचुर सामग्री है तो वहीं स्वामी प्राणनाथ, भूषण व महाराजा छत्रसाल जैसे साहित्यकारों की सम्पूर्ण रचना-प्रक्रिया का गहन परिचय कराने वाले आलेख भी हैं। रहीम तथा ईसुरी की रचनाओं के माध्यम से जहाँ इन कवियों के जीवन के सूत्रों को जोड़ने का प्रयास किया गया है, तो वहीं दीवान प्रतिपाल सिंह द्वारा लिखित बुन्देलखण्ड का इतिहास

(बारह भाग) तथा गौरी शंकर द्विवेदी 'शंकर' द्वारा लिखित 'बुन्देल वैभव' (दस भाग) के अधिकांशतः प्रकाशित न हो पाने की जानकारी पढ़कर कृतिकार की चिन्ता में पाठक को भी सहभागी होने को विवश होना पड़ता है। यथा– "असाधारण प्रतिभा के धनी इस लेखक की (दीवान प्रतिपाल सिंह) अप्रकाशित कृतियों का प्रकाशन तथा प्रकाशित एवं अप्राप्त कृतियों का अनुसन्धान एवं संकलन अत्यन्त आवश्यक है।" (पृष्ठ-167) तथा -'वर्षों के परिश्रम से द्विवेदी जी ने जो कार्य किया वह किसी एक के बूते की बात नहीं थी। वे वृद्धावस्था तक इस कार्य में लगे रहे। बुन्देलखण्ड के अज्ञात एवं ज्ञात साहित्यिक अध्यायों को संयोजित कर जिस प्रकार उन्होंने प्रस्तुत किया वह किसी की भी आँख खोलने के लिए काफी है। आज उससे अनेक शोधार्थियों का मार्गदर्शन हो रहा है। उन्होंने लगभग 15 पुस्तकें साहित्य-संसार को दीं और उनकी सूचनानुसार लगभग 30 पुस्तकें अप्रकाशित स्थिति में पड़ी हुई हैं।" (पृष्ठ-127)

"ऐसी महत्त्वपूर्ण रचनायें जो बुन्देलखण्ड के इतिहास व साहित्य की दशा व दिशा बदलने में समर्थ हैं, के प्रकाशन के अभाव में क्या हम अपनी इस अमूल्य धरोहर से आने वाली पीढ़ियों को वंचित रखने के पाप से बच पायेंगे।" जबकि आज प्रतिदिन ऐसा तमाम साहित्य लिखा जाकर प्रकाशित हो रहा है जिसकी समाज के लिए कोई उपादेयता नहीं है।

भक्त कवियित्री मीराबाई की रचनाओं के माध्यम से बरसैंया जी ने उनके जिस विद्रोही स्वरूप की रूपरेखा प्रस्तुत की है और उसके सूत्र तुलसी, सूर व कुम्भन से जोड़ने का उपक्रम किया है उससे हिन्दी साहित्य के भक्तिकाल को देखने का एक नया दृष्टिकोण मिलता है। रहीम के सन्दर्भ में तो इतना ही कहना पर्याप्त होगा कि– "रहीम के शौर्य, औदार्य, विद्वता, सदाशयता, दानशीलता, बहुज्ञता तथा सृजनशीलता की चर्चा उस समय पूरे देश में थी। वे कलाकारों, साहित्यकारों, कवियों, विद्वानों का बड़ा आदर करने वाले थे। परदुःखकातरता उनका विशिष्ट गुण था। उनके व्यक्तित्व से प्रभावित होकर तत्कालीन कई कवियों ने उनके बारे में तमाम छन्दों की रचना की थी।" (पृष्ठ-42) आलेख में केशवदास, कवि गंग, मण्डन कवि, कवि अलीकुली के कतिपय छन्दों के साथ कवि मुकुन्द, तारा, हरिनाथ आदि का भी उल्लेख किया है जिससे लेख की उपादेयता बढ़ गयी है। अच्छा होता यदि ऐसे तमाम कवियों की रचनाओं का संकलन कर एक साथ प्रकाशित करने का उपक्रम हो। पृष्ठ-46, 47 पर वाल्मीकि रामायण तथा पृष्ठ-48, 49 व 50 पर रामचन्द्रिका के रहीम द्वारा कराये गये फारसी अनुवाद के हस्तलिखित प्रतियों के पृष्ठों की छाया प्रतियों के प्रकाशन से पुस्तक की उपादेयता निश्चित तौर पर बढ़ गयी है। किन्तु इस आलेख में रहीम की संस्कृत रचना 'गंगाष्टकम्' का उल्लेख न होना अधूरेपन का अहसास कराता है।

कृति की प्रत्येक रचना पर कुछ कहना यद्यपि विस्तार भय के कारण सम्भव नहीं है फिर भी यह बता देना आवश्यक है कि उक्त प्राचीन रचनाकारों के साथ ही अति आधुनिक साहित्यकारों पर भी उतनी ही गम्भीरता से विचार किया गया है जिनमें पदुमलालपुन्नालाल बख्शी, उदयशंकर भट्ट, पं. माखनलाल चतुर्वेदी, रामानुजलाल श्रीवास्तव, अम्बिकाप्रसाद दिव्य, घासीराम व्यास, बाबू गुलाबराय, केदारनाथ अग्रवाल, सर्वेश्वरदयाल सक्सेना, डॉ. भगीरथ मिश्र, प्रमोद वर्मा, रामस्वरूप सिन्दूर तथा स्व. सन्तोष सिंह बुन्देला जैसे कवि-साहित्यकारों पर भी उतनी ही संजीदगी से कलम चलायी गयी है, जिसका अहसास बिना पढ़े नहीं किया जा सकता है।

दूसरे भाग के आलेखों से वर्तमान में साहित्य के क्षेत्र में बढ़ता दुराग्रह और प्रदूषण हिन्दी के प्रति भेदभाव से उत्पन्न स्थितियाँ और मानसिकता के प्रति लेखक की चिन्ता और चिन्तन का भाव स्पष्ट होता है। मानवाधिकारवादियों का एकांगी दृष्टिकोण, पाठक-पुस्तक और प्रकाशक के बीच असन्तुलन की पीड़ा, गीत और नवगीत के बीच का अन्तर्द्वन्द्व की चिन्ता का चिन्तन आलेखों में बड़ी ही शिद्दत के साथ उभरता देखा जा सकता है। बुन्देली की अभिव्यंजना शक्ति पर आधारित आलेख सामान्य से कुछ अधिक लम्बा हो गया है साथ ही इस लेख में पूर्व के कुछ लेखों के कतिपय अंशों की पुनरावृत्ति भी हो गयी है।

पुस्तक के तीसरे भाग में ऐसी ही कुछ विसंगतियों को व्यंग्य के माध्यम से प्रस्तुत किया गया है जिनमें सर्विस सेण्टर, कनवर टाइगो, ऊधौ मन न भये दस बीस, पर उपदेश कुशल बहुतेरे, देख पराई चूपड़ी तथा कविन के मामले में करे जौन खामी जैसे व्यंग लेख पढ़कर पाठक को व्यंग विधा का भी आनन्द अनायास मिल जाता है। परिणामस्वरूप सम्प्रेषणीयता इतनी सहज बन गयी है कि पुस्तक अन्त तक पाठक को बाँध रखने में सफल रहती है। पृष्ठ-297 पर लेखक ने पुस्तकों के प्रति पाठकों की उदासीनता का एक कारण स्पष्ट करते हुए लिखा है कि – ''पुस्तकों की कीमत इतनी अधिक है कि लोग चाहकर भी उन्हें खरीद नहीं पाते।'' यह कारण सृजन-विमर्श पर पूरी तरह लागू होता है। मेरा ऐसा मानना है कि अपनी इतनी तमाम खूबियों के बावजूद बरसैंया जी की यह कृति पाठकों के सहज सान्निध्य के प्रति उतना आश्वस्त नहीं करती।

फिर भी डॉ. बरसैंया जी की यह नवीन कृति 'सृजन-विमर्श' अपने पाठकों को विभिन्न भाव सरणियों की अनुभूतिजन्य यात्रा कराने में सक्षम है जिसके लिए कृतिकार व प्रकाशक दोनों ही साधुवाद के अधिकारी हैं।

33/195 'अन्तर्वेद', कमला कालोनी, छतरपुर, म. प्र.

सृजन-विमर्श : कृतित्व का साक्षात्कार

—डॉ. अनीता

सृजन का ताप, साहित्य की प्राणवान् ऊर्जा है जिसमें रचनाकार की बहुआयामी शिल्प-दृष्टि के असंख्य सूत्र विकीर्ण रहते हैं। सृजन की ऊर्जा का कोई विशेष चरण या पक्ष, जीवन की यात्रा में पृथक निवास नहीं करता। यह सृजन चेतना जीवन की किसी भी कालावधि को अपना धरातल बनाने की शक्ति रखती है।

लेखक के साहित्य-जीवन के यत्र-तत्र की विषयवस्तु सृजन के नव-आधार पाकर अमूल्य धरोहर बन गयी। इसमें गुप्त जी की साहित्य-साधना का चिरन्तन प्रेम और जीवन को सार्थकता की साहित्य-कसौटी पर कसने का संवेद्य प्रयास है। वे स्वयं स्वीकार करते हैं–

''मैंने भी अपने तमाम पुराने बिखरे हुए पत्र-पत्रिकाओं में प्रकाशित लेखों को समेटने का उपक्रम किया है।'' (सृजन-विमर्श, अपनी बात, पृ. ??0)

यह ग्रन्थ उनके बिखरे कार्यों के समेटने और अपूर्ण को पूर्णता के रूप में बाँधने का रचनात्मक प्रतिफलन है। यह उनका जीवन-दर्शन भी है जैसा कि आवरण फलक पर डॉ० कृष्णचन्द्र वर्मा लिखते हैं– ''यह बहुत ही स्वस्थ और प्रीतिकर जीवन-दर्शन है।'' (सृजन-विमर्श, आवरण)

सार्थक रचनाकार की सृजन-धर्मिता में एक बिन्दु यह भी आता है जब वह समाज और साहित्य में उसकी वैचारिकता जीवन की सहज-प्रक्रिया और निष्ठा में रूपान्तरित हो जाती है। वे एक समीक्षक, अन्वेषक और लोक-जीवन के घनिष्ठतम भावों को धारित करने वाले हिन्दी-साहित्य के अध्येता और विचारक हैं।

50 वर्षों की साहित्य-साधना का लेखन-यज्ञ 'सृजन-विमर्श' की संजीवनी शक्ति रूपी आहुति है, जो जीवन के 72 वर्षों में भी उदात्त भाव से उत्ताल साहित्य-जगत का स्पर्श करने की आकांक्षा से आपूरित है। 336 पृष्ठों का यह विशद् ग्रन्थ अपनी विषय-वस्तु में निज प्रतिपाद्य को परिभाषित करता है। यह विविधवर्णी संग्रह तीन पक्षों में विभाजित है-

भाग-1 साहित्यकारों का सर्जनात्मक, वैशिष्ट्य एवं परिचय प्रस्तुत करता है स्वामी प्राणनाथ, रहीम, छत्रसाल, भूषण, कवि चैनराय, रेवाराम, ठाकुरदास, ईसुरी,

बख्शी जी, गौरीशंकर द्विवेदी, घासीराम व्यास, दीवान प्रतिपाल सिंह जैसे लोक-जीवन के साहित्यकारों का शोधात्मक अनुशीलन प्रस्तुत किया गया है।

भाग-2 आलेख संग्रह से युक्त है। यहाँ लेखक का साहित्य-बोध, और सृजन-दृष्टि समग्रता के साथ अपनी विकास-यात्रा का विवरण अंकन करती है। गुप्त जी की साहित्यिक मान्यताएँ और साहित्य की समय आधारित मर्यादाएँ और अपेक्षाएँ प्रकट हुई हैं। यह उनका 'साहित्य और कला' का परिपक्व दृष्टिकोण बनकर प्रस्तुत हुआ है।

वे लिखते हैं-

''साहित्यकार की सोच और संवेदना का क्षेत्र व्यापक होता है। वह अपनी सीमा में बँधकर या बन्द होकर रहने की बजाय खुले वातावरण में विचरण करता है।'' (सृजन-विमर्श, अपनी बात, पृ. 0)

भाग-3 लेखक की असहमति, असन्तोष और जीवन, समाज, साहित्य की विसंगतियों से उपजे यथार्थ बोध का तीव्र स्वर है जो व्यंग्य का रूप लेकर अवतरित हुआ। विविध पक्षों का रस, हास्य और प्रहार का सम्यक परिपाक है।

साहित्यकारों का क्रमबद्ध इतिहास अपने सुदीर्घ स्वरूप में विशद् सामग्री समेटकर आगे बढ़ा है। पर किताबों के प्रकाशक व प्रकाशन वर्षों का उल्लेख न होना कुछ छूट जाने जैसा अभाव देता है। यद्यपि सामग्री उच्च भावपूर्ण है। लेखक का दीर्घकालीन अनुभव और विस्तृत अध्ययन चमत्कृत करता है। विभिन्न समयों के रचनाकारों पर समीक्षात्मक टिप्पणियों से यह संकलन विस्तृत-विशद् साहित्यिक परिप्रेक्ष्य प्रत्यक्ष लाता है, यह लेखक की गुणग्राह्यता और अध्ययनशीलता का व्यापक फलक है, जिसकी साहित्यिक उपयोगिता का परिचय ग्रन्थ के प्रकाशन से प्रकट हो चुका है।

यह लेखक की अन्त:शक्ति और रचना-ऊर्जा का विधान है, जिसमें सृजन के नव-विमर्श के वातायन खोले हैं। यह उनके साहित्यिक अवदान का परिचय भी है और सजग प्रहरी की अनिवार्य चेतना भी, जहाँ वे अपनी अनुशीलन प्रक्रिया में निज कृतित्व का साक्षात्कार करने लगते हैं। यह ग्रन्थ गुप्त जी से प्रत्यक्ष भेंट का एक आयाम है। जीवन की साहित्यिक अनुकूल-प्रतिकूल परिस्थितियों की यात्रा से सहेजे अनुभूति-जन्य चित्र हैं। वे एक प्रतिबद्ध समीक्षक, निबन्धकार और व्यंग्यकार की गरिमामय परम्परा के स्थापित रचनाकार हैं।

सहायक-प्राध्यापक, शोध-निदेशक हिन्दी

दमोह (म. प्र.)

चिन्तन-अनुचिन्तन

भूमिका

सृजन और चिन्तन सप्राण समाज के प्रमुख लक्षण हैं। दोनों अनवरत गतिशील रहते हैं। अवरोधों के बावजूद वहाँ ठहराव नहीं है। चिन्तन जानने-समझने-परखने की एक प्रक्रिया है, जिस पर हम परीक्षण और मूल्यांकन करते हैं। चिन्तन एक दृष्टि भी है जिसके सहारे हम निष्कर्ष तक पहुँचते हैं। किसी वस्तु को परखने के दो उपाय हैं– एक, यान्त्रिक साधन, जिसके आधार पर हम तत्त्वों का विश्लेषण कर तथ्यों की जानकारी विवरणों के साथ प्रस्तुत करते हैं और दूसरा–चेतनापरक परीक्षण, जिसमें तथ्यात्मक विवरणों के साथ अपनी निजी प्रतिक्रिया भी निहित होती है। यन्त्र निष्प्राण और चेतना सप्राण होती है। चेतना व्यक्ति की वह आन्तरिक शक्ति है जिसमें बुद्धि, हृदय और मन सम्मिलित होते हैं। इन्हीं सबके प्रभाव से मूल्यांकन की ऐसी संवेदनात्मक दृष्टि तैयार होती है जो सर्जना की कसौटी का कार्य करती है। यन्त्र का निष्कर्ष सदा एक ही रहता है जबकि चेतना-सम्पन्न दृष्टि का निष्कर्ष स्थान, पात्र, काल और परिवेश के साथ बदल भी सकता है।

–डॉ. बरसैंया

चिन्तन-अनुचिन्तन-मौलिक और स्वतन्त्र विचारणा का अभिलेख

—डॉ. किशोरीलाल

चिन्तन-अनुचिन्तन-डॉ. गंगाप्रसाद गुप्त बरसैंया के सद्यः प्रकाशित अट्ठाईस स्तरीय निबन्धों का संकलन है। डॉ. बरसैंया की यह कृति सार्थक प्रकाशन गौतम नगर, नयी दिल्ली से मुद्रित हुई है। इसके पूर्व भी आपकी कई कृतियाँ प्रकाशित हो चुकी हैं जिनमें लेखक की यथार्थवादी दृष्टि और चिन्तन के बहुआयामी स्वरूप की प्रकृति अभिव्यक्ति हुई है। डॉ. बरसैंया एक सिद्धहस्त लेखक के रूप में हिन्दी-जगत में एक लम्बी अवधि से बहुचर्चित रहे हैं। वे साहित्य की निबन्ध विधा के मर्मी विद्वान और विशेषज्ञता प्राप्त लेखक के रूप में परिगणित हैं।

डॉ. बरसैंया के कतिपय अन्य निबन्ध-संग्रहों में जहाँ हास्य-व्यंग्य और वक्रता विधान की झलक पदे-पदे मिलती है, वहीं इस संग्रह में निबन्धकार की भावुकता, संवेदनशीलता के साथ ही बौद्धिक प्रगल्भता और चिन्तन की गहराई की भी अभिव्यक्ति सर्वथा श्लाघ्य है। वस्तुतः निबन्धों में आत्मपरकता के साथ प्रतिपाद्य विषय के सूत्रों की अचूक पकड़ और विषय विशेष के तर्कसंगत विश्लेषण-विवेचन की क्षमता उन्हें गुरूता प्रदान करती है। निःसन्देह इस ग्रन्थ में संकलित सभी निबन्ध डॉ. बरसैंया की मौलिक प्रतिपादन शैली और भाषा वैशिष्ट्य को जिस रूप में उजागर करते हैं, वे सभी दृष्टियों से अप्रतिम, बेजोड़ और प्रशंसनीय हैं।

'चिन्तन-अनुचिन्तन' में संकलित सभी निबन्धों को विषय की दृष्टि से निम्नलिखित भागों में विभाजित किया जा सकता है—

1. साहित्य और कला विषयक, 2. सांस्कृतिक चेतना विषयक, 3. शोध विषयक, 4. समीक्षा विषयक।

ग्रन्थ के प्रारम्भ में डॉ. बरसैंया ने साहित्य और कला के स्वरूप और उसके अनन्योन्यायाश्रित सम्बन्धों की बड़ी गम्भीर और सूक्ष्म विवेचना की है। इस सन्दर्भ में अपने विचारों की सम्पुष्टि के लिए उन्होंने कला मर्मज्ञों और साहित्य मनीषियों के दृष्टिकोण की यथास्थल चर्चा की है। इन कथनों से लेखक की विवेचन क्षमता और

उनके स्वतन्त्र दृष्टिकोण की सच्ची झलक मिलती है। सांस्कृतिक चेतना के परिप्रेक्ष्य में डॉ. बरसैंया ने कबीर जैसे महान सन्त और विचारक के जिस महिमामण्डित व्यक्तित्व का निरूपण किया है, निश्चय ही उसमें उनकी सूझ-बूझ और गहरे चिन्तन का संकेत मिलता है। कबीर के सम्बन्ध में डॉ. बरसैंया की क्या धारणा है, वह इन वाक्यों में सुस्पष्ट है– ''जीवन के लिए रोटी और सामाजिक सम्मान पाने के लिए जिस कबीर को जगह-जगह ठोकरें खानी पड़ीं, वह न केवल अपनी भूखी, अपमानित अन्तरात्मा से व्यथित और क्षुब्ध था। दूसरा इन मुखमरों के शोषण के प्रति आक्रोश भी।''

डॉ. बरसैंया गम्भीर विचारक और साहित्य चिन्तक के साथ ही शोधपरक दृष्टि-सम्पन्न मनीषी के रूप में भी स्मरण किये जाते हैं। वे कुशल सम्पादक, पाठ-शोधक, काव्यमर्मी तो हैं ही एक अच्छे अन्वेषक और तथ्यातथ्य निरूपक की परम्परा से भी जुड़े हैं। उन्होंने कई प्राचीन पाण्डुलिपियों का सम्पादन किया है और कई अज्ञात बुन्देलखण्डी कवियों को प्रकाश में लाने का स्तुत्य प्रयास किया है। ज्ञानी कवि कृत 'वीर विलास' चैनदास का 'रस विलास' विक्रम कवि कृत 'सुदामा चरित' का सम्पादन इनकी नयी खोज के स्पष्ट द्योतक हैं। छतरपुर के प्राचीन कवि और उनका 'काव्य तथा काव्य-परम्परा की आठ पीढ़ियाँ' उनके इसी दिशा में लिखे गये शोधात्मक निबन्ध हैं।

बहुमुखी प्रतिभा के धनी डॉ. बरसैंया के आलोचनात्मक निबन्ध इनके परम्परा अभुक्त दृष्टिकोण को सम्यक रूपेण उजागर करती है। 'तुलसी की काव्य-दृष्टि', 'सूरदास की सामाजिकता और प्रगतिशीलता' जैसे निबन्धों में इनकी स्वतन्त्र मान्यतायें और तटस्थ विचारण सुचिन्तित मानस का ही निष्कर्ष कही जा सकती है।

मध्यकालीन समीक्षात्मक दृष्टि तक ही डॉ. बरसैंया सम्पिडित नहीं रहे, उनकी समीक्षात्मक दृष्टि, और चिन्तना का उन्मेष नये साहित्य और नूतन धारणाओं के विश्लेषण-विवेचन में भी देखा जा सकता है। 'नयी पुरानी का संघर्ष', 'नये कवियों के सूरज-धूप' जैसे निबन्धों में अछूते विचारों को उभारा गया है और तर्कसंगत बिन्दुओं पर इन्होंने जो निष्कर्ष प्रस्तुत किये हैं, उनके सम्बन्ध में जल्दी प्रश्नचिह्न नहीं लगाये जा सकते।

इसमें सन्देह नहीं कि डॉ. बरसैंया की यह नूतन कृति हिन्दी मनीषियों और चिन्तकों के मध्य समुचित सम्मान प्राप्त करेगी। डॉ. बरसैंया ऐसी श्रेष्ठ कृति के लिए बधाई के पात्र हैं। मुझे पूर्ण विश्वास है कि भविष्य में उनकी लेखनी इसी प्रकार अन्यान्य रचनाओं से हिन्दी साहित्य के भण्डार को निरन्तर भरती रहेगी।

पुस्तक साफ-सुथरी और आकर्षक है किन्तु मूल्य अधिक प्रतीत होता है।

नैनी बाजार, इलाहाबाद (उ. प्र.)

आधुनिक काव्य : सन्दर्भ और प्रकृति

आधुनिक युग की हिन्दी कविता का सन्तुलित विवेचन

– डॉ. मुरारीलाल 'सुरस'

आधुनिक काव्य : सन्दर्भ और प्रकृति' – डॉ. गंगाप्रसाद गुप्त के निबन्धों का संकलन है। इसमें संग्रहीत लेख वर्षों के अन्तराल में लिखे गये हैं जिनके कतिपय सन्दर्भों में बिचारों की यत्र-तत्र पुनरावृत्ति भी हो गयी है फिर भी लेखक ने इनमें आधुनिक काव्य-प्रवृत्तियों पर अच्छा प्रकाश डाला है।

पुस्तक के सम्बन्ध में प्रसिद्ध समीक्षक पं. रामेश्वर शुक्ल 'अंचल' ने दो शब्द लिखे हैं जिनमें डॉ. गुप्त के प्रबद्ध दृष्टिकोण, उनकी भावप्रवण कला के सौन्दर्य-दर्शन की आन्तरिक जीवन-दृष्टि और आत्मान्वेषण की प्रशंसा करते हुए उनके सुलझे हुए नवीनतावादी अध्येता रूप का मूल्यांकन किया है। अन्त में उनकी क्षमता और आधुनिकता की साहित्य धार्मिकता को अर्थवत्ता प्रदान करने के लिए साधुवाद दिया है।

आधुनिक काव्य के बदलते हुए सन्दर्भों में लेखक की जो भी प्रतिक्रियाएँ और दृष्टियाँ रही हैं उनमें से विभिन्न पत्र-पत्रिकाओं में प्रकाशित और चर्चित 18 लेख चुनकर प्रकाशित किये गये हैं। इनमें लेखक का दृष्टिकोण बहुत ही संयत तथा स्पष्ट है। उसने निस्संग भाव से समाज के बदलते परिवेशों के सन्दर्भ में भौतिकता और चिन्तन मूल्यों की संक्रमणशीलता पर विचार प्रकट किये हैं। हम विज्ञान तथा भौतिकता के प्रति निरन्तर आकृष्ट हो रहे हैं पर अपने सामाजिक और सांस्कृतिक परिवेशों में हम अभी भी अपनी उन्हीं परम्पराओं से चिपके हुए हैं। हमारे जीवन के दुहरे मानदण्ड और परिवेश ने हमें 'कन्फ्यूजन' (Confusion) में डाल दिया है। हम अप्रासंगिक जीवन जीते हुए हँसते हैं और जहर पीते हैं। आज के जन-जीवन के लीडरों के भाषणों में चारित्रिकता का आदर्श और कार्यों में चारित्रिक पतन स्पष्ट है।

आज के साहित्य में 'समीक्षा का संकट' उपस्थित हो गया है क्योंकि आलोचक, कवि, कहानीकार और लेखक आज बहुज्ञ और बहुमुखी प्रतिभावाले बनकर यशलिप्सा की कामना लिये हुए समालोचना करने के लिए स्वयं ही विभिन्न माध्यमों का सहारा लेते हैं। जिन बातों एवं विचारों को कवि-लेखक अपनी रचनाओं से सम्प्रेषित करने में असमर्थ रहे हैं उन्हें वे रचना के विशिष्ट तथ्यों का उद्घाटन करने के लिए दिये गये वक्तव्यों के माध्यम से व्यास की भाँति स्थूल रूप से स्पष्ट करते हैं। सम्यक अध्ययन के अभाव में वे युग-स्वर, युग-जीवन और अतीत की परम्परा की अनदेखी करते हुए न्याय-तुला को हाथ में लेकर मूँछे ऐंठते हुए दंगल में कूद पड़ने को हौसला दिखाते हैं। आज लेखन में कारयित्री प्रतिभा को जो नया परिवेश और नया धरातल मिला है, उसकी आड़ में कल के बछड़े आज साँड़ों की भीड़ में मिलकर साँड़ कहलवाने के लिए उत्सुक हैं। वस्तुतः बिडम्बना ये है कि पुरानो समीक्षा-पद्धति को परम्परावादी, प्राध्यापकीय और अयुगीन (Out of date) कह कर दुत्कारा जाता है परन्तु नये युग की नयी कृतियों के लिए नये मानदण्ड स्थापित करके किसी नयी संहिता का निर्माण क्यों नहीं किया गया? आज की नयी कहानी, नयी आलोचना, नयी कविता या इसी प्रकार के नव निर्मित साहित्य के लिए नयी जीवन-दृष्टि को अपनाता हुआ नया मानदण्ड क्यों नहीं स्थापित किया जाता है? पूर्वाग्रहों को त्यागकर सच्चाई और ईमानदारी से मूल्यांकन का सम्यक् विवेचन करना और युग-सापेक्ष साहित्य प्रस्तुत करना हमारा ध्रुव धर्म होना चाहिए।

'युवा आक्रोश : सन्दर्भ और तत्त्व, 'नयी पुरानी का संघर्ष', 'दृष्टिकोण का अन्तर', 'ईमानदारी की तलाश', 'साहित्यिक गैर-ईमानदारी और नये कवियों का आक्रोश' शीर्षक लेखों में आलोचक डॉ. गुप्त ने सूक्ष्म विवेचन करते हुए कवियों, लेखकों और कवि-लेखक नामधारी साहित्यकारों की ईमानदारी के ढोंग का पर्दाफाश किया है। अनास्थावादी पीढ़ी, परम्परा-विद्रोह, भूखी-पीढ़ी या विकृतियों के पुंज

साहित्यकारों के नये-ताजे-स्वरों में अनुभूति की सिंचाई और ईमानदारी से अभिव्यक्ति का जो कपट पूर्ण और अशिव स्वर मुखरित हुआ है, विद्वान आलोचक ने पर्याप्त उदाहरण देकर अपने मत को पुष्ट और प्रमाणित किया है।

आधुनिक युग की हिन्दी कविता की भाव-यात्रा का संक्षिप्त विवेचन करते हुए लेखक ने छायावाद की पृष्ठभूमि से लेकर अगीत, अकविता, नवगीत, नव लेखन, नयी कविता सभी का विवेचन-परीक्षण किया है। नयी कविता की उपलब्धियों को स्वीकारते हुए और अकविता के भौंड़े, अश्लील और यथार्थ के निकट पहुँचने की दुहाई देने वाले लेखकों की अच्छी मरम्मत की है। अकविता पर प्रकाशित संकलनों, विशेषांकों और रचनाओं पर विचार करते हुए उसने 'भविष्य की कविता' की सम्भावनाओं पर भी विचार प्रकट किये हैं। अकविता के नाम पर जो कुछ अशिव समाज निरक्षेप और निरर्थक शब्दावली वाली कविताएँ लिखी जा रही हैं, लेखक ने उनकी भर्त्सना की है। उसने 'अकविता' के प्रयोग की परीक्षा करते हुए 'अकविता की गूँज', 'ओढ़ी हुई स्थितियों का शब्द-जाल अकविता' और 'अकविता की मृत्यु' शीर्षकों के अन्तर्गत नवगीत और नयी कविता से उसका अन्तर स्पष्ट करते हुए उन्हें आधुनिक भाव-बोध की समानधर्मा कविता कहा है। नयी कविता के सशक्त हस्ताक्षरों ने पुरानी पीढ़ी से विद्रोह करके जो कुछ प्राप्तव्य लिया उसे अकविता के पक्षधरों ने उस स्थिति तक पहुँचा दिया है जिसे डॉ. प्रेम स्वरूप गुप्त ने सही रूप में देखा है– ''किसी युग में कवि बेचारा रहा होगा, आज पाठक बेचारा है।'' आस्कर वाइल्ड ने कहा था कि कला या काव्य की सबसे अधिक घृणा करने का तरीका उसे बौद्धिकतापूर्वक पसन्द करना भी है। नवोदित कवियों और कवि-लेखकों के सन्दर्भ में यह कथन सटीक है, क्योंकि नये या अत्याधुनिक कवि बौद्धिक ढंग से अबौद्धिक प्रसंगों को विविध प्रकार प्रस्तुत करके 'वाहवाही का तमगा' हासिल करने के लिए आतुर दिखायी देते हैं।

आधुनिक काव्य की प्रकृति और सन्दर्भों में डॉ. गंगा प्रसाद गुप्त का विवेचन-विश्लेषण सन्तुलित है, इसमें सन्देह नहीं।

आगरा (उ. प्र.)

वीर विलास

अनुसन्धान के दौरान ही पता चला कि यह आल्हा सम्बन्धी उपलब्ध प्राचीनतम प्रति है और इसकी कुछ ही प्रतियाँ उपलब्ध हैं। बहुत प्रयास करने पर भी 'वीर विलास' के रचनाकार कवि ज्ञानी जी के जीवन का विवरण मुझे नहीं मिल सका। पाण्डुलिपि में निवास स्थान का उल्लेख है। दूसरी प्रतियाँ मुझे देखने को नहीं मिल सकीं। अभी तक यह सर्वथा अज्ञात और अप्रकाशित पाण्डुलिपि है। **—डॉ. बरसैंया**

अज्ञात ग्रन्थ का तथ्यानुशीलन

–डॉ. भगीरथ मिश्र

डॉ. गंगा प्रसाद गुप्त 'बरसैंया' द्वारा सम्पादित पुस्तक 'वीर विलास' का अवलोकन कर हृदय को परितोष, मन को प्रसन्नता और चित्त को उत्फुल्लता का अनुभव हुआ। आजकल बहुत कम संख्या में हिन्दी के अध्यापक और विद्वान हैं जिनकी रुचि प्राचीन साहित्य और विशेषकर पाण्डुलिपियों में है परन्तु हमारा इतिहास, संस्कृति, भाषा और परम्परागत जीवन-पद्धति इन्हीं में सुरक्षित है। हमारी रुचि इतिहास और पुरातत्त्व में ही है, पर उसके आधारभूत साहित्य की हम उपेक्षा कर रहे हैं। यह हमारे लिए सन्तोष और गर्व की बात है कि डॉ. गंगाप्रसाद गुप्त 'बरसैया' जैसे विद्वान इस दिशा में निष्ठापूर्वक कार्य कर रहे हैं।

उनके द्वारा सम्पादित 'ज्ञानी कवि कृत 'वीर विलास' एक अज्ञात ग्रन्थ था। हिन्दी साहित्य के इतिहासों में इसका उल्लेख नहीं है अत: उनका इस अज्ञात ग्रन्थ का सम्पादन एक तथ्यानुसन्धान है। इस खण्डकाव्य की कथा का सम्बन्ध चन्देल राजा परिमर्द देव और उनके सेनानायक आल्हा ऊदल से है। इस ग्रन्थ के प्रकाशन से हिन्दी शोध की एक नयी दिशा प्रशस्त होती है जो हिन्दी काव्य ग्रन्थों में आल्हा-ऊदल सम्बन्धी कथानक है। आल्हा, ऊदल को तो प्राय: लोग काल्पनिक पात्रों के रूप में मानते हैं परन्तु इस ग्रन्थ की भूमिका में डॉ. बरसैंया ने उन्हें इतिहास पुरुष के रूप में सिद्ध किया है। उनके तर्क प्रमाण संगत और विश्वसनीय हैं। किसी ऐतिहासिक व्यक्तित्व की विशेषताओं और गुणों का यदि किसी काव्य में बढ़ा-चढ़ाकर वर्णन किया जाता है तो उससे उसकी ऐतिहासिकता नष्ट तो नहीं हो जाती है। यदि हम शिलालेखों को प्रामाणिक मानते हैं तो हम कागज-पत्रों पर लिखे ऐतिहासिक वृत्तान्तों की अवहेलना क्यों करते हैं? वास्तव में ऐसे साहित्य का भी ऐतिहासिक और साहित्यिक महत्त्व अक्षुण्ण है। अत: प्राचीन ग्रन्थों के सम्पादन और अनुशीलन पर विशेष बल देना चाहिए। 'वीर विलास' के सम्पादन के साथ-साथ डॉ. बरसैंया द्वारा लिखित इसकी भूमिका भी महत्त्वपूर्ण है। साथ ही पुस्तक के अन्त में दिये गये तीन परिशिष्ट भी रोचक और ज्ञानवर्धक हैं। तीसरे परिशिष्ट में दी गयी स्थानों की नामावली के साथ यदि उनका भौगोलिक वर्णन और ऐतिहासिक विवरण भी दिया जाता तो अत्युत्तम होता।

सागर

डॉ. बरसैंया की सुसम्पादित कृति वीर विलास

—डॉ. कान्ति कुमार जैन

हिन्दी के आदिकालीन कवियों में जगनिक अपनी वाचिक काव्य-शैली के कारण आज तक अप्रतिम बने हुए हैं। उनका परमाल रासो सारे हिन्दी क्षेत्र में आज की अपनी लोकप्रियता में अप्रतिहत और सम्प्रेषणीयता में अम्लान है। आल्हा को नायक बनाकर हिन्दी में कई कवियों ने अपनी प्रतिभा प्रदर्शित की है। ऐसे ही एक कवि हैं ज्ञानी जू जिनका 'वीर विलास' रीतिकाल में लिखा गया और जिसमें बेतवा के तीर पर हुए 'दरेरा' का वर्णन दोहा, सोरठा, सवैया, छप्पय आदि छन्दों में किया गया है। ग्रन्थ की सूचना तो इतिहासकारों एवं शोधकर्ताओं को थी पर यह पहली बार डॉ. गंगा प्रसाद गुप्त 'बरसैंया' के प्रयासों से सुसम्पादित रूप में पाठकों को उपलब्ध हो रहा है। डॉ. बरसैंया पटु हैं। वे पाण्डुलिपियों को सभी कोणों से देखते हैं और कविता के इतिहास में उसका स्थान सुनिश्चित करते हैं।

डॉ. गंगा प्रसाद गुप्त बरसैंया ने 'वीर विलास' नामक खण्डकाव्य को ऐतिहासिक, शास्त्रीय, भाषा वैज्ञानिक आदि कई कसौटियों पर कसा है।

हिन्दी के वीर काव्य की परम्परा 'वीर विलास' के प्रकाशन से समृद्ध हुई है और डॉ. 'बरसैंया' एक शोधक, समीक्षक और सम्पादक के रूप में इस ग्रन्थ के माध्यम से अपनी पूर्व अर्जित प्रतिष्ठा को सुदृढ़ करने में सफल हुए हैं।

सागर

अँधेरे गर्त से उबारा डॉ. बरसैंया ने

– रामेश्वर शुक्ल 'अंचल'

हिन्दी भाषी प्रदेशों और जन क्षेत्रों में तुलसीकृत रामायण के बाद ही आल्ह खण्ड या आल्हा ऊदल कथा–काव्य का स्थान लोकप्रियता और जन मन रंजनकारिता की दृष्टि से आता है। घर–घर में सस्वर पढ़ी जाने वाली यह वीर गाथा अपने राष्ट्रीय ओज, गौरव–बोध और शौर्य के उल्लास की दृष्टि से अपनी समता आप है। बुन्देलखण्ड के सशक्त कवि ज्ञानी ने रीतिकाल के श्रृंगारी युग में अपना ऐहिासिक वीर काव्य 'वीर विलास' रचकर वीर रस की शाश्वत परम्परा को वाणी दी है। पर अपने खण्डकाव्य में छन्द–विधान में कवि ज्ञानी ने पृथ्वीराज रासो और परमाल रासो के अनुकरण पर दोहा, सोरठा, कवित्त, सवैया, छप्पय आदि छन्दों का प्रयोग किया है– ओज और प्रसाद गुणों को अक्षुण्ण रखकर।

वीर विलास का परिश्रमपूर्वक और प्रबुद्ध शोध–दृष्टि से सम्पादन कर इसे पूर्ण प्रकाश में लाने का कार्य कर डॉ. गंगा प्रसाद बरसैंया के अँधेरे गर्त से उबारा है। पाठालोचन और सम्पादन की इस प्रक्रिया में उन्हें कठिनाइयों का सामना भले करना पड़ा हो, पर उन्होंने उपलब्ध वीर काव्य में अभिवृद्धि की है। अपने युग की प्रचलित परिपाटी से हटकर ज्ञानी ने रीति–काव्य की रचना न कर या आश्रयदाता नरेश की प्रशस्ति न गाकर मध्यकालीन इतिहास के इन दो महान आदर्श वीरों का जीवनोत्सर्ग अंकित किया है। यह उनकी स्वतन्त्र कवि–वृत्ति का द्योतक है। इस सर्वश्रुत, सर्वज्ञात वीरकाव्य को नये काव्य–शिल्प ,नयी रचना विधा में प्रस्तुत करने वाले वीरता और करुणा के इस खण्डकाव्य को सर्वांगीण सम्पादन के लिए डॉ. बरसैंया बधाई के अधिकारी हैं।

जबलपुर

लोक सम्पदा का एक और उत्खनन

—प्रेम शंकर रघुवंशी

क्या आपने दफीनों की खोज करने वालों को कभी देखा है? नहीं न! तो देखिये। ये बहुत ही दिलचस्प होते हैं। ये आपके साथ उठते-बैठते, गाते-रोते सभी स्थितियों में शिरकत करते हुए भी निपट छड़क बाँगले होते हैं। कभी आपके साथ यह मौका भी आ सकता है कि ये आपके साथ सप्तम में गा या रो रहे हों और कहीं से एक खास आहट मिली तो ये आपके सुख-दुःख की शिरकत का गाना-रोना वहीं का वहीं छोड़कर बाबले जैसे भाग खड़े हों। आप सोच भी नहीं सकते उनके इस अजीब से व्यवहार पर। लेकिन आप उनका क्या कर लेंगे? अजीब हैं तो हैं। वे अपनी शर्तों पर ही आपके साथ गाना-रोना कर सकते हैं। आपकी शर्तों पर नहीं। वे जिस आहट पर दौड़ते हैं उसको आप तो आप, आपके फरिश्ते भी शायद ही सुन पाते हों। यदि सुन भी लें, तो समझा नहीं सकते। यह खूबी तो इन्हीं लोगों में होती है कि आपके साथ आपके सुख-दुःख में डूबे हुए होने के बावजूद अपनी प्रिय आहट को सुनते ही उस तरफ दौड़ पड़ते हैं। मानो दिया जला नहीं कि पतंगा प्राणपण से दौड़ पड़ा उसकी लौ पर। यह रोशनी की आहट है जिसे पतंगा ही सुन सकता है। ऐसी ही आहट होती है दफीनों की। दफीनों को खोजने वाले इस काम में इतने माहिर होते हैं कि वे काफी नीचे गड़े इस धन की आहट काफी साफ सुन लिया करते हैं। चाहे वे कितने ही व्यस्त या अन्तरंग क्षणों में डूबे हों। मैंने डॉ. गंगाप्रसाद गुप्त 'बरसैंया' नाम के साहित्यिक दफीनाखोजी को निकट से देखा है कि दफीने की खोज में वह कितना आकुल, व्याकुल, उखड़ा-उखड़ा-सा, परेशान रहता है। चिट प्लान करते देखा है। लोक शकुन की एक मान्यता है कि जो लोग पाँवले (उल्टे) पैदा होते हैं वे चिट प्लान के लिए ज्यादा काम के होते हैं। ऐसे खोजने पर मिल जाया करते हैं और ये ऐसों को विश्वास में लेकर उनके दाएँ हाथ के अँगूठे पर काजल लगाकर ऐसे मन्त्र पढ़कर अपने सामने बैठा लेते हैं और उससे सिर्फ अँगूठे की तरफ एकटक देखते रहने को कहते हैं। वह कुछ देर बाद त्राटकमुद्रा में हो जाता है। तब दफीनाबाज उससे पूछना शुरू करता है। क्या दिख रहा है? शुरू-शुरू में उस पाँवले को एक मैदान को झाड़-बुहारकर साफ करने वाले, उस मैदान को पानी से गीला करने वाले

भिश्ती दिखाई देते हैं। इसके बाद उस मैदान में दो कुर्सी लग जाती हैं जिन पर राजा-रानी का जोड़ा आ बैठता है। पाँवला सब बताता जाता है फिर दफीनाबाज उससे कहता है कि उन राजा-रानी से पूछो कि धन कहाँ गड़ा है? वह पूछता है। कभी उन राजा-रानी में से कोई-न-कोई गड़े धन का कोई संकेत दे देता है अथवा वह जोड़ा उठकर चला जाता है। दफीनाखोजी ऐसा होने पर अपना प्रयास अन्यत्र करता है। उस स्थान और उसके सभी स्रोतों को छोड़ देता है। ऐसा करते हुए यदि उसे कहीं दफीना मिल जाता है तो वह चिट प्लान वाले से लेकर उन सभी को बराबर श्रेय देता है। उन्हें अधिकाधिक माल देकर अपने पास मात्र शोध सामग्री जितना रखकर उसे सार्वजनिक हित में लगा देता है।

डॉ. गंगाप्रसाद गुप्त 'बरसैंया' को ऐसा ही दुर्लभ दफीना बिना चिट प्लान के अपने मित्र डॉ. राम विशाल चंसौरिया से प्राप्त हुआ। 1986-87 में उन्हें अज्ञात लोक कवि ज्ञानी की 'वीर विलास' खण्डकाव्य की पाण्डुलिपि डॉ. चंसौरिया ने दिखाई और इस शर्त पर डॉ. बरसैंया के हवाले की, कि वे उसे प्रकाशित करायें ही। साहित्य के दफीनाखोजी को बड़े पापड़ बेलने पड़ते हैं। यहाँ सामग्री प्राप्त होने के बाद से लेकर उसके प्रकाशन तक जानलेवा श्रम तो करना ही पड़ता है, इसके साथ प्राचीन को व्यवस्थित करने से लेकर उसके निहितार्थ से तब तक जूझना पड़ता है जब तक कि वह आत्मसात न हो जाये। बरसैंया जी ने ज्ञानी जी की 'वीर विलास' प्रति चंसौरिया जी से सशर्त प्राप्त कर उस पर अपना अनुसन्धान कर्म शुरू किया। प्राचीन पाण्डुलिपि पर काम करना किसी प्रोजेक्ट से कम नहीं होता है। इसी ढंग से बरसैंया जी ने काम किया। प्रति प्राप्त कर उसके रचयिता ज्ञानी कवि के बारे में जानकारियाँ जुटानी शुरू कीं तो उन्हें उनका पूरा जीवनवृत्त ही उपलब्ध नहीं हुआ। केवल कवि के निवास स्थान का पता मिला। उन्हें डॉ. राम विशाल चंसौरिया ने जो प्रति दी थी वही उपलब्ध प्रतियों में सबसे प्राचीन रही। अतः वही ज्यादा प्रामाणिक लगी। इसी बीच उन्हें डॉ. किशोरीलाल जी मिले। इस तरह पाण्डुलिपि, पाण्डुलिपिदाता, पाण्डुलिपि प्राप्तक और पाण्डुलिपि के काम में दो सहयोगियों के इन पंचपियारों ने 'वीर-विलास'—पंचायत से एक शानदार गुप्त काव्य-गंगा का प्रसाद श्रेष्ठ सैंया (बरसैंया) में पाये जाने वाले उत्साह जैसा हिन्दी के कोश संवर्धन का रसना को आस्वादित कराया—डॉ. गंगा प्रसाद गुप्त 'बरसैंया' द्वारा।

'वीर विलास' की भूमिका में डॉ. गुप्त ने इस काव्य के जिन महत्त्वपूर्ण पक्षों पर कहा है उसके अलावा ज्ञानी कवि का वीर विलास खण्डकाव्य इस रूप में भी काफी महत्त्वपूर्ण है कि यह एक असाधारण वीर-काव्य है। असाधारण इस रूप में कि संवत् 1758 से संवत 1798 के बीच रचा गया यह काव्य ग्रन्थ लोककवि जगनिक के ख्याति प्राप्त आल्हखण्ड के समानान्तर है जबकि इसका कथानक मात्र

खण्ड काव्य का है। आल्हा की कथावस्तु में से एक छोटा-सा अंश आल्हा मनौआ और नदी बेतवा की लड़ाई का प्रसंग है। जिसमें लोककवि ज्ञानी ने अपनी काव्य निपुणता प्रतिष्ठित कर दी है। रचनाकर अपने काल, अपने समाज, अपनी जन्मभूमि का एक संवेदनशील ग्रहणकर्ता होता है जो अपने समय की जनभावना को व्यक्त करते हुए अपने समय को लोक-मान्यताओं, लोकोक्तियों और कहावतों को जनता की चिन्तन-पद्धति के रूप में व्यापक अर्थ छवियों के साथ बोधगम्य बनाता है। कवि ज्ञानी का यह काव्य अपने काल की जनता का इतिहास ज्ञान तो कराता ही है इसके अलावा यह सामाजिक और राजनीतिक चिन्तन की दिशाओं को भी रेखांकित करता है जबकि उस काल में रूढ़िवादी रचनाएँ भी लिखी जा रही थीं जिनमें भाग्यवादिता का बोलबाला था और उसी के अनुरूप शब्दों, कहावतों और ध्वनियों का उच्चारण होता था लेकिन ज्ञानी कवि तो मुँह बार लेंगे मुख आखर काढ़े या 'देखी पाखर ना परत' जैसे मुहावरों को नयी और सानुकूल व्यंजना देकर भाषा की लगाम को अपने हाथों में ठीक से सँभाले रहा। इससे यह स्पष्ट होता है कि यह कवि वर्णविन्यासी के साथ भाषा-विन्यासी भी उतना ही था और इसने काव्य शास्त्र का भी, खासकर छन्दों का गहरा ज्ञान प्राप्त किया हो, तभी तो यह ज्ञानी कवि अपने इस 'वीर विलास' काव्य में लगभग चौदह सिद्ध छन्दों का प्रयोग करता है जो कि महाकाव्य के लिए होते हैं, यह खण्डकाव्य इस रूप में एक अपवाद के साथ कवि के काव्यसिद्ध होने का प्रमाण भी प्रस्तुत करता है।

प्राचीन पाण्डुलिपियों के प्रकाशन का काम बड़ा कठिन है और बड़ी जिम्मेदारी का है। आज जबकि लोग खुले दरवाजे खटखटाने में लगे हों तब डॉ. गंगाप्रसाद गुप्त 'बरसैंया' उन बन्द दरवाजों पर दस्तकें दे रहे हैं जिनके भीतर हमारे अतीत की सांस्कृतिक विरासत का एक भरा-पूरा हवाला मौजूद है। लोक सम्पदा का एक और उत्खनन हुआ है जो हमारे लिए काम का सिद्ध होगा।

प्राध्यापक हिन्दी
शासकीय महाविद्यालय
हरदा (म. प्र.)

· रस विलास

कविवर चैनराय रीति-परम्परा के ऐसे कवि और रसनिरूपक आचार्य हैं जिनकी रचना की बारीकियों को समझने का प्रयास हिन्दी के मनीषियों ने नहीं किया। उनकी यह कृति श्रृंगार के भेदों और उससे सम्बद्ध सभी विषयों का सांगोपांग निरूपण करने में पूर्णतया सक्षम है।

श्रृंगारिक काव्य-परम्परा के अन्तर्गत निश्चय ही चैनराय की यह कृति मतिराम के 'रसराज' देव के 'रस विलास' सोमनाथ के 'श्रृंगार विलास', पद्माकर के 'जगद्विनोद', बेनीप्रवीन के 'नवरस तरंग' तथा भिखारीदास के 'श्रृंगार निर्णय' से किसी भी रूप में कम महत्त्व की नहीं है।

इसमें चैनराय की रागात्मक दृष्टि का स्वास्थ्य और संवेदनशीलता का स्फुरण लोकतात्त्विक रूपों में व्यक्त हुआ है। पद्माकर की चित्रात्मक योजना और बिम्बों की संसृष्टि के साथ ही मण्डन की लोकतात्त्विक सरसता एवं बिहारी की ऊहात्मक प्रवृत्तियों के समावेश से इस रचना में पर्याप्त प्रौढ़ता और गहराई आयी है।

इस अज्ञात श्रृंगारिक रचना का हिन्दी-जगत में यथेष्ट सम्मान होगा तथा रसज्ञ पाठकों के मध्य इसे अपेक्षाकृत अधिक लोकप्रियता प्राप्त होगी।

—डॉ. किशोरी लाल

एक विलुप्त और विस्मृत कवि की खोज

—राम अधीर

हिन्दी भाषा के विशाल परिदृश्य पर आज भी अनगिनत प्रतिभाएँ ऐसी हैं जिनकी प्रतिभा को खोजना आवश्यक है। इन्हें विलुप्त की श्रेणी में रखा जा सकता है। फिर बुन्देलखण्ड तो इन सबके लिए अत्यन्त ही समृद्ध है। यहाँ के राजा–महाराजा साहित्य, कला, संगीत और संस्कृति को प्रोत्साहित करने के लिए भी उदार रहे हैं। बुन्देला राजाओं की यशोगाथा अँग्रेजों तक ने गायी। आश्चर्य तब होता है जब किसी बुन्देला राजा के दरबार में अत्यन्त ही छोटे पद पर काम करने वाला भी प्रतिभाशाली होता है, उसके बारे में सुनकर आश्चर्य होना अस्वाभाविक नहीं है। आज भी यह परिश्रम और आस्था का विषय है कि किसी चैनराय नामक कवि को खोजा जाये जिसने रीति–काल में रहकर 'रस विलास' नामक ग्रन्थ की रचना की हो। कविवर चैनराय बुन्देला राजाओं के आश्रय में रहकर 'चौकीनवीस' का काम करते थे। यहाँ आश्चर्य यह है कि इतनी छोटी सेवा में रहकर भी कविवर चैनराय ने 'रस विलास' जैसा ग्रन्थ रचा। मैं तो इसे बुन्देलखण्ड के राजाओं को भाग्यशाली मानता हूँ कि उनके राजदरबार में कितनी विलक्षण प्रतिभाओं को सम्मान मिला।

हिन्दी साहित्य का इतिहास इस सत्य का साक्षी है कि बुन्देलखण्ड के राजाओं ने अनेक प्रतिभाओं को सम्मान दिया। कविवर चैनराय को हिन्दी साहित्य के अध्येतादृष्टि सम्पन्न साहित्यकार रीतिकाल का कवि स्वीकारते हुए शृंगार रस का रचनाकार मानते हैं। आज हम यह भी स्वीकारते हैं कि रीतिकाल में छन्द माधुर्य अत्यन्त विलक्षण रहा। आज अनेक कवि मंचों पर सवैया, घनाक्षरी जैसे छन्दों की रचना कर वाहवाही लूटते हैं, किन्तु कथ्य का गाम्भीर्य उनमें वैसा नहीं है जैसा कि रीतिकालीन कवियों में था। ओरछा भगवान राम की उत्सव–नगरी है इसलिए वहाँ हुए कवि वैसा ही रचते हैं जैसा राम जी चाहते हैं। अधिकांश बुन्देलखण्ड के कवियों की भावनाएँ महाकवि घनानन्द के इस कथन का समर्पण करती हैं कि– मोहीं तो मोर कवित्त बनावत...यह एक तरह का समर्पण भाव है।

आज जरूरत इस बात की है कि जिस तरह डॉ. गंगाप्रसाद गुप्त बरसैंया ने इस कवि चैनराय को खोज निकाला और उनके सृजन का इतिहास प्रस्तुत किया, उससे

तत्कालीन राज्य की प्रतिभाओं को पूर्ववर्ती पीढ़ियों की आहट मिलती है। वास्तव में असली प्रतिभाएँ तो यही थीं जिनके कारण हिन्दी का इतिहास गौरवान्वित हुआ है। वास्तव में कवि चैनराय की रचनाओं का कथ्य ही बाँकपन लिये हुए है। राम जी के भक्त होने के कारण उनको बहुत समय बाद पहचाना गया और उनकी कृतियों की खोज हुई। दरअसल, यह खोज अनुसन्धान की सीमा में आती है। उनके पदों का कथ्य सीधे अन्तस का संस्पर्श करता है। कवि चैनराय भक्ति की दृष्टि से समदर्शी रहे। राम जी की राजधानी ओरछा में रहते हुए उनके मन में भगवान के प्रति भी गहरी श्रद्धा थी। वह एक जगह नायिका-भेद के वर्णन में कहते हैं—

सुषदा, सिवदा, अर्थदा, रसदा जस दातार।
परन्तु हौं श्रीकृष्ण को, गोपिनी संग विहार।
नौ रस में सिंगार रस, मधुरता अधिकाहि।
ताँते माधुर नाइका, परन्तु हौं अब ताहि।
कहीं नाइका तीनि विधि, ग्रन्थन तीनिय वान
सुकिया वरनौ प्रथम ही रूप-सील-गुनवान।।

अनेक विद्वानों ने आचार्य भरत से लगाकर पण्डितराज जगन्नाथ तक श्रृंगार रस की जो धाराएँ कविता में प्रवाहित रहीं, उनको महत्त्व देते हुए श्रृंगारपरक कविताएँ रचीं और छन्द की दृष्टि से सवैया और घनाक्षरी को अधिक महत्त्व दिया। भक्ति के परिवेश में जब श्रृंगार की उपस्थिति आवश्यक होती है तब मधुर रति का दो दृष्टियों से विवेचन मिलता है—नायिका की दृष्टि से और भावों की दृष्टि से। कवि चैनराय इस दृष्टि से 'लक्षण' गुणों के निष्णात सिद्ध होते हैं। आज लक्षण-ग्रन्थ भी विलुप्त से हैं। राम हों या कृष्ण उनकी रचनाएँ पाठकों को मधुर उपासना की ओर आकर्षित करती हैं। उनके एक पद में यह लक्षण उदित हुआ है—

निसि वासर प्रेम पगे पन सौं मनही मन मोद बढ़ावत से।
गन गौवन गोपन को विसराई रहौ नित कीर पढ़ावत से।
कहि चैन छके छवि के रस में दुलहि नित चाव बढ़ावत से।
तब तैं तुम गौनां लियाये लला तब तैं रहौं सेनों गढ़ावत से।

डॉ. गंगाप्रसाद गुप्त बरसैंया ने सुकवि चैनराय के रस विलास के माध्यम से बुन्देली बोली में रचे-बसे लालित्य और माधुर्य में पाठकों को अवगाहन कराने का जो प्रयास किया, उसके लिए उनका और बुन्देल की धरती को प्रणाम करने का मन होता है। इस भूमि ने अपने शौर्य काव्य, राजा-महाराजाओं के औदार्य और जनजीवन की सादगी से सबको आकर्षित किया है। यह खोजपूर्ण कृति प्रमाणित करती है कि जाने और कितने रत्न जन्मे होंगे जिनको खोजकर साहित्य के कोश को समृद्ध करने की आवश्यकता आज भी है।

सम्पादक-संकल्प रथ, भोपाल

कवि विक्रम रचित

सुदामा चरित

आमुख

बुन्देलखण्ड में मुझे जो अनेक अज्ञात और अप्रकाशित कृति तथा कृतिकार मिले उनमें कवि विक्रम कई दृष्टियों से महत्त्वपूर्ण हैं। उनका एकमात्र ग्रन्थ 'सुदामा चरित' प्राप्त हुआ है जिसका कहीं भी किसी भी इतिहास अथवा आलोचना-ग्रन्थ में नामोल्लेख भी नहीं है। सुदामा चरित सम्बन्धी शोध-प्रबन्ध की सूची में भी इसका नाम नहीं है। स्पष्ट है कि यह कृति हिन्दी-जगत के लिए सर्वथा नवीन है। 208 छन्दों की इस कृति में प्रारम्भ में देवताओं की वन्दना और वंश-परिचय है।

—डॉ. बरसैंया

बुन्देलखण्डी मिठास और सहजता की कृति सुदामा-चरित

सतीश मेहता

खड़ी बोली के साहित्य की उम्र भले ही अधिक न हो, हिन्दी की विभिन्न बोलियों में साहित्य-सृजन सैकड़ों वर्षों से अनवरत होता आया है। इस रचना-संसार की अनेक कृतियाँ साहित्य की शोभा बढ़ा रही हैं, किन्तु न मालूम कितनी ही रचनाएँ अब तक अज्ञात हैं। इन कृतियों में से अनेक जो मठों, मन्दिरों, अथवा पुश्तैनी घरों में दबी पड़ी रहती हैं, उपलब्ध होने पर अत्यन्त महत्त्वपूर्ण एवं अद्वितीय सिद्ध होती हैं। आचार्य रामचन्द्र शुक्ल ने लिखा भी है कि हिन्दी साहित्य के इतिहास के लेखन की सबसे बड़ी समस्या प्रामाणिक सामग्री का अभाव रही है। हिन्दी के कुछ शोधकर्ताओं ने ऐसी अनुपलब्ध कृतियों को खोजकर, उन पर अपना शोध कार्य किया है। ऐसी ही एक रचना कवि विक्रम रचित 'सुदामा चरित' है। डॉ. गंगाप्रसाद गुप्त बरसैंया ने इसी दुर्लभ ग्रन्थ को सम्पादित कर, पुस्तकाकार दिया है।

सुदामा का चरित्र अपनी निर्धनता के कारण हमारे देश के बहुसंख्यकजनों का प्रतिनिधि चरित्र है। यही कारण है कि इस कथा ने जन-जन में अपना स्थान बना रखा है। कृष्ण-सुदामा की कहानी में हमें अपनी कामनाओं एवं लालसाओं की छवि नजर आती है। निर्धन की सम्पन्न से मित्रता, राजा द्वारा गरीब का भरपूर स्वागत, खाली हाथ लौटा दिये जाने की निराशा, घर लौटने पर टूटी-फूटी झोंपड़ी के स्थान पर विशाल महल, राजसी ठाठ-बाट की उपलब्धि आदि प्रसंग हमारे मानस को सम्मोहित करने में सफल हैं। इसी कारण हिन्दी एवं अन्य भारतीय भाषाओं में अनेक लेखकों द्वारा बार-बार 'सुदामा चरित' का लेखन बहुत अरसे से होता रहा है। डॉ. सियाराम तिवारी के शोध ग्रन्थ में अनेक सुदामा चरितों का वर्णन किया गया है। इनमें नरोत्तमदास, हलधर, आलम, कालीराम, मीरमाधो जैसे पूर्ववर्ती एवं माखनकवि, खण्डन कवि, गोपाल, प्राणनाथ, बालक दास, महाराजदास, वंशमणि जैसे परवर्ती कवि प्रमुख हैं। इन कवियों द्वारा रचित सुदामा चरितों के समय-काल के अध्ययन से बरसैंया ने यह निष्कर्ष पाया है कि विक्रम रचित 'सुदामा चरित'

हिन्दी का सबसे पहला सुदामा चरित है।

मूलतः बुन्देलखण्डी बोली में लिखे गये विक्रम रचित 'सुदामा चरित' में कृष्ण सुदामा की पारम्परिक कथा के समस्त प्रसंग उपस्थित हैं। सुदामा एवं उनकी पत्नी का वार्तालाप, सुदामा का कृष्ण से मिलने हेतु विदा होना, यात्रा वर्णन, रास्ते में सुदामा द्वारा शिव-पार्वती के मन्दिर में वन्दना, पार्वती द्वारा सुदामा को वरदान, द्वारिका एवं कृष्ण के दरबार के वैभव का वर्णन, सुदामा का कृष्ण से मार्मिक मिलन, तन्दुल भेंट एवं रुक्मणी का हस्तक्षेप, सुदामा की विदा तथा कुछ प्राप्त न होने की पीड़ा, अपनी झोंपड़ी के स्थान पर महल देखकर सुदामा का आक्रोश, पत्नी के चरित्र पर शंका एवं अन्त में सुदामा के दरबार के वर्णन में कवि विक्रम ने अपनी अनूठी मौलिकता प्रतिपादित की है। अन्य सुदामा चरितों से परे कुछ प्रसंग एकदम अछूते एवं नवीन हैं। उदाहरणार्थ, घर लौटने पर पत्नी को श्रृंगार में देखकर सुदामा के मन में पत्नी के चरित्र के प्रति शंका का होना अथवा अन्त में वैभवशाली जीवन बिताते हुए सुदामा का जमीदारों की तरह, जरी के पकड़े पहनकर, दरबार लगाना तथा किन्नरियों के नृत्य आदि का आनन्द लेना।

बुन्देलखण्डी की मिठास एवं सहजता में सुदामा चरित की मार्मिक भावनाएँ हमारे अन्तर की भावनाएँ प्रकट करती हैं। निःसन्देह ऐसे अनुपलब्ध ग्रन्थों की खोज, हमारे साहित्य को समृद्ध बनाती है।

सतना

रूपक और साक्षात्कार

शिक्षा और साहित्य का दर्पण

—डॉ. अशोक त्रिपाठी

डॉ. बरसैंया की कृति 'रूपक और साक्षात्कार' अपने कलेवर में भले ही छोटी है किन्तु इस कृति में जहाँ एक ओर रचनाकार का अध्ययन और विश्लेषण प्रतिबिम्बित होता है, वहीं दूसरी ओर पाठकों एवं साहित्य जिज्ञासुओं के लिए ज्ञानवर्धक सामग्री भी प्राप्त होती है। साहित्य लेखन की दो लोकप्रिय विधाओं के माध्यम से इस कृति में शिक्षा और साहित्य परोसने का सफल प्रयास हुआ है। इसमें हिन्दी साहित्य के इतिहास के चारों युगों, यथा– वीरगाथाकाल, भक्तिकाल, रीतिकाल एवं आधुनिक काल की प्रतिनिधि काव्य-परम्परा एवं ईशभक्ति और देशभक्ति के प्रसंगानुरूप कथानकों का उल्लेख इस कृति की श्रेष्ठता को रूपायित करते हैं।

दो खण्डों में विभक्त यह गद्य-संग्रह पाठन एवं श्रवण दोनों की मधुर अनुभूति कराने में सक्षम है। कवि केशवदास के सम्बन्ध में 'हृदयहीन कवि' की धारणा के विपरीत उनकी सरसता एवं आचार्यत्व प्रतिष्ठा को उजागर करता रूपक– 'तुम

आदि मध्य अवसान एक' प्राचीन नाट्य परम्परा के वाहक नट और नटी के संवाद सारगर्भित, सन्तुलित और सम्पूर्ण भाव प्रदर्शन में समर्थ हैं। 'प्रेमपथी रसखान' में रचनाकार की भावुकता विषयवस्तु के साथ तादात्म्य बिठाने में साकार हो उठी है। 'लोक विभूति गिरधर कविराय' एवं पं. घासीराम व्यास पर लिखे रूपक जहाँ एक ओर लोक-जीवन की सहज-सरल रागनियों का ध्वन्यांकन करते हैं वहीं राष्ट्रीय चेतना के जागरण का सन्देश भी देते हैं।

प्रथम खण्ड के अन्तिम तीनों रूपक बालोपयोगी प्रेरणा और सीख देने के निमित्त रचे गये हैं। ये रूपक इस दृष्टि से महत्त्वपूर्ण हैं कि किसी बड़े साहित्यकार के कृतित्व में केवल बौद्धिक विलास या ज्ञानात्मक रुक्षता ही नहीं बल्कि वात्सल्य पीठिका भी होती है। रेडियो जैसे ध्वनि सम्प्रेषण के माध्यम से रचनाकार अपने हेतु को प्रसारित करने में पूर्ण सफल हो सका है। यही इस कृति और साहित्यकार के धर्म का निर्वाह है। बाल-साहित्य की अल्पता के बीच डॉ. बरसैंया जी का ये प्रयास महनीय और सराहनीय है।

संग्रह का दूसरा खण्ड 'साक्षात्कार' विशुद्ध साहित्यिकता से पूर्ण है। हिन्दी गद्य की इस गौण विधा में लेखन और प्रकाशन अपेक्षाकृत अल्प है। यद्यपि यह विधा दो साहित्यकारों के दृष्टिकोण को अपनी सीमाओं के साथ रेखांकित करने में समर्थ होती है। बँगला साहित्य के ख्यातिनाम रचनाकार विमल मित्र से डॉ. बरसैंया का अन्तरंग संवाद अनेक साहित्यिक तथ्यों को अधिसूचित करता है। रामेश्वर शुक्ल 'अंचल', डॉ. विद्यानिवास मिश्र और डॉ. भगीरथ मिश्र से रचनाकार का साक्षात्कार साहित्यिक स्थिति, उपयोगिता, जटिलता और कर्मनिष्ठा की परतें खोलने और बाँधने की दृष्टि से महत्त्वपूर्ण है। युग तुलसी पं. रामकिंकर उपाध्याय जी से की गयी भेंटवार्ता साहित्य के आध्यात्मिक सम्बोधनों का दस्तावेज है।

कुल मिलाकर डॉ. बरसैंया कृत 'रूपक और साक्षात्कार' एक ऐसी कृति है, जिसमें रचनाकार की साहित्यनिष्ठा और समाजनिष्ठा दोनों की सम्यक अभिव्यक्ति मिलती है। इस प्रकार की कृतियाँ विद्यालयीन अथवा महाविद्यालयीन पाठ्य-वस्तु का अंग बनकर भावी पीढ़ी को उपकृत कर सकती हैं। मैं व्यक्तिगत रूप से इस कृति के परिप्रेक्ष्य में डॉ. बरसैंया जी का अभिनन्दन करते हुए उनके प्रति अपना प्रणाम निवेदित करता हूँ।

वरिष्ठ अध्यापक
शासकीय मॉडल हायर सेकेण्डरी स्कूल
छतरपुर (म. प्र.)
मोबाइल नं.- 9893251935

लोक-वाटिका

लोक-जीवन की तरंगित बानगी

—डॉ. अशोक त्रिपाठी

डॉ. गंगा प्रसाद बरसैंया एवं श्रीमती लक्ष्मी बरसैंया की अन्वेषित कृति 'लोक वाटिका' वास्तव में लोक-हृदय में जन्मे, पोषित और उमंगित पुष्पों से सुसज्जित एक उपवन है। इसमें सुरभित पवन की थाप, चंचल कलियों का आह्लाद, खिलकर मुरझाने की कसक और अनबोले संवादों की गूँज है। लोक और साहित्य का अन्योन्याश्रित सम्बन्ध इस कृति में सप्रमाण प्रस्तुत हुआ है।

डॉ. बरसैंया का लोक-जीवन से सपत्नीक सरोकार इस कृति की विशिष्टता है। अपने प्राक्कथन में कृतिकार ने लोकभूमि से साहित्य को प्रतिष्ठित मानकर लोक और साहित्य की जो व्याख्या, अन्त:सम्बन्ध और तुलना की है, वह उनके अध्येता होने की पुष्टि है। देवेन्द्र सत्यार्थी के इस कथन को उद्धृत करके कृतिकार ने लोक-साहित्य को शिष्ट साहित्य से श्रेष्ठ सिद्ध करने की कोशिश की है—

"रूपक की भाषा में कहूँ तो लोक-साहित्य ही हमारे साहित्य की गंगा है। जब-जब हमें मैल और प्रदूषण से मुक्ति पानी होगी या अपनी संकीर्णता से मुक्ति पाकर एक विराट प्रवाह से जुड़ने की इच्छा हममें जब-जब पैदा होगी, तब-तब इसी लोक गंगा में डुबकी लगानी होगी। दूसरा कोई रास्ता नहीं... अपनी आत्मा को शुद्ध करने और शक्ति पाने का।"

इस कृति में बरसैंया-दम्पति ने लोककथाओं, लोकगाथाओं, लोकगीतों और लोक कहावतों के अतिरिक्त लोक-विश्वासों को सन्दर्भित और उद्घाटित किया है। उनकी यह उद्भावना मूल भारत जन को रूपायित करती है। कृतिकार का मन साहित्यकारों की उस भेद-दृष्टि को स्वीकार नहीं करता जो साहित्य और लोक-साहित्य को अलग करके देखता है। सच भी है—प्राण के बिना जीवन की कल्पना निरर्थक है। अतः यह तथ्य सर्वग्राह्य एवं स्वयं सिद्ध है कि लोकभूमि साहित्य की जन्मभूमि है।

इस 'वाटिका' में विविध रंगी सुमन हैं। एक ओर जहाँ लोकोक्तियों को आधार बनाकर कथातन्तुओं के माध्यम से लोकमन के शिक्षित और व्यावहारिक होने का उल्लेख है, वहीं बालोपयोगी सरस प्रेरणाएँ भी हैं। 'बोलता आत्मविश्वास' एक अनुभूतिपरक प्रसंग है, जो सत्य घटना-पृष्ठभूमि पर लोक-जीवन की उन्मुक्त अभिव्यक्ति प्रस्तुत करता है। 'लाला हरदौल का बलिदान', और 'धोबिन द्वारा सुहाग दान' लोक मानस की पारम्परिक निष्ठा और विश्वास को रेखांकित करते हैं। बुन्देली शौर्य और संस्कृति की अक्षय समरसता, समर्पण, सम्बन्धभाव और सहकार को समृद्ध करने वाले ये प्रसंग वर्तमान भौतिकवादी जीवन को प्रेरणा देंगे। 'कन्हैया बिन कौन हरै मोरी पीड़ा' और 'कैसे कै दरसन पाऊँ हो' लोक-प्रेम और लोकधर्म को दृढ़ करने की दृष्टि से महत्त्वपूर्ण आलेख हैं। इनमें लोक-जीवन की आस्था और विश्वास को अभिव्यक्ति प्रदान की गयी है।

'बुन्देली लोकगीतों में रामकथा' तक शोधात्मक लेख है, जिसमें लोक-साहित्य और लोक-जीवन का सुनियोजित स्वरूप झलकता है। मानसकार तुलसी ने 'रामकथा सुन्दर करतारी। संशय विहग उड़ावन हारी।।' लिखकर बहुत पहले ये सन्देश दे दिया था कि लोकमन जब स्वच्छन्द होता है, तब वह निरंकुश नहीं बल्कि संशय या भ्रम-रहित होता है। लोक-जीवन ने राम-कथा को तर्क से परे मानकर उसे उत्सवधर्मी जीवन का प्रेरणादायी प्रतिबिम्ब बना लिया। प्रस्तुत लेख में नानाविध प्रसंगों से बुन्देली जीवन में राम की उपस्थिति को महत्त्व प्रदान किया गया है। छोटे रूप में विस्तृत विषयवस्तु की झलक देता यह आलेख लोक-साहित्य एवं तुलसी-साहित्य के शोधार्थियों के लिए भी उपयोगी है।

कुल मिलाकर 'लोक वाटिका' तेरह लेखों में गुम्फित एक सम्पूर्ण उद्यान है,

जिसमें 'लोक भूमि...' रूपी प्रस्तावना उसकी उर्वर मिट्टी है। क्र. 1 और 5 में आलेख प्रकाश और पानी के रूप में उद्यान को विकसित करने के माध्यम हैं। मध्यक्रम में क्र. 6 पर 'लाला हरदौल...' वह हवा है जो अदृश्य एवं अनछुई रहकर भी उद्यान के कण-कण में व्याप्त है। क्र. 10 पर जो आलेख है वह पंचतत्त्वों में अग्नि सदृश मूल चेतना का कार्य करता है। लेखक की सच्ची अनुभूति उसके सृजन का प्राण होती है। क्र. 2 से 4 एवं 8, 9 के आलेख उद्यान के सिर पर आच्छादित विस्तृत आकाश है। क्र. 13 का आलेख 'बुन्देली लोकगीतों में रामकथा' वह सुरभि है जो पवन के साथ मिलकर हमारे विश्वास को प्राणरूप दृढ़ता प्रदान करती है। क्र. 12 ओर 13 के आलेख इस उद्यान की पुष्पित खिलखिलाहट है, जो वाटिका की प्रत्यक्षता के साक्षी हैं। डॉ. बरसैंया एवं श्रीमती बरसैंया ने इस 'वाटिका' को सर्वजनीन बनाकर सभी को स्वास्थ्य (मानसिक) प्रदान किया है। उनका ये सृजन स्तुत्य है।

वरिष्ठ अध्यापक,
शास. मॉडल स्कूल, छतरपुर
मोबा.-9893251935

कर्म और आराधना

अनुभवों की आग

दुनिया सब कुछ स्वीकार नहीं करती। यदि सभी स्वीकार किया जाता तो अच्छे-बुरे, उचित-अनुचित, हित-अहित की पहचान न हो पाती। दुनिया वही स्वीकार करती है जो सत्य पर आधारित तथा सर्वकल्याणकारी भावना से परिपूर्ण हो। व्यक्ति का मन अनेक प्रसंगों व अनुभवों से गुजरता है। वह सृष्टि से अनन्त विस्तार को खुली आँखों से देखता है। इनमें से ही जीवन के स्वीकार्य सूत्र निकलते हैं।

अपने देखे-सुने, जाने-पहचाने अनुभवों को ही इन छोटे-छोटे आलेखों में मैंने प्रस्तुत किया है, जिनमें जीवन को उदार, संस्कारी और आदर्श बनाने की भावना प्रमुख है। बुराइयों, संकीर्णताओं से बचने-बचाने की चेतना और शुभ को स्वीकार करने की आकांक्षा है।

—डॉ. बरसैंया

प्रेरणाप्रद निबन्ध का संग्रह–'कर्म और आराधना'

–डॉ. लक्ष्मीनारायण गुप्त 'विश्वबन्धु'

डॉ. गंगाप्रसाद बरसैंया का अध्ययन वैशिष्ट्य निबन्ध विधा पर है, उन्होंने हिन्दी साहित्य के निबन्ध और निबन्धकारों पर शोध-प्रबन्ध के बाद छत्तीसगढ़ व बुन्देलखण्ड, के भाषा और साहित्यकार के साथ ही प्रतिनिधि एकांकियों पर भी पुस्तकें लिखी हैं। गद्य में निबन्धकला के मँजे कलाकार डॉ. बरसैंया ने आकाशवाणी के निमित्त चिन्तन का लेखन कर हिन्दी साहित्य में तीव्रगति से उभरती हुई अभिनव प्रेरक विधा चिन्तन के कोश भरने का अथक प्रयास किया है... मेरे विचार से यदि गद्य, कवियों का निकष है; (गद्यं कवीनां निकषं वदन्ति) तो चिन्तन लेखन गद्य का निकष है, चिन्तन को निबन्ध का स्थानापन्न नहीं, एक स्वतन्त्र विधा के रूप में विकसित किया जाना चाहिए। यदि चिन्तन लेखन साहित्य के स्तम्भ के रूप में खड़ा हो सका तो लोक-जीवन की चिन्तायें शीघ्र ही तिरोहित हो सकेंगी, क्योंकि चिन्तन में अभिव्यक्त विचार और भाव पाठक के जीवन को आलोड़ित कर उसकी स्खलित होती हुई मानसिकता को व्यावहारिक रूप से मानसोपचार कर उसके जीवन में परिवर्तन लाते हैं।

डॉ. बरसैंया की बीसवीं पुस्तक "कर्म और आराधना" चिन्तन-विषयक पुस्तक है, पुस्तक में 35 विभिन्न विषयक चिन्तन हैं जो इस प्रकार हैं :

1. क्रिया, प्रक्रिया और कर्म-सम्बन्धी चिन्तन : इसके अन्तर्गत परीक्षामर्यादा, दहेज, विवाह, लक्ष्मीपूजन, साहित्य-सृजन आदि हैं। 2. गुण और आचरण-सम्बन्धी चिन्तन : आत्मसंकल्प, आत्मविश्वास, स्वभाव और सुभाव, शिष्टाचार, सद्संकल्प, अहिंसक आँखें, निन्दा और निष्ठा आदि। 3. भावनात्मक चिन्तन जैसे : एकता, राष्ट्रीयता, श्रमेव जयते, भावना आदि। 4. विचारात्मक चिन्तन जैसे : प्रासंगिकता, बड़प्पन, कर्म और आराधना आदि। मूल्यों के अवमूल्यन के इस युग में व्यक्ति को चेतनोन्मुखी बनाने के लिए इससे प्रेरणा प्राप्त की जा सकती है। यहाँ कुछ उदाहरण प्रस्तुत हैं जो जनश्रुति या मुहावरों जैसे प्रचलित होकर विसंगत और रुग्ण मानसिकता के उपचार के साधन हो सकते हैं।

1. स्वयं का परिश्रम और स्वाध्याय व्यक्ति को आत्मविश्वासी, समर्थ और पौरुषवान बनाता है– परीक्षा

2. उसकी (मनुष्य की) मूल प्रवृत्ति सत्य और सद्‌गुण की ओर होती है– सद्‌संकल्प

3. यह अत्यन्त दुःखद है कि आज हर मनुष्य के भीतर चिन्ता का तो साम्राज्य है किन्तु चिन्तन के लिए न समय है न मनोवृत्ति– सद्‌संकल्प

4. गहरे गये पेड़ को जल न भी मिले तो फरक नहीं पड़ता, पर जल मिलने पर उसकी रौनक बढ़ जाती है– निन्दा और निष्ठा

5. भावना मनुष्य की पहिचान है– भावना

6. असन्तोष ही सारी बुराइयों की जड़ है– असन्तोष

7. अहंकार तो उस ढोल की तरह है जो दूसरों के बजाये जाने पर बजता है– अहंकार

8. जब तक हम सब इन आत्मघाती अन्धविश्वासों से मुक्ति नहीं पा लेते तब तक हमें सभ्य कहलाने का कोई अधिकार नहीं है– अन्धविश्वास

9. एक सच्चे साथी और अच्छे स्वभाव के व्यक्ति से जुड़ने का आशय है बहुत बड़े खजाने का मिलना– स्वभाव और सुभाव

10. विवाह का सारा संसार सौदेबाजी और किरायेदारी में सिमट गया है– विवाह

डॉ. बरसैंया के चिन्तन प्रयोग और प्रयास तथा पुस्तक प्रकाशन सराहनीय हैं और जनोपयोगी हैं।

रामायतन, चूनाभट्टी,
कोलार रोड, भोपाल (म. प्र.)

शब्दों के रंग : बदलते प्रसंग

संग्रह के इन छोटे-छोटे निबन्धों के माध्यम से मैंने यह बतलाने की चेष्टा की है कि एक ही शब्द अन्य शब्दों के साथ जुड़कर अथवा सन्दर्भ बदलने पर अपना भावार्थ किस प्रकार बदल लेता है। हर भाषा के शब्द और प्रतीक मानवीय जीवन और समाज से जुड़े होते हैं। उनको लेकर तमाम कहावतें-मुहावरें प्रचलित हैं। इन निबन्धों में उन्हीं कहावतों-मुहावरों, मुख्यतः मुहावरों के माध्यम से शब्दों से जुड़े भावार्थ-परिवर्तनों को संक्षेप में अंकित करने की चेष्टा की गयी है। एक ही शब्द अलग-अलग मुहावरों में किस प्रकार अपना अर्थ बदल लेता है इसे पहचानना जरूरी भी है और रोचक भी।

—डॉ. बरसैंया

भाषा-शिक्षण का सहज मार्ग

—डॉ. सुभद्रा राठौर

''शब्द अर्थ के स्तर पर भाषा की लघुतम स्वतन्त्र इकाई है।'' भोलानाथ तिवारी की इस परिभाषा से शब्द की भूमिका और महत्ता पर प्रकाश पड़ता है। भाषा यदि विचारों की वाहिका है तो शब्द अर्थों के वाहक। शब्द भाषा की रीढ़ होते हैं। भाषा की अभिव्यंजना क्षमता शब्द पर ही निर्भर होती है, इसलिए ही शब्द-सम्पदा का महत्त्व सर्वाधिक है। इस दृष्टि से हिन्दी एक समृद्ध और सम्पन्न भाषा है। अपनी जननी संस्कृत से प्राप्त तत्सम शब्दों के अलावा तद्भव, देशज, विदेशी, संकर, नवनिर्मित शब्दों की विशाल शृंखला उसे निरन्तर अद्यतन बनाये रखती है। नये शब्दों के निर्माण कर लेने की उसमें अद्भुत क्षमता है। 'हिन्दी विश्व : विस्तार एवं सम्भावनाएँ' नामक लेख में कृष्णगोपाल मिश्र कहते हैं कि ''विश्व में प्रतिष्ठित अँग्रेजी की शब्द संख्या मात्र दस हजार है, जबकि हिन्दी के मूल शब्दों की संख्या दो लाख पचास हजार है।'' इन मूल शब्दों से बनने वाले नवीन शब्दों की संख्या भी कम नहीं। यहाँ मार्के की बात यह है कि शब्दों की संख्या चाहे जितनी हो जाये, मानव-मन तो अथाह है और असंख्य हैं उसके भाव। भावाभिव्यक्तियाँ भी। यही वजह है कि प्रत्येक शब्द का एक विशिष्ट अर्थ और प्रत्येक अर्थ के लिए स्पष्ट-चिह्नित एक शब्द होने के बावजूद अनकहे को कहने के लिए सटीक-से-सटीकतर प्रयोग व शब्द बराबर ढूँढ़े जाते हैं। फलत: भाषा की यात्रा में एक वही शब्द प्रसंग-सन्दर्भवश सर्वथा भिन्न अर्थ-भाव-अभिव्यक्ति का अचूक साधन बन जाया करता है। अनेकार्थी शब्द तो भिन्न अर्थों को प्रकट करते ही हैं, एकार्थी शब्द भी संगति बदलते ही गिरगिट या खरबूजे की तरह कैसे रंग बदल लेते हैं, जानना है तो पढ़िये डॉ. गंगाप्रसाद बरसैंया जी की कृति 'शब्दों के रंग : बदलते प्रसंग'। सार्थक-सफल प्रयोग के लिए शब्दों के कोशगत अर्थ जानना ही जरूरी नहीं है, भिन्न प्रसंगों में उसके प्रयोग और अर्थगत आयामों को सूक्ष्मता से समझना-बूझना भी अनिवार्य है। कृति का महत्त्व स्वयमेव उद्घाटित होता है लेखक के कथन से— ''मेरा अभिप्रेत मात्र इतना है कि शब्द के मर्म को जानने वाला ज्ञानी और उसका सही प्रयोग करने वाला सफल सर्जक होता है। शब्द का सटीक प्रयोग उसके भावार्थ को उसी प्रकार

नयी कान्ति प्रदान करता है, जिस प्रकार रत्न पारखी सुनार रत्नों का आभूषणों में उपयुक्त प्रयोग कर उसके सौन्दर्य को द्विगुणित करता है। गलत या अनुचित प्रयोग उसकी शोभा को निष्प्रभ ही करते हैं।''

आलोच्य कृति को शब्द-शिक्षण का 'सहज-मार्ग' कहा जा सकता है। यह लेखकीय कौशल है कि उसने गम्भीर अर्थात् भाषावैज्ञानिक/ व्याकरणिक तथ्य को बेहद रोचक अन्दाज में सजा-धजाकर परोस दिया है। बतकही है, रवानी है; इतनी अधिक कि पाठक विद्यार्थी हो अथवा भाषा का जिज्ञासु, उसे पता ही नहीं चलता कि बातों-बातों में वह किस गहरे अर्थ-भाव-सागर में डुबकी लगा आया। जिन शब्दों से प्रयोक्ता तकरीबन रोज गुजरता है, बेध्यानी में, यह किताब उन राहों की पुनर्यात्रा भी है। प्रत्येक लेख सुचिन्तित है और सुगठित भी। शब्दों के बहुकोणीय सन्दर्भ-प्रसंगगत प्रयोग एवं उनके उदाहरण श्रमपूर्ण संग्रहण के परिणाम हैं, जिन्हें पढ़ना-गुनना चमत्कृत करता है। लेखक ने इनका संचयन अनुभव-जगत से ही किया है, किन्तु संचित सामग्री को जिस शैली में पिरो दिया है, सचमुच बेजोड़ है। प्रत्येक लेख किसी एक शब्द को समर्पित है। वह शब्द बदलते प्रसंग के साथ अर्थ बदलता चलता है, उन बदलते अर्थों को उदाहरणों के साथ इस तरह अभिव्यक्ति देना कि अर्थ तो बदले किन्तु पाठक के पढ़ने की गति तनिक भी बाधित न हो, भावधारा बनी रहे, यह शिल्पकारी देखने लायक है। शब्द के एक अर्थ से 'डिस्कनेक्टेड' होकर, दूसरे अर्थ से जुड़ना, सर्वथा नवीन अर्थ के साथ, खूबी यह कि निबन्ध कहीं भी पूर्वापर सम्बन्धों में लड़खड़ाता नहीं। उसकी तारतम्यता अबाध रहती है। विविधता में संयोजन की इस कलाकारी ने हर लेख को रोचक और पठनीय बना दिया है। ज्ञानवर्धक और शब्द-शिक्षक तो है ही यह कृति।

व्याकरण से भाषा सीखी जा सकती है, किन्तु यह सीखना, 'स्थूल' होता है। सूक्ष्म नहीं। हर भाषा की अपनी संस्कृति होती है। अपनी भंगिमा होती है। उन्हें पकड़े बगैर सटीक प्रयोग असम्भव हैं। हिन्दी में पर्यायवाची शब्द भी बहुत हैं, किन्तु पर्याय होकर भी बहुधा वे अपनी अलग-अलग अर्थवत्ता रखते हैं। शब्दों के सामान्य अर्थात् अभिधात्मक अर्थ विद्यार्थी अथवा नौसिखिए के लिए उतने कठिन नहीं होते, जितने कि उनके विविध आयामी प्रयोगों से उभरे सर्वथा नये-नये अर्थ। कृति इस दुरूहता को सहजता से सुलझाने का सराहनीय प्रयास है। लेखक की भाषा सरल और सुग्राह्य है। शैली का चुटीलापन पाठक को बाँधे रखता है। लेखों में शब्दों की ओट लेकर लेखक ने मनचीते व्यंग्य-बाण भी जरूर चलाये हैं, जिनके सरोकार सीधे तौर पर राजनीति, समाज, मनुष्य से जुड़ते हैं। मसखरापन भी है जिससे लेख गम्भीर होते हुए भी बोझिल नहीं होते। लेखक की खास बात यह भी है कि उसे बात को रबर की तरह खींचना बिल्कुल भी पसन्द नहीं, प्रमाण है लेखों के आकार का

छोटा होना। लेख छोटे हैं, अपूर्ण नहीं; गागर में सागर की पुष्टि करते हुए। प्रत्येक लेख 'टू द पॉइण्ट' है। कृतिकार को भूमिका-निष्कर्ष की आवश्यकता महसूस नहीं होती, इसमें वह समय जाया न कर पाठक पर भरोसा करता है कि उसका तथ्य-कथ्य यथारूप समझा जायेगा। फलतः बातें कसी हुई हैं, ठसाठस भरी हुई। आश्चर्य नहीं कि पाठक जिज्ञासा में, सारी किताब एक साँस में पढ़ जाये!

प्रसंग के साथ शब्दों के बदलते रंगों को पकड़ने के लिए लेखक ने मुहावरों, लोकोक्तियों, सूक्तियों, सुभाषितों का सुन्दर संयोजन किया है। खूबसूरती से इन्हें उदाहरणों में पिरोया है। कबीर, तुलसी, रहीम, दुष्यन्त आदि की पंक्तियों ने शब्दों के अर्थों को बखूबी स्पष्टता दी है। उद्धरणों का लेख में आगमन सायास नहीं लगता, यह भी लेखकीय कौशल ही है।

संग्रह में कुल 35 लेख हैं। इनमें से 14 लेख क्रिया-शब्दों पर केन्द्रित हैं। ये शब्द हैं— लगाना, मारना, काटना, पकड़ना, उड़ना/उड़ाना, दिखाना, भरना, तोड़ना, बनाना, बढ़ाना, खींचना, उतारना, खोदना, मिलना/मिलाना। सतही तौर पर ये सभी शब्द क्रिया मात्र हैं, जिनका सीमित, अथवा कहें कि व्याकरणिक तौर पर एक निश्चित प्रयोग-उपयोग है। सामान्य से दिखने वाले यही शब्द अपनी तय भूमिका निभाने के अलावा, जब प्रसंगवश दूसरे खास शब्द की संगति पकड़ते हैं, देखना रोचक है कि अर्थ में जमीन-आसमान का कैसे फर्क आ जाया करता है। ठीक, कपीश की भाँति उछलकर दूसरी डाल पर बैठते शब्दों के समक्ष उपस्थित हो उठता है सर्वथा नवीन अर्थ-लोक, पलक झपकते ही। कुछ बानगी देखिये— 'लगाना' क्रिया की। गले लगाना, हवा लगना, कान लगाना, दवा लगना में सभी पदबन्धों का अर्थ 'लगना-लगाना' से संयुक्त होकर विशिष्ट हो गया है। 'आग लगाना' पदबन्ध बिना किसी परिवर्तन के जब दो अलग प्रसंगों में प्रयुक्त होता है तब भी उसमें आया अर्थ-परिवर्तन सहज ही समझा जा सकता है। 'जंगल में आग लगाना' और 'जीवन में आग लगाना' पूर्णतः पृथक अर्थ रखते हैं। तमाचा मारना/हाथ मारना, बाल काटना/कान काटना, हाथ पकड़ना/खाट पकड़ना, हवा में उड़ना/कौवे उड़ाना, पीठ दिखाना/अँगूठा दिखाना, आहें भरना/कान भरना, दिल तोड़ना/दीवाल तोड़ना, चटनी बनाना/मुर्गा बनाना, दीया बढ़ाना/दुकान बढ़ाना, कब्र खोदना/जड़ें खोदना जैसे प्रयोगों में प्रसंग अतीव महत्त्वपूर्ण होते हैं। शब्दों के प्रसंग-जनित प्रयोग समझे बिना सटीक भाषा व्यवहृत नहीं की जा सकती।

क्रियाओं पर केन्द्रित लेखों के पश्चात् लेखक ने अपना ध्यान केन्द्रित किया है शारीरिक अवयवों की ओर। कान, आँख, छाती, मुँह, हाथ, पेट, मन एवं बाल पर आधारित कुल 9 लेखों में यह देखना दिलचस्प है कि इनके लक्षणा-व्यंजना ध्वनित प्रयोग मुहावरों-लोकोक्तियों में भी भाषिक-समुदाय बहुतायत में किया करता है। कान देकर सुनना/कान का कच्चा होना, आँखों में बसना/आँख मूँदना, मुँह की बात छीनना/

छोटे मुँह बड़ी बात, हाथ पर हाथ रखना/हाथ का मैल, जितनी चादर उतने पाँव फैलाना/पाँव बढ़ाना, पेट फूलना/पेट गिराना, मन का काला/मन मारना, नाक का बाल होना/नाई नाई कितने बाल; ऐसे पचासों उदाहरणों को पढ़ना शब्द के सही प्रयोग को सूक्ष्मता से समझने के लिए जरूरी है। 'ठोंकना' और 'पीटना' के साथ जब 'छाती' शब्द का संयोग हो तब देखिये कि अर्थ में कितना अन्तर आ जाता है। 'विजयी होने पर छाती ठोंकी जाती है' और 'मुहर्रम में छाती पीट-पीटकर शोक प्रकट किया जाता है।' यह सूक्ष्म भेद है, कील ठोंकी जायेगी, पीटी नहीं जायेगी। बच्चे को शाबाशी दी जायेगी पीठ ठोंककर, पीटकर नहीं। लेखक का यही मन्तव्य है कि प्रयोगकर्ता इस अन्तर को समझे, प्रसंग की अपेक्षा को समझे, उसके अनुसार ही शब्द-चयन और वाक्य-रचना करे, तभी सफल प्रयोग होगा, अन्यथा अर्थ का अनर्थ होने में देर नहीं।

संग्रह में 8 लेख घर, आग, पानी, जड़, आसमान, बिजली, भारी है, बाबा जैसे विविध विषयों पर हैं। इसके अलावा ओट/वोट, चट/चाट शीर्षक से लिखे गये लेख भिन्नार्थी समानोच्चारित शब्दों का विश्लेषण करते हैं। एक ध्वनि मात्र के अन्तर से, चाहे वह स्वर हो अथवा व्यंजन और चाहे लेखन-उच्चारण में कितनी भी समानता रखता हो, उसमें जमीन-आसमान का अर्थगत अन्तर होता है। शशधर (चन्द्रमा) व शशिधर (शंकर) इसका सुन्दर उदाहरण है। एक ध्वनि ने दोनों ही शब्दों को पर्याप्त भिन्नता दी है। ओट/वोट, चट/चाट के माध्यम से लेखक ने इस ओर ध्यान खींचा है। इसी प्रकार 'एक है/ए कहै' शब्द-स्थान और अक्षरों को सही-सही लिखने का आग्रह करता है। प्रत्येक वर्ण का अपना स्थान होता है, उसे स्थानापन्न नहीं किया जा सकता।

धूमिल ने कहा था– 'कविता भाषा में आदमी होने की तमीज है।' बतर्ज धूमिल कहा जा सकता है कि डॉ. गंगाप्रसाद बरसैंया की कृति 'भाषा की तमीज' सिखलाने की किताब है। लेखक गुरु की भूमिका में है, किन्तु यह गुरु भी कबीर का गुरु नहीं जो बाहर-बाहर चोट करता भीतर से सँभालता है, यह तो बड़ा ही 'गुरतर' गुरु है। मीठा-मीठा। उसकी कक्षा हँसते-हँसाते, गुदगुदाते-बलखाते लगती है। गुरूता-गम्भीरता का लिबास नहीं। ऐसी सीख से किसे इनकार होगा? मेरा तो मत है कि भाषायी चुनौतियों के दौर में, भाषा को जिन्दा रखने की जुगत में कृति अमृतमय है। इसे तो विद्यालय-महाविद्यालय के पाठ्यक्रमों में शामिल किया जाना चाहिए, ताकि बच्चे हमारी हिन्दी की अभिव्यंजना क्षमता को न सिर्फ समझें, अपितु गर्व भी कर सकें कि वह सचमुच सम्प्रेषण-कौशल से लकदक एक सबल भाषा है, कमतर किसी दृष्टि से नहीं। एक बेहतरीन कृति के लिए लेखक को बधाई।

प्राध्यापक हिन्दी
छत्तीसगढ़ महाविद्यालय, रायपुर (छ.ग.)

अरथ अमित अति आखर थोरे

—लक्ष्मीकान्त गर्ग,

शब्दों की महिमा की कहानी प्राचीनकाल से चली आ रही है। और शब्दों के प्रयोग के समय भावार्थ के प्रति सभी प्रबुद्धजन सजग भी रहना उचित समझते हैं। थोड़े अक्षर ही न जाने कितना अर्थ समेटे रहते हैं। शब्द और अर्थ उस समय भी जब व्याकरण का कोई प्रभाव नहीं था कवियों और रचनाकारों द्वारा महत्त्वपूर्ण रहे हैं। शब्दों से ही वाक्य बनते हैं। वाक्यों से अनुच्छेद और फिर ग्रन्थ तैयार होते हैं।

प्रस्तुत पुस्तक ''शब्दों के रंग : बदलते प्रसंग'' इसी आशय पर आधारित है। जिसमें लेखक ने शब्दों के उचित प्रयोग उनकी सार्थकता तथा उनके चयन की बात पाठकों एवं लेखकों के सामने रखने का प्रयास किया है।

लेखक डॉ. गंगा प्रसाद बरसैंया जी महाविद्यालय के सेवानिवृत्त प्राचार्य एवं प्रसिद्ध साहित्यकारों में से एक हैं जो अभी तक अनेक ग्रन्थों की रचना कर चुके हैं तथा कई पुरस्कार एवं सम्मान भी पा चुके हैं। वे अब निज निवास में रहते हुए साहित्य-साधना में रत हैं।

''शब्दों के रंग : बदलते प्रसंग'' हाल ही प्रकाशित बहुत ही उपयोगी एवं सराहनीय पुस्तक है। यह पुस्तक उनकी इस चिन्ता का परिणाम है कि आज व्याकरण एवं शब्द-संयोजन का ज्ञान जितना प्रभावी होना चाहिए था उतना ही पीछे चला गया है। आज विद्यार्थियों एवं यहाँ तक कि स्वयं शिक्षकों को भी मुहावरों एवं कहावतों का उचित प्रयोग करना नहीं आता है क्योंकि उनका शब्द-बोध और कहावतों का ज्ञान अत्यन्त सीमित होता है।

रचनाकार ने इस छोटी-सी पुस्तक के माध्यम से विद्यार्थियों एवं शब्द-ज्ञान के जिज्ञासुओं को सही बोध एवं चेतना देने का अभिनव प्रयास किया है। लेखक ने यह पुस्तक पाठकों के लिए बहुत ही रोचक ढंग से प्रस्तुत की है।

छोटे-छोटे निबन्धों के माध्यम से लेखक ने यह बताया है कि एक ही शब्द अन्य शब्दों के साथ जुड़कर अथवा सन्दर्भ बदलने पर अपना भावार्थ किस प्रकार बदल देता है। हर भाषा के शब्द और प्रतीक मानवीय जीवन और समाज से सम्बन्धित होते

हैं जिनको लेकर अनेक मुहावरे एवं कहावतें प्रचलित हैं। एक ही शब्द अलग मुहावरों में किस प्रकार अपना अर्थ बदल लेता है- इसके लिए गुप्त जी ने अनेक उदाहरण भी दिये हैं जैसे–

शब्द कोष में लगाना के अनेक अर्थ किये गये हैं। सामान्यत: लगाना का अर्थ जोड़ना,संलग्न करना, रोपना, क्रम में रखना आदि है। वास्तव में लगाना क्रिया है। लेकिन यह लगाना जब औरों के साथ लग जाता है तो अपने अर्थ बदल लेता है। गाय दुहने को गाय लगाना कहते हैं, किसी चीज से कटने या टकराने को लगाना या लग जाना कहते हैं। लगाना और लगना निश्चित रूप से एक ही है। जहाँ एक है वहाँ दूसरा भी उपस्थित है। मन लगता है, आँखें लगती हैं, चोट लगती है, दवा लगती है, दुआ लगती है, हवा लगती है। इस प्रकार अनेक जगह एक ही शब्द किस तरह प्रयुक्त देखे गये हैं लेकिन फिर भी ध्यान देना पड़ता है कि शब्द गलत जगह न लग जाये।

इस प्रकार गुप्त जी ने अनेक शब्दों को उनके मुहावरों एवं कहावतों के साथ अपनी बात की पुष्टि करने का प्रयास किया है। रचनाधर्मी कोई भी कार्य या रचना किसी प्रयोजन को लेकर करता है। गुप्त जी ने भी लोगों की वास्तविक स्थिति को गम्भीरता से समझने का प्रयास किया है तथा उन्हें यह जानकारी हुई कि अभी समाज, समाज में रहने वाले लोग, उनके द्वारा प्रयुक्त शब्द तथा भाषा आदि किस तरह निरर्थक एवं अतार्किक ढंग से अपना मेल खो देते हैं। अत: अच्छे साहित्य को समझने के लिए शब्द-ज्ञान जरूरी है।

लेखक ने "शब्दों के रंग : बदलते प्रसंग" नामक इस पुस्तक से यह सिद्ध करने के लिए पूरी तरह पहल की है कि एक शब्द सन्दर्भ परिवर्तन के साथ अपना भाव-रूप भी बदल लेता है। शब्द के विभिन्न पर्याय समानार्थी होकर भी अलग-अलग विशिष्टताओं से संम्पृक्त होते हैं।

उन्होंने शब्दों के चमत्कार के सन्दर्भ में प्रमुख भक्त कवि रहीम दास जी के दोहे का भी जिक्र किया है–

"दीरघ दोहा अरथ के आखर थोरे आहिं।
ज्यों रहीम नट कुण्डली सिमटि कूदि कढ़ि जाहिं।।

गुप्त जी ने अपने अनुभव एवं ज्ञान के माध्यम से यह बात पूरी तरह स्पष्ट कर दी है कि एक ही शब्द अलग-अलग मुहावरों में किस प्रकार अपना अर्थ बदल लेता है। इसे पहचानना अत्यन्त आवश्यक है। तभी इस तथ्य का बोध होता है कि शब्द शब्द में कितना अन्तर है। शब्दशास्त्र से दूर रहने वाले लोगों ने भी इस बात पर बल दिया था कि शब्द के अन्तर को गम्भीरता से प्रयोग करना व समझना चाहिए अन्यथा सार भाव की सही प्राप्ति नहीं हो पाती। कबीर जैसे महापुरुष का जिक्र भी गुप्त जी

ने इस पुस्तक में किया है कबीर का दोहा द्रष्टव्य है–

शब्द–शब्द में अन्तरा सार शब्द चित देय।
जा शब्दै साहब मिलै, सोई शब्द गहि लेय।।

अत: बिना किसी सन्देह के इस तथ्य को स्वीकार कर लेना अनुचित नहीं होगा कि गुप्त जी द्वारा रचित ''शब्दों के रंग : बदलते प्रसंग'' नामक निबन्ध संग्रह पाठकों की कमजोरी शब्द भेद के ज्ञान का अभाव तथा शब्दों के महत्त्व की कमी को दूर करने में अपनी अहम् भूमिका निभायेगा साथ ही शब्दों की बदलती हुई दुनिया को समझने की ललक पैदा करेगा। लेखक श्री गुप्त जी ने शब्दों की बारीकी को समझा है यह बात इस पुस्तक को आद्योपान्त पढ़ने से स्पष्ट हो जाती है। शब्द–बोध होना और शब्द–बोध कराना दोनों अलग तथ्य हैं। शब्द–बोध तो बहुत लोगों को हो सकता है। लेकिन इसका लाभ दूसरों या पाठकों को देना सबके बस की बात नहीं, लेकिन गुप्त जी में हमें यह सामर्थ्य देखने को मिलती है उन्होंने शब्द–विन्यास की कला का प्रदर्शन अपनी लेखनी में बखूबी दर्शाया है। यह उनके गहन चिन्तन, साहित्य–साधना तथा निरन्तर सृजनशीलता का ही परिणाम है।

निष्कर्ष रूप में यह कहा जा सकता है कि जहाँ समाज शब्द–ज्ञान न रखता हो जबकि हिन्दी में न जाने कितने शोध हो चुके हैं भाषा एवं व्याकरण पर बारीकी से चर्चा होती हो ऐसे समय में गंगा प्रसाद गुप्त द्वारा रचित यह पुस्तक भाषा की दृष्टि से बीमार समाज के लिए औषधि का कार्य करेगी। ''शब्दों के रंग : बदलते प्रसंग'' शब्द–बोध की दृष्टि से एक सार्थक कृति है।

सतना

तुलसी के तेवर

यह मेरा सौभाग्य है कि मेरा जन्म बाँदा (उ. प्र.) जिले के भौंरी ग्राम में हुआ जो तुलसीदास जी की जन्मस्थली राजापुर और उनकी तपस्थली चित्रकूट तथा आदिकवि वाल्मीकि के आश्रम-स्थल लालापुर के अत्यन्त निकट तथा तीनों के त्रिभुज के बीच पड़ता है। चित्रकूट का वह सम्पूर्ण क्षेत्र राममय है। बचपन में घर-घर रामचरितमानस का अखण्ड पाठ, गाँव-गाँव में रामलीलायें, आये दिन होने वाले भजन-कीर्तनों के संस्कार बचपन से ही मन में घनीभूत हो गये थे। पूजा के समय नित्य पढ़ी जाने वाली चौपाइयाँ जीवन का अभिन्न अंग बन गयीं। **—डॉ. बरसैंया**

तुलसी के काव्य-बोध का एक और वातायन

–डॉ. सत्येन्द्र शर्मा

हिन्दी का मध्यकालीन काव्य भारतीय सांस्कृतिक चेतना का अक्षय स्रोत है, विशेषकर गोस्वामी तुलसीदास की काव्य मन्दाकिनी तो कुछ इस भाँति उमगि चली–कविता उमगि चली सरिता–सी– कि सैकड़ों वर्षों के रचनात्मक अन्तराल के बावजूद वह आज भी काव्य रसिकों का कण्ठहार और मानव मात्र की पथ प्रदर्शक बनी हुई है।

राष्ट्रीय स्वतन्त्रता के नव विहान में जैसे राजनीतिक मूल्यांकन करने में हड़बड़ी में चौंकाने वाले निष्कर्ष निकाले गये ठीक उसी तरह साहित्य को परखने के लिए भी जो नये औजार विकसित किये गये उसमें इस महादेश की चेतना के वैज्ञानिक विकास का दावा करने वाली पत्रिकाओं के कथित प्रगतिशीलों ने राजनीति में गाँधी, नेहरू व साहित्य में तुलसीदास को बुर्जुआ की श्रेणी में डालकर हम जैसे अनेक सामान्य बुद्धि रखने वाले जीवों को झकझोर दिया। वह तो भला हो, डॉ. रामविलास शर्मा जैसे शिखर ओर सम्यक बोधवाले मार्क्सवादियों का जिन्होंने 'परम्परा का मूल्यांकन' जैसी पुस्तक लिखकर लोगों से तुलसी के आईने में अपना चेहरा देख लेने का एक जरूरी आग्रह किया।

बीसवीं शताब्दी के उत्तरार्द्ध में भारतीय सार्वजनिक जीवन के अराजक दौर- जिसमें एक ओर सलमान रश्दी की पुस्तक सेनेटिक बर्सेज पर बिना पढ़े प्रतिवन्ध लगाये गये, मकबूल फिदा हुसैन की चित्रों के रूप में उत्कीर्ण वासना-ग्रन्थियों को अभिव्यक्ति की आजादी के नाम पर व्यवस्था का मौन प्रोत्साहन मिला, वहीं 'हिन्दू समाज के पथभ्रष्टक-तुलसीदास' जैसी पुस्तकें भी अस्तित्व में आयीं, किन्तु सूरज पर थूकने की चेष्टाएँ विकृत मानसिकता का उदाहरण बनकर रह गयी और भारतीय काव्य का सूर्य उत्तरोतर अपनी काव्याभा से समस्त मानवजाति को प्रकाश देने का प्रशान्त और गम्भीर दायित्व निर्वाह करता चला गया। जिन आँखों में मोतियाबिन्द उतरा हो उनकी स्थिति तो दिन में उलूक जैसी होगी ही, किन्तु मानव मात्र के प्रति आस्थावान व विश्वासी मन बाबा तुलसी के इस महामन्त्र को मानव-मूल्य का बीज समझकर जीने की प्रेरणा लेता रहे तो आश्चर्य कैसा–

सिया राममय सब जग जानी।
करऊँ प्रनाम जोरि जुग पानी।।

यह पृष्ठभूमि इस अंचल में हिन्दी के जाने-माने वरिष्ठ आचार्य डॉ. गंगा प्रसाद गुप्त 'बरसैंया' की सद्य: प्रकाशित पुस्तक तुलसी के तेवर को लेकर है। डॉ. बरसैंया आदि और मध्यकालीन काव्य के मर्मज्ञों और तुलसी के काव्य रसिकों में एक हैं। वे समाजवादी मूल्यों, गतिशीलता और परम्परा के सामंजस्य के मुखर पक्षधरों में हैं। उनकी पहचान महाविद्यालयी शिक्षकों में स्पष्टोक्ति, बहुपठित, वाकपटु, भारतीय संस्कृति के प्रति आस्थावान और वक्तृत्व कला के धनी लोगों में है। वे तुलसी काव्य के गहन अध्येता हैं और रामचरितमानस के तो वे ऐसे नियमित आस्थावादी पाठकों में एक हैं जो मानस-पाठ को पूजा-क्रम का अनिवार्य अंग मानते हैं। अपनी अध्यापन-वृत्ति के क्रम में टीकमगढ़ में रहते हुए मैंने स्वयं उन्हें प्रतिदिन निष्ठापूर्वक घण्टों मानस-पाठ करते देखा है। हिन्दी के एक और आदरणीय वरिष्ठ प्राध्यापक (स्व.) रामसहाय चतुर्वेदी तथा डॉ. बरसैंया के बीच स्टाफ रूम में सामान्य और विशिष्ट प्रसंगों को लेकर होती चर्चा में मानस की पंक्तियों के स्वाभाविक विन्यास का स्मरण कर प्राध्यापकों की इस पीढ़ी को बार-बार नमन करने का मन होता है। अस्तु!

'तुलसी के तेवर' डॉ. बरसैंया का महाकवि तुलसी और उनके मानस के प्रति नैष्ठिय स्वरों की समवेत और तार्किक अभिव्यक्ति है। इस पुस्तक में विभिन्न कालक्रम में लिखे गये विद्वान प्राध्यापक के तेरह नातिदीर्घ निबन्ध प्रकाशित हैं। महाकवि की सामाजिक चेतना, काव्य-दृष्टि, शाश्वतता, व्याख्याकार राम, राम की धर्ममयी राजनीति, धर्म और राजनीति, स्वार्थी देवगण, भरत, मानस के मार्मिक स्थल, चित्रकूट, मानस और साकेत तथा सन्त तुलसीदास और राजापुर शीर्षक वाले इन बारह निबन्धों के अतिरिक्त गोस्वामी तुलसीदास से इण्टरव्यू नामक निबन्ध को मिलाकर कुल तेरह निबन्ध संग्रहीत हैं।

गोस्वामी तुलसीदास से इण्टरव्यू नामक निबन्ध में लेखन का व्यंगात्मक लहजा प्रस्तुत हुआ है। खासकर निबन्ध की शुरुआत में डॉ. बरसैंया का व्यंग्यकार हावी है। शेष प्रश्नोत्तर भाग में जितने महत्त्वपूर्ण और समसामयिक ज्वलन्त प्रश्न उठाये गये हैं, उनके उत्तर भी उतनी ही संजीदगी और गम्भीरता से दिये गये हैं। जो लोग लेखक से तनिक भी परिचित हैं, वे लेखक की अभिव्यक्ति शैली में घर कर गये व्यंग्य लहजे से बखूबी परिचित होंगे। न सिर्फ भाषिक स्तर पर बल्कि 'टोन' में भी वे सहज वार्ताक्रम में कभी राजनीति, कभी साहित्य, शिक्षातन्त्र, नौकरशाही और पढ़े-लिखे लोगों की कापुरुषता पर प्रश्नचिह्न लगाते रहते हैं।

इस पुस्तक का सबसे उल्लेखनीय पक्ष इसकी सम्प्रेषणीयता है। पूरी बात इतनी

सरलता से प्रस्तुत की गयी है, जो सरलता किसी भी ऐसी पुस्तक का काम्य हो सकती है। कहीं भी विद्वता, वाकुपठितता, या तुलसी काव्य का मर्मज्ञ होने के दावे से रहित और वैसे ही धर्म का निर्वाह होने से पुस्तक तुलसीकाव्य के सामान्य और गहन अध्येताओं–दोनों के लिए समान दृष्टि से ग्राह्य होगी। तुलसी की काव्य-दृष्टि नामक निबन्ध में निज कवित्त बनाम जन कवित्त जैसे उपशीर्षक के अन्तर्गत लेखक ने संक्षेप में जनवादी और जनकविता के मर्म को सप्रमाण उकेरा है। मन से निष्काम, वचन से 'कीन्हें प्राकृत जन गुन गाना, सिर धुन गिरा लागि पछिताना' की घोषणा करने वाले तुलसी कर्म से यदि सम्राट अकबर के राजदरबार के नव रत्नीय आमन्त्रण को ठुकरा सके तो यह अकस्मात नहीं बल्कि बाबा के निष्काम होने, सत्ता को ठेंगा दिखाने और राम के प्रति एकाग्र समर्पण का सप्रमाण उद्घोष था। ऐसे कवि के प्रति लेखक की एकान्त निष्ठा सचमुच अन्ध श्रद्धा का प्रतिफल नहीं बल्कि श्रद्धेय कविवर के जीवन-मूल्यों के प्रति अगाध निष्ठा और एकतानता की अभिव्यक्ति है।

डॉ. बरसैंया ने इस पुस्तक में एक दिलचस्प प्रसंग की ओर भावकों का ध्यान आकृष्ट कराया है। राम-रावण के युद्ध में किसका पलड़ा भारी होगा और खलनायक रावण की धमकी से डरकर समाज का श्रेष्ठ वर्ग-देवजाति-जब सिर्फ बगैर किसी का नाम लिसे जय जय करने लगती है 'सब देव बोलहिं जय जये' अर्थात् जो जीत पाये, उसकी जय बोलने वाले और हवा का रुख भाँपकर जीवन जीने वालों को बाबा ने खूब उघाड़ा है, और डॉ. बरसैंया ने अपनी व्याख्या में उसका संकेत कर अपने जीवन-मूल्य का अनजाने-अनचाहे संकेत किया है।

तुलसी का तेवर नामक यह ग्रन्थ गोस्वामी तुलसीदास को उनके प्रमुख ग्रन्थ श्रीरामचरितमानस के माध्यम से समझने का महत्त्वपूर्ण उमक्रम है। अच्छे कागज और सुवाच्य मुद्रण में छपी यह अस्सी पृष्ठ की छोटी-सी लगने वाली पुस्तक बड़े सरोकार को लेकर लिखी गयी है। श्रीरामचरितमानस और तुलसी को सीधी और सहज शब्दावली में लोगों के बीच पहुँचाने का यह प्रयास स्तुत्य और प्रणम्य है।

प्राचार्य
स्नातकोत्तर महाविद्यालय,
सतना (न. प्र.)

बुन्देलखण्ड का साहित्यिक एवं सांस्कृतिक परिदृश्य

दो शब्द

संग्रह के सभी आलेख बुन्देलखण्ड की भाषा–साहित्य, संस्कृति और इतिहास आदि से सम्बन्धित हैं, किसी एक पक्ष या विषय से नहीं। इसीलिए संग्रह का नाम दिया गया है—बुन्देलखण्ड का साहित्यिक एवं सांस्कृतिक परिदृश्य।

—डॉ. बरसैंया

बुन्देलखण्ड का अन्तर्साक्ष्य

–प्रभुदयाल मिश्र

जिस प्रकार आत्म–साक्षात्कार, स्वयं की इयता अथवा अपनी क्रान्तिकारिता में कभी कबीर ने काशी को छोड़ मगहर में अन्तिम संस्कार की कामना की थी ठीक उसी प्रकार बुन्देलखण्ड के प्रसिद्ध लोक सिद्ध कवि ईसुरी ने भी कहा–

'गंगा जी लों मरे ईसुरी दाग बगौरा दीजो'

अर्थात् 'मेरी मुत्यु भले ही गंगा तट पर हो किन्तु मेरा अन्तिम संस्कार मेरे जन्म स्थान बगौरा (बुन्देलखण्ड) में ही किया जाये।'

यह स्वाभाविक है कि प्रख्यात समक्षक साहित्यकार डॉ. गंगाप्रसाद गुप्त 'बरसैंया' अपनी मिट्टी के ऋण को बखूबी समझते हैं। उनकी सद्यः संसृष्टि 'बुन्देलखण्ड का साहित्यिक एवं सांस्कृतिक परिदृश्य' इसी सन्दृष्टि का परिचय देती है।

सबसे पहले इस कृति के शीर्षक से ध्वनित संकेत पर ही विचार कर चलते हैं। इस कुछ बड़े से नाम–धाम को लेकर यह संकेत लेना उचित नहीं होगा कि यह बुन्देलखण्ड–समग्र–सन्धान है। जैसा कि कृति के अनुशीलन से प्रकट होता है। यह प्रधानतया लेखक के समय–समय पर लिखे आलेखों, शोध–सन्दर्भों का एक सुचिन्तित संग्रह है। यूँ तो इसमें बुन्देलखण्ड के इतिहास, भूगोल, समाज, कला और लोक–जीवन की झाँकी भी विद्यमान देखी जा सकती है किन्तु यह कोई इस भूखण्ड के सम्पूर्ण साहित्य और संस्कृति का समाहार नहीं है। मैं इस प्रकार स्वयं भी अपने इस संशय का समाधान कर चल रहा हूँ कि इसमें मैथिलीशरण और सियाराम शरण गुप्त हैं तो तुलसी क्यों नहीं हैं और केशव हैं तो उनके राजदरबार (हरदौल, राय प्रवीण सहित) की झलक क्योंकर नहीं है।

यह एक विडम्बना है कि एक हजार वर्ष से भी अधिक पुरातन भारतीय सनातन और लोक–संस्कृति का प्रतिनिधि परिक्षेत्र इतिहास, साहित्य, कला और संस्कृति के पहरेदारों की इतनी बड़ी उपेक्षा का शिकार बना रहा। स्वयं इस समीक्ष्य कृति के लेखक श्री बरसैंया जी ने अनेक रचनाकारों (उदाहरणार्थ तुलसी के समकालीन विक्रम कवि पुस्तक, पृष्ठ 41) की खोज की है जिन्होंने अनेक उत्कृष्ट कविता साहित्य का संसर्जन किया। जगनिक के आल्हा के साहित्यिक प्रमाणांकन

और दीवान प्रतिपाल सिंह के 12 खण्डों के बुन्देलखण्ड के इतिहास की जानकारी भी ऐसा ही दुर्लभ कोटि का अभिदाय है जिसके लिए लेखक अनेकशः साधुवाद का पात्र है।

पुस्तक के अध्यायों को अनुशीलन की दृष्टि से निम्न पाँच श्रेणियों में विभाजित किया जा सकता है–

(1) बुन्देलखण्ड का लोक-साहित्य और इतिहास– इस शीर्षक के अन्तर्गत मुख्य रूप से निम्न दो अध्याय रखे जा सकते हैं। 1. आल्हा गाथा के रचयिता कवि जगनिक और परमाल रासो। 2. लोक ईसुरी का धार्मिक एवं दार्शनिक चिन्तन, आल्हा गाथा बुन्देलखण्ड के लोक-जीवन में इतनी भीतर तक पैठ करती है कि यदि उसे भुलाया जाता है तो इस क्षेत्र की सही पहचान असम्भव है, किन्तु इतिहास और साहित्य दोनों ने इसकी उपेक्षा की है। इतिहासकार इसे अतिरंजित लोक-कल्पना कहते हैं तो साहित्यकार के लिए कवि जगनिक की प्रामाणिकता का प्रश्न शेष रहता है। डॉ. बरसैंया जी ने अपने अध्ययन और शोध के आधार पर इसकी ऐतिहासिकता और साहित्यिक पुनर्मूल्यांकन कर अपनी क्षमता का सदुपयोग तो किया ही है, अपनी जन्मभूमि का भी ऋण चुकाया है। वस्तुतः पृथ्वीराज रासो और आल्हाखण्ड दोनों का इतिहास और साहित्य में महत्त्व समान ठहरता है तथा यदि इसकी पूर्व में उपेक्षा हुई है तो अब समय की धारा इस अन्याय का प्रतिकार भी करे।

इसी शीर्षक में ईसुरी को उनकी लोक-संवेदना के संस्पर्श की क्षमता के कारण रखा गया है। जैसा कि लेखक ने भी प्रतिपादित किया है। ईसुरी अपने दर्शन में कबीर और तुलसी तथा भक्तिरस में सूरदास से तुलना किये जाने योग्य हैं। उनके द्वारा शरीर को 'किराए के मकान' की संज्ञा देना जितना मौलिक है उससे अधिक उसकी वह सनातन भारतीय दार्शनिकता है जो उसे जीवन के मिथ्यात्व से परिचित कराती है। लेखक के अनुसार–

'ब्रह्म सत्यम् जगन्मिथ्या' सूत्र की पुष्टि इन पंक्तियों (बखरी रैयत है भारे की, दई पिया प्यारे की) से होती है। माता-पिता भाई-बन्धु, बेटा-बेटी-पत्नी, धन-दौलत कुछ भी और कोई भी साथ जाने वाला नहीं है... इस संसार से पार लगाने वाला केवल ईश्वर है। (पृ. 67)

(2) बुन्देली साहित्य का इतिहास– इस शीर्षक के अन्तर्गत तीन अध्याय लिये जा सकते हैं। 1. बुन्देली के प्रमुख प्राचीन कवि 2. बुन्देली का प्राचीन साहित्य और इतिहास 3. बुन्देली के रचनाकार ग्रन्थ : बुन्देली रचनाकारों का विश्वकोश। इस प्रसंग में लेखक ने अपने मूल प्रबन्ध 'बुन्देलखण्ड के अज्ञात रचनाकार' का उल्लेख कर यह प्रकट कर दिया है कि इस दिशा में उसका अपना मूल अभिदाय कितना है। यहाँ यह महत्त्वपूर्ण हो जाता है कि बुन्देलखण्ड में साहित्य-सृजन केवल बुन्देली

भाषा में ही नहीं खड़ी बोली में भी प्रचुर पैमाने में हुआ है तथा वह अपनी रचनाशीलता, गति और परिमाण के आधार पर हिन्दी साहित्य में विशेष स्थान प्राप्त करने की क्षमता रखता है।

(3) बुन्देलखण्ड का इतिहास– दीवान प्रतिपाल सिंह और उनका बुन्देलखण्ड का इतिहास। लेखक के अनुसार–90 वर्ष पूर्व इतिहास का लिखा जाना जितनी बड़ी ऐतिहासिक घटना थी अब सन् 2010 में उसका समग्र प्रकाशन भी उतनी ही महत्त्वपूर्ण ऐतिहासिक घटना है। (पृ. 52)

(4) बुन्देली का लोक–साहित्य– साहित्य के विद्यार्थी यह प्रश्न उठा सकते हैं कि लोक गीत, लोक–व्यंग्य और लोक–गाथा में कितना साहित्य है। इसके लिए उन्हें इस पुस्तक के इन तीन अध्यायों– 1. लोककवि ईसुरी की फागों में सराबोर राधा–कृष्ण, 2. बुन्देली गीतों में रामकथा, 3. बुन्देली कविता में व्यंग्य, को पढ़ना चाहिए। वास्तव में ईसुरी की सामर्थ्य अपार है। यहाँ इस पुस्तक से एक उदाहरण ही पर्याप्त होगा–

'मनुआ को सम्मन है आयो, बूड़े बार दिखायो
दूजो सम्मन है जवानगी, दाँत हिलत जब पायो।

तीजो सम्मन लाठी लेके, कम्मर दर्द करायो
कात ईसुरी तऊ न चेते, सोई वारण्ट पठायो।।' (पृष्ठ 68)

यह एक चमत्कार ही है कि लोक–जीवनी भी प्रशासकीय शब्दावली को इतना पैना कर जीवन–सन्देश में ढाल सकती है।

(5) क्षेत्रीय पुरातत्त्व और सांस्कृतिक समाहार–इस श्रेणी में 1. डोलते–बोलते पाषाण खजुराहो, 2. अहार और खजुराहो के मन्दिरों में गहोहियों का योगदान, 3. क्या गहोई और जैन कभी एक थे? आयेंगे।

खजुराहो पर कला, संस्कृति, इतिहास, तन्त्र और सौन्दर्य आदि अनेक दृष्टियों से बहुत लिखा गया है। इस पुस्तक के लेखक द्वारा प्रस्तुत एक झाँकी बहुधा द्रष्टव्य है–

'विविध मुद्राओं वाली अलौकिक नर्तकियाँ देवताओं की अनुचरियों के रूप में अंजलि में पद्म, दर्पण, घट, वस्त्रालंकार आदि भेंट लिये अपने को विवस्त्र करती, अँगड़ाई लेती, पृष्ठ भाग को नखों से खरोंचती, पयोधरों का स्पर्श करती, बहती वेणी से जल निचोड़ती, पैरों से काँटा निकलवाती, पालित पशु–पक्षी से क्रीड़ा करती, पत्र लिखती, वीणा अथवा बंशी बजाती, दीवार पर चित्रांकन करती, पैरों में महावर रचाती, नूपुर बँधवाती, नेत्रों में सुरमा अथवा काजल लगाती, कन्दुक क्रीड़ा करती कमनीय और सम्पुष्ट युवतियों का चित्रांकन देखते ही बनता है।' (पृष्ठ 97)

(6) परिशिष्ट– 1. मैथिलीशरण गुप्त और उनकी 'भारत भारती', 2. श्री सियारामशरण गुप्त। इन दो आलेखों को मैंने इसलिए परिशिष्ट भाग माना है क्योंकि ये दोनों कवि बन्धु मूलतः खड़ी बोली के साहित्य सिद्ध कवि हैं। क्षेत्र की दृष्टि से इनका चयन करते हुए क्या बाबू वृन्दावनलाल वर्मा तथा विजावर के कविराज बिहारीलाल का स्मरण योग्य न होता? किन्तु यह भी स्पष्ट ही है कि यह कोई प्रबन्ध ग्रन्थ नहीं है।

पुस्तके में कुछ पुनरावृत्तियाँ और मुद्रण त्रुटियाँ अवश्य रह गयी हैं जिनका आगामी संस्करण में परिष्कार कर लेना उचित होगा।

पुस्तक शोध, इतिहास-दर्शन और हिन्दी साहित्य में बुन्देलखण्ड अंचल के उचित समाहार की दृष्टि से अपरिहार्य है।

35, ईडन गार्डन
कोलार रोड, भोपाल 16

शोध के नये द्वार उद्घाटित करने वाली कृति : 'बुन्देलखण्ड का साहित्यिक एवं सांस्कृतिक परिदृश्य'

—डॉ. रामनारायण शर्मा

'बुन्देलखण्ड का साहित्यिक एवं सांस्कृतिक परिदृश्य' के लेखक डॉ. गंगाप्रसाद बरसैंया ने अपनी सद्यः प्रकाशित पुस्तक में खण्ड-खण्ड बुन्देलखण्ड के अखण्ड परिवेश के नवीन परिवेश उद्घाटित किये हैं जिनमें संस्कृति एवं साहित्य की पुनर्रचना के सार्थक प्रयत्न परिलक्षित होते हैं। अतएव इसकी विवेचना भी इसी आधार पर होनी चाहिए।

विगत कई वर्षों से बुन्देलखण्ड, उसकी संस्कृति एवं साहित्य-सृजन पर विद्वानों द्वारा खोजपूर्ण चिन्तन और मनन चल रहा है और इस मन्थन से जो नवनीत उत्पन्न हो रहा है, उस पर अनेक शोध-दिशायें उदित हो रही हैं। डॉ. बरसैंया बुन्देली धरती के धरतीपुत्र हैं, अतएव उनकी लेखनी ने इस ओर अधिक कार्य कर अपनी बुन्देली माटी की गन्ध-सुगन्ध से हमें परिचित कराया है। 'बुन्देलखण्ड के अज्ञात रचनाकार' ग्रन्थ में आपने नवीन साहित्य-सूत्रधारों को प्रगट किया है। सम्प्रति ''बुन्देलखण्ड का साहित्यिक एवं सांस्कृतिक परिदृश्य'' उसी की एक नवीन कड़ी है। किसी देश या क्षेत्र की पहचान उसकी संस्कृति ही होती है। अतः विवेच्य कृति के विषय में बुन्देलखण्ड की सांस्कृतिक विरासत से शुभारम्भ श्रीसम्मत होगा।

डॉ. बरसैंया परम वैष्णव, विचारक व चिन्तक हैं। लोक में व्याप्त इसकी प्रतिध्वनि राम-कृष्ण के जीवनोत्कर्ष से उद्भूत संस्कृति में प्रदर्श होती है। बुन्देली लोकगीतों में इसकी प्रत्यक्ष प्रस्तुति है। रामकथा में लोकाचार, लोकपर्व, लोक रीति-रिवाज सभी का समावेश है। संस्कार जीवन-पद्धति को परिमार्जित करने के माध्यम हैं। इसी आधार पर विद्वान लेखक ने इसका आधार लिया है। लोकगीतों में इसकी अभिव्यक्ति लोकरंजन का माध्यम है। लेखक ने विलुप्त होते इन्हीं लोकचार के गीतों (ज्योंनार) के द्वारा बुन्देलखण्ड की लोक-संस्कृति के पुनर्निर्माण का स्तुत्य प्रयास किया है जिसमें 'अपने हरि से करें न ररियाँ' के प्रतीक गीत में भाषित है।

होली के अवसर पर कृष्ण के रास-महारास में सनातन के दर्शन होते हैं। यही सांस्कृतिक विरासत के दर्शन बरसैंया जी ने खर्जूरवाह की मूर्तियों में दिखाये हैं जो बुन्देली की सांस्कृतिक विरासत के अप्रतिम प्रतीक हैं। यही नहीं, डॉ. बरसैंया ने साहित्य के माध्यम से भी सांस्कृतिक उद्‌भावनाओं को प्रगट किया है। यही इस कृति का अभिधेय भी हो सकता है।

बरसैंया जी ने अपनी कृति के दूसरे परिदृश्य में बुन्देलखण्ड के साहित्यिक अवदान को एक नयी दृष्टि से अवतरित किया है जिसमें पुरातन कवियों के साथ नवीनतम साहित्यकारों को समाविष्ट किया है। इसमें नये शोध और प्रबोध की दिशायें देखने को मिलती हैं। बुन्देली का प्राचीन साहित्य अत्यन्त समृद्ध है। इसमें समकालीन युग-बोध के सृजन हैं। आल्हा की वीर-गाथायें जहाँ शौर्य और सामर्थ्य की द्योतक हैं, वहीं आगे के युग के प्रतिनिधि कवि हरिराम व्यास, केशव, ज्ञानी जी आदि की भक्ति की शक्ति के काव्य भी इस कृति में दिये गये हैं। राष्ट्रकवि मैथिलीशरण गुप्त की राष्ट्र-भावना की कृति 'भारत भारती' तथा सियाराम शरण गुप्त के साहित्य में प्रवाहित जीवन-चेतना के अभिसार भी किये गये हैं। लेखक ने वर्तमान साहित्यकारों की एक लम्बी सूची देकर उन्हें भी उपकृत किया है। दीवान प्रतिपाल सिंह का इतिहास एवं 'बुन्देली के रचनाकार' ग्रन्थ द्वारा बुन्देली की अमृतधारा और व्यंग्य-साहित्य की प्रस्तुति कर कृति को सार्थकता प्रदान की है।

कृति में 'आल्हागाथा के रचयिता कवि जगनिक और परमाल रासो' तथा अहार और खजुराहो के मन्दिरों में गहोइयों का योगदान एवं 'क्या गहोई और जैन कभी एक थे', जैसे गहन विचारोत्पादक आलेख भी हैं। बुन्देली के आदिकवि जगनिक और उनका परमाल रासो अपनी रचनाकाल से ही शोध का विषय बने हुए हैं। प्राचीन काल में साहित्य लोकमुख से मुखरित रहा जिससे उसे 'जितने मुँह उतनी बातें' के आधार पर प्रशस्ति मिली। बुन्देलखण्ड विभाजित प्रदेश रहा, अतएव यहाँ के अभिजात्य साहित्यकारों ने अपनी-अपनी दृष्टि से देखा और प्रगट किया। आल्हाखण्ड का प्रथम संग्रह ग्रियर्सन ने कराया था, फिर अन्य विद्वानों ने अपने-अपने अभिमत प्रगट किये। आज नये शोध की दिशायें साहित्य में निर्मित हो रही हैं जिनके आधार पर लोकगीत, शिलालेख और तत्कालीन सांस्कृतिक धरोहरें बनी हुई हैं जिनसे नवीन तथ्य प्रगट हुए हैं। इनका विशद वर्णन डॉ. बरसैंया ने अपने लेखों में दिया है। लेखक ने इनमें प्राप्त विषयवस्तु को सँजोने का प्रयास किया है ताकि इन तथ्यों से यथार्थ की सर्वमान्य अवधारणा निर्मित हो। आगे का कार्य विद्वत समाज को सम्पादित करना है। अभी भी कुछ स्थान व भग्नावशेष इस विषय के उद्‌घाटन हेतु सुरक्षित हैं। आल्हा की प्रामाणिकता को असन्दिग्ध बनाने की चुनौती, आज भी विद्वानों के सामने प्रस्तुत है। झाँसी जिले का 'परसा गाँव' उरई का माहिल सम्बन्धी

साक्ष्य है– 'परसा खड़ो चौंड़िया राय' के आधार पर आल्हा खण्ड की साक्षी है। दूसरे आलेख में डॉ. बरसैंया ने गहोइयों के विषय में शोध का विषय प्रस्तुत किया है। संक्षेप में इस विषय पर विचार करना समीचीन होगा।

भारत एक जाति व कुलों का संकुल है। इन कुलों का उद्भव सप्त-ऋषियों के नामों से भाषित हुआ है। इसमे विश्रवा के द्वादशपुत्रों में एक कुबेर 'गुह्यक' भी हैं। यही आज के गहोई समाज के कुल पुरुष माने गये हैं। संस्कृत में इस शब्द (गुह्यक) का अर्थ 'गुह्यं = गुप्त + क = कारक अर्थात् धन-सम्पत्ति को गुप्त व सुरक्षित रखने के अर्थ में प्रयुक्त है जो धन-कुबेर के गुह्यकों से सम्बन्धित है जो पुराणों में वर्णित श्लोक से भी परिभाषित व पोषित है।

ज्येष्ठो यक्षपति नाम्ना कुबेरो सम्प्रसिद्धयति।
तस्यतु कोषाध्यक्षो गुह्यको इति विश्रुत:।।

इस प्रकार आज के गहोइयों के गोत्रादि प्रगट हैं। इसी विषय पर आचार्य कन्हैयालाल 'कलश' ने अपने एक लेख में विचार दिये हैं जिसमें गहोई वंश का उद्भव और संक्षिप्त इतिहास वर्णित है। उन्होंने अपने पिता आचार्य चतुर्भुज 'चतुरेश' की 'ब्याह-पद्धति' पुस्तक के एक शाखोच्चार का उदाहरण देकर इस कुल की वंश-परम्परा को प्रमाणित किया है। यथा– ''स्वस्ति श्री श्रीमन्त धनवन्त गुणवन्त धनपति कुबेर कोषाध्यक्ष भवानी गौरी गणपति शिव भगवन्त दासानुदास द्वादस शाखा प्रख्यात विविध रत्नमणि-माणिक्य युक्त पावन कुल वैश्रमण उद्धत शाखानुशाख... आदि'' दिया गया है। डॉ. बरसैंया ने अन्य साक्षों के साथ अपने विचार दिये हैं। इस पर विद्वानों की दृष्टि वांछनीय है। चूँकि डॉ. बरसैंया स्वयं गहोई कुलोद्भव हैं, अत: अपने दूसरे लेख–''क्या गहोई और जैन कभी एक थे?'' में इस प्रश्न को उद्घाटित किया है। विद्वान लेखक ने गहोइयों को 'चरणागर' जैनियों के नाम से सम्बद्ध किया है और उनके गोत्र व आँकनों का साम्य प्रमाणित किया है, किन्तु यह विशद् शोध का विषय है। इस पर सम्यक् विचार किया जाना चाहिए।

निष्कर्षत: यही कहा जा सकता है कि डॉ. बरसैंया ने प्राचीन साहित्यिक प्रकरणों और वर्तमान की साहित्यिक अवधारणाओं के समाधान खोजने के लिए शोध प्रवृत्ति के विद्वानों-शोधार्थियों को प्रेरित किया है। डॉ. बरसैंया खोजी प्रवृत्ति के साहित्यकार हैं और समाधानों की निरन्तर खोज करते रहते हैं। सम्प्रति कृति 'बुन्देलखण्ड का साहित्यिक एवं सांस्कृतिक परिदृश्य' इसी पर आधारित है। यह कृति नवीन गवेषणा की दिशा निर्धारित करने में एक सोपान का कार्य करेगी, ऐसा मेरा विश्वास है। डॉ. बरसैंया को अनेकानेक शुभकामनाएँ।

(साहित्य अकादमी पुरस्कार से सम्मानित)
695/3, सिविल लाइन्स, झाँसी (उ. प्र.) - 284001

संवाद साहित्यकारों से

पत्र वैसे भी निज मन के भावों की सहज और अकृत्रिम अभिव्यक्ति होते हैं। नितान्त निजी मनोजगत् इनकी विशेषता होती है, जहाँ पत्र-लेखक आडम्बरमुक्त होकर अपने को व्यक्त करता है। पत्रों का इतिहास बड़ा पुराना है। पत्रों ने रिश्तों को जोड़ा भी है और तोड़ा भी है। पत्रों का महत्त्व सदैव रहा है। आगे भी रहेगा। आज भी तमाम प्रतिष्ठित महान व्यक्तित्वों के पत्र संग्रहालयों में सुरक्षित हैं। वे देश की अमूल्य सम्पदा हैं।

—डॉ. बरसैंया

पत्रों के वृत्त में साहित्य की दुनिया

– *डॉ. सत्येन्द्र शर्मा*

हिन्दी रचना–संसार में डॉ. गंगाप्रसाद गुप्त 'बरसैंया' प्रमुखतः साहित्य के सुधी अध्येता निबन्धकार तथा सम्पादक–समीक्षक के रूप में जाने जाते हैं। यद्यपि उन्होंने कवितायें, व्यंग्य, चिन्तन और शोधपरक निबन्ध भी लिखे हैं किन्तु उनकी सबसे बड़ी पहचान एक अच्छे शिक्षक–आचार्य और प्रभावी वक्ता की है। वे जिस विषय का प्रतिपादन करते हैं और जो मान्यता स्थापित करते हैं उसकी पुष्टि में तर्क देते हैं और शोधपरक प्रमाण प्रस्तुत करते हैं। वे साहित्य और जीवन की कालधारा को सम्पूर्ण संलग्नता के साथ अनुभूत करते, समय और समाज के परिप्रेक्ष्य में जाँचते–परखते और दो टूक राय देते हैं। इसीलिए चाहे वे किसी भी विधा में व्यक्त हों उनकी वैचारिक दृष्टि में एक गाम्भीर्य और सातत्य मिलता है।

'संवाद साहित्यकारों से' डॉ. गुप्त की ताजा प्रकाशित ऐसी प्रस्तुति है जो हिन्दी रचना–संसार के पत्र–साहित्य में एक विशिष्ट दस्तावेज के रूप में पहचानी जायेगी। इस संग्रह में देश–विदेश के कुल तिरासी हिन्दी अध्येताओं–विद्वानों द्वारा डॉ. गुप्त को लिखे गये इन एक सौ अठहत्तर पत्रों की कालव्याप्ति चार कम पचास वर्षों की है। अर्धशताब्दी की कालावधि को समेटे कलमकारों के इन पत्रों में तत्कालीन समय–समाज, साहित्य, राजनीति और व्यक्ति जीवन तथा अर्थशास्त्र की झलक मिलना तो स्वाभाविक ही है किन्तु साहित्य–जगत के बड़े मुद्‌दों से जुड़े आनुषंगिक तथ्यों का अनजाने ही बात–बात में खुल जाना जैसे 'केशव के आचार्यत्व को शुक्ल जी ने इसलिए नहीं माना कि परम्परा चली नहीं, जबकि चिन्तामणि की परम्परा चली, इसलिए रीतिकाल का प्रथम आचार्यत्व चिन्तामणि को देना चाहिए, यह चिन्ता अब निराकरण करने के लिए मैंने देवर्षि श्री कृष्ण भट्‌ट की 'श्रृंगार रस माधुरी' का सम्पादन किया है। (डॉ. भालचन्द्र राव तेलंग का पत्र, पृष्ठ 100) ज्ञानवर्धक अनुभव है।

इस संग्रह में राष्ट्रकवि मैथिलीशरण गुप्त समेत सियारामशरण गुप्त, डॉ. जगदीश गुप्त, केदारनाथ अग्रवाल, डॉ. रामकुमार वर्मा, डॉ. रामेश्वर शुक्ल 'अंचल', डॉ. शिवमंगल सिंह 'सुमन' और बालकवि बैरागी जैसे कवियों डॉ. हजारीप्रसाद द्विवेदी,

पं. विश्वनाथ प्रसाद मिश्र, डॉ. हरवंशलाल शर्मा, डॉ. विजयेन्द्र स्नातक, डॉ. जयनाथ नलिन, डॉ. विनयमोहन शर्मा, डॉ. संसारचन्द्र, डॉ. प्रभाकर श्रोत्रिय, डॉ. विजय बहादुर सिंह जैसे श्रेष्ठ शिक्षक आचार्यों ; कमलेश्वर, शिवानी पन्त, अमृत राय, मेहरुन्निसा परवेज जैसे शीर्ष कथाकारों; हिन्दी इतिहास धारा में नवोन्मेष का श्रेय पाने वाले मुकुटधर पाण्डेय, पदुमलाल पुन्नालाल बख्शी, बनारसीदास चतुर्वेदी, बाबू गुलाब राय; काव्यशास्त्रीय आचार्यों डॉ. भगीरथी मिश्र, डॉ. राममूर्ति त्रिपाठी, डॉ. विद्यानिवास मिश्र; भाषा मर्मज्ञों डॉ. रघुवीर, डॉ. रमेशचन्द्र मेहरोत्रा, डॉ. लक्ष्मीधर मालवीय और साहित्येतिहास की गम्भीर पड़ताल करने वाले तथा काव्यादि के मूल्यांकन में गहरी अनुसन्धात्मक दृष्टि वाले महेन्द्रप्रताप सिंह, इमरै बंधा, कन्हैयालाल शर्मा 'कलश' तथा यशस्वी कृतिकार प्रमोद वर्मा, डॉ. कृष्णचन्द्र वर्मा, चन्द्रकान्त देवताले और डॉ. कान्तिकुमार जैन जैसे साहित्याकाश के बहुश्रुत विद्वानों के पत्र इसमें वर्णानुक्रम से दिये गये हैं।

इन पत्रों में तात्कालिक साहित्यिक प्रवृत्तियों के उद्‌भव, अस्तित्व और उसकी प्रकृति की चर्चायें हैं, इनमें किसी साहित्य प्रवृत्ति को लेकर दो सहधर्मियों के बीच चले औपचारिक और अनौपचारिक संवाद की अभिव्यक्ति और निष्कर्षात्मक परिणतियाँ हैं। शोध अनुसन्धान तथा जिज्ञासा भाव की प्रतिपत्तियाँ हैं। इनमें अपने खोजपूर्ण कार्यों में लगे अध्ययनशील लोगों की सम्बन्धित विषय में प्रामाणिकता और वस्तुतथ्य को पाने की दिशा में जगी अदम्य लालसा, उत्कण्ठा और बेचैनी पढ़ी जा सकती है। साहित्यकार की जन आस्था और पकी हुई वय की थकान को परे ढकेलकर किया जाने वाला श्रम और साहित्यनिष्ठा भी इनमें देखी जा सकती है।

हिन्दी शोध अपने प्रारम्भिक दिनों से लेकर छठें-सातवें दशक तक इतनी गम्भीरता, श्रमशीलता, प्रामाणिक पाठ की उपलब्धता तथ्यों की छानबीन और सम्बन्धित विधा के विद्वानों की सैद्धान्तिक और टटकी राय से समाविष्ट होने के कारण कितना गरिमामय और वस्तुत: शोध की सार्थकता पाता था, इसका अन्दाजा इन छपे हुए पत्रों से पाया जा सकता है। किन्तु इससे भी अधिक इस तथ्य का पता उन पत्रों के मसौदों से भी लगाया जा सकता है जो इस ग्रन्थ में नहीं हैं। जो यहाँ छपे हुए रूप में तो उपलब्ध नहीं हैं किन्तु जिनके प्रत्युत्तर से उन मसौदों का अनुमान किया जा सकता है जो पत्र संग्रहकर्ता डॉ. बरसैंया द्वारा लिखे गये थे और जिनके प्रत्युत्तर के रूप में ये लिखे गये हैं। सम्भवत: निबन्ध के शास्त्रीय स्वरूप और उसके आदि और तत्कालीन वर्तमान तथा इतिहास और वर्गीकरण जैसे विषय पर शोध करने वाले डॉ. गुप्त के पत्र के उत्तर में निबन्ध साहित्य के शीर्ष हस्ताक्षर डॉ. जयनाथ नलिन की यह झिड़की भरी सीख द्रष्टव्य है–

'तुम डॉक्टर होने जा रहे हो, अनेक विद्यार्थियों का भविष्य भी तुम पर निर्भर

करेगा, तब इतने भोले क्यों बनते हो कि अपना दृढ़ निर्णय किसी विषय पर न दे सको। व्यक्तिगत निबन्धों की तीन श्रेणियाँ बिल्कुल वैज्ञानिक हैं, इसका विवेचन भी तर्कसंगत है।' (डॉ. जयनाथ नलिन का पत्र, पृष्ठ 58)

एक भिन्न भाव-विचार और शिल्प की काव्य-धारा को छायावाद नाम देने वाले पण्डित मुकुटधर पाण्डेय, डॉ. विजयेन्द्र स्नातक और रामानुज लाल श्रीवास्तव जैसे विद्वान भी औपचारिक पत्र न लिखकर साहित्य के किसी विषय पर गम्भीर विमर्श करते हुए ढाई-तीन पृष्ठ के पत्र लिखते हैं और पूरे मनोयोग से उत्तर देते हैं तो इससे उस पीढ़ी की उदारमना वृत्ति, सदाशयता तथा बड़प्पन भाव का परिचय तो मिलता ही है प्रत्युत्तर पाने की ललक, विषय के प्रति गहरी रुचि, एकाग्रता, तथ्यान्वेषण की प्रवृत्ति, अध्ययनशीलता, खोजीवृत्ति और राष्ट्रीय क्षितिज के बड़े विद्वानों से तब के अनुसन्धित्सु डॉ. बरसैंया का बिना झिझक संवाद करने की विरल और प्रशंसनीय प्रवृत्ति का प्रमाण भी मिलता है अन्यथा पत्र में कोई न इतना सूक्ष्म विमर्श करता है–

यही हाल रवीन्द्र जी के कुछ गीतों का भी था, जिनमें वागर्थ की प्रतिपत्ति का अभाव था। रवीन्द्रनाथ ने स्वयं कहा था– 'मैं अपनी धुन में गाता हूँ तुम अपनी समझ के अनुसार अर्थ लगा लो। वे कहते थे 'मेरा गीत शैवाल की तरह है, जिसकी जड़ नहीं, हम उसे चाहे जिधर ले जायें।' (पं. मुकुटधर पाण्डेय का पत्र, पृष्ठ 114) और न ही इतनी आत्मीयता से अपने को कोई खोलकर रख देता है, जब तक कि सामने वाला इसके लिए उसे विवश न कर दे–

'आपने 19 जनवरी को एक छोटा-सा बहुत प्यारा पत्र लिखा था, मेरी तनहाई पर, खास तौर से जिन स्थितियों से वह उत्पन्न हुई है, उन पर संवेदनात्मक स्तर पर आपने वह पत्र लिखा था, मेरी विवशता, आयु, एकान्तता आदि की परिकल्पना करके। मन को सचमुच छू गया था वह पत्र।' (डॉ. कृष्णचन्द्र वर्मा का पत्र, पृष्ठ 43)

निःसन्देह इन शब्द साधकों के पत्रों की शुरुआत डॉ. बरसैंया के शोध सम्बन्धी जिज्ञासाओं से हुई थी। किन्तु, जल्दी ही इन पत्रों की विषयवस्तु की व्यापकता साहित्य के सर्वांग क्षेत्रों को छूने लगी थी। देशी-विदेशी विद्वान भी डॉ. बरसैंया की खोजीवृत्ति अध्ययन की व्यापकता और गहराई तथा समर्पण भाव के प्रभाव से वशीभूत होकर निचाट वृद्धावस्था और असमर्थता के बावजूद पत्र संवाद करते रहे। एक पत्र लेखक की यह विवशता तो देखिये– 'थोड़ा लिखता हूँ। फिर लेट जाता हूँ। फिर लिखता हूँ 15-20 मिनट, फिर 15-20 मिनट लेट जाता हूँ। रात में न तो पढ़ सकता हूँ, न लिख सकता हूँ। 17 अगस्त, 1970 से 80वाँ वर्ष का प्रारम्भ हो गया है।' (प्यारे लाल गुप्त का पत्र, पृष्ठ 74)

उस दौर में घोषित रूप से राजनीति में काम करने वालों की अन्तर्वर्ती चेतना

कितनी प्रबुद्ध थी, वे धर्म, समाज, इतिहास, अर्थशास्त्र सहित दुनिया के तमाम विषयों में कितना विशद ज्ञान रखते थे और अभिव्यक्ति की ऐसी-ऐसी भंगिमाएँ कि जिन्हें पढ़कर इनके अन्यत्र लिखे गये को पढ़ने के लिए मन कौतूहल से भर जाये। वयोवृद्ध राजनीतिज्ञ-कवि का यह पत्रांश देखिये–

'प्रिय भाई, यूँ भुलक्कड़पन पर मेरी आदत नहीं, पर क्या करूँ। ढाई वर्ष का गठिया, लकवा और शरीर पीड़ा से त्रस्त हूँ। 84 वर्ष का ये मरियल घोड़ा बराबर ठीक ताँगे में जुता रहा। 85 पार करते-करते टँगड़ी में फ्रेंक आ गयी और इसलिए घुड़सार में ही बँधा रहना पड़ रहा है। लकवा महोदय की पहुनाई 10-15 दिन ही रही, पर उसने लूटपाट की दिमागी हल्के में।' (ज्वालाप्रसाद ज्योतिषी का पत्र, पृ. 60)

साहित्येतिहास के अनदेखे पृष्ठों को नया संकेत देते, परम्परा का मूल्यांकन करते, शास्त्रीयता की बात उठाते, किसी अभिधान को परिभाषित करते और उसी में प्रश्नाकुलता पैदा करते, अकादमिक क्षेत्र में धीरे-धीरे आती गिरावट के लिए चिन्ता साक्ष्य बनते, शासकीय व्यवस्थागत विसंगितयों को उजागर करते, अपनी योजनाओं, आकांक्षाओं, पारिवारिक स्थितियों और भावनाओं आदि को उद्‌घाटित करते इन पत्रों के इतने रंग हैं कि यहाँ प्रत्येक रंग का नाम दिया जाना भी नामुमकिन है। अलबत्ता, इन पत्रों को पढ़कर इस तथ्य की पुष्टि होती है कि पत्रों में अभिव्यक्ति की अनौपचारिकता और ईमानदारी होने से वे वस्तुनिष्ठ और तथ्य की प्रामाणिकता के निकट होते हैं। इसलिए साहित्य की किसी प्रवृत्ति और समकालीन जीवन के जो यथार्थ संकेत अभिव्यक्ति त्वरा के साथ शब्द साधकों के पत्रों में मिलते हैं, वैसा अनेक बार सैद्धान्तिक विवचनों में भी दुर्लभ होता है।

नामधारी लोग पत्रों के प्रत्युत्तर में प्राय: औपचारिकता बरतते हैं, आश्चर्य है कि एक-दो पत्रों को छोड़कर इस संकलन में कोई भी पत्र ऐसा नहीं जो पूरी तल्लीनता से न लिखा गया हो और जिसमें वस्तुसन्दर्भ के साथ स्वयं को पूरी तरह खोला न गया हो। यद्यपि पत्र है ही ऐसा माध्यम जिसमें कोई बहुत सावधान व्यक्ति ही अपने को छुपा पाता है, अन्यथा इसमें वस्तु तत्त्व का प्रकटन तो होता ही है हृदय की अन्त:परत भी खुल जाती है और 'निजमन की व्यथा' भी व्यक्त हो जाती है। सच पूछिये तो पत्र चाहे किसी विशेष सन्दर्भ को लेकर क्यों न लिखा गया हो, किन्तु उसमें पत्र लेखक का व्यक्तित्व झलक ही जाता है। पत्र ही किसी व्यक्ति या लेखक को पूर्वनिर्मित छवि को नये सिरे से समझने का अवसर भी देते हैं। प्रसिद्ध शीर्षस्थ साहित्यकार डॉ. रघुवीर सिंह का पत्र इस पुस्तक का एक ऐसा ही दस्तावेज है, जिसमें वे एक ऐसे तटस्थ और गुरू-गम्भीर व्यक्तित्व के रूप में सामने आते हैं कि आश्चर्य लगता है कि 'ताज' जैसा मर्मस्पर्शी और हृदय विदारक निबन्ध लिखने वाले क्या यही महोदय हैं।

'संवाद साहित्यकारों से' नामक पत्र संकलन ग्रन्थ इस अर्थ में रचनात्मक कृति कहा जाये तो अतिशयोक्ति न होगी कि इसके भी अनेक पत्रों में मनुष्य-मन की विरल अभिव्यक्तियाँ हैं, निजी और दूसरों के मूल्यांकन हैं, विवशता की प्रतीतियाँ हैं और कहीं-कहीं कटाक्ष कौशल भी। भाषा-रूप के वैविध्य, ध्वनि और व्यंजना का प्रसार भी इन पत्रों को रचना का विन्यास देता है। इसलिए यह संकलन मेरे तई तो एक उपन्यास जैसी जिज्ञासा और उत्कण्ठा जगाकर दो ही बैठक में पौने दो सौ पृष्ठ पढ़ा ले गया। इस कृति का श्रेय पत्र लेखकों को तो है ही किन्तु मूल श्रेय और पाठकों की बधाई के अधिकारी डॉ. बरसैंया ही हैं, इसलिए नहीं कि उन्होंने इन्हें कृति के रूप में प्रस्तुत किया और पचास-साठ वर्षों से अधिक इन्हें प्राणों की तरह सँभालकर रखा, बल्कि इसलिए कि इन पत्र लेखकों के असली उत्प्रेरक इकाई तो वे ही हैं। सजग दृष्टि, गहरी अध्ययनशीलता, परिवेश को खुली आँखों देखने तथा विमर्श करने की छटपटाहट और पत्र लेखन-कौशल आदि प्रवृत्तियाँ डॉ. बरसैंया के लिए उत्प्रेरक कारण रही हैं जिसके परिणामस्वरूप यह संकलन साहित्य की दुनिया में एक मूल्यवान सम्पदा के रूप में सामने आ सका है। इसे क्या कहा जाये कि कोई भी पत्र पढ़ते हुए पत्र लेखक के व्यक्तित्व के समान्तर बल्कि उससे भी अधिक गहरी छवि में पत्रों के उत्प्रेरक डॉ. बरसैंया पाठक के जेहन में बराबर बने रहते हैं, यह शायद इसलिए सम्भव हो सका है कि उनके उत्प्रेरक पत्रों में ही वह तासीर रही है जो पत्रोत्तरों में इतनी जीवन्त रूप में दिखाई पड़ती है।

इस ग्रन्थ में डॉ. बरसैंया के सन् 1959 से 2006 तक के चुने हुए पत्र ही संग्रहीत हैं, इसके बाद के अनेक पत्र भी उनके साहित्य सम्पदा में संरक्षित होंगे, क्योंकि मेरी जानकारी में डॉ. बरसैंया आज भी पत्र संवाद करने में त्वरित आवेग से भरे और प्रज्ञापूर्ण हैं। सूचना क्रान्ति के विस्फोट और उससे जनित दूरभाष और अब स्नानगृह तक चले गये संचार माध्यम 'मोबाइल फोन' के स्थान पर वे आज भी पत्र लिखने को प्राथमिकता देते हैं, इसलिए ये पत्र भी प्रकाशित होना चाहिए। भूमिका में डॉ. बरसैंया ने एक प्रीतिकर बात लिखी है कि 'बड़े लोगों की लिखावट, हस्ताक्षर और विचार जानकर मुझे आन्तरिक प्रसन्नता होती थी।' क्या ही अच्छा होता कि संग्रहीत पत्रों में से कुछ चुनिन्दा पत्र लेखकों की छायाप्रतियाँ भी मुद्रित की जातीं ताकि पाठकों को अपने प्रिय लेखकों की हस्तलिपि और हस्ताक्षर देखने का सुख मिलता। ऐसा करने का मन डॉ. बरसैंया का न रहा होगा, ऐसा मानने को अपना मन तैयार नहीं होता, निश्चित ही प्रकाशकीय जटिलतायें इसके लिए बाधा बनी होंगी। कोई साहित्यिक न्यास, कोई संस्थान या शासकीय प्रतिष्ठान आदि इस दिशा में पहल करे—जिसकी सम्भावना न के बराबर है—तो साहित्य-जगत का बड़ा भला हो सकता है।

डॉ. बरसैंया की यह कृति ऐतिहासिक महत्त्व की और संग्रहणीय धरोहर है। इसे हिन्दी-जगत में व्यापक स्वीकृति और सम्मान मिलेगा। ऐसा मेरा विश्वास है। डॉ. बरसैंया अपने अनेक उल्लेखनीय रचनात्मक ग्रन्थों के साथ इस ग्रन्थ के लिए भी याद किये जाते रहेंगे।

प्राचार्य स्नातकोत्तर महाविद्यालय,
श्यामायन, सहकार मार्ग,
सतना-485001 (म. प्र.)
सम्पर्क : 094251 67567

पत्रों से झाँकता साहित्य-जगत

—डॉ. उर्मिला शुक्ल

पत्र मानव-मन के भावों और विचारों के सम्प्रेषण का सशक्त माध्यम रहा है। पहले के जमाने में जब डाक-व्यवस्था लागू नहीं हुई थी तब राजा-महाराजा प्रशिक्षित कबूतरों और घुड़सवारों के माध्यम से सन्देश का आदान-प्रदान करते थे। तब पत्र-प्रेषण विशेष वर्ग तक ही सीमित था, मगर डाक-व्यवस्था के लागू होने पर यह विशेष से आम तक जा पहुँचा और उनके जीवन का अंग बन गया।

यूँ तो विद्वानों ने पत्र के कई प्रकार बताये हैं और अनौपचारिक पत्रों को वैयक्तिक और सामाजिक पत्रों के रूप में विभाजित किया है। मगर मुझे लगता है कि बहुत से वैयक्तिक पत्र भी नितान्त वैयक्तिक नहीं होते, उनमें समाज शामिल रहता है। जैसे पण्डित नेहरू के पत्र जो अपनी पुत्री को लिखे गये थे, मगर उनमें भारत की राजनैतिक स्थितियाँ समाहित थीं और वे भारतीय राजनीति के अमूल्य दस्तावेज बन गये। इसी तरह स्वामी विवेकानन्द के पत्र मैसूर के महाराजा के नाम थे मगर उन पत्रों में अमेरिका और भारत की सामाजिक और सांस्कृतिक विभिन्नताओं का ऐसा विश्लेषण है जिससे दोनों देशों की समाज-व्यवस्था और उसकी संस्कृति को समझा जा सकता है। और भी बहुत से उदाहरण हैं जहाँ पत्रों की भूमिका ऐतिहासिक हो उठती है। दरअसल, महत्त्वपूर्ण व्यक्तियों के द्वारा लिखे निजी पत्र भी सामाजिक हो उठते हैं, क्योंकि उसमें उनका सामाजिक परिवेश झलकता है और साहित्य को तो समाज का दर्पण कहा गया है। अतएव साहित्यकारों के बीच पत्राचार तात्कालीन साहित्य और समाज को प्रत्यक्ष करते हैं।

प्रस्तुत किताब 'संवाद साहित्यकारों से' में संकलित पत्र भी हिन्दी जगत का एक विस्तृत फलक प्रस्तुत करते हैं। इनमें छन्दबद्ध और छन्दमुक्त कविता का विश्लेषण है, तो नयी कविता के स्वरूप को स्पष्ट करने की कोशिश भी है, और केशवदास की रचनाओं के साथ ही उनकी नायिका-भेद की आधार राय प्रवीण के जन्म, उनके परिवेश का भी वर्णन है। इनमें छायावाद के प्रवर्तक माने जाने वाले मुकुटधर पाण्डेय के पत्र हैं जिनसे यह स्पष्ट हो जाता है कि उन्होंने छायावाद पर लेख तो लिखे, मगर वे छायावाद के प्रवर्तक नहीं हैं। उन्होंने स्वयं माना है कि

छायावाद के प्रवर्तक जयशंकर प्रसाद ही हैं। इन पत्रों में कहानी, नयी कहानी और अकहानी की चर्चा और विद्वानों के निजी विचार भी हैं।

इन पत्रों का लेखन काल 1958 से 2008 तक है यानी हिन्दी साहित्य-जगत के पचास वर्षों का लेखा-जोखा इनमें संग्रहीत है और इसमें देश ही नहीं विदेशों के हिन्दी से जुड़े विद्वान भी शामिल हैं। इन पत्रों में एक ओर तो साहित्य की विविध विधाओं से जुड़े प्रश्न और उनके उत्तर हैं, तो दूसरी ओर तात्कालिक साहित्य समाज के साथ-साथ पत्र लेखक के निजी जीवन के अनेक पहलू भी सामने आते हैं।

हिन्दी के प्रसिद्ध समीक्षक और निबन्धकार बाबू गुलाब राय के पत्र हिन्दी के व्यक्तिवादी निबन्धों का विश्लेषण करते हैं। कुछ विद्वानों ने व्यक्तिवादी निबन्धों को हिन्दी की देन माना है, मगर बाबू गुलाब राय जी ये स्वीकारते हैं कि अँग्रेजी में भी व्यक्तिवादी निबन्ध लिखे गये हैं।

इन पत्रों में उन दिनों प्रकाशित आवेग, कंक, सार्थक, सूरज बनती किरण, वसुन्धरा, राष्ट्रगौरव, बिन्दु, संज्ञा, वातायान के साथ-साथ सरस्वती, हंस आदि पत्रिकाओं का जिक्र भी आया है। साहित्यिक पत्रिकाओं को हमेशा से ही आर्थिक कठिनाइयों का सामना करना पड़ा है, यह भी इन पत्रों से झलकता है। चन्द्रकान्त देवताले जी अपने पत्र में 'आवेग' के प्रकाशन में आने वाली आर्थिक कठिनाइयों का जिक्र करते हैं।

छत्तीसगढ़ अंचल प्राकृतिक और खनिज सम्पदा से भरा-पूरा रहा है, इसीलिए बाहर से आकर बसने वालों की संख्या यहाँ अधिक रही है। जिससे छत्तीसगढ़ी और गैर-छत्तीसगढ़ी का विवाद भी उठता रहा है। प्यारे लाल गुप्त के पत्रों में छत्तीसगढ़ की यह स्थिति उभरती है। वे बहुत से लेखकों को छत्तीसगढ़ का लेखक मानने से इनकार करते हैं। प्यारे लाल गुप्त के इस पत्र से छत्तीसगढ़ के क्षेत्रीयतावाद पर प्रकाश पड़ता है। साथ-ही-साथ इसमें ऐसे कहानीकार और उनकी कहानियों का उल्लेख भी मिलता है जिन्हें बहुत अधिक ख्याति नहीं मिल पायी और वे अजाने ही रह गये।

इस किताब में आचार्य केशव की रचनाओं पर व्यापक टिप्पणी मिलती है और साथ ही विदेश में कार्यरत इमरै बंघा की कार्य-शैली और उनकी निष्ठा का विवरण भी मिलता है। साहित्यकारों से संवाद का यह दायरा छत्तीसगढ़, मध्य प्रदेश, उत्तर प्रदेश, राजस्थान, महाराष्ट्र से लेकर आक्सफॉर्ड तक फैलाव लिये हुए है। इसमें तात्कालीन कवि, समीक्षक, कहानीकार, निबन्धकार, सम्पादक और विश्वविद्यालय के कुलपतियों के पत्र समाहित हैं। जिनसे साहित्य-जगत के साथ-साथ उच्च शिक्षा-जगत में प्राध्यापकीय जीवन और उनके आपसी रागद्वेष, उनके आपसी सम्पर्क के साथ ही उच्च शिक्षा संस्थानों में व्याप्त राजनीति की झलक भी मिलती है।

बुद्धिजीवी माना जाने वाला यह वर्ग किस कदर अपने स्वार्थ के चलते अपने दायित्वों से मुँह मोड़ लेता है इसकी झलक डॉ. प्रमोद वर्मा के पत्रों में मिलती है। साथ ही शिक्षा-जगत खासकर उच्च शिक्षा-जगत की उठा-पटक एक-दूसरे का स्थान घेर लेने की होड़ अकादमिक कार्य में अरुचि आदि का जिक्र प्राध्यापकों की वस्तुस्थिति को उजागर करता है।

डॉ. कमला प्रसाद के पत्र साहित्यिक उठा पटक का संकेत देते हैं और साहित्यिक जगत में व्याप्त वामपन्थ और दक्षिण पन्थ के विवाद पर टिप्पणी देते हैं। वे प्रगतिशील साहित्यकारों पर लगाये गये अप्रत्यक्ष आरोपों का खुलासा करके साहित्यकार के दायित्व को समक्ष करते हैं और स्पष्ट करते हैं कि प्रगतिवाद से जुड़ा साहित्यकार यदि अपने लेखन में समाज और उसकी समस्याओं को शामिल करता है और अपनी वैचारिक पक्षधरता भी कायम रखता है तो वह साहित्य को समाज का दर्पण ही बनाता है जो साहित्य का प्रेय है। वे अपने पत्र में रूसो, मार्क्स, गोर्की, मायकोटस्की, ब्रेख्त नारूदा का उदाहरण देते हैं और स्पष्ट करते हैं कि वास्तव में वही साहित्यकार प्रभावी होता है जिसके साहित्य में जीवन-दृष्टि होती है। प्रेमचन्द इसीलिए महत्त्वपूर्ण हैं क्योंकि उनका साहित्य जीवन-दृष्टि और जीवन-मूल्यों को लेकर चलता है। प्रगतिशील विचारधारा का विरोध करने वाले यथास्थितिवादियों को करारा जवाब देता यह पत्र आधुनिक जगत का एक महत्त्वपूर्ण दस्तावेज है।

इसी तरह मुकुटधर पाण्डेय के पत्र भी छत्तीसगढ़ से लेकर बंगाल तक अपना फैलाव रखते हैं। उन्होंने अपने पत्रों छत्तीसगढ़ के साहित्यकारों और छत्तीसगढ़ की काव्य-परम्परा के साथ-साथ रवीन्द्र नाथ टैगोर की गीतांजली और उसकी भावधारा का उल्लेख किया है और माना है कि वह भी छायावाद से प्रभावित है। इन पत्रों से राष्ट्रकवि मैथिलीशरण गुप्त से सम्बन्धित जानकारी भी मिलती है।

इस प्रकार इस पुस्तक में छत्तीसगढ़ के साहित्य-जगत के पदुम लाल पुन्नालाल बख्शी, मुकुटधर पाण्डेय, प्यारेलाल गुप्त, द्वारिका प्रसाद तिवारी 'विप्र', डॉ. बलदेव प्रसाद मिश्र से लेकर डॉ. प्रमोद वर्मा, मावली प्रसाद श्रीवास्तव, मेहरुन्निसा परवेज, राजेश्वर गुरु तक छत्तीसगढ़ के प्रमुख साहित्यकारों के पत्र संकलित हैं जिससे छत्तीसगढ़ के साहित्यिक समाज की एक निश्चित छवि बनती है।

इसी तरह देश-भर के साहित्यकारों यथा– हजारी प्रसाद द्विवेदी, बनारसीदास चतुर्वेदी, क्षेमचन्द्र सुमन, रामकुमार वर्मा, विजेन्द्र स्नातक, प्रभाकर श्रोत्रिय, विजय बहादुर सिंह, बालकवि बैरागी, प्रेम शंकर आदि के पत्र देश, समाज और साहित्य की वो झलक प्रस्तुत करते हैं जो उनकी रचनाओं में नहीं आ सकीं।

इन पत्रों में एक ओर व्यक्तिगत स्थितियों यथा– परिवार और उनके सुख-दुःख के विवरण हैं, तो दूसरी ओर देश और समाज की स्थिति भी है। इनमें

तात्कालीन साहित्य से लेकर प्राचीन साहित्य का विश्लेषण है तो साहित्य-जगत की खेमेबाजी और उसकी उठा-पटक का वर्णन भी है।

इनमें कुछ पत्र शोध कार्य हेतु रचनात्मक सहयोग के लिए लिखे गये हैं, तो कुछ पत्र अपनी रचनाओं के प्रकाशन की जानकारी के लिए। इनमें से कुछ पत्र बधाई के जवाब के लिए भी लिखे गये हैं। मगर ये वैयक्तिक होते हुए भी सामाजिक पत्रों की श्रेणी में आ गये हैं। कारण इन पत्रों में पत्र भेजने वाले और पाने वाले दोनों का परिवेश झलकता है।

इस किताब में संकलित पत्र इसलिए भी महत्त्वपूर्ण हैं क्योंकि इनका दायरा देश और देश के बाहर तक जाता है जिससे हिन्दी साहित्य-जगत का एक रूप उभरता है। काल की दृष्टि से भी ये किताब महत्त्वपूर्ण हैं क्योंकि इसमें पचास वर्षों का साहित्यिक समाज सिमट आया है। जिसमें हिन्दी साहित्य की अनेक विधाओं से जुड़े प्रश्न उठाये गये हैं और विद्वानों से उनके जवाब भी माँगे गये हैं, जिससे कई भ्रान्तियाँ दूर होती हैं जैसे मुकुटधर पाण्डेय को छायावाद का प्रणेता मानने की धारणा उनके स्वयं के स्वीकार से हल हो जाती है। उन्होंने इसे स्वयं स्वीकारा है कि वे छायावाद के प्रणेता नहीं हैं।

इसी तरह सचेतन कहानी, नयी कहानी आदि पर की गयी टिप्पणियाँ एक नयी राह सुझाती हैं।

इस प्रकार डॉ. गंगा प्रसाद गुप्त बरसैंया जी की यह कृति 'संवाद साहित्यकार से' एक महत्त्वपूर्ण किताब है जिसमें हिन्दी साहित्य-जगत के अधिकांश लेखक, समीक्षक और कवियों के पत्र तो हैं ही, साथ ही अध्यापक और विश्वविद्यालयों से जुड़े पत्र भी हैं जिनसे तात्कालीन उच्च शिक्षा का स्वरूप भी उभरता है। इस तरह यह किताब शोधार्थियों के लिए तो महत्त्वपूर्ण है ही, साहित्य-जगत से जुड़े लोगों के लिए भी महत्त्वपूर्ण है। इससे साहित्य-जगत के कई गवाक्ष खुलते हैं।

A 21 स्टील सिटी
अवन्ति विहार
रायपुर छत्तीसगढ़
मो. 9893294248

‘संवाद साहित्यकारों से’ : एक ऐतिहासिक संग्रह

—डॉ. सुभद्रा राठौर

“संवाद साहित्यकारों से” डॉ. गंगा प्रसाद गुप्त ‘बरसैंया’ जी की यह नवीनतम कृति है। व्यंग्य, चिन्तन, काव्य, निबन्ध एवं समीक्षा जैसी विभिन्न विधाओं पर अनथक-अनवरत लेखनी चलाने वाले गुप्त जी की इस कृति का कलेवर बिल्कुल अलग है। यहाँ उन्होंने स्वयं कुछ नहीं लिखा है, अपितु लेखक की भूमिका में वे तमाम पत्र लेखक हैं जिन्होंने गुप्त जी की शोध-वृत्ति के सम्मानार्थ उन्हें समय-समय पर पत्र लिखे हैं। अद्‌भुत है यह संकलन। स्वयं गुप्त जी स्वीकारते हैं कि ‘अज्ञात दैवी प्रेरणा से मैंने उन्हें पचास वर्षों से सुरक्षित रखा।’ सचमुच यह अन्त:प्रेरणा दैवीय ही रही होगी, अन्यथा इतने दीर्घकाल तक न तो पत्रों को सँजोया जाता, न ही साहित्य-जगत को ऐसी अमूल्य सौगात मिल पाती। पत्र-संग्रह को पुस्तकाकार स्वरूप देकर गुप्त जी ने एक साथ कई साहित्यकारों को साक्षात हमारे सम्मुख खड़ा कर दिया है। वे स्वयं हमसे साक्षात् बहुत कुछ कहते जान पड़ते हैं। बताते चलें कि इस कृति में 83 विद्वानों के पत्र संग्रहीत हैं। अवधि सन् 1958 ई. से सन् 2008 के मध्य की है। इसमें सर्वश्री मैथिलीशरण गुप्त, सियारामशरण गुप्त, वृन्दावनलाल वर्मा, पदुमलाल पुन्ना लाल बख्शी, मुकुटधर पाण्डेय, डॉ. बलदेव प्रसाद मिश्र, डॉ. रामकुमार वर्मा, डॉ. हजारी प्रसाद द्विवेदी, डॉ. विश्वनाथ प्रसाद मिश्र, डॉ. शिवमंगल सिंह ‘सुमन’, डॉ. भगीरथ मिश्र, रामेशवर शुक्ल ‘अंचल’, डॉ. विद्यानिवास मिश्र, डॉ. जगदीश गुप्त, जैनेन्द्र कुमार, डॉ. गुलाब राय, डॉ. विजयेन्द्र स्नातक, डॉ. विनयमोहन शर्मा, डॉ. लक्ष्मीमल्ल सिंघवी, शान्तिप्रिय द्विवेदी, केदारनाथ अग्रवाल, कमलेश्वर, पं. बनारसीदास चतुर्वेदी प्रभृति मनीषियों की उपस्थिति कृति को वजनदार तो बना ही डालती है। आप इन स्वनामधन्य विद्वानों का नाम एक मंच पर देखें और आकृष्ट हुए बिना रह जायें, कैसे सम्भव है?

क्या उपयोगिता है कृति की? क्या ये पत्रों के पुलिन्दे मात्र हैं? अथवा इसका महत्त्व नामचीन विद्वानों की मौजूदगी की दृष्टि मात्र से है? नि:सन्देह यदि हम यहीं तक सीमित रहे, तो आकलन की परिधि बेहद तंग हो जायेगी। कृति की महत्ता वस्तुत: बहुआयामी है। सबसे महत्त्वपूर्ण बात तो यह कि प्रस्तुत कृति लुप्त होती

पत्र-संस्कृति के कगार पर खड़ी होकर हमसे गम्भीर वार्तालाप करती है, प्रश्नचिह्न भी छोड़ जाती है- समय के पंखों पर सवार मानुष! देखो, तुमसे क्या कुछ छूटा जा रहा है? चिन्तन-मनन-लेखन का ऐसा ठहराव भरा अंश, जिससे कमोवेश सारा समाज जुड़ता था। वहाँ संवाद था, समाचार थे, सम्पर्क था, परोक्ष साधन होते हुए भी जीवन की ऊष्मा थी। सम्बन्धों की गर्माहट थी और इतिहास, कला, संस्कृति, भाषा, साहित्य, धर्म, अर्थ, काम, मोक्ष से लेकर अन्यान्य समस्त सरोकार। जो मानव होने के नाते मानव से जुड़ते थे। प्रत्येक मनुष्य साहित्यकार नहीं बन सकता किन्तु उसमें पत्र-लेखक बनने की सहज स्वाभाविक विशिष्टताएँ मौजूद रहती हैं। उसकी अभिव्यक्ति भले वैयक्तिक हो किन्तु वे अभिव्यक्तियाँ कालान्तर में समय की अनोखी दस्तावेज बनने का दमखम रखती हैं। नेहरू के पत्रों ने इन्दिरा को गढ़ा, तो महात्मा गाँधी को 'साकेत' के नवम सर्ग में उर्मिला के धार-धार रोने पर आपत्ति थी। इससे उनकी बकरी का दूध पतला हुआ जाता था। इसकी जानकारी दोनों महानुभावों (गाँधी व मैथिलीशरण गुप्त) के पत्राचार से ही होती है। ऐसे तमाम पत्र हमें पाण्डुलिपियों के रूप में विभिन्न पुस्तकालयों में संरक्षित मिल जाते हैं, जिनका अपना वैशिष्ट्य है। अब जबकि चिट्ठी-पतरी के दिन लद गये, सारा काम तात्कालिक और 'टू द प्वाइण्ट' होने लगा है, सूचनाओं-संवेदनाओं का आदान-प्रदान दूरसंचार साधनों से होने लगा है, हम पत्र लेखन की विधा से पृथक हो चुके हैं। ऐसे में गुप्त जी का यह संग्रह हमें पत्र की उस दुनिया में ले जाता है जहाँ आपसी सम्पर्क की जीवटता, गहनता, ललक, विस्तार और स्नेह की झलक मिलती है। संवाद के वे अप्रत्यक्ष साधन अनुभव, अनुभूति और ज्ञान का जो कौशल रचते हैं, फोन-मोबाइल, प्रत्यक्ष वेब कैम या चैटिंग उसकी पूर्ति कर पायेंगे क्या?

अब आयें मूल विषय की ओर, पत्र लिखने का सदैव एक उद्देश्य होता है और जाहिर है, पत्राचार यदि विद्वानों के मध्य हो, उद्देश्य भी महान ही होगा। यहाँ जितने भी पत्र संकलित हैं, उनका आधार साहित्यिक ही है। चूँकि पत्रापेक्षी स्वयं गहन शोधवृत्ति रखता है, पत्रोत्तर में जिज्ञासा शमन के अन्तर्गत व्यक्त तथ्य पाठकों के लिए भी कम ज्ञानवर्धक और रोचक नहीं। पत्रों में विवेचन, विश्लेषण, वर्णन, विवरण, उद्घाटन-पद्धति का खूब दृश्य दिखता है। विवेच्य रचनाकारों की सामग्रियों पर विचार-विमर्श, मतों की स्थापना, सुख-दुःख, हाल-चाल, जीवन-दर्शन, प्रकाशकों-ग्रन्थस्वामियों की दुत्कार-फटकार और कई जगहों पर शास्त्रार्थ-सा रस, क्या नहीं है यहाँ? पत्रों में साहित्य और साहित्यकारों की दशा-दिशा पर भी चिन्तन और चिन्ता अवश्य देखने को मिल जायेगी। ज्यों ही आप 'संवाद साहित्यकारों से' पढ़ना प्रारम्भ करेंगे, होनहार के चिकने पत्तों का आभास तत्क्षण हो जायेगा। जब श्री आत्माराम शर्मा 'कण्ठाभरण', बरबै नायिका भेद, रसभूषण, कान्ताभूषण और

अलंकार-दर्पण की चर्चा चलाते हैं, पाठक इन प्रारम्भिक पत्रों से ही दिशा-निर्देश प्राप्त कर लेता है कि आगे कैसे पड़ाव आने वाले हैं। छन्दों एवं ग्रन्थों का आदान-प्रदान, उनका स्पष्टीकरण, विवेचन, समीक्षा तो शुरुआती दृश्य हैं, ज्यों-ज्यों आप पत्रोदधि में गहरे पैठते जायेंगे, आपको मणि-माणिक्य-मोती एक-एक कर हाथ लगने लगेंगे। कन्हैयालाल 'कलश' के पत्र स्पष्ट संकेत करते हैं कि साहित्य-जगत पतन की ओर है। उनके शब्द देखिये– 'आज महावीर प्रसाद द्विवेदी यदि होते तो उन्हें मंच पर से उठाकर गंगा में प्रवाहित कर दिया जाता। इसलिए साहित्य की बात तो छोड़ दीजिये। अब बात जुगाड़ की है।' अच्छे साहित्य किस प्रकार 'जुगाड़' के अभाव में उपेक्षित किये जा रहे हैं, इसकी चिन्ता कई साहित्यकारों ने जतायी। डॉ. कमला प्रसाद ने साहित्यकार को राजनैतिक उठापटक से दूर रहने की जो सलाह दी है, उनके लिए इससे बेहतर पाथेय भला क्या होगा–'साहित्यकार अगर सुविधा की कुर्सी खोजता है, बड़े प्रतिष्ठानों के चक्कर लगाता है, मन्त्री की प्रशस्तियाँ गाता है, युगपुरुष की कामना करता है और व्यक्तियों को दायरे में नापता है, तब निन्दनीय है।' किशोरीलाल के पत्रों में भी इसकी ही अनुगूँज सुनाई पड़ती है। लब्ध-प्रतिष्ठित कवि केदारनाथ अग्रवाल, पदुमलाल पुन्नालाल बख्शी अथवा मुकुटधर पाण्डेय जब आपसे सीधा संवाद करें और अपना जीवन-परिचय दें, कैसी अनुभूति होगी? निःसन्देह निराला अनुभव होगा यह जानना कि इन्होंने कहाँ से जीवन की शुरुआत की, जीविका के लिए क्या-क्या किया और लेखकीय कर्म से कैसे जुड़े? बख्शी जी से विनम्रतापूर्वक यह जानना कि 'जो विशेषता मैंने अपने छोटे भाई हनुमन्तलाल बख्शी में देखी, वह मुझमें नहीं है, फिर भी मैं अपनी ओर से ऐसे कथात्मक निबन्ध लिखता रहा हूँ और लिखता रहूँगा।'– चकित करता है। क्या सभी सफलतम विद्वान कुछ-कुछ ऐसे द्वन्द्वों से दो-चार हुआ करते हैं? उधर, हम सभी यह तो जानते हैं कि 'छायावाद' मुकुटधर पाण्डेय का दिया हुआ नाम है किन्तु उन्होंने बदलते दौर की रहस्यमयी कविता के लिए यदि यह नाम चुना तो उसके कारण क्या हैं? जानना है, तो बिना किसी मध्यस्थ के आप स्वयं यहाँ उनसे रूबरू हैं। इसे और उनके विचार जानिये। इसी प्रकार 'व्यक्तिवादी निबन्ध' को समझने में यहाँ कई साहित्यकार आपकी मदद करने को तत्पर हैं, सविस्तार। डॉ. गुलाब राय एवं डॉ. जयनाथ नलिन के पत्र इस दृष्टि से महत्त्वपूर्ण हैं। व्यंग्य क्या है? इनकी भी अच्छी-खासी विवेचना यहाँ पत्र लेखकों ने की है। हाँ, प्रमोद वर्मा के पत्र का एक अंश सच्चे साहित्यकार के स्वाभिमान को जब हठात् प्रत्यक्ष करता है, जाने क्यों अजीब-सी तुष्टि होती है। काश कि लेखक इसे अपना सूत्र बना ले– 'साँस लेने और रोटी खाने की तरह अनुभव करना, सोचना और लिखना मेरी विवशता है। आमतौर से लोग आउटपुट या नामवरी के आधार पर आदमी के काम का मूल्यांकन करते हैं...

मैं किसी के लिए नहीं लिखता गंगाप्रसाद जी। और न बदले में कुछ पाने की लालसा से ही...। मैं लिखता इसलिए हूँ क्योंकि विवश हूँ और नहीं लिखता तो इसलिए कि लिख नहीं पाता, लिखते नहीं बनता।' शायद यही लेखकीय ईमानदारी थी जिसने उन्हें 'प्रमोद वर्मा' बनाया। ऐसी तमाम झलकियाँ आपको आद्यन्त कृति में देखने को मिलेंगी। चूँकि पत्र लेखन के बिन्दु अपरिमित होते हैं, यहाँ भी विषयों की विविधता, साहित्य पर केन्द्रित होने के बावजूद, व्याप्त है। विद्वतापूर्ण चर्चाएँ तो हैं ही, जीवन-दर्शन भी आपको कई जगहों पर मिल जायेगा। एक मार्मिक अंश यह भी कि सम्पूर्ण जीवन कलम-दवात से मुठभेड़ करता लेखक अपने अन्तिम पड़ाव पर क्या महसूस करता है? यहाँ कई साहित्यकार अपने पत्रों में साकार होते हैं। मुट्ठी की रेत-सी छूटती जिन्दगी के साथ लाचार होती देह के भीतर भी रचना को लालायित दिखता लेखकीय मन कहीं अन्तर को छू लेता है।

सार यह कि गुप्त जी की कृति 'संवाद साहित्यकारों से' पठनीय कृति है। पचास बरस तक पत्रों को सँभाले रखना, फिर उसे संग्रह का रूप देना, मेहनत उनकी है, लाभ साहित्य-समाज को मिलेगा। यहाँ एक साथ कई साहित्यकारों को अनौपचारिक ढंग से पढ़ने-समझने के अवसर हैं तो विषयों की विविधता और गहनता भी ज्ञान में विस्तार हेतु सहायक है। सन्देह नहीं कि अपनी महत्ता, ऐतिहासिकता, रोचकता की वजह से यह कृति साहित्य रसिकों के हृदय में स्थान बनायेगी, गुप्त जी ने इस कृति को लोकार्पित कर स्वयं एक ऐतिहासिक कार्य किया है। यह कृति कई दृष्टि से संग्रहणीय साबित होगी। उन्हें अनेकशः बधाई।

प्राध्यापक छत्तीसगढ़ कालेज
बी-81, वी. आई. पी. इस्टेट
खमारडीह, रायपुर (छ. ग.)
492001

अकृत्रिम अभिव्यक्ति-संवाद साहित्यकारों से

—डॉ. रमेश चन्द खरे

वाद और विवाद से परे संवाद ही विचारों, भावनाओं का एक सेतु है जो समस्याओं की नदी को पार कराकर दोनों किनारों की आत्मीयता स्थापित करता है। शिवकुमार श्रीवास्तव ने अपनी पुस्तक ''संवादहीनता के विरोध में रचनाधर्मिता'' के उसी नामित अध्याय में लिखा है, 'विश्व की समस्त समस्याओं का मूल संवादहीनता है। एक-दूसरे की बात, एक-दूसरे का मन्तव्य न समझ सकना, सारे तत्त्वों, उलझावों और द्वन्द्वों को जन्म देता है। इसका हल है आज भी विश्व में पत्र-मित्र का चलन।

प्रसिद्ध लेखक, व्यंगशिल्पी, कवि और समीक्षक डॉ. गंगाप्रसाद गुप्त बरसैंया ने विविध विधाओं में करीब तीस पुस्तकों में अपनी नवीनतम कृति, ''संवाद साहित्यकारों से'' में देश-विदेश के तिरासी साहित्यकारों के गत पचास वर्षों में प्राप्त 191 पत्रोत्तरों को नामों के अकारादि-क्रम से बड़े सुन्दर ढंग से प्रस्तुत किया है। प्रारम्भिकी, 'साहित्य की अमूल्य सम्पदा' में उन्होंने कहा कि शोध की समस्याओं के सन्दर्भ में कई प्रतिष्ठित विद्वानों की सदाशयता के परिणामस्वरूप ये पत्र-पुष्प प्राप्त हुए जिन्हें उन्होंने बड़े जतन से फाइल में सँजोकर रखा था। आज भी ऐसे पत्र संग्रहालयों में सुरक्षित हैं। लेखक के इन चयनित पत्रों में कई में नितान्त व्यक्तिगत जीवन-सन्दर्भ हैं, पर कई साहित्येतिहास के प्रसंगों की दृष्टि से महत्त्वपूर्ण हैं। प्रेषक के चिन्तन और जीवनानुभवों से संचित इन्हें नष्ट करने की बजाय प्राप्तकर्ता ने सर्वजन हिताय प्रकाशित करना उचित समझा।

संस्मरण और रिपोर्ताज की तरह पत्र लेखन भी एक शैली है जो 'स्टाइल इज अ मेन हिमसेल्फ, के मानें आज टेलीफोन और मोबाइल युग में युवा पीढ़ी में लुप्त होती जा रही है। सुगम आवागमन ने भी इसे हतोत्साहित किया है। पर निजमन के भावों की सहज अकृत्रिम, अभिव्यक्ति तो सम्मुख संवाद में भी संकोचवश नहीं हो पाती, इसलिए उन्होंने माना है कि पत्रों ने ही रिश्तों को जोड़ा और तोड़ा है तभी दिशाओं को मोड़ा है। यदि इन पत्रों को काल-क्रमानुसार दिया जाता तो यह समझने में अधिक सार्थकता होती। तब उनकी विषयगत तारतम्यता भी अखण्डित होती।

जैसे दिसम्बर 1959 में पटियाला के डॉ. जयनाथ नलिन का 20वाँ पत्र, तभी

दिल्ली के डॉ. विजयेन्द्र स्नातक का 66वाँ पत्र और शान्तिप्रिय द्विवेदी का पत्र। तीनों पत्र-उत्तर डॉ. बरसैंया की प्रश्न जिज्ञासा-'वैयक्तिक-निबन्ध' का सारगर्भित अंश हैं। नलिन जी के अनुसार ये निबन्ध रचयिता के अहं की सशक्त और स्पष्ट अभिव्यक्ति हैं जिनमें निश्छल और अनभिभूत भावनायें और मौलिक चिन्तन-पद्धति प्रकाशित है जिसे वैयक्तिक, भावनात्मक और आत्मपरक तीन वर्गों में बाँटा जा सकता है। वे इन्हें हिन्दी की देन नहीं मानते। अँग्रेजी के एडीसन और लैम्ब के निबन्ध इनके प्रेरक हैं। हिन्दी में अंशतः अध्यापक पूर्णसिंह, रामचन्द्र शुक्ल (मनोविकार सम्बन्धी), जैनेन्द्र कुमार, हजारी प्रसाद द्विवेदी, शान्ति प्रिय द्विवेदी और नलिन जी स्वयं इसके प्रतिनिधि हैं। वैसे प्रारम्भिक स्तर पर बालकृष्ण भट्ट और भारतेन्दु हरिश्चन्द में इसके बीजांकुर हैं। वे गद्य काव्य या गद्य गीत, जीवनी, संस्मरण, स्कैच, कहानी, रिपोर्ताज से भी इनकी तुलना करते हैं। बाद में वे रायकृष्ण दास, डॉ. रघुवीर सिंह, वियोगी हरि, रामवृक्ष बेनीपुरी, चतुरसेन शास्त्री की भी इनमें गणना करते हैं और 'प्रसाद युग' को इनका स्वर्ण युग मानते हैं।

न मालूम क्यों वे गद्य काव्य को कोई विधा नहीं मानते जबकि मैंने अपने शोध-प्रबन्ध में अम्बिका प्रसाद दिव्य के 'पश्यन्ती' और 'अनन्यमानसा' गद्य गीत कृतियों से सन्दर्भित अध्याय में डॉ. अष्ट भुजा प्रसाद पाण्डे के ग्रन्थ 'हिन्दी गद्यकाव्य : उद्‌भव और विकास' के कई पारिभाषिक उद्धरण देते हुए पूर्ववर्ती बदरी नारायण प्रेमघन से लेकर, वियोगी हरि, रामकृष्ण दास, दिनेश नन्दनी डालमिया, गुलाबराय आदि की विकास-यात्रा रेखांकित की है।

डॉ. विजयेन्द्र स्नातक ने भी तभी अपने पत्रोत्तर में इन निबन्धों को चार्ल्स लैम्ब, लीहण्ट, हैजलिट, आर. एल. स्टीवेन्शन की ही प्रेरणा माना है जो आगे प्रताप नारायण मिश्र, बालमुकुन्द गुप्त, विद्यानिवास मिश्र, प्रभाकर माचवे में पल्लवित हुई। वे अन्य विधाओं से भी इनकी तुलना करते हुए इनकी केन्द्रीय भावना लघुता, इतिवृत्त का अभाव, अलंकृत शैली मानते हैं। कन्हैयालाल मिश्र प्रभाकर भी इनके निकट हैं। जबकि शान्तिप्रिय द्विवेदी तो इसी समय लिखे गये अपने प्रश्नोत्तर में अपने को 'व्यक्तिवादी निबन्धकार' मानते ही नहीं। हाँ, कुछ में आभास मिल सकता है।

बरसैंया जी को प्राप्त पत्रों की देश-विदेश की लम्बी सूची है जो आक्सफोर्ड विश्वविद्यालय, ओरिएण्टल इंस्टीयूट के इमरै बंघा जिन्होंने बुन्देलखण्डी हफी जुल्लाह खाँ के 'हजारा' में ठाकुर कवि के अप्रकाशित छन्दों की ही माँग कर डाली वेस्ट जावा की प्रीताव्यास ओर जापान से डॉ. लक्ष्मीधर मालवीय तक विस्तृत है। कई पत्र, प्राप्तकर्ता की वृहत् साहित्य-साधना पर भी प्रकाश डालते हैं। डॉ. गंगाप्रसाद जी ने अपनी महाविद्यालयीन सेवा के दौरान छत्तीसगढ़ और बुन्देलखण्ड में लम्बे

समय से रहते हुए वहाँ के सरोकारों और साहित्यकारों से गहरा जुड़ाव बनाया है तभी झाँसी के वयोवृद्ध बुन्देली शब्द-साधक कन्हैयालाल शर्मा 'कलश' ने अपनी बुन्देली व्याकरण के प्रमुख बिन्दुओं की भाष्यमय समीक्षा की। उनसे चर्चा करते हुए पाणिनि के पहले ईसा पूर्व 'स्फोटायन' दर्शन तक उसे आधृत करते हैं। वे केशव के रसिकप्रिया, रायप्रवीन की ऐतिहासिकता भी बताते हैं।

झाँसी के ही द्वारिकेश मिश्र, पत्र में अपने अप्रकाशित वृहत 'बुन्देलिन' महाकाव्य के समग्र सांस्कृतिक परिवेश और ग्रामीण लोक-जीवन के यथा रूप चित्रांकन की बात करते हुए उसमें से प्रकाशित आल्हा गीत शैली में बुन्देली लोक-भाषा काव्य 'झाँसी की रानी लक्ष्मी बाई चरित' तथा 'हरदौल बुन्देला' का सरिस उल्लेख करते हैं। गौरीशंकर द्विवेदी शंकर और बनारसीदास चतुर्वेदी जैसे कई बुन्देलखण्डी साहित्य साधकों सहित डॉ. भगवान दास माहौर के शोध-प्रबन्ध '1857 के स्वाधीनता संग्राम का हिन्दी साहित्य पर प्रभाव' जानकारी भी इस पत्राचार में द्रष्टव्य है।

छत्तीसगढ़ की कर्मभूमि बरसैंया जी को वहाँ के साहित्यिक परिवेश और लगाव से जोड़ती है। पदुमलाल पुन्नालाल बख्शी, प्यारेलाल गुप्त, प्रो. प्रमोद वर्मा, डॉ. बलदेव प्रसाद मिश्र, डॉ. भालचन्द लाल तैलंग, बन्देअली फातमी, जैसे कई साहित्यकार उन्हें अभी भी याद करते हैं। छायावाद के प्रवर्तक मुकुटधर पाण्डे के पत्र, भारतेन्दु से पूर्व की छत्तीसगढ़ काव्य-परम्परा को व्यक्त करते हैं। 92 वर्ष की आयु में सन् 1965-67 में लिखे गये ये पत्र छायावादी युग की अधिकृत जानकारी देते हैं। उज्जैन से डॉ. राममूर्ति त्रिपाठी ने बरसैंया जी के ग्रन्थ 'छत्तीसगढ़ का साहित्य और उसके साहित्यकार' तथा 'बुन्देलखण्ड के अज्ञात रचनाकार' की प्राप्ति का उल्लेख कर उन्हें सराहा है।

बरसैंया जी अच्छे व्यंगकार भी हैं। रामनारायण उपाध्याय ने उनके 'निन्दक नियरे राखिये' व्यंग्य-संग्रह की बधाई देते हुए कहा कि लेखक के दिमाग में स्वस्थ्य समाज का नक्शा टूटने की व्यथा से ही व्यंग्य का जन्म होता है जो आम आदमी के दिमाग को धारदार बनाता है। इस तरह ये पत्र विषय-वस्तु की व्याख्या भी करते चलते हैं। नयी दिल्ली से मनहर चौहान 'नयी कहानी' की वर्तमान धारा के बिखराव को व्यक्त करते हैं तो प्रगतिशील डॉ. कमला प्रसाद लेखक के पत्र– 'आज के राजनीतिक साहित्य के विरुद्ध वादहीन सार्वजनिक साहित्यकार के पुनर्जन्म' प्रश्नोत्तर में उसे स्वार्थी व्यक्ति-पूजा के विरुद्ध सामाजिक संघर्ष को आत्मसात करने और निःसंकोच पिछड़े लोगों की स्थितियों को उठाने का पक्षधर होने वाला अराजनैतिक साहित्य मान्य करते हैं। डॉ. कान्ति कुमार ने राष्ट्रगौरव विशेषांक के लिए उनके श्रम और कुशल सम्पादकत्व की बधाई दी, तो डॉ. सन्तोष कुमार तिवारी समग्रतः उन्हें मूल्य चिन्ता के रचनाकार और सांस्कृतिक चैतन्य का मानवतावादी लेखक मानते हैं।

बरसैंया जी यद्यपि इस पुस्तक के लेखक नहीं हैं पर ये सम्पादित उत्तर-पत्र केवल लेखकों के व्यक्तित्व और कृतित्व को प्रतिध्वनित नहीं करते वरन् जिज्ञासु प्रश्न-पत्रकर्ता की छवि को भी प्रतिबिम्बित करते हैं जिसका आकर्षण इन सशक्त हस्ताक्षरों को खींच लाया। इसलिए इनका पत्रों का प्रकाशन, इन्हें अकाल मृत्यु से बचाने के लिए साहित्य-जगत पर एक बड़ा उपकार है।

एम. आई. जी., बी.- 73, विवेकानन्द नगर, दमोह
मध्य प्रदेश 470-661

उल्लसित और रोमांचित करने वाली जानकारियों से परिपूर्ण पुस्तक–'संवाद साहित्यकारों से'

–डॉ. रामानन्द शर्मा, डी. लिट्.

वैज्ञानिक विकास का रथ ज्यों-ज्यों आगे बढ़ता है, हमारी जीवन-शैली को प्रभावित करता है। वैज्ञानिक उपलब्धियों से जीवन हमें सुगम प्रतीत होता है, लक्ष्य निकटतर लगता है, कष्ट और क्लेश अल्पतर प्रतीत होते हैं, लेकिन जीवन के अनेक रोचक, प्रेरक और रसमय पक्ष भी उजड़ जाते हैं। संस्कृति आहत होती है, सरसता बाधित होती है और मानव मशीन बन जाता है। जीवन को त्वरिता अनेक पक्षों को गतिहीनता एवं अपंगता भी प्रदान करती है। दूरसंचार के लोकव्यापी विकास का एक अन्धकारमय पक्ष यह भी है कि पत्र-लेखन संस्कृति विनाश के कगार पर आ गयी है। व्यापक और सुदीर्घ पत्र हमें न केवल अनेक तथ्यों की रोचक जानकारी देते हैं, बल्कि शब्द-विन्यास, वाक्य-विन्यास, सम्बोधन, कथन-भंगिमा आदि की व्यावहारिक शिक्षा भी प्रदान करते हैं।

हिन्दी के प्रख्यात विद्वान, पूर्व प्राचार्य और जीवन के पिचहत्तर बसन्त देख लेने वाले श्रद्धेय डॉक्टर गंगा प्रसाद गुप्त 'बरसैंया' ने जब साहित्य-साधना प्रारम्भ की थी, तब पत्र-व्यवहार ही संवाद का प्रमुखतम माध्यम था। जनसाधारण इसी के माध्यम से परस्पर परामर्श करते थे, विचारों का आदान-प्रदान करते थे और शंका समाधान भी होते थे। तब 'पत्रोत्तर न देने को' अशिष्टता मानने' वाले तथा अस्सी वर्ष की अवस्था में भी प्रतिदिन आठ-दस पत्रों का उत्तर लिखने वाले विद्वान थे (पृष्ठ 160) 'तो थोक में पोस्टकार्ड खरीदकर रखने वाले पत्र लेखक' (पृष्ठ 41) शोधार्थियों के पत्रों का उत्तर देना, नैतिक धर्म मानने वाले तथा विस्तारपूर्वक उत्तर देने वाले विद्वानों का बाहुल्य था। फलतः उनके पास सन् 1958 ई. से अब तक के सहस्राधिक पत्र हैं जिनमें मैथिलीशरण गुप्त, वृन्दावनलाल वर्मा, मुकुटधर पाण्डेय, डॉ. बलदेव प्रसाद मिश्र, डॉ. विश्वनाथ प्रसाद मिश्र, डॉ. शिवमंगल सिंह 'सुमन', डॉ. भगीरथ मिश्र, डॉ. विद्यानिवास मिश्र, डॉ. जगदीश गुप्त, डॉ. विनय मोहन शर्मा, डॉ. विजयेन्द्र स्नातक, डॉ. रामकुमार वर्मा, डॉ. राजबली पाण्डेय, डॉ. राममूर्ति त्रिपाठी, आचार्य हजारी प्रसाद द्विवेदी, डॉ. हरवंश लाल शर्मा, डॉ. किशोरीलाल

जैसे प्रख्यात साहित्यकारों एवं विद्वानों के पत्र भी हैं। 'बरसैंया' जी ने इनमें से 83 विद्वानों के कुछ चुने हुए पत्र अकारादि क्रम से, 'संवाद साहित्यकारों से', शीर्षक पुस्तक के रूप में प्रकाशित कराये हैं। चूँकि पत्र बरसैंया जी को अनेकानेक विद्वानों द्वारा लिखित हैं। फलतः विषय, शिल्प, लेखन-शैली, सिद्धान्त आदि की अनेकता है और कुल मिलाकर ये लेखन का ऐसा सुन्दर पुण्यस्तवक प्रस्तुत करते हैं जो मोहक भी है, मादक भी है, संस्कारोत्पादक भी है और प्रेरणाप्रद तो है ही।

'संवाद साहित्यकारों से' शीर्षक पुस्तक से आद्योपान्त गुजरना एक दिव्यानुभूति से कम नहीं है। पुस्तक से नानाविध सूचनाएँ और जानकारियाँ प्राप्त होती हैं। कहीं रोमांचित और उल्लसित कर देने वाले प्रसंग हैं तो कहीं विषाद के पंक में डुबाने वाले समाचार। पुस्तक से सूचना मिलती है कि एक साहित्यकार ने अपना पूर्व प्रकाशित उपन्यास नये अभिधान से छपवाकर पुरस्कार हेतु मध्यप्रदेश शासन को भिजवा दिया, लेकिन रहस्योद्‌घाटन ने उनकी योजना को असफल बना दिया। (पृष्ठ 26) कहीं-कहीं मध्य प्रदेश शासन की अन्यायपूर्ण नीति पर भी कटाक्ष मिलते हैं : ''तुम्हारे जैसे लोग बाहर पड़े हैं और यहाँ एक-से-एक असाहित्यिक प्राध्यापक जबलपुर में जमे हैं। मैंने बराबर अनुभव किया कि तुम्हें अब किसी यूनीवर्सिटी टाउन में विशेषकर जबलपुर में होना चाहिए। पर क्या करूँ? मुझे शासन में कोई टके को नहीं पूछता कि तुम जैसों के लिए किसी से कुछ कह सकूँ या कुछ कर सकूँ।'' एक स्थल पर साहित्य के प्रति सम्मान की तुलनात्मक दृष्टि दिखती है जो हिन्दीभाषी क्षेत्रों की दयनीय दशा को व्यक्त करती है। ''हिन्दीभाषी क्षेत्रों की तुलना में दक्षिण भारत सांस्कृतिक दृष्टि से कुछ अधिक सजग है और वहाँ यह स्वीकार किया जाता है कि साहित्य-संस्कृति के क्षेत्र में कार्य करने वाले लोग भी समाज के लिए उपयोगी और महत्त्वपूर्ण हैं। केरल के महाकवि की मृत्यु पर वहाँ प्रदेशव्यापी शोक मनाया गया, लेकिन पन्त जी के देहपात होने पर महाविद्यालयों, विश्वविद्यालयों तक में शोकसभा का आयोजन नहीं हुआ। जो शोकसभा मैंने यहाँ आयोजित की थी, उसमें गिनती के सात आदमी आये थे, जिनमें न वे अध्यापक थे जो पन्त जी को पढ़ाकर रोटी कमाते हैं और न वे छात्र जो उन्हें पढ़कर रोटी कमाने की सोचते हैं'' (पृष्ठ 82-83)। ऐसी अन्य भी सूचनाएँ हैं जो भाव विह्वल बनाती हैं और सोचने को विवश करती हैं।

पुस्तक में उल्लसित और रोमांचित करने वाली जानकारियाँ बहुत अधिक हैं। कहीं ठाकुर, पजनेस और कालिदास त्रिवेदी से सम्बद्ध जानकारियाँ हैं तो कहीं प्रतापसाहि और उनके वंशजों की चर्चा है। कहीं कूटछन्दों का अर्थबोध कराया गया है तो कहीं मध्यकालीन काल के सम्पादन की बारीकियों पर प्रकाश डाला गया है। कहीं केशवप्रिया प्रवीणराय की तथ्यपरकता की गहन छानबीन दिखती है तो कहीं

अश्लीलता की संक्षिप्त किन्तु तत्त्वपरक विवेचना। मुझे ''जाके सी-सी करिबे में सुधा सी ढरकि जाय'' अश्लील नहीं लगता। अनुप्रास की छटा अश्लीलता ढाँक लेती है (पृष्ठ 132)। वस्तुतः पुस्तक दीर्घकालिक पत्रों का संकलन है। फलतः उसमें इतने विविध विषयों का एकत्रीकरण हो गया है कि उन सभी का उल्लेख सम्भव नहीं है। मात्र इतना ही कहा जा सकता है कि ये सब मिलकर पुस्तक को रोचक एवं ज्ञानप्रद बनाते हैं, संग्रहणीय बनाते हैं।

पुस्तक में संकलित पत्र श्रद्धेय 'बरसैंया' जी को विद्वानों द्वारा लिखित हैं, फलतः डॉ. बरसैंया की रुचि, व्यवहारपटुता, सहजता, सहृदयता, उदारता आदि का ज्ञान तो सहज ही हो जाता है। इस बात का भी स्पष्ट प्रमाण मिल जाता है कि उन्होंने पत्रों में काट-छाँट नहीं की है, यथावत् प्रस्तुति दी है। यही कारण है कि एक ओर– 'इतना श्रम, इतनी लगन, इतनी सूझ-बूझ यह आपका ही कमाल है। आपने इस विशेषांक में इतनी सारी सामग्री एकत्र कर दी है कि यह सन्दर्भ-ग्रन्थ बन गया है और आपके सम्पादन का वैदुष्य और गवेषणात्मक दृष्टि का निर्यास पदे-पदे देखने को मिला। ऐसी दुर्लभ और अमूल्य सामग्री का विनियोग करके आपने बहुत ही श्लाघ्य एवं स्तुत्य कार्य किया है'–जैसे प्रशस्तिपरक वाक्य स्थल-स्थल पर मिलते हैं तो कहीं-कहीं खोटी बातें भी देखने को मिलती हैं। 'जवानी में तो आप निबन्धों की खाक छानते रहे। अब बुढ़ापे में शृंगार का चषक पीने का शौक बढ़ गया है। सेवानिवृत्त होने पर भक्ति और निर्वेद की ओर जाना चाहिए कि शृंगार की ओर? मैं तो प्रारम्भ से ही शृंगार में पगा रहा।' यहाँ वक्ता और श्रोता दोनों ही असाधारण हैं। यदि बरसैंया साहब संकल्पित होकर भी ठाकुर के संकलन-सम्पादन में सफल नहीं हों तो चैनराय की शृंगार कृति 'रसविलास' का सम्पादन करके शृंगार-चषक पीने की सफलता भी सिद्ध कर सके हैं। तत्त्वतः पत्र सम्पादक ने पत्रों को स्वरुचि के निकष पर नहीं रखा है, यथावत प्रस्तुत किया है और यही सहजता एवं निश्छलता उसे असाधारण बनाती है।

वस्तुतः पत्रों का यह संकलन विगत पचास वर्षों के साहित्यिक-सांस्कृतिक जीवन का संक्षिप्त लेखा-जोखा है। विशेषतः डॉ. बरसैंया जी के अकादमिक अध्ययन के सन्दर्भ में और इसी कारण मननीय है। इनका अनुशीलन ज्ञानप्रद भी है और रोचक भी।

पूर्व आचार्य एवं प्राचार्य
स्नातकोत्तर महाविद्यालय
मुरादाबाद (उ. प्र.)

अथ काटना कुत्ते का भइया जी को

व्यंग्य की चमक और आँच

—डॉ. कान्ति कुमार जैन

जिस समय में कथनी और करनी में जितना अन्तराल होगा, वह व्यंग्य के लिए उतना ही अधिक उर्वर होगा। जिस समाज में स्थापित जीवन-मूल्यों और व्यावहारिक चतुराइयों में जितना अधिक अन्तराल होगा वह व्यंग्य की उतनी ही अधिक सामग्री साहित्यकार को दे सकेगा। यह अकारण ही नहीं है कि व्यंग्य स्वतन्त्रता के बाद के भारत और भारतीय समाज की सर्वाधिक उल्लेखनीय साहित्यिक चेतना है। महाभारत के बाद भारतीय समाज के घोषित जीवनादर्शों और रोजमर्रा के क्रिया-कलाप में जितनी फाँक दिखाई पड़ती है, उसने परसाई जैसे व्यंग्यकारों को जन्म दिया। साहित्य के मेले में विभिन्न रंग-रूप और स्वाद वाले जो स्टाल्स सजे हैं, उनमें सबसे लोकप्रिय स्टाल मध्य प्रदेश का है। हरिशंकर परसाई, शरद जोशी, ज्ञान चतुर्वेदी, जीवन लाल वर्मा विद्रोही जैसे नामों के साथ डॉ. गंगा प्रसाद गुप्त 'बरसैंया' का नाम हिन्दी व्यंग्यकारों की सूची में प्रतिष्ठित है। डॉ. बरसैंया को सामान्यतया मध्यकालीन

काव्य के शोधक, समीक्षक और पाठानुसन्धानी के रूप में जाना जाता है। 'अरमान वर पाने का', 'निन्दक नियरे राखिये' और 'अथ काटना कुत्ते का भइया जी को' शीर्षक व्यंग्य संकलनों से व्यंग्यकार के रूप में वे अब गुप्त नहीं रह गये हैं। उनके पास व्यंग्य को पकड़ने की, उसे समझने की, उसे विश्लेषित करने की जैसी साफ-सुथरी दृष्टि है, वैसी ही सम्प्रेषक, निर्भ्रान्त और धारदार भाषा भी।

व्यंग्य के समाज-दर्शन के रूप में उनकी स्पष्ट मान्यता है कि 'कोई भी रचनाकार सामाजिक दायित्व की अनदेखी नहीं कर सकता। उसे समाज की कसौटी पर खरा उतरना ही होगा। यदि रचनाकार ऐसा नहीं करता तो वह सृजन और समाज दोनों के प्रति बेईमानी और गैर-जिम्मेदारी होगी। बरसैंया न सृजन के प्रति बेईमान या गैर-जिम्मेदार हैं, न ही समाज के प्रति। इसका कारण यही है कि वे स्वयं अपने प्रति बेहद ईमानदार और जिम्मेदार हैं।

'अथ काटना कुत्ते का भइया जी को' नामक पुस्तक के शीर्षक निबन्ध में जीवन की एक सामान्य घटना को आधार बनाकर व्यंग्यकार ने समाज में व्याप्त चाटुकारिता, सत्ताधीशों के छल, पुरस्कारों की राजनीति और आम आदमी के असन्तोष का बड़ा विशद् विवेचन किया है। व्यंग्य केवल परिहास से नहीं बनता उसमें लेखक की पक्षधरता का 'सिल्वर थ्रेड' होना अनिवार्य है। इसी 'सिल्वर थ्रेड' से वह मूल्यवान और प्रामाणिक बनता है। "आजकल साहित्यकार सत्ता और समर्थों का गायक बनकर सम्मान और पैसे के पीछे भाग रहा है। दीन-हीन शोषितों की बिरादरी का यह रचनाकार सुखभोगी बनकर भ्रष्ट हो रहा है। अत: इसे सचेत कर सही मार्ग पर लाना जरूरी है। मुझे भइया जी को कुत्ते द्वारा काटे जाने का कारण और समाधान मिल गया।" बरसैंया जी भइया जी की बिरादरी के भाई-बहिनों को सावधान करते हैं। व्यंग्य का मूल सोद्देश्यता है, उसका फलितार्थ समाज के शोषितों की पक्षधरता है। लेखक की पक्षधरता इस शीर्ष निबन्ध से ही नहीं, अन्य अनेक निबन्धों से स्पष्ट है। लेखक अपने निबन्धों की विषयवस्तु अपने चतुर्दिक व्याप्त विसंगतियों से ग्रहण करता है, उसके चरित्र हमारे चिरपरिचित राजनेता, साहित्यकार, नौकरशाह, शिक्षाविद हैं। 'उनकी महानता' में उसने जिस 'महान' का वर्णन किया है— वह कौन है, वह बिना कहे ही व्यंजित होता है, बिहारी, जिसकी लाठी उसकी भैंस, चरवाहा जैसे शब्दों से हम व्यंग्य के उत्स तक आसानी से पहुँच जाते हैं। आपने कल जो अखबारों में पढ़ा था, बस से यात्रा करते हुए सहयात्रा से सुना था, पान खाते हुए लोगों ने पान की दुकान पर जो गपशप की थी, मुहल्ले और पुरा-पड़ोस की स्त्रियों ने सुबह जो बकझक की थी, वह सब 'अथ काटना कुत्ते का' के निबन्धों में रासायनिक रूपान्तरण के साथ व्यंग्य के कैपसूल में बन्द है। व्यंग्य के ये कैपसूल हमको शक्ति भी देते हैं और दृष्टि भी।

बरसैंया जी के इन निबन्धों में क्रोध कम, करुणा अधिक है। वे मानवीय गरिमा

के क्षरण से क्षुब्ध हैं। 'जो है उससे बेहतर चाहिए' के प्रयास में वे उपदेशक बनने को, एक्टीविस्ट बनने को, निर्णायक बनने को, भविष्यवक्ता बनने को तैयार हैं– ''अब समय आ गया है कि हमें सत्य को पहचानना चाहिए, वस्तुतः भरा पेट पूँजीवाद है, खाली पेट साम्यवाद है, पीठ समाजवाद है, मंच राष्ट्रवाद है, लेकिन सांस्कृतिक छवि व प्रकाश की दुनिया में न वाद है, न विकार। वहाँ सब एक हैं और एक ही वाद है और वह है अपनी-अपनी जिन्दाबाद।'' एक ऐसे समय के और ऐसे समाज के जिसके ब्रेक फेल हो गये हों और जिसकी गाड़ी ढलान पर सरपट लुढ़क रही हो, ये शब्द आत्म-भर्त्सना और नसीहत के मिले-जुले भावों से निकलते हैं। व्यंग्य का काम आत्म-मन्थन भी है और दिशा-निर्देश भी। बिना सतत जागरूक और सचेत हुए कोई यह नहीं कर सकता। व्यंग्यकार को जागरूक होना ही चाहिए और सचेत भी। 'अथ काटना कुत्ते का' का लेखक जागरूक भी है, सचेत भी। परसाई, शरद जोशी जैसे व्यंग्यकारों ने व्यंग्य का जो अलाव जलाया था, उसकी चमक और आँच इन निबन्धों में देखी जा सकती है।

पूर्व हिन्दी विभागाध्यक्ष, सागर विश्वविद्यालय,
विद्यापुरम, मकरोनिया कैम्प, सागर 470004

जमीनी सच्चाइयों पर कटाक्ष करते कटु सत्य

—हरिप्रकाश 'वत्स'

प्राय: देखा गया है कि सेवानिवृत्ति के पश्चात जीवन का अन्तिम चरण प्रारम्भ होने पर हमारी रचनात्मकता को थकान होने लगती है। एक रचनाकार या तो कहीं-कहीं चूकने लगता है या फिर चुकने लगता है। उसकी रचनाओं में बार-बार दुहराव-सा आने लगता है। ढलती उम्र के साथ संवेदना में एक ठूँठपन आ जाता है। नवीनतम् उद्‌भावना की सम्भावनायें भी कम हो जाती हैं। ऐसी स्थिति स्वाभाविक ही है। वैसे इस स्थिति के आधार पर किसी भी रचनाकार के प्रदाय को हम कम करके नहीं आँक सकते। जीवन के इस अन्तिम पड़ाव में रचनाकार एक ऐसी मन:स्थिति से गुजरता है जब भविष्य का सत्य उसे प्रेरित करता है कि वह जीवन के रहस्य तथा प्रयोजन की जिज्ञासा को तीव्रता से समझे। इस प्रकार जहाँ रचनाकार अपने अतीत की सुधियों को लिये बेताब हो जाता है वहीं मन में समाज को अपने अनुभवों से अवगत कराने की प्रवृत्ति भी विद्यमान रहती है। विशेषत: एक व्यंग्यकार लेखक में जमीनी सच्चाइयों पर कटाक्ष करने की प्रकृति का विकसित होना कोई अनपेक्षित बात नहीं। इस दृष्टि से यदि हम व्यंग्य क्षेत्र के धुरन्धर लेखक डॉ. गंगाप्रसाद 'बरसैंया' के जीवन और सर्जन-संसार को नजदीक से देखें तो पाते हैं कि डॉ. बरसैंया ने सदैव ही अपने समग्र जीवन को साहित्य की आँखों से देखा है क्योंकि उनका जीवन साहित्यिक संस्कारों से ओत-प्रोत रहा है। व्यंग्य-लेखन के क्षेत्र में उन्होंने सामाजिक जीवन के यथार्थों को अपनी व्यंग्य-शैली में अत्यन्त सरलता, स्वाभाविकता एवं सरसता के साथ प्रस्तुत किया है।

डॉ. बरसैंया के 'अरमान वर पाने का' और 'निन्दक नियरे राखिये' के बाद व्यंग्य लेखों का तीसरा संकलन 'अथ काटना कुत्ते का भइया जी को' अपने कलेवर में चौबीस व्यंग्य लेख तथा छ: नाटिकायें (झलकियाँ) समेटे हुए हैं। इस संग्रह पर कुछ कहने के पूर्व यदि व्यंग्य की विधा अथवा शैली पर संक्षिप्त चर्चा की जाये तो उचित होगा। वस्तुत: व्यंग्य साहित्य की वह सशक्त विधा है जिसके द्वारा एक व्यंग्यकार वर्तमान राजनैतिक और सामाजिक घटनाक्रम की जटिलताओं को एक विनोदपूर्ण शैली में अपने पाठकों तक प्रेषित करता है। यूँ तो 'व्यंग्य' शब्द मूलत:

विशेषण है जिसका अर्थ है व्यंजनावृत्ति द्वारा बोधित परोक्ष संकेत द्वारा सूचित। ध्वनित (अर्थ)। संज्ञा के रूप में इसका अर्थ संकेतार्थ, गूढ़ार्थ है। नरेन्द्र कोहली के शब्दों में क्षोभ का अतिरेक ही कलात्मक संयम के साथ रचना के रूप में ढलने पर 'व्यंग्य' बन जाता है। जिस रचना में यह क्षोभ एक बड़ी रचना का अंश मात्र न होकर सम्पूर्ण रचना ही हो जाता है वहीं व्यंग्य-विधा का जन्म होता है। व्यंग्य में पाठकों को 'क्षोभ-रस', 'प्रहार रस', 'हास्य रस' तथा 'करुण रस' सभी का समावेश एक साथ मिल जाता है। हिन्दी के साहित्यकारों में इस बात पर मतैक्य नहीं है कि व्यंग्य एक शैली है अथवा एक विधा। सुयोग से हिन्दी व्यंग्य के जनक श्री परसाई ने व्यंग्य को एक 'रस' या 'स्प्रिट' ही माना था 'विधा' नहीं। देखा जाये तो व्यंग्य-विधा एक अर्थहीन दुविधा ही मानी जा रही है।

डॉ. गंगा प्रसाद गुप्त 'बरसैंया' का यह तीसरा व्यंग्य-संग्रह 'अथ काटना कुत्ते का...' पूरे देश की कथा-व्यथा है। डॉ. बरसैंया ने अपने गम्भीर चिन्तन के आधार पर सशक्त व्यंग्य लिखते हुए अपने आस-पास फैली सभी सामाजिक विडम्बनाओं, राजनैतिक विद्रूपताओं और आर्थिक विसंगतियों को उसी परिवेश से उठाया है जिसमें वे स्वयं जी रहे हैं। ऐसी ही विसंगतियों से उपजी वास्तविकता का नाम ही व्यंग्य है जो जनमानस को गम्भीर होकर विचार करने पर बाध्य करती है तथा आमन्त्रित भी। उनकी भाषा में एक ऐसी ताज़गी है जो कथ्य के अनुरूप ही अपना मिजाज़ लगातार बदलती चलती है। उनकी सर्जनात्मक भाषा की शब्दावली सरल होने के साथ-साथ इतनी सरस तथा रोचक है जो पाठक को बाँधे रखती है तथा आद्योपान्त एक अद्‌भुत आनन्द प्रदान करती है, जिसे पाठक अपने भीतर तक महसूस करता है। आजकल जनता का नेतृत्व करने वाले तथाकथित राजनेता के दोहरे चरित्र पर उनकी बहुकोणीय यथार्थदृष्टि 'उनकी महानता' तथा 'अथ काटना कुत्ते का भइया जी को' जैसे लेखों में नेता के खोखले स्वरूप को उजागर करती है— एक बानगी देखिये—

'शिक्षा नहीं है, कोई बात नहीं, अशिक्षा तो है। उन्होंने अपने को शिक्षित होने से बचाया है। शिक्षा के बिना ही जीवन की गाड़ी ठाठ से दौड़ायी। कभी नमक-रोटी के लाले थे, औरों के हवाले थे। न देव थे, न दिवाले थे। गन्दगी के नाले और हर जन के साले थे। अब सब बदल गया है। सर्वत्र उन्हीं का कारोबार है। घास उनकी, घोड़ा उनका, सत्ता उनकी, सत्य उनका। रानी उनकी, राज्य उनका। हवा उनकी, दवा उनकी। संसद उनकी, संविधान उनका। बैंक उनका, बैलेंस उनका। न्यायी और न्याय उनका। देश उनका, विदेश उनका। मन्दिर उनके मदिरालय उनके, चाकू उनके, चम्मच उनके। घर उनके, परिवार उनके। आप जिन्दा हैं तो उनकी कृपा से।'

'प्रश्न उठता है कि आखिर भइया जी को कुत्ते ने क्यों काटा होगा? असल में

भइया जी सामन्ती स्वभाव के अनुरूप झकाझक कपड़ों में थे। ऊपर से कुत्ते पर टार्च की रोशनी मारी। कुत्ते को लगा कि दलित बस्ती के कुत्ते को वह सामन्ती व्यक्ति अपनी चमक और रोशनी से चकाचौंध करना चाहता है। मेरा मालिक दिन-भर परिश्रम कर पसीने से लथपथ फटे मैले-कुचैले कपड़ों में आता है और इनके कपड़ों पर एक दाग भी नहीं। हम दर-दर की ठोकरें खायें और ये तथा इनके कुत्ते मालपुये खायें। गाड़ियों में घूमें। झकाझक कपड़ों की शान बघारें। आदमी-आदमी तथा कुत्ते-कुत्ते में भेद करें। उसके भीतर की अपमान की व्यथा आक्रोश की आग बनकर भड़क उठी और जैसे ही भइया जी उधर से निकले कि उसने आक्रमण करके कुरता-पाजामा को तार-तार कर दिया। हाथ-पाँव, कन्धों को दाँतों और नाखूनों से खरोंच डाला। मानो घोषित कर दिया कि अवसर मिलते ही हम अपने अपमान का बदला लेने से नहीं चूकेंगे। दलितों का यह कुत्ता एक दिन सामन्तों की बस्ती में अपना झण्डा अवश्य गाड़ेगा।'

'कीटाणु' लेख में डॉ. बरसैंया ने साहित्यकारों की जो किस्में गिनायी हैं वे भी पठनीय हैं तथा प्रशंसनीय भी जैसे–(1) संरक्षकीय साहित्यकार, (2) परामर्शीय साहित्यकार, (3) पदीय साहित्यकार, (4) शोभाकारी साहित्यकार, (5) आलोचकीय साहित्यकार, (6) गद्यीय और पद्यीय साहित्यकार, (7) लोकीय साहित्यकार तथा अलोकीय साहित्यकार इसी के साथ व्यंग्य के विस्तार की अपनी इस यात्रा में डॉ. बरसैंया ने अपने दाढ़ का सत्य, परपंच के सरपंच, साहित्य की आँतों में फँसा कोलार्भाटस, प्रतिष्ठा-प्रतिष्ठान, पेट और पीठ जिन्दाबाद जैसे व्यंग्य-लेखों के माध्यम द्वारा वर्तमान के देखे-सुने सत्य को बड़े ही प्रभावशाली ढंग से अभिव्यक्ति दी है। लेखक ने अपने स्वयं भोगे हुए यथार्थ को बड़ी सूझ-बूझ तथा ईमानदारी से अंकित किया है।

पुस्तक के दूसरे खण्ड में छः नाटिकायें संकलित हैं जिनमें तीन बुन्देली में हैं जिनकी भाषा स्थानीय है तथा उनमें बुन्देलखण्ड के जीवन की झलकियाँ स्पष्टतः देखी जा सकती हैं। अन्य तीन नाटिकायें जो हिन्दी में लिखी गयी हैं उनमें पड़ोसन, किरायेदार तथा राइट-टाइम वास्तव में ही मंचीय नाटिकायें हैं जो दर्शकों को गुदगुदाने में सक्षम हैं। इन तीनों में ही जीवन के सत्यों पर कटाक्ष करते लेखक ने अपनी गहरी दृष्टि तथा जागरूकता का परिचय दिया है। डॉ. बरसैंया ने सतत बदलते हुए परिदृश्य में सामाजिक मूल्यों की सार्थक व्याख्या अपने व्यंग्य के माध्यम द्वारा की है। वे वैचारिक दृढ़ता के साथ शैलीगत उन्मुक्तता से अपने समय और समाज को शब्दबद्ध करते हुए व्यंग्य की परिधि का विकास अपने एक खास ढंग से करते चलते हैं जिसे कबीर, भारतेन्दु हरिश्चन्द्र तथा हरिशंकर परसाई जैसे व्यंग्यकारों की पुनीत परम्परा को समृद्ध करने में एक सार्थक तथा महत्त्वपूर्ण योगदान की संज्ञा

दी जा सकती है। लेखक के सभी व्यंग्य-लेख जीवन की सच्चाइयों पर कटाक्ष करते हुए पाठकों को आत्मान्वेषण की प्रेरणा प्रदान करते हैं। मैं लेखक की लम्बी रचना-यात्रा के लिए मंगल कामना करता हूँ।

उमांजलि मैत्री विहार
शंकरशाह मार्ग, धमतरी (म. प्र.)

जीवन की विसंगतियों पर प्रहार करती व्यंग्य रचनायें

—डॉ. बहादुर सिंह परमार

व्यवस्था तन्त्र में व्याप्त विसंगतियाँ और विद्रूपतायें व्यंग्य को जन्म देती हैं। व्यंग्यकार के मानस में एक आदर्श व्यवस्था का बिम्ब कायम रहता है, जो यथार्थ से मेल नहीं खाता। इसी अन्तर से व्यंग्य रचना जन्मती है। डॉ. गंगा प्रसाद बरसैंया एक सशक्त व्यंग्यकार के रूप में जाने जाते हैं। उनकी व्यंग्य रचनाओं का कैनवास बड़ा विस्तृत रहता है, उसमें न केवल मध्यवर्गीय जीवन की विसंगतियों पर प्रहार रहता है बल्कि उसमें निम्न वर्ग के दु:खी जीवन को समाप्त करने हेतु सन्देश भी निहित होता है। वे अपनी एक खास शैली के माध्यम से रचना में ऐसा प्रभाव पैदा करते हैं, जिससे व्यंग्य में कविता का लालित्य पैदा हो जाता है। विगत दिनों उनके व्यंग्य-संग्रह 'अथ काटना कुत्ते का भइया जी को' का प्रकाशन हुआ है जिसमें व्यंग्य रचनाओं के अतिरिक्त छह लघु नाटिकायें संकलित हैं।

रचनाकार अपने परिवेश से अनुभूतियाँ ग्रहण कर रचनाओं के माध्यम से साधारणीकृत करके समाज को दिशादर्शन कराता है। हर रचनाकार अपने परिवेश से सम्पृक्त रहता है। परिवेश का सीधा प्रभाव रचनाओं में देखने को मिलता है। डॉ. बरसैंया ने शिक्षक, साहित्यकार तथा समाज सेवक के रूप में सेवायें देते हुए जो अनुभव किया है उसको अपनी रचनाओं में प्रतिबिम्बत किया है। ''मैं भैरव प्रसाद हूँ'' या ''पण्डित चरणदास चारण'' के माध्यम से साहित्य एवं शिक्षा-क्षेत्र में व्याप्त चारणी व चाटुकारिता प्रवृत्ति पर तीखा प्रहार किया गया है। आज शिक्षा के क्षेत्र में अनेक ऐसे शिक्षक ठेकेदार आ गये हैं, जो असम्भव को सम्भव करने का न केवल गुण सिखाते हैं बल्कि उसे प्रेक्टीकल के रूप में अपनाते हैं ''फेल को पास करना, मूर्ख को डॉक्टरेट दिलाना, अँगूठा छाप को विद्वान बनाना, ठेके पर कार्य करना, किसी भी नेता से अपनी निकट की रिश्तेदारी बताना, नौकरी दिलाना, मुकदमा जितवाना, ट्रांसफर करवाना, चुनाव में टिकिट दिलाने से लेकर जिताना-हरवाना, दलाली लेना-देना, लाइसेंस बनवाना—यानी सभी प्रकार के नम्बर दो के धन्धे

करना, किसी से गेहूँ, किसी से कपड़े, किसी से रुपया, किसी से फर्नीचर स्वीकार कर लेना इनकी उदारता में शामिल है।'' इस प्रकार इनका काम जीवन-जगत् की व्यावहारिक तथाकथित काली जिन्दगी की शिक्षा देना बन गया है। उसको लेखक ने बखूबी से निहारते हुए लिखा है कि ''ऐसे चरणदास चारण, शिक्षा-संहारक, विद्या-भक्षक, विघ्न-विधायक, दुष्टजनरंजक, कुटिल नेता पूजक को हमारा शत्-शत् बार नमन।'' समाज में साहित्यकार वर्ग एक ऐसा वर्ग है जिसके सुख और दुःख अपने अलग किस्म के होते हैं। खासतौर से साहित्यिक महन्ती प्राप्त लेखकों को उस समय भारी मानसिक पीड़ा से गुजरना पड़ता है। अब नयी पीढ़ी उन्हें वांछित घास नहीं डालती। इनको तो अपने आस-पास नेताओं की तरह एक प्रशस्ति गायक समूह की आवश्यकता होती है। ये एक प्रकार की खास संकुचित मानसिकता के शिकार हो जाते हैं। उनकी पीड़ा को लेखक ने पुस्तकीय शीर्षक व्यंग्य रचना ''अथ काटना कुत्ते का भइया जी को'' में निर्ममता से व्यक्त किया है। इसमें हर उम्र के अनुभवी साहित्यकारों को पात्रों के रूप में चित्रित कर साहित्य की मायावी दुनिया को बेनकाब किया है। साहित्यकार जो कभी समाज का पथप्रदर्शक बनकर जीवन जीता था, वह पथभ्रष्ट हो गया है। इस बारे में लेखक की ये पंक्तियाँ द्रष्टव्य हैं। आजकल साहित्यकार सत्ता और समर्थों का गायक बनकर सम्मान और पैसे के पीछे भाग रहा है। दीन-हीन शोषितों की विरादरी का यह रचनाकार सुखभोगी बनकर भ्रष्ट हो रहा है। अतः इसे सचेत कर सही मार्ग पर लाना जरूरी है। ...मैं कुत्तों की ओर से अपने साहित्यकार बन्धुओं को आगाह करता हूँ कि वे पद, पुरस्कार और सम्मान की ओर भागकर अपने को पथभ्रष्ट न करें। सत्यमार्गों पर चलें, जरूरतमन्दों और शोषितों के साथी बनकर समाज की विसंगतियों पर प्रहार करें।'' इस तरह लेखक ने उन तमाम पथभ्रष्ट पुरस्कार के लालची रचनाकारों को उनका कर्तव्य-पथ दिखाने का काम किया है। ''चैन खिंचने का सुख'' के माध्यम से पुलिस कार्यवाही की धींगामस्ती के साथ मध्यवर्गीय प्रदर्शनप्रियता पर चोट की गयी है। 'परमीशन' को पढ़कर परसाई के व्यंग्य 'भोलाराम का जीव' याद आता है कि किस तरह प्रशासन की लालफीताशाही से आम आदमी की जिन्दगी नर्क बनी हुई है। 'मोदिनी मर्दिनी मदिरे' में शराब के अवगुणों पर प्रकाश डालकर यह बताया गया है कि आजकल शराब के माध्यम से कैसे नम्बर दो के काम तत्काल सम्पन्न होते हैं। सुरा के दुष्प्रभावों को बरसैंया बताते हुए लिखते हैं कि ''ऐसी सुरा जो सुरों को बेसुरा बना दे, दबंग को दरिद्र कर दे, सम्मान-प्रतिष्ठा को धूल में मिला दे, घर-गृहस्थी बरबाद कर दे, दाता को भिखारी और बीबी को बेहया में बदल दे, दुनिया की निगाहों में बेरहमी से गिरा दे, दोस्तों को दुश्मन बना दे– उस शराब को कौन नमस्कार न करेगा?''

अर्थ के बढ़ते प्रभाव तथा भौतिकवादी चिन्तन से भारतीय संस्कृति के आधार तीज-त्योहारों का रंग फीका पड़ गया है, इसको 'बहुरे दिन होली के' व्यंग्य में दिखाया गया है। 'स्वर्ण जयन्ती का दारोमदार', 'जयन्ती बनाम राग जै जै वन्ती' तथा 'आयोजन पशु प्रवीणों का' व्यंग्यों में मध्यवर्ग की तथाकथित उत्सवधर्मिता एवं बन्द कमरों में होने वाले आयोजनों पर प्रहार किया गया है कि इस तरह के आयोजन कितने प्रभावी होते हैं? 'माँग कर पढ़ना' व्यंग्य के माध्यम से उन साहित्यिक कंजूस प्राध्यापकों को लताड़ा गया है जो पढ़ने का ढोंग रचते हैं। वे कभी अपनी जेब की राशि से कोई पत्रिका व पुस्तक नहीं खरीदते परन्तु दूसरों द्वारा खरीदी गयी पुस्तकों को बेहयाई से उठा ले जाते हैं। ऐसे लोगों की पुस्तक पाचन शक्ति भी तगड़ी होती है। 'कीटाणु' व्यंग्य के माध्यम से साहित्यिक संगठनों की दुकानदारी को बेनकाब करते हुए सात प्रकार के साहित्यकार बताये गये हैं– संरक्षकीय, परामर्शीय, पदीय, शोभाकारी, आलोचकीय, गद्यीय-पद्यीय, लोकीय तथा अलोकीय। साहित्यिक संस्थाओं का गठन कर स्थानीय स्तर पर किस तरह की जोड़-तोड़ चलती है, इसको 'कीटाणु' व्यंग्य में अनवरित किया गया है। ''साहित्य की आँतों में फँसा कोलाइटिस' में भी मध्यवर्गीय दोगलेपन को रेखांकित किया है। 'साहित्य समर्थक दस्युराज' हो या 'इतवारी लाल का परमहंसी सोच' सभी जगह समाज में व्याप्त दोहरेपन तथा उससे उत्पन्न होने वाले प्रभावों को बड़ी पैनी नजर से देखकर लेखक ने रचनाओं में उभारा है। इन सभी व्यंग्यों को पढ़ने के बाद लगता है कि अनेक स्थलों पर व्यक्ति-चित्रों के माध्यम से लेखक ने समाज को इन चरित्रों से बचने की सलाह देते हुए सावधान किया है कि यदि वास्तव में मनुष्यता सम्पादित करना चाहते हो तो इन तमाम बगुला भगतों से बचना व बचाना होगा।

पुस्तक के दूसरे भाग में संकलित लघुनाटिकाओं के माध्यम से भी समाज में चल रहे शोषण चक्र को उद्घाटित किया गया है। 'उद्घाटन' तथा 'परिवर्तन' के माध्यम से गाँव में आ रही चेतना तथा निचले स्तर पर फैले अन्याय को रेखांकित किया गया है। उद्घाटन के नाम पर समाज में कितने परपंच रचे जाते हैं, इसके माध्यम से किस तरह नेतागिरी चमकायी जाती है? उसको बताने के साथ निचले स्तर के भ्रष्टाचार को ही संवादों के माध्यम से बताया है। निचले स्तर पर कायम सामन्तशाही आज किस तरह लोकशाही को अपने पैर की जूती बनाये है? इसको छिनकू तथा भिनकू के माध्यम से बताया गया है। 'परिवर्तन' में 'मखनिया' के माध्यम से दलितों एवं स्त्रियों में आ रही चेतना को बड़े प्यारे ढंग से चित्रित किया गया है। इसके नन्ना जैसे पात्र भले ही सच्चे मन से परिवर्तनकामी हों परन्तु निचले तबके का पूरा विश्वास उन्हें हासिल नहीं हो पाया है। मखनिया के माध्यम से लेखक भावी समाज का चित्र खड़ा करता है– ''हमाओ बस चलै तो हम घर-घर

मुख्यमन्त्री बना दें औरतन खां। सबकी नौकरी लगा दें। हर गाड़ी-बस मां आगे की सीटें गरीबन, दलितन, औरतन कां रिजर्व करा दें। सरकारी पइसा से गाँवन का चमका दें।'' इस तरह स्त्रियों, दलितों की बराबरी दिलाने की मंशा व्यक्त की गयी है। 'पड़ोसन' तथा 'किराएदार' कस्बाई मध्यवर्गीय जीवन की कच-कच को रेखांकित करती है। इसमें मध्यवर्गीय महिलाओं की सोच को उकेरा गया है। 'राइट टाइम' लघुनाटिका कार्यालयों में व्याप्त अव्यवस्थाओं को व्यक्त करती है। ''बुढ़ापा'' सर्वाधिक मार्मिक तथा संवेदना से लबालब भरी लघुनाटिका है। इसमें डॉ. बरसैंया ने बताया है कि समाज में अर्थकेन्द्रित व्यक्ति कितना गिर गया है। अपने बाप को भी वह बोझ समझ रहा है। उसकी सम्पत्ति को षड्यन्त्रपूर्वक हड़पकर उसके मरने की कामना करने वाले 'बड़कू' जैसे बेटे आज समाज में बढ़ रहे हैं जिससे 'दद्दा' जैसे वृद्धों के सामने बुढ़ापा नारकीय बनकर खड़ा हो गया है। इस नाटिका के माध्यम से समाज का विद्रूप चेहरा पाठकों के समक्ष प्रस्तुत किया गया है। यदि आप भारतीय समाज में मानवता चाहते हैं तो इसे बदलना ही होगा। अभिनेयता की दृष्टि से सभी नाटिकायें उपयुक्त हैं, इनमें 'परिवर्तन', 'बुढ़ापा' तथा 'उद्घाटन' का मंचन कर समाज के समक्ष प्रदर्शन किया जाना चाहिए।

कुल मिलाकर इस पूरे संग्रह की रचनाओं के माध्यम से डॉ. बरसैंया ने समाज के सड़-गल रहे चेहरे को बेनकाब कर उसके इलाज की दरकार की है। यदि समय रहते समाज न चेता तो भविष्य में स्थितियाँ बहुत भयावह बनेंगी। इस भयावह स्थितियों से बचाने हेतु लेखक ने विद्रूपतायें दिखाकर अपना धर्म पूरा किया है।

4/2 प्रोफेसर्स कालोनी
छतरपुर (म. प्र.)

सार्वजनिक विद्रूपताओं का कोलॉज

– डॉ. सत्येन्द्र शर्मा

डॉ. गंगा प्रसाद गुप्त बरसैंया हिन्दी-संसार के उन शिक्षक लेखकों में हैं जो लेखन-कर्म को मानवीय जीवन का हेतु और इसलिए उसे अनिवार्य और अविकल्प दायित्व मानते हैं। वे व्यक्ति समाज और राष्ट्रीय जीवन में आयी गिरावट, आस्थाओं के हनन, मूल्यों के पतन, प्रकृति के क्षरण आदि दृश्यों के लिए जितने मननशील हैं उसके प्रति जितने चिन्तातुर हैं, उतने ही शब्द की सत्ता के प्रति विश्वासी और एकनिष्ठ भी। इसका प्रमाण उनकी पूर्व प्रकाशित पुस्तकों की भाँति सद्यः प्रकाशित व्यंग्य-संग्रह 'अथ काटना कुत्ते का भइया जी को' पढ़कर पाया जा सकता है।

उनके पूर्व प्रकाशित व्यंग्य-संग्रहों 'अरमान वर पाने का' और 'निन्दक नियरे राखिये' की भाँति इस तीसरे संग्रह में भी वस्तु संरचना का यही चिरपरिचित संसार है जिसे हम आप आये दिन, रोजमर्रा की जिन्दगी में देखते, भोगते, कोसते, छटपटाते और मन मारकर रह जाते हैं किन्तु डॉ. बरसैंया उसी कच्चे माल को लेकर रचनात्मक विन्यास में तब्दील करने को लेखकीय बेचैनी से भर उठते हैं। यह बेचैनी जिसे वर्ड्सवर्थ ने भावनाओं का उद्रेक और हिन्दी आलोचक रामस्वरूप चतुर्वेदी ने भावनाओं की घुमड़न की संज्ञा दी है लेखक को अस्थिर और विचलित करती है जिसे वे शब्द देने को विवश हो जाते हैं। यह घुमड़न कभी-कभी इतना अधैर्य और भावावेश भी देती है कि रचना व्यंग्यधर्मी होते हुए भी अभिधा में बोलने लगती है और लेखक पाठक के आमने-सामने खड़ा होकर सीधे-सीधे सपाट लहजे में बतियाने लगाता है। इस संग्रह के लेखों में कलात्मक संयम खो देने की प्रकृति बार-बार उभरकर आती है और प्रायः लेख के समापन क्रम में देखने को मिलती है। संग्रह के शीर्षक धारी व्यंग्य लेख को ही लें, 'मैं कुत्तों की ओर से अपने साहित्यकार बन्धुओं को आगाह करता हूँ कि वे पद-पुरस्कार और सम्मान की ओर भागकर अपने को पथभ्रष्ट न करें। सत्य मार्ग पर चलें। जरूरतमन्दों और शोषितों के साथी बनकर समाज की विसंगतियों पर प्रहार करें?' व्यंग्यकार तो ऐसी सीधी, साफ वाणी तो बोलता ही नहीं वह तो उलट वाणी बोलता है। उसी उलट वाणी में पाठक अपने को गुदगुदाता हुआ महसूस करता है और समूची रचना पढ़ जाने के बाद खुद

को पात्र की भूमिका में देखकर ठगा-सा रह जाता है शर्म में गड़-सा जाता है। व्यंग्य में अभिधा में कोई बात नहीं होती ऐसा नहीं है, होती है किन्तु वह भी व्यंग्य की सृष्टि का हेतु ही बनती है। इसी संग्रह को प्रथम लेख देखें 'भारत में गरीबी है, भुखमरी है, बीमारी है अशिक्षा है, भ्रष्टाचार का खुला बाजार है, घर-घर में अभाव है, लूटपाट, शोषण है, राजनीति का नंगा नाच है। जनता की भीड़ है?' अब यह तस्वीर भी सार्वजनिक जीवन का यथार्थ है, किन्तु इस यथार्थ की परिणति जब इस वाक्य में होती है कि 'फिर भी वे यहाँ आये' यानी बिगड़े हुए नवाब, विचार और संस्कारों से शून्य किसी शोहदे का भारत भूमि में जन्म लेना हमारे ऊपर उनका बड़ा उपकार है। ऐसी व्यंग्यात्मक परिणतियों में यथार्थ का सपाट चित्रण, रचना का स्वाभाविक विधान है किन्तु रचना के अन्त में लेखक का स्वयं आकर कोई सन्देश देने लगना व्यंग्य की मूल शक्ति को बाधित करता है।

डॉ. बरसैंया अपने व्यंग्यकार की इस कमजोरी को भलीभाँति समझ सकेंगे लेकिन उनसे भी अधिक उनके वे पाठक समझेंगे जो उनके अधिकांश रचना-कर्म और उनके व्यक्तित्व से परिचित हैं। यह विश्लेषण मेरे लिए दिलचस्प अध्ययन का विषय भी हो सकता है। इस आलेख में उन ब्यौरों पर जाना न तो सम्भव है और न ही उचित ही।

संग्रह के सभी व्यंग्य-लेख कथात्मक लिबास में न होने के बावजूद उबाते नहीं, एकरसता पैदा नहीं करते, बल्कि वे अपने व्यक्तित्व में सहज कौतूहल बनाये रखते हैं वक्तव्यधर्मी या स्थितियों के विश्लेषणपरक चित्र के बावजूद पाठकीय जिज्ञासा बनाये रखने का श्रेय लेखक की अभिव्यक्ति क्षमता, कथन-भंगिमा, दृष्टिकोण के वैविध्य और वस्तु संसार के चयन को है। किसी भी लेख का वस्तु तत्त्व लेखकीय विचार दुनिया का अपना रचना-वितान नहीं बल्कि दैनन्दिन जीवन में उठते-बैठते, सोते-जागते, खाते-पीते, रोते-हँसते और मर-मरकर जीने की जिजीविषा इन लेखों का अन्तवर्ती स्वरूप है जो इन्हें रचना भी बनाता है और पाठकों के बीच भी यही तत्त्व सहज स्वीकृति दिलाता है। कई बार तो इन लेखों की शैली घर के बैठक कक्ष में बैठे जागृत सामाजिकों के बीच स्वत: स्फूर्त होते रुचिकर वाद-संवाद और चिन्तामुक्त अभिव्यक्ति का नमूना होती है। एक ऐसा संवाद जिसमें सामाजिक और सार्वजनिक जीवन की विद्रूप स्थितियों पर कशाधान भी है किन्तु बोझिल हुए बगैर ऐसी अभिव्यक्ति जो तनाव तो देती है और दृश्यों को कोहाज को दिखाकर उद्विग्न और छटपटाहट भी पैदा करती है कुल मिलाकर एक सचेत, सजग और सकारात्मक प्रतिक्रिया को जन्म देती है।

एक अच्छी रचना परम्परा से शक्ति और प्रकाश पाती है। वह परम्परा शब्द, संस्कृति, संस्कार, प्रकृति और मानव अर्जित मूल्यों की होती है। व्यंग्य-विधा में

इसका रचनात्मक उपयोग कर पाना एक कठिन चुनौती और सिमट कूदि कढ़ि जाहिं, जैसा गुर हासिल कर लेता है। इस व्यंग्य-संग्रह में भारतीय समाज का स्मरणीय भौतिक जगत प्रसन्न प्रकृति और पर्यावरण, स्वस्थ और सहिष्णु मन, उदार और ईमानदार नेतृत्व, आडम्बर विहीन, धर्म, अभावग्रस्त किन्तु जीवन-मूल्यों से समृद्ध मन की यादें रचनात्मक स्तर पर बारीक धागे से बुनी गयी है। अतीत में सब कुछ स्वर्णिम न था। किन्तु वह वर्तमान की भाँति भयानक और भयाक्रान्त भी न था। व्यंग्यकार की यह पकड़ देखिये 'इन भगवानी प्रतिष्ठानों की महिमा फैल रही है, कोई निरावृत साधना में विश्वास करता है। उनकी मान्यता है कि प्रभु के समक्ष आवरण क्यों? खुलकर खेलो-खाओ। सम्भोग से समाधि तक एक ही प्रभु का प्रसार है, कोई प्रभु आग्नेय शस्त्रों का प्रतिष्ठान लाकर देश को मजबूत बनाने पर तुला है। वे रुद्राक्ष का इस्तेमाल गोलियों की तरह करते हैं।'

इस संग्रह में चौबीस व्यंग्य-लेखों के अतिरिक्त छः लघु नाटक हैं, जिन्हें लेखक झलकियाँ संज्ञा से सूचित करता है। उद्घाटन और परिवर्तन नामक झलकियाँ बुन्देली बोली की नैसर्गिक शक्तिमत्ता में क्रमशः राजनीतिक कदाचरण, छद्म, सार्वजनिक धोखाधड़ी और औरत के उभरते वजूद को पूरे रचनात्मक कौशल के साथ उद्घाटित होते हैं। पड़ोसन किरायेदार बुढ़ाया और राइट टाइम में मध्यमवर्गीय परिव.रों के स्वार्थपरक सम्बन्धों, दिखावा, भौतिक आकर्षणों के प्रति अन्धा मोह और औपचारिक रिश्तों का यथातथ्य चित्रण है, इन झलकियों में संवादों की स्वाभाविकता और नाटकीयता देखते बनती है। समाज को उसके स्वाभाविक रूप में देखना स्वभावतः अन्तर्मुक्त कर उसकी स्वाभाविक अभिव्यक्ति इस संग्रह की वैसी ही पहचान है जैसी डॉ. बरसैंया की स्वाभाविक अभिव्यक्ति की है।

व्यंग्यकार डॉ. बरसैंया एक कुशल शिक्षक, आचार्य और स्पष्टोक्ति के प्रभावो वक्ता हैं। वे अपने लेखन में अपनी कथन-शैली से भिन्न नहीं हो पाते। वे सार्वजनिक जीवन के दृश्यों पर संवाद करना चाहते हैं बिल्कुल उसी शैली और लय में जिसमें वह जीवन जिया जा रहा है। ऐसा कर पाना किसी भी लेखक की शक्ति और उसका सौन्दर्य होता है। वे अपने इस संग्रह में भवानी भाई की इन पंक्तियों—जिस तरह हम बोलते हैं उस तरह तू लिख और उसके बाद भी हम से बड़ा तू दिख, को चरितार्थ कर सके यह एक बड़ी बात है।

प्राचार्य, स्नातकोत्तर महाविद्यालय
सतना (म. प्र.)

निन्दक नियरे राखिये

'निन्दक नियरे राखिये' पर एक दृष्टि

– श्री निवास शुक्ल

प्रस्तुत निबन्ध-संग्रह "निन्दक नियरे राखिये" एक कुशल व्यंग्य लेखक डॉ. गंगा प्रसाद गुप्त बरसैंया के बीस व्यंग्य-लेखों का संग्रह है। इन लेखों की विषय-वस्तु में हमारे-आपके दैनन्दिन जीवन के खट्टे, तीखे, कड़वे-मीठे अनुभव वर्तमान समय की संगति विसंगतियों के झटके और चाहे-अनचाहे अध्यायों की छाया है। यह आवश्यक नहीं कि व्यंग्य-लेखों के लिए किसी विशेष प्रकार के टकसाल से गढ़े-ढले हुए विषय चुने जायें, छुये जायें। बल्कि किसी गली-कूचे से परीक्षा हाल से, चुनावी चाल-ढाल से, खुराफाती खैराती लाल से, कहीं से भी बात उठायी जा सकती है और उसे अपनी गुदड़ी में लाल की तरह गूँथा जा सकता है। पूरी गुदड़ी को ही लाल बनाया जा सकता है। यह तो गूँथने वाले की कला पर निर्भर करता है। डॉ.

बरसैंया के पास वह कला है कि वह साधारण-से-साधारण विषय को लेकर अपनी व्यंग्य-शैली की बुनावट से ऐसा स्वरूप देते हैं कि देखने वाला दंग रह जाता है। लेखक के इन लेखों का सीधा-सपाट मूल्यांकन मैंने किया है। इसमें शास्त्रीयता का खनन न किया जाये, क्योंकि मेरी दृष्टि में व्यंग्य विधा का अभी कोई स्वतन्त्र और स्थापित शास्त्र है भी नहीं।

डॉ. बरसैंया के व्यंग्य लेखों में सबसे महत्त्वपूर्ण बात यह है कि उनमें भारतीय जीवन-मूल्यों के प्रति एक आस्थावान व्यक्ति के स्वर मुखर हैं। वे पूर्वाग्रह, दुराग्रह से मुक्त हैं और किसी झण्डे-पण्डे के प्रति वफादारी का ढोल पीटने के लिए बाध्य नहीं हैं और न ही किसी विशिष्ट वैचारिक खूँटे से बँधे हैं। यद्यपि परम्पराओं के प्रति उनके मन में कोई विद्रोह तो नहीं सुलगता किन्तु शैवाल ग्रस्त परम्पराओं को अन्धविश्वास, पाखण्ड, आडम्बर और जड़ता की जलकुम्भी से मुक्त कराने की चेष्टा उनके व्यंग्य-लेखों में ध्वनित है जो एक स्वस्थ-चेतना और रचनात्मक-लेखन का लक्षण है। वे पुस्तक के "अंगुलि-निर्देश" में लिखते हैं "वर्तमान जीवन को जितनी यातना सामाजिक मूल्यों के अवमूल्यन और आदर्शों के विघटन के कारण सहनी पड़ रही है उतनी यातना सम्भवत: इसके पूर्व कभी नहीं सही गयी... विषमताओं और विद्रूपताओं की सारी यातना इस स्थिति में संकल्पवान संवेदनशील आत्मा को ही झेलनी पड़ती है। निश्चित रूप से यातना की यह पीड़ा जीवित आत्माओं को प्रभावित करती है, जड़ आत्माओं को नहीं।" इसी तारतम्य में लेखक इस पीड़ा को गहराने वाले तत्त्वों और कारण-क्षेत्रों की ओर इस प्रकार संकेत करता है—"विषमताओं विद्रूपताओं के बहुआयामी स्वरूप आज हमें सर्वत्र दिखाई देते हैं। धर्म, अर्थ, राजनीति, साहित्य, संस्कृति सब इससे प्रभावित हैं। समाज का हर व्यक्ति जहाँ भी है, मुखौटों की नकली और दोहरी जिन्दगी जीने के लिए अभिशप्त ही लगता है। ...गाँव की गली से लेकर संसद की पुनीत आसन्दी तक आज जो भी हो रहा है वह सब चौंकाने वाला है। नियम, संविधान और आदर्शों की दुर्दशा ने प्रदूषण का जो कड़वा धुआँ फैलाया है उससे हर आँख लाल तो होती है, किन्तु डबडबाकर रह जाती है। सारे देश में फैली मनमानी, पारस्परिक द्वेष, जीवन की सौदेबाजी की हद तक फैला भ्रष्टाचार किसे पीड़ित और लज्जित नहीं करता?" आदर्शों के क्रौंच वध से उद्भूत पीड़ा से लेखक ऐसी रचना के लिए व्याकुल है जिससे समाज करुणा, संवेदना और स्वस्थ मानवीय चेतना की ओर उन्मुख हो सके। वह इसी ओर इस प्रकार अंगुलि निर्देश करता है। "आज का रचनाकार इन्हीं सबको शब्दों में ढालता है। उसकी नियति कुरूपताओं का बाजार लगाना कतई नहीं है। वह चाहता है कि व्यवस्था का वह विकार जो सामाजिक जीवन को पंगु बनाने की चेष्टा कर रहा है उसकी ओर लोगों का ध्यान जाये और उसे यथाशीघ्र दूर कर

समाज को स्वस्थ बनाया जाये। ...इसकी ओर प्रेरित करना भी शब्द साधक का कर्तव्य है। जो इसे नहीं निभाता वह एकांगी है।''

निर्विवाद रूप से इस घटना पर कोई प्रश्नचिह्न नहीं लगा सकता कि स्व. हरिशंकर परसाई व्यंग्य-विधा को अकल्पित ऊँचाई और निखार प्रदान करने में भगीरथ अध्याय की भाँति टक गये हैं किन्तु भारतीय दर्शन, सांस्कृतिक-चेतना और भारतीय जीवन-दृष्टि के प्रति उनके पूर्वाग्रह ग्रस्त आखेटक तेवर उनकी अधिकांश रचनाओं में ध्वनित होते हैं और इस प्रकार उनका समग्र रचना-संसार भारतीय चेतना के मूल प्राण को निर्बीज करने का हथियार-सा बन गया है। इस निबन्ध-संग्रह के लेखक को नि:संकोच-भाव से बधाई दी जानी चाहिए कि वह इस संक्रामक रोग से स्वयं को बचा सका।

लेखक ने निन्दक के सर्वव्यापी स्वरूप को भलीभाँति पहचाना है। वह ऐसे किसी भी स्थान पर छत्रक दण्ड की तरह शोभायमान होगा जहाँ से आप नाक दबा कर निकल जाना चाहते हैं। और ऐसे स्थानों की कोई कमी अपने देश में नहीं है। इनकी महिमा बखानते हुए लेखक कहता है कि निन्दकों की प्रकृति ब्रह्म की प्रकृति से मिलती है। इनकी उत्पत्ति भी आदि ब्रह्म के साथ हुई। इनका विनाश भी कभी उसी प्रकार नहीं होता जैसे ब्रह्म का नहीं होता। इनकी माया भी ब्रह्म की माया की तरह है अनिर्वचनीय। जिस प्रकार माया भद्र और सन्त पुरुषों को ज्यादा हैरान करती है और दुष्टों से डरती है, उसी प्रकार निन्दक भी समाज के भले लोगों को ही अपना शिकार ज्यादा बनाते हैं। कबीर जैसे धाकड़ सन्त को कहना पड़ा कि भाई, निन्दक मैं तुमसे हार गया। तुम मेरे आँगन में साधिकार बिहार करो। वैज्ञानिक प्रभाव का कलयुग निन्दकों की कृपा से कलह युग बन गया है। इस प्रकार की व्यंग्य टिप्पणी देकर लेखक ने न केवल अपने लेख को सजीव बनाया है बल्कि आज की मानव प्रकृति की सटीक व्याख्या की है। साहित्याचार्यों ने केवल नौ रसों को ही खोज पाया था। भले ही सूर ने वात्सल्य रस और तुलसी ने भक्ति-रस खोजने में अपनी महारत दिखायी हो, किन्तु निन्दा रस के चमत्कार पूर्ण आविष्कार की स्थापना लेखक ने किस खूबी से की है, देखिये ''कबीर की बिरादरी के सज्जन भारतेन्दु जी भी थे। उन्होंने भी घाट-घाट का पानी पिया था। उन्होंने निन्दा और निन्दक की निन्दा करने की बजाय निन्दा को रस बतलाया। यही नहीं यहाँ तक कह डाला कि जो आनन्द निन्दा रस में है वह ब्रह्मानन्द में भी नहीं है।''

पढ़ाई और परीक्षा की खूब खबर ली गयी है। ''कबीरा जी भौंचक खड़े देख परीक्षा हाल'' के कुछेक स्थल हमारी शिक्षा-परीक्षा का चित्र उपस्थित करते हैं– ''कबीर घर वापिस आ रहे थे, कि एक खिड़की से पति-पत्नी का वार्तालाप सुनायी पड़ा। पत्नी कह रही थी– परीक्षा में पकड़-धकड़ करके झंझट मोल लेने की जरूरत

नहीं है। छुट्टी लेकर घर बैठो। माहौल खराब है।'' इसी चित्र का उभरा हुआ रूप अन्यत्र देखिये–

''एक अध्यापक के साथ कई लड़कों ने घेरकर गाली–गलौज, झूमा–झटकी की। कोई बचाने वाला नहीं। माँ–बहिन की गाली के साथ भविष्य के लिए चेतावनी साले। नकल करते पकड़ते हो। बड़े हरिश्चन्द्र के बेटे बनते हो। साल–भर पढ़ाया नहीं और अब सिद्धान्त बघार रहे हो। चीरकर चार कर देंगे।'' कबीर ने तौबा किया। क्या यही पढ़ाई है? इसी तरह मिलता है ज्ञान, डिग्री और प्रतिष्ठा? लेखक ने इसी प्रकार राजनीति के झण्डाबरदारों के और चुनावों के करिश्मे भी उजागर किये हैं। नारी–वर्ग के उत्पीड़न में एक मात्र पुरुष–वर्ग को दोषी होने के शोर–शराबे के दौर में नारी के प्रति छद्म संवेदना से उपजे घड़ियाली आँसुओं के तूफानी दरिया में भी अविचल और नारी जागरण, नारी उत्थान के नारों के बीच भी डॉ. बरसैंया ने ''शिकायत है पत्नी से'' लिख डालने की हिम्मत जुटा ली और पत्नी की चपेट में पति को एक निरीह जीव निरूपित करने में सफलता अर्जित की है। लेखक ने ''आपको न चाहे ताके बाप को न चाहिए'' में कवि नाम के जीव का खाका खींचा है। जो हमें यहाँ–वहाँ उतराते मिल जायेंगे। देखिये वह खाका ''कवि इस जगत का विचित्र प्राणी होता है। वह सदैव लीक से हटकर सोचना–चलना चाहता है। उसे किसी की जूठन पसन्द नहीं। घर में कथरी न हो पर अपने को त्रिलोकीनाथ से कम समझना उसे स्वीकार नहीं। मान–सम्मान के लिए टकटकी लगायेंगे, घिघियायेंगे, तहे दिल से चाहेंगे पर स्वाभिमान ऐसा कि मुँह से न कहेंगे। लीक तोड़कर शेर की तरह दहाड़ते हुए चलना उसका स्वभाव है। यह अलग बात है कि कुत्ते का भौंकना सुनकर घर में दुबक जायें। इसीलिए इन्हें औंधी खोपड़ी का जन्तु कहा जाता है।''

''खुराफाती खैराती लाल'' के जौहर दिखाने वाले चमत्कारी पुरुषों की कमी समाज में नहीं है। इसका संकेत लेखक के इस व्यंग में व्यंजित है।''चोरों ने इज्जत बखश दी'' एक प्रोफेसर के घर में घुसकर उस प्रोफेसर को जिसे दरिद्रों की श्रेणी में गिना जाता है। ''यावज्जीवं सुखं जीवेत्'' में अनेक स्थल ऐसे हैं जो हमारी व्यवस्था की विसंगतियों और तथाकथित आर्थिक स्थिति की कहानी कहते हैं। यह स्थल देखिये– ''इन सबसे भी तो देश का गौरव बढ़ता है कि भारत के लोग जितनी महँगी शक्कर खाते हैं उतनी महँगी अमेरिका, जापान, ब्रिटेन के लोग भी नहीं खा सकते। विश्व में हमारा सम्मान बढ़ा। हमारी छवि निखरी। विश्व बैंक ने हमारी पीठ ठोंकी और बड़े महाजन की तरह हमारा मन बढ़ाते हुए कहा– ''प्यारे भारत। तुम्हारी माली हालत बहुत अच्छी है। तुम हमारी शर्तों पर चाहे जितना ऋण ले सकते हो। हम वसूल लेंगे।''

''रहिमन पानी राखिये'' में साहित्यकार का स्वाभिमान रेखांकित किया गया

है। "सिलाई अपने कुर्ते की" और सीढ़ियों में हमारी आपकी नित्य सहज अनुभूतियाँ हैं, कामगारों की कलाकारी की और बलिहारी है सलाहकारों के मशविरे की।

"प्रभु मुझे बीमार कर दो" में नीम-हकीम साहित्यकारों की कीर्ति-लोलुपता का सटीक व्यंग्यांकन है।

समझदार साहित्यकार लिखता कम है बीमार ज्यादा पड़ता है। जब भी घर में कलह काण्ड होता है तो डॉक्टर-दोस्तों की जुगाड़ से अस्पताल के एयर कण्डीशण्ड कमरे में भर्ती हो जाता है। जाने के पूर्व अखबारवालों को भोज देता है जैसे दूल्हा निकासी का आयोजन हो। वह अखबारों में अपनी कीर्ति छपवाता है। बीमारी को खतरनाक होना प्रचारित करवाता है। लोगों को चौकन्ना होने के लिए उकसाता है कि देखो ये जन्तु मरने न पाये नहीं तो भारत भूमि श्रीहीन हो जायेगी। वह अपने गुट के दूतों-सपूतों को मुख्यमन्त्री, मन्त्रियों, नेताओं, धन-पतियों और ऊँचे साहित्यकारों के पास भेजता है। गिड़गिड़ाने से लेकर साधने तक की ट्रिक अपनायी जाती है। उसे चलता जान इसी बीच उसके अभिनन्दन, अलंकरण, साहित्य संकलन, प्रकाशन, विमोचन आदि की व्यवस्थाएँ होने लगती हैं।

इसी लेख का एक महत्त्वपूर्ण स्थल प्रहार करता है आज की शराब सभ्यता और शराब सभ्य पुरुषों पर तथा उनके आत्मविमोहित बड़प्पन पर। देखिये– "कलियुग के इस चतुर्थ चरण में दारू दिव्य पदार्थों में गिनी जाती है। बड़ा बनना है तो सोमरस पान जरूरी है। आजकल लोग इसे तत्त्व चिन्तन रस भी कहते हैं। जितनी तेज दारू उतना गहरा और ताजा चिन्तन। शराब पीने से विचार प्रगतिशील हो जाते हैं और पीने वाला सारे आचार-विचार, संयम-नियम और शिष्टाचार से मुक्त होकर प्रचार-क्षेत्र में प्रवेश पा जाता है...।

इस प्रकार लेखक ने हमारे-आपके दैनिक जीवन के छोटे-बड़े अनुभव हमारी आज की प्रकृति, आज का चरित्र, हमारे समाज, हमारी शिक्षा, राजनीति और अर्थनीति की विडम्बनायें-विद्रूपतायें उजागर करके हमें सचेष्ट किया है। भारतीय सांस्कृतिक मूल्यों अथवा मानव-मूल्यों की ओर उन्मुख होने के लिए।

– श्रीनिवास शुक्ल
दि. 10.9.95
छतरपुर

मीठी गोली में दवा देने की भावना

– डॉ. सुरेश आचार्य

कबीर इस अर्थ में बहुत महत्त्वपूर्ण हैं कि आधुनिक हिन्दी गद्य में व्यंग्य लेखन के प्रमुख पुराण-पुरुष वही हैं। उनका एक दोहा है–

''निन्दक नियरे राखिये, आँगन कुटी छवाय।
बिन पानी साबुन बिना, निरमल करै सुभाय।।''

अर्थ स्पष्ट है कि अपनी निन्दा करने वाले को अपने आँगन में कुटी बनाकर उसमें रखना चाहिए। वह अपनी कटु बातों से हमारा स्वभाव बिना साबुन-पानी के ही निर्मल कर देगा। यह बात अब पुरानी हो गयी। जमाने के साथ-साथ बहुत-सी चीजें बदल गयीं लोगों ने निन्दा और स्तुति के क्षेत्र में भी स्वावलम्बन का पुनीत लक्ष्य प्राप्त कर लिया है। ऐसे-ऐसे नरपुंगव साहित्य, संस्कृति और राजनैतिक क्षेत्रों में सक्रिय हैं जो अपना अभिनन्दन पत्र खुद लिखकर-छपाकर तैयार रखते हैं, अपना शाल-श्रीफल लिये अभिनन्दन करने वालों को ढूँढ़ते हैं। अपनी पुस्तक के प्रकाशित होते ही बल्कि कभी-कभी तो प्रकाशन के पूर्व ही उसकी समीक्षा स्वयं लिखकर दूसरों के नाम से छपवाकर अपनी थोड़ी-बहुत निन्दा भी खुद ही कर डालते हैं। तब हम जैसे ठलुए क्या करेंगे। रचना, संस्कृति और राजनैतिक चातुर्य के इस जमाने में भी कुछ चीजें आश्वस्त करती हैं। डॉ. गंगा प्रसाद गुप्त बरसैंया का ''निन्दक नियरे राखिये'' व्यंग्य-संग्रह इसी तरह की चीजों में है। इस टिप्पणी के पीछे मेरा मन्तव्य यह है कि '95 में प्रकाशित यह ग्रन्थ मुझे समीक्षार्थ 97 में प्राप्त हुआ और इस दौरान रचनाकार ने प्रत्यक्षतः या परोक्षतः तद्विषयक कोई उदग्रीवता प्रदर्शित नहीं की। एक लगभग दुष्ट प्रकृति के समीक्षक के नाते यह बात मेरे आह्लाद और सन्तोष दोनों का विषय है।

व्यंग्य मूलतः परिवर्तन कामी होती है। वह संशोधन अथवा सुधार में नहीं, परिवर्तन में विश्वास रखने वाला सोच है। वह मनुष्य के कल्याण की कामना से एक विसंगतिहीन और पूर्णतः संगत समाज की रचना का एक प्रच्छन्न प्रयास ही है। जीवन की धारा किसी तेज नदी की तरह लहर-लहर करते हुए सब कुछ बहा ले जाती है। परिवर्तन की यह सहज प्रक्रिया जब कभी स्वार्थ, लोभ और कदाचार के

बाँधों से रोक दी जाती है, तब समाज अपना स्वास्थ्य खो बैठता है। समाज के स्वास्थ्य से मेरा तात्पर्य उसकी मूल्यवत्ता, उसके अर्थतन्त्र और उसकी न्यायपद्धति का विकृत हो जाना ही है। व्यंग्य-लेखन इसी विकृत, हीन और असन्तुलित समाज को निरस्त करते हुए एक पूर्णतः सन्तुलित और सबल समाज की संरचना का सैद्धान्तिक प्रयास ही है। वह सामान्य मनुष्य की सामाजिक चेतना को जाग्रत करने वाली रचना-दृष्टि है। व्यंग्य व्यवस्था, सरकार और स्थापित शक्ति संस्थानों का स्वाभाविक विरोधी होता है। व्यंग्य जिसे दोषी या गलत समझता है, उसे ध्वस्त करते हुए उससे बेहतर की स्थापना का प्रयास करता है। अच्छे दर्जे का व्यंग्य-लेखन समकालीन जीवन की समीक्षा होता है। समसामयिक विसंगतियों और विद्रूपों से आहत व्यंग्यकार की प्रतिक्रिया एक निर्मम रवैया अपनाती है। जो समाज उसे नष्टप्राय मूल्यों वाला और स्तरहीनता से ग्रस्त दिखाई देता है। उस समाज को बदलने के बारे में वह कोई समझौता नहीं करता। दरअसल, व्यंग्यकार झूठे आश्वासनों के द्वारा कोई विकृति लम्बित नहीं रखना चाहता बल्कि एक निर्णायक पहल करते हुए उसे तुरन्त समाप्त करने का प्रयत्न करता है।

"निन्दक नियरे राखिये" के पहले तीन निबन्ध निन्दा पर केन्द्रित हैं। इनमें संग्रह का शीर्षक बनने वाला निबन्ध भी है। बरसैंया जी इसमें लिखते हैं– "जिस प्रकार कुत्ते की कई जातियाँ होती हैं उसी प्रकार निन्दकों की भी कई जातियाँ होती हैं। लोग कहते हैं कि कुत्ते केवल शोभा के लिए होते हैं, कुछ केवल भौंकते हैं, कुछ काटते हैं, कुछ शिकारी होते हैं, कुछ मालकिनों की गोद में खेलते हैं और कुछ बड़े बदमाश होते हैं। पीछे से आक्रमण करते हैं। उन्हें पहचानना बड़ा मुश्किल होता है। ये भौंकते-गुर्राते नहीं। देखने में बड़े शालीन लगते हैं किन्तु आक्रमण में खतरनाक और तेज होते हैं। छोटे होकर भी बड़े खोटे।" यह व्यंजना मुग्ध करती है। अरसा पहिले परसाई जी का "निन्दा रस" निबन्ध पढ़ा था, यह निश्चय ही उसकी टक्कर का निबन्ध है। एक अन्य निबन्ध जरा करके देखिये पर निन्दा में बरसैंया जी एक कुण्डली से समापन करते हैं। यह कुण्डली उनकी अपनी है मगर खूब है–

परनिन्दा में गुण बहुत, सदा राखिये संग।
राजद्वार दरबार में, खूब जमावे रंग।।
खूब जमावे रंग शाह को चोर बनावै।
धनुआ हो धनराज राम रमुआ बन जावै।।
कह निन्दक कविराय लूट लो सुख जिन्दा में।
कहूँ न अस आनन्द सहज, जस पर निन्दा में ।।

भारतीय स्वतन्त्रता के पश्चात राष्ट्र के प्रत्येक क्षेत्र में स्थितियों, विचारों, पद्धतियों और कार्य-प्रणालियों में नकारात्मक अन्तर आना आरम्भ होता है। पारस्परिक प्रेम,

सहिष्णुता, सामंजस्य और सदभाव की जगह भारतीय समाज में ईर्ष्या, द्वेष, आशंका और घृणा जैसे भाव अधिक सक्रिय हो उठते हैं। इसके पीछे असली कारण समाज सेवा के स्थान पर राजनैतिक सक्रियता की प्राण प्रतिष्ठा है। आज अन्याय, अत्याचार और अनाचार ने हमारी सामाजिक मूल्यवत्ता को पूर्णत: ध्वस्त कर दिया है। सत्ता और सम्पत्ति का सामाजिक प्रतिष्ठा और सम्मान से आनुपातिक सम्बन्ध स्थापित हो गया है। छल-कपट और धूर्तता से धनी हो जाने को जीवन की सर्वश्रेष्ठ सफलता मान लिया गया। हमारी साहित्यिक, राजनैतिक और सामाजिक परम्पराएँ, धरोहरें और निष्ठाएँ सभी धन की आश्रित हो गयी हैं। भारतीय आकाश पर "ईट, ड्रिंक एण्ड बी मैरी" का पश्चिमी मन्त्र छा रहा है। मूरख डब्बे के चाक्षुष और श्रोत्रिय आक्रमण ने हमारी सामाजिक अर्थवत्ता के आगे एक बड़ा प्रश्नचिह्न लगा दिया है तब सारे गड़बड़झाले से जुड़े लोगों की मित्रता को रेखांकित करता बरसैंया जी का "चोरों ने इज्जत बख्श दी" निबन्ध जहाँ हमें सतर्क करता है वहीं अपने चिन्तन और दूरदृष्टि के कारण आश्वस्त भी करता है। वे लिखते हैं– "चोरों में भाईचारा होता है। वे ज्ञानियों की तरह थोथे सिद्धान्तों के चक्कर में नहीं पड़ते। सभी मौसेरे भाई होते हैं। कौन किसे पकड़े? चोर-चोर मौसेरे भाई। इसीलिए मैंने कहा कि चोर और चोरी से ही हम समाज की हैसियत का पता लगा सकते हैं। जैसे चोर वैसी चोरी। जैसी चोरी वैसा समाज। वैसी ही समाज की हैसियत। उस पर भी न पकड़े जाने वाले चोर। जानकर भी न बतायो जाने वाली चोरी। यही सब तो समाज के दर्पण हैं।" बरसैंया जी की यह बात भीतर तक घाव करती है। दरअसल, धीरे-धीरे नष्ट होती हमारी सामाजिक मूल्यवत्ता ने रचना का वह झीना परदा भी उतार फेंका जो थोड़ी-बहुत 'आँख की ओट की मर्यादा' का मूल मुहावरा बुन्देलखण्ड के ग्रामीण अंचलों से आया है। बुन्देली लोक-जीवन में आज भी यह शिष्टाचार देखा जा सकता है कि बड़े भाई की उपस्थिति में छोटा भाई बीड़ी, सिगरेट, हुक्का या चिलम नहीं पीता। कई बार ऐसे सार्वजनिक अवसर आ जाते हैं कि ग्रामीण समाज अथवा जाति की बैठक में बड़े भाई की उपस्थिति में ही धूम्रपान का अवसर या आग्रह आ उपस्थित होता है। इस तरह का मौका आने पर बड़े भाई साहब की ओर पीठ करके छोटे भाई धूम्रपान का आनन्द भी उठा सकते हैं और बड़े भाई की मर्यादा रक्षा भी बड़े मजे में कर सकते हैं। बरसैंया जी का अंगुलि निर्देश कुछ इसी तरह की चीज है। वे लिखते हैं "मेरे इन निबन्धों में न चोट है न चाँटा। हाँ, अंगुलि निर्देश बराबर है। मुस्कराते हुए झकझोरने का प्रयास है। मीठी गोली में दवा देने की भावना है– होमियोपैथी की छोटी-छोटी गोलियों का प्रयोग करना ही मेरा मार्ग है जो ठीक बैठ जाये तो रोग को उभारकर ठीक कर देती है और ठीक न बैठे तो नुकसान भी नहीं करती।" मैं इस ओर उनका ध्यान आकर्षित करना चाहता हूँ कि अब अंगुलि निर्देश से कुछ होने वाला नहीं। सीधा डण्डा-निर्देश चाहिए। जैसे

रोग हैं, जो विरोधाभास हैं जो विकृतियाँ हैं, उन्हें बिना सीधी कार्यवाही के रोकना असम्भव नहीं तो कठिन अवश्य है। 'निन्दक नियरे राखिये' इस दिशा में एक अच्छा प्रयास है। टाइप की एकरसता और प्रूफ की गलतियों से थोड़े प्रयास से ही बचा जा सकता है। मूल्य के अस्सी रुपये इस हिसाब से अधिक हैं कि आजकल साहित्य पर कौन इतना खर्च करता है। लोग इस अच्छी किताब को पढ़ सकें इसकी कुछ व्यवस्था बनाना भी एक सामाजिक कार्य ही होगा।

अध्यक्ष, हिन्दी-विभाग, सागर विश्वविद्यालय
(म.प्र.)

व्यंग्य संकलन पर अपनी दृष्टि

— अशोक त्रिपाठी

''निन्दक नियरे राखिये'' डॉ. गंगा प्रसाद गुप्त ''बरसैंया'' की नवीन प्रकाशित कृति है, जिसमें 20 व्यंग्य कथाएँ संकलित हैं। प्रस्तुत कृति में व्यंग्यकार ने अप्रत्यक्ष रूप से निन्दा की स्थिति तक व्यंग्य किये हैं किन्तु कृतिकार को निन्दक न कहकर व्यंग्यकार ही कहा जायेगा, क्योंकि उनकी स्वयं की धारणा में सन्त कबीर का स्वर ''निन्दक नियरे राखिये'' मिला है, जिसका अभिप्राय है कि निन्दक कहा-सुनी, विवाद और आरोपों से परे है परिणामस्वरूप निन्दक के प्रति पुरानी धारणायें छोड़कर नवीन सम्मानजनक धारणा बनाना समय की माँग है। इसके अलावा सभी लेख या तो आकाशवाणी से प्रसारित हैं या स्तरीय पत्र-पत्रिकाओं में प्रकाशित हैं जिससे उन सभी को सरकारी स्वतन्त्रता या सामाजिक मान्यता भी प्राप्त हो चुकी है। अतः इनमें व्यक्ति केन्द्रित होने का आरोप भी नहीं लगाया जा सकता। किन्तु इतना अवश्य है कि 20 लेखों में से अधिकांश या प्रायः सभी लेखक की निजी पीड़ा से सम्बन्ध रखते हैं जैसा कि उन्होंने स्वयं अपने ''अंगुलि निर्देश'' में स्वीकारा है– ''इन लेखों में मेरे अपने भीतर की पीड़ा ही व्यक्त हुई है।'' निश्चित रूप से लेखक की किसी भी रचना में उसकी निजता तो होती ही है उसे स्वीकारें अथवा नहीं। लेकिन इस निजता के स्तर दो हो सकते हैं। प्रथम वह जो सूर, तुमसी, कबीर, रसखान आदि में दिखते हैं यानी कि स्वयं की पीड़ा उस विराटता तक पहुँच जाये जहाँ व्यक्ति समाज में अर्थात् व्यष्टि-समष्टि में परिवर्तित हो और दूसरा वह जहाँ व्यक्ति वैयक्तिकता तक केन्द्रित रहकर अपने मन की टीस, जलन या भावनाओं को ही व्यक्त करने और आत्मतोष पाने का प्रयास करता रहे। डॉ. गुप्त की आलोच्य कृति दूसरी कोटि की निजता का प्रतिनिधित्व करती है।

''निन्दक नियरे राखिये'' का व्यंग्यकार स्वयं को आलम्बन मानकर कुछ कहने में अधिक विश्वास रखता है। एक शिक्षक के रूप में, बुद्धिजीवी के रूप में, किरायेदार के रूप में, पति के रूप में एवं एक उपभोक्ता के रूप में स्वयं डॉ. बरसैंया ही अधिक रहते हैं। इसे जहाँ एक ओर लेखक का व्यक्तिनिष्ठा के प्रति मोह कह सकते हैं वहीं एक व्यक्ति का साहस भी। मुझे व्यक्तिगत रूप से लेखक के वे दो

लेख विशेष प्रभावित करते हैं जिसमें लेखक ने कबीर को आलम्बन बनाकर क्रमशः वर्तमान शिक्षा एवं परीक्षा-प्रणाली तथा चुनावी रंग-ढंग को उभारने का सफल प्रयास किया है। "मुखड़ा क्या देखें दर्पण में" लेखक का गम्भीर व्यंग्य है। जबकि "शिकायत है पत्नी से", "मुसीबत मकान की", "सीढ़ियाँ" एवं "सिलाई ऊनी कुर्ते की" ऐसे व्यंग्य हैं जिनमें सामाजिकता कम वैयक्तिकता अधिक है। इनमें व्यंग्यकार ने एक परिधि के भीतर रहकर समाज को छूने का प्रयास तो किया किन्तु निजता के मान से उबर नहीं पाये। इसी प्रकार कुछ लेख ऐसे हैं जो महज उनके व्यक्तिगत सम्बन्धों को ही व्यक्त करते प्रतीत होते हैं। "प्रभु मुझे बीमार कर दो", "चोरों ने इज्जत बख्श दी", "खुराफाती खैराती लाल", "जन्म सिद्ध अधिकार है उपदेश देना", जैसे लेखों में व्यंग्यकार की बेबसी और अकुलाहट बौखलाहट की सीमा तक पहुँच जाती है। इस सबके बावजूद लेखक का चिन्तक और दार्शनिक व्यक्तित्व भी जब-तब झलकता रहता है। कहीं-कहीं वे आचार्य रामचन्द्र शुक्ल की सूत्र-शैली के पक्षधर देखे जा सकते हैं। यथा- निन्दक बड़े समाजवादी और धर्म निरपेक्ष होते हैं, ग्रहों में जो स्थान शनि का है समाज में वहीं स्थान और मान निन्दक का है, निन्दा ईर्ष्या की सखी किन्तु प्रशंसा की सौत है। मूर्ति महत्त्वपूर्ण है मूर्ति की दिशा नहीं। निन्दा सर्वज्ञ और मर्मज्ञ होती है।

ये सच है कि तुलना करने में व्यंग्यकार बेजोड़ है। पूरी कृति में उपयुक्त उपमानों की शृंखला यत्र-तत्र-सर्वत्र दिखती है। लेकिन इनमें भी लेखक कहीं-कहीं बहुत उथले-पुथले प्रसंग उठाते हैं। जैसे "निन्दक महिमा" शीर्षक लेख में निन्दक के महत्त्व को दर्शाते हुए लेखक लिखते हैं कन्दों में मूली का, मसालों में मिर्च का, बर्तनों में चिमटे का, गोरस में छाछ का, शरबतों में लिमके का, जानवरों में कुत्ते का, पक्षियों में कौवे का, कपड़ों में रूमाल का, पान में पीक का, जीवन में छींक का, दाँतों में सींक का, ताश में जोकर का, आटे में चोकर का, जो स्थान है वही स्थान निन्दक है। इसी प्रकार "चोरों ने इज्जत बख्श दी" शीर्षक व्यंग्य में शाब्दिक आकर्षण का एक उदाहरण देखिये- खेत की चोरी, खलिहान की चोरी, रेल की चोरी, जेल की चोरी, ट्रस्ट की चोरी, संस्था की चोरी, धर्मशाला की चोरी, गौशाला का चोरी, देवालय की चोरी, अनाथालय की चोरी, साड़ी की चोरी, सड़क की चोरी, नहर की चोरी, तालाब की चोरी, दवा की चोरी, दारू की चोरी, औरत की चोरी, मर्द की चोरी, धन्धों की चोरी, चन्दा की चोरी, माल की चोरी, माला की चोरी, चोरी-ही-चोरी।

जैसा कि मैंने पहले कहा कि लेखक की उपमाएँ और तुलनाएँ काफी सटीक होती हैं। "सिलाई ऊनी कुर्ते की" में लेखक कहता है- "ऊनी कुरता का कपड़ा लाने की चर्चा मैंने तो किसी से नहीं की, पर अपनी परिचित मण्डली में उसकी चर्चा ऐसी हुई मानो किसी की मँगनी हुई हो। हमारे मेहमान मित्र कपड़ा लाने की चर्चा

इस मुद्रा में करते मानो संजीवनी बूटी उठा लाये हों। "अध्यापक मन मेढक की तरह जल्दी फूलता और जल्दी पिचकता है। टेलर द्वारा कुर्ते की नाप लेते समय लेखक कहते हैं " मेरी दशा तो ऐसी थी जैसे किसी विरागी साधु के निवास के लिए भवन सजाया जा रहा हो।

लेखक एक अच्छे समीक्षक और प्रतिपादक हैं इसकी जानकारी भी इस संग्रह के लेखों से यत्र-तत्र मिलती है। इसका एक उदाहरण द्रष्टव्य है– निन्दा मूक को वाचाल बना देती है। एक जिह्वा में हजार-हजार जिह्वाओं की शक्ति भर देती है। निन्दक व्यक्ति और सन्दर्भ के अनुरूप रूप ग्रहण कर लेता है। कहीं-कहीं लेखक का व्यंग्यकार अपने गम्भीर और संयत रूप में मुखर हुआ है जैसे एकाध प्रसंग देखिये "चुनाव में भाग लेने वाले सेवक प्रत्याशियों के लिए न कोई योग्यता निर्धारित है, और न आयु की सीमा। चपरासी की नौकरी के लिए योग्यता, आयु, सच्चरित्रता और स्थायी निवास का प्रमाण-पत्र चाहिए किन्तु चुनाव का प्रत्याशी इन सभी बन्धनों से ऊपर है, उसे किसी प्रकार की अनिवार्यता नहीं, किसी प्रकार का प्रमाण-पत्र नहीं। चाहे जहाँ से और चाहे जितने स्थानों से चुनाव लड़ सकता है। आदर्श प्रजातन्त्र की यह एक अनूठी मिसाल है। इसी प्रकार– निन्दक बड़े समाजवादी और धर्मनिरपेक्ष होते हैं, भेदभाव करना इनकी प्रवृत्ति नहीं। किसी भी वर्ग, क्षेत्र, जाति की बात हो, दूसरों की नाक काटने का उपक्रम ये समान रूप से करते रहते हैं। इन्हें अपने बदरूप होने की चिन्ता नहीं होती पर दूसरों की बदरूपता से ये प्रसन्न होते हैं। इसी प्रकार "रसों का राजा निन्दारस है, क्योंकि इसमें सभी रसों का समावेश है। इसमें एक साथ सभी रसों का आस्वादन होता है। शृंगार में केवल किशोर-किशोरी होते हैं जबकि निन्दारस में सारा जगत समाहित होता है। इसी तरह "यावत जीवेत सुखं जीवेत्" में लिखते हैं– "यह हमारी शानदार परम्परा चलती रही है और तब तक चलती रहेगी जब तक कर्म करने का कोई नया सिद्धान्त हमारे सामने नहीं आ जाता, अभी तो "यावत् जीवेत सुखं जीवेत ऋणं कृत्वा घृतं पिवेत" का आनन्द ले रहे हैं।

इस कृति में लेखक, बुद्धिजीवी, साहित्यकार से विशेष रूप से कवियों से ज्यादा त्रस्त दिखाई देते हैं तभी तो वे कभी कहते हैं कवि आधे पागल ही हैं, कभी कहते हैं कवि उलटी खोपड़ी के होते हैं। मुहावरों और लोकोक्तियों के उपयुक्त प्रयोग में व्यंग्यकार सफल हैं। देशज और क्षेत्रज शब्दों के प्रयोग भी हैं। अँग्रेजी और उर्दू (अरबी) के शब्दों का प्रयोग भी लेखक ने अर्थ की सुगमता के लिए किया है। उदाहरण और मिसाल देने में लेखक किसी प्रकार का संकोच नहीं करते। प्रेम-प्रसंग की बेबाक चर्चा करते हुए वे कहते हैं– "दिल लगा गधी से तो परी क्या चीज है।"

अन्ततः मैं कहना चाहूँगा कि मेरी समझ बहुत सीमित है इसलिए टिप्पणी करने

के दुस्साहस को क्षमा करें। मुझे पता नहीं क्या कहना चाहिए क्या नहीं? किन्तु पूरी कृति पढ़ने के बाद उसके बारे में बहुत कुछ कहने की इच्छा हुई, अतः कहने की शुरुआत अपने गुरुजनों और मार्गदर्शकों के बीच नहीं करूँगा तो सुधार कैसे होगा? मैंने जो सोचा वही बयान कर दिया। अतः यदि कोई गुस्ताखी हुई है तो पूर्वजों के इस सिद्धान्त को मानने का कष्ट करें– क्षमा बड़न को चाहिए छोटन को उत्पात।

सरस्वती उ. मा. विद्यालय छतरपुर

अरमान वर पाने का

'अरमान वर पाने का'– एक स्वागत-योग्य प्रयास

–राजेन्द्र प्रसाद

इस व्यंग्य रचनाओं के सम्बन्ध में कुछ व्यंग्य-रहित बातें कहनी आवश्यक हैं। इनके द्वारा बरसैंया जी ने समाज में चतुर्रिक व्याप्त विसंगतियों के पीछे उन विसंगतियों से विपरीत रंगवाली एक पीठिका खड़ी कर दी है। इससे पाठक के सामने उन विसंगतियों की रूपरेखा स्पष्टतर हो जाती है जो शायद अन्यथा सम्भव न होती।

आज की व्यंग्य कृतियों में प्रायः क्रोध, हिंसा और आक्रमण की मोटी गुठली पर हास्य का पतला छिलका-भर चढ़ा रहता है। पढ़ने के बाद मुँह में तीता-कसैला स्वाद-भर बच जाता है। हर्ष की बात है कि बरसैंया जी पाठक को ऐसी भेंट देने से बच गये हैं। उनके व्यंग्य के फोकस में मूलतः व्यवस्था है न कि व्यक्ति। जहाँ व्यक्ति दिखता है वहाँ भी वह व्यवस्था के प्रतिनिधि के रूप में आता है, अपनी निज की हैसियत में नहीं। इस प्रकार बरसैंया जी की व्यंग्य-दिशा हिन्दी के वर्तमान व्यंग्यकारों की अपेक्षा मराठी व्यंग्यकार पु. ल. देशपाण्डे के अधिक समानान्तर

लाती है।

आशा करनी चाहिए कि जैसे-जैसे व्यंग्यकार की सृजन-बेलि परवान चढ़ेगी, वैसे-वैसे रचनाओं से निर्मित पृष्ठभूमि का रंग और चटक होगा और तब उस पृष्ठभूमि में परिवेश की विसंगतियों की नस-नस उभरकर सामने आ सकेगी। उनकी सामान्य रूपाकृति अभी से–इन रचनाओं के माध्यम से–दिखने लगा है। 'पालिश के युग में पलाश की बातें' करके शुरुआत बहुत अच्छी हुई है।

"...क्योंकि जिसे वसन्त कहते थे वह अब... ढोलक में नहीं, ढोल की पोल में है। गीतों में नहीं, गाड़ियों में है। ...स्वर में नहीं, सुरा में है।"

– पालिश के युग में पलाश की बातें।

लाठी हो तो... दूसरे की गैस आपकी, भैंस आपकी। लुगाई आपकी, मलाई आपकी। तिजोड़ी आपकी, घोड़ी आपकी... ।"

– कबिरा खड़ा बाजार में लिये लुकाठी हाथ।

"जिन्होंने इस 'मिक्स्ड कल्चर' को पूरी तरह से 'अडाप्ट' नहीं किया वे कभी-कभी बीमार हो जाते हैं। हम प्रायः पढ़ते हैं कि बस्सी पीने से बारातियों को उल्टी। सैकड़ों अस्पताल में भरती। शराब पीने से 125 मरे। ये वे सब लोग हैं जो नये तरक्की शुदा 'मिक्स्ड कल्चर' को पचा नहीं पाते। इनका मरना ही ठीक है। जो समय के साथ परिवर्तित नहीं होता वह अपने-आप समाप्त हो जाता है। स्वर्गीय पन्त जी ने इसीलिए लिखा था– "द्रुत झरो जगत के जीर्ण पत्र।" – ग्राफ्टिंग कल्चर।

'अश्क' जी से बात उधार लेकर कहें तो प्रस्तुत संग्रह 'शहर में घूमता हुआ आईना' है जिसमें उपर्युक्त जैसे अक्स एक के बाद एक आते ही चले गये हैं।

पूर्व निदेशक

आकाशवाणी, छतरपुर (म. प्र.)

खरी-खरी

डॉ. कमल किशोर गोयनका का पत्र

A- 98, अशोक विहार
फेज़ प्रथम, दिल्ली-110052

25/5

मान्य श्री बरसैंया जी,

'खरी-खरी' मिली। धन्यवाद। मैं भी खरी-खरी बातें लिख रहा हूँ। आपने भी क्या खरी-खरी लिखा है—जीवन के बारे में, समाज और आदमी के बारे में। नैतिक मूल्यों और अपराधों के बारे में। इनका खरापन जो मजा देता है, जो रसास्वादन कराता है, वह जीवन को समझने और देखने की अमृत-दृष्टि देता है। खरी-खरी बातें मनुष्य को चेतावनी देती हैं, यथार्थ का ज्ञान कराती हैं और एक अच्छे मनुष्य बनने की चेतना उत्पन्न करती हैं। ऐसा खरापन ही अनुभूतियों को साहित्य बनाता है और मनुष्य को शुभ सन्देश देता है। यद्यपि ये दैनिक अखबार के लिए लिखी गयी थीं किन्तु इनमें समसामयिक के साथ भविष्य में भी सार्थक बने रहने के गुण हैं। इतनी खरी-खरी कहने के इस साहस के लिए आपका अभिनन्दन और बधाई।

आपने एक कवि-धर्म का पूरा पालन किया है—अपने समय के सत्य के उद्घाटन के साथ समाज के उन्नयन के लिए यह सृष्टि की गयी है।

मैं महानगर में रहता हूँ, परन्तु छोटे शहर 'बुलन्दशहर' में पैदा हुआ हूँ। महानगर की गन्दगी से दूर रहने का प्रयत्न करता हूँ। विश्वास है, यह पत्र सही वक्त पर मिल जायेगा।

शुभकामनाओं के साथ,

आपका

कमल किशोर गोयनका

अभिव्यंजना साहित्य– ‘खरी-खरी’

– डॉ. रामनारायण शर्मा

‘खरी’ शब्द वास्तु-गुण की प्रखरता, शुद्धता व सुस्पष्ट विचारों के प्रगटीकरण का मानक है। वहीं पर ‘खरी-खरी’ युग्म शब्द होने के कारण इसके प्रयोग से बात की स्पष्टता द्विगुणित हो जाती है। आलोच्य कृति में ‘खरी-खरी’ इसी अर्थ में प्रयुक्त हुआ है।

आलोच्य पुस्तक खरी-खरी में ऐसे ही विचारों का प्रबोध डॉ. गंगा प्रसाद बरसैंया जी ने हमें कराया है। लेखक स्वयं सुस्पष्ट वक्ता, अध्येता व प्रणेता रहा जो अपने जीवन के सारे सरोकारों को निभाते हुए तेज विचारों की आँच के ताप में तप कर स्वर्ण की भाँति कुन्दन बन खरे साबित हुए हैं और ‘खरी-खरी’ लिखने व कहने की योग्यता रखते हैं। आपका साहित्यिक प्रदेश प्रभूत रूप से समालोचना, समीक्षा के अतिरिक्त प्रकाशित रचनाओं में लोक वाटिका, रचना से रचना तक, बुन्देलखण्ड के अज्ञात रचनाकार, प्रमुख हैं। आपके साहित्य सर्जना पर शोध-प्रबन्ध लिखे गये हैं। ऐसे विविध आयामी रचनाकार द्वारा प्रजीत संघ-प्रकाशित पुस्तक ‘खरी-खरी’ की सोद्देश्य समीक्षात्मक विवेचना प्रस्तुत करना ही यहाँ हमारा अभीष्ट है।

सम्प्रति कृति ‘खरी-खरी’ दैनिक विषयों का वास्तव में स्तम्भ आलेखन है। जिसका आधार समाज के सरोकारों सहकारों व कुण्ठित-कुत्सित व्यापारों, व्यवहार कारोबार, निष्ठा नियत-नियति, संस्कृति के पहरेदारों की कथनी और करनी के बीच के भेद खोलना है। जिससे समाज में इनके चेहरों पर चढ़े मुखौटे उतरने से समाज को जागृत व समझदार बनाना है।

‘खरी-खरी’ का स्तम्भ आलेखन की अपनी अलग विशेषता है। प्रथमत: यह काव्यालेखन है जो एक कवि द्वारा अपनी दूर-दृष्टि व पैनी नजर के साथ कवि के अपने चारों ओर फैले समाज को उसका निजी चेहरा इस ‘खरी-खरी’ रूपी दर्पण में उतारकर दिखाया है। यही इस कृति का उद्देश्य भी रहा। समाज के दायरों को भेद लेखक ने अपने लेखकीय चमत्कार से वह सब उजागर किया जो उसे करना चाहिए था। जिसके प्रयत्न इस पुस्तक ‘खरी-खरी’ में सँजोये गये हैं। दूसरी विशेषता पुस्तक की यह है कि इसमें लेखक डॉ. गंगा प्रसाद बरसैंया जी के व्यक्तित्व की

छाप उनका 'खरापन' है जो खरी-खरी लिखने-कहने के लिए साहित्य-जगत में समालोचक की दृष्टि से जाने जाते हैं। तीसरी बात मुझे जो इसमें अचम्भित व सुखकर लगी वह डॉ. बरसैंया जी का 'बुन्देली-भाषा' में आलेखन जो मेरी जानकारी में इसके पूर्व नहीं हुआ। डॉ. गंगा प्रसाद बरसैंया जी के कृतित्व में भी इनकी अपनी सोच, खोज व प्रबोध द्रष्टव्य है। अतः 'खरी-खरी' द्वारा भी लेखक ने जनमन की बात जन-जन तक पहुँचाने का भगीरथ प्रयत्न किया। जो इस आलोच्य कृति के प्रमाण है और विचारजी भी है।

बुन्देली भाषा के व्यंग, सरल, गहन, सारगर्भित, नुकीले, चुटीले, भाव-प्रवण-आत्ममुग्ध व विमोहित करने वाले होते हैं। जिनमें सीधे तन-मन को सम्प्रेषित करने की क्षमता। बुन्देली भाषा का लोक-साहित्य प्रभावाभिव्यंजक, भावुकता से ओत-प्रोत है। शायद यही कारण है कि डॉ. बरसैंया जी ने बुन्देली भाषा में कुण्डलिया काव्य को आधार बना अपने 'खरे-खरे' शब्द-बाणों से सभी को आहत कर अपने मन के भावों से सम्प्रेरणा की क्रिया उत्पन्न कर जीवन के कार्य-कलापों व सामाजिक विसंगतियों को उजागर किया है। इसमें लेखक अपने दायित्व को निभाने में सफल रहा है जो खरी-खरी कृति का प्रदेय है। इसमें जीवन के समस्त कार्य-कलापों, सरोकारों, संस्कार, संस्कृति, रीति-नीति-नियति, धर्म-कर्म, मूल्यों का क्षरण, वातावरण आरक्षण, महँगाई, पेशागत विसंगतियों में व्याप्त विसंगतियों का दृगदर्शन कराया है। इनका सार-संक्षेप बखान यहाँ प्रस्तुत है-

1. सत्कर्म की कीर्ति-आज देश के हर क्षेत्र में जाति-वर्ग, सम्पन्न-विपन्न, शिक्षित-अशिक्षित, धर्म-साहित्य-शिक्षा, राजनीति सभी स्तर पर 'कीर्ति' कमाने के कीर्तिमान बनाये जा रहे हैं। कर्म में सत्य-निष्ठा, शुचिता की चिन्ता किये बगैर यश-कीर्ति का झण्डा अपने डण्डा के बल पर फहराने की अतृप्त लालसा से प्रेरित साम-दाम-दण्ड और भेद के सहारे अमरता का वरदान स्व-अहं की प्रतिस्थापना कर जगत की शुभ-श्री-सम्पदा जैसी नाशवान चीजों को अर्जित कर सुकीर्तिवान बनने की होड़ लगी है। डॉ. बरसैंया जी ने अपनी 'खरी-खरी' की ओपनिंग (शुरुआत) इस भ्रम पर कटाक्ष कर छक्का (छः पंक्ति) जड़ा है।

राव गये राजा गये- साधक सन्त फकीर।
केवल कीरत रै गयी, नश्वर जगत शरीर।
नश्वर जगत शरीर, सार्थक धर्म-परायण।
अपने कर्मन से होबै, नर से नारायण।
महल अटारी हाथी घोड़ा सब रै जाने।
केवल सदकर्मन की गाथा सब खाँ गाने।

2. स्वार्थ-पूर्ति के लिए पूजा-पाठ पर कटाक्ष करते हुए खरी चोट पाखण्ड

पर करते बरसैंया जी कबीर वाणी की तरह निर्मल मन को अधिक महत्त्व देते हैं। जब तक हृदय के कपाट नहीं खुले तब तक सीपी में बन्द मोती नहीं मिलने के विचार में कितना मर्म छिपा है देखिये–

''बिना सीप मुख खुले, न उपजत भीतर मोती''।
भीषण ज्वाला क्रोध की भसम करै तन-प्रान
ऊर्जा सबरी नष्ट हो लुप्त होत सद ज्ञान।

डॉ. बरसैंया जी यहाँ गीताज्ञान की बातें समझाकर आज के मनुष्य के क्रोधी स्वभाव की बात बता रहे। क्रोध ऐसी ज्वाला है जिसमें सब स्वाहा हो जाता है।

बेईमानी व रिश्वत पर कटाक्ष करते देखिये–

रिश्वत अतिनीकी लगे उधरत होत कलेश।
जो बोउत उपजत सोई, होतई रओ हमेश।

जो 'बोया सो काटिया' की बात की पुनरावृत्ति 'खरी-खरी' में लेखक की अपनी है। जिसमें अनीति-रिश्वतखोरी के भ्रम जाल में फँसकर मनुष्य दैहिक-दैविक-भौतिक ताप में जलकर भस्म हो जाता है। किन्तु वह अज्ञान के अँधेरे में भटकता रहता है।

सबसे बड़ा रुपैया

जीवन के चार सूत्र धर्म-अर्थ-काम-मोक्ष मुनीश्वरों ने बताये हैं। किन्तु आज इसका क्रम बदलकर अर्थ को प्राथमिकता मिली है। पैसे के बल पर घर-बाहर सब की दृष्टि आप पर रहती है। पैसा ही जप है, तप है और बल है। व्यक्ति पैसा से भगवान तक को अपने कनक-भवन में बुला लेता है। कहना न होगा कि वह स्वयम्भू-भगवान बन सब का स्वामी बन जाता है। दवा-दारू, सुरा-सुन्दरी, आसन-सिंहासन सब पर एकाधिकार से उन्मत्त हाथी की भाँति डोलता-बोलता है। बड़े-बड़े विद्वान-और पण्डित-ज्ञानी मारे-मारे फिरते हैं अज्ञानी स्वयंभू भगवान बने मजा मार रहे रहे हैं। वह कई मुखौटा लगाये शिखर पर बैठा इतराता है जिसे बरसैंया जी ने सटीक उपमा दी है–

''शेर पै चढ़ो बिलौटा''

ऐसा सत्य वास्तव में 'खरी-खरी' कहने वाला व्यक्ति ही कह सकता है।

आज भौतिक संसाधनों की प्राप्ति में मनुष्य पागलपन की हद में पहुँच गया है। उसे खाने-पीने तक के लिए समय नहीं है। वह मशीन की तरह बस चलता हुआ धन-दौलत कमाकर दूसरों का भाग्य विधाता बनना चाहता है। जिससे उसे लोग पूजें उसकी अर्चना करें। कवि-कोविद सभी चारण बन उसके गीत गायें चालीसा पढ़ें। ऐसा करने में वह माँ-बाप-भाई-बहिन, पत्नी-बच्चों से दूर चला जाता है।

सद्भाव

भौतिकवादी विचारों ने आपसी आपाधापी मचा रखी है। वैर-भाव से उपजे दारुण दु:ख झेलकर भी आज आदमी नहीं बन सका। वह आज के जीवन में बह रही हवा के बीच असहाय तिनके की भाँति उड़ रहा है। तभी कवि कहता–

जाने कैसी हवा चली, जाने कैसो भाव।
मनुज मनुज के बीच में नहीं रओ सद्भाव।

जब व्यक्ति इन विचारों से अनुप्रेरित होंगे तो समाज भी उसी तरह निर्मित होने लगता है। क्योंकि व्यक्तियों के समूहों से सामाजिक संरचना होती है। समाज की विसंगतियाँ उसकी संस्कृति, सरोकारों, संस्कारों में भी झलकती हैं। खरी-खरी में लेखक ने इसका बखूबी बखान किया है।

समाज की दशा

जाति-पाँति फल-फूल रई, पनप रओ आतंक।
लूट पाट नित हो रई, अपराधी नि:शंक

× × ×

बेईमानी फूल रई, सबने डारी खाद
सब को नोंनी लग रई, सबनें पाओ स्वाद।

× × ×

ईमानदारी हो रई, पांचाली को चीर।
जीको जब मौका लगत, आयी खैंचत बनबीर।

× × ×

सण्डे-मण्डे याद मौ, भूल गये रवि सोम।
फागुन चैत न जानहीं संवत् भओ विलोम।
संवत भओ विलोम सीख रये टाटा बच्चे।
हाय हलो अँग्रेजी शिक्षा के भये सच्चे।
हिन्दी भई तिरस्कृत, दिन-दिन दूबर हो रई।
अपनी माँ को माँ कहबे में लाज लाग रई।

वस्त्र

पहिनावा संस्कृति का द्योतक होता है। हमारी संस्कृति में स्वच्छ-धवल वस्त्राभरण तन की सजावट के लिए जाने जाते हैं। चटकीले, भड़कीले रंगीन वस्त्रों से नर-नारी के आभ्यन्तर की दशा व मानसिकता की पहिचान होती है। आज अधोवस्त्र तंग-

चुस्त शरीर को उभारते हैं। इससे देखने वालों में उत्तेजना उत्पन्न होती है। इससे जबरदस्ती, धींगा–मुस्ती, व्यभिचार पैदा होते हैं।

बसन पहिनबो सोइ भलो, दिखै सुहावन अंग।
कपड़ा का काम कौ, रूप करै बेढंग।
रूप करै बेढंग, देखबे बारे घूरैं।
मरजादा हों भंग भावना कलुषित पूरैं।
ड्रेस कोड आदेश न ई की होय दवाई।
स्वयं बने शालीन, भावना मन में आई।

शिक्षा

शिक्षित व्यक्ति ही सही समाज की संरचना की प्रथम कड़ी है। किन्तु शिक्षा ही बेजार और बेहाल हो तो समाज का बेड़ा पार नहीं बण्टाढार होता है। आज देश की दशा–दिशा सोचनीय हो गयी। शिक्षा के मन्दिर, शिक्षक सभी अपने आधार खोते जा रहे हैं। स्कूल–कालेज पेशा के केन्द्र बन औद्योगिक इकाई की भाँति पढ़े–लिखों की बेकार फौज पैदा कर रहे हैं जो खरी–खरी में द्रष्टव्य है–

सरस्वती के आँगन जा कैसी लाचारी।
पांचाली को चीर बनी शिक्षा बेचारी।

× × ×

केवल रटे किताब के होत नहीं है ज्ञान।
बिना ज्ञान के नई मिलत, जीवन में सम्मान।

आजकल सरकार शिक्षा का स्तर व संख्या बढ़ाने के लिए जो सर्व–शिक्षा अभियान चला रही हैं उसके ढोल की पोल देखिये–

सर्व शिक्षा अभियान के, बज रये भारी ढोल।
रपटैं ऊँची बन रई, भीतर पोलमपोल।

आरक्षण

जैसे भस्मासुर ने देश–जाति–वर्ण्य में भारी विसंगति फैला रखी है। जिससे भेद–भाव के विष–बीज तो पनप ही रहे हैं किन्तु शिक्षा की विश्वसनीयता पर प्रश्नचिह्न लग रहे हैं यथा–

आरक्षण के नाम पै, राजनीति की चाल।
मेहनत मैरिट योग्यता सब हो रये बेहाल।

सत्ता-समीकरण

सत्तासीन व सत्ताविहीन अपनी–अपनी स्वार्थ की बात कर बोल रहे हैं। जिसमें

जनता की उन्नति और देश की प्रगति जैसी बातें बेमानी हैं।

सत्ता के जा खेल में, शतरंज जैसो दाँव।
अधिकारी मोहरा बनत, होबैं ठाँव-कुठाँव।

× × ×

एक कैत भारत उदै, एक कैत अवसान।
दोऊ सत्य नकार रये, मूँद आँख औ कान।

डॉ. बरसैंया जी ने सत्ता-समीकरण की पोल-खोल अपने खरेपन का प्रमाण दिया है। सत्ता के लालची और धर्म-धुरीन पण्डा-गण्डा-डण्डा का खेल धर्म की मर्यादा नष्ट कर रहे हैं। इस पर खरी-खरी में डॉ. बरसैंया ने सही चोट की है जो देखने योग्य है-

मन्दिर-मसजिद छोड़ कै, नहीं समस्या और।
बेकारी और भुखमरी सबई भये बे ठौर।

डॉ. गंगा प्रसाद बरसैंया ने खरी-खरी जिस भाषा-खैली में लिखी है वह अप्रतिम है। अभिव्यंजना लेखन को एक नया रूप देकर अपनी सुयोग्यता को प्रमाणित किया है। सबसे बड़ी बात लेखक की यह रही कि उसने समाज के हर क्षेत्र में घटित-अपघटित घटनाओं, समस्याओं और सामाजिक विसंगतियों का बिना पक्षपात के सटीक वर्णन किया है। बुन्देली भाषा-काव्य शैली के जन-मन में बसे छन्द में समसामयिक सामाजिक सरोकारों-व्यापारों को जिस संयत चुटीली, प्रभावाभिव्यंजनाएँ प्रस्तुत की हैं वह श्लाघनीय हैं। सबसे बड़ी विशेषता इस कृति खरी-खरी की यह है कि इसमें कहीं भी अतिरेक, अनावश्यक व अविश्वसनीय व्यंग-कटाक्ष नहीं हैं। ऐसी गरिमापूर्ण कृति के लेखक डॉ. गंगा प्रसाद बरसैंया को पुनः साधुवाद।

रामायण 695/3 सिविल लाइन्स,
रानी लक्ष्मीबाई पार्क के सामने झाँसी

खरी-खरी बातें—छद्म खोटे खलों की

—डॉ. रमेशचन्द्र खरे

आज हम एक विशाल व्यंग्यायन-व्यंग के बड़े घर में रहने को अभिशप्त हैं। चारो ओर समाज, साहित्य, शिक्षा राजनीति या धर्म-कर्म के परिवेश में जो विद्रूपतायें, विरोधाभास और विसंगतियाँ व्याप्त हैं उनसे हर संवेदनशील हृदय करुणार्द्र होकर विक्षुब्ध है। हमारी विवशता एक विचार-क्रान्ति चेतना जगाने के सिवाय और क्या है? ऐसे में बुन्देलखण्ड के वरिष्ठ साहित्यकार एवं व्यंगशिल्पी डॉ. गंगा प्रसाद गुप्त 'बरसैंया' के बुन्देली में ही एक वृहत काव्य 'खरी-खरी' ने 175 पृष्ठों में 704 कुण्डलियों के कलेवर में एक जाज्वल्यमान कथ्य को समेटकर अपनी वाग्विदग्धता से अभिनव शिल्प गढ़ा है। एक स्थापित समालोचक एवं निबन्धकार के साथ व्यंग विधा में आपके तीन संकलन आ चुके हैं। तब 'खरी-खरी' की अन्तर्कथा अपनी स्पष्टवादिता से सभी को झकझोर देती है— किसी को अच्छी लगे या बुरी। 'दैनिक भास्कर पत्र' के छतरपुर संस्करण में विवश आग्रह पर शरद जोशी के 'प्रतिदिन' की तरह यह स्तम्भ भी लोकप्रियता की सीमा छू गया था। ये कटाक्ष किसी व्यक्ति पर नहीं, किसी घटना या प्रवृत्ति पर केन्द्रित हुआ करते थे। बुन्देली आंचलिकता में जन-मन को आन्दोलित करने वाला यह श्लाघनीय प्रयोग है। गिरधर की कुण्डलियों की तरह यह लोकचेतना में समा गया।

पाठकों और सामाजिकों को सोचने-विचारने के लिए व्यक्ति और समाज के विविध रूप और पक्ष इसमें प्रतिबिम्बित हैं। बकौल कवि—"आँखन देखी घटनाओं ने कई बार आँखों को गीला किया है, मन को आक्रोश से भरा है, भावनाओं को विचलित किया है। जब पीड़ा का प्रतिकार किया या प्रतिक्रिया से नहीं हो पाता तब वह कलम के माध्यम से शब्दों में व्यक्त होकर समाज को जगाती, झकझोरती है। पाँच वर्षों में लिखी पंक्तियों में से कुछ अंश यहाँ संकलित हैं।" आइये हम भी उनसे कुछ रूबरू हों—

खरी-खरी का खरा कुण्डलीचक्र, आध्यात्मिकता से शुरू होकर आधुनिकता में मानवीय कमजोरियों पर कटाक्ष करते हुए, कभी निरभिमानी दूब की लघुता में महानता और कभी पत्थर के आघात सहन से मूर्ति की सुन्दरता के अन्योक्ति कथन

द्वारा सद्सन्देश देता है। एक कवि कथन भी है–'मूर्ति वन्दनीय भी है चूँकि उसने तराशे जाने का दर्द सहा है।' संग्रह में कई शाश्वत सत्य बार-बार प्रकारान्तर से उभरे हैं–'मनुस नहिं होत है समय होत बलवान (छन्द 46 जैसे- 132, 223, 337, 429 आदि) जिनमें लाक्षणिक रूप से समय-साध्य शक्ति की उज्ज्वल सम्भावना का अलंकारिक चित्रण भी है–'गगन बिजुरिया अन्धकार को आँख दिखावै।' समय की बलिहारी, यह भी विडम्बना है कि कभी के स्वर्णाक्षरी सत्याग्रह में देखिये– '...प्रगति की खानापूरी। आग्रह रह गओ शेष सत्य से हो गयी दूरी।' और आज धनलिप्सा इतनी बढ़ी कि सब जान गये– 'लक्ष्मी भौतई चंचला, धारत कित्तउ रूप' (54) और फिर 'लक्ष्मी है अति चंचला, रहत न एकउ ठौर' (407) स्वाभाविकता पूर्ण कथन है। रहीम कवि का दोहा– 'लक्ष्मी थिर न रहीम कहि, यह जानत सब कोय। पुरुष पुरातन की वधू क्यों न चंचला होय।'

कवि आज की अपसंस्कृति से भी मर्माहित है, जिसकी सीता आतंकी रावण से प्रताड़ित है वह आतंकी नरकासुर का भी रौद्ररूपक गढ़ता है (50) 'कैसी बिगरी संस्कृति, कैसो सोच विचार' तथा 'नग्न नृत्य व्यापार, कष्ट में संस्कृति सीता' (60)। द्रष्टव्य हैं 'विरागी अनुरागी' महाकाव्य की ये पंक्तियाँ–

'संस्कृति सीता अपहरित कुराज्य कुशासन,
दलित देशानुराग, राम निर्वासित कानन,
लोक ललकार लखन की, लटकाये आनन,
उत्साह और साहस सुप्त, हनुमत पंचानन।

एक सामान्य भोक्ता की तरह– 'दानवता ने जे गतिकर डारी' के साक्षात्कार का द्रावक दृश्य देखिये–

मानवता रस्ते मिली, भौतई दुखी मलीन।
अंग-अंग घायल हते, मुखड़ा अतिशय दीन।

दुष्यन्त कुमार की भी अचानक ऐसे ही एक भेंट हुई थी–

कल नुमाइश में मिला वह चीथड़े पहने हुए,
मैंने पूछा नाम तो, बोला कि हिन्दुस्तान है।

राजनीति की ओर मुड़ते हुए कवि आज के नये धर्म 'सेकुलरिज्म' पर भी प्रहार करता है जैसा कि प्रसिद्ध व्यंग कवि गोपाल व्यास ने घर में पूजा-पाठ, नमाज-बन्दगी, इबादत-प्रेयर के बाद बाहर सेकुलर धर्म अपनाने का रिवाज बताया है–

ओढ़ धर्म निरपेक्षता, कर रये बड़ो अनर्थ।
धर्म कर्म और संस्कृति सबई हो गयी व्यर्थ।

क्या इसे अधर्म सापेक्षता कहें? अपने श्रद्धास्पदों के अपमान पर धन्य है हमारी सहनशीलता–'जब साम्प्रदायिक भये राम, जमाना बेढब आया।' 'रावन धर्मनिरपेक्ष

कै रये बड़े-बड़े ज्ञानी।' सेतुबन्ध रामेश्वर का अस्तित्व मिटाने वाले लोग राम को ही नकार रहे हैं। आज की अवसरवादी राजनीति में 'विकृत भये आदर्श नयी पीढ़ी बरबादी' के अलावा क्या है? बस, 'सब खाँ चइये, पद पइसा सत्ता की गाड़ी। कोउ न पूछत अब जनता की फूटी हाँड़ी।' क्या बिडम्बना है। कवि ने इतने विविध कोणों से समाज को देखा है कि नये-नये आयाम उद्‌घाटित हुए हैं। हरिशंकर परसाई ने एक निन्दारस की अवधारणा दी थी। कवि भी सहज प्रवृत्ति पहचानते हुए—

निन्दा भौतई रस भरी, पोर पोर सुख देत।
मनो दसहरी आम को, चूस-चूस रस लेत।

कहकर स्याने दद्दा के जिन्दा का भी आधार वही मानते हैं—

जबरन खोजत खोट, करत बे सबकी निन्दा।

लक्ष्मी महिमा तो वे पहले ही गा चुके थे। फिर गिरधर कविराय की तरह 'पइसा में दम बहुत है, पइसा को संसार' और 'पइसा से सब सुख मिलत, पइसइ कलह कुसंग' का लाठी जैसा गुणगान करते हैं। मायावी मीडिया को भी वे नहीं छोड़ते जो तिल का ताड़ और पर्वत को राई बनाने में माहिर हैं और प्रिण्ट मीडिया की अखबारी दुनिया के दृष्टिभेद के विरोधाभास को जाता है—'एक कैत भारत उदै, एक कैत अवसान।' विकास या विनाश क्या मानें? उन्होंने आज 'वस्तु हो गयी है नारी, सारे जहान में' के बदले देवी स्वरूपा रूप को देखा। सत्ता में शतरंजी दावा करने वाले खेल में वजीर और पैदल का उलट-फेर देखा। राष्ट्रभाषा हिन्दी के तिरस्कार पर भी बेचैनी दर्शायी—'अपनी माँ को माँ कहने में लाज लग रई, हिन्दी हिन्दुस्तान पूजिये जैसे माता।'

कवि की 'खरी-खरी' का फोकस देश के कैंसर भ्रष्टाचार पर है—'जगा-जगा पै मचो है खुलकै भ्रष्टाचार', जाँ देखो ताँ हो रओ निर्मम भ्रष्टाचार 'जाँ अन्धी सरकार, न दिखवै भ्रष्टाचारी,' जायज भ्रष्टाचार को करबे को अभियान' आदि। 182 से 342 तक कई छन्द इस भण्डाफोड़ यज्ञ की आहुति को समर्पित हैं। ऊपर से उसकी संरक्षक विधायिका के भीतर के फूहड़ व्यापार के अवमूल्यन को देख कवि की आत्मा रोती है—

संविधान की आत्मा करवै हाहाकार। कारण?

मूल्य सबई खण्डित भये, भ्रष्ट भये आदर्श।
संस्कार कलुषित सबई, बचो न सत्य विमर्श।

महाभारत के पौराणिक मिथक के माध्यम से भी कवि वर्तमान शासन-अनुशासन में हो रही खासी जंग की अत्योक्ति करता है और मिल-जुलकर सबकी पोल खोलने के उपाय की सम्भावना बताता है।

आज की दूषित शिक्षा-पद्धति भी उनकी निगाह से अछूती नहीं बची। वे स्वयं शिक्षाशास्त्री हैं। क्या गिरावट है उसे खूब जानते हैं—

शिक्षाकर्मी बन गये, गुरुजन श्रेष्ठ महान।

× × ×

सरस्वती के पुत्र अब भये दाम के दास।

× × ×

शिक्षक व्यवसायी बने, बैठे खोल दुकान।

1075 छन्दों में कवि ने इस दुर्दशा को दिखाया है। सर्वशिक्षा अभियान, और मध्याह्न भोजन का भी यही परिदृश्य है। ऊपर से 'खुद अन्धे आँखन वारेन को आँख दिखावें।' 'अज्ञानी स्वार्थी देश को राह बता रये।' अब खोजिये निदान?

पत्रकार अधिकारी नेतन के सिंहासन।
वैज्ञानिक शिक्षक ज्ञानिन के गायब आसन।

यह है लब्बोलुआब-देश की वर्तमान निराशाजनक दशा का।

बरसैंया जी ने छन्द-छन्द, क्षण-क्षण, नये-नये क्षितिज को छूकर अपनी घूमती काव्य-धरा पर इतनी गति से उभारा है कि दृष्टि ठहर नहीं पाती। बेहतर होता कि वे कुछ उप-शीर्षकों में कुछ प्रमुख विषयों को सँजोकर 'व्यवस्था' पर एक सुसम्पादित खण्डकाव्य प्रस्तुत कर देते।

कुण्डलिया छन्द में तीखे तेवर और तासीर के तथ्यों की यह कुण्डली जैसे अभिशप्त देश की एक नकारात्मक जन्म का है। शिल्प की दृष्टि से वहाँ जाता है कि एक रोला और एक दोहा का यह छन्द जिस शब्द से प्रारम्भ होता है, उसी शब्द पर समाप्त होता है। कई जगह 'खरी-खरी' में यह खरा है, पर कई जगह कवि स्वातन्त्र्य का उपयोग करके इस व्यवस्था को तोड़ा भी गया है। काव्य में विन्ध्या की घाटी और बुन्देली माटी की सोंधी गन्ध बसी हुई है, पर एक जगह 'मिर्ची की कड़वाहट' (131) मुझे तो चिरपिराहट महसूस हुई। कुछ विद्वान पाठक प्रतिदिन प्रकाशित 'खरी-खरी' का पाठ कर अपनी खरी टिप्पणी देते हैं— यथा—श्री वेदप्रकाश वर्मा—

खरी-खरी वह कह सके, जिसके खरे विचार।
खरे काम के साथ ही, रखें खरा व्यवहार।

साहस और ईमानदारी व्यंगकार की पहली शर्त होती है जिस पर गुप्त जी खरे उतरे हैं। देश-सेवा एवं समाज-सेवा मूल्य पर इस कृति को प्रसारित-प्रचारित कर अपने कर्तव्य-पालन हेतु वे बधाई के पात्र हैं।

एक व्यंग यात्रा है आजीवन अनन्त,
जिसका पाथेय पथिक का संकल्प है।
जितने सहयात्री हैं—'चरैवेति, चरैवेति'
उनका रहस्योद्घाटन-ध्येय निर्विकल्प है।

डॉ. रमेश चन्द्र खरे, पी-एच. डी.
73, विवेकानन्द नगर, दमोह (म. प्र.)

'खरी-खरी' से ही कविता जिन्दा है

—डॉ. लखनलाल खरे

कबीर आज यदि जिन्दा हैं तो खरी–खरी के कारण। जिन्दा सूर और तुलसी भी है, इनमें भी खरी–खरी कहने का साहस था। सच तो यह है कि काल–पथ पर वही कविता लम्बी दूरी तय करने का माद्‌दा रखती है जिसने युग–सत्य के पदत्राण पहन रखे हों। जिस कविता में अपने समय और समाज के सत्य को समाहित करने की शक्ति होगी, वह उतनी ही ऊर्जावान होगी– अभिव्यक्ति कैसी भी हो। विवेच्य कृति– 'खरी–खरी' की 704 कुण्डलियाँ भी अपने युग–सत्य से साक्षात्कार करती हैं। इनमें समाज और मानव–जीवन के विविध पक्षों का स्पन्दन है।

दो दर्जन से अधिक पुस्तकों के प्रणेता डॉ. गंगाप्रसाद गुप्त बरसैंया मूलत: आलोचक और व्यंग्यकार हैं। आलोचना में भी शोध और अनुसन्धान उनकी प्रिय विधाएँ हैं; परन्तु कभी–कभी वे कविता के क्षेत्र में भी हाथ आजमा लेते हैं। उनकी 25 कृतियों में से 'कभी–कभी यह भी' तथा 'खरी–खरी'– दो ही काव्य–कृतियाँ हैं, शेष 23 कृतियाँ शोध, व्यंग्य तथा आलोचना से सम्बन्धित हैं। इसी से कवि की कविताई और उसकी मूल साहित्यिक चेतना का पता चल जाता है। इसका तात्पर्य यह नहीं कि डॉ. बरसैंया की कविता की कलम कमजोर है। अद्‌भुत पकड़ है कविता पर बरसैंया जी की। 'खरी–खरी' को मनोयोगपूर्वक पढ़ने से यह सिद्ध हो जाता है।

'खरी–खरी' की कुण्डलियाँ खरी–खरी इसलिए भी हैं कि ये दैनन्दिन घटनाओं पर अखबार के एक स्तम्भान्तर्गत लिखी गयी हैं, जिनमें जीवन का पल–पल स्पन्दित है। बुन्देली भाषा के बाँकपन में लिखी गयीं इन कुण्डलियों में नीति है, राजनीति है, व्यवस्था की अव्यवस्था पर क्षोभ और आक्रोश है, मानवीय मूल्यों के क्षरण पर चिन्ता है, गाँव की गलियों के गिलारे और शहरी कीचड़ से दूर होने की सुखद आशा है। इनमें वीरप्पन है तो चारा घोटाला भी है। भाजपा की कथनी–करनी का अन्तर है तो वामपन्थियों का दोगलापन भी। उमा भारती का एपीसोड अभी भी समाप्त नहीं हुआ। कवि अतीत को अग्रेषित करता हुआ कहता है–

'उमा' लई वन की दिशा 'शिव' ने बाँधो मोर।
कैलाशी पै भार दै, भये सुरक्षित 'गौर'।।

भये सुरक्षित 'गौर' न ई खाँ अन्तिम मानौ।
उठा पटक घनघोर, खलभली भीतर जानौ।।
लगा टकटकी दाँव ताक में बैठी बिल्ली।
सब चूहन की भाग लिख रई रानी दिल्ली। (677)

अन्तिम दो पंक्तियों में बरसैंया जी के काव्य-कौशल की झलक भी प्राप्त हो जाती है।

'खरी-खरी' की कुण्डलियों में अनेक स्थलों पर 'बाबा', 'ललुआ', 'कलुआ', 'बसन्ते', 'रेमुआँ', 'कनछेदी' जैसे सम्बोधन प्रयुक्त हुए हैं। इन सम्बोधनों के माध्यम से अपनी अभिव्यक्ति प्रकट करना ही इस बात के यथेष्ट प्रमाण हैं कि कवि कितनी गहराई से 'लोक' से जुड़ा है। और लोक को क्या चाहिए– जीवन-यापन के लिए उसकी क्रय-शक्ति की सीमा का वातावरण। पर उसे यह भी दुर्लभ। कवि का मर्मस्पर्शी व्यंग्य–

रमुआँ तें काये डरत, महँगाई से यार।
दो रोटी के चून तक है तोरो व्यापार।।
है तोरो व्यापार चायँ हो मन्दा सस्ता।
तुम बँधुवा मजदूर तुमाओं सूदो रस्ता।
जीवन औरन की सेवा में खूब लगाओ।
बिना दवा-दारू के इकदिन ऊपर जाओ।।

भारतीय प्रजातान्त्रिक व्यवस्था में लालफीताशाही की बलिहारी है। इससे बढ़कर शर्म की बात और क्या होगी कि जीवित पेंशनधारी को अपने जीवित रहने का प्रमाण-पत्र अधिकारी के सामने प्रस्तुत करना होता है, तब वह जीवित माना जाता है–

खड़ो पेंशनर कै रओ हम हैं जीवित तात।
बाबू बोलो बैंक को लिखित दीजिए भ्रात।।
लिखित दीजिए भ्रात प्रमाणित भी करवावैं।
बिना प्रमाणित भये जीवित कैसे कहलावैं।।
भई व्यवस्था रूढ़ बैंक से हारो ईश्वर।
जीवित होबे के प्रमाण बिन खड़ो पेंशनर।।

जिस शिक्षा से जीवन के सर्वांग की उन्नति है, उसी शिक्षा की अवनति का एक दारुण दृश्य–

शिक्षा बेचारी भई, पांचाली को चीर।
अपनी-अपनी ओर खाँ खैंच रये हैं वीर।।
खैंच रये हैं वीर विकट उपचीर मची है।
सबके सब बेपीर भयानक भीर रची है।

सरस्वती के आँगन जा कैसी लाचारी।
पांचाली को चीर बनी शिक्षा बेचारी।।

इतना ही नहीं, जिस शिक्षा से जीवन-बोध प्राप्त न हो और पीढ़ी दिशाहीन हो, ऐसी शिक्षा किस काम की–

व्यर्थ पढ़ाई हो रई, मिलत न जीवन-बोध।
दिशाहीन पीढ़ी भई, करै न अन्तरशोध।।
करै न अन्तरशोध, फिरै ऊँसइ भैराने,
उनसे अच्छे अनपढ़ जे श्रमशील सयाने।
साँचो जीवन वोइ, बढ़े जी से मनुसाई,
मनुसाई के बिना हो रई व्यर्थ पढ़ाई।।

कवि की सजग प्रहरी की भाँति दृष्टि देश के प्रत्येक कर्मस्पन्दन पर है। वह चाहे भ्रष्टाचार हो, भाई-भतीजावाद हो, मन्दिर-मस्जिद विवाद हो अथवा अन्य कोई समस्या। इलाहाबाद उच्च न्यायालय की लखनऊ खण्डपीठ द्वारा दिये गये निर्णय ने एक बार फिर इस मामले को गरमा दिया है। परन्तु 'खरी-खरी' के कवि का खरा मत है कि–

मन्दिर-मसजिद छोड़ कै, नहीं समस्या और।
बेकारी और भुखमरी, सबई भये बेठौर।।
सबई भये बेठौर चलैं लाठी त्रिशूल अब।
धर्मी और निरपेक्ष, लड़ा रये हिलमिल कै सब।।
राजा रबड़ी खायँ, भले जनता मर जावे।
रै कैं खाली पेट, भजन प्रभुजी के गावै।।

परन्तु इससे हटकर एक और रूप है भारतीय प्रशासनिक व्यवस्था का। भारतीय समाज के उच्चवर्ग में भी यह रूप परिलक्षित होता है। यह रूप है कुत्तों को मनुष्य से अधिक महत्त्वपूर्ण समझना। दिनकर ने लिखा था– श्वानों को मिलता दूध और बच्चे भूखे अकुलाते हैं। माँ की छाती से चिपक, ठिठुर सर्दी की रात बिताते हैं।'' बरसैंया जी भी उक्त वर्ग की मानसिकता पर व्यंग्य करते हुए लिखते हैं–

बड़के को कुत्ता भओ एक दिना बीमार।
सुनकें सब चिन्तित भये अफसर दौरे चार।।
अफसर दौरे चार, संग में लयें दवाई।
सबने मिलकैं तरा-तरा सें जाँच कराई।।
दुखियन और गरीबन खों तो मिले न लत्ता।
लयें गोद पुचकार रये बड़के को कुत्ता।

जिनके पास न खाने को कुछ शेष है और न जीवन की मूलभूत आवश्यकता

पानी ही नहीं है। जो इनके अभाव में पलायन कर रहे हैं और संवेदनहीन शासन-प्रशासन आँख बन्द किये है। कवि की संवेदना ऐसे दीन-हीनों और आक्रोश सहित भर्त्सना भ्रष्टाचारियों के साथ है। प्रस्तुत कुण्डलिया में करुणा और विवशता का कितना सुन्दर एक साथ चित्रण है–

बाँध पोटरिया जा रये, गाँव छोड़ परदेश।
पीबे को पानी नहीं, नहिं कछु खाबे शेष।।
नहिं कछु खाबे शेष, छकी है सबरी सत्ता।
दीन गरीबन के तन पै नहिं कपड़ा लत्ता।।
जनता खां मिल लूट रये नेता अधिकारी।
अखबारन में खूब बटत पइसा सरकारी।।

और प्रस्तुत कुण्डलिया में तो कवि ने अद्भुत कवित्व शक्ति का परिचय दिया है जिसमें भ्रष्ट अधिकारी, स्वार्थ में लिप्त पत्रकार तथा संवेदनशून्य नेताओं के गठबन्धन पर करारा व्यंग्य किया है–

अधिकारी सोई सफल जो खुद खात-खबात।
पत्रकार नेतन के संगे हँस-हँस कै बतियात।।
हँस-हँस के बतियात काम उनके सब करवैं।
अखबारन में छपा-छपा शाबासी धरवैं।।
आश्वासन दै कै आशा की फसल उगावैं।
हवा-हवाई दे पथरन पै दूब उगावैं।।

मिर्जा राजा जयसिंह ने रीतिकालीन कवि बिहारी के प्रत्येक दोहे पर सोने की एक अशर्फी प्रदान की थी और बिहारी ने सतसई के रूप में सात सौ तेरह दोहों का पहाड़ खड़ा कर दिया था– अनेक स्वाद से भरी सतसई। बरसैंया जी ने भी अनेक स्वाद से युक्त सतसई कुण्डलियाँ रचीं। आज के युगीन मिजाज को परखते हुए एक कुण्डलिया का मूल्य न्यूनतम एक रुपया भी होता, तो ग्रन्थ की कीमत सात सौ चार रुपये होती। परन्तु सहृदय कवि ने इसका मूल्य रखा–देश एवं समाज सेवा। ग्रन्थ का यह मूल्य वन्दनीय है, अभिनन्दनीय है, अनुकरणीय है तथा कृति की आत्मा के समतुल्य है।

बरसैंया जी की 'खरी-खरी' जो एक बार सुन लेगा, वह बार-बार पढ़ने को उत्सुक होगा–यह मेरा दावा है। सचमुच यह कृति अद्भुत है और संग्रहणीय है।

– विभागाध्यक्ष-हिन्दी
शासकीय श्रीमन्त महाराज माधवराव सिन्धिया महाविद्यालय
कोलारस, जिला शिवपुरी (म. प्र.)

कभी-कभी यह भी

कविता के छुपे रुस्तम डॉ. बरसैंया

— श्री निवास शुक्ल

डॉ. गंगा प्रसाद गुप्त बरसैंया' एक यशस्वी-स्थापित समीक्षक, सुख्यात साहित्यकार, समर्थ व्यंग लेखक और प्रखर वक्ता हैं। विशेषत: उनका व्यंग-लेखन बड़ा पैना, स्तरीय बुद्धि को झकझोरने वाला तथा युग की सामाजिक, राजनैतिक और आर्थिक विषमताओं-विसंगतियों पर प्रहार करने वाला है। वैयक्तिक विकृतियों एवं अपंगताओं का उपहास करना अथवा स्थूलताओं के दलदल में फँस जाना उनकी व्यंग रचनाओं का स्वभाव नहीं है। गद्य-साहित्य, विशेषकर समीक्षा और निबन्ध के क्षेत्र में सर्वत्र उनकी ख्याति है। 'चिन्तन-अनुचिन्तन' तथा 'बुन्देलखण्ड के अज्ञात रचनाकार' जैसे अनेक ग्रन्थों का उन्होंने प्रणयन किया है किन्तु वे एक ऐसे भाव-विचार समन्वित कवि भी हैं, जिसे आँख फाड़-फाड़कर देखने पर भी उसमें खोट दिखाई

नहीं देता। उनका यह प्रस्तुत काव्य-संकलन देखकर तो यही कहना होगा कि वे छिपे रुस्तम निकले। यहाँ समय-समय पर आयोजित होने वाली काव्य-गोष्ठियों में मैंने उन्हें अनेक बार कुरेदा किन्तु उन्होंने एकाध दोहा सुनाकर छुट्टी ले ली। मुझे वह एकाध दोहा ही विश्वास दिला गया कि यह व्यक्ति एक अच्छा कवि भी होना चाहिए और प्रस्तुत संकलन 'कभी-कभी यह भी' ने मेरे विश्वास की सत्यता प्रमाणित कर दी है।

डॉ. बरसैंया का यह काव्य-संग्रह छन्द-बद्ध और छन्द-मुक्त या मुक्त छन्द रचनाओं का संग्रह है। जैसा कि उनके गद्य का प्रिय स्वर व्यंग का है वैसा ही न्यूनाधिक रूप से उनकी काव्य-रचनाओं में लक्षित न हो, यह सम्भव नहीं। शब्द की तीन शक्तियाँ हैं– अभिधा, लक्षणा और व्यंजना। इनमें व्यंजना सर्वाधिक शक्तिशाली है। 'ध्वन्यालोक, के रचयिता आचार्य आनन्दवर्धन (9वीं शताब्दी) व्यंजना को ही उत्कृष्ट काव्य का आधार मान्य करते हैं। काव्य में निहित अर्थ का उद्‌घाटन व्यंजना ही करती है। वैयाकरणों के स्फोटवाद के सिद्धान्त पर ध्वनि सिद्धान्त का जन्म हुआ है जिसके अनुसार शब्द के दो रूप होते हैं–एक स्थूल और दूसरा सूक्ष्म। उच्चरित किये जाने वाला रूप तो स्थूल है और शब्द की अन्तरात्मा में जो निहित अर्थ है वह उसका सूक्ष्म रूप है जो नित्य है, सत्य है, शाश्वत है। शब्द के इस सूक्ष्म ध्वनि-बिम्ब के उद्‌घाटन को शब्द का स्फोट कहा गया है। शब्द की यही सूक्ष्म व्यंजनाशक्ति रस का उद्‌भव एवं अभिव्यक्ति करती है। इस प्रकार की व्यंजना शैली जब सहज और आवश्यक अलंकारों से सज्जित होकर आकार लेती है तो रचना की रसानुभूति में ये अलंकार भी सहायक होते हैं। एक रूपवती नारी जब कोई स्वर्णाभूषण धारण करती है तो यह आभूषण बहिरंग रूप से उसके लावण्य में अभिवृद्धि तो करते ही हैं... अन्तरंग रूप से उसके उल्लास को भी बढ़ाते हैं। इस प्रकार काव्यात्मक भाव और कला की युति को जो मणि-कांचन संयोग की संज्ञा दी गयी है उसमें अलंकार-विन्यास काव्य की उत्कृष्टता में सहायक हैं। प्रस्तुत कृति में अलंकार लदाऊ तो नहीं हैं परन्तु उनके प्रति उदासीनता भी नहीं की गयी है। बानगी देखें– 'आसमान को रूमाल', 'जिन्दगी बेस्वाद ककड़ी', 'बया के घोंसले की तरह लटका है मेरा अस्तित्व', 'आशाओं के पक्षि-शावक', 'प्रतिष्ठा का साँड़', 'तुष्टि की चहकती गौरैया', 'रंगीन पंखों वाली आस्था', 'अनास्था के गिद्ध' इत्यादि नयी-नयी उपमाओं के प्रयोग हैं। भाषा प्रांजल है, प्रसाद गुण युक्त है। चाहे छन्द-मुक्त रचनायें हों या छन्द-बद्ध, चाहे खड़ी बोली की रचनायें हों या अन्य, सभी प्रसाद गुण समन्वित हैं। दोहा, सवैया, छन्द, सन्त कवियों जैसे पद से लेकर आधुनिक गीत शैली तक की रचनायें इस कृति में देखने को मिलेंगी।

जहाँ तक विषय-वस्तु का प्रश्न है वहाँ तो यह कहना होगा कि कवि ने अपने

पंख आकाश के कोने-कोने में पसारने की चेष्टा की है। कवि तो अत्यन्त संवेदनशील प्राणी होता है। चारों ओर जो कुछ भी घटित होता है उसका प्रभाव कवि पर पड़ता ही है। सृष्टि की आत्मा का स्पन्दन कवि और कविता में होता है। समाज के सुख-दुःख, आशा-आकांक्षायें, उत्थान-पतन, आकर्षण-विकर्षण, अनुकूलतायें-प्रतिकूलतायें कवि के हृदय में उसी प्रकार स्वनित-ध्वनित होती हैं जिस प्रकार समाज-जीवन में। कवि की अनुभूति इतनी व्यापक होती है कि वह अपने युग के समस्त दृश्य-अदृश्य परिवेश को अपने में समेट लेता है। कवि अपनी असीमित किन्तु दिखने में सीमित अनुभूति की अंजलि में भरकर विस्तृत संसार-सागर को अगस्त्य की भाँति आत्मसात कर लेता है, किन्तु इसके लिए एक शर्त है जिसे इस कृति के कृतिकार ने रूपान्तर से 'तमीज', नामक कविता में इस ओर संकेत किया है-

> वह आसमान को
> रूमाल समझकर
> अपनी जेब में रखने लगा
>
> ....
> वह आसमान है
> उसे रखने के लिए
> आँख, नाक, कान, हाथ
> सब साफ होना चाहिए।

इसी प्रतीक शैली में 'आसमान', नामक रचना में कवि की जीवन-दृष्टि का परिचय मिलता है।

अपने चारों ओर पसरे परिसर और परिवेश से कवि अछूता कैसे रह सकता है। 'राक्षस' नामक रचना में आज के पैशाची स्वरूप का अंकन बड़ा सटीक है-

> मैं उसे खाऊँगा जिस पर तुम्हें गर्व है...
> उसने अजन्ता, एलोरा, खजुराहो, कोणार्क,
> तिरुपति, बद्री, केदार, हिमालय, कन्याकुमारी...
> वेद-पुराण, कुराण, बाइबिल आदि
> सब कुछ खा लिये।

इसी प्रकार के दृश्य कवि को व्यथित किये हुए हैं और उस पीड़ा की आँच 'मुझे नींद नहीं आती', नामक रचना में अनुभव की जा सकती है-

> जिन्हें मुगालता हो देश की प्रगति का-
> वे आराम से सोयें
> मुझे नींद नहीं आती।

मैं देखता हूँ
आदमी को बाजार में
भाव-ताव के साथ बिकते हुए,
मैं देख रहा हूँ
सरे आम नंगे बच्चों को
भूख से बिलखते हुए...
संविधान मानव का
भाषा हैवानों की
दीपक हैं बुझे-बुझे
रोशनी नहीं आती।
मुझे नींद नहीं आती।

ऐसे ही स्वर सुनाई देते हैं कुछ अन्य रचनाओं में भी यथा–

'अब श्रृगालसुत शोर सिंह जैसा करते हैं'

भाव बहुत पर अर्थ न आता,
संज्ञा सर्वनाम सब अपने
किन्तु विशेषण खोज न पाता।
अथवा
'अब कोकिल को जगह कहाँ है?' आदि।

डॉ. बरसैंया व्यंग विद्या के अनोखे धनी हैं। आज की विसंगतियों-बिडम्बनाओं, राजनीति और राजनेताओं, समाज के ठेकेदारों और कमण्डलधारियों पर भी करारी चोट करने वाले उनके 'दुनियावी दोहे' और पुछल्ले भी पठनीय हैं।

जीवन में पीड़ा के क्षण आते हैं और बहा ले जाते हैं अनेक अस्तित्व अपने प्रवाह में किन्तु कवि का अस्तित्व अदम्य आत्मविश्वास पर टिका है। 'अस्तित्व और आशाओं के पक्षि-शावक' नामक कविता में कवि उसी विश्वास के स्वर मुखर करता है–

संसार के खजूरी पत्ते में
लटका है मेरा अस्तित्व...
तूफानी झंझावातों
और बरसाती आघातों से भी
नष्ट नहीं हुआ, है वह...।

उसकी आस्था की उड़ान अनास्था से ऊँची है। वह परावलम्बन पर नहीं टिका है। किसी की बैसाखी के सहारे ऊँचे पहुँचने की आकांक्षा नहीं है। 'बैसाखी बनाम हिमालयी संघर्ष' में वह कहता है–

हम बैसाखी लेकर
कब तक चढ़ेंगे हिमालयी ऊँचाइयाँ।

वर्तमान त्रासद स्थिति से जूझने के लिए, उसके विरुद्ध संघर्ष करने के लिए वह तत्पर होता है और क्रान्ति के सूर्य का आवाहन करता है और जब उसे अपने बल का बोध होता है तो वह उद्घोष करता है–

तोड़ दूँगा मैं चट्टानों को
क्योंकि मेरे हाथों में दृढ़ता की हथौड़ी है।
पार कर लूँगा अनन्त सागर को
क्योंकि मेरे पास
लक्ष्य की नाव और पौरुष की पतवार है।

'अब न प्यार के गीत सुनाओ' रचना में भी ऐसे स्वर हैं। अब तक मैंने कवि के एक पक्ष को स्पर्श किया है। उसके द्वारा नैसर्गिक सुषमा का रमणीय चित्रांकन भी अनेक रचनाओं में किया गया है जो कवि के प्रकृति–प्रेम को लक्षित करता है–यथा 'बसन्त बहार' जैसी रचनायें।

कवि की तीव्र संवेदशील प्रवृत्ति का और अधिक निकट से परिचय तब मिलता है जब वह 'क्या तुमने उसको देखा है?' जैसी रचनायें करता है–

आँखें, घुसीं, हड्डियाँ उभरीं,
चिथड़ों का बाघम्बर पहने
पिचके पेट, धँसे गालों से...
सूखी मोटी रोटी बाँधे
चटनी की चिन्ता से व्याकुल...
मिट्टी को सोना करता है
क्या तुमने उसको देखा है?

काव्य–क्षेत्र की लहलहाती खेती में आजकल खर–पतवार के रूप में जड़ पकड़े अनचाहे कवियों की भरमार है जो इस खेती को दुष्प्रभावित कर रहे हैं। ये हकलाते शब्दों और विकलांगी अर्थ का मंचन करके उपहास का दृश्य उपस्थित करते हैं। ऐसे कवियों पर भी कृतिकार ने अपनी शैली में चोट की है। डॉ. बरसैंया वर्तमान नारी, किसान, मजदूर और उपेक्षित वर्ग की सोचनीय स्थिति से चिन्तित हैं और उसे इस अवस्था से मुक्ति दिलाने के लिए जगाते भी हैं। वे भाग्य अथवा भगवान की दुहाई न देकर आत्म–बल का मन्त्र फूँकते हैं, नये ईश्वर का निर्माण' करते हैं। वहीं डॉ. बरसैंया ने साहित्य–परिवार के दीप–स्तम्भ तुलसी, राष्ट्रकवि मैथिलीशरण गुप्त, माखनलाल चतुर्वेदी, पदुमलाल पुन्नालाल बख्शी, संघर्षशील पत्रकार माधवराव सप्रे आदि को श्रद्धांजलि दी है। विनोबा भावे, इन्दिरा गाँधी आदि

राष्ट्रीय विभूतियों की पावन स्मृतियाँ रेखांकित की हैं। तात्पर्य यह कि डॉ. बरसैंया का रचना-फलक बड़ा व्यापक है। 'मेरा घर तो वृन्दावन है' नामक रचना से ध्वनित होता है कि कवि अपने व्यक्तिगत और पारिवारिक जीवन से परम् सन्तुष्ट है। ऐसा सकारात्मक सोच अभिनन्दनीय है। ऐसे सोच से ही परिवार-भाव और परम्परागत परिवार-संस्था में आत्मीयता के अमृतत्व की वर्षा होती है। 'विनय के पद' परमशक्ति के प्रति उनकी गहरी आस्था के परिचायक हैं।

विशेषता यह है कि कुछ अपवादों को छोड़कर उनकी अधिकांश रचनायें अथवा यों कहा जाये कि उनकी समग्र काव्य-सर्जनायें एवं उनका कवि-रूप कवि-गोष्ठियों-संगोष्ठियों से अछूता रहा है। इस दृष्टि से अभी तक ये रचनायें महाकवि कालिदास के अन्य सन्दर्भ में कहे गये शब्दों के अनुसार 'अनाघ्रातं पुष्पं किलयमलूनं कर रुहै:' हैं अर्थात् ऐसे पुष्प हैं जिनको अब तक सूँघा नहीं गया है, जिनको नाखूनों के द्वारा तोड़ा नहीं गया है। डॉ. बरसैंया का यह काव्य-संग्रह पूरे पर्यावरण को सुगन्धायित करे, इस शुभाकांक्षा के साथ सुन्दर कृति-'कभी-कभी यह भी' के कृतिकार को हार्दिक बधाई।

एम. ए., एल. एल. बी., अधिवक्ता
अध्यक्ष, सरस्वती सदन पुस्तकालय समिति,
शुक्लाना, छतरपुर (म. प्र.)

डॉ. गंगा प्रसाद गुप्त की अनूठी कृति

– *सतीश चतुर्वेदी*

भारत भाषा भूषण डॉ. गंगा प्रसाद गुप्त बरसैंया रीवा विश्वविद्यालय के कला संकाय के डीन और कार्यपरिषद के सदस्य, शिक्षा साहित्य और संस्कृति के मर्मज्ञ डॉ. गुप्त ने अनेक कृतियों का प्रणयन कर साहित्य को समृद्ध किया है। हिन्दी साहित्य के अद्वितीय विद्वान, व्यंग और निबन्धों के साथ गीत और काव्य के रचयिता है। 'कभी-कभी यह भी' सार्थक प्रकाशन नयी दिल्ली द्वारा उनकी नवीनतम कृति है जिसका लोकार्पण 14 अप्रैल, 03 को शिक्षा महाविद्यालय सभागार में सम्पन्न हुआ है।

काव्य-संग्रह छन्छबद्ध, छन्दयुक्त और मुक्तछन्द का अनूठा कविता-संग्रह है जिसमें उन्होंने अपने प्रारम्भिक काल से अब तक के अनुभवों को गीत और कविताओं के माध्यम से प्रस्तुत किया है। श्री श्रीनिवास शुक्ल ने डॉ. गुप्त को एक यशस्वी समीक्षक, साहित्यकार, व्यंग-लेखक और प्रखर वक्ता बताते हुए अपनी भूमिका में यह स्पष्ट किया है कि उनकी इस कृति में सभी प्रसाद गुण हैं। दोहा, सवैया, छन्द और छन्दमुक्त आधुनिक कवितायें इस कृति में उपलब्ध हैं।

कभी-कभी यह भी डॉ. गुप्त की प्राचीन कविताओं से लेकर नवीन कविताओं तक सुधी पाठक को अपनी कल्पना भाव यथार्थ और सत्य से अवगत कराते हुए उसे साहित्य के उस अदृश्य लोक में ले जाता है जहाँ सत्य शिव बनकर गरल को पीता है और स्वयं विष पीकर सुन्दर की अभिव्यक्ति करता है। डॉ. गुप्त के गीत में जो सहजता, सरलता और माधुर्य है उसे उन्होंने बहुत सुन्दर शब्दों में अभिव्यक्ति दी है–

निर्मल जल है, स्वच्छ सरोवर निशा शान्त अलबेली,
धवल चाँदनी फैल-फैल कर करती है अठखेली,
सप्तम स्वर वीणा के सुनकर, मन्त्र-मुग्ध मन हारा।
जब से तुम्हें निहारा।
केवल एक प्यार पाने को, तुम अपने को व्याकुल कहती।
मैं अपने को पागल कहता, जाने बात कहाँ पर सच है।

अब न प्यार के गीत सुनाओ एक देशभक्ति पूर्ण सुन्दर अभिव्यक्ति है जिसमें कवि देश के वीरों को अर्जुन बनकर दुश्मन को मिटाने का संकल्प लेने के लिए बाध्य करता है–

छेड़ों दीपक राग, राग भैरवि उच्चारो, कलम करो तलवार, मार का शब्द उचारो,
शब्द-शब्द में शक्ति सजा दो निज कौशल से, प्राणों के दीपक की बाती को उजियारो,
गोलों-तोपों के स्वर बाँधो, गीत दीवानों के बढ़ गाओ।
समय नहीं है सखे कवीश्वर, अब न प्यार के गीत सुनाओ।।

बनी व्यवस्था के मेहराब बदलने वाले सागर का खारापन बदले तब मैं जानूँ मानव के मानव रहने दो तब मैं जानूँ असम्भव को सम्भव करने की इस प्रतियोगिता में कौन सफल होता है यह तो ईश्वर जाने, परन्तु इन प्रश्नों का उत्तर कौन देगा यह कवि का सत्य स्वर है–

भूकम्पों के कम्पन पकड़ो तब मैं जानूँ, मानव को मानव रहने दो तब मैं जानूँ।
विषधर मानव का मन समझो तब मैं जानूँ, मानव को मानव रहने दो तब मैं जानूँ।
ठण्डे चूल्हे के स्वर गाओ तब मैं जानूँ, मानव को मानव रहने दो तब मैं जानूँ।

आँखें घुसीं हड्डियाँ उभरी ठूँठ बीडी कानों खुँसे चिथड़ों का बाघम्बर पहने... रोज-रोज अपनी छाती से मिट्टी को सोना करता है। क्या तुमने उसे देखा है–

गौतम बैठे शान्ति पाठ घर में करते हैं, अब श्रृंगाल-सुत शोर सिंह जैसा करते हैं।
रे त्रिनेत्रधारी शंकर, मत नाग लपेटो। अरे कर्म के कृष्ण, उठो, बंशी को फेंको।
अब कोकिल को जगह कहाँ है। काग कुलों की इस बस्ती में।

इन सुन्दर पंक्तियों में कवि हमें जिस वातावरण में ले जाना चाहते हैं उसमें श्रम, शान्ति, कर्म की शान्ति और कोकिल के लिए स्थान कहाँ है?

कहाँ कबीर, ईसुरी सपने। तुलसी घास चर रहें अपने।

वर्तमान व्यवस्था में अपराधी तत्त्व, राजनीति में राजनेता भर सत्ता-सुख ले रहे हैं, उन पर अपने एक व्यंग में डॉ. गुप्त ने व्यक्त किया–

जेल में होना जिन्हें था, हैं वही सिंहासनों पर। न्याय की बातें कहाँ अन्याय के दुश्शासनों में।

त्याग के आश्रम निरन्तर महल बनते जा रहे हैं। सीढ़ियों के साथ होकर लोग बढ़ते जा रहे हैं।

कवि की कामनायें तो बहुत कुछ थीं परन्तु उसने अपनी असफलता को भी सफलतापूर्वक चित्रित किया है।

चाहा हँसूँ हँसाऊँ सबको हँसना मेरा प्रिय सपना था,
बाहर से था शीतल-पुलकित, भीतर सूरज का तपना था,
आँच न फैले बाहर, रोका, फिर भी रोक सका न मैं।
संकल्पित था सब करने को फिर भी कुछ कर सका न मैं।

मेरा घर तो वृन्दावन है फिर क्यूँ स्वर्ग ढूँढ़ने जाऊँ। जैसे अच्छे गीतों में कितना आत्मसन्तोष है उसकी एक बानगी इस प्रकार है—

घर बैठे बैकुण्ठ मिला है, फिर क्यों मैं मन को भटकाऊँ?
मेरा घर तो नन्दनवन है फिर क्यों स्वर्ग ढूँढ़ने जाऊँ?

कवि की कल्पना उसे कहीं भी ले जा सकती है परन्तु सूरज को नोंच-नोंचकर रात को यह अभिरुचि अपने-आप में कवि के अन्तर भावों को प्रगट करती है—

आओ इस सूरज को नोंच-नोंच रात करें। आओ कुछ बात करें। तीन पाँच सात करें।

महाकवि तुलसीदास, महामना श्री माधवराव सप्रे, राष्ट्रकवि मैथिलीशरण गुप्त और राष्ट्रकवि माखन लाल चतुर्वेदी और सन्त विनोबा भावे के निबन्ध पर लिखे हुए उनके गीत इन सभी उत्कृष्ट महामानवों के दर्शन कराने में समर्थ हैं—

रस से सरस सकल जन जीवन बिन रस सब बेकार। रस ही है जीवन का सार, जैसे गीत लिखने वाले डॉ. गुप्त ने अपने चेतनाकाश को नव काव्य से सजाया है उनकी कुछ पंक्तियाँ बहुत प्रभावित करती हैं—

हमारा उगाया सूरज, पी लेगा अन्धकार को
हमारी भटकन खत्म होगी, सदा-सदा के लिए।

जिसमें जितनी झुर्रियाँ हैं समझो,
यह उतनी ही मार खा चुका है, और अब, उतना ही सचेष्ट अनुभवी है।

यह आसमान को रूमाल समझकर
अपनी जेब में रखने के बाद ऐंठने लगा,
रखने के बाद ऐंठ स्वाभाविक थी, ऐंठने लगा।

दीपक है बुझे-बुझे, रोशनी नहीं आती।
मुझे नींद नहीं आती।

हे दिगम्बर! तुम बाँटते रहे अमृत, और पीते रहे विष।
ये पीते हैं शराब, ऊँचे महलों में रहकर।

चोरों को पकड़ो , जो बने थानेदार हैं।
कौन कहता है कि हम सब लाचार हैं?

कवि का एक अपना आकाश और एक सपना काव्य-लोक होता है। स्वर, लय, ताल और कल्पनाओं के बादलों से जो रस वर्षा होती है उससे साहित्य सरोवर दिन-प्रतिदिन बढ़ता है, घटता नहीं। डॉ. गुप्त ने अपनी शीर्षक कविता कभी-कभी यह भी लिखकर हमें यह सोचने पर बाध्य किया है कि संसार की वास्तविकता क्या है? और सब कुछ होने पर भी मिलता क्या है? उनकी इस नवकृति का साहित्य समाज स्वागत करेगा ऐसा विश्वास है। डॉ. गुप्त की यह अभिव्यक्ति अपने-आप में इस काव्य-संग्रह को अनूठा बनाती है। डॉ. गुप्त जी के नीति के दोहे अपनी स्पष्ट छाप छोड़ते हैं—

तन मन धन जिनसे जुड़े, वे सब माया जाल।
साथ न जाये एक भी, खायेगा सब काल।

हार मान मत बैठिये, यह कायर का काम।
जीवन अक्षय शक्ति है, लिखो शीर्ष पर नाम।।

अध्यक्ष, अ. भा. भाषा साहित्य सम्मेलन,
43-ग्रीन एवेन्यू
कोलार रोड, भोपाल

समसामयिक घटनाओं की दिग्दर्शिका

— डॉ. श्रीमती गायत्री वाजपेयी

'कभी-कभी यह भी' के रचनाकार डॉ. गंगाप्रसाद गुप्त 'बरसैंया' हिन्दी के विख्यात साहित्यकार हैं। अभी तक उनकी बीस से भी अधिक कृतियाँ प्रकाशित हो चुकी हैं। इनमें प्रमुख हैं—

प्रस्तुति काव्यकृति 'कभी-कभी यह भी' के तीन भाग हैं। प्रथम भावावेग, द्वितीय चेतनाकाश, तृतीय जीवन-बोध। भावावेग के अन्तर्गत तैंतीस कविताएँ समाहित हैं तथा इसका प्रारम्भ वाणी वन्दना से होता है। इन कविताओं में कवि का मन मुक्ताकाश में एक कोने से दूसरे कोने तक स्वच्छन्द विचरण करता है तथा इसी परिभ्रमण में यह पवन से भी बातें कर रहा है तथा समुद्र से भी। कवि किसान की कृशकाया में व्यथित हो उठता है, वहीं साहित्य और मानव की परिभाषा भी समाज के सम्मुख प्रस्तुत करता है। इन कविताओं में एक ओर जहाँ गुनगुनाहट है तो वहीं कर्मयोगी कृष्ण के लिए पुन: आवाहन भी है। इसमें सात कविताएँ ऐसी हैं जो कवि ने समय-समय पर महापुरुषों का पुण्य स्मरण करते हुए लिखी हैं। राष्ट्र कवि मैथिलीशरण गुप्त, सियारामशरण गुप्त, महाकवि तुलसी, माधवराव सप्रे, भूदान के प्रणेता सन्त विनोबा भावे और दृढ़ निश्चयी श्रीमती इन्दिरा जी के प्रति विनम्र श्रद्धांजलि कवि ने प्रस्तुत की है। इसी खण्ड में मुख्यत: तीन कविताएँ 'मेरा घर तो नन्दन वन है', 'कैसी अजारी', 'रोग भेग' कवि के वैयक्तिक जीवन के खट्टे-मीठे अनुभवों पर आधारित है। 'कभी-कभी यह भी' कविता जिसके आधार पर काव्य-संग्रह का नामकरण किया गया है। भावावेग के अन्तर्गत लिखी कविता की अन्तिम रचना है। 'चेतनाकाश' के अन्तर्गत कवि ने सत्ताईस कविताएँ चुनकर रखी हैं और अन्तिम तीसरे खण्ड में कवि डॉ. बरसैंया ने विनय, भक्ति, नीति-रीति के दोहे रचे हैं।

यदि हम इस काव्य-संग्रह का सूक्ष्म रूप से अध्ययन करें तो पायेंगे कि इसमें भाव है, रस है तथा समाज में घट रही घटनाओं का क्या प्रभाव आज मानव-मन पर पड़ रहा है, वह भी है। भारत एक कृषि प्रधान देश है किसान इसकी नींव हैं यदि किसान ही दु:खी, पीड़ित, शोषित हो जाये तो फिर देश की प्रगति कैसे सम्भव है। उसका शिक्षित और स्वावलम्बी होना अत्यावश्यक है। कवि ने इसी भाव को सुन्दर

ढंग से अपनी कवि 'हो किसन भइया' में व्यक्त किया है–

जब तक मंजिल नहीं हमारी,
जब तक दिखता एक दुखारी,
सबको सुखी समृद्ध बनाये,
लक्ष्य की क्रिया। हो किसान भइया।

कवि समाज का अंग है जब वह यह देख रहा होता है कि आज प्रगति के नारे लगाने वाले अपने वादे कितना पूरा कर रहे हैं तो उसका पीड़ित मन कह उठता है–

जिन्हें मुगालता हो देश की प्रगति का
वे आराम से सोयें
मुझे नींद नहीं आती
आदमी को बाजार में
भाव-ताव के साथ बिकते हुए
मैं देख रहा हूँ।

आज वैश्वीकरण के नाम पर हर व्यक्ति अपने मानदण्ड बदल रहा है। बच्चे, बूढ़े, जवान, जीवित, मृत हर एक के मूल्य अलग-अलग निर्धारित कर दिये गये हैं। मानव-मानव न रहकर-शेष सब कुछ बन रहा है, इसी पीड़ा से व्यथित होकर कवि ने लिखा कि–

सूरज चाँद सितारों की गति तुमने साधी
नीले नभ के शून्य छोर की सीमा बाँधी
बनी व्यवस्था के मेहराब बदलने वालो
सागर का खारापन बदलो तब मैं जानूँ
मानव को मानव रहने तो दो तब मैं जानूँ।

आज समाज में चहुँओर आडम्बर-ही-आडम्बर है, सच्चाई कहीं दिखती ही नहीं। स्नेह, पवित्रता, श्रद्धा, विश्वास के भाव न जाने कहाँ खोते जा रहे हैं। शोर मचाने वालों का साम्राज्य है उन्हें विषमताओं से परहेज नहीं और सिद्धान्तों-आदर्शों से कोई सरोकार नहीं। कवि ने इसीलिए आज को लोकतन्त्रीय व्यवस्था की बदहाली पर प्रहार करते हुए लिखा है–

हे भोले हर :
ये तुम्हारे अनुचर सभी को डसते हैं।
न्यायालयों में घुसते
और मुकटों पर चढ़ते हैं
दूसरों को सताने में
इन्हें गहरा मजा आता है।
जहरीली दुनिया से ही इनका नाता है

जनतन्त्र के मन्दिर में इनका अधिकार है
दुनिया में कितना बढ़ गया है।
आडम्बर। आडम्बर।। आडम्बर।।।

कवि ने स्पष्ट शब्दों में चेतावनी देते हुए कह दिया है कि–

लोकतन्त्र बीमार है, घेरे बीसों वैद।
दवा न कोई दे रहा, बस केवल मतभेद।।

आज राजनीति में विश्वसनीयता और स्थायित्व का अभाव है। जीवन में त्याग, तप और सेवा का भाव लिये राजनीति में उतरने वाले सत्पुरुषों की संख्या निरन्तर तेजी से घटती जा रही है। येन-केन-प्रकारेण सत्ता पर काबिज होना ही प्रमुख हो गया है। कवि ने इस पर साफ चित्र खींचते हुए लिख दिया कि–

अपराधों के सरगना, संसद के सरताज।
लोकतन्त्र घायल पड़ा, जनता के सिर गाज।।

कवि ने अपनी कविताओं एवं दोहों में राजनीतिक मूल्यों की गिरावट पर गहरा खेद प्रकट किया है।

डॉ. बरसैंया मूलतः साहित्यकार हैं और साहित्यकार न केवल समाज के प्रति सजग होता है वरन् वह साहित्य में चल रही छीना-झपटी से पूरी तरह परिचित होता है। साहित्य के नाम पर आज क्या-क्या लिखा जा रहा है ? सृजन एक साधना है और सर्जक के हृदय में जब तक पवित्र और मधुर भावना नहीं होगी तब तक वह सच्चे अर्थों में साहित्य-साधना नहीं कर पायेगा। प्रकाश और कल्पना की पावन स्थली पर खड़ा होकर कवि साहित्य के मूल में क्या है ? उसे अपनी रचनाओं के माध्यम से बतलाना चाहता है। कवि ने इसीलिए बड़ी सफागोई से यह घोषित कर दिया—वाणी-पुत्र होने का दम भरने वालों, इतना तो जानो, साहित्य मसखरी नहीं साधना मन्त्र है।

कवि ने ऐसे तथाकथित साहित्य सर्जकों को चेतावनी देते हुए लिखा है–

कुछ भी लिख देना काव्य नहीं होता है।
गा देना भर संगीत नहीं होता है।
यों तो सागर है भरा हुआ रत्नों से।
हर सीपी मोती का संसार नहीं होता है।

आतंकवाद की भीषिण विभीषिका से व्यथित कवि का मन पुकार उठता है–

केशर क्यारी हो गयी, हिंसा से बरबाद
जहाँ देव थे विचरते, फैला आतंकवाद।

कवि डॉ. बरसैंया ने अपने जीवन के बहुमूल्य चालीस वर्ष उच्च शिक्षा में गुजारे हैं आज जब जीवन के हर क्षेत्र में गिरावट है तब शिक्षा उससे अछूती कैसे रह सकती है ? सोचने-समझने की प्रक्रिया में बदलाव आया है। गुरु-शिष्य के बीच जो सम्बन्ध होते थे वह भी परिवर्तित हो चुके हैं। शिक्षा का स्तर गिर रहा है, गुण तथा योग्यता

का सम्मान घट रहा है। कवि इन सभी से चिन्तित है इसीलिए उसने यह कह दिया है–

साधक सुख भोगी हुए ज्ञानी हुए अलाल।
अज्ञानी शिक्षक बने, सत्ताधीश दलाल।।
शिक्षा के ज्ञानी बने निपट अँगूठा छाप।
पढ़े-लिखे सेवक बने, शिक्षक का अभिशाप।।

डॉ. बरसैंया ने विनय के पदों और भक्ति के दोहों में ईश्वर से प्रार्थना की है कि इस जग के बन्धनों से प्रभु काटो। यहाँ पर कवि का दास्य भाव मुखर हो उठा है। उसने विघ्नहर्ता गणपति, राम-सीता, राधा-कृष्ण, उमा-शंकर आदि सभी देवों की वन्दना की है। अपने हृदय के उद्‌गारों को उड़ेला है।

इस सशक्त कृति के भावपक्ष पर विचार करने के बाद यदि हम कला पक्ष पर विचार करें तो पायेंगे कि कवि का कलापक्ष भी उतना ही सफल है जितना कि भावपक्ष। इस संग्रह में छन्दबद्ध और मुक्त छन्द दोनों प्रकार की कवितायें हैं। भाषा में प्रांजलता है, प्रसाद एवं माधुर्य गुण सम्पन्न है। श्रृंगार, करुण एवं वीर रस का सुन्दर समावेश कवि ने अपनी रचनाओं में किया है।

कवि ने अपनी रचनाओं में अलंकारों का भी भरपूर प्रयोग किया है। अनुप्रास, उपमा, रूपक में कवि सिद्धहस्त है। प्रतीकों का प्रयोग भी बड़ी सावधानी एवं सुन्दरता से किया गया है। उदाहरण अलंकार का एक उदाहरण द्रष्टव्य है–

गोरी राधा को लिये, कृष्ण रचाये रास।
गौर वर्णं ज्यों चन्द्रमा, नीलवर्ण आकाश।

कवि इस संसार में रहते हुए ईश्वर की प्राप्ति करना चाहता है परन्तु भवसागर पार करना कठिन लग रहा है क्योंकि विविध जलचर सागर में तैर रहे हैं।

मगरमच्छ विचरण करैं, फैला पारावार।
कैसे जाना हो सके, भवसागर के पार।।

मुहावरों का भी प्रयोग कवि ने भरपूर किया है जिससे भाषा में और अधिक प्रभावोत्पादकता आ गयी है तथा इसमें व्यंग का पुट भी समाया है। कुछ मुहावरे द्रष्टव्य हैं– चना चाबाना (दो 32 पृ. 125), तुषारापात होना (दो 29 पृष्ठ 125), मूड़ ओखली में देना (दोहा 32 पृष्ठ 125), ढोल पीटना (दो. 45 पृष्ठ 120), रेत में तेल निकालना (दोहा 84 पृष्ठ 130), सवा सेर मिलना (दो. 86 पृष्ठ 130), चीर खींचना (दोहा 47 पृष्ठ 139), बण्टाधार करना (दो. 48 पृष्ठ 138), सिर में गाज गिरना (दोहा 39 पृष्ठ 138) आदि।

इस प्रकार डॉ. बरसैंया की कृति 'कभी-कभी यह भी' एक सशक्त रचना है। इसमें नये-नये प्रतीकों और बिम्बों का कवि ने बड़ी चतुराई से प्रयोग क़िया है।

प्राध्यापक हिन्दी, महाराजा कालेज,
छतरपुर (म. प्र.)

रागात्मक अनुभूतियों की अभिव्यक्ति

— आचार्य भगवत दुबे

सम्मानित शिक्षाविद्, ललित निबन्धकार, सुचर्चित, एकांकीकार, वाक्पटु व्यंग्यकार, सुधी समीक्षक एवं ख्यातिलब्ध साहित्यकार डॉ. गंगा प्रसाद गुप्त बरसैंया काव्य की विभिन्न विधाओं के निष्णात् शिल्पी भी हैं। यद्यपि डॉ. बरसैंया को एक समर्थ समीक्षक एवं सशक्त व्यंग्यकार के रूप में ही अधिक ख्याति मिली है, किन्तु इस समीक्ष्य काव्यकृति 'कभी-कभी यह भी' की रचनाओं को पढ़कर ऐसा नहीं लगता कि वे इस काव्य-कर्म में कभी-कभार ही प्रवृत्त हुए होंगे। अपने आत्मकथ्य में, बरसैंया जी ने स्वयं स्पष्ट किया है कि उनके सृजन का श्रीगणेश छन्द रचना से ही हुआ है। यद्यपि इस संग्रह की अनेक कवितायें समय-समय पर पत्र-पत्रिकाओं में भी प्रकाशित हुई हैं तथापि एक लम्बी सृजन-यात्रा के बीच लिखी गयी उनकी कुछ प्रतिनिधि रचनाओं को अब पुस्तकाकार स्वरूप में प्रस्तुत किया गया है। तभी तो उनकी यौवनोचित, स्वाभाविक रागात्मक अनुभूतियाँ भी यहाँ देखने को मिलती हैं। आपकी प्रारम्भिक रचनाओं में श्रृंगार की यह झलक यहाँ द्रष्टव्य है–

''मिले अचानक नयन चार हो, गिरे पलकदल, विद्युत चमकी
मानस की गहरी बदली में, चमक चाँदनी-सी थी छिटकी
आज उन्हीं की छटा-छबीली, ओर-छोर मैं ढूँढ़ रहा हूँ
आज उन्हीं के नयन कोर की, झलक कहीं पर ढूँढ़ रहा हूँ।''

इस काव्य-संग्रह की कवितायें, तीन खण्डों में विभक्त हैं। प्रथम खण्ड 'भावावेग' की सभी रचनाएँ विभिन्न मात्रिक एवं वार्णिक छन्दों में निबद्ध हैं। इनमें कुछ पद कुण्डलिया एवं सवैया छन्द के भी हैं। दूसरे खण्ड 'चेतनाकाश' में आपकी गद्य कवितायें एवं तृतीय खण्ड 'जीवन-बोध' की समस्त रचनाएँ सन् 2002 की अल्पावधि में ही लिखी गयी हैं। जिनमें भक्ति के पद, नीति के दोहे एवं मुक्तक रखे गये हैं।

व्यंग्य की जो पैनी धार हमें बरसैंया जी के गद्य में देखने को मिलती है वैसी ही पैनी एवं चुटीली आपकी काव्याभिव्यक्ति भी है। एक काव्यांश देखिये–

''इसके घर आग धरें, उसके घर पानी
संविधान याद करें, व्याख्या मनमानी

माथे को, जूतों पर, टोपी पर लात धरें,
आओ कुछ बात करें, तीन, पाँच, सात करें।''

वाणी वन्दना से प्रारम्भ इस काव्यकृति में जीवन-जगत के विभिन्न पक्ष, यथा– घर-परिवार, समाज, राजनीति एवं व्यवस्था के अनेक पारदर्शी चित्र खींचे गये हैं। समीक्ष्य कृति की कुछ रचनाओं में मानसकार गोस्वामी तुलसीदास जी, हिन्दी के उन्नायक श्री माधव राव सप्रे, राष्ट्रकवि श्री मैथिलीशरण गुप्त, माखन लाल चतुर्वेदी, सर्वोदयी सन्त विनोबा भावे, मासिक सरस्वती के सम्पादक पदुमलाल पुन्नालाल बक्शी आदि को श्रद्धा सहित स्मरण किया गया है। कृति के द्वितीय खण्ड 'चेतनाकाश' की अनेक रचनाओं में सामाजिक एवं राजनैतिक क्षेत्र में व्याप्त विसंगतियों का जीवन्त चित्रण किया गया है।

आज सत्ता और समाज के बलशाली व्यक्तियों का आश्रय, आशीर्वाद एवं संरक्षण पाकर अपराधियों और अनाचारियों का जो आतंक सर्वत्र व्याप्त है, उसको 'नाग' कविता के माध्यम से कवि ने व्यंग्यात्मक शैली में सटीक अभिव्यक्ति दी है। काव्यांश देखिये–

''हे नागेश्वर!
तुम्हारे ये नाग अब आशीर्वाद नहीं देते
तुम्हारा संरक्षण पाकर
मोटे और कुचाली हो गये हैं
तुम्हारे शिवत्व की आड़ में
जनता को काटने और डराने लगे हैं
इनकी लपलपाती वासनाएँ
कालिमा ढकने और मालामाल होने के लिए
बाघम्बर बेचकर
पहनने लगी हैं श्वेताम्बर।''

कवि की सर्जना का संसार बहुत बड़ा है, जिसकी कल्पना की उड़ान आकाश की अनन्त ऊँचाइयों को नापने का सामर्थ्य रखती हैं। घर-परिवार और समाज के बीच रेशमी रिश्तों की रोमांचकारी छटायें एवं टूटते-बिखरते सम्बन्धों की अराजक विरूपताओं को कवि का संवेदनशील मन अनुभव की आँख से देखता ही नहीं अपितु उन्हें काव्य के व्यापक फलक पर रेखांकित भी कर देता है। कवि ने बाल-मन की चंचलता, नारी के समर्पण, माँ की ममता, पिता के दायित्व, परिवार के प्रेम तथा सम्बन्धों की आंचलिक सुवास के साथ ही, अबला स्त्रियों की दयनीयता, खून-पसीना एक करते श्रमियों, किसानों और शोषित समाज की सोचनीय दुर्दशा के प्रति भी कारुणिक अभिव्यक्ति दी है। काव्यांश देखिये–

"आँखें खुली, हड्डियाँ उभरी
चिथड़ों का बाघम्बर पहने।
पिचके पेट, धँसे गालों से
सूखी मोटी रोटी बाँधे।
चटनी की चिन्ता से व्याकुल
मिट्टी को सोना करता है।"

कवि ने समाज में सर्वत्र व्याप्त, भ्रष्टाचार, अनाचार, अत्याचार के आतंक को समूल नष्ट करने के लिए आत्मबल जगाने वाले स्वाभिमान का शंखनाद किया है। सहज, सरल एवं प्रसादगुण सम्पन्न भाषा-शैली में छन्दबद्ध तथा छन्दमुक्त कवितायें लिखकर एवं नये प्रतीकात्मक प्रयोग कर कवि ने अपने काव्य-कौशल का परिचय दिया है। आशाओं का पक्षी, प्रतिष्ठा का साँड़, तुष्टि की चहकती गौरैया, अनास्था के गिद्ध, जिन्दगी बेस्वाद ककड़ी, वेदना की शाखायें एवं बैसाखी बनाम हिमालयी संघर्ष जैसे शब्दों का प्रयोग कर व्यंग्यात्मक अभिव्यक्ति को जीवन्तता प्रदान की है। 'राक्षस' नामक कविता की निम्नलिखित पंक्तियाँ मनुष्य की पैशाचिक तृष्णा एवं बर्बरता की बानगी देती हैं–

"उसने अजन्ता एलोरा, खजुराहो, कोणार्क
तिरुपति, बद्री, केदार, हिमालय, कन्याकुमारी
वेद, पुराण, कुराण बाइबल आदि
सब कुछ खा लिये
पी लिया,
सागर सहित सब नदियों का जल।"

इस काव्यकृति के अन्तिम खण्ड में 'जीवन-बोध' में कवि ने जीवन की नश्वरता, परमात्मा की सर्व व्यापकता एवं भक्ति की महत्ता को नीतिपरक, चिन्तन की चारुता के साथ अनेक पदों, दोहों एवं मुक्तकों में मौलिक उद्भावनाओं के साथ अभिव्यक्त किया है। कुछ उदाहरण प्रस्तुत हैं–

भक्तिपरक

"तेरी इच्छा से सभी, चलते जग-व्यापार
शक्ति केन्द्र प्रभु आप हैं, बाकी सब निस्सार।"

रत्नाकर चाहूँ नहीं, नहीं अपरिमित कोश
कर में प्रभु के चरण हों, जब तक मुझमें होश।"

नीतिपरक

''आशा है संजीवनी, देती सबको प्राण
जो हताश निश्चेष्ट हैं, उन्हें करे गतिमान।''

दुर्गुण को मत दीजिये, मर्यादा की नाँव।
बने नपुंसक पाण्डु सब, लगा द्रोपदी दाँव।।

समीक्ष्य काव्य-संग्रह की कतिपय रचनाओं में **छन्ददोष एवं असंगत तुकबन्दी** के होते हुए भी कवि का भाव-पक्ष कला पक्ष से श्रेष्ठ होने के कारण, जीवन-जगत के संवेदनात्मक सरोकार, डॉ. गंगा प्रसाद गुप्त के काव्यात्मक यशः स्तूप को ठोस आधार प्रदान करते हैं। आशा है बरसैंया जी का यह काव्यपक्ष भी सुधी समीक्षकों के समक्ष अनेक यक्ष प्रश्न छोड़कर उनका ध्यान अपनी ओर आकृष्ट करेगा।

विमल समृति 1498
पिसनहारी-मढ़िया के पास
जबलपुर 482003 (म. प्र.)
दूरभाष (0761) 2372328

राष्ट्र गौरव

(स्मारिका)

बुन्देली बाँकुरे

(साहित्य अंक)

26-8-94

प्रिय भाई,

'राष्ट्र गौरव' का विशेषांक मिला। इतना श्रम, इतनी लगन, इतनी सूझ-बूझ, यह आपका ही कमाल है। मैं तो समझता था कि इसके प्रकाशन में एकाध वर्ष लग जायेगा। आपने इस विशेषांक में इतनी सारी सामग्री एकत्र कर दी है कि यह सन्दर्भ-ग्रन्थ बन गया है। मेरी बधाई। यहाँ सब कुशल-मंगल है। सानन्द होंगे। परिवार में सबको सस्नेह स्मरण।

आपका
कान्ति कुमार

10.9.94

आदरणीय डॉ. बरसैंया जी,
सप्रेम बन्दे,

आपका स्नेहमय पत्र मिला। मुझे आश्चर्य है कि मैंने स्मारिका विषयक एक पत्र पृथम से लिखा था, वह आपको नहीं मिला। 'स्मारिका' तो मेरी समझ में मध्यप्रदेश के प्राचीन और अर्वाचीन लेखकों और कवियों का एक विश्वकोश है। आपके सम्पादन का वैदुष्य और गवेषणात्मक दृष्टि का निर्यास पदे-पदे देखने को मिला। यही नहीं, शोधकर्ताओं को इसमें संकलित सामग्री से पर्याप्त लाभ होगा। ऐसी दुर्लभ और अमूल्य सामग्री का विनियोग करके आपने ही श्लाघ्य और स्तुत्य कार्य किया है। हाँ, यदि इसे आप सजिल्द छपवाते तो इसकी कीमत अपेक्षाकृत बढ़ जाती। फिर भी घी का मोदक आकृति में टेढ़ा होने पर भी स्वादिष्ट तो होता है। मैं भी मध्य प्रदेश के बहुत से सुधी और सिद्धहस्त लेखकों के सम्बन्ध में अनभिज्ञ था, लेकिन आपने एक ही स्थल पर सबका संचयन करके बड़ा ही सुलभ कार्य कर दिया। मैं इस विशालकाय स्मारिका (राष्ट्र गौरव) की प्रशंसा किन शब्दों में करूँ?

किशोरी लाल

122, सिन्धी कालोनी, लश्कर,
ग्वालियर, अगस्त-1994

बन्धुवर,
नमस्कार,

आपका 28/7 का कृपा पत्र। स्मारिका मिल गयी। धन्यवाद। आपने पता भेजा होगा व्यवस्थापक महोदय को। पत्रिका इतनी सुन्दर बन पड़ी है कि क्या कहूँ।

आपकी सूझ-बूझ और परिश्रम की जितनी तारीफ की जाये, कम है। पत्रिका में रिक्त स्थान तो है ही नहीं। कस-कसकर सामग्री भर दी गयी है। सामग्री की विपुलता और पठनीयता इतनी अधिक है कि इसे छोटा-मोटा विश्वकोश भी कहा जा सकता है। बुन्देलखण्ड को कवि-घर अर्थात् कविप्रसू भी कहा गया है। लाला जी, बाबू गुलाबराय, मिश्रबन्धु, बनारसीदास जी तथा झाँसी, महोबा, उरई, जालौन, दतिया, टीकमगढ़, आदि के जाने कितने साहित्यकार हैं, जिन्होंने यहाँ के साहित्य को समृद्ध किया है। अब तो आप स्वयं उस क्षेत्र के आकार पुरुष कहे जा सकते हैं। मैंने देखा कि आपने जहाँ भी जगह मिली, कुछ-न-कुछ नयी सामग्री भरने का प्रयत्न किया है। परिणामतः जानकारियों से यह भूरिशः सम्बलित हो गया है। एक बार फिर बधाई।

आपका
कृष्णचन्द्र वर्मा

ई-3/66, अरेरा कालोनी, भोपाल,
5-9-94

आदरणीय बरसैंया जी,

'राष्ट्र गौरव' स्मारिका का 'बुन्देली-बाँकुरे' : साहित्य अंक प्राप्त हुआ। आपको प्रारम्भ में शिकायत थी कि पर्याप्त सामग्री नहीं आ रही, पर बाद में आवश्यकता से अधिक प्राप्त हुई। यह इस अनमोल ग्रन्थ को देखने से ही पता चलता है जिसमें आपने गागर में सागर भरकर दिखा दिया। शोधार्थियों, साहित्य-मर्मज्ञों और बुन्देली भाषा के मनीषियों के लिए एक स्थान पर इतनी अधिक जानकारी पहली बार उपलब्ध हो रही है। पुस्तक मननीय, पठनीय और संग्रहणीय है। कम समय में एक बृहदाकार ग्रन्थ का इतना सुरुचिपूर्ण और सुन्दर संस्करण निकालने के लिए आपके सभी साथियों और सहयोगियों को बधाई।...

आपका
गंगाराम शास्त्री

मनोभूमि के विविध रंग

मन की गति और शक्ति अनन्त है। वह स्थिर नहीं रहता है। कई बार वह परम्परा से हटकर सोचता है, अपने ढंग से नया कहना चाहता है, अपने ढंग से नया सोचना और कहना ही उसकी मौलिकता है। मौलिकता लेखन की सुन्दरता है। किसी चीज को देखने के दृष्टिकोण और सोचने की दिशायें भिन्न-भिन्न होती हैं। यह भिन्नता ही परम्परा को नयी शक्ति देती है। स्थापित मान्यता से हटकर सकारात्मक चिन्तन प्रवाह ही गति देता है, अन्यथा सब जड़ होकर नीरस और निष्प्राण हो जायें। इस नये सोच और चिन्तन को व्यक्त करने के रूप अलग-अलग हो सकते हैं। कलाओं में यह नवीनता ही आकर्षण पैदा करती है तथा दर्शकों और पाठकों को सोचने, विचारने, प्रतिक्रिया व्यक्त करने का अवसर प्रदान करती है।

संग्रह के निबन्ध भी मन की अलग-अलग मनोदशाओं की अभिव्यक्तियाँ ही हैं।

— गंगा प्रसाद गुप्त 'बरसैंया'

(भूमिका में से)

मेरी जन्मभूमि : मेरा गाँव

सन्देश

मैंने चित्रकूट जनपद के ग्राम भौंरी के सम्बन्ध में डॉ. गंगा प्रसाद बरसैंया द्वारा लिखित पुस्तिका का अवलोकन किया। ग्राम के पुरातात्त्विक, ऐतिहासिक, सांस्कृतिक, आर्थिक, प्राकृतिक सहित अनेक विषयों पर डॉ. बरसैंया का शोधात्मक कार्य और तथ्यों को प्रकाश में लाने का कार्य सराहनीय है। प्रत्येक व्यक्ति का अपनी जन्मभूमि के प्रति दायित्व होता है और मातृभूमि से बाहर चले गये व्यक्ति द्वारा अपनी जन्मस्थली की ओर रुचि बनाये रखना उचित एवं आवश्यक है। इससे वह जन्मभूमि के ऋण से मुक्त हो सकेगा। बाहर गये व्यक्ति द्वारा जन्मभूमि के प्रति रुचि रखने एवं प्रयत्नशील होने मात्र से विकास में पर्याप्त सहयोग मिल सकता है। ऐसी पुस्तकें यदि हर गाँव के बारे में लिखी जायें तो क्षेत्र का समग्र इतिहास तैयार होगा जो अपेक्षाकृत आधिकारिक और आगे आने वाली पीढ़ियों के लिए मार्गदर्शक होगा।

मैं डॉ. बरसैंया के इस प्रयास की सराहना करता हूँ और अपनी शुभ कामनायें देता हूँ।

जगन्नाथ सिंह
जिलाधिकारी, चित्रकूट

बुन्देलीधारा के अनखुले पृष्ठ

दो शब्द

यह दुःखद है कि तमाम साधन होते हुए भी ऐसे तमाम साहित्यकारों तक हमारी दृष्टि नहीं गयी जो बेचारे बस्तों में बँधे घरों के कोने-कोतरे में पड़े हैं। यही नहीं, इस वैज्ञानिक अर्थप्रधान युग की मानसिकता ने वैसे भी साहित्य के प्रति आकर्षण बहुत कम कर दिया है। इसीलिए युग को प्रभावित करने वाली कालजयी कृतियाँ बहुत कम सामने आ पाती हैं। शोध की दुर्दशा के बारे में जितना भी कहा जाये कम है।

—डॉ. बरसैंया

बुन्देली– एक भाषा वैज्ञानिक अध्ययन

प्रकाशकीय

पुस्तक में संकलित निबन्धों में यद्यपि बुन्देली का व्यवस्थित एवं पूर्ण अध्ययन नहीं है, लेखकों ने भी कोई इस प्रकार का दावा नहीं किया। फिर भी यह निश्चित है कि इन स्फुट निबन्धों के माध्यम से बुन्देली का वास्तविक रूप–चरित्र उजागर होता है।

– डॉ. बरसैंया

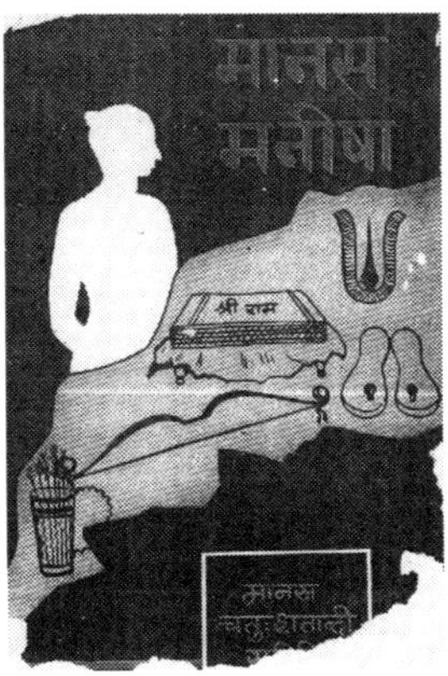

हिन्दी के प्रमुख
एकांकी और एकांकीकार

नारी : एक अध्ययन

मानस मनीषा

खण्ड– चार

अविस्मरणीय क्षण

संवाद साहित्यकारों से

1. राष्ट्र कवि मैथिलीशरण गुप्त के दो पत्र
2. सियाराम शरण गुप्त का एक पत्र
3. पं. मुकुटधर पाण्डेय के दो पत्र
4. पदुमलाल पुन्नालाल बख्शी का एक पत्र
5. डॉ. हजारी प्रसाद द्विवेदी के तीन पत्र
6. डॉ. विश्वनाथ प्रसाद मिश्र का एक पत्र
7. डॉ. रामकुमार वर्मा का एक पत्र
8. डॉ. भगीरथ मिश्र के दो पत्र
9. डॉ. विद्यानिवास मिश्र के दो पत्र
10. डॉ. लक्ष्मीमल सिंघवी के दो पत्र
11. डॉ. लक्ष्मीधर मालवीय के तीन पत्र
12. इमरै बंघा का एक पत्र
13. डॉ. शिवमंगल सिंह 'सुमन' का एक पत्र
14. डॉ. किशोरी लाल के दो पत्र
15. डॉ. कान्ति कुमार जैन के तीन पत्र

सृजन : एक झलक (गद्य)

1. लोकभूमि साहित्य की जन्मभूमि है
2. दुराग्रह साहित्य का धर्म नहीं
3. घन घमण्ड और राम
4. बुढ़ापा (नाटिका)
5. अजगर करे न चाकरी (व्यंग्य)

सृजन एक झलक (पद्य)

1. मानव को मानव रहने दो
2. क्या तुमने उसको देखा है?
3. कभी-कभी यह भी
4. अस्तित्व और आशाओं के पक्षि-शावक
5. प्रतिष्ठा का साँड़ और उड़ती गौरैया
6. आस्था-अनास्था
7. मुझे नींद नहीं आती
8. हवा चली
9. कुछ मुक्तक

मैथिलीशरण गुप्त के पत्र

चिरगाँव
2.9.61

प्रियवर,

कृपापत्र मिला। धन्यवाद। आप लोग तो स्वजन ही हैं। परन्तु मेरा वहाँ आना आकस्मिक है। बहुत थोड़े समय के लिए। मेरी शारीरिक और मानसिक स्थिति भी ऐसी ही है। कैसे कहूँ, समय मिलेगा या नहीं। आशा है, आपके निकट मैं अक्षम्य न हूँगा। मेरी रचनाओं के लिए ब्लाक की आवश्यकता ही नहीं हुई। इसलिए वह बनवाया ही नहीं गया। आप प्रसन्न होंगे।

आपका
मैथिलीशरण

12-डी, फिरोजशाह रोड
नयी दिल्ली
10.8.62

प्रिय बरसैंया जी,

आपका पत्र पहुँचा। धन्यवाद। शुभकामना के लिए आभारी हूँ। जीवन तो पूरा करना ही है, परन्तु कुछ करता रह सकूँ, यही चाहता हूँ। शरीर शिथिल हो रहा है। इस कारण आशा नहीं होती। हरीच्छा। आप प्रसन्न होंगे।

भवदीय
मैथिलीशरण

सियारामशरण गुप्त का पत्र

चिरगाँव (झाँसी)
13.8.62

प्रिय गंगाप्रसाद जी,

कृपापत्र के लिए धन्यवाद। मैंने थोड़े से निबन्ध लिखे हैं और उनका एक ही संग्रह 'झूठ-सच' नाम से छपा है। कुछ और निबन्ध भी इधर-उधर पत्र-पत्रिकाओं में छपे हैं। आगे चलकर एक संग्रह उनका भी निकल सकता है।

मेरा अध्ययन साधारण ही है। किसी पश्चिमी लेखक का प्रभाव मुझ पर है, यह मेरे लिए भी एक शोध का विषय हो सकता है और मैं मानता हूँ, शोधकार्य के लिए अपेक्षित प्रारम्भिक ज्ञान और योग्यता का अर्जन मुझसे नहीं हो सका।

आपके कार्य में आपके प्राध्यापक एवं आपका स्वतन्त्र अध्यवसाय ही मुख्य सहायक हो सकते हैं। मैं आपके साफल्य की कामना करता हूँ।

भवदीय
सियारामशरण गुप्त

पं. मुकुटधर पाण्डेय का पत्र

बैकुण्ठपुर, रायगढ़ (म. प्र.)
दिनांक 28.9.86

मान्यवर,

दिनांक 21.9 के कृपापत्र के लिए धन्यवाद। हाँ, हमारे पूज्याग्रज और श्री मैथिलीशरण गुप्त जी से एक बार मनोमालिन्य हुआ था। सन् 1909 के लगभग भाई साहब की क. कु. माला प्रयाग की इण्डियन प्रेस से निकली थी। उसमें गुप्त जी की भी कुछ कवितायें थीं। गुप्त जी से तब उनका अच्छा सम्बन्ध था। उन्होंने उनकी सहमति प्राप्त नहीं की थी। गुप्त जी ने आपत्ति प्रकट की। माला छप चुकी थी। क्या किया जा सकता था। पू. द्विवेदी जी के माध्यम से बात बढ़ने नहीं पायी, पर द्वितीय संस्करण में उनकी कवितायें अलग कर दी गयीं। यह गुप्त जी की वणिक वृत्ति व्यावसायिक स्वाभाविक थी। इसमें आश्चर्य नहीं होना चाहिए। पीछे साहित्य सदन और प्रेस की स्थापना द्वारा वही वृत्ति पल्लवित हुई थी।

इसके बाद भानु कवि के 'काव्य-प्रभाकर' को लेकर एक बार और मनोमालिन्य हुआ था। द्विवेदी जी के आग्रह से गुप्त जी ने का.प्र. की सरस्वती में आलोचना की थी। भानु कवि से भाई साहब का अच्छा सम्बन्ध था। उनके आग्रह से भाई साहब ने छद्म नाम से प्रत्यालोचना लिखी थी, जो 'भारत मित्र' में छपी थी। वर्षों पत्र-व्यवहार बन्द था, पर जीवन के पश्चिमांश में मेल-मिलाप हो गया था। भाई साहब के निधन पर गुप्त जी ने लिखा था—हिन्दी ने एक विद्वान ही नहीं, मैंने अपना एक सुहृद मित्र भी खो दिया।

श्री अनन्तराम पाण्डेय हमारी माँ के फुफेरे भाई थे। हमारे मातुल थे। श्री मेदिनी प्रसाद पाण्डेय से कोई रिश्ता नहीं था, पर वे भी रायगढ़ के पुराने वाशिन्दा थे। अनन्त राम जी हिन्दी के प्रौढ़ लेखक थे। मेदिनी प्रसाद ब्रजभाषा के अच्छे कवि थे। ग्रन्थ तो मेरे पास एक भी लभ्य नहीं है। प्यारेलाल गुप्त ने भाई साहब की जीवनी लिखी थी। डॉ. बलदेव ने मेरी कुछ कविताओं का संग्रह किया है, कुछ लेखों का भी। मुझे जो प्रतियाँ दी गयी थीं, बँट गयीं। मेरे पास रह नहीं गयी। अतएव भेजने में असमर्थ हूँ। क्षमा चाहता हूँ। उसी प्रकार चित्र और पत्रादि भी। जानियेगा।

श्री प्यारेलाल गुप्त जी से हमारे भाई साहब का बड़ा सम्बन्ध था। मैं उन्हें सन्

1915 से जानता हूँ, पर उनके निकट सम्पर्क में भाई साहब के देहावसान के बाद सन् 1960 ई. से आया, जब गुप्त जी ने उनकी जीवनी छपायी। पत्र तो उनके सैकड़ों की संख्या में होने चाहिए, पर कहाँ पड़े हैं, पता नहीं। अब मेरी अवस्था ऐसी नहीं कि उन्हें ढूँढ़कर निकालूँ। सन् 1973 के कुछ कार्ड मिले हैं, जो आपके आग्रह की रक्षा करते हुए भेजे जा रहे हैं। गुप्त जी पत्र लिखने में कोताही नहीं करते थे। मृत्युशैया पर पड़े हुए भी पत्र लिखते रहे। उनके द्वारा भाई साहब की जो जीवनी छपायी गयी थी, प्रामाणिक है, पर अब वह दुर्लभ हो रही है। जानियेगा।

आज के दिन (1 अक्टूबर को) मैं 92वें वर्ष पर क़दम रखने जा रहा हूँ।

'देखत ही आई विरुधाई।
जो मैं सपनेहुँ नाहिं बोलाई (विनय पत्रिका)'

हाथ-पैर जवाब दे रहे हैं। बाहर आने-जाने में असमर्थ हूँ। भगवान बेड़ा पार लगावें। कृपा रखिये। अधिक लिखने में असमर्थ हूँ। आपका विशेष विनय।

मुकुटधर पाण्डेय

मुकुटधर पाण्डेय के पत्र

रायगढ़
29.9.66

'छायावाद' के रूप में हिन्दी के काव्यक्षेत्र में एक क्रान्ति हुई थी। क्रान्ति चाहे साहित्य में हो या समाज में, उसका प्रारम्भ कैसे हुआ यह इदमित्थम् नहीं बताया जा सकता। क्रान्ति एकदम सामने आकर खड़ी नहीं हो जाती। वह धीरे-धीरे आती है। अन्तिम रूप लेने के पहिले उसे कई पूर्व रूपों में से गुजरना पड़ता है।

रीतिकालीन परम्परा के विरुद्ध हिन्दी कविता में स्वदेश प्रेम, पूर्व गौरव, राजनीतिक, परतन्त्रता, नैतिक उपदेश आदि सामाजिक विषयों का सूत्रपात तो भारतेन्दु युग में ही हो गया था। द्विवेदीयुग में इस दिशा में और भी प्रगति हुई। गुप्त जी की 'भारत-भारती' इस युग की प्रतिनिधि रचना है। यों तो बीसवीं सदी के आरम्भ से ही श्रीधर पाठक के 'ऊजड़ ग्राम' के माध्यम से हिन्दी-कविता में पाश्चात्य विचारधारा का प्रवेश हो चुका था, पर नवयुवकों के विश्वविद्यालयीन शिक्षा के सम्पर्क अधिकाधिक आने के कारण हिन्दी साहित्य पर उसका प्रभाव उत्तरोत्तर बढ़ता गया। अँग्रेज़ी के गीतिकाव्य ने बड़ी प्रतिष्ठा लाभ की थी। इसमें मानव-हृदय के करुण स्वर को पकड़ने का प्रयास किया गया था। शेली, कीट्स आदि कुछ ऐसे कवि हुए, जिनके हृदय में असीम और अनन्त के प्रति प्रेम का पारावार लहरा रहा था। राजनीति के चक्रवात में पड़ा हुआ पाश्चात्य समाज उन्हें ठीक-ठीक समझ नहीं पा रहा था; पर भारत ने

उन्हें समझा, क्योंकि उनकी आध्यात्मिकता उसकी ख़ास चीज़ थी।

रवीन्द्रनाथ स्वयं इन कवियों से प्रभावित थे। उनकी 'गीतांजलि' पर नोबेल प्राइज मिलने पर उसकी ओर सबका ध्यान आकृष्ट हुआ। उसमें अँग्रेज़ी के रोमाण्टिक और मिस्टिक कवियों की छाया थी।

कबीर, मीरा आदि हिन्दी के कवियों का भी अनुसरण था। बँगला के वैष्णव साहित्य का तो उस पर प्रभाव था ही। निम्नलिखित अवतरणों से यह बात स्पष्ट है–

सेजे पासे एशे बसे छिल तबू जागिनि
कि घूम तोरे पेए छिल, हतभागिनी (रवीन्द्र)
पिय तोरे चतुर तू मूरख नारी
कबहूँ न पिय की सेज सँवारी (कबीर)
और सखी पिउ खोय गमाये। (मीरा)
तोरा शुनिसि कि शुनिसि तार पाये र ध्वनि
सेजे आसे, आसे, आसे (रवीन्द्र)

गीतांजलि के कई गीतों में विप्रलम्भ शृंगार का पुट था,जो हमारे सन्त-साहित्य की देन थी।

पाती तो आयी पीतम की, धक धक करै छाती।

उनकी शैली कुछ इसी ढंग की थी। इसके बावजूद उसमें एक स्वतन्त्र अन्विति थी। रवीन्द्रनाथ की क़लम ने कुछ जादू किया था। गीतांजलि के देशव्यापी संक्रामक प्रभाव को कोई अस्वीकार नहीं कर सकता। हिन्दी-कविता भी उससे प्रभावित हुई।

तत्कालीन 'सरस्वती' में प्रकाशित कुछ छिटपुट रचनाओं में यह प्रभाव परिलक्षित होता है, पर 'पुस्तिका' के रूप में प्रसाद जी का 'झरना' उल्लेखनीय है। झरना के साथ हिन्दी-कविता में एक अन्तर्मुखी विचार-सरणि, अन्तर्गूढ़ भावना और अभिनव शैली का सूत्रपात हुआ।

मनोहर झरना
कठिन गिरि, कहीं बिदारित करना।

क्या यहाँ प्रसाद जी का अभीष्ट शब्दार्थ की अभिधात्मक सीमा का उल्लंघन नहीं करता? एक संकेत था, एक इंगित था, जिसे समझने के लिए कुछ सोचना पड़ता था। फिर भी इसका ठीक यही भाव है, ऐसा नहीं कहा जा सकता था।

यही हाल रवीन्द्र जी के कुछ गीतों का भी था, जिनमें वागर्थ की प्रतिपत्ति का अभाव था। रवीन्द्रनाथ ने स्वयं कहा था–'मैं अपनी धुन में गाता हूँ, तुम अपनी समझ के अनुसार अर्थ लगा लो।' वे कहते थे– 'मेरा गीत शैवाल की तरह है, जिसकी जड़ नहीं, हम उसे चाहे जिधर ले जायें।' यह बात एक स्वस्थ मनोवृत्ति का परिचायक नहीं होने पर भी, उनके सम्बन्ध में सच थी। अनधिकारियों द्वारा दुरुपयोग

की बात दूसरी है। वह एक अभिनव शैली थी, जो काव्य-ग्रन्थों में वर्णित ध्वन्यात्मक या व्यंग्यात्मक शैलियों से कुछ भिन्न प्रकार की थी। वह एक कुहासे से घिरी हुई थी। उस पर एक आवरण पड़ा हुआ था।

इस शैली का नामकरण नहीं हुआ था। न बँगला में हुआ था, न हिन्दी में। बँगला में उसे मीष्टिक ही कहते थे। जब मैंने इस विषय पर लिखना चाहा था, तो सबसे प्रथम प्रश्न नाम का ही आया। मैंने हिन्दी के कई विद्वानों से पर्यायवाची हिन्दी शब्द जानने के लिए पत्र-व्यवहार किया। द्विवेदी जी ने अध्यात्मवाद और बख्शी जी ने भक्तिवाद शब्द सुझाया, पर वे मुझे जँचे नहीं। मेरे सामने नयी शैली के कुछ गीत थे, जिनके भावों पर एक धुँधलापन था। मानो वे भाव नहीं, उनकी छाया हों बस, इसी बुनियाद पर मैंने 'छायावाद' नाम रखा। बँगला में मैंने एक आलोचना पढ़ी थी, जिसमें नयी शैली के लक्षणों में छायावादिता भी गिनायी गयी थी, पर बँगला में नयी शैली को 'छायावाद' नहीं कहा जाता था।

यह बात सही है कि मैंने 'छायावाद' का नामकरण किया, छायावाद पर सर्वप्रथम लेखमाला लिखी, पर मैं अपने को छायावाद का प्रवर्तक नहीं मानता। प्रवर्तक मैं प्रसाद जी को ही मानता हूँ। मेरी किसी कविता में छायावाद के उपादान पाये जाते हों, यह दूसरी बात है। मैंने स्वयं प्रसाद जी से उनके अन्तिम समय में यह बात कही थी।

'झरना' के बाद छायावादी कविताओं की एक बाढ़-सी आयी, जिनमें शृंगारिकतापूर्ण लाक्षणिक भाषा में अव्यक्त के प्रति प्रेम का राग अलापा गया था। विरह, सन्देश, अभिसार, प्रतीक्षा, मिलनोत्कण्ठा की बातें थीं। पर यह अधिकांश आध्यात्मिकता की ओट में भौतिक प्रेम का ही आभास था। उसमें सच्चाई नहीं थी। काग़ज़ के बनावटी फूल थे। भला उनमें मधु मकरन्द कहाँ से आता। ब्रह्मज्ञान की चर्चा करने वाले अनेक साहित्यिक शुकदेव प्रकट हुए। पर इनमें कुछ प्रतिभावान शक्तिशाली कवि भी थे, जो कवि-कर्म में निष्ठा रखते थे। उनकी बदौलत 'छायावाद' ने हिन्दी काव्य साहित्य में एक विशिष्ट स्थान प्राप्त किया और हिन्दी भाषा की श्रीवृद्धि हुई। उनकी कतिपय रचनाओं में आध्यात्मिकता के साथ-साथ मानवोचित उच्च भावनाओं और गुणों का उत्कर्ष पाया जाता है,जो किसी भी देश या राष्ट्र के लिए गौरव और गर्व की वस्तु हो सकती है।

सुप्रसिद्ध समालोचक श्री पं. शान्तिप्रिय द्विवेदी ने छायावाद को 'खड़ी बोली हिन्दी-कविता के इतिहास के सन्तप्त वातावरण में मलयानिल की एक शीतल सुगन्धित साँस' ठीक ही कहा था उसमें दर्शन और कला के युगपत दर्शन होते हैं। आरम्भ में छायावादी रचनाएँ तुकान्त छन्दों में ही होती थीं। प्रसाद जी ने तो कदाचित अन्त तक पिंगलानुमोदित छन्दों में ही लिखा। पीछे छन्दों की छीछालेदर हुई, जो

बहुत लोगों को पसन्द नहीं आयी। मैं स्वयं इसे ठीक नहीं समझता। वे लय की बात कहते हैं, पर बिना निश्चित यति और मात्राओं के बिना छन्द की लय कहाँ?

छायावाद में एक अदृश्य सत्ता की ओर संकेत पाया जाता है, जो सारे दृश्यमान जगत् का नियामक और शासक है। उस सत्ता पर एक रहस्यपूर्ण दृष्टि-निक्षेप, उसके प्रति एक आतंक और आश्चर्य की भावना तथा मूक श्रद्धांजलि पायी जाती है।

कुछ लोग कहते हैं—छायावादी कवि के हृदय की मन्दाकिनी शून्य आकाश को परिप्लावित कर विफल हुई है। उसके हृदय की आँखें खुली नहीं। प्रकृत छायावादी कवि काव्य-जगत् में आध्यात्मिकता की सृष्टि और प्रतिष्ठा करता है। वह मानव-प्रेम यज्ञ का पुरोधा है। छायावाद से मानव-हृदय की गहराइयों का पता चलता है। छायावाद में एक दिव्य सौन्दर्य के दर्शन होते हैं। उस सौन्दर्य के, जो हमारी सम्पूर्ण भावनाओं का मूल स्रोत तथा प्रकृति के सौन्दर्य का मूलाधार है। कभी-कभी उसमें मानव-हृदय का आकुल करुण स्वर भी फूट पड़ता है, जो एक रहस्यमय प्रहेलिका बनकर रह जाता है।

छायावाद आरम्भ में अभिव्यक्ति की एक प्रणाली के रूप में ही आया, पर विषयवस्तु में भी आरम्भ से ही कुछ विशेषता थी। उसका आलम्बन भौतिक और आध्यात्मिक दोनों था। आध्यात्मिक आलम्बन को लेकर पीछे उसका एक नाम रहस्यवाद भी पड़ा। दोनों कुछ दिन समानार्थक ही रहे, पर समालोचकों ने उन्हें दो भिन-भिन्न वस्तुयें निरूपित कर उनकी अलग-अलग परिभाषायें बनायीं और दोनों में क्या अन्तर है, यह भी बतलाया। यह काम बड़े-बड़े विद्वानों ने किया और 'विदुषां किम शोभनम्' के अनुसार ठीक ही किया।

मुकुटधर पाण्डेय

पदुमलाल पुन्नालाल बख्शी के पत्र

दिग्विजय महाविद्यालय
राजनाँद गाँव
3 मार्च, 64

भाई गुप्त जी,

आपका कार्ड मिला। मैं अपने सम्बन्ध में इतना अधिक लिख चुका हूँ कि मैं समझ नहीं पाता कि आपको पत्र लिखूँ। 'मेरी अपनी कथा', 'यात्री तुम्हारे लिए', 'जिन्हें नहीं भूलूँगा' आदि नाम देकर मैंने जो कुछ लिखा है, उनमें मैंने अपनी ही बातें लिखी हैं। सन् 1894 जयेष्ठ शुक्ल द्वादशी को मेरा जन्म हुआ। खैरागढ़ मेरा जन्म-स्थान है। हम लोगों का बख्शी परिवार अपने साहित्यानुराग के लिए सदैव प्रसिद्ध रहा है। मेरे प्रपितामह उमराव बख्शी अपने युग के प्रसिद्ध कवि और भक्त हो गये हैं। उनकी भक्ति के सम्बन्ध में लोग यहाँ कई विलक्षण कहानियाँ भी सुनाते हैं। मेरे पिता भी गद्य और पद्य दोनों लिखा करते थे। मेरे घर में पुस्तकों का एक विशाल संग्रह था। खैरागढ़ में भी उन दिनों साहित्य का अच्छा वातावरण था। शम्भु गिरि महाराज उमराव बख्शी की रचनाओं को लिखा करते थे। वे भी कवि थे। नन्दकिशोर झा और रामलाल पण्डित भी कविताओं की रचना किया करते थे। मेरे घर में मेरे छोटे भाई स्व. हनुमन्तलाल बख्शी बड़ी अच्छी कहानियाँ लिखा करते थे। 'सरस्वती' में उनकी कहानियाँ प्रकाशित हुई। मेरी छोटी बहिन अम्बिका देवी श्रीवास्तव ने भी कहानियाँ लिखी हैं। मेरी छोटी लड़की सरस्वती देवी श्रीवास्तव और मेरे दोनों लड़के महेन्द्र कुमार बख्शी और देवेन्द्र कुमार बख्शी की भी रचनायें पत्र-पत्रिकाओं में प्रकाशित होती रहती हैं। मेरे छोटे भाई हनुमन्तलाल बख्शी के छोटे लड़के, गिरीश बख्शी की भी रचनायें पत्रों में प्रकाशित होती रहती हैं।

1911 से मैं लिख रहा हूँ और अभी तक लिखता जा रहा हूँ। अपने सम्बन्ध में और क्या लिखूँ? मैंने निबन्ध ही लिखे हैं, उन्हीं निबन्धों के संग्रह पुस्तकों के आकार में प्रकाशित हुए हैं।

बाकी हाल ठीक हैं।

आपका
पदुमलाल बख्शी

हज़ारी प्रसाद द्विवेदी के पत्र

ए–33, रवीन्द्रपुरी, वाराणसी

प्रिय बरसैंया जी,

आपका कृपापत्र मिला। बीच में मैं कुछ ज़्यादा बीमार पड़ गया था। अब आप लोगों के आशीर्वाद से अच्छा हो गया हूँ और धीरे–धीरे काम–काज में मन लगा रहा हूँ।

आशा है स्वस्थ हैं।

आपका

हजारी प्रसाद द्विवेदी

वाराणसी–5

प्रिय श्री गंगाप्रसाद जी,

आपका 25.1.1978 का कृपापत्र मिला। यह जानकर बड़ी प्रसन्नता हुई कि आपको विक्रम–कृत 'सुदामा चरित' की पूरी पाण्डुलिपि मिल गयी है। मैं इस समय थोड़ा अस्वस्थ हूँ, इसलिए इस सम्बन्ध में विस्तार से नहीं लिख रहा हूँ। जहाँ तक मैं समझ रहा हूँ, मुझे विक्रम कवि की जानकारी तो है, पर उनके सुदामा चरित के सम्बन्ध में मैंने अभी तक कुछ नहीं सुना है, लेकिन इस सम्बन्ध में बाद में देखूँगा। आशा है, स्वस्थ एवं प्रसन्न होंगे।

आपका

हजारी प्रसाद द्विवेदी

वाराणसी–2

प्रिय गुप्त जी,

कृपापत्र के लिए अत्यन्त आभारी हूँ। आपका 'पुनर्नवा' विषयक लेख पढ़ा। मुझे इस बात की प्रसन्नता है कि आपने स्पष्ट रूप में अपनी सम्मति प्रकट की है। आपने इसे पढ़ा और आलोचना के योग्य समझा, इसके लिए अनुगृहीत हूँ।

आशा है, स्वस्थ एवं प्रसन्न होंगे।

आपका

हजारी प्रसाद द्विवेदी

डॉ. विश्वनाथ प्रसाद मिश्र के पत्र

वाणी वितान भवन, ब्रह्मताल,
वाराणसी।

प्रियवर बरसैंया जी, आशी.

आपका 25.01.78 का पत्र। मैं खोजबीन करता रहा, अभी तक मुझे कोई संकेत नहीं मिला। इस कवि और उसके ग्रन्थ का। नागरी प्रचारणी सभा की सभी खोज-रिपोर्ट मेरे पास नहीं हैं। इसलिए उनमें कहीं कोई विवरण हो तो भगवान जाने। निर्माण वाली में 'संवत सोरा सै सहस चौसठ' भी विचारणीय है। 1600 पर सहस (1000) क्या है।

आपका श्रम प्रशंसनीय है। अवश्य खोज-कार्य उस अंचल में कराइये। बहुत-सी सामग्री मिल सकती है।

आशा है सानन्द हैं।

आपका
विश्वनाथ प्रसाद मिश्र

वाणी वितान भवन, ब्रह्मताल,
वाराणसी
3.9.79

प्रियवर बरसैंया जी,

आशी.। आपका 11.08.79 का पत्र। मैं इधर रुग्ण था, इसलिए उत्तर तुरन्त नहीं दे सका।

'रस' शब्द के दो तात्पर्य होते हैं— षड्रस से 6 और नवरस से 9, इसलिए 16 और 19 दोनों सम्भव तो हैं, पर हिन्दी में प्राय: 'रस' 9 के लिए ही...

भगीरथ मिश्र के पत्र

सागर
29.5.90

प्रिय बरसैंया जी,

आज प्रातः 7.30 पर आपकी वार्ता सुनी 'निन्दारस' पर। भाई क्या अब इसी रस का अभ्यास कर रहे हो– और रस छोड़ दिये। निन्दारस का साधारणीकरण कहाँ है? पंकज को छोड़कर पंक को शास्त्रीयता प्रदान कर रहे हो? खैर, छोड़ो। अपने समाचार लिखना—विस्तार से कि अब कहाँ हो? सागर के पूरब में या उत्तर में? और कैसा चल रहा है? आशा है घर में सभी लोग स्वस्थ और सानन्द हैं। मेरा सभी को यथायोग्य अभिवादन और स्नेहाशीष।

सस्नेह,

आपका शुभैषी
भगीरथ मिश्र

डॉ. भगीरथ मिश्र
भूतपूर्व कुलपति एवं उपाध्यक्ष
म. प्र. तुलसी अकादमी

एच–9, पद्माकर नगर, सागर
16. 8.91

प्रिय भाई बरसैंया जी,

आपका 7–8 का शोक–समाचार पूर्ण पत्र आया। इसके पूर्व सुभाष जी के परिवार से भी एक पत्र उनके निधन और तेरहवीं श्राद्ध की सूचना देने वाला प्राप्त हुआ था। मैंने उनके बच्चों को शोक–संवेदना सन्देश तो भेज दिया था, पर उस व्यक्ति के दुःखद और आकस्मिक अवसान की वेदना, अचानक आयी और बराबर टीसती रहती है। आपके पत्र से विदित हुआ कि वे मदिरा के वशीभूत हो गये थे। अतएव उसका तो दुष्परिणाम होता ही है। पर पहले जब मैं मिला, तब तो मुझे कभी उसके लक्षण दिखायी नहीं दिये। लगता है, कोई खास कारण उठ खड़ा हुआ होगा, जिसने उन्हें शराब–दैत्य के हवाले कर दिया। सचमुच वे बहुत अच्छे मनुष्य और निष्ठावान व्यक्ति थे।

भगीरथ मिश्र

विद्यानिवास मिश्र के पत्र

एम–3, बादशाह बाग,
वाराणसी–221002

प्रियवर बरसैंया जी,

यदि ठाकुर के अच्छे प्रामाणिक संग्रह आप तैयार करें तो प्रकाशक का अभाव नहीं है। पर यह भी है कि भाषा के घोर अज्ञान के युग में अब अर्थ देना आवश्यक है। आवश्यकता तो इसी बात की है कि आप बुन्देलखण्ड में ही ठाकुर के छन्दों का प्रामाणिक संकलन तैयार करें और उनके सम्बन्ध में पुरानी पोथियाँ अजयगढ़ में प्राप्त होंगी। छतरपुर महाराज के पोथीशाला में भी प्राप्त हो सकता है।

सस्नेह।

आपका
विद्यानिवास मिश्र

प्रियवर बरसैंया जी,

आप ठाकुर का संग्रह तैयार कर रहे हैं। अगर चन्द्रशेखर वाला संग्रह नागरी प्रचारिणी सभा का है, तो मैं प्राप्त करने का प्रयत्न करूँगा।

बुन्देलखण्डी ठाकुर ही ठाकुर हैं। दूसरे ठाकुर तो निरे रीतिबद्ध हैं।

सस्नेह आपका
विद्यानिवास मिश्र

डॉ. लक्ष्मीमल्ल सिंघवी के पत्र

18, विलिंगटन केसेण्ट,
नयी दिल्ली 110011

प्रियवर डॉ. बरसैंया,

'कभी-कभी यह भी' के लिए शतशः धन्यवाद। कवितायें मर्म को छूती हैं। 'मुझे नींद नहीं आती' झकझोरती है। 'लक्ष्य की नाव और पौरुष की पतवार' का रूपक सशक्त है। मेरी बधाई।

सप्रेम आपका
लक्ष्मीमल्ल सिंघवी

बी-8, साउथ एक्टेंशन, भाग-2
नयी दिल्ली 110049
दीपावली 1.11.2005

प्रियवर डॉ. बरसैंया,

'बुन्देलखण्ड के अज्ञात एवं (अल्पज्ञात) रचनाकार' एक प्रबुद्ध शोधार्थी की विलक्षण और संवेदनशील उपलब्धि है। भाई विद्यानिवास मिश्र ने आपकी पुस्तक की जो सराहना की है, वह अक्षरशः सच और सही है। आपके शोध में घनत्व भी है, विस्तार भी है। साहित्यिक रस भी और इतिहास का प्रमाण और तर्क भी। ऐसे ग्रन्थ के लिए आप धन्यवाद के पात्र हैं। मेरी बधाई स्वीकार करें। दीपावली की शुभकामनायें। सप्रेम

आपका
लक्ष्मीमल्ल सिंघवी

डॉ. लक्ष्मीधर मालवीय के पत्र

Dr. Laxmidhar Malviya
3-124, Takahashi, Sengahata, Hatano-CHO,
Kameoka She. Kyoto Pref. Japan-6210261

12.5.98

प्रियवर बरसैंया जी, नमस्कार

आपका कृपापत्र पाकर सुखी हुआ। अपरिहार्य कारणवश उत्तर देने में विलम्ब हुआ। क्षमा-प्रार्थी हूँ। आपके द्वारा सम्पादित साहित्य की बानगी पाकर मुझे बड़ी प्रसन्नता हुई। जीवन-पर्यन्त मैंने अध्यापकी की। कविवर देव तथा श्रीपति मिश्र की लुप्त कृतियों को प्रकाश में लाने का निमित्त बना। अत: आपका अनुगामी हूँ। आपके द्वारा सम्पादित साहित्य मैं यहाँ मँगाकर अवश्य पढूँगा।

पुराने साहित्य की उपेक्षा पर अपना मन छोटा न करें—वाणी देने वाली मातृभाषा का ऋण आपने पाई-कौड़ी चुकाया है, फिर संकोच किस बात का। 'कोई बात नहीं' यह मेरे परिवार के हर प्राणी की सखुनतकिया रही है। हमारा देश, आज नहीं, दस-बीस-पचास वर्ष बाद या कभी-न-कभी तो आँख खोलकर देखेगा ही। उस रोज़ के लिये आप तथा आपके कर्मठ स्त्री-पुरुषों ने जो संचित कर छोड़ा है, वह भला क्या कम है।

आपको एक सुखद सूचना दे रहा हूँ—श्रीपति मिश्र के सवा आठ सौ छन्दों का सम्पादन मैंने पूरा कर लिया है। आजकल प्रेस के लिए उसकी प्रति तैयार कर रहा हूँ। इससे छुट्टी पा लूँ तो कविवर देव के सारे ग्रन्थों का पुन: सम्पादन पूरा करने के लिये पहले ब्रजभाषा की वर्तनी पर काम आगे बढ़ाना है।

यह कितने बड़े आश्चर्य की बात है कि वर्णमाला पर विचार किये बिना ही चन्द से लेकर भारतेन्दु हरिश्चन्द्र तक की रचनाओं के सम्पादन होते आये। आपने तो सैकड़ों प्राचीन हस्तलेख देखे हैं। 'ड़' तथा 'ढ़' लिपि चिह्न क्या उनमें कहीं मिला है? फिर इनका प्रयोग पुरानी कृतियों में दिखलाने का आधार क्या है? इस विषय का गहन विश्लेषण करने के निमित्त मैंने विपुल मात्रा में पुराने लेख यहाँ जमा किये हैं। अधिकतर सामग्री मुझे परदेशों में मिली। नौ सौ से अधिक पोथियाँ तो अकेले लन्दन के वेलकम इंस्टिट्यूट में हैं। सैकड़ों अमरीका के हारवर्ड विश्वविद्यालय में।

इस सरस्वती-यज्ञ में होता बनने का आपको निमन्त्रण देता हूँ। आपने जिन प्राचीन ग्रन्थों का अन्वेषण किया है, उनकी नाम-सूची प्रतिलिपि संवत् के साथ मुझे दे सकें तो आपकी बड़ी कृपा होगी। हमारे प्रयोजन की पोथी उसमें अवश्य होगी। आपके उत्तर की उदग्र प्रतीक्षा रहेगी।

आपका
लक्ष्मीधर मालवीय

पुनश्च : कविवर श्रीपति मिश्र तथा देव की कोई हस्तलिखित पोथी आपकी जानकारी में कहीं हो तो मुझे सूचित करने की कृपा करेंगे।

क्योटो
30.9.99

प्रियवर बरसैंया जी,
सप्रीति नमस्कार।

विश्वास है, आप सपरिवार सानन्द हैं। 19 तारीख का आपका पत्र अभी मिला। साथ में श्रीपति मिश्र के छन्दों का प्रसाद। दोनों के लिए कृतज्ञ हूँ। आपका पिछला पत्र मुझे नहीं मिला, मैं तो प्रत्येक पत्र का उत्तर अवश्यमेव देता हूँ–एकाध रोज़ की देर भले ही हो जाये। डाक में गुम हो गया होगा।

आपके भेजे हुए छन्द मैंने देखे। एक-दो तो ऐसे हैं, जो न तो ग्रन्थावली में हैं, न उसके बाद राजस्थान से उपलब्ध संग्रहों में। यों तो सभी छन्द समान रूप से उपादेय हैं, पाठ-संशोधन के लिए। राजस्थान से मुझे बहुत बड़ी मात्रा में सामग्री मिली है। उसमें श्रीपति के 20 के करीब सर्वथा नवीन छन्द मिले। ग्रन्थावली का नया संस्करण चाहे जब प्रकाशित हो, मैं उसे तैयार कर रखूँगा। ग्रन्थावली की परिचय-पत्रिका साथ में रख रहा हूँ। मैं प्रकाशक से (अपने हिस्से की 20 प्रतियों के ऊपर) 35 प्रतियाँ विदेश में भिजवा चुका हूँ। अतः और के लिए उनसे अनुरोध करते संकोच होता है– 'जे कहुँ माँगन जाये'...। आप ग्रन्थावली मँगाकर अवश्य देखें वर्तनी, कवित्त-सवैयों के आन्तरिक गठन जैसे विषयों पर हिन्दी में पहली बार किया कार्य है। श्रीपति की संगीत-माधुरी संस्कृत के जयदेव-कालिदास से उन्नीस नहीं, इक्कीस पड़ती है। हमारे ही अभागे देश में ऐसा हीरा कवि कूड़े के ढेर के सबसे ऊपर पड़ा रह सका, दिप-दिप करता और किसी से हाथ बढ़ाकर उठाया न गया।

क्या हम वास्तव में इतने भाग्यहीन हैं? मैं कविवर देव का पुनः सम्पादन कर रहा था। बीच में श्रीपति मिश्र ने मुझे अगवा कर लिया। पाँच वर्ष के अन्तराल पर पुनः देव के पास लौटा, तो मेरे पास कवि के चार सर्वथा अज्ञात नाम ग्रन्थों की

पाण्डुलिपियाँ थीं—एक तो पूरा लक्षण ग्रन्थ है—'सूर्योदय-प्रकाश'—भरतपुर के सूर्यमल्ल (जिनके विषय में कवि ने कुढ़ते हुए कहा था—'राजा भयो तो का भयो, रह्यो जाट के जाट' को समर्पित।) यहाँ प्रेमचन्द के समकालीन जापानी उपन्यासकार सोसेकि के 60 पोस्टकार्ड पत्र, जो उन्होंने अपनी नौकरानी को लिखे थे, प्रकाश में आने का समाचार उस सुबह सार्वदेशिक समाचार बुलेटिन में सर्वप्रथम था। कभी हमी थे, जो ज़माने को बदल दिया करते थे, आज फ़कत कट रही हैं घड़ियाँ।

देव के कुल 18 ग्रन्थ हैं, छन्द संख्या 5943, मैं इसे देवकार्य, देशकार्य मानकर कर रहा हूँ। कभी-न-कभी अवश्य पूरी होगी—'देव-सम्पूर्ण ग्रन्थावली', कम-से-कम 2000 पृष्ठों की।

यदि आप अनुमति दें तो देवकाव्य की गुत्थियाँ आपके पास भेजूँ। देव तो फ़ारसी वाले देव हैं ही। मित्रवर डॉ. किशोरीलाल तथा भदोही के डॉ. किशोरीलाल गुप्त मुझे संकट से उबारते रहते हैं। आपके ध्यान में यदि कोई अन्य विद्वान ऐसे हैं, जो रुचिपूर्वक सहयोग कर सकें, तो कृपया उनका नाम-पता बतायें। है यह बड़ा पित्त-पानी करने का कार्य।

आपको यह जानकर सन्तोष होगा कि कविवर के नवोपलब्ध ग्रन्थों तथा 'सुखसागर तरंग' का सम्पादन पूरा हो गया है। यह अन्तिम विशाल ग्रन्थ ही पूरी श्रीपति ग्रन्थावली से वृहदाकार है और कवि के सम्पूर्ण कृतित्व की कुंजी है। देव के हस्तलेखों के इससे अच्छे प्रामाणिक संग्रह होने की आशा क्या, अभिलाषा तक नहीं की जा सकती।

आपका

लक्ष्मीधर मालवीय

इमरै बंघा का पत्र

आक्सफोर्ड
16.12.2001

आदरणीय बरसैंया जी,

आपका 4/11 का पत्र मुझे मिला और उसे पढ़कर मुझे बड़ी प्रसन्नता हुई। हालाँकि हम विदेशी विद्वानों के पास अपेक्षाकृत अधिक साधन हैं, फिर हम आप जैसे भारतीय विद्वानों की सहायता से ही अपना काम आगे चला सकते हैं। इस सहायता की काफी ज़रूरत भी पड़ती है, क्योंकि हमारी जानकारी काफ़ी सीमित है। भारत में शोध करने की एक विशेषता यह भी है कि दिल्ली, बनारस जैसे बड़े शहरों के बाहर भी अच्छे-से-अच्छे विद्वानों से मुलाकात होती है।

पुस्तक की समीक्षा मुझे बहुत अच्छी लगी। कई समीक्षायें तो पत्रिकाओं में प्रकाशित हो चुकी हैं, लेकिन ज्यादातर ऐसे लोगों की लिखी हुई समीक्षायें, जिन्होंने सिर्फ भूमिका और विषय-सूची पढ़ी है। अगर सम्भव हो तो इसे प्रकाशित कराइयेगा। इसमें सिर्फ इतना बदलियेगा—ऑक्सफोर्ड विश्वविद्यालय के हिन्दी विभाग के बजाय ऑक्सफोर्ड विश्वविद्यालय के ओरिएण्टल इंस्टिट्यूट लिखियेगा, क्योंकि यहाँ मैं अकेला हूँ, कोई हिन्दी विभाग नहीं है। 'घन आनन्द' की जगह पर 'घन आनँद' लिखियेगा, क्योंकि सवैयों में नाम इस रूप में आता है।

हफ़ीजुल्लाह खाँ के हज़ारा में ठाकुर के कई अप्रकाशित छन्द हैं। अगर हो सके तो निम्नलिखित छन्दों की कॉपी मुझे भेज दें—

पृ. 260 एक ही सों चित्त

पृ. 448 धनि वे जिहि तात

पृ. शामिल में पीर में

पृ. 495 भूलिन दान करै (ग्रन्थावली में इसका शायद पाठान्तर है।)

पृ. 502 कृपण कंजूस बड़े

पृ. 533 बैरी प्रीति करिबे की

दोनों ठाकुरों को अलग करना बड़ा मुश्किल काम लगता है। कवित्त सवैयों की भाषा और शैली तो इतनी मिलती-जुलती है कि जब तक कोई प्रामाणिक पाण्डुलिपि न मिले, तब तक यह काम असम्भव होगा। मैं अगले वर्ष फिर आना चाहता हूँ और

बुन्देलखण्ड तथा बघेलखण्ड की यात्रा पूरी करने की इच्छा है।

मैं आशा करता हूँ कि आप और आपका परिवार स्वस्थ और सकुशल है। नववर्ष की शुभ कामनायें।

आदर सहित

आपका

इमरै बंघा

ऑक्सफोर्ड विश्वविद्यालय ओरिएण्टल इन्स्टीट्यूट

शिवमंगल सिंह 'सुमन' का पत्र

4.4.90
'समर्पण' उदयन मार्ग
उज्जैन

प्रिय बरसैंया जी,

लगभग पौन वर्ष से आपका (18.7.1979) का पत्र सँभालकर रखे हुए हूँ, इसी आशा में कि कोई समाधानपूर्ण उत्तर भेज सकूँ। काफ़ी विद्वानों से पूछताछ कर चुका हूँ। अलीगढ़ विश्वविद्यालय के हिन्दी विभाग के भूतपूर्व अध्यक्ष नज़ीर मोहम्मद ने बड़े ताव से दावा किया, प्रमाण देने का और परिणामस्वरूप चित्रकूट के भवनों के मुग़लकालीन स्थापत्य का निर्माण उन्हीं के द्वारा कराना बताया। पर मैं जानता हूँ कि उससे न मेरी जिज्ञासा शान्त हो सकी और न आपका ही जी भर पायेगा।

अन्तर्साक्ष्य के संकेत तो बहुत हैं और भीतर से मैं भी आश्वस्त हूँ कि अकबर के दरबार से निष्कासित होने पर उन्होंने चित्रकूट में ही बसकर मानसिक सम्बोध प्राप्त किया, पर इतिहास विधाता को तो इससे तृप्ति नहीं। आईने अकबरी, जहाँगीरनामा या अन्य किसी प्रामाणिक इतिहासकार द्वारा कहीं कोई उल्लेख कालक्रम के साथ मिल जाये, तभी मन को शान्ति मिले। आप जैसे विद्वान से हवाई दावे तो हाँक नहीं सकता था और पत्रोत्तर भी कब तक टालता रहता। अस्तु, यही समझिये कि इस पत्र द्वारा अपना संकोच आप तक पहुँचा रहा हूँ। अब भी बिना हिम्मत हारे टोह लगाता रहूँगा। आप तो सन्नद्ध होंगे ही।

सस्नेह एवं साभार

सविनय
सुमन

डॉ. किशोरीलाल (नैनी) के पत्र

10.9.94

आदरणीय डॉ. बरसैंया जी,

सप्रेम वन्दे।

आपका स्नेहमय पत्र मिला। मुझे आश्चर्य है कि मैंने स्मारिका विषयक जो एक पत्र पृथक से लिखा था, वह आपको नहीं मिला। 'स्मारिका' तो मेरी समझ में मध्यप्रदेश के प्राचीन और अर्वाचीन लेखकों और कवियों का एक विश्वकोश है। आपके सम्पादन का वैदुष्य और गवेषणात्मक दृष्टि का निर्यास पदे-पदे देखने को मिला। यही नहीं, शोधकर्ताओं को इसमें संकलित सामग्री से पर्याप्त लाभ होगा। ऐसी दुर्लभ और अमूल्य सामग्री का विनियोग करके आपने बहुत ही श्लाघ्य एवं स्तुत्य कार्य किया है। हाँ, यदि इसे आप सजिल्द छपवाते तो इसकी क़ीमत अपेक्षाकृत बढ़ जाती। फिर भी घी का मोदक आकृति में टेढ़ा होने पर भी स्वादिष्ट तो होता ही है। मैं भी मध्यप्रदेश के बहुत से सुधी और सिद्धहस्त लेखकों के सम्बन्ध में अनभिज्ञ था, लेकिन आपने एक ही स्थल पर सबका संचयन करके बड़ा ही सुलभ कार्य कर दिया। मैं इस विशालकाय स्मारिका (राष्ट्रगौरव) की प्रशंसा किन शब्दों में करूँ? इधर मैं भी सर्दी-जुकाम और खाँसी से पीड़ित हूँ। दवा चल रही है। फिर भी सारस्वत साधना को नहीं छोड़ रहा। आप सबकी प्रेरणा और कृपा का ही यह फल है। डॉ. विजयपाल सिंह चकित हैं कि उन्हें केशव-विशेषज्ञ होने के कारण 'केशव पुरस्कार' क्यों नहीं मिला? ऐसे लोगों से क्या कहा जाये—'को ऐसी ठाली बैठी है, तो सो मूड़ खपावै।'

आपका

किशोरीलाल

नैनी (इलाहाबाद)

160 नैनी बाजार, इलाहाबाद

5.2.2000

आदरणीय डॉ. बरसैंया जी,

सप्रेम नमस्कार।

बहुत-सी सूचनाओं से भरा आपका पत्र मिला। आप जैसे साहित्य-रसिकों

और गुणज्ञों से भेंट होने पर मन प्रसन्न हो जाता है। अब ऐसे विद्याव्यसनी लोग कहाँ हैं, जिनसे कुछ पूछा जाये-सीखा जाये। लगता है कि आप अब हाथ धोकर परमानन्द के पीछे लग गये हैं। मैंने क़रीब-क़रीब उनकी सभी पुस्तकें पढ़ी हैं। पं. रूपनारायण पाण्डेय ने शिवराजभूषण की किसी समय एक टीका लिखी थी और वह नवलकिशोर प्रेस लखनऊ से मुद्रित हुई थी। सुहाने जी के ही द्वारा सम्पादित शिवराजभूषण पर उनकी टीका थी, इसका संकेत भूमिका भाग में है। आचार्य मिश्र सुहाने जी के दोनों संग्रहों की मुक्त कण्ठ से सराहना करते थे। भुवनेशभूषण की एक अत्यन्त जीर्ण प्रति मेरे संग्रह में है। भुवनेश जी द्विजदेव कवि के दत्तक पुत्र थे और ददुआ साहब (द्विजदेव के दौहित्र) और भुवनेश से किसी समय प्रॉपर्टी के लिए मुकदमेबाज़ी भी हुई थी, जिसमें ददुआ साहब विजयी हुए थे। ददुआ साहब अच्छे काव्यमर्मज्ञ थे। उनका रचित 'रसकुसुमाकर' रीति साहित्य का रस और नायिका-भेद का-एक विलक्षण ग्रन्थ है। यह सन् 1894 में सचित्र छपा था। भानु के 'काव्यप्रभाकर' की ही भाँति इसका महत्त्व है। मेरे संग्रह में इसकी एक अतिशय जीर्ण प्रति विद्यमान है। आपके दोनों ही लेख सम्मेलन वालों को दे दिये थे। सुहाने का शिवराजभूषण विषयक अंश अपने लेख में अवश्य जोड़ दें। शेष सब ठीक है।

किशोरीलाल

कान्तिकुमार जैन के पत्र

30.9.2005

प्रियवर,

आपके दोनों पत्र मिले। साथ में 'रचना से रचना तक' की प्रति भी। इन दिनों हिन्दी में प्रतिवर्ष इतनी पुस्तकें प्रकाशित हो रही हैं कि पाठकों तक न तो सबकी सूचना ही पहुँच पाती है, न ही सुपात्र विद्वानों द्वारा उनकी समीक्षा ही सम्भव हो पाती है। ऐसे में हिन्दी में प्रकाशित श्रेष्ठ पुस्तकों पर किसी अनुभवी और विद्ग्ध समीक्षक के मूल्यांकन से गुज़रना अत्यन्त प्रीतिकर अनुभव है। 'रचना से रचना तक' निस्सन्देह ऐसी ही एक रचना है। आपने विगत अनेक वर्षों में जिन पुस्तकों को महत्त्वपूर्ण और आस्वाद्य समझा है,उन पर अपनी सुचिन्तित राय प्रकट की है। इस पुस्तक में आपकी अध्ययनशीलता का प्रमाण तो मिलता ही है, आपके समीक्षा-निकष का भी परिचय प्राप्त होता है। कविता, कहानी, उपन्यास, अध्यात्म, भाषाविज्ञान, शोध जैसी अनेक वीथियों से आप गुज़रे हैं। मुझे प्रसन्नता है कि यह मूल्यवान सामग्री नष्ट होने से बच गयी। मुझे विश्वास है, भविष्य में भी आप इसी तरह सक्रिय रहेंगे और हिन्दी के पाठकों का मार्ग-निर्देश करते रहेंगे। आपने मेरी पुस्तक पर अत्यन्त सद्भावपूर्वक अपने विचार प्रकट किये हैं। मैं धन्यवाद न दूँ तो कृतघ्नता होगी। एक नयी संस्मरण पुस्तक 'जो कहूँगा सच कहूँगा' प्रेस में है।

आपका
कान्तिकुमार,
सागर

26.8.94

प्रिय भाई,

'राष्ट्रगौरव' का विशेषांक मिला। इतना श्रम, इतनी लगन, इतनी सूझ-बूझ यह आपका ही कमाल है। मैं तो समझता था कि इसके प्रकाशन में एकाध वर्ष लग जायेगा। आपने इस विशेषांक में इतनी सारी सामग्री एकत्र कर दी है कि यह सन्दर्भ-ग्रन्थ बन गया है। मेरी बधाई। यहाँ सब कुशल-मंगल है। सानन्द होंगे। परिवार में सबको सस्नेह स्मरण।

आपका
कान्तिकुमार
सागर

13.12.2008

प्रिय बरसैंया जी

'रसविलास' की प्रति मिली। आपने बहुत महत्त्वपूर्ण कार्य किया है। ऐसे कार्य ही वस्तुत: शोध और अनुसन्धान की गरिमा बढ़ाते हैं। भूमिका में आपने बहुत महत्त्वपूर्ण प्रश्न उठाये हैं। जो कार्य विश्वविद्यालयों, पीठों एवं संस्थाओं द्वारा किये जाने चाहिए, वे आप कर रहे हैं। हिन्दी-जगत् आपका कृतज्ञ रहेगा। आपने बहुत सद्भावपूर्वक भूमिका में 'ईसुरी' और मेरा उल्लेख किया है, कृतज्ञ हूँ। सानन्द होंगे। मैं ठीक हूँ।

आपका
कान्तिकुमार
सागर

सृजन : एक झलक (गद्य)

लोक भूमि साहित्य की जन्मभूमि है

साहित्य और लोक-साहित्य को अलग-अलग मानना, वृक्ष को जड़ से अलग करना है। लोक रचना की प्राणभूमि है। लोक में रस है, जीवन है, भक्ति और प्रेरणा है। यही जीवन रस जब लोककण्ठ से मुखरित होता है तो वह लोक गीत बन जाता है। वह गीत शब्द-स्वरों में तो ढलता है पर यह जान पाना कठिन है कि किसने इन स्वरों को ढाला है,कहाँ ढाला है और किस प्रकार ढाला है। जंगल के उन्मुक्त वातावरण में विभिन्न वनस्पतियाँ उपजती और पनपती हैं। सब मिलकर जंगल बन जाती हैं। परन्तु किसने और कब इन्हें पनपाया यह कह पाना सम्भव नहीं है। लगता है कि यह परम्परा युगों से निरन्तर चली आ रही है। लोकमन और लोककण्ठ की विशेषता यह है कि नीले आकाश तले स्वच्छन्द वातावरण में मनोभावों के स्वर उच्चरित करता है, शोक में रोता और हर्षोल्लास में गाता है। यह स्वर सभी का स्वर बन जाता है। लोकमन से उपजा यह स्वर-साहित्य लोककण्ठों में विराजता है, टिकता है। ग्रन्थों में ग्रन्थित होने की यह चिन्ता नहीं करता। किसने संग्रहित कर दिया इसका भी लोकचित्त को पता नहीं हो पाता। इसे ही लोक-साहित्य कहा जाता है। गद्य-पद्य दोनों में इसकी समान गति होती है। भाव और शब्दावली का अक्षय भण्डार और स्रोत उसके पास है जो कभी सूखता नहीं। इसकी एक विशेषता यह है कि यह युग-परिवर्तन के साथ अपने स्वर-भावों को बराबर बदलता रहा है। युगों के स्वर उसके साथ सहस्राब्दियों से जुड़ते रहे हैं। यह स्वर नियोजन कभी सुनियोजित ढंग से नहीं हुआ। यह कैसे हुआ, इसको कोई जान नहीं सकता। जुड़ने के बाद ज्ञात होता है कि यह भी जुड़ गया। वह सबका है, सबके लिए है। साहित्य इसी से प्रेरणा और प्राण प्राप्त करता है। लोक-साहित्य की कल्पनायें भावनायें साहित्य में नये रूप के साथ व्यापक क्षेत्र तक पढ़े-लिखे लोगों तक पहुँचती हैं और लिखित ज्ञान व वांगमय का अंग बन जाती हैं। इसलिए लोक-साहित्य और साहित्य को अलग-अलग मानना न्यायसंगत नहीं है। दोनों परस्पर अभिन्न हैं। 'गिरा अर्थ जलबीचि सम लखियत भिन्न अभिन्न।''

साहित्य लिखित होता है, सुनियोजित और सुविचारित ढंग से लिखा जाता है, व्याकरण और भाषा-शास्त्र के अनुसार शुद्ध और परिष्कृत होता है। उसमें पुनरावृत्ति नहीं होती जबकि लोकगीतों में पुनरावृत्ति आनन्द प्रदान करती है। साहित्य व्यक्ति-

विशेष के नाम से जाना-पहचाना जाता है। लोक-साहित्य में मनुष्यों के साथ ही पशु-पक्षियों, वनस्पतियों का भी पात्रों के रूप में पर्याप्त प्रयोग हुआ है जबकि साहित्य के पात्र समाज के विभिन्न वर्गों के मनुष्य होते हैं। लोक-साहित्य भाव-भाषा की शुद्धता-अशुद्धता की चिन्ता नहीं करता। उसमें छन्द बन्धन भी नहीं होता। पर राग, लय, संगीत अवश्य है।

एक उल्लेखनीय बात यह भी है कि लोक-साहित्य में ऊँच-नीच, छोटे-बड़े के भाव के बिना उसकी सार्वजनीनता, सर्वव्यापी है। वहाँ राम तथा कृष्ण राजा और प्रजा के घर समान रूप से पैदा होते हैं। जन्मोत्सव पर सभी महिलायें गाती हैं– 'मोरे पैदा भये हैं नन्दलाल।' विवाह के समय हर दूल्हा राम और दुलहिन सीता होती है तभी तो सर्वत्र गाया जाता है–'दशरथ के लाल सिया ब्याहन आये।' हरी दूब, नारियल सर्वत्र प्रतिष्ठित हैं। 'सोने का गडुवा गंगा जल पानी' घर-घर मिलता है। देवी की किंवरियाँ सबके लिए खुली होती हैं और भक्त ध्वजा नारियल-फूलों से पूजा करता है–'कोऊ चढ़ावै मइया ध्वजा नारियल कोऊ फूलन को हार रे। हो मइया तोरे दरस का।' लोक-साहित्य समानता, एकता, आत्मीयता, रागात्मकता और सार्वजनीनता का आधार है। ऐसी व्यापकता, आत्मीय रागात्मकता और एकता साहितय में सर्वत्र नहीं मिलती। ग्रन्थों में बन्द साहित्य कई बार अप्रासंगिक हो जाता है। लोक-साहित्य में ऐसी बात नहीं है। वह सदाबहार है। जब साहित्य जड़, गतिहीन, कमजोर और रसहीन हो जाता है तो उसे प्राण रस पाने के लिए लोक और लोक-साहित्य के पास जाना पड़ता है। साहित्य के लिए लोक और लोक-साहित्य पुनर्नवा बूटी का कार्य करते हैं। लोक से ही साहित्य को जीवन और पुनर्जीवन मिलता है। साहित्य की फसल लोक की जमीन के रसायन पर पनपती-पकती है। यदि लोक नहीं तो साहित्य किसके लिए? उसका क्या मूल्य? लोक ही तो प्राणाधार है सभी सर्जनाओं कलाओं का। लोक से सामग्री लेकर लोक को ही समर्पित हो जाती है। इस प्रकार अलगाव की बात सोचना सर्वथा निराधार है।

आज प्राय: कहा जाता है कि वर्तमान साहित्य जनता के लिए अबूझ और अनुपयोगी बन गया है। उसमें पाठक को रस, प्रेरणा, चेतना अथवा आनन्द की प्राप्ति नहीं होती जिसकी अपेक्षा साहित्य से की जाती है। फलत: वह आम जन से दूर हो गया है। यह विडम्बना की बात है कि जो साहित्य आम जन का होने का दावा करता है उसमें आमजन को आत्मानुभूति नहीं होती, आत्मानन्द नहीं मिलता। इसका कारण है लोक से दूरी, अलगाव। अतिविशिष्ट बनने की प्रवृत्ति प्रबल होकर जब भी आम जन से दूर होगी, साहित्य इस विकृति का शिकार होगा। बहुत सारा प्राचीन साहित्य आज विलुप्त है क्योंकि इसमें लोक को अलग रखा गया। जो लोक से जुड़ा रहा वह कालजयी बना। लोकभूमि को यदि साहित्य की जन्मभूमि कहा

जाये तो अनुचित नहीं होगा। श्री देवेन्द्र सत्यार्थी ने अपने विचार व्यक्त करते हुए कहा था–"आज साहित्य लोगों से कट गया है, इसीलिए उसमें ताजगी कम है। इसी ताजगी और जीवन की तलाश के लिए आपको बार-बार लोगों से और लोक-साहित्य से जुड़ना होगा। ...रूपक की भाषा में कहूँ तो लोक-साहित्य ही हमारे साहित्य की गंगा है। जब-जब हमें मैल और प्रदूषण से मुक्ति पानी होगी या अपनी संकीर्णता से मुक्ति पाकर एक विराट प्रवाह से जुड़ने की इच्छा हममें जब-जब पैदा होगी, तब-तब इसी लोक गंगा में डुबकी लगानी पड़ेगी। दूसरा कोई रास्ता नहीं... अपनी आत्मा को शुद्ध करने और शक्ति पाने का।"

लोक-साहित्य में छोटे-बड़े, ऊँच-नीच सभी को प्रबोधित, प्रेरित और दिशादर्शन देने की अद्‌भुत क्षमता है जो संकेतों और प्रतीकों के माध्यम से बड़ी सहजता से व्यक्त होता है। लोक-साहित्य भक्ति, आस्था और मानवता से सम्पृक्त होता है। प्रकृति का सौन्दर्य और प्राकृतिक उपकरण उसकी अभिव्यक्ति के अंग और माध्यम बनते हैं। देवी-देवताओं को लेकर उनकी कल्पनायें अनूठी हैं जहाँ जन-मन अपने कल्याण के साथ सबके कल्याण की याचना और कामना करता है– 'जैसे उनके दिन फिरे वैसे सबके फिरें', 'सबका कल्याण हो उसके पीछे हमारा भी कल्याण हो', 'भगवान सबकी रक्षा करें' आदि वाक्य उदारता, सार्वजनीनता और विश्वबन्धुता के परिचायक हैं। लोक-साहित्य हमें सीख भी देता है। और सचेत भी करता है। यह बच्चों के कोमल मनों पर ऐसे संस्कार डालता है उन्हें निर्मल और उदार चरित्र के साथ जीना और मुसीबत के समय संघर्ष करना और मिलकर रहना सिखाता है। लोक-साहित्य न कभी पुराना होता है, न समाप्त होता है। उसकी धारा अजस्र और अनवरत है। हमें इसे आदर के साथ स्वीकारना और जीवन के साथ जोड़ना चाहिए। यह जीवन और समाज के लिए संजीवनी है।

घन घमण्ड और राम

घन घमण्ड गरजत नभ घोरा।
पियाहीन डरपत मन मोरा।

रामचरितमानस के अरण्य काण्ड की इन पंक्तियों को पढ़कर मैं अयोध्या नरेश राजा दशरथ के युवा राजकुमार राम की उस समय की स्थिति और मन:स्थिति की कल्पना कर रहा हूँ। नगरों और महानगरों की ऊँची जगमगाती अट्टालिकाओं में रहने वाले आज के सुविधाभोगी लोग उस स्थिति की कतई कल्पना नहीं कर सकते।

चक्रवर्ती राजा के वैभवशाली विशाल महल में जन्मे तथा स्वर्ण रजत-मण्डित विशाल प्रांगण एवं हरे-भरे वृक्षों, लताओं, फल-फूलों के मध्य खेले-कूदे, सैकड़ों सेवक-सेविकाओं से पालित-पोषित, सुधी गुरुओं, आचार्यों, विद्वानों से शिक्षित-दीक्षित, गुलगुले गद्दे-गलीचों, मखमली घासों में चलने-फिरने वाले ये राजकुमार राम वन-वन भटक रहे हैं।

नया-नया विवाह हुआ है। जनक जैसे प्रख्यात पिता की पुत्री को ब्याह कर अभी-अभी महल में प्रवेश किया है। चहुँदिश जै-जैकार और मंगलगान हो रहे हैं। पिता दशरथ ने सबसे परामर्श कर दरबार में नया युवराज घोषित किया है। आचार्य और मन्त्रिगण, अधिकारी और कर्मचारी तथा नगरवासी पूरे उत्साह से राज्याभिषेक की तैयारी में मगन हैं। मातायें अत्यन्त आह्लादित और उत्साहित हैं। राम को सभी प्रकार से सुसज्जित और अलंकृत किया जा रहा है। गुरु वशिष्ठ एवं आचार्यगण निर्देश दे रहे हैं। अचानक काली, अँधेरी, भयानक रात्रि आकर नये प्रभात को गहन शोक में बदल देती है। सर्वत्र, रुदन, शोक और हाहाकार मच जाता है। सारे लोग हतप्रभ हैं। कोई मार्ग नहीं सूझता है। जब समाचार फैलता है कि राम को चौदह वर्ष के वनवास की आज्ञा हुई है, वह भी माँ कैकेयी के आग्रह पर पिता दशरथ द्वारा। जिस पिता ने युवराज बनाकर राज्याभिषेक का आदेश दिया, उसी ने वनवास की आज्ञा दी। जो माँ सबसे प्यारी थी, वह निष्ठुर बन गयी। हाहाकार और धिक्कार के सिवाय कुछ सुनायी नहीं पड़ रहा। आज्ञा है कि सारे राजसी अलंकारों और वस्त्रों का परित्याग कर वल्कल वस्त्रों के साथ अकेले राम वन जायें। मातायें बिलख रही हैं। जानकी चेतनाशून्य भूमि पर असहाय पड़ी सिसक रही है। कोई किसी को

सँभाल नहीं रहा किन्तु राम आज्ञापालन के लिए कटिबद्ध हैं। बार-बार मना करने के बावजूद सीता साथ चलने का आग्रह कर रही हैं। किसी भी कीमत पर अयोध्या में रहने को तैयार नहीं हैं। लक्ष्मण ज़िद पकड़े हैं—मैं भी भाई के साथ जाऊँगा। राम मना कर रहे हैं। जंगल के कष्टों का बखान कर रहे हैं। अचेत पड़े माता-पिता की चिन्ता कर रहे हैं और कैकेयी वल्कल वस्त्र लिये खड़ी हैं।

राम-लक्ष्मण सीता वनवासी वेश धारण कर जंगल के लिए प्रस्थान करते हैं। कैकेयी ने, जिसके लिए इतनी क्रूरता दिखायी, वह भरत घर में नहीं, ननिहाल में हैं। सब कुछ अस्त-व्यस्त बेहाल। सबको अयोध्या सौंपकर तीनों चले गये। सब असहाय देखते रहे।

अब राम जनकनन्दिनी सीता तथा भाई लक्ष्मण के साथ जंगल में हैं। भटकते-भटकते, रास्ता पूछते चित्रकूट में अपना आवास बनाया। घनघोर बियावान जंगल। जंगली जानवरों की भरमार। रहने-खाने का कोई ठिकाना नहीं। घास-फूस की झोंपड़ी। घनघोर रात्रियाँ जागते, सोचते, भाग्य की लीला देखते, खण्डित सपनों की स्थिति का मुकाबला करते, पल-पल समय काट रहे हैं। कभी मन पिता के पास पहुँचता है, कभी माता के पास। सीता कभी अयोध्या के बारे में सोचती हैं, कभी पिता जनक और जनकपुर के बारे में। वाह रे विधाता! तेरी लीला अपरम्पार है। हिंसक जानवरों की भयावह गर्जनायें, राक्षसों के अत्याचार, सभी डरा रहे हैं। राजमहल में रहने वाले अब बेचारे होकर वनवासी जीवन जी रहे हैं। खाने-पीने, सुरक्षा की कोई व्यवस्था नहीं। सब भगवान भरोसे। ऊपर आसमान, नीचे घने जंगलों से युक्त पृथ्वी। कोई संगी-साथी नहीं। सब अपने को करना है। चौदह वर्ष थोड़े नहीं होते हैं। प्रतिकूल समय कठिनाई से कटता है, अनुकूल का पता नहीं चलता। जो समय गद्दों में हास-विलास करने का था, वह कुश-काँकरी भोग रहा है।

यहाँ तक तो ठीक। लो, घात पर दूसरा हादसा प्रतिघात। सीता का हरण कर लिया गया। लंकाधिराज राक्षस रावण छल कर सीता का अपहरण कर ले गया। परवश पड़ी सीता, असहाय सीता चीत्कार कर रही हैं। कौन सुनने वाला है। आखिर समुद्रपार लंका में कैद हो गयीं। इधर स्वर्णमृग को मारकर लौटते समय जब राम ने लक्ष्मण को देखा तो अनिष्ट की आशंका से आतुर भागते हुए कुटी में आये तो सीता को न पाकर सिर धुनकर रोने लगे। क्या चाहा था, क्या हो गया। कहाँ जायें, कहाँ ढूँढ़ें, किससे पूछें। जंगल में अपना कौन है? शोकातिरेक में व्यक्ति होश-हवास खो बैठता है। लक्ष्मण की समझ में नहीं आ रहा कि भइया को कैसे समझायें। पागल से हो गये राम। पेड़-पौधों, पशु-पक्षियों से पूछते हैं। योग से वियोग की यह विषम और गम्भीर स्थिति है। दु:ख और विपत्ति में जब व्यक्ति अकेला हो जाता है तो

उसकी व्यथा कई गुना बढ़ जाती है। राम एकाकी हैं। लक्ष्मण से कितनी बातें करें। आखिर पति-पत्नी के मनोभावों को व्यक्त करने में कुछ संकोच भी होता है।

हताश और दु:खी राम अब सीता के वियोग में अकेले हैं। उनकी मनोदशा गम्भीर है। वे विचलित हैं। अभी तक अयोध्या की याद आती थी, अतीत बार-बार सामने आता था। मन बहलाने के लिए सीता से बतिया लिया। अब सीता नहीं हैं। उनका अता-पता भी नहीं है। भविष्य बड़ा अनिश्चित और अन्धकार में है। अब अतीत की बजाय वर्तमान और भविष्य की चिन्ता है। सीता की एक-एक बात, एक-एक कार्य-कलाप, एक-एक अंग याद आते हैं। कैसी होगी, कहाँ होगी, क्या दशा होगी। वियोगी ही वियोग की व्यथा जानता है। हताश और निराश हैं। बरसात की रात है। घनघोर अन्धकार छाया है। आकाश में तारे भी नहीं हैं। हाथ को हाथ नहीं सूझ रहा। प्रकाश की कोई व्यवस्था नहीं। कहीं कोई हलचल नहीं। झमाझम पानी बरस रहा है। बिजली चमक रही है। बादल जोरों से गरज रहे हैं। हिंसक पशुओं की दहाड़ और बादलों की गर्जना राम को डरा रही है। राम को लग रहा है कि उसे एकाकी और असहाय पाकर सब उसके विपरीत होकर उसे दु:खी और भयभीत कर रहे हैं। मानो घमण्डी बादल उसे वियोगी जानकर चिढ़ा रहे हैं। हे अयोध्या के युवराज, अब मज़ा लो। यह भी जीवन का एक रूप है। सीता होती तो पास होने का सम्बल रहता। अब सीता की चिन्ता भी और अकेलापन भी। सिवाय रोने और सोचने के कोई चारा नहीं। कालिदास का समय होता और आषाढ़ के बादल होते तो शायद सन्देश भेज देते। यह तो भादौं की झड़ी लगी है। बादल कुछ सुनने को तैयार नहीं हैं। दु:ख में कोई साथ देने वाला नहीं होता। परमात्मा पर भी विश्वास डगमगाने लगता है। दु:खी व्यक्ति बार-बार अपने भाग्य को कोसता है। सोचता है शायद यह मेरे कर्मों का फल है। भाग्य का लेख है। मन जाने कहाँ-से-कहाँ पहुँचता है।

'घन घमण्ड गरजत नभ घोरा' जैसी पंक्ति पढ़कर मैं समझ नहीं पा रहा कि ऐसी विषम परिस्थिति में राम की मनोदशा को शब्दों में कैसे व्यक्त किया जाये? यहीं आकर शब्दों की सामर्थ्य चुक जाती है। उनका सर्वसमर्थ होने का अहंकार चूर-चूर होता जाता है। वे भी मौन करबद्ध खड़े प्रतीत होते हैं। कैसी बेचारगी है—राम की तरह शब्दों की भी। जब शब्द बेचारे हो जाते हैं तो आदमी रोता है, चीत्कार करता है, हाहाकार करता है। यही माध्यम बनते हैं आन्तरिक व्यथा को व्यक्त करने के। राम की मानसिकता देखिये, प्रियतमा के वियोग में भयभीत राम को लगता है कि बादल घमण्डी होकर गरज रहे हैं। पानी बरसना ही क्या पर्याप्त नहीं है? क्या गर्जना जरूरी है? बादल अपनी ताकत का प्रदर्शन कर रहे हैं। समय मनुष्य से अधिक बलवान इसीलिए कहा गया है। राम को लग रहा है कि आज वे सभी प्रकार

से असमर्थ हैं। जबकि दूसरे सभी सुखी और समर्थ हैं। राम का भय केवल अपने लिए ही नहीं है, प्रियतमा सीता के लिए भी है। कहीं वह इसी प्रकार की परिस्थिति में हुई तो क्या दशा होगी? उसके साथ क्या हो रहा होगा? ऐसी अँधेरी रात में उसकी क्या मनोदशा होगी? राम का मन कभी अपने जंगल की झोपड़ी में अपने को कोसता है और कभी दौड़कर सीता के पास पहुँचता है। जानना चाहता है कि हे जनकनन्दिनी तुम कैसी हो? तुम सोचती होगी कि किस अभागे के साथ ब्याही गयी। किस कुघड़ी में ब्याह कर आयी। फिर मन पलटता है–नहीं–नहीं, नहीं, सीता ऐसा कभी सोच ही नहीं सकती। वह तो अपने से ज्यादा मेरी चिन्ता से व्यथित और परेशान होगी। बल्कि, शायद सोच रही हो कि मैं जिद कर जंगल न आती तो शायद मेरे प्राणनाथ राम को यह दु:ख न झेलना पड़ता। यह दिन न देखना पड़ता। मन बड़ा चंचल है। वह करुणा और संवेदना के शब्द टटोलता रह जाता है। राम भी इसी स्थिति में घनों के घमण्ड का अनुभव कर रहे हैं।

भयभीत एकाकी मन एक ओर अनेक शोक-सन्दर्भित प्रसंगों, घटनाओं से घिर जाता है, दूसरी ओर अनिष्टकारी आशंकायें उसके मन के चारों ओर मँडराने लगती हैं। राम का मन भी कभी पिता दशरथ की मृत्यु की याद करता है, कभी विकल मातायें सामने आ जाती हैं, कभी व्यथित वियोगी भरत व्यथित करने लगते हैं। अयोध्या कैसी होगी? लोग कैसे रह रहे होंगे? कभी यही मन पलटकर शोक-सन्दर्भों को अपने से जोड़ता है। सीता कैसी होगी, जीवित मिलेगी या नहीं? कहीं जंगल में ही मेरी मृत्यु हो गयी तो लक्ष्मण का क्या होगा? शायद अब मैं अयोध्या नहीं लौट पाऊँगा। कोई दैवी-चमत्कार ही मुझे सीता से मिला सकता है और मैं भाई लक्ष्मण और सीता सहित अयोध्या जा सकूँगा। कैसे होगा यह दैवी चमत्कार? कुछ समझ में नहीं आ रहा। अनिष्टकारी आशंकाओं के कल्पना-पंख विशाल, बहुव्यापी और तीव्रगामी होते हैं। इन्हें नियन्त्रित करना सहज नहीं होता। राम भी आदमी हैं। इन सबसे मुक्त नहीं हैं। ऊपर से घनी अँधेरी रात। गरजते बादल। चमकती बिजली। पास बैठे लक्ष्मण की दीन दशा। कुछ कहते नहीं बनता। पर, आशा से आकाश टँगा है। आखिर इस अँधेरी रात का भी अन्त होगा। बरसात रुकेगी, बादल छँटेंगे। सूरज के प्रकाश के साथ नया प्रभात होगा। अँधेरा व्यक्ति को डराता है और प्रकाश आश्वस्त करता है, ऊर्जावान बनाता है। शक्ति और पुरुषार्थ देता है। एकाकीपन को भरता है। प्रकाश जीवन है और अन्धकार मृत्यु। प्रकाश आशा है, अन्धकार निराशा। मुझे लगता है कि राम इस समय इसी आशा और निराशा के द्वन्द्व से जूझ रहे हैं और घन घमण्ड लगातार गरज रहे हैं।

दुराग्रह साहित्य का धर्म नहीं

काव्य आनन्द का आधार है। इसके दो पक्ष हैं– आनन्द से काव्योद्‌भावना अथवा काव्य से आनन्दोद्‌भावना। इन दोनों में अन्तर होकर भी परस्पर एकत्व है। वैसे तो कहा गया है कि काव्य पीड़ा से उद्‌भूत होता है किन्तु यह पीड़ा उसी प्रकार की है जैसे सन्तान को जन्म देने वाली माँ प्रसव की पीड़ा से पीड़ित होकर कराहती तो है किन्तु उस पीड़ा के पीछे माँ बनने का जो आनन्द निहित होता है, उसकी उपेक्षा भी नहीं की जा सकती। इसलिए वेदनाधिक्य से परिपूर्ण मार्मिक रचना भी पाठक या श्रोता को आनन्दित कर रसमय बनाती है। राम बनवास, दशरथ मरण, हरिश्चन्द्र– शैव्या– प्रसंग, कुणाल की कथा आदि मार्मिक रचनायें होकर सर्जक से लेकर पाठक तक सभी को आनन्दित करती हैं और जन मानस उन प्रसंगों को पढ़कर अथवा मंच पर देखकर वाह–वाह कह उठता है। स्पष्ट है कि सृजन की पीड़ा की अभिव्यक्ति में भी आनन्द निहित होता है। पण्डित रामचन्द्र शुक्ल के अनुसार ''कविता की मुक्तावस्था वस्तुतः आनन्द है।'' वे यह भी मानते हैं कि 'कविता इतनी प्रयोजनीय वस्तु है जो कि मानव के अन्दर किसी–न–किसी रूप में पायी जाती है।' हरिऔध भी स्वीकार करते हैं कि कविता से विशिष्ट प्रकार की आनन्दानुभूति होती है–

देती है भर भव में सरसता कान्तोक्ति में मुग्धता
खोती है तम तोम आलोक उर का दिखा
कानों में चित में विमुग्ध मन में ढाल पाती सुधा,
हो दिव्या सविता समान कविता देती है महानन्द।

सृजन का मूल उद्देश्य : आनन्द या चेतना–संस्कार

यह एक विचारणीय तथ्य है कि काव्य अथवा सृजन के किसी अन्य रूप का अन्तिम उद्देश्य क्या मात्र आनन्द ही है? क्या मनोरंजन मात्र से लक्ष्य की पूर्ति हो जाती है? निश्चित रूप से इससे सभी सहमत होंगे कि केवल आनन्द ही काव्य का लक्ष्य नहीं है, अपितु युग जीवन को स्वर और स्वरूप देना तथा भविष्य के लिए अधिक सुखद और कल्याणकारी वातावरण की संरचना करना ही सृजन का उद्देश्य है। मानव–हित से वंचित रचना सर्वस्वीकृत नहीं बन सकती। कई विद्वानों का विचार है कि मानव–हित को सर्वोपरि मानने से आदर्शों के साथ उपदेशों का होना स्वाभाविक है। परिणाम

यह होगा कि जीवन का यथार्थ सामने नहीं आ सकता। यथार्थ के बिना आदर्श कोरे खोखले संवेदना-शून्य शब्द रचना मात्र रह जायेंगे। राष्ट्रकवि मैथलीशरण गुप्त का विचार है कि काव्य में मनोरंजन की बजाय समुचित उपदेश का भी भाव होना चाहिए-

केवल मनोरंजन नहीं कवि कर्म होना चाहिए।
उसमें उचित उपदेश का भी मर्म होना चाहिए।

जबकि गोस्वामी तुलसीदास की स्थापना है कि जिस काव्य में सर्व कल्याणकारी भावना निहित है वही कविता सार्थक और स्वीकार्य है- 'कीरति भनिति भूति भल सोई। सुरसरि सम सब कहँ हित होई।' मुंशी प्रेमचन्द का मानना है कि "रचना में आदर्श और यथार्थ का ऐसा समन्वय होना चाहिए जिसमें अभिव्यक्ति की विश्वसनीयता बनी रहे। कोरे यथार्थ में जीवन के सौन्दर्य का अभाव रहता है और थोथे आदर्श में जीवन अनुपस्थित रहता है।" दोनों ही स्थितियाँ घातक हैं। सृजन में यथार्थ और आदर्श दोनों आवश्यक हैं। वे उपदेशक प्रवृत्ति को बहुत अच्छा नहीं मानते।

भारतीय संस्कृत साहित्य के आचार्यों तथा पाश्चात्य विद्वानों ने काव्य पर एक अलग-अलग मत व्यक्त किये हैं। भामह कहते हैं-

धर्मार्थ काम मोक्षाणाम् बैचक्षण्यम् कलासु च।
प्रीति कीर्ति करोति साधु काव्य निवेदताम्।

आचार्य भरत मुनि की दृष्टि भामह से थोड़ा अलग प्रतीत होती है। भामह में धर्म, अर्थ, काम, मोक्ष, विलक्षणता आदि है तो भरत काव्य को आनन्द के निकट प्रतिष्ठित करते हैं-

दुःखार्तानाम श्रमान्तानाम् शोकार्तानाम तपस्विनम्।
विश्रान्ति जननं लोके नाटयमेतद् भविष्यति।

आचार्य दण्डी का विचार है कि-

नैसर्गिकी च प्रतिभाश्रुतं च बहुनिर्मलम्।
अमन्दवृचभियों गोस्या कारणं काव्य सम्भवा।

वामन उसे सद्दृष्टि तथा प्रीति-कीर्ति से जोड़ते हैं-

काव्यं सद्दृष्टा प्रीति कीर्ति हेतत्वति।

कुन्तक,चतुवर्ग के फलास्वाद की बात कहते हैं-

चतुवर्गा फलास्वाद भव्यति क्रम्य तद्धितम्।
काव्याज्ञा शिक्षाभ्यास परमा जन्यते।

राजखेखर लोक विद्या की बात कहते हैं- "लोकोविद्या प्रकीर्णच। काव्यांगनि।"

आचार्य मम्मट ने तो काव्य प्रयोजन में सभी कुछ समेटने का प्रयास किया है- "काव्यं यशसे अर्थकृते व्यवहार विदे शिवेतरक्षतये सद्यः परिनिवृत्तये कान्ता सम्मति योपदेश युजे" उनका सर्वाधिक लोकप्रिय अंश है। आचार्य भिखारीदास ने भी अपने

विचार व्यक्त करते हुए कहा है काव्य वही श्रेष्ठ है जो बुद्धिजीवियों को सुख प्रदान करे–

एक लहैं तप पुंजन के फल ज्यों तुलसी अरु सूर गोसाई।
एक लहैं सुख सम्मति केशव, भूषन ज्यों वर वीर बड़ाई।
एकन्ह को जस ही सो प्रयोजन, ज्यों रसखान रहीम की नाई।
दास कवित्तन की चरचा बुधिवन्तन को सुख दे सब ठाई।

कहने का आशय यही है कि संवेदनशील व्यक्ति मन की अनुभूति की अभिव्यक्ति ही कविता है जो आनन्द और चेतना के साथ श्रेष्ठ जीवन के संस्कार प्रदान करती है और जहाँ व्यक्ति समष्टि में तथा मैं, ''हम'' में परिवर्तित हो जाता है। यही समरसता की रसदशा है। पहचान का विलीनीकरण ही रस की सर्वोच्च अवस्था है जो व्यापक और सार्वजनीन होती है। पं. रामचन्द्र शुक्ल इसे उदात्त और अवदात्त कहते हैं। उनके मतानुसार ''रसानुभूति प्रत्यक्ष या वास्तविक अनुभूति से सर्वथा पृथक कोई अन्त:वृत्ति नहीं है, बल्कि उसी का उदात्त और अवदात्त स्वरूप है।''

अनुभूति का आवेग ही कविता

अनुभूति का आवेग जब भी तीव्र होगा वह शब्दों में ढलकर सामने आयेगा। उसे रोक पाना बड़ा दुष्कर होता है। 'मैं' प्रवाहित हो जाता है। जॉन कीट्स ने स्वीकार किया है कि ''काव्यात्मक चरित्र में न 'स्व' होता है, न चरित्र। उसमें सभी कुछ है और कुछ नहीं है। अन्धकार और प्रकाश दोनों ही उसे प्रिय हैं। वायरन तो इसे ''कल्पना का विस्फोटक पदार्थ मानते हैं।''

काव्य में सर्वाधिक महत्त्वपूर्ण है अनुभूति। जीवन के अनेक प्रसंगों से गुजरते हुए संवेदनशील अन्तर्जगत में जब प्रेरणा और कल्पना का प्राबल्य पाकर अनुभूति प्रखर होगी तभी कविता का सृजन होगा। ऐसे आवेगों से प्रस्फुटित हुई रचना किसी विधि-विधान को स्वीकार नहीं करती। वह तो स्वन्छन्द और निर्बन्ध प्रवाह है जो अपनी प्रखर धार में सबको रस-सिक्त करता हुआ अनन्त की यात्रा के लिए निकल पड़ता है। रास्ते के व्यवधान उसे प्रभावित तो करते हैं पर रोक नहीं पाते। वर्ड्सवर्थ के मतानुसार ''श्रेष्ठ कविता सशक्त भावनाओं का स्वत: स्फूर्त उच्छलन है।'' जान कीट्स की स्थापना है कि ''काव्य प्रतिभा मनुष्य से मुक्ति का मार्ग स्वयं निकाल लेती है। उसे विधि-विधानों और आदेशों द्वारा नहीं, वरन् संवेदनाओं और उसके प्रति सावधानता द्वारा ही परिपुष्ट किया जा सकता है।'' वाणभट्ट ने तो उसे और भी कलात्मक तथा रोचक ढंग से प्रस्तुत किया है–

कथा कलालाप विलास कोमला करोति रागं हृदि कौतुकाधिकम्।
रसेन शैय्या स्वयम्भयुपागता कथा जनस्याभिनवा वधूरिव।

सृजन : जीवन अनिवार्य का तत्त्व

जिस प्रकार व्यक्ति को देखने-समझने की रसज्ञ की अपनी-अपनी भाव-दृष्टि होती है, उसी प्रकार रचनाकार की भी अपनी अलग-अलग भावभूमि और भाषा-शैली होती है। अभिव्यक्ति को एक खाके में रखकर नहीं समझा-परखा जा सकता। जयशंकर प्रसाद ने एक अत्यन्त महत्त्वपूर्ण तथ्य की ओर इंगित करते हुए लिखा था कि जीवन और समाज में व्याप्त विषमता ही सभी दुःखों और पीड़ाओं का कारण है। सारे संसार की उथल-पुथल के मूल में यही विषमता है। सुख-दुःख की यही स्थितियाँ जीवन का सत्य हैं जिन्हें प्रकृति का वरदान भी माना जा सकता है। कर्म चेतना का उद्‌भव इसी से होता है। जो सर्जना या कला अकर्मण्यता या समाज विमुखता अथवा पलायन की ओर ले जाये वह जीवन्त और सार्थक नहीं मानी जा सकती। सृजन जीवन का अभिन्न और अनिवार्य तत्त्व है। कला को केवल कला मानना, आनन्द, और मनोरंजन की वस्तु मानना आज के वैज्ञानिक युग में सर्वथा एकांगी और अव्यावहारिक है। आज कविता दरबारों के आकर्षण और बन्धन तोड़कर आमजन में गहराई से जुड़ी है। वह एक-एक तथ्य-सत्य को बेहरमी से उघाड़ने और सामने लाने में तनिक भी नहीं हिचकती। गुत जी ने तो बहुत पहले कहा था कि—

मानते हैं जो कला को बस कला के अर्थ ही।
स्वार्थी करते कला को व्यर्थ ही।

श्रीमद्‌भागवत में कहा है कि ज्ञान प्रधान है किन्तु वह ज्ञान किसी काम का नहीं जो कर्महीन हो या कर्म-विमुख करता हो। इसी प्रकार कर्म प्रधान है किन्तु बुद्धिहीन कर्म ही निरर्थक है। बुद्धि-विवेक-सम्मत वह ज्ञानकर्म ही वरेण्य है जो जीवन और समाज से जुड़कर जनमानस को समता और पारस्परिक सद्‌भाव के साथ संवेदनशील और चेतना-सम्पन्न बनाने की भूमिका निभाये। वर्ग-वर्ण जाति, विपन्न-सम्पन्न आदि सभी वहाँ मानवता की पीठिका पर प्रतिष्ठित होते हैं। प्रेमचन्द के अनुसार जहाँ "आदर्श और यथार्थ समन्वित, प्रतिष्ठित और व्यापार भावना के लिए कोई स्थान न हो।" प्लेटो ने इसी को ध्यान में रखकर कहा था कि "वह ज्ञान पाप हो जाता है जिसका उद्देश्य शुभ न हो।

नया सोच : कितना शुभ, कितना अशुभ

उद्देश्य का शुभ और अशुभ होना बहुत कुछ काल, स्थान और पात्र सापेक्ष माना जा सकता है। विकास के साथ युगानुरूप अभिव्यक्ति के शुभ-अशुभ रूप स्वीकारे जाते रहे हैं। इसी सृजन की विकास यात्रा में कला और काव्य के,भाषा और संस्कृति के

विविध रूप देखने को मिलते हैं। आज रामायण और महाभारत की कथा और उसके पात्रों पर प्रश्नचिह्न लगाये जा रहे हैं जबकि अपने रचनाकाल में वे युग जीवन से गहरे जुड़े थे और आज भी उनके अधिकांश सूत्र सम्यक् दिशा-निर्देश और प्रेरणा देने में पूर्ववत् सक्षम हैं। ज्ञान और विज्ञान तथा वैश्विक सोच में इतना साहस अवश्य जुटा लिया है कि वह आज राम और कृष्ण को भी कठघरे में खड़ा कर रहा है। हालत यहाँ तक पहुँच गयी कि धर्मनिरपेक्षता और प्रगतिशील सोच का दावा करने वाले कुछ ज्ञानियों ने "सरस्वती वन्दना" तक का बहिष्कार कर दिया। ज्ञान और ज्ञान की देवी में भी साम्प्रदायिकता के दर्शन करने का आधार समझ से बाहर हैं। इसके पूर्व राष्ट्रध्वज, राष्ट्रगान, राष्ट्रग्रन्थ के साथ दुर्व्यवहार किये जाते रहे हैं। स्वार्थी राजनेताओं द्वारा किया गया इस प्रकार का आचरण उतना दुःखदायी नहीं लगता जितना साहित्यकारों द्वारा इस प्रकार के संकुचित और स्वार्थी आचरण को समर्थन देने से पीड़ा होती है। सर्जक की विकृत दृष्टि और सोच सारे समाज को विकृत करती है। प्रश्न खड़े करना अशुभ और आपत्तिजनक नहीं है। हर युग की चेतना-शक्ति अपने भीतर उपजे प्रश्नों के उत्तर तलाशती है। वह औचित्य-अनौचित्य पर विचार करती है और समाधान न मिलने पर प्रश्न खड़ा करती है। युग-चेतना को उसका उत्तर देना पड़ता है। क्या आज राम-वनवास और सीता-निर्वासन स्वीकार होगा? क्या कृष्ण की सभी लीलायें मात्र श्रद्धा के बल पर स्वीकार कर ली जावेंगी? इन प्रश्नों पर दुःखी या चिन्तित होने की जरूरत नहीं है। सभी को स्वतन्त्र विचार का अवसर मिलना चाहिए। यही प्रश्न भविष्य का मार्ग तलाशते और प्रशस्त करते हैं। शर्त यही है कि प्रश्न और विरोध किसी दुराग्रहवश मात्र विरोध के लिए न हो, जबकि आज ढूँढ़कर-ढूँढ़कर विरोध के बिन्दु खोजे और उठाये जा रहे हैं।

दुराग्रह घातक है

दुराग्रह शुभ का हो या अशुभ का, बुरा होता है और परिणाम भी अनर्थकारी होता है। सृजन और चिन्तनकर्मी दुराग्रह के समर्थक नहीं रहे। दुराग्रह का विरोध विकास का पहला चरण है। आज साहित्य में नारियों, दलितों, उपेक्षितों, शोषितों को उठाने, पूँजीवाद, सामन्तवाद, उपनिवेशवाद को समाप्त करने का विश्व-अभियान जोरों पर है, परन्तु दूसरी ओर अपनी अतीत की उपलब्धिओं और परम्पराओं को भी नकारा जा रहा है। सम्पूर्ण परम्परा और चिन्तन को ब्राह्मणवादी और दलित विरोधी कहना, गाँध के प्रदेय को साम्प्रदायिक और संकुचित बताना सारे वांगमय को एकांगी कहना कहाँ तक उचित है? हमारी आध्यात्मिक, सांस्कृतिक साहित्य सम्बन्धी सुदीर्घ प्रदेय परम्परा को सामान्य जन-विरोधी और मनुवादी या सामन्तवादी कहकर नकारना दुराग्रह नहीं तो क्या है? क्या हम अतीत को छोड़कर अपना और समाज का हित

कर सकते हैं? अतीत वर्तमान और भविष्य एक ही सूत्र के तीन आयाम हैं, जो पूर्णतः अभिन्न हैं। एक के बिना दूसरा पूरी तरह से विकलांग और दीन-हीन है। अतीत हमारी सम्पदा है जिससे हम अपने लिए उपयोगी सूत्र का चयन कर वर्तमान को समृद्ध बनाते हुए भविष्य की संरचना करते हैं। विवाद और विरोध से विवाद और विरोध को ही बढ़ावा मिलता है अतीत को पूर्णतः अस्वीकार कर हर क्षेत्र में नयी स्थापना कतई सम्भव नहीं है। हमें संवाद और समाधान का मार्ग अपनाना चाहिए। अतीत की भूमिका पर वर्तमान का निर्माण युगानुरूप किया जाना चाहिए। इससे मानव जीवन की यात्रा अखण्डित बनी रहती है। महादेवी जी का स्पष्ट कहना था कि अतीत के बिना वर्तमान की कल्पना सम्भव नहीं है–

"अपनी धरती की गहराई में जड़े रखने वाले पौधे किसी भी दिशा से आने वाले पवन के उष्ण या शीतल झोंकों से खेल लेते हैं। वर्षा की झड़ी और कठिन धूप को भेंट लेते हैं। यदि वे अपनी धरती का आधार छोड़ दें तो न मलय समीर उन्हें जीवित रख सकेगा और न वर्षा का अमृत जल। धनुष पर बाण को सन्धान कर जब तक उसे पीछे कान तक नहीं खींचा जाता, तब तक उससे लक्ष्य-बेध सम्भव नहीं होता। पीछे का पग धरती पर जमाये बिना न आगे का उठाया जा सकता है और न एक डग आगे बढ़ा जा सकता है। गत युगों की उपलब्धियों के प्रति उपेक्षा भाव को अपनी भावी प्रगति की शपथ मानकर हमने अपने-आपको दिग्भ्रान्त ही किया है, क्योंकि बिना वर्तमान के अतीत गतिहीन है और अतीत से विच्छिन्न वर्तमान दिशा निर्देश हीन हो जाता है। मानव के सूक्ष्म से लेकर उसके प्रत्यक्ष कर्म तक जो परिष्कार का क्रम आदिम युग से चलता आ रहा है, वही मानव संस्कृति है और यह समः कृति निर्मित वस्तु न होकर निर्माण परम्परा ही रहती है।"

यह भी ध्यान रखना होगा कि दुराग्रह विवेक को असन्तुलित कर व्यक्ति के सोच को असंयत करता है। साहित्यकारों को इससे बचना होगा ताकि समाज का हित बाधित न हो।

बुढ़ापा

(एक सत्तर वर्षीय वृद्ध के जोर-जोर से कराहने की काँपती हुई आवाज)

दद्दा : आ...ह...आ...हा... । ओ...हो...हो...ओ...हो... । हे...रा...म । हे...रा...म । ब...ड़ा...द...र...द है । मे...रे...रा...म । (सर्वत्र दद्दा की आवाज काँपती हुई ही है ।) (किसी के आने की आवाज)

बड़कू : का बात है ? काय खां चिल्ला रये ? तुम्हारे मारे तो चैन से खाबो-पीबो हराम है ।

दद्दा : अरे...ब...ड़...कू । जा...न नि...क...ल रई है ।

बड़कू : जा सुनत-सुनत तो सालन बीत गये । जान निकल रई, जान निकल रई । निकलै तब न । न मरैं न माचा छोड़ें ।

दद्दा : अपने...हाथ...हो...तो...तो...जा...ने...क...ब को चलो... गओ...होतो भइया । भगवान...उठाये...तब न... । मैं...तो... मन...से...मर...बो...चा...ह...त हौं ।

बड़कू : हौ-हौ । सुन लओ । बताओं का तकलीफ है ?

बहू : (बहू के आने की आवाज) कहने-सुन्ने कछु नईं । बस, दिन-भर चिल्लाने । दुनिया-भर को सुनाने । मर गओ, मर गओ । हाय-हाय, हाय-हाय । जी से दुनिया जाने कि दद्दा खां बड़ी तकलीफ है और कोऊ ख्याल नईं कर रओ । जनम के कुलच्छिनी आयं । सब कोऊ जानत हैं ।

दद्दा : ऐ... सी... न कहौ बहू... । हमाई जै...सी...से...वा...हो रई सो हमइ जानत । कै भगवान जानत हुई है ।

बहू : हाँ-हाँ । भगवान को सुमरौ । सराप देव । अब जोई तो बाकी रह गओ है । माल की पोटरिया छोटका खां सौंप कै अब इतै-दुनिया खां तमाशा दिखा रये । बदनामी होय तो लड़का-बहू की होय ।

दद्दा : मैं... घण्टा... भर से...पा...नी...पानी...चिल्ला...रओं । कोऊ...सुनबे बारो नईं आय । गला सूक रओ । हाय...हाय... ।

बड़कू : मटकिया तो भरी रखी । तुम लै नहीं सकत ? तनक उठा-बैठा करे ।

बहू : जा न कहो । चलबे-फिरबे, उठबे-बैठबे की न कहौ । भारी बीमार आयं । उठकें पानी लौं नईं पी सकत । कभऊँ करो होय तो करैं ।

बब्बा : ऊ... मटकिया खां कुतिया जुठार गयी । अब मैं ऊ को पानी कैसे पी

तों। तुमई बताव बहू।

बहू : पीबे खां तो सब पीओ जात। हम औरैं लरकन-बच्चन को जूठो दिन-भर नईं पियत? जइसे लरका बच्चा ऊंसई कुतिया। अपने घरई की तो आय।

बड़कू : अच्छा-अच्छा। तुम चुप करो। तब से बकर-बकर लगी है। मोखां बात करन देने कि नईं। नईं तो तुमई सब संभार लो।

बहू : मोय का कन्ने। तुम जानो और तुमाए दद्दा। मैं कौन होत दार-भात माँ मूसर-चन्द। सेवा-सफाई होय तो मैं करों। बात-बात मां भीतर-बाहर दौरों। औ कछू न्याय-निभाव की बात करों तो बकर-बकर हो जात। अब तुम जानो औ तुमाऔ काम। हम जा रये। (गुस्से में जाने की आवाज)

बड़कू : दद्दा! का तकलीफ है? तनक बताओं तो, तबई कछू उपाय-जतन हुई है। खाली हाय-हाय करबे-चिलाबे से कछू नईं होने। दुनिया तमाशा और देखै।

दद्दा : मोय पेट मां भारी दरद है। चैन नईं परई। कछु खा-पी लौं नईं सकत। बुखार सोई चढ़ौ।

बड़कू : तुमसे कई ती कि अजवाइन नमक खा लो। पुदीना पी लो। आराम लग जै है। सो तुमने न करो।

दद्दा : करो तो भइया। करो तो। रातैं खाओं। सुबह से दो-दो बार खा लओ। कछू आराम नहीं लगो। दर्द बढ़ गओ।

बड़कू : औ...बा अकौवा से सेंको औ धुँआ लओ-जौन जतन काका बता गये ते? उन्हें ऊसे सर्तिया आराम लगो तो।

दद्दा : अब बा अकौवा लेबे मैं कहाँ जातो? कैसे जातो? हिम्मत नहीं परी।

बड़कू : हिम्मत नईं परी तो जतन काका से कह देते। बे ले आते। ऐसें परे-परे तो चीज अपने-आप उठकै न आ जै है। न काऊ को सपनों होत कि दद्दा खां का चाउनें।

दद्दा : जा बात नईं आय। जतन लौं गओ तो। मिलो नईं। मिठुआ से कई, सो वो लाओ नईं। बहू से कही तो ईने अनसुनी कर दई।

बड़कू : तो मैं आज संझा को ले आहौं। ऊ को धुआँ लेव। सैकंतई आराम लग जै है।

दद्दा : तुम कह भले रहे। हम चार-चार बेर सेंक ले हैं। बाकी मो को विस्वास नईं आय। झार-फूँक सेंक सब मामूली चीजन के लाने आयं। बड़ी तकलीफन मां तो बैद डाक्टरई काम आउत।

बड़कू : तो चलौ। मैं तुम खां गट्टानी डाक्टर लौं पौचाए देत। तुम उनकी दवा लेव।

दद्दा : ऊंकी दवा लयें से का फायदा? केस बेगारने होय सौ ऊकें लौं जाव।

ऊखों कछू आउत-जात है का? बा तो सड़क छाप आय। डाक्ट्र बनो है। (बहू के आने की आवाज)

बहू : दुनिया-भर को इलाज कर रओ सो ऊंसई आय। बुधिया की मताई को चार दिना से बोखार हतो, सो एकई दिना में ऊके इलाज से चंगी हो गई। मोहना को फोरा तुरतई सूक गओ। कित्तन को बतावें। ऊकी दवा से सब ठीक होतं औ इनके लाने बा बेकार हो गओ।

दद्दा : बहू। मैं तुमसे बहस नईं करो चाहत। तुमने देखों नईं आय-मिसर को मोंह ऊकी दवा से ऐसो फूलो कि झाँसी जानें पड़ों। कलुआ के लरका को इलाज हप्ता-भर करो। ऊके दस्त ठीक न भये। जान चली गयी। छितिया की मताई की आँख ऐसी बेगारी कि जनम-भर खां कानी हो गयी। का...का गिनाइये।

बड़कू : लोग तो गट्टानी की तारीफैं करत। जाने कितने लोगन से सुनी।

दद्दा : हम तुमसे एक बात कहत। अबै के लाने और सदा के लाने। दवा-दारू अच्छे डॉक्टर-वैद से कराओं चइये। सड़क छाप लूटबे की दूकानें आयं खोले हैं। बेई बुखार उतारत, औ बेई इतवार-बुधवार झारत। अब जो ढोंग न होय तो का आय? अबै तुम ओरन की समझ मां ना आहै।

बहू : तौ इन्हें डिल्ली ले जाव, जहाँ परधान मन्त्री को इलाज होत। अपनो घर-द्वार को ख्याल नईं, डॉक्टरन को बखान करत। घर खाबै को नईं, अम्मा भुनाबे चलीं। अच्छे डाक्टरन के लाने थैला भर रुपैया चइये। निकालो गाँठ से।

दद्दा : मोये पास होते तो तुम ऐसी कह लेतीं-बहू? समय आय। पौरुख थक गओ। काम-धाम बेगर गओ सो सब सुनने परत। नईं तो हमने का-का नईं करो। का नईं कमाओं।

बहू : हमें तो कछू न देखानो। जब से आये, तब से हाय-हाय। बई टूटी खटिया, टूटी छपरी, गइयन खां चारा-भूसा। खाबे खां सूखी रोटी। कछू गहना गढ़ाओ होय तो बताओं?

बड़कू : जबै गहना गढ़ाबे लायक हते तबै छोटका, छोटका की बहू, अम्मा औ बिटिया देखात तीं। अब जब उतै से लातैं परीं तो इतै आ गये जान खाबे।

दद्दा : तुमाई मताई न मरती तो तुम ओरन को जो सब करबे को मौका काय मिलतो। मताई मरी, ओई साल बाढ़ आई, सो सब बह गओ। फिर तीन-तीन बिटियन को ब्याव करो। ऊमें जो हतो सो बिक गओ। मताई मेहनत मंजूरी से गुजर चलाउत ती। न छोटका को कछू बाँध दओ, न तुमाओं कछू छुड़ा लओ।

बहू : तो उतई रहते। शहर हतो। सुभीता हतो। सब दवा-दारू हो जाती। इतै गाँव मां का करबे आ गये? उतै से भगाओं सो इतै आन परे।

दद्दा : बहू-हमसे साफ-साफ न कहवाओ। कैहें सो बुरो लग जैहे। जौन खेती

मां तुम मजा कर्रई बा हमाई आय। कहूँ और से नईं आयी। बड़का तनक पढ़ो-लिखों हतो, सो पटवारी से मिलकै हमाये और छोटका के अँगूठा लगवा के अपने नाम लिखा-पढ़ी कर लई। औ हमैं औ छोटका खां अँगूठा बता दओ। हम पढ़े होते तो जा दिन काय खों देखते।

बड़कू : औ हमने मोहनी, कलिया, ममता के ब्याव में अपनी कमाई के रुपैया लगाये सो ऊको कछू हिसाब नईं आय।

दद्दा : लगाओ है। जरूर लगाओ है। बे का तुमाई बहनैं न हतीं? उनके लाने तुमाओं कछू करम-धरम नईं बनत?

बड़कू : बनत है, काये नईं बनत। पैदा तुम करो औ धरम-करम हम निभायें?

दद्दा : पैदा करबो अपने हात नईं होत भइया। सब भगवान की मरजी से होत।

बहू : करौ खुद औ भगवान को नाम लेव। लोगन की का लीला है।

दद्दा : लीला तो तुमने औ हमाये खुद के लरका बड़का ने करी। खेती अपने नाम करकें हमें, छोटका को औ छोटका की मताई को अलग करके भगा दओ।

बड़कू : हमने तुमैं भगा दओ कि तुमने हमैं अलग करो?

दद्दा : जब तुमने खेत हथिया लये, आमदनी सबरी लै लई, हम दाने-दाने खां तरस गये, तो का करते? पेट के लाने भागने परो।

बहू : भागे तो भागे रहते। अब काये खां आ गये?

दद्दा : आ गये। मजबूरी मां आने परो। घर वाली चली गयी। पौरुख थक गओ। काम होत नईं। छोटका के चार-चार लरका-बच्चा हो गये। घर छोटो, कमाई छोटी। कहाँ परैं, का खायें। सो आने परो।

बड़कू : आये हौ, तो चुपके परे रहो। रोज जा रमायन काये सुनाउत।

दद्दा : मैं नईं सुनाउत। जा रामायन न होय। दरद आय, सो बार-बार निकर परत।

बहू : जो नईं कि मन्दिर जाव, भजन करौ। घूमो-फिरौ। अच्छी बातें करौ। बस, हाय-हाय रोबो औ गाथा गाबो। मैंने जो करो, मैंने बो करो।

दद्दा : जेई शरीर से बीस-बीस घण्टा काम मैंने करो। पूरी गिरस्ती अकेले कमाई में चलायी। दो-दो मन को बोझ उठाके दौरत चलत तों। कहूँ हार नईं मानी। समय सब करा लेत। सबकी सुनने परत। हाथ-पाँव चलते तो काये को कह लेतीं। अपनईं खून से दुःख-सुख मिलत।

बड़कू : दद्दा, तुम बहुत बढ़-बढ़ कै बता रये। मैं चुपचाप सुन रओ। हमने तुम्है का दुःख दै दऔ? ऊने घूमबे-फिरबे की, मन्दिर जाबे की कह दई तो का बुरओ कई?

दद्दा : कछू बुरओं नईं कई। अच्छी कही। पर भइया, इत्तो समझ लो कि जब

घरै इज्जत होत, तो लोग बाहर भी ख्याल करत। मन्दिर जाव तौ लोग हिकारत से देखत। पुजारी कह रओ तो कि तुम इतै आकै खाँसत-थूकत। मन्दिर में जो ठीक नईं। घरै रहे करे। घर म इज्जत नईं तौ कहूँ नईं।

बड़कू : ठीक तो कई पुजारी ने, मन्दिर को कानून-कायदा तो मानने आहै। इज्जत बनाबे से बनत। बजार में नईं मिलत। तुम इज्जत से रहौ, तो लोग तुमैं इज्जत दे हैं। बुराई करहौ, तो बुराई मिल हैं। तुम्हाये संग के बदलू कक्का हैं, छगन पण्डित हैं, मनकू लोहार है-अस्सी-अस्सी साल के ऊपर हो गये। चल-फिर-दौड़ रहे। न खाँसना, न खूँसना। हँसत-बोलत। अच्छी-अच्छी बातें करत। कहूँ उन्हें रोउत-परत देखो है?

दद्दा : सो, उनके लरका-बच्चा-बहुयें उनकी केत्ती देख-भाल करत। हाथन में लये रहत। टेम-टेम से खाबो, सोबो। उनके इतै चैं...चैं नईं आय।

बहू : सो, चें...चें को करत? तुमई आल्हा गाउत रहत। जो नईं भओ, वो नईं मिलो। कमा के धरते तो हम भी टेम-टेम से हलुवा बनाके खवाउते। हाँऽऽ। जैसो करो-सो भोगो।

दद्दा : सो, मैं कहाँ हलुवा-पूरी-दूध की फरमाइश करत। सुबह-शाम दो रोटी मिल जायँ, सो बहुत है। बीमारी-धमारी तो हमाये हाथ है नईं। भगवान को जित्तो दुःख देने होय, सो देय। हम तो भोगई रहे।

बहू : कछू भगवान देत और कछू तुम खुद बनाउत। ऊ दिना कही ती, चना भुट्टा न खाव। नुकसान कर है। सो माने नईं। पहले दस्त लगे, अब पेट-दर्द बन गओ। बोई से बुखार हो गओ।

दद्दा : चार दाना चना और आधा भुट्टा हमाये लाने जहर हो गओ। लोग तो जाने का का खात। मिठाई-पूरी तो हमने खाई नईं कि हमैं दोस लगै।

बड़कू : सादी रोटी तो हजम नईं होत, हलुवा-पूरी की रट लगाउत। हम तो भैंसे बाँध दें। खाओ रोज हलुआ। पचाबे-करबे को बूता तो होय।

बहू : तुम तो लाके इनके गरे मुर्रा बाँध दो। चरावें, दुहैं, खायं। पचै, चहै मरें। होंईं खेत में रख दो। न देखैं, न लगै। आँख ओट पहार ओट। रोज-रोज की चक-चक से जान छूटै।

दद्दा : जान तो मरबे पै छूट है बहू! बड़कू से कहो हमैं दवा की जगा जहर लाके दे-दे, तो हमाई छुट्टी भई। औ तुम लोगन खां चैन मिली।

बहू : मर भी जै हौ तो भूत बनकै हैरान कर हौ। आतमा में कालिख भरी है। जल्दी पिण्ड न छोड़हौ। हम जानत हैं।

बड़कू : बिना करम-दण्ड भोगे मौत नईं मिलत दद्दा। जब सब भोग ले हौ तबई जै हौ। सरग-नरक सब इतई है। जैसी करनी बैसी भरनी।

दद्दा : जा बात तो सोलह आना सही है। हम कहाँ कैरये। करो हुई है सो भोग रहे। जा सबई के साथ लगो है। सौ तुम लोग तो ऐसो न करो कि भोगने परै।

बहू : हमने कछू ऐसो नईं करो कि भोगन परै।

दद्दा : बूढ़ो आदमी देवता बरोबर होत है। ऊकी सेवा करबे को पुन्न अलग है। हमाई आखरी बेरा है। आशीर्वाद लेव। जी न दुःखावो। जो दूसरन को जी दुःखाउत, उन्हैं दुःख भोगने परत।

बहू : तुम धरे रहो अपनो उपदेश। अपनी गाथा। हमैं हजार काम हैं। तुमाये पीछे हमाई गिरस्ती बेगरी जात। तुम जानो, तुमाओं लरका जानैं। लै जाओ जी! जहाँ जाबो चाहैं, उतै लै जाव। जब तक हैं तब तक तो भोगनेई हैं। (जाने की आवाज)

बड़कू : हौ-ठीक है। कपड़ा पहन कै अबई लै जा रओं। दद्दा चलो। (बड़का के जाने की आवाज। दद्दा की कराहने की आवाज)

अजगर करे न चाकरी...

मेरे दरवाजे पर एक सपेरा आ धमकता है। 'जै भोले, भागवान को आशीष दो नागराज! शंकर जी से सिफारिश करो कि भक्त का भण्डार भरे, परिवार बढ़े, धन-दौलत, जस बढ़े, दिन दूना रात चौगुना भाग बढ़े। जै भोले; लाओ बच्चा। सर्पराज की कुछ सेवा हो जाये—रुपया-पैसा, कपड़ा-लत्ता, आटा-दाल। बस इस बार तो एक कुर्ता चाहिए। जाओ महाकाल! भक्त को आशीर्वाद दो।' और वह अपने गले में पड़े भारी-भरकम अजगर को मेरे दरवाजे पर पटक देता है। बच्चों-औरतों की भीड़ लग जाती है। बाबा का प्रवचन जारी है। अजगर निस्पन्द चुपचाप पड़ा है। स्वाँस लेने और हिलने-डुलने से उसके जिन्दा होने का आभास मिलता है। सपेरा उस पर हाथ फेरता है। कभी मुँह का हिस्सा हाथ में ले लेता है। पिटारी के पास एक कटोरा, एक झोली पड़ी है। मानो नागराज और सपेरे की घर-गृहस्थी बिखरी हो। अजगर न हुआ सपेरे की आँतें हो गयीं जो बाहर फूलती-पिचकती हुई भूख-गरीबी और अभाव का इजहार कर रही हों। साथ ही भूखे रहकर भी आशीष देने की भारतीय संस्कृति का निर्वाह कर रही हों।

मैं सपेरे को गौर से देखता हूँ—काला गठा शरीर। सिर पर लाल गमछे की पगड़ी, जाँघों तक सिमटी धोती। शेष शरीर निर्वस्त्र। काले शरीर पर दो कंजी आँखें निरन्तर चलती हुई। कानों पर लटकते हुए कुण्डल। पगड़ी के नीचे कान पर खोंसा हुआ बीड़ी का ठूँठ। गले में रुद्राक्ष की माला। छाती पर लटकती हरे काँच की गुरिया। माथे पर लाल सिन्दूर और राख का तिलक। मूँछें-दाढ़ी। अधेड़ उम्र। अजगर पर जिन्दगी टिकाये समाज को आशीर्वाद बाँटकर दाल-रोटी, कुर्ता भगवान शंकर के लिए माँग रहा है। जो शंकर कृपालु और संसार का मालिक तथा दाता है, उसने सपेरे के द्वारा अजगर को भेजकर भगवान भक्त से दाल-रोटी और धोती मँगायी है। बदले में आशीर्वाद भेजा है। सबका दाता भगवान भक्त के पास नहीं आया। स्वयं दाल-रोटी का प्रबन्ध नहीं कर सकता। इन दो जीवों को इसके लिए नियुक्त कर रखा है। ये भक्त के माध्यम से भगवान की दाल-रोटी का प्रबन्ध कर रहे हैं। कैसी अजीब बात है! कैसा शानदार दर्शन है! कितना कर्मठ जीवन है हमारे भगवान का!

मैं अजगर को देखता हूँ। मोटा-चौड़ा, बड़ी-बड़ी चित्तियोंवाला। पेट का हिस्सा

मोटा और बड़ा। मुँह छोटा। लाल चित्तियों के कारण भयावह लगने वाला। मैं सपेरे से पूछता हूँ—इसे क्यों लिये हो? क्या इसके बिना तुम स्वयं दाल-रोटी की व्यवस्था नहीं कर सकते? वह बोलता है—कैसी बात करते हो भागवान! यह तो सतयुग की चीज है। हजारों साल से भगवान शिव की सेवा में है। धरती इसी के माथे पर टिकी है। हमारे-तुम्हारे जीवन का यही आधार है। यह नहीं तो कुछ नहीं। जो इसे एक देता है वह हजारों पाता है। 'इसकी उमर क्या होगी बाबा?' मैंने पूछा। उसने बेहिचक कहा— 'यही कोई हजार साल। इसके तो मूँछें निकल आयी थीं, फिर झर गयीं। लो डिबिया में इसकी मूँछें देखो। अजगर की मूँछें पाँच सौ वर्ष में निकलती हैं। जब तक इसकी मूँछें मेरी डिबिया में हैं तब तक यह मेरा है। मेरे साथ है। मूँछें गयीं तो अजगर भी गया। मूँछें पाते ही यह मुझे समाप्त कर देगा। क्योंकि लीलना इसकी प्रकृति है।' मैंने डिबिया में मूँछें देखीं। बाल के दो-तीन टुकड़े थे। मैंने पूछा— 'यह अजगर तुम्हें कब मिला? क्या तुम्हारी भी उमर इतनी ही है?' —वह हँसा 'आप तो मजाक करते हैं। यह तो हमें बाप-दादों से मिलता आ रहा है। मेरे पास पिछले चालीस साल से है। हम इसे खिलाते हैं, यह हमें खिलाता है।' 'और आप दोनों मिलकर भगवान की दाल-रोटी चलाते हैं।' मैंने व्यंग से जोड़ा। बाबा ने कहा—'भगवान ने सबको बनाया है बच्चा। सब एक-दूसरे से जुड़े हैं।'

मैं उसकी बात पर विचार करता हूँ। हर एक का पेट दूसरे से जुड़ा है। मतलब यह कि अजगर पेट चला रहा है बिना कुछ किये हुए। तभी तो कहा गया है कि— 'अजगर करे न चाकरी।' लगता है कि सपेरे के अजगर ने इस कहावत को धूल चटा दी। चाकरी तो वह कर रहा है। यदि हजार साल की बात झूठ भी हो तो भी कई सालों से सपेरे की गिरफ्त में तो वह है ही। सपेरा कहता है कि अजगर बड़े-बड़े जानवरों को साँस से खींचकर लील लेता है। मतलब यह है कि छोटा साँप सिर्फ काटता है और अजगर जैसा बड़ा साँप सीधे लीलता है। धर्म में, समाज में राजनीति में, शासन में, नौकरी में, शिक्षा में अजगर श्रेणी के अनेक लोग हैं। अजगर केवल लेटा रहता है और भूख लगने पर लीलता है क्योंकि उसे चाकरी नहीं करनी है। चाकरी तो तौहीनी है। जैसे बड़े घर के रईस बेटे, वैसे ही अजगर। साँप की तरह जब छोटे थे तो काटते थे, जब अजगर की तरह बड़े हो गये तो लीलने लगे। लेकिन वाह रे पेट की लीला! पापी पेट के लिए प्राणी क्या-क्या नहीं करता। हनुमान का वंशज बन्दर मदारी के इशारे पर पेट के लिए नाचता है। कटोरी पकड़कर पेट दिखाकर मदारी के लिये भगवान के नाम पर भीख माँगता है। ससुराली स्वाँग दिखाता है। जंगल के बड़े-बड़े जीवों को लीलने वाला अजगर सपेरे की पिटारी में पेट के लिए बन्द है। उसके बार-बार कोंचने पर मुँह फैलाकर सिर्फ आशीष देने का नाटकीय उपक्रम करके कभी-कभी फुसकारता भर है। सपेरा फुसकार को बहुत

खतरनाक बताता है। पर पेट के लिए आटा-दाल देने वाले को यही फुसकार आशीष बन जाती है। क्या यह चाकरी नहीं है? एक दम चाकरी है। जंगल में बड़े-बड़े पेड़ों को अपनी जकड़न से हिलाने वाला, पहाड़ों को रौंदने वाला, जीवों को आतंकित करने वाला इस पिद्दी से सपेरे का कुछ नहीं बिगाड़ पाता, क्योंकि उसने अजगर की कमजोरी पकड़ ली है। कमजोरी है पेट। पेट के लिए वह सपेरे के इशारे पर हिलता-डुलता है। पिटारी में बन्द होता है। अपने पेट के लिए सपेरे का भी पेट चला रहा है। सर्वशक्तिमान भगवान शंकर की दाल-रोटी का प्रबन्ध कर रहा है। असल में यह सपेरा ही शंकर है। अजगर इसी की दाल-रोटी है।

'अजगर क्या खाता है' मैं पूछता हूँ। वह कहता है—सब खाता है। हवा से लेकर जानवर तक। जो भक्त खिलाता है वही खाता है। इसे इनकार नहीं है। हाँ, इनकार करने पर भक्त को भी खा लेता है। बड़ा सन्त है। लेकिन गुस्सा हो जाये तो महन्त से भी खूँखार और खतरनाक है। मैं काँप जाता हूँ।

मैं देख रहा हूँ चारों ओर अजगर हैं। अजगर-ही-अजगर। नेता, अभिनेता, साधु, साहित्यकार, व्यापारी, अधिकारी, गुण्डे-पण्डे सभी अजगर हैं। नाना प्रकार के, विविध रंग-रूप और स्वभाव के अजगर। बड़े-बड़े पेट लिये ठाठ से देश-दुनिया को लील रहे हैं। बदले में अभयदान देते हैं। आज धरती इन्हीं पर टिकी है। करना-धरना कुछ नहीं, फिर भी जिन्दगी मौज से चल रही है। मजाल है कि कोई उँगली उठा दे। पद, प्रतिष्ठा, व्यवस्था, सम्पत्ति, मठ-मन्दिर, तीर्थ, यज्ञ, सब इन्हीं के पास हैं। नेता कुर्सी को और इंजीनियर भवनों-पुलों और बाँधों को उदरस्थ कर रहे हैं। व्यापारी और पूँजीवाद देश के श्रमिकों-किसानों को हजम कर रहे हैं। अधिकारी फाइलों का भोग लगा रहे हैं, साहित्यकार और कलाकार संवेदनाओं के नाश्तों में जुटे हैं। जो जितना बड़ा अजगर है, वह उतना ही हजम कर रहा है।

सपेरे से अजगर की प्रकृति के बारे में सुनकर मैं चिन्तित हूँ। आखिर अजगर का नामकरण कैसे हुआ होगा। नाम के साथ रूप-रंग, प्रकृति-स्वभाव भी जुड़ा होता है। शब्दकोशों में अजगर का भले ही कोई और अर्थ हो। मुझे अपनी दृष्टि ज्यादा सार्थक लगती है। क्योंकि नाम ही में रहस्य छिपा होता है। मैं नाम की व्याख्या करता हूँ। लगता है कि नाम बड़ा सार्थक है—अ माने आदमी और ज माने जायदाद। गर माने गला या गले में रखने वाला अर्थात् उदरस्थ करने वाला। आदमी और जायदाद सभी को गले से उदरस्थ करने वाले ही अजगर हैं। सामाजिक अजगरों की पकड़ भी आदमियों और जायदादों में इसी प्रकार की है। ये अजगर स्वयं उदरस्थ करते हैं और कभी अपने भागवान भक्तों को खटखटाकर अपने भगवानों की दाल-रोटी की व्यवस्था करते हैं। एक बार इस चक्कर में फँसे तो फिर अजगर की तरह ही सपेरे की पिटारी से बँध जाते हैं। पेट की पिटारी से कठिन मालिक की पिटारी होती है। अपने पेट से

छूटो तो मालिक के पेट की पिटारी नहीं छोड़ती।

मैं बाबा से कहता हूँ कि इसे छोड़कर कुछ काम-धन्धा करो। समाज में सम्मानित जीवन जीने का उपक्रम करो। वह कमर पर हाथ पटककर कहता है- आप ठीक कहते हैं। लेकिन अब हम ऐसे फँसे हैं कि न मैं अजगर को छोड़ सकता हूँ और न अजगर मुझे। हम एक-दूसरे के बिना जिन्दा नहीं रह सकते। पहले तो हम दोनों ही एक-दूसरे को नष्ट कर देंगे। यदि इससे बचे तो दुनिया के जीव-जन्तु हमें जिन्दा न छोड़ेंगे। हम एक-दूसरे के मित्र होकर भी परस्पर शत्रु हैं। पेट के लिए एक हैं। पेट से बँधे हैं। पेट का बन्धन छूटा कि हमारा विनाश हुआ। इसलिए हम बँधे हैं भोले भगवान के नाम पर। दाल-रोटी एकत्र कर रहे हैं आशीर्वाद बाँट रहे हैं।

मैंने देखा कि अजगर सपेरे की ओर पलटा और सपेरा सतर्क हुआ। मैंने पूछा- क्यों, क्या बात है? उसने कहा कि जरा-सी असावधानी में यह मुझे अपनी पकड़ में ले सकता है और मेरी हड्डियाँ चूर-चूर कर सकता है। मैं इसकी पकड़ से बचता हूँ। अभी यह मेरी पकड़ में है। इसकी पकड़ मेरे हाथ में है। मैंने मन्त्र से इसका मुँह बाँध रखा है। मन्त्र ढीला हो जाये तो यह चूकेगा नहीं। मैं हैरत में हूँ। इतना खतरनाक शत्रु लेकर आदमी ही दाल-रोटी का व्यवसाय कर सकता है। अजगर से भी अधिक खतरनाक जीव- आदमी। तभी तो सपेरा अजगर से चाकरी करवा रहा है। दाल-रोटी अजगर कमाता है और सपेरा खाता है। नाम भगवान का लगाता है। यही है वर्तमान पूँजीवादी दर्शन। जब तक अजगर पेट के मन्त्र से बँधा है, सपेरा भगवान के नाम पर खा रहा है। जिस दिन पेट के मन्त्र से मुक्त होकर अजगर सपेरे को पकड़ में ले लेगा उस दिन सपेरे की कर्महीन रोटी की लीला समाप्त हो जावेगी।

मैं बाबा और शिव के प्रतिनिधि को प्रणाम कर कुछ पैसे देता हूँ। सोचने लगता हूँ कि अजगर को भी जब सपेरा जैसा उस्ताद मिल जाये तो पेट के लिए चाकरी करनी ही पड़ती है। इसीलिए यह अजगर चाकरी करने के लिए विवश है। उसकी मूँछें सपेरे की डिबिया में हैं। मन्त्र और मूँछ से बँधा होने पर भी अजगर से सपेरा सतर्क है। दोनों का साथ दाल-रोटी का है, विश्वास और मित्रता का नहीं।

मानव को मानव रहने दो तब मैं जानूँ

सूरज चाँद सितारों की गति तुमने साधी
नीले नभ के शून्य छोर की सीमा बाँधी
बनी व्यवस्था के मेहराब बदलने वालों
सागर का खारापन बदलो तब मैं जानूँ।
मानव को मानव रहने दो तब मैं जानूँ।

हर खाड़ी-घाटी में दावानल सुलगाया
शान्ति यज्ञ के पीछे घर-घर युद्ध रचाया
अहंकार के विषधर को फैलाने वालो
भूकम्पों के कम्पन पकड़ो तब मैं जानूँ।
मानव को मानव रहने दो तब मैं जानूँ।

माना तुमने सागर की गहराई नापी
माना तुमने हिमगिरि की ऊँचाई मापी
अन्तरिक्ष में चौक पूरने वाले ज्ञानी!
विषधर मानव का मन समझो तब मैं जानूँ।
मानव को मानव रहने दो तब मैं जानूँ।

ऋषि-महर्षि की वेद रिचायें तुमने बाँचीं
कलुषित वैभव के आँगन में लेखनि नाची
भरे पेट के ढोल बजाने वाले वादक!
ठण्डे चूल्हे के स्वर गाओ तब मैं जानूँ।
मानव को मानव रहने दो तब मैं जानूँ।

क्या तुमने उसको देखा है?

आँखें घुसीं हड्डियाँ उभरीं
ठूँठ बीड़ी कानों में खोंसे
चिथड़ों का बाघम्बर पहने
पिचके पेट धँसे गालों से
हलधर शिव धरती का बेटा
रोज-रोज अपनी छाती से
मिट्टी को सोना करता है
क्या तुमने उसको देखा है?

गाढ़े की काली धोती में
सूखी मोटी रोटी बाँधे
चटनी की चिन्ता से व्याकुल
एक कृष्ण की उँगली पकड़े
एक कृष्ण छाती चिपकाये
भरी दुपहरी लिये मटकिया
प्रियतम की लौ मन में बाँधे
जो जसुदा नित खेतों जाती
क्या तुमने उसको देखा है?

भाषण माला के प्रेमी हे स्वार्थी शोषक!
बिखा धनु-सर, गिरी मड़ैया
गीला चूल्हा टूटी थाली
रोज-रोज चीत्कार मारते
आस्थाओं की पोटरि बाँधे
दुखी आँख से तिक्त निराशा का विष पीकर
जो अर्जुन आवाज लगाता—
क्या तुमने उसको देखा है?

कभी-कभी यह भी

सरस्वती धरती में धँसती,
भूधर फोड़ निकलता लावा,
देख-देखकर अजब तमाशा,
मैं रोता हूँ, जग हँसता है।
कभी-कभी यह भी होता है।

तारे रात छिटकते नभ में,
अनगिन दंश कसकते मन में,
कितना भी संसार समेटो,
सब कुछ एकाकी लगता है।
कभी-कभी यह भी होता है।

मारग कठिन दूर हो कितना,
दो ही चरण नाप पाते हैं,
इतना सत्य ज्ञात है फिर भी,
अपने से क्यों डर लगता है।
कभी-कभी यह भी होता है।

दुनिया उनसे भी छल करती,
जो काँटों का ताज पहनते,
बढ़ते सदा तान कर सीना,
जब सोते, तब जग रोता है।
कभी-कभी यह भी होता है।

अस्तित्व और आशाओं के पक्षि-शावक

संसार के खजूरी पत्ते में
लटका है मेरा अस्तित्व
बया के घोंसले की तरह।
तूफानी झंझावातों और
बरसाती आघातों से भी
नष्ट नहीं हुआ वह।
आशाओं के पक्षि-शावक
अब भी दुबके हैं वहाँ।
भरोसा है
उड़ेंगे एक दिन
स्वस्थ होकर मुक्त आकाश में
झंझावातों और बरसातों में भी।

प्रतिष्ठा का साँड़ और उड़ती गौरैया

मेरे शान्त–नीरव
श्रद्धा–समन्वित आँगन में
घुस आया है
प्रतिष्ठा का साँड़।
और
चर रहा है
हरी–हर कोमल दूब
चर्र–चर्र–चर्र।
पीठ पर बैठी
तुष्टि की चहकती गौरैया को
उड़ा रहा है
देह हिलाकर लम्बी कठोर पूँछ से यह साँड़।
गौरैया उड़ती और बैठती है फिर–फिर
अन्ततः उड़ जाती है
साँड़ पगुराता है।

आस्था–अनास्था

रंगीन पंखों वाली
मेरी आस्था
उड़ रही है
गदराये–बदराये
उन्मुक्त अनन्त आकाश में।
अनास्था के गिद्ध
झपटना चाहते हैं उसे
पर, पकड़ नहीं पायेंगे—
क्योंकि
आस्था की उड़ान
अनास्था से ऊँची है।

मुझे नींद नहीं आती

जिन्हें मुगालता हो देश की प्रगति का,
विकास और समृद्धि का,
वे आराम से सोये।
मुझे नींद नहीं आती।

मैं देखता हूँ आदमी को बाजार में
भाव-ताव के साथ बाकायदा बिकते हुए,
मैं देख रहा हूँ सरे आम नंगे बच्चों को—
भूख से बिलखते हुए।
फिर भी बात
किसी की समझ में नहीं आती।
मुझे नींद नहीं आती।

दुर्गन्धी पुष्प, मगर व्याख्या सुगन्धों की,
आँख वाले हार रहे, सत्ता है अन्धों की,
संविधान मानव का,भाषा हैवानों की,
कितना भी यत्न करो, बहक-बहक वह जाती।
मुझे नींद नहीं आती।

विद्या के मन्दिर छत-छप्पर विहीन हैं,
गुरुजन विद्या बेंचे, सर्जनायें दीन हैं,
नदियाँ जलहीन, वन वृक्षों बिन क्षीण हैं,
त्राहि-त्राहि मची, बीन रोती, गोली गाती।
मुझे नींद नहीं आती।

जंगल के शेर हुए पिंजड़ों के पिल्ले,
गीता-कुरान बाँचैं ठग डाकू कठमुल्ले,

जीवन के रंगों पर कैसा अभिशाप,
काली चादर पर सफेदी की छाप,

दीपक हैं बुझे-बुझे, रोशनी नहीं आती।
मुझे नींद नहीं आती।

हवा चली

मोहक यौवन बसन्त,
छाया है दिग्-दिगन्त,
कूजत कोयल अनन्त,
भ्रमर चला झूम-झूम चूमकर कली।
मधुर-मधुर, मदिर-मदिर हवा चली।।

मौर झौर मदमाती,
सौरभ से सरसाती,
लता-लता लहराती,
पुलक रही धरती, थिरकती गली।
मधुर-मधुर, मदिर-मदिर हवा चली।।

नदियों की सिहरन में,
पुष्पों की चितवन में,
सरसों की रुनझुन में,
गुन-गुन का राग मिला घूमता अली।
मधुर-मधुर, मदिर-मदिर हवा चली।

पोखर के भीटे पर,
पेड़ों के झुरमुट में,
प्रिय से आलिंगन कर,
सन्ध्या सुकुमारी आरक्त हो ढली।
मधुर-मधुर मदिर-मदिर हवा चली।।

कुछ मुक्तक

मौन कितना भी सबल हो, तोड़ देंगे हम,
तुम सुनो या ना सुनो, हमको नहीं है गम,
हम निरन्तर चल रहे, चलते रहेंगे,
हाथ में है कलम अपने, और दम में दम।

कुछ भी लिखना लिखना नहीं होता है,
जुगनू लाख चमके आदित्य नहीं होता है,
दुनिया देखने से पहले, देखो अपना कोना,
साहित्यकार होने से पहले जरूरी है आदमी होना।

सब तरफ है आग तो बचकर कहाँ जायें,
सर कूप नदी सूखी है, पानी कहाँ पायें,
हिंसा अशान्ति क्रूरता से है अगर बचना,
भूखों के पेट में लगी अब आग बुझायें।

साथ हैं हम सत्य के, संघर्ष से बचते नहीं,
मनुजता के ह्रास के हम कर्म कुछ करते नहीं,
हाथ दो सबके, हमारे भी वही,
हम कुकर्मी हाथ से डरते नहीं।

हम हैं वाल्मीकि के वंशज, रामायण लिखते हैं,
मुँदे नेत्र भी जो खोले, ऐसा भारत रचते हैं,
जो चारण हों स्तुति गायें, खायें माल मलाई,
हम दिनकरी कलम के राही, कुरुक्षेत्र चढ़ते हैं।